、南投縣、彰化縣、雲林縣、嘉縣、新竹縣、苗栗縣、台中縣義市、臺南市、臺北縣、桃園基隆市、新竹市、臺中市、嘉

好修行
身在公門
把握時間做實事，

公門好修行

know how,
know why,
know what,
know where,
know when!

獻給我省府團隊好夥伴們

公門好修行

臺灣史上唯一 民選省長宋楚瑜工作實錄

宋楚瑜——口述歷史

方鵬程——採訪整理

作者簡介

◆————

宋楚瑜

學歷及榮譽

國立政治大學外交系畢業（1964年）

美國加州大學柏克萊分校政治學碩士（1967年）

美國天主教大學圖書館學碩士(1971年)

美國喬治城大學政治學博士（1974年）

美國艾森豪獎金得主（1982年）

美國天主教大學榮譽博士（1995年）

澳洲國立南澳大學榮譽博士（1995年）

美國加州大學柏克萊分校哈斯國際獎章（1996年）

美國亞洲基金會龐克傑出訪問學者（1999年）

美國馬里蘭大學榮譽博士（2000年）

韓國漢城淑明女子大學榮譽博士（2003年）

美國加州大學柏克萊分校東亞區十大傑出校友（2018年）

現任

親民黨主席

經歷

行政院院長祕書（1974-1978年）

總統祕書（1978-1989年）

行政院新聞局局長兼政府發言人（1979-1984年）

中國國民黨中央委員（1981-1999年）

中國國民黨文化工作會主任（1984-1987年）

中國國民黨中央委員會副祕書長（1987-1989年）

中國國民黨中央常務委員（1988-1999年）

中國國民黨中央委員會祕書長（1989-1993年）

臺灣省省政府主席（1993年3月-1994年12月）

臺灣省省長（1994年12月-1998年12月）

第24屆APEC年會中華台北領袖代表（2016年）

第25屆APEC年會中華台北領袖代表（2017年）

方鵬程

臺灣師範大學法學博士。

曾任記者、採訪編輯、編審、編譯室主任、臺灣新生報副社長、臺北市報業同業公會理事、國防大學政戰學院新聞學系副教授兼系主任、雲林科技大學兼任助理教授、臺灣藝術大學兼任助理教授、副教授。

目　次

掃描QR code聽宋主席講話

這是宋主席與省政府同仁在臺灣省政府5年9個月的工作實錄，忠實記錄他們共同為臺灣省民服務期間，建設基層、照顧鄉親的點點滴滴，僅以此書分享給關懷公共事務的朋友們。
https://youtu.be/W4PS1f3r__M

前言

◆

把握時間做實事，身在公門好修行
我領導臺灣省省政工作的心得

　　古代官分九品，自從1998年底卸任省長，我自認是「升斗老百姓」，此後雖無責任「轄區」，可「管」的事情比以前多。

　　今天我以「升斗老百姓」的身分說話，自然仍與當時擔任省長一樣，都希望為政者好好做實事，幫助老百姓生活過得好。

　　上世紀冷戰結束前後，各種言論對於民主政體批評不曾中斷，包括政府空洞化（hollowed up）、治理平庸（mediocre）或治理無能（ungovernability）等，都一再提醒領導者和民選官員要以勤政務實，發揮領航決策功用，振興政府施政能力為目標。

　　無論我們在場內跑或在場外大聲喊加油，就好像接力賽跑一般，建設是一棒接一棒做出來的，都不希望有人掉棒！掉棒要再撿起來，就費事了。掉棒的事還不多嗎？我想先從美國或國際開始談起，再回到臺灣。政府，無論是哪個層級政府，當欠缺了政策方向、使命感和自律，最後結果一定是「遜掉」及「破綻百出」。

　　1965年至1973年，我在美國讀書和工作8年，記憶裡那時的美國沒有什麼大災害，龍捲風（tornado）比颶風（hurricane）多且可怕。至今印象深刻的，我讀過美國童話書《綠野仙蹤》（The Wonderful Wizard of Oz），故事開始於主角美國堪薩斯少女桃樂絲（Dorothy）和她的毛小孩（是一隻狗，叫托托）被龍捲風捲吹到奧茲國（Oz）。這個童話故事的創作背景來自於當時美國人熟悉的龍捲風，也可說是20世紀的「災害主角」之一。

　　自從劇烈氣候變遷上演以來，21世紀的「災害主角」變多了。就以美國去年底至今年初這個冬天來說，極端天氣頻頻出現，從美東大雪、佛羅

里達州的風暴災害到美西大水均甚嚴重。美國眾議院議長麥卡錫（Kevin McCarthy）和過境美國的蔡英文總統碰面，或麥卡錫議長是否來臺灣不時成為話題，我看到的卻是他的家鄉加州中南部淹大水或遭大旱[1]。今年初美國南部的肯塔基、阿拉巴馬和喬治亞等州，一天內曾有45個龍捲風襲擊，造成多人死亡。美國南部龍捲風季節應該是3月到7月，沒想到1月份提前報到。

較遠之前的卡崔娜（Katrina）不說，去年9月下旬四級大西洋颱風伊恩（Ian）是一場大型致命災難，在古巴西部和美國東南部造成嚴重破壞。美國佛羅里達州西南部有「數百萬人」（應是240萬人）遭到斷電，至少126人死亡。颱風還摧毀邁爾斯堡（Fort Myers）長達4.8公里的薩尼貝爾島堤道（Sanibel Island Causeway），該島交通為之中斷。

這些在美國陸續發生的天災巨創，引起我的一些好奇與疑竇。美國各州的電網、供水、水利、港口、公路交通、治山防洪、緊急救災、醫療衛生、垃圾處理等基礎建設（infrastructure）真的有持續進步，真的做得好？倘若做好電纜地下化，怎會禁不起風災摧殘，一下子就「數百萬人」斷電？幾十年來，美國花大錢對外作戰和幫人打仗[2]，相對地在國內對中南美洲移民或拉丁裔人口較多的弱勢地區，曾盡力照顧？

過去農畜物產等靠密西西比河運出外銷，反觀現在整個田納西流域乾涸，產業發展顯然出現問題。然而，包括灌溉系統、水力發電、胡佛水庫、高速公路等，大都是1930年代的老建設，奠基於羅斯福總統（Franklin D. Roosevelt, 1882-1945）為應對大蕭條而實施「新政」（The New Deal）時所建造，直到拜登（Joseph Biden Jr.）上台後，推出1.2兆美元基礎建設法案，美國人顯然沒有我們想像中過著幸福快樂的日子?!

我時時透過平板電腦、電視和報紙雜誌等管道，即時汲取國內和國際各種資訊；自劇烈氣候變化引起極端高溫或嚴寒、洪水和乾旱，以及2019年新

---

[1] 各種報導不斷，近年來美國加州嚴重乾旱，未來20年可飲用淡水預估減少10％，加州政府緊急提出拯救水資源計畫；UCLA（加州大學洛杉磯分校）一些研究也預測加州在40年內可能出現「超級大洪水」。這類資訊尚值得我們多加注意和警惕。
[2] 俄烏戰爭如火如荼打了一年多，美國和北約盟國仍不斷加碼，有幾十個國家還祭出禁令限制糧食或肥料出口。

冠疫情四起、2022年俄羅斯侵入烏克蘭以來，我以為**全世界的政治人物都要重新上課，要上「民生主義」與「政府效能」的課程**，不是「強兵富國」、「船堅炮利」或「認知作戰」的課程。

氣候變遷問題這麼大，全球糧食價格快速上漲，這透露許多地區或國家的人民吃不飽、餓肚子；俄烏戰爭引發天然氣供應短缺，全球再度陷入能源危機，背後隱含「後新冠」經濟復甦迫切需求，以及各國加速減碳等錯綜複雜問題，試問有誰在處理、在綜整應對？聯合國的功能何在？

尤其諷刺的，幾個月來至今（2023年8月），加拿大森林大火肆虐，面積廣達13.6萬平方公里，這可比好幾個臺灣還要大，迫使至少16.8萬人離開家園；以致除加國外，美國紐約市及北部幾個州都被霧霾瀰漫，空氣品質持續惡化，甚至也飄洋過海波及歐洲，對全球暖化更是雪上加霜。美國與加拿大不僅比鄰，利害關係尤深，竟未見有共同「打火」的聯合作為；這是攸關人民的生活大事，世人有看到美加兩國政府高層會商，共同面對問題嗎？

加拿大的森林野火已燒得讓美、加及歐洲各國焦頭爛額，8月8日美國夏威夷州茂宜島（Maui）又發生大規模的山林野火，深具歷史意義的小鎮拉海納（Lahaina）幾乎付之一炬，超過上百人死亡、逾千人失蹤，不僅是夏威夷史上最嚴重的自然災害，更成為美國百年來奪走最多人命的森林火災。面對自然災害、政府行政體系展現出束手無策的無力感，但對遠在天邊的烏克蘭戰事，美加、歐盟都不止一次相商如何增援，持續擴大戰火，真令人擱筆三嘆！這場森林大火連美加自己都無力處理，聯合國又能奈何？在大自然劇烈變遷之下，人類是命運共同體，美國專欄作家佛里曼（Thomas L. Friedman）暢述「世界是平的」，能不加以反思一二！更要深思的不正就是本書所要強調的——政府的施政能力有待加強，基礎建設必須「與時俱進」。

年初2月4日，美國動用F-22、F-16，發射響尾蛇導彈，處理了那顆「流浪氣球」；那個球有多大，媒體報導長度達27.4公尺，相當於3輛巴士。飄了5天、6天，拜登政府束手無策，還推給前任的川普政府：「他在任時曾飄過三次！」人家的氣球飄到你家領土，都不知道怎麼面對，能相信足以對付突襲而來的飛彈？！

CNN為此做過民調，問了一個「有意思」的問題：氣球入侵是有關國家安全（National security）的問題，或是有關民族尊嚴（National pride）的問題？民調結果是6:4，顯然美國民眾認為兩者都是問題。我覺得，有關尊嚴或士氣的事情很重要，而且要重視；不然，你不能帶兵作戰，你不能鼓舞同仁向前衝。

我也注意美國媒體討論響尾蛇飛彈、愛國者飛彈或勝利女神飛彈最高能打到幾萬英呎[3]，我懂得他們在討論什麼問題，因為高度在領空（airspace）之內是領土範圍，在領空之上就不歸你管。正如本書第13章所說的，地底下不是你的產權，政府可以在你的土地下施工下水道，加裝包括自來水等各種管線。所以，我們討論及思考問題時，不能再以天花板和地板為限，非常需要以整體與團隊協同凝聚心力，而非各做各的，上游做上游的，下游做下游的。

最近我再讀鮑威爾（Colin Powell）的《聖戰黑鷹》（*Sacred Honor*，足智文化，2022年，頁213-214）一書，他在1990至1991年波斯灣戰爭中擔任美國參謀首長聯席會議主席（美國最高級別軍職），他說他這麼領導美軍作戰：

當一群人走上戰場，是為了要使這個團體戰勝。每一位士兵都盡他們最大的力量，以求打贏這場戰爭，因為袍澤、團隊及國家，都希望他們可以打贏這場戰爭，這就是美軍去打仗的原因。我們每次都要打贏戰爭。每一位士兵都必須在打仗時，相信他的單位是世界上最好的單位；每一位飛行員在起飛前，都必須相信他是天空中最好的飛行員；每一位水手都必須相信他的船是海上最好的船；每一位海軍陸戰隊隊員都必須相信他們是最好的步兵。但是他們也必須相信他們是屬於一個團體、一個整體，他們是一個並肩作戰的團體，為了求取最後的勝利。這就是我們的歷史、我們的傳統及未來。

---

[3] 以這次空飄氣球尺寸大小來看，可以飛到近2.4萬公尺至4.5萬公尺「近太空」區域，比一般客機1.2萬公尺高出許多。

我讀到這段話，頓時感慨萬千，覺得每一字、每一句都令人印象深刻。接著，我再想想，這些話原是作為戰爭之用；1991年及2003年美國對伊拉克用兵，2001年至2021年發動阿富汗戰爭，以及美軍各次對外作戰等，難道現在世界上都只想用戰爭解決問題，而無他途可循？

我又接著想到，上引鮑威爾的那些話，若用之於地方基層建設上去群策群力，會不會更適合也更切實？！

這也讓我聯想臺灣許多地方和我現在居住的林口，重劃的新社區已經沒有電線桿[4]，並且道路交通便捷，公園綠地比比皆是，象徵各種民生經濟建設持續接棒推進，似乎做得比美國都好；然而時代在進步，目前又有新挑戰與新問題接續衍生，尤其新住人口遽增，上下班交通又堵塞了。

其實，我在這裡談的，沒有離開本書所要談的主軸，就是政府有沒有隨時代進步，做好照顧民眾的基礎建設問題？如果有，那所有民眾得以公平享有，不管天南地北，不分城市或偏鄉離島；如果沒有，那我們就毋憑多論，無資格道人長短。所謂基礎建設，本書著墨甚多，就是為人所共享，不會因宗教信仰、黨派站隊、地區遠近或城鄉差距而有不同。

前一陣子去了一趟澎湖，老朋友帶我到處走走，也看看我在省政府任內曾經做了些什麼。順暢地走在澎1線、澎2線、澎3線、澎4線四線道公路上，到跨海大橋眺望，再次興起「落霞與孤鶩齊飛，秋水共長天一色」的感覺。還好當年有把握時間做事，這些建設至今仍供民眾方便使用。

我們也到海水淡化廠，這是我上任省主席第二年（1994年夏季）為克服澎湖長年天旱而蓋的，現在每日可供應海水淡化30,000噸。我們又看了一次實際操作，大致是將海水灌進大管子裡（內有網狀結構），將水的鹽分粒子過濾掉。縣長陳光復開心地對我說，現在情況不一樣了，臺灣本島不下雨缺水，澎湖不擔心民生缺水；他對陪我到澎湖訪問的美國加州大學柏克萊東亞圖書館（C.V. Starr East Asian Library, UC Berkeley）周欣平館長說，謝謝宋省長

---

[4] 為減緩颱風等因素造成停電事故，臺電執行防災型桿線地下化計畫，據媒體報導地下化比例達42.5％，遠高於日本與韓國。

做的貢獻。

還值得一提的，是當年幾乎無林的澎湖由於省林務局偕同駐防國軍弟兄大量造林，竟然現在已有森林公園，所栽路樹南洋杉都已成材且甚是壯觀，真可謂前人種樹後人乘涼。因為風沙大，30年前澎湖婦女同胞出門都要戴面罩，今已不復見。

可以理解的是，因為人為努力，澎湖已跨越缺水問題，再遇旱災時即可淡化「產水」，這是令人慶幸的一例；當然，對外的交通問題再加把勁會更好。另方面，海水淡化的生產成本高，需要供應高壓電才能運作，目前科技進展利於設置海水淡化廠，可是我們下一個面臨的問題是：電力夠嗎？

就在今年初夏，曾文水庫蓄水剩6.4%、日月潭九蛙全露大曬「日光浴」等上了新聞，這代表臺灣又旱了，也是爭取清淤的最佳時間。水庫要清，河川水道也要清，清淤難度很高，要抓緊時間做，陸挖、挖泥與抽泥多管齊下，布袋蓮也要清除；省政府以前非常重視清淤，業者從淤積處清出來沙土或廢棄物，一定有人現場督導管理，不能隨便挖，也不能隨地棄置，要不然可能降雨時又回流到水庫或河川原處。近幾年常常天旱，3月上旬高雄地區開始減壓供水，以前省政府就因此做過「越域引水」計畫，不妨看看本書第13章。

包括缺水、缺電，說臺灣「五缺」、「六缺」、「七缺」的分析不斷或不絕於耳。缺東缺西，但千萬不能缺「警覺」，我們曾經經歷賀伯颱風、921大地震與88風災等，深刻教訓猶在眼前；近幾年進入臺灣的颱風較少，各項建設是否足以應付？禁得起考驗？不能僥倖，不能不慎！

其實，不管是「幾缺」，所反映無非都是民眾的「不滿足」問題，歸結一句仍就是「基礎建設」不能缺，眾人須公平享有的問題。誠如一位業者投書媒體所指：「什麼都2.0，結果連0.2都做不到。」以住宅與都更為例，政府必須有整套方略因應，否則時間一天天過，即是浪費時間，不要下台後才開始後悔為何沒有把握時間多做。

這不是只關乎房屋市場供需，而是年輕人北漂或中漂的問題，是買不買得起與租得貴不貴的問題；政府所推動的社會住宅也好像緩不濟急，都更牛

步化，在在預示震災降臨時傷害會更大。那可否在科學園區、工業區或人口密集區及其附近，由政府釋出閒置的公有土地，鼓勵企業界出錢，整合各種資源大量來蓋青年住宅；不是賣斷產權，而是給予居住一段時間收回，以變通方式解決長期以來令人傷腦筋的年輕就業人口居住問題，也可以幫助年輕上班族住在新蓋比較安全而且「住得起」的房子裡。

這麼多年來，我看過經國先生、李登輝先生到歷任總統的施政種種，深深體會出一種「政治」的道理：**基礎建設興，則治；基礎建設缺，則亂**。美國如此，臺灣如此，世界皆然。

政府領導者應當關心民眾福祉殆無疑義，標準何在呢？錦上添花易，雪中送炭難，我的答案是**做好關懷弱勢和縮短城鄉差距的基礎建設，就是公平正義**。基礎建設是有形的，公平正義是無形的，這一把有形無形的尺，有助於測定政策方向，不致歧路亡羊。

相對於絞盡腦汁如何擴大宣傳，以梗圖、懶人包或豢養「網軍」（cyber army）提高聲量與民意支持度，民選首長與政府領導人更應回歸本務，抓準政策目標，亦即我經常強調「**政治即是管三件事：（一）掌握政策方向；（二）資源分配；（三）用人。**」

與「政治三件事」相符的英文字是「governance」，也就是「治理」，也是治省（州）或治縣（市）方略。如果領導人缺乏這個「認識」或「意識」，幾年下來絕對交不出成績，僅會徒留東抓西湊的流水帳而已。我不藏私，這本書將說得很清楚，善於運用預算及年度結餘款，大小事皆可作為！

抓準政策目標的主要做法，是將自己的精神與注意力用之於兩方面：一是使用者（您的選民），另一是您的團隊同仁，亦即供需（input and output）要平衡。您與其過於依賴空戰文宣，或醉心於大數據做出何種最新情資，不如低下頭來和您各部門的行政首長及團隊同仁聊聊，讓他們多了解您想做什麼，讓他們對準民眾需求去做事；這可能會很煩，卻是您的終南捷徑。

關於內部的領導，千萬不要流於例行化（routinize），忽略了組織文化。組織的核心價值，還是在於內部同仁（絕大多數是文官與技術人員），是否與您的企圖心一致，願意全力以赴，進入為民服務場域。若有些人（可能是

大部分人）身在漢營心在曹，在辦公室裡只想吹冷氣，那就是您的領導出了問題。

我認為，不習於安逸，不嬌生慣養，為民眾忙得不可開交的團隊，容易凝聚向心力與榮譽感，當然也會展現出更大的施政效能。衡量一個人的領導能力，不能光看他畢業哪個名校或系出名門（come from a distinguished family），而是帶出怎麼樣的團隊。本書若干章節提供晉用、培訓、獎懲、政風、研考追蹤上的經驗，這些攸關組織成敗的關鍵要素可供參採。

我曾經的做法是，在那段服務政府公職的時間，**腦筋內永遠有一幅清晰藍圖，就是兩條軸線：「民財教建農」和「生老病死苦」**。

「民財教建農」是民政廳、財政廳、教育廳、建設廳、農林廳、水利處、社會處、衛生處、環保處等[5]，幾十個省政府廳處局我都能如數家珍一一說出，在任何時地下達指示和收到回報都不會搞錯；「生老病死苦」是人民生活的大事，我要同仁以同情心（sympathy）或同理心（empathy）去苦民所苦，就以「生老病死苦」幾個大白字去說，大家比較容易了解和進入狀況，使整個組織文化脫胎換骨。

我始終堅信，**「所有政治的道理，都是人性關懷」（All politics is human concern），「官員吃得苦中苦，百姓方為人上人」**。

基礎建設多是「無名建設」，甚至有些做在地底下的建設，連看都看不到，為了持續邁進腳步，我習慣以簡單的邏輯或說法，來解釋複雜事情，這在本書裡有不少實例。我也提供達成任務的資源與條件給我的同仁，並好言互勉相慰，卻不能私相授受或假公濟私。但是要提醒的，政府領導者不能把複雜的問題簡單化，對於高度複雜的問題總想以簡單的方式解決，這是錯誤的做法，本書中提供諸多「耐煩」事例。

我也實話實說，「討好的政府」（popular government）未必是「好治

---

[5] 幾千年來，多有聖哲立論，例如亞里斯多德（西元前384年-西元前322年）曾歸納治理五大層面：「收入和支出、戰爭與和平、領土防衛、輸入和輸出、法律的制定」，亦即現代的財政、國防、外交、貿易及立法（《領導力》，時報文化，2004年，頁49-50）；中國對於管理眾人之事就是設官治理與分官設職，隋唐開始有吏、戶、禮、兵、刑、工六部，到現在是行政院各部會，都各有其功能，而地方政府則是「民財教建農……」。

理」（good governance）。「好治理」必是基礎建設興，讓人民均蒙其利；「討好的政府」未必想做好基礎建設，只求外表漂亮做「美麗建設」。

「討好的政府」往往不懂得「有福同享」，會因地方執政顏色不同，而在施政取捨上有所差異；也可能為討好財團或取悅民眾，而變賣祖宗財產與民眾財產；或者是撒幣給利、發放現金、多放煙火等，而不知「積小錢做小建設」，無以真心誠意地帶給弱勢地區更多實惠。

反正公帑與「政府的錢」來自於人民血汗，掌權者直接「分」給誰卻債留子孫，只消一句話，又不是拔「自己的毛」，真是「無關痛癢」；但是，政策目標若得當，大小錢均能使建設發揮加乘效應，怎可全憑一人或一黨之私，就虛擲出去或「灰飛煙滅」?!本書許多章提到「預算等於命令」，大錢可以做宏觀的大建設，小錢亦可以做鄉間小建設，書內也佐以不少實例供參。所以，民主政治的定律之一——對政府的任性，百姓應展現出韌性，得時時以理智來看他們葫蘆裡究竟賣什麼藥，是用實心與真材實料，抑或是填充物，僅會裝門面而已？

我在這本書內做了系統性口述，不僅在回憶歷史曾經歷了什麼，更要提出政府領導人及其團隊如何做事（How to do）、為誰而做（for whom）及為何而做（for what）。為政者千萬不要失去初衷，不可因為別人有意添亂或暗中阻撓，就退縮了意志與毅力，反而要堅強站起來，從中培養克服問題的勇氣與實力。讀者可以藉此檢視我任內所做所為，也因此可比對一下您正投入或關心的政府作為。

這本書也記述我和省政府團隊的一段過往，在臺灣省政府主席和唯一民選省長任內共5年9個月做了什麼（done what）；同時很重要的是，還說了**「把握時間做實事，身在公門好修行」**的門道與事理（know how, know why, know what, know where and know when），這正是帶領團隊同仁做事情的動機、目的、理念、態度、想法與方法。正心誠意和努力，讓我們擁有更高的視界、實在的知識和錘鍊過的經驗，在從政的路上，將能如虎添翼，力上加力！

說到這裡，我要感謝20多萬省府團隊夥伴們的配合與付出，因為我們

的精誠團結，同心一意為省民服務，為省政建設投注心力，使我能獲得90%省民的肯定；我也要特別謝謝他們每一位家人的體諒，使因公「不能回家」的省府團隊夥伴無後顧之憂。同時，我的另一半陳萬水不時提點我，施政要站在小市民、民間關懷的角度，讓省民感受到政府與他們同在，她也高度「肯定」了我，把公事放在家事的前面；其實我一直也很感念在臺灣與美國求學時期，諸恩師的教導，他們「傳道、授業與解惑」，相信他們也期盼我這位木訥的學生能真正「學以致用」，而我也幸不負所望。我人生最難得的際遇，也值得一述的是，在進入職場後，即拜有良師益友的教誨、提拔與支持。我的父親——宋達，他是一位好父親也是好老師，另外，還有好幾位嚴師長官——經國先生、孫運璿院長……他們以身教、言教來傳授我為政之道，心存百姓，無愧天地；從政之大者，為國為民……。

　　天下為公，其心正也，其言善也！我呼籲，握有權力為老百姓做事者務須珍惜當下，心地澄明清澈，視角拉寬放遠，一切正義為先，超越一己之私、黨派之分和地域之限。不為什麼，就是抓準目標與時間，為老百姓做實事，用心發現問題且務實提出應對問題方法，而且要「與時俱進」，要借鏡經驗避免橫衝直撞，以致後果不堪設想，甚或陷入領導力薄弱與領導素質低落情境。

　　權力（Power），政治人物誰不愛；可是，千萬不要忘了更要追求人民的權利（Right）！我更期盼，大家一起找回人民對民主體制的信任，喚回民眾對政府治理的信心，許給鄉親可以實現的願望與未來。套用鮑威爾前述之話，這才是「我們的歷史、我們的傳統及未來」。所以，本書也獻給關懷公共事務的各地朋友與年輕一輩，以及有志獻身於政治者，希望有所幫助。

宋楚瑜

第 1 章

◆

出任省主席緣起及施政抱負

在有些學者眼中，「國家」被當成一部「機器」（state apparatus），來探討它的任務與功能。既然是「機器」，就不會累，從來沒有人問過：「政府，你累了嗎？」相反的，卻被質疑：政府「當機了」嗎？

政府存在的目的就是服務人民。人民可以休息，政府必須不眠不休，這種道理就像我們要求執勤員警不能打瞌睡一樣簡單。宋楚瑜曾要求他的省政府團隊不能打瞌睡，如果政府打瞌睡，與「當機」（doesn't work）有何分別？

現在有些行政出了問題，就中央與地方互相推諉，宋楚瑜指出省政府的經驗是：中央看不到的，省政府要去看，去找出問題；地方人力財力做不到的，民眾想要做的，我們去做銜接與承擔，所謂「**承上啟下，上下聯繫，隨即支援，因地制宜**」就是最關鍵的十六個字。

他經常說：「人民的小事，就是政府大事，政府不能不當一回事。」「政治有個核心，就是關心平民百姓。」「天大，地大，人民最大。」

他強調「六項理念」、「三R觀念」及「五項對應原則」，轉動了省政府這個龐大「機器」，讓政府功能活絡為一個為民服務的有機體。

1976 年隨經國先生進中興新村，與臺灣省政府結緣

在本書訪談期間，2022年8月10日清晨6時許，宋楚瑜從夢中醒來，趕緊尋找夢境中的照片與剪報資料；照片裡有經國先生、臺灣省政府主席謝東閔、兩位美國記者，宋楚瑜在一旁擔任口譯。

時間是1976年元月3日，美國《華爾街日報》（*The Wall Street Journal*）記者哈特萊（William D. Hartley）訪問經國先生，一同下鄉到南投松柏嶺[1]，省主席謝東閔等人和宋楚瑜陪同。

之後，經國先生與謝東閔一行人又到南投縣南投市中興新村，進入臺灣省政府主席辦公室。這是宋楚瑜第一次踏進這裡；沒想到17年後，宋楚瑜接任臺灣省政府主席，開始為省民工作服務5年9個月。

哈特萊的採訪內容在美國刊出，中央社續於2月6日發出專電，《聯合報》（2版頭題）等媒體於2月8日刊出。這一則新聞記述行政院院長蔣經國施政種種，包括加強國家經濟，擴大政治基礎，以及帶領國家度過一連串危機。

在這篇報導中，該記者引述經國先生於元月3日訪問松柏嶺徽州茶莊店東歐陽坤山和另一位青年的談話。哈特萊在長達4千字特寫裡指出：「蔣院長不帶警衛人員，到鄉間各地去訪問，和農民們閒話家常，當他進入村子時，有歡呼的群眾迎接他。」

經國先生也和村長陳義雄閒聊，進入他們觀看日落、夜裡納涼和日常品茗的長壽亭歇息。陳義雄向院長經國先生陳述，用了太多化學肥料將傷害土壤，農人應多蓄養豬隻，拿牠們的糞尿做肥料，蔣院長只是靜靜聽著和問問題。該文並提及站在旁邊的祕書補充說明：「這是他的習慣。他只是靜靜聽著，等他回到辦公室，就會召見主管農業官員，和他們討論這件事。」

哈特萊文內所指的祕書，宋楚瑜說：「就是我。」

這事本來淡忘了，沒想到竟是這個晨夢勾起這一段回憶。

李登輝要宋楚瑜去臺灣省，「不要瞧不起省主席工作！」

1992年12月31日晚上7:00，辜濂松（曾任工商協進會理事長）邀請李登輝夫婦、連戰、陳履安、錢復、蕭萬長，還有宋楚瑜，到辜家作客吃年夜飯，其間李找連、宋二人闢室簡短密談。李登輝第一次表態，單獨交代宋楚瑜將

---

[1] 南投縣名間鄉的松柏嶺，舊名為松柏坑，位於八卦山南端，海拔約500公尺，是茶葉密集生產地區。

要去擔任臺灣省政府主席，即將被內定出任閣揆的連戰，也當面向宋言明宋將出任省主席之事。

1993年1月3日上午9:30，李登輝再約宋楚瑜到大安官邸，兩人進一步長談至11:30。李再次明確表示宋要到省政府工作，宋楚瑜回答：「地方建設和修橋鋪路的工作非常重要，但是以前沒做過，比較缺乏這方面的歷練與經驗，也不是自己所學與專長之所在。」

這時李登輝以加重語氣說：「你不要瞧不起省主席的工作，這是真正在為老百姓做實在的事，你為地方做了多少，老百姓就受益多少！」李還特別強調，以他多年來的觀察與考察，認為宋是做實事的適合人選，言下多所鼓勵，要宋好好去做，並以閩南話「一步一腳印」鼓勵宋楚瑜勇往直前。

宋楚瑜立即說明：「絕對沒有一點瞧不起省主席工作的意思，而是過去一直在中央工作，的確要在這方面再下功夫，否則怕做不好，有負總統期許⋯⋯。」

宋楚瑜在為本書接受訪談時，特別再三強調這是他對於新職，因「臨事而懼」的關係，不敢存有任何僥倖的心理。

展開邁向中興新村請益之旅

1993年2月26日上午，國民黨臨時中常會通過宋楚瑜任命為臺灣省政府主席案後，宋立即展開拜訪歷任省政府主席行程，這一向是宋楚瑜行事周到且積極的風格。

當日下午，他分別趕去向嚴家淦（第5任省主席，在榮總拜會）、黃杰（第7任，在三軍總醫院拜會）、謝東閔（第9任）、林洋港（第10任）、邱創煥（第12任）等前輩當面請益，也拜會陳大慶（第8任）的太太，並到大直寓所探望經國夫人，向她報備；另赴臺北市博愛路拜會臺灣省議會議長簡明景，晚上又和部分省議員餐敘。宋楚瑜太太陳萬水在日記中記述：「瑜去拜票，可以替國家多做點事了。」

由於省主席任命須經省議會審查及省議員投票，宋楚瑜於2月27日（週

六）下午起，開始全省拜票。首站趕往臺北縣，拜會省議員苗素芳、江上清、游仁和、陳金德、鄭逢時、劉炳偉、劉克、周慧瑛。其間在下午16:30，又拜會總統府資政孫運璿；晚上21:30，為國民黨中央黨部人事與工作交接，和國民黨新任祕書長許水德至大安官邸，晉見李登輝主席，談至23:30。

28日（週日）上午，搭機到臺中拜會省議員童福來、劉銓忠、郭榮振、黃正義、張朝權、謝言信、林進春、游月霞；下午到彰化縣，拜會省議員洪木村、陳振雄。

3月2日上午，拜訪雲嘉兩縣省議員連錦水、黃永欽、陳明文、李雅景；下午拜會臺南縣省議員謝三升、黃秀孟、方醫良、謝鈞惠、蔡江淋；傍晚搭機飛返臺北；19:30到大安官邸晉見總統，談相關人事，其後又會見行政院副院長徐立德、國民黨副祕書長饒穎奇；23:00約見陸軍總部計畫署少將署長夏龍，談到半夜2:30；陳萬水在日記中記著：「找到夏龍，他願意到省府幫忙，這下子我放心了。」夏龍後來退伍加入省政府團隊，成為宋得力助手。

3月3日，常會後的9:50-10:40及11:20-11:40，李主席兩度召見宋楚瑜。

3月4日，搭自強號到臺中，拜會臺中市省議員張溫鷹、何春木、賴誠吉、金萬里、楊文欣；下午到南投縣拜會省議員林春德、馬榮吉、林宗男、簡金卿。

3月5日，到竹苗兩縣，拜會省議員傅文政、林火順、周細滿、邱鏡淳；下午到桃園縣，拜會省議員彭添富、陳進祥、黃玉嬌、黃木添、邱創良、呂進芳。

3月6日，到宜蘭縣拜會省議員盧逸峰、劉守成。

3月8日，下午在臺北會館拜會花蓮縣省議員王慶豐；晚上22:30到凌晨1:00又和李總統會面談話。

3月9日，搭遠航到臺東縣，拜會省議員陳建年、高崇熙。

3月10日，國民黨中央常會通過宋楚瑜祕書長的辭職，並由許水德接任。而宋楚瑜在這日也搭乘遠航到花蓮縣，拜會省議員王慶豐、楊仁福等；下午拜會省議會老議長蔡鴻文、臺北縣省議員周慧瑛。

3月11日上午赴臺中，拜會省議員楊瓊瓔；下午到雲林縣，拜會省議員蘇

文雄、曾蔡美佐、蘇洪月嬌。

3月12日，赴臺南拜會省議員李明通、陳榮盛、蔡介雄；下午到高雄，拜會省議員林仙保、吳大清、鍾德珍。

3月13日，國民黨新舊任祕書長許水德和宋楚瑜交接，隨後趕到新竹市，拜會省議員張蔡美；下午到高雄，拜會省議員曾華德，再趕到屏東拜會省議員余慎、邱茂男、董榮芳，後又拜會議長簡明景。

3月15日，宋楚瑜出席省議會黨員大會，與省議員黨籍同志座談。

3月16日早上9:00，省議會召開審查會，由宋楚瑜進行施政意見報告，並答覆省議員質詢之後，行使省主席同意權。臺灣省議會以53票（八成支持率）贊成同意宋楚瑜出任省主席。隨後，宋楚瑜趕回臺北，已經晚上23:00，進入大安官邸，晉見李總統。

3月17日，下午16:10見賴英照（內定財政廳廳長），16:30見蔡茂興（內定華南銀行董事長），17:00見陳英豪（續任教育廳廳長），17:30見許文志（續任建設廳廳長），18:30見廖勝雄（內定省訓團教育長），20:15見林學正（內定糧食局局長）。

3月20日，在中興新村與連戰進行省主席交接。

3月22日，星期一上午9:00，宋拜訪省議會議長簡明景，希望建立尊重民意、和諧的府會關係。

3月26日，開始到省政府各廳處聽取簡報並認識同仁。

3月30日上午，聽取各廳處報告，見北部各縣市首長並中午會餐；下午再聽取各廳處報告，見南部各縣市首長並晚上會餐。宋楚瑜馬不停蹄，只為能早早掌握省政及各地方實際工作，以立刻進入狀況。

4月1日下午，臺灣省政府主席宋楚瑜首度在省議會做省政施政報告，秉持「永續經營」理念為省政建設竭盡心力，並以「為而不恃，功成而弗居」自勉。

由上可知，國民黨中央常會通過提名宋楚瑜出任省主席案，到省議會對宋楚瑜行使同意權，這段「準備時間」不過20天。這是宋楚瑜進入省政工作的第一步，他先到21縣市走一趟，向省級民意代表——省議員一一請益，無一

缺漏，以了解地方建設狀況，並表示誠意與鄭重之意，建立起民眾與輿情的好評，接著立即到每一個省政府廳處局聽取簡報，和團隊同仁見面認識。簡言之，以最短的時間「進入狀況」。

由下往上方式落實基層

宋楚瑜雖有良好的學能基礎，卻猶肯砥礪學習；尤其，他近身追隨經國先生14年（詳參《蔣經國祕書報告！》，商周，2018年），有許多機會觀察經國先生理政及與民互動，這一段「學徒生涯」彌足珍貴，讓他習得紮實功夫，挹注日後行走江湖，絕非只有「半瓶水」或「一招半式」。以1993年3月15日新竹市拜訪省議員為例，他就表現得不錯。

雖然只是「準省主席」，拜訪省議員仍是地方大事，新竹市展開熱烈儀式，會中準備一個七層大蛋糕邀請宋楚瑜去切。令人意想不到，他特別以由下往上方式切開蛋糕，並且慎重表示若順利出任省主席，將以這種由下往上的方式與精神，來重視基層及落實工作，可以想見當場他獲得如雷掌聲。

後來擔任《中國時報》省政特派員夏珍在《宋楚瑜中興紀事》（時報文化，1998年，頁39）曾記載一段：「為了省議會準備破天荒的比照立法院，對省主席行使同意權，宋楚瑜南下，逐一拜訪朝野省議員……。」

其實，從宋楚瑜的政治路看，他是經國先生千挑百選的人，陪著經國先生上山下海，歷經各種國內、國際與兩岸等政治場域大大小小事件的千錘百鍊，積累了厚實的底子，所以當他一到省政府後，也就自然而然很快速的上手進入情況；也不怕千辛萬苦地行遍臺灣的千山萬水，深入了解民瘼，解決民生問題，更為造福千家萬戶，時時絞盡腦汁，千方百計想方設法，只盼能為臺灣打下千秋萬世的發展基礎。

上台與下台，台上與台下

「上台與下台」說的是領導者的取捨智慧，「台上與台下」有時則是展

現領導者和民眾在一起的互動機智。

　　宋楚瑜的湖南先哲曾國藩有一對聯語：「盛時常作衰時想，上場當念下場時」。宋楚瑜很機智，以前有位記者訪問他，關於政治人物下台的智慧，他拐個彎回答說：「我從來沒有想過自己上台，又怎麼會有下台呢？」這則軼事曾轉載在《讀者文摘》中文版上。

　　這則故事若有續集，該是1994年3月3日這一天，他快做滿省主席一週年，和許多基隆人在一起。

　　那是基隆市東勢坑溪攔河堰舉行開工典禮，照例由省主席主持，因而宋楚瑜等人坐在台上，參與的民眾坐在台下。

　　主辦單位做簡報時，為讓宋楚瑜看清楚，遂將簡報資料對著他，可是台下的觀眾就只能看到簡報資料背板。宋楚瑜見狀二話不說，馬上起身「下台」，坐到「台下」群眾席，與大家一起聽簡報，這時全場大小的官員都看傻眼，忙著將簡報板轉向台下觀眾。

　　基隆是臺灣有名的雨港，這一次發生極其嚴重水荒，民眾當然心急，想了解政府有何對策；省政府立即端出辦法，除了調動水源應急，還要興建東勢坑溪攔河堰，西勢溪挖除淤泥，新山水庫要加高（並參本書第13章）。

　　最關心這些事情的，當然是這裡的市民，主角當然是市民。宋楚瑜頭腦思緒很清楚：省主席和官員等都是「報告人」，基隆市市民是「老闆」。

開始說起「三七五」閩南語

　　1993年2月10日國民黨中常會會後，李登輝曾找省議會議長簡明景，告以將提名宋楚瑜出任省主席的想法，簡明景直率地陳明當時省議會的生態，並說：「宋仔要通過省議會的任命，哪有那麼簡單！」（引自夏珍，《宋楚瑜中興紀事》，頁37）

　　此時，宋楚瑜趕到每一位省議員府上拜票時，開始說起「三七五」的閩南語，例如**「吃人一口，報人一斗」**（即受人涓滴，當思泉湧回報），表明

他雖然是「外省人」，7歲就來臺灣，「不是臺灣人，是啥米人？」

值得記述的，3月16日省議會進行省主席資格審查會時，民進黨省議員為了「考」（或「烤」）宋，不准有人在旁協助或打小抄，詢問的問題與言詞均十分犀利，而且拿出五穀雜糧要宋楚瑜一一分辨，宋都過了這些關。以下是其中精彩的一例，一位民進黨女省議員和宋楚瑜的一往一來的「過招」：

女省議員：「宋先生，你在臺灣住了多久？」

宋楚瑜：「我7歲來臺灣，已經住了40幾年。」

女省議員：「宋先生，那你曾經留學美國，在美國多久？」

宋楚瑜：「我去美國留學和打工前後有8年。」

女省議員：「宋先生，你在美國8年，講英文講得和美國人一樣；你在臺灣40多年，卻連臺灣話都不會講，你還口口聲聲說愛臺灣？」

宋楚瑜：「大家都知道，蔣經國先生很愛臺灣，但他說閩南話也不是很『輾轉』（指說話流利通順）……。」

女省議員：「你能跟蔣經國比嗎？」

宋楚瑜：「我曉得，**語言是表達愛的很重要工具，但卻不是唯一的工具。要不，啞巴就不能愛人嗎?!**」

女省議員：「好，通過。」

宋楚瑜：「謝謝您的指教，我今後一定好好學臺灣話。」

此後，宋楚瑜真的下了功夫學閩南語、客家語和各原住民族日常問候用語，以示對各族群的禮敬與尊重。更重要的是他認真下鄉，走入基層，傾聽民眾的心聲並解決民怨。有趣的是他學閩南語、客家話，不是請老師上課，而是「活學活用」，向幕僚同仁學，向民眾學，用「心」學，而且「博學強記」。

「外省仔」在臺灣省工作，各種方言都要學

從擔任政府與政黨工作起，尤其國發會「凍省」以來的風風雨雨，宋楚

瑜遭到不少汙衊，諸如以「宋楚瑜出生於大陸，布袋戲史豔文[2]被禁[3]」、新聞局局長宋楚瑜下令「禁說臺語」等大做文章，亂做文章。

宋楚瑜寧願相信民眾非常清楚，他出生於大陸，絕對無礙於對這塊土地及民眾的深厚情感，事實證明史豔文被禁的時間是1975年2月，宋楚瑜是時還未到新聞局工作；而且宋楚瑜到新聞局工作後，不但沒有「禁說臺語」，還增加閩南語節目播出時數，也開始播出客家語節目[4]。

宋楚瑜勤跑基層，勤練閩南語。以外省腔調，講臺語、客語、各族原住民語，這成為宋楚瑜獨有的特色。

---

[2] 史豔文是臺灣電視布袋戲於1970年開創首播鼻祖戲《雲州大儒俠》的男主角；此一布袋戲是黃俊雄及其父親黃海岱改編自清代章回小說《野叟曝言》的創作戲碼，曾創下97%的超高收視率。

[3] 《史豔文》之所以被禁，應不只一、兩項因素，據了解其中重要原因是在於當時引起一些的模仿效應，例如小學生學藏鏡人戴斗笠與布簾遮臉，或說著藏鏡人的口頭禪「順我者生，逆我者亡」，曾在過馬路時嬉戲，並發生不少交通事故。此一禁播措施是否妥當，以今日觀點，雖見仁見智，但當時確無因「方言」而予以停播問題。宋楚瑜擔任新聞局局長後，反而做了些調整，還向黃海岱學習布袋戲，並與黃俊雄建立相當好的友誼。由於前幾任新聞局長都是宋楚瑜的長官，幾十年來他對因為《史豔文》被禁所遭受的誤解，從未公開回應或澄清，但是以下這份會議紀錄應可將事實真相說清楚──1975年7月11日上午10時，行政院新聞局舉行第11次電視業務座談會，此一座談會由新聞局局長丁懋時主持，臺視、中視、華視三臺負責人及相關官員出席。其中討論提案之一是香港嘉藝電視臺擬委託光啟社，請黃俊雄布袋戲劇團製作《六合三俠傳》節目出國播映，此劇即過去在國內轟動一時之《史豔文劇集》。該座談會紀錄記載，該劇集「自本（1975）年二月起停播，此類布袋戲是否適宜大量輸出，敬請討論。」此一討論提案結論是：「此類布袋戲不適宜輸出國外播映，請新聞局設法疏導。」亦即《史豔文》被禁時間是在1975年2月，斯時是錢復擔任新聞局長，而宋楚瑜是於1977年6月6日才到新聞局擔任副局長至1979年1月15日，1979年1月25日至1979年6月14日擔任新聞局代理局長，1979年6月14日至1984年8月24日擔任新聞局第9任局長。由此可證，《史豔文》被禁時，宋楚瑜尚未到新聞局擔任任何職務。除此，在他局長任內，「電視業務座談會」也未再召開。

[4] 2016年8月13日，宋楚瑜接受壹電視《正晶限時批》節目專訪時，就明白指出「除非我是神童，可以7歲就下令大家不能說臺語」（宋楚瑜來臺時7歲，政府已經開始推行國語運動）。其實，說到禁講臺語和方言，有其時代背景，那是臺灣光復初期，大陸來臺人士大增。1949年中央政府從大陸撤退到臺灣，陸續超過200萬人來臺，大陸各省的方言相當多，造成溝通上困難，於是在1946年開始加強推行國語。1958年臺灣省政府推行說國語運動，口號「語言不統一，影響民族團結」，在學校必須使用國語，電影院禁播方言，那時甚至對小學生不說國語有處罰的過當措施。宋楚瑜在1979年1月才上任行政院新聞局代理局長，顯見他與此政策決定並無關係。事實上，新官上任的宋楚瑜在初期，掌理業務係依循既定政策，但也隨著對業務的熟悉，逐漸對上任前就推行已久的廣電政策適時做了調整，如臺語節目播出時間，就創當時歷任以來最長的紀錄。他說他一向是就說是，不是就說不是。而另一個事實是，他在新聞局長任內，不但增加閩南語節目的播出時數，讓晚間八點檔黃金時段，同時在臺視和華視播出楊麗花和葉青的歌仔戲，也開始了客家語節目的播出；這在當時還與立法院有些資深立法委員有不同的意見，因為他們堅持廣播電視節目應以國語播出為主。

他學閩南語，非始自省政府時期，而是國民黨中央委員會祕書長時，跟李登輝下鄉，與地方人士交談時，有如「鴨子聽雷」，才慢慢從收看閩南語節目學習。

剛開始的一些讀音，就弄得他頭昏腦脹，七葷八素的。

例如，臺「東」與屏「東」、士「林」與樹「林」、楠「西」與東「西」南北、大「人」與「人」物，字同卻讀音不同。

又如剛到省議會，一位省議員要他唸「去香港買香香真香」，三個「香」的閩南語音皆不同，他唸成「一團」，笑得議員諸公人仰馬翻，合不攏嘴。

沒想到沒多久，他的閩南語「進步」了，因為他敢一段一段的講了。該講時就講，該秀時就秀，講得「很破」，又喜歡講，還自嘲是「三七五」，民眾聽了卻感覺「很爽」，可謂「全臺第一人」。

外省籍政治人物講臺語，能講而且講得好的人不少，那時帶動此風的是宋楚瑜；他講臺語的「效（笑）果」亦無人出其右。

但是，有人質疑他，為何以前不擁抱群眾，不講閩南語？現在為什麼又要學又要講？

他這麼回答，這是環境使然，過去在中央服務，工作上就不太用到閩南語。而且自小時候，中央政府遷臺，各省人士到臺灣，開始推行國語，加上他中小學老師不少是外省籍，尤其在士林初中時的老師幾乎都是外省人，所以很少有機會練習河洛話、客家話，連自己父親家鄉湖南話也不太會說，因為媽媽是蘇州人。只是後來工作性質不同，必須接觸民眾，深刻了解民情，為了便利溝通，以50歲的年齡努力學習，這種誠意是不是值得鼓勵！

即使可以在言行舉止與民親近，宋楚瑜心裡清楚得很，親民愛民要隨俗，但絕不是媚俗。他說：「我有誠意學好閩南語，也會學客家話及原住民各族群問候語；不過，最重要的是誠心誠意地、實實在在地為老百姓做事。」

政治就管三件事：掌握政策方向、資源分配與用人

政治學泰斗伊斯頓（David Easton），曾任美國政治學會會長，在其名

著《政治體系》（*The Political System*）對「政治」下過一個註解，指出那就是「社會的權威性價值分配」（the authoritative allocation of values for a society），政治學即是研究如何為社會做權威性價值分配的科學。宋楚瑜加以詮釋指出，「扼要而言，政治即是管三件事：（一）掌握政策方向（目標）；（二）資源分配；（三）用人。」

宋楚瑜在《從威權邁向開放民主》（商周，2019年，頁576）曾指出，「總統蔣公逝世後，經國先生在國家戰略思考上毅然捨棄軍事，採取（一）厚植臺灣經濟實力與（二）積極推動臺灣民主開放兩大政略。這即是政治第一要事——掌握政策方向，也是策略規劃和戰略管理所謂『總體目標』的擎天之舉。」這是國家層級的政策方向（目標）。至於省政層級的政策方向（目標）呢？宋楚瑜以為省長的天賦責任是縮短城鄉貧富差距和創造均富社會。

所謂「資源」，大略區分成經濟、政治與社會三方面，宋楚瑜認為不管哪一方面的資源，都要做到分配公平與利益共享，主政者若因地域、職業、政黨或派系不同而採取差異手段，必然影響社會正面發展。

宋楚瑜特別強調「分享」的重要性[5]。在以前的威權體制下，「分享」可視為將已到手的權力或資源釋放出去，也許是政治上的賦權（empowerment），使基層或某些部門獲得資源、決策權或行動權；但若不能做到主動「分享」，則可能變成「被分享」，亦即形成權力基礎由下而上（bottom-up）的壓力與挑戰。

在用人方面，宋楚瑜強調富國利民之道盡在於此，「眼光務須寬廣，任賢適才適所，不是以任用『自己人』來鞏固權力，而是以『理念與信心』和志同道合者相結合，既有專業，且有熱誠，進而與民眾站在一起，為民眾解決問題。」

為民服務工作固然要體察民情且尊重民意，另方面宋楚瑜十分重視對內

---

[5] 宋楚瑜非常敬佩經國先生有先見之明，他明瞭「主動分享」是趨勢，卻也同時遭到來自國民黨內「不同聲音」的阻力，但他很堅持，高明之處在於以「家長的權力」來結束「家長統治」。當時如果經濟的、政治的與社會的「資源」一直被壟斷，或掌握在長期執政的國民黨手裡不放，那麼所形成的底層反彈力道相互激盪，臺灣由威權走向開放民主絕不是「不流血」的「寧靜革命」。有關各類型資源分享可續參《從威權邁向開放民主》，頁15, 580-581。

要有領導力（leadership）：「這須以政風廉潔與考核追蹤作為基礎，執行力就是要靠研考追蹤與吏治澄清，否則會侵蝕勤政的基石與結構。」本書第17章〈研考追蹤有始有終〉主旨即是宋楚瑜一再強調的「**執行力就靠追蹤力**」。

身為政府機構的領導人，好像是擁有許多分公司的執行長（CEO），要讓每一支隊伍都動起來，不能沒有說服團隊的願景。宋楚瑜指出：「我可以不唱動人的口號，但不可以不激勵士氣。我帶領員工，一向獎懲分明，要你努力完成，則須給予相對的資源配置與踐履條件；員工有執行問題時，也要幫忙設想並排除困難。」但宋楚瑜也明示同仁：「我不能帶給你財富，也未能帶給你什麼好處，但我會帶給你共同創造的團隊榮譽感。」

宋楚瑜認為，無論面對多麼複雜的問題與困境，作為政治領導人就須隨時檢視「政治即管三件事：掌握政策方向、資源分配與用人」，這是觀察和判斷事情的視角，以及施政引以為據的「心理雷達」；他還說做此「三件事」時，萬勿忘記資源「分享」和「共享」成果。

宋楚瑜衷心強調，這是現代政治的準則鐵律：「你不要不相信，有些人、有些團體或有些政黨**不懂得分享和共享的奧祕，或許得逞得利於一時，終歸失去！**」

六項施政原則：讓政府機器動起來，不能「卡卡」的

「同樣都是機器，有好有壞，有功能強的，有功能弱的；就好像3C產品，有些運作起來挺順暢的，有些則是『卡卡』的。」宋楚瑜說。

「六項施政原則」在宋楚瑜就任省主席第三天（1993年3月22日）提出，這是星期一，省政府舉行了擴大首長會談。宋楚瑜融合了16日向省議會所提施政理念報告要點，整合成以下條列內容，分送各廳處局首長和同仁參閱：

（一）**民主**：對於省議會各位省議員、地方民眾或輿論等所反映之意見，各單位均應予重視，並妥為研究處理。

（二）**均衡**：對於區域間之均衡、族群間照顧之均衡、中央與地方，以及省與地方權責之均衡，均為往後應重視之問題。

（三）**落實**：省政工作有其連續性，因此本府歷任主席任內所提諸多立意甚佳之政策、施政作為及計畫，請各單位繼續落實執行，俾使省政建設工作有整體一貫性之效果。

（四）**參與**：省政建設工作除由政府各機關積極推動辦理外，同時亦應鼓勵民間共同參與。

（五）**協調**：省府各單位今後應加強發揮溝通協調功能，以化解各種不必要之誤會，俾彼此凝聚共識，共同促進省政建設之順利推展。

（六）**團隊精神**：政府各項施政非某單位或個人「單打獨鬥」所能奏效，必須有賴各單位及全體同仁本於團隊精神通力合作，才能發揮整體施政效果。

三 R 政府：無須面面討好，要向民眾講清楚

宋楚瑜始終堅信「**民主政治，天大，地大，百姓最大。**」繼而在1993年5月4日省政府月會中，向同仁提出「三政府」的觀念，亦**即現代化的政府具備三個R：Responsible（負責任的）、Responsive（有反應的）及Reasonable（講道理的）**。前面的兩個R，他在行政院新聞局時就已提出，到了省政府與民眾增加互動後，令他體會了第三個R，希望和團隊同仁戮力做到。

三R無疑是政府為民服務的目標，也是施政過程中的指標。如果過程與最後結果三者兼具，這是最好情況。可是在執行中，難免會遇到彼此衝突的狀況，甚至有如「三腳督」與「三國鼎立」，這時政府就要能磨耐磨，用心花一番功夫[6]。最為重要的，**不管面對多大困難，為何這麼做或不能做，都要向老百姓說明白和講清楚。**

---

[6] 東漢末年三國演義故事蘊藏諸多智慧，魏蜀吳三國之間的敵我關係複雜多變，有三方死拚，有策略聯盟，有倒戈相向等；宋楚瑜在《從威權邁向開放民主》（商周，2019年，頁25-26）指出，「戰術或可模糊，但戰略要明確清晰，童叟無欺，老少皆悉。」他曾以大陸連續劇《三國》為例，劇中演出東吳大都督魯肅與呂蒙對話，揭櫫「聯蜀抗魏」不見得是不變戰略，應要盱衡時勢，因勢利導，「聯弱抗強」，若蜀弱就聯蜀，魏弱則聯魏，要知通權達變，更重要的是要莊敬自強，那才是根本之途。

本書各章陸續以許多實例，為宋楚瑜落實民眾服務定性：「**政府工作並非兩面討好，不可能面面討好；讓政府三R功能發揮出來，才能帶動政府團隊榮譽感與做事能量！**」

以下僅舉宜蘭縣龜山島是否開放觀光一例，說明三R之間相互關係，並藉此將宋楚瑜為民服務的施政風格彙整總結成「行動哲學」、「現場哲學」和「補位哲學」的外顯知識（explicit knowledge）[7]，俾供讀者參考[8]。

「全省走透透，龜山島走不到？」

宜蘭縣龜山島[9]是否開放的問題，曾經喧騰一段時間。之前，宜蘭縣議會議長羅國雄曾在21縣市議會正副議長晉見總統李登輝時當面提出，李總統也認為此一問題，應加以了解與考量。宋楚瑜到任省主席後，省議員盧逸峰、劉守成等，也再次反映地方的意見與看法。

地方對此一問題的呼聲非常大，現在又是民意高漲時代，對於地方的意見與民眾的需求，迅速予以回應，給它立即開放，不就好了?!

但是，政府只顧慮「有反應」這一項，是不是同時做到了「負責任」？

宋楚瑜堅持任何大小施政，從頭到尾都要負起責任：「政府領導者和從政人士不能倖進，抱持『頭過身就過』心理；即使到卸任之後也要受檢驗，並溯及既往。」

宋楚瑜不會做沒有依據的決策，他立即與國防部部長孫震幾次溝通；宋楚瑜的方法是：「與其說了一大堆，不如親自走一回；與其省政府或某一個

---

[7] 將知識區分為內隱知識（tacit knowledge）與外顯知識（explicit knowledge）的先驅者係猶太裔哲學家博蘭尼（Michael Polanyi, 1886-1964），他堅信且主張「我們知道的比我們能說的多」（We can know more than we can tell），認為以文字、數字、圖表等所能表達的外顯知識只是冰山一角，在做某事的行動中所擁有的知識，亦即看不見和摸不著的內隱知識，更加重要。

[8] 也就是說，宋楚瑜雖然一再提及行動、機動、走動、走透透、現場與補位等概念，卻未刻意標榜三個「哲學」。「行動哲學」、「現場哲學」和「補位哲學」三個用詞在本書中，會以實例說明宋楚瑜著重行動、力行與知行合一。

[9] 龜山島隸屬宜蘭縣頭城鎮，位於蘭陽平原東面太平洋上，與烏石港相距約10公里，因島型頗似浮龜而得名；宜蘭人外出回鄉時，只要望到龜山島，就知道到家了。1977年以前，龜山島都有人居住，其後由於軍事防衛關係，政府要求居民內遷本島。

機關單獨做決定，不如與國防部聯繫，由省政府會同宜蘭縣政府、民意代表及地方人士一同去看，這是面對民意呼聲的回應。」

於是1993年5月1日，他邀同國防部部長孫震、參謀總長劉和謙、陸軍總司令陳廷寵一同造訪龜山島，實際了解狀況。此行看到的狀況是，龜山島地形險要，對臺灣本島軍事防禦極為重要，但島內物資缺乏，連駐守那裡的官兵生活條件都不好。「怎麼不好呢？令人想不到，這個島連碼頭都沒有，不是不建，而是建過，很快被沖毀，官士兵登島得涉水上岸。全島的平地面積很小，多為陡坡，沒有電，還缺水，駐軍用水得靠船舶運補……。」宋楚瑜說明當初登島所見。

宋楚瑜綜合大家看法：「島內尚無水電、住宿等相關設備，民生物資極度缺乏，船隻無法妥善靠岸，若是貿然開放，是要老百姓去觀光？還是去摸黑探險？」

政府對民眾渴望開放龜山島，是應該「有反應」，同時必須一同考量的還有國家安全與民眾安全等，一定要盡到必要的「負責任」。然而，這兩個R若是相互衝突，又該如何處理？

這時就需要另一個R站出來——Reasonable（講道理），宋楚瑜強調：**「將事實告訴民眾，清楚地讓大家明白，為什麼這個要這樣做，為什麼那個沒辦法做到。」**

政府不是只當「好好先生」，只為「討好民眾」，宋楚瑜出任省主席時，宜蘭龜山島尚未開放登島，但他認為不能開放的理由與考量為何，要讓民眾知道與理解。民眾對龜山島有期待、有呼聲，但上面有官兵駐守，卻登島觀光，實際條件顯得不足。這些評估結果，也非頭城鎮公所、宜蘭縣政府，以及事涉國家安全當事人國防部所宜單獨說明，「省」就應充作其間協調者，出面整合各單位，並向大眾解釋，這即是宋楚瑜一再強調的「補位功能」。

其後，由於政府提倡觀光，實施週休二日[10]，終於在宋楚瑜推動下，經

---

[10] 1998年1月1日，全臺灣開始施行隔週週休二日；2001年1月1日起，實施週休二日。

過李總統指示加補設施，龜山島於2000年開放，解除軍事管制，並以抽籤方式管制登島人數。

不標新立異：行動哲學、現場哲學和補位哲學

從龜山島一例，即可大約明瞭宋楚瑜在臺灣省做事風格，離不開「行動哲學」、「現場哲學」和「補位哲學」。龜山島只是一例，本書將舉許多關於他與省民和這塊土地互動例子，每一個事例裡都有「行動哲學」、「現場哲學」或「補位哲學」的「裡子」。

臺灣地方不大，但是南北、東西卻有很大的差異，而在同一個島上，法規應是一體適用，但在適用過程中，卻常有窒礙難行之處。宋楚瑜曾舉山坡地開發為例，依照規定必須10公頃以上，始可核准大規模開發使用，但以基隆市幅員來說，能有幾個10公頃可供開發利用？如果是以衡量嘉南平原大面積的土地政策，適用到澎湖、基隆等地方，那對於相關的法規及原則，就須重新通盤考量檢討，省政府就應從實務的觀點，向中央陳報反映，就目前合法卻不合理的法規予以通盤檢討。

臺灣那時是典型的發展中社會，是一個不斷進步的社會，隨著社會變遷的加速，不斷產生新的需求與新的問題；宋楚瑜特別強調，要有新的方法、更大的耐心來因應。他曾經分析，省政府有兩大任務：

其一，把過去認為不是問題，而現在逐漸衍生的問題加以處理。

其二，是籌劃未來，不要以為今天辦好的事情就可以停頓，今天解決了問題，明天又有新問題、新的狀況，都要預為籌謀。

身跨臺灣省地方自治的新舊兩階段時代，擔任過同一個「位置」卻屬性不盡相同的省主席與省長兩個職務，同時是第一任也是最後一任的省長，宋楚瑜對於自己或省的「政務性質、責任輕重、能力大小」知之甚深。甚至空前絕後，因為這種際遇，不僅史無前例，以後的人也不可能遇到。

省民對他始終給予高支持度肯定，他感到欣慰與感激，也窮盡最大、最真誠的心力，與省政府團隊戮力奉獻；他對省的工作定位，有一個非常中性

卻頗為靈活的解釋：「那就是補位，凡事務不屬於中央或中央不願意做的，地方又無力做的，省就來補位。」

老子《道德經》有句名言：「治大國，若烹小鮮。」對此意涵每人解讀各異，但確實政府施政就像「煮小魚」一樣，是不宜多加攪動，亦不宜都不動，動與不動皆以民眾利益做考量；馬西屏在《百分之九十的祕密》（時報文化，2006年，頁81）裡說得好：「力行RRR，民眾才不會啊啊啊！」

四大價值與「省長誓約」的實踐

開臺聖王鄭成功曾說：「臺灣為先人故土，手闢草萊，可為萬世不拔基業。」宋楚瑜做了這番詮釋：「先人故土，所以明吾民族由來；手闢草萊，所以示創業之不易；萬世不拔之基業，所以開源遠流長。」

宋楚瑜在省政府辦公室裡，特地擺了一幅「先民渡海圖」[11]，用來緬懷先民開臺的辛酸血淚。當時渡海極為冒險，必須渡過時人稱為「黑水溝」的臺灣海峽，上了岸還得面對瘴癘之氣的挑戰，再追求基本的溫飽。

這種與天然搏鬥的情形，要到劉銘傳時代才有比較全面的改善。宋楚瑜說，此前有鄭成功在南部的建設，其餘地區都是篳路藍縷的拓荒史，也是血淚堆積的滄桑史。他在美國看過許多西部拓荒的電影，但「想一想他們的遭遇，恐不及我們先民。」

從臺灣移民這個大環境來映照自己，他一直強調熱愛斯土，雖然他是外省人，但「我是吃臺灣米大漢，我知影（即知道的意思）『吃人一口，報人一斗』。」

宋楚瑜最感欣慰的，是省民對他「從不見外」，讓他感覺到「咱臺灣是一個有感情、有公道、真正公平的社會；肯打拚、肯努力、有能力的人，就

---

[11] 這幅圖由畫家冉茂芹所繪，伴隨著宋楚瑜幾十年；畫的左邊是載送先民橫跨海峽的帆船，船邊是一群穿著唐衫的移民走向海岸，中間一位手裡捧抱的是媽祖神像，眾人目光中懷著憧憬與希望。宋楚瑜以這幅畫提醒自己要全力打拚，協助省民安身立命，建設臺灣成為和樂家園，這是省主席、省長不能或忘的責任。冉茂芹的作品也出現於《過臺灣》14集影片的片頭，該影片是中國大陸中央電視臺（CCTV）拍攝推出。

能出頭天」。

撫昔觀今，滄海桑田，宋楚瑜認為臺灣人有一種精神，那就是臺灣人不認輸、不怕輸的精神；他歸納出臺灣人追求四大價值：「追求族群的和諧」、「追求社會的公義」、「追求機會的均等」與「追求生活品質的提升」。另外，他也觀察到，臺灣人在意的不是誰在當官，在意的是：誰能真正替他們解決問題。

凡此，使他堅信「人在做，天在看」，「民主政治，天大，地大，百姓最大」，也讓他一再竭誠盡力：「只要這個社會還有人生活在陰影之中，生活在痛苦之中，我們就永遠不會滿足。」

以下這幾段文字，可視為一直刻在他心版上的「省長誓約」，也就是1994年12月20日，就任臺灣省省長典禮中的公開宣示：

——如果我們大城市的自來水普及率高達98%以上，但卻仍有民眾生活在缺水的陰影下，我們絕對不會滿足。

——如果我們的教育水準和品質不斷提升，但仍有偏遠地區的居民，他們的子弟上下學必須爬山涉水，而教育的軟硬體設施卻又極其的簡陋，這些問題如果不能解決，我們永遠不會滿足。

——如果這個社會還有弱勢團體照顧不周的問題，我們永遠不會滿足。

——如果低窪地區的淹水問題不能解決，我們絕對不會滿足。

——如果我們的農民終年辛苦，所得到的卻是菜價跌到只有兩塊錢，仍無人問津，而漁民長年在海上捕魚，卻只夠溫飽，我們永遠不會滿足。

——只要我們的榮民眷村一家十幾口人擠在一個不到十平方米的小房間中而不能解決，勞工朋友眼看房價節節高升而無力購買，我們也絕對不能坐視不管。

這一段也是就職省長時所說，他清楚省民要他做什麼：「省民希望宋楚瑜能替大家好好服務；省民希望宋楚瑜能夠把大家希望解決的問題加以解決；省民希望宋楚瑜能把累積民怨的陳年老案繼續妥善處理；省民希望宋楚瑜在全省各地所做的承諾加以貫徹執行；省民希望宋楚瑜和他的省政團隊為

臺灣省開創另一個光明的、嶄新的紀元。」

以上的「省長誓約」，即是宋楚瑜發自內心的人性關懷，進而具體實踐於可供民眾共同享有的基礎建設之上，舉凡飲用水供應、各種大小路能四通八達、衛生醫療或老年人照顧無缺、國民教育設施逐步健全、原住民部落與離島偏鄉基本生活需求與城市居民無差別待遇，並免於天然災害侵襲或生活上及心理上恐懼等。

為政之道無他，心存百姓，耐煩而已

前面提及「政治就管三件事：掌握政策方向、資源分配與用人」，在這裡還要接連到「常識（理）說」與「人性說」；這是宋楚瑜的政治工作觀，也是他認為為政者，尤其是經由選舉取得領導職位者（在古代或稱「父母官」，現代以「政治領導人」名之），所應具有的責任倫理（ethic of responsibility）。

孫中山先生將政治定義為「管理眾人之事」，前面提到伊斯頓對「政治」註解為「社會的權威性價值分配」，宋楚瑜則從「管理者」及「領導人」的角度切入，側重為政「為所應為」及「有所為，有所不為」，特別強調政治就是常識（常識說），以及政治就是人性關懷（人性說）。這和宋楚瑜在美國完成深造教育有關，也是他回國後在各個工作崗位歷練時與同仁相勉，並將理論和實務相結合之後的一些心得。

他在美國求學時，甚為熟悉一位和甘迺迪總統友好的前眾議院議長歐尼爾（Tip O'Neill）所寫的從政實錄，書名是《所有的政治就是照顧地方》（All Politics is Local）。宋楚瑜對這本書的書名做這樣翻譯，並為該書闡釋：「如果我不照顧地方，我就不能當選眾議員，自然當不成眾議院議長。不能當選，即便有滿腔熱血、滿腹抱負，也是枉然。」

歐尼爾從麻省（Massachusetts）的州議員幹起，之後連任美國眾議院議員34年（1952年至1986年），並擔任眾議院議長達10年。歐尼爾所說的道理，是西方民主政治運作中的民意政治，也就是選舉政治的精髓。引用歐氏名言的

人很多，宋楚瑜也是引用者之一。不過，他融入他個人在臺灣為老百姓做事的體會，添加了政府工作團隊的概念，將這一句話做了兩種註腳：

一是「所有政治的道理，都是常識」（All politics is common sense），亦即政治的根本道理並沒有這麼複雜，不需要用民調就知道政府要處理好人民最基本需要的衣、食、住、行、育、樂六大問題。

其二是「所有政治的道理，都是人性關懷」（All politics is human concern），也就是為政者要有「同情心」與「同理心」。宋楚瑜常以common sense的方式，將一些政治學的理論或道理，說成大家都聽得懂的話，比如宋楚瑜一再講的「民眾的小事，就是政府的大事」、「官員吃得苦中苦，百姓方為人上人」、「政治有個核心，就是關心平民百姓」。

宋楚瑜認為，經國先生主政時期被稱為「經國之治」，即在於「心中有百姓」；《貞觀政要》第一卷開頭即說：「為君之道，必須先存百姓。」其要義也是「心中有百姓」，換成現代的話即是：「弄清楚老闆是人民！」所以，絕不能單以管理者角度看問題，而是要從人民的角度看問題，才能把對脈，才能對症下藥，才能人民幸福安樂。

宋楚瑜在《蔣經國祕書報告！》（2018年）裡，對經國先生的治國之道做了一個總結：「為政之道無他，心存百姓，耐煩而已！」這也是宋楚瑜從政的心法與心心念念之所在！

政治就是人性關懷，將「不忍人之心」轉化成「不忍人之政」

相對於法律有所規定，為政者和政府官員還必須循理做事。「常理說」所講求的，是政府領導者所思所為都應基於「常識或常理」，同時要帶領出團隊成員的主動行為與積極行為。

本書多處引用宋楚瑜所說「宇宙之間有最基本的道理可循，水往低處流，人往高處爬」，這說的即是常理及人性，也就是宇宙秩序和人類生息能維繫至今的基本理則。例如，讓老百姓喝乾淨的水、婦幼安全、弱勢族群照顧，不都是一種基本常理，那就不必由專家學者、民意代表來再三提醒，不

必由老百姓三催四請，本來政府就應積極主動，好好重視，好好去做，無虧職責，善盡本分。

「常理說」講究「應當（should）或不應當（shouldn't）」的倫理規範，訴諸於比法律規範更高層次的人性訴求。譬如讓老百姓都喝得到自來水（應當），被水淹（不應當），能公平享有現代生活水準（應當），這些是天經地義的事，那就不用成天打高空，只掛在嘴邊講，而是確實負起職責。宋楚瑜強調，建立政府對人民的信用，讓人民對政府有信心，對政府施政有感，這就像媽媽應該照顧孩子，那是出自於天性一樣。

宋楚瑜的「四大價值」或「省長誓約」，所說的都是人人很容易明白的淺顯道理。有太多人都曾以這些理念來贏得選民的支持，不論政治人物或老百姓都不陌生，這並不是宋楚瑜一個人的發明。但政治不應是「吹牛皮」的工作，不該是「只會說，卻做不到」的職業，宋楚瑜覺得臺灣發展到現在，特別需要很務實地追求這些價值理念。

當從政者踏入政治場域，對於社會不公平、老百姓生活差距感到不滿足，而與他的同仁同心協力，將「不忍人之心」轉化成「不忍人之政」，亦即是「人性關懷的施政」。

1 | 美國《華爾街日報》記者哈特萊訪問經國先生，於1976年1月3日一起到南投鄉下，之後又到中興新村省主席辦公室。右起省主席謝東閔、經國先生、宋楚瑜（擔任口譯）及哈特萊；這是宋楚瑜第一次「接觸」省政府，17年後擔任省主席。

2 | 1993年3月20日，在中興新村與連戰進行省主席交接，宋楚瑜由代理主席涂德錡（左）手上接下印信。

3 | 宋楚瑜於1993年3月20日就任省主席，即在辦公室簽批公文並開始落實與團隊同仁「將民眾的小事，當成政府的大事」辦理。

4 | 宋楚瑜在省長（主席）辦公室裡，特地擺了一幅「先民渡海圖」，用來緬懷先民開臺的辛酸血淚。

5 | 1994年12月20日在臺中市體育館，
舉行第一屆民選臺灣省省長宣誓就
職典禮，由行政院院長連戰監誓。

6 | 1984年4月，宋楚瑜擔任新聞局局
長時，曾至第7任省主席黃杰寓所
請益。

7 | 中視公司新建大樓落成，副總統謝
東閔（曾任第9任省主席）主持按
鈕啟用；右起國民黨祕書長馬樹
禮、司法院院長黃少谷、謝東閔、
國民黨中央文工會主任宋楚瑜、中
視董事長楚崧秋及中視總經理鍾湖
濱。

8 | 1979年10月，宋楚瑜時年37歲，擔
任新聞局局長，應邀參加省政府新
聞處處長交接，與第10任省主席林
洋港合影。

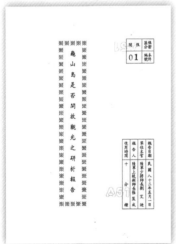

1 | 1993年10月20日，省主席宋楚瑜在桃園體育場主持臺灣區運動會，在場有總統李登輝（曾任第11任省主席）、桃園縣縣長劉邦友、內政部部長吳伯雄、教育部長郭為藩、國際奧會榮譽會長徐亨、國際奧會委員吳經國、國策顧問張啟仲等。

2 | 與考試院院長邱創煥（曾任第12任省主席）參加屏東原住民活動。

3 | 民眾要求開放龜山島觀光，1993年5月1日宋楚瑜與國防部部長孫震（中）、參謀總長劉和謙（右二）、陸軍總司令陳廷寵（左）及總政戰部主任杜金榮（右一）一同登島，在實際了解狀況後決定暫緩，但立即推動改善島上各項設施，其後於2000年開放。

4 | 1993年5月1日登上龜山島時，陸軍所提研析報告。

5 | 1995年10月25日，宋楚瑜主持臺灣光復50週年慶祝活動，李總統、連戰院長、劉松藩院長、劉炳偉議長均與會共襄盛舉。

1 2
3 5
4

第2章

臺灣四百年來第一戰：參選省長

1994年7月，《省縣自治法》公布實施，開啟了地方自治的嶄新里程碑。省主席更名為省長，由民選方式產生，這也是行憲近半世紀以來臺灣首次最大規模的地方選戰。

宋楚瑜獲得國民黨提名，在選舉投票前最後一個月請假投入選戰，獲壓倒性勝利，於1994年12月20日就職，成為第一屆民選省長。也很遺憾的，兩年之後凍省風波掀起，第一屆民選省長也是最後一屆省長。

這場選舉結果有著諸多重大意義，權且不論落實地方自治，或為1996年總統直選「探路」或「鋪路」；光是一屆四年任期，使得宋楚瑜在省政府施政延續為5年9個月，這真是為臺灣省每個角落帶來處處生機和一個個紮實基礎建設的重要時期。在這次省長選舉裡，宋楚瑜也為臺灣的選舉文化注入並開創了諸多前所未見的元素與景象……。

對省政建設成績肯定，林仙保等省議員勸選省長

當宋楚瑜到任官派省主席時，真的不知道會做多久，一年或兩年？依據蓋洛普（Gallup）的民意調查，宋楚瑜出任省主席之初，支持度57%，每半年就上升10%，到做滿一年時，已達到80%。

1994年2月8日，農曆除夕前一天，總統李登輝在東南亞（菲律賓、印尼和泰國）非正式訪問行前，邀宋楚瑜到桃園縣揚昇球場揮桿，就兩個人打球。宋楚瑜憶述，在他們邊打邊聊時，李登輝談到省政工作要持續做好，話鋒一轉問道：「你去參選第一屆省長好不好？」宋楚瑜回答：「如果有更好的人選，總

統就請他參選；如果要我參選，我一定全力以赴，接受挑戰。」

隨著省長民選議題不時提出，宋楚瑜勤跑基層的每時每刻，一直是最受民眾與媒體關注的焦點之一；連出席臺北縣選出的省議員羅明旭婚禮，從受邀致詞到「坐到尾」才離席等，也被當成參選的觀察重點。

另方面，內政部部長吳伯雄也開始「下鄉」行程，並且在5月上旬，將戶籍從臺北市遷回桃園縣中壢市老家，也在中壢成立競選總部。吳伯雄展現堅定競選省長的決心，曾說出一句很有名的話：「不論行政區劃未來如何，即使臺灣省只剩下阿里山，也要競選到底！」

1994年6月14日至24日，臺灣省議會進行第9屆第9次大會省政總質詢，65位出席質詢的省議員中，有55位明確表示了對宋楚瑜與省政工作績效的肯定與支持，包括多位非執政黨籍的省議員。

當時臺灣省議會有所謂的「南北雙嬌」，亦即桃園縣選出的省議員黃玉嬌，雲林縣選出的省議員蘇洪月嬌，均經長期努力成「黨外」悍將。但是，由於宋楚瑜短時間內確立「不分省籍、黨派或地域」的鮮明施政風格，贏得多數省議員認同，每到雲林縣訪視，蘇洪月嬌一定「奉陪到底」，一同和宋關心地方每個建設；黃玉嬌亦不遑多讓，對宋勉勵有加，且於1994年6月14日省政總質詢時，當眾贈送烏紗帽給宋，期許宋成為「現代包公」。

其間，6月17日，省議會國民黨黨團書記長林仙保問話更直接：「我們都敢站出來支持你，你不要再扭扭捏捏了！這是民選的，你再不表態，就錯失良機，到時候敬酒不吃吃罰酒！」

宋楚瑜迅速回答：「為省民繼續服務，楚瑜當仁不讓；為省民開創更美好的明天，為我們國家開創更好的前途，楚瑜一定當仁不讓。」

似乎是「當仁不讓」四個字，讓林仙保以滿意的口吻說：「你今天的答覆比較『勇』。」

李登輝公開肯定，並「默許」宋楚瑜參選省長

6月17日（星期五）中午總質詢暫告一段落，宋楚瑜立即南下高雄，陪

同李登輝訪視高雄與屏東兩縣的地方建設，並於當天晚上在高雄圓山飯店與農、漁、水利及婦女團體餐敘。李登輝致詞時，對宋楚瑜治理省政給予高度肯定，同時表示國民黨的省長候選人要由「公意」產生，現場的反應與氣氛十分熱烈，在場的還有省議會議長簡明景、國民黨中央祕書長許水德等人。

其實，這次宋楚瑜見李登輝之前，已經打定主意要了解李登輝主席對他參選與否的看法。宋楚瑜說，他用紙條簡單草寫為什麼要參選的幾項理由，他想如果李不予支持或自己無法說服黨主席，那就不必選了。

所以，在餐會後，兩人在李登輝飯店住房內，宋楚瑜直接表明：「我要不要選省長呢？如果要選，那就必須表態了；如果不選，也要對外講清楚，不要給支持同志誤解訊息。」

宋楚瑜回憶當時情形，李主席脫口就說：「你去選！」接著又說：「你若能選上省長，代表省籍不再是問題；還有，不是有人懷疑我是臺獨，你若能選上省長，大家還有什麼可說的！」李登輝講完話，宋楚瑜隨手拿出口袋裡事先寫好的參選理由，和李登輝的說法幾乎一致。

在勉勵有加或聲聲勸進的氛圍下，宋楚瑜對省議員的「詢問」或「好意」不能不「回應」；因而，6月24日在總質詢結束時所做總結報告，宋楚瑜說得比較「清楚」了，以下內容可看出，只差沒說出「我要參選」：

臺灣有一種精神，那就是臺灣人不認輸、不怕輸的精神！做人誠誠懇懇，做事實實在在，愈挫愈勇，人在做，天在看，咱都是臺灣人。分什麼外省人、本省人、河洛人、客家人、原住民，咱大家都是臺灣人，我是吃臺灣米長大的，俗語說：吃人一口，報人一斗。為了臺灣的前途，臺灣的進步，咱大家應該作伙打拚！

我心路的過程很簡單，我一直有一個想法，那就是我做省主席，是要替我們的省民服務，而不是為了個人的前途！也就是，只要能為我們省民全力奉獻服務，我絕對「當仁不讓」，但是，我絕對不會為個人的前途或個人的利益，跟任何人去做任何的競爭。

老百姓不關心誰做什麼官！老百姓所關心的是誰在真正替他們解決問

題，為我們共同的未來，大家一齊來奮鬥！

李登輝「摟腰」暗示，「牽成」宋楚瑜

7月6日，國民黨中常會通過提名辦法，省長候選人由全體省黨代表1,751人投票產生。7月9日起，國民黨省黨部黨代表大會在臺北市木柵中興山莊一連舉行三天，黨主席李登輝蒞臨開幕典禮致詞。

在和黨務主管、黨代表合照時，李登輝和宋楚瑜轉身要向黨代表握手致意，此時李登輝的兩個動作立即引起眾人注意。

宋楚瑜回憶那一刻，就在起身要和黨代表握手時，他小聲向李登輝請教「牽成」臺語怎麼說？李登輝可能聽成「虔誠」，就順手拍了他肩膀，接著又將手放在宋楚瑜的腰際，告訴宋楚瑜：「只要說『誠意』就可以了。」

這就是當時被解讀為李「牽成」宋，對宋楚瑜踏上省長之路的一個重大象徵。對此，時任《聯合報》黨政記者謝公秉有一段記載（《挑戰：宋楚瑜傳奇》，日臻，1994年，頁253）：

這一幕，所有代表都看在眼裡，不少人直說：「我們要支持誰很清楚了。」事後，在宋楚瑜向記者轉述時，陪在一旁的林豐正也幫著解讀，「李主席摟著『主席』的腰，就是牽成您」。

吳伯雄「退讓」，宋楚瑜再三拜謝

隔天（7月10日）下午，宋楚瑜在中興新村省政府召開記者會，宣布參與省長選舉黨內提名；吳伯雄則於11日下午在內政部召開記者會宣布退出省長黨內初選，同時向行政院院長連戰辭去內政部部長和中央選委會主委之職。獲悉訊息後，宋楚瑜立即給吳伯雄打電話，約定當夜零時和他見面。

7月11日晚上，宋楚瑜參加雲林地方人士為他舉行的造勢大會，之後一路北上，趕到臺北市仁愛路吳伯雄宅邸，已是12日凌晨00:08，向吳伯雄的

「退讓」表達深切謝意；宋楚瑜記得向吳伯雄表示，「您的政見就是我的政見」，「您的朋友就是我的朋友」。

12日上午9:30，宋楚瑜在省議會議長簡明景陪同下，一起到內政部拜會吳伯雄，並由吳伯雄帶著拜會內政部各處室。

13日（星期三）早上，宋楚瑜再到吳宅，第三次拜謝吳伯雄，兩人還一起前往中央黨部出席中常會，中常委列隊向吳伯雄握手致意，李登輝稱許吳為「有抱負的政治菁英」[1]。

7月20日上午，國民黨中常會安排宋楚瑜做〈臺灣省政工作的實踐〉專題報告；除了黨主席李登輝予以嘉勉之外，有七位中常委發言肯定。

李登輝在宋做完報告表示：「臺灣省政府主席宋楚瑜以宏遠的眼光，審慎規劃執行各項俾利民生之公共政策，並深獲省民信賴與支持，表示肯定，應予嘉勉。」副主席連戰（行政院院長）用8個字「存誠務實，積極任事」形容宋楚瑜，並讚許「今天的省政工作，是以民眾的觀點來看問題，以民眾的福祉來推動建設」；簡明景以臺語說：「有人在問我，宋仔到底是安怎樣？我講，宋仔是在拚命，伊一天當作兩天用。」常會後碰到記者詢問，簡再強調他對宋實在做事很肯定。

立法院院長王金平說，「宋常委楚瑜視察高雄縣時，對地方建設如數家珍……。」國防部部長孫震對宋積極推動眷村改建表示肯定，並建議宋競選時以此做為文宣訴求。中常委辜振甫則指出，宋楚瑜自擔任省主席以來深入民間，改變了一般民眾對政府官員的官僚印象。

不僅是省政建設，李登輝也肯定宋楚瑜推動憲政改革的貢獻

李登輝之所以會特別「牽成」宋楚瑜參選省長，應該是出自長期細心觀

---

[1] 其後，李登輝對吳伯雄照顧說到做到，沒幾日就提拔吳擔任總統府祕書長，依據夏珍在《宋楚瑜中興紀事》（頁80）所記，在當日中常會後，李牽著吳伯雄的手，一起赴吳伯雄宅邸探望吳伯雄父親吳鴻麟。在吳鴻麟面前，李應允一定好好照顧吳伯雄，李登輝保證：「我一定會把他帶在身邊。」吳伯雄辭官從宣布到落幕全部三天，行政院院長連戰同樣是強力慰留；短暫留任之後，吳伯雄進入總統府，擔任祕書長一職。

察後，對會做事肯付出的幹才「有心」加以拔擢。因為，宋擔任國民黨祕書長係直接受命於李，宋擔任省政府主席的位置李也做過，可說李「知」宋之深，無人出其右。

1989年5月31日，宋楚瑜升任國民黨代理祕書長（4天後真除，正式成為祕書長），李在交接儀式中說：「宋同志歷任行政院新聞局副局長、局長，本黨中央文化工作會主任等職，學養豐富，任事勤勞，沉穩練達，有守有為。」

1994年10月1日，李在黨提名縣市工作輔導會報中說：「宋楚瑜有膽識、有勇氣、氣度恢弘、兼容並蓄、肯做事……短短時間以內，宋同志已兩次走訪全省，相信只有一個發自內心而且真正用心的人，才有這種精神和毅力……。為了解決各縣市長年累積下來的棘手問題，更處處表現出愛臺灣、愛人民的政治家風範。」

1994年10月25日，李在臺灣光復節慶祝酒會中說：「宋楚瑜不辭辛勞，馬不停蹄的上山下海，跑遍了臺灣省309個鄉鎮，這種深入基層，腳踏實地，實事求是的精神，是臺灣省民之福。」

1994年11月24日，國民黨百年黨慶日，李向南投基層幹部演講時說：「我們都是穿同一條褲子長大的兄弟，而宋楚瑜更是特別的兄弟……沒有宋楚瑜的幫助，李登輝哪有今天……，如果省長一定要選臺灣人，那宋楚瑜就是臺灣人，我們應該選宋楚瑜。」

1994年11月25日，李在臺北縣說：「全省民眾可發現，宋楚瑜是一個毫無缺點可言的人，因此實在沒有什麼好抹黑的……全力推薦曾在國民黨中央委員會祕書長任內，一直推動憲政改革，使萬年國會消失的宋楚瑜。」

1994年11月25日，李在桃園說：「宋楚瑜是吃臺灣米，喝臺灣水長大的，與全省臺灣同胞一起度過艱苦困境的好兄弟……宋楚瑜在省政府任內，一年所做的事，比以往任何一位省主席做的多。」

1994年11月26日，李在嘉義說：「宋楚瑜是吃番薯長大的，不是臺灣人是什麼人？」

1994年11月27日，李在臺南市說：「宋楚瑜協助我，進行政治革新，是促進國家民主化的重要人物，沒有宋楚瑜，國家就沒有今天的局面，也沒有

未來！」

　　1994年11月27日，李在高雄縣鳳山鎮說：「宋楚瑜施政不分黨派……我自己在省主席任內時，雖然兩年走遍全省，但仍不及宋楚瑜。」

與孫明賢君子之爭，參選省長是人生第一次

　　當吳伯雄和宋楚瑜角逐得難分難解時，不意行政院農委會主委孫明賢毅然搶先，於7月1日親自到國民黨組織工作會，向涂德錡主任登記參選。

　　宋楚瑜也沒想到孫是他的競爭者，在吳伯雄退出初選後，國民黨內省長初選就是宋和孫兩人競爭。那時有一些聲音傳出孫是「陪選」或「跑龍套」，但宋楚瑜強調並非如此：「農委會的前身是農復會、農發會，政府遷臺初期獲得美國援助，在農復會主委蔣夢麟領導下，對臺灣農村復興與土地改革貢獻甚大。時任總統府祕書長蔣彥士早年在農復會任職，擔任過該會祕書長，對孫明賢主委參選多予協助……。」

　　依計畫進行，黨內初選在北中南三區共舉辦三場說明會，宋、孫兩位候選人一派君子之爭，從未有過言論交鋒。依據謝公秉（《挑戰：宋楚瑜傳奇》，頁270）的記述，孫明賢的幕僚曾建議，不妨「適當地」批宋一下；孫明賢反而說：「不行，這是君子之爭。」甚且，孫不但沒有攻擊言論，還不時讚揚宋楚瑜兩句。

　　8月14日初選結果，宋楚瑜得票數為1,233票，得票率為82.25%，獲得國民黨提名為省長候選人。不過，當天初選投票截止時間為15:00，宋楚瑜並未投自己一票，因為凱特琳、道格颱風造成嚴重水災，從高雄勘災趕到國民黨臺灣省黨部（位於臺中市），出席原訂16:30舉行的記者會，都已遲到好幾個小時了（參閱本書第15章）。

　　宋楚瑜回憶那天在雨中勘災的過程，正式成為省長參選人，仍感到有些驚異：「在擔任國民黨中央祕書長時，我輔選過國大代表、立法委員及各項地方公職，可以算是對選舉有些深入了解，但參選省長是親自投入選舉的第一次，這種自己參選的感覺和幫人家輔選的感覺完全不一樣……。」

「明知競選真艱苦，偏偏走入選舉的路。」他記得當時曾用臺語這樣說。

可謂是「空前」，選前一個月才請假投入選舉

1994年10月3日，從臺北來了一群專欄作家到中興新村拜訪，許多是宋楚瑜多年的老朋友；帶隊的是專欄作者協會理事長吳延環（曾是河北省選出的資深立委，筆名誓還），以及時任《經濟日報》副董事長楊選堂（筆名楊子）等。

這天是星期一。通常在上午，是他與省政府首長例行開會的時間，接著下午則可以接待老朋友，盡地主之誼。

這時，國民黨提名他為省長參選人已將近兩個月，距離省長選舉投票日也只不過剩下整整兩個月。這次難得可以和許多老朋友碰面，興致高昂的他談了許多話。

他沒有談到選舉，沒有拜託老朋友給予支持。勉強扯上邊的一句是：「從我決定參選省長到現在，都還沒有進行競選活動，您到街上時順便看看，有沒有我的任何宣傳旗幟插在那裡？」

在他心裡頭的盤算，選舉就像是考試，這要靠平時做好準備。他向老朋友說：「我是來臺灣省做事的，我沒有辜負你們對我的期望；若我沒有做好為民服務工作，即使到處插滿旗子，省民也不願意投下一票，也不會讓我繼續當省長。」

他說，既然是參選省長，就是競選「連任」，怎可忘記本務，所以當時就是抓緊時間做事情，「以工作代替競選」。宋楚瑜還說，中央組工會主任涂德錡和省黨部主委鍾榮吉都急了，「哪有候選人這樣慢吞吞的，還不趕快就位……。」

在選前一個月，宋楚瑜才請假投入選舉，21個縣市競選總部陸續成立。自請假參選之後，宋楚瑜規規矩矩，嚴守公私分際：「車票、機票、住宿等都自行支付，不使用包括座車等任何一丁點公家資源。」

臺灣自有選舉以來，應該沒有人在選前一個月才請假投入競選活動，這可謂是「空前」。

省籍情結很嚴重，芋仔番薯之爭耳語化

前述李登輝和宋楚瑜在高雄圓山飯店的談話，重心就在（破除）「省籍情結」。四百年來第一戰的省長選舉主軸，從提名之前到選舉落幕，一直沒有脫離「省籍情結」。

1994年8月15日，《自由時報》（第3版）〈宋楚瑜雖占優勢 仍有隱憂〉特稿分析道：「就這次省長選舉來說，選民所不平的，已不是單純的省籍問題，而是對數十年來省籍政治生態的不平衡感到不滿，將來只要民進黨搬出日本人統治臺灣、外省籍統治臺灣的政治生態不平衡歷史，以及本土化政策走回頭路的理性訴求，難保國民黨不會有『變天』的可能。」

1994年10月3日，《聯合報》（第4版）報導民進黨主席施明德的「變數說」，施明德明確指出：「臺灣四百年來包括荷蘭人、日本人占據期間，共有過一百四十六任的巡撫、總督、提督、省主席，沒有一次是真正由人民做主選擇過。相信這種歷史感，大家不會將神聖一票投給『官派』的宋楚瑜。」

競選決戰期間，民進黨籍曾任第2屆立委的廖永來為了譏諷外省籍的宋楚瑜參選省長，其支持群眾曾經以丟活小豬的方式，做出極其無禮的行為。雖然這是一種偏差的表演伎倆，所要表達的象徵意思卻十分露骨[2]。

宋楚瑜還記得，他在屏東街上親眼看見一幅橫掛的布條，上面寫著幾個大字：「臺灣人選陳定南」；省長選舉投票前幾天，《聯合報》（1994年11月30日）頭版也曾刊出一則1/3版篇幅的廣告，特別用了一張在天安門上毛澤東主席的照片做背景，所有文字指摘「毛和宋同是湖南省湘潭縣人」。該則廣告內文摘附如下：

宋楚瑜說他是臺灣人，而過去50年受盡國民黨外來政權凌虐的臺灣人，也歡迎他重新入籍做臺灣人，充分顯示臺灣人寬容敦厚的一面；但是

---

[2] 但是，1997年廖永來當選臺中縣縣長，廖希望省政府提供土地給臺中縣政府興建垃圾焚化廠，宋楚瑜立即回應且積極處理，而且真正做到省政建設確實地結合地方建設（相關背景、緣由和過程可參本書第18章，以及《蔣經國祕書報告！》頁234-237）。

我們在臺灣省長競選公報上，卻發現這個宋楚瑜口是心非，他依然是「湖南人」！宋楚瑜難道那麼看不起臺灣人嗎？

為什麼「湖南省」人卻要競選「臺灣省」省長？莫非菲律賓人也可以競選臺灣總統？宋楚瑜既然堅持他是湖南省湘潭縣人，毛澤東也是湖南省湘潭縣人，當毛澤東說他是臺灣人──臺灣人也要投毛澤東一票嗎？

我們拒絕毛澤東，我們也要拒絕虛情假意的宋楚瑜！

1994年12月2日，省長選戰最後一天，《聯合晚報》（第4版）就牽動選情做了「十大變數」分析，包括省籍情結、老人年金[3]、李登輝效應、搭配選舉（各黨省長候選人及其省議員候選人搭配作戰）、派系、查賄、賄選、吳伯雄效應、黃復興流向、不定數議題（例如金馬撤軍、臺獨論戰、安定牌等）。其中列為第一大變數的省籍情結如是說：

民進黨中央雖然一再強調不會拿省籍情結當箭靶，但事實上陳定南各縣市後援會早就透過「耳語傳播」，將芋仔番薯之爭喊得震天價響，最有效的一種說法是南非都已經讓黑人當總統了，為什麼臺灣人不能當主人，此一訴求事實上對鄉間民眾很受用。

爲什麼嫁娶不分省籍，選舉就分省籍？

漢人移民[4]有所謂「唐山過臺灣」的說法，以顏思齊、鄭芝龍於1621年夏末登陸臺灣，到1994年12月民選臺灣省省長，這中間大約相隔373年。

---

[3] 《聯合晚報》分析，民進黨的老人年金牌確是一計高招，儘管國民黨一直以民進黨濫發年金，未顧及整體資源，並指出部分民進黨主政縣市財政只能發出四個月年金來反擊，但的確，年滿65歲以上每人每月發5,000元，確實具有吸引力，特別是對農業人口較多的縣市。國民黨也在選前推出對低收入戶老人津貼提高至11,000元，並將標準降低，以增加可以獲得老人津貼的人數，不過此種局部做法似乎不敵民進黨的通通有獎。

[4] 漢人移民臺灣和歐洲人移民美國的時間點很近，顏思齊、鄭芝龍等人登陸雲林北港的前一年（1620年12月），一艘英國船「五月花號（Mayflower）」將一批清教徒從英格蘭送抵今日美國的普列茅斯港（Plymouth Harbor）（參閱《發現臺灣（1620-1945）上冊》，天下雜誌，1992年，頁86-89）。

為了這場省長選舉，民進黨特地將它定位為「臺灣四百年來第一戰」。「四百年來第一戰，要將臺灣變青天」即是陳定南競選省長的口號。

宋楚瑜說，「說是臺灣四百年來第一戰，雖不點明省籍情結，實是針對我這位『外省人』參選而來。」但宋楚瑜致力省政建設，並參與省長選舉，其實也是為打破省籍情結在盡心力。

當時民進黨和陳定南以「宜蘭經驗」為訴求，質疑國民黨黑金盛行；宋楚瑜則提「前宜蘭經驗」相抗衡，也就是「開蘭第一人」吳沙（1731-1798）以66歲高齡，帶領漳、泉、粵三籍移民墾殖蘭陽平原，進而克服與平埔族（噶瑪蘭族）之間的族群衝突，促進建立和原住民的友善關係。

宋楚瑜在省議會面對質詢時，曾指出宜蘭人精神最可貴的是「吳沙公經驗」，亦即是先民融合族群、團結合作的經驗（參閱《寧為劉銘傳》，商周，2006年，頁306-307），競選時並加以應用，闡釋「戮力團結族群的精神，最令人敬佩」。

宋楚瑜也反擊，民進黨一再說要認同臺灣，但當他被認同時，又在選舉時說他是外省人，這實在是得了選舉分裂症。「朱高正、陳定南、臺北縣縣長尤清的太太都是外省人，民進黨主席施明德的女兒也嫁給外省人，」宋楚瑜質疑：「為什麼娶太太時不分省籍，選舉時就分省籍？」

省長競選活動 25 天，參加 28 場公辦政見發表會

省長民選是臺灣有史以來選區最大的選舉，計有五人參選，依選舉號次為：1號無黨籍蔡正治，2號新黨朱高正，3號中國國民黨宋楚瑜，4號無黨籍吳梓，5號民主進步黨陳定南。

政府在全省每一縣市都舉辦公辦政見發表會，人口多的大縣更要分區舉辦2次。自11月8日起的25天競選活動期間，計舉辦28場公辦政見發表會及2場電視政見發表會（非辯論會，於11月13日及19日舉行）。

28場公辦政見發表會首先於11月9日在臺中市省立體育場（臺中棒球場）舉行，並依序循順時針方向往北、東、南，環臺一周，於11月29日晚上在南投

縣省立南投高中操場壓軸，結束最後一場。當年電視直播、電腦與網際網路都還不發達，才有此公辦政見會考量；為顧及瘖啞人士，現場安排有手語翻譯。

省長公辦政見發表會現場人潮洶湧，為防止政治立場不同選民發生衝突，現場布署警察維持秩序；必要時要以拒馬阻隔，以策安全。宋楚瑜說，鑒於1994年的經驗，1996年舉行的總統副總統直選就不再有現場式的公辦政見發表會了。

11月9日，公辦政見發表會起跑，上午在臺中棒球場舉行，晚上在臺中縣豐原市豐原高商舉辦第二場。這兩場公辦政見發表會大致平和，卻明顯反應宋楚瑜、陳定南的支持者壁壘分明，不僅鼓掌聲熱情激昂，而且鼓譟聲此起彼落。

《民生報》（1994年11月10日，第17版）報導，民眾必須通過「夾道」戒護的警力才能進入會場，警方也在球場內周邊布署「鎮暴重兵」。為預防民眾過度激情，影響政見會進行，在投手板附近以「V」字型的警力加強戒護，並在講臺與民眾間以鐵絲網及層層警力維持秩序；空中警察隊也支援一架直升機在空中盤旋，觀察現場動態。

《聯合報》（1994年11月10日，第2版）指出，省警務處為維持現場秩序，布署警力4,000餘名，處長陳璧現場全程督導。政見會結束後，陳璧立即召集專案會議，嘉許臺中縣市警察局做法，可作為其他縣市的範例。

民進黨人帶動群眾鼓譟，嘉義市和彰化縣兩場最明顯

11月18日晚上，宜蘭縣公辦政見會在運動公園舉行，吸引20,000多人參加，可以說是人潮最多的一次。發表會前，主持人告訴民眾這場發表會由公共電視全程錄影，希望宜蘭縣民表現最佳民主風度；整場下來，秩序相當良好，候選人都能順利發言。宋楚瑜抽中一號發言，雖然一度遭到鼓譟，暫時停止發言，但過程尚稱平和。

宋楚瑜記憶裡，嘉義市和彰化縣是最糟糕的兩場。

嘉義市公辦政見會於11月27日下午在嘉義市立體育場舉行，由於宋楚瑜

發言時，民進黨人蔡啟芳帶頭鼓譟，接著朱高正抗議選委會不公，導致場面一度陷入混亂失控。

當宋楚瑜發言時，民進黨嘉義市黨部前主委蔡啟芳鬧場，手持的麥克風頻率與政見會電源的頻率相同，帶動群眾鼓譟，新黨候選人朱高正見狀抗議選委會不公，以致和主持人扭在一起。政見發表會變成台上和台下亂成一鍋粥，竟達半小時之久，嘉義市選委會主委（即是嘉義市市長）張文英當場表示道歉。宋楚瑜再度發言時，眼見會場秩序混亂，為社會不安感到憂心，當場哽咽。

宋楚瑜回憶嘉義市這場政見發表會說，他進場時向群眾揮手，很清楚哪一邊是支持者；他同時也向另一邊群眾揮手。一眼瞧見，拒馬隔開的對方陣營裡，有人偷偷對他輕輕揮手。宋楚瑜表示，這邊是主要對手陳定南的群眾，還是有「隱性支持者」，看得出來是被對方陣營動員來的。

宋楚瑜發言時表示，他擔任省主席，吃不成吃，睡不像睡，上山下海，為了就是解決地方和省民的問題。這時候，台下的民進黨支持者發出鼓譟，宋楚瑜第一次停止發言。

宋楚瑜繼續發言，去年嘉義市缺水時，他提出中水南引計畫，把濁水溪的水引到仁義潭水庫，解決缺水問題。隨後，民進黨支持者再度鼓譟，宋楚瑜又停止發言。

兩分鐘後，宋楚瑜恢復發言，說嘉義市沒有大學，一定會爭取將國立嘉義農專改制為技術學院，爭取鐵路地下化。台下的民進黨支持者聽著又鼓譟起來，並有人以礦泉水瓶、飲料鋁罐等，擲向支持宋楚瑜的群眾，被丟擲東西的群眾也以對方擲過來的東西回擊，現場秩序開始混亂。

這時因主辦單位未能制止，引起朱高正不滿，當場抓著候選人發言麥克風，大喊：「蔡啟芳，收押！」……這樣場面只能以「鬧」來形容，宋楚瑜繼續發言時表示，**臺灣實在不能亂，也沒有亂的本錢**。沒說幾句，宋楚瑜忍不住哽咽，然後嚴肅地說他放棄這場政見發表，下台前再叮嚀：「**臺灣要安定，臺灣不能安定，什麼都沒有了，請大家一定要記住這一點。**」

11月29日，在彰化縣員林高農的公辦政見會也是混亂一場，宋楚瑜喊

停10次，朱高正喊停高達23次。宋楚瑜一開口，才說了「各位鄉親」的開場白，就被群眾鼓譟聲干擾，停了幾分鐘開始講，又被鼓譟，主動喊停三次。

主持人六度向群眾表示，支持陳定南的人已經達到目的，可否安靜下來讓候選人講話，因為民主就是每人都有發表意見的權利。但是，鼓譟聲仍是不斷，有時吶喊「聽嘸啦」，有時高呼「講臺語」，這亦是民進黨串起省籍情結，普遍運用於公辦政見會的一貫手法。

宋技巧回擊「貪瀆說」，省政府員工狀告陳定南

民進黨籍候選人陳定南攻擊的另一重點是貪瀆，說什麼省政府每項工程款都要收取三成回扣，一年總共貪汙600億元。在高雄縣舉辦的公辦政見會上人山人海，高雄縣縣長余政憲也坐在台下，陳定南再次攻擊此事。

輪到宋楚瑜發表政見時，他先說明省政府直接經手工程款項相對地少，大部分補助地方工程經費都交付縣市地方政府處理，然後對著余政憲說：「如果按照陳定南先生的邏輯，所有工程款都有拿回扣，那請余縣長從實招來，你究竟拿了多少？應不應該吐出來？臺灣省轄區內民進黨籍縣市長占一半以上，是不是也都拿了回扣，也都該吐出來！」此舉弄得余政憲啼笑皆非，底下民眾哈哈大笑。自從那場政見會，就未聞陳定南再次指摘。

針對陳定南的不實言詞，數百位省政府員工曾於11月29日聯名向臺中地檢署告發陳定南涉嫌侮辱公署罪。告發狀指出，陳定南的言行不僅公然侮辱臺灣省政府，也侮辱了省政府所有員工，甚至可以說侮辱了地方政府及其公務員。

板橋廟會拜票700桌，做到和每個人眼神交流

在公辦政見會外，每位候選人會自辦造勢大會及戰車掃街拜票；群眾大會外，還要到各縣市的大市集或大型餐會上拜票。

宋楚瑜說，他用最經濟的時間，到全省21縣市拜票，當然每個縣市都要去，可是令他印象最深刻的是南投縣。這是省政府所在地，也可以說是他

的「大本營」，當他走在南投街上或進市場裡，好多鄉親都跟他說：「在這裡不需要多花時間，你應該多到其他縣市，讓更多的人支持你領導省政建設。」

宋楚瑜記憶依然清晰，臺北縣板橋市一個土地公廟舉辦廟會，主辦單位辦桌大約700多桌，宋楚瑜和陳定南都到現場拜票。

宋楚瑜說，「每一桌都拜票，我用了2個多小時；陳定南拜票約半個多小時，就到一旁休息。後來我才知道，他的身體可能負荷不了。」

在這種場合拜票，宋楚瑜就是拿著杯子，以白開水逐桌敬，每桌的每一個人都敬，而且敬人時一定雙手持杯，還要做到眼神交會。他說：「這是我從小養成的，我的父親告訴我做人要有最基本的禮數，當人對你講話或你向人家講話時，**眼睛一定要看著人家的眼睛，這也是人與人之間相互敬重的溝通行為。**」

這種「眼神注視」的方式顯示出誠懇的態度，在各地或各式場合和宋楚瑜有過接觸的民眾一定留有印象。

太太陳萬水助選，有如「坦克車」般豪邁

為了一天當兩天、三天用，為了立即回應民眾意見，也為了讓省民感到省政府的實誠、效率與功能，宋楚瑜訪視地方行程通常以三、五天做帶狀規劃（可同參本書第17章），這就不能天天回家，與陳萬水經常聚不到一塊。

宋楚瑜看著一張1994年8月23日的照片，那是他到縣市外宿多日後，回到中興新村省政資料館，參加祥和社會研習會活動，陳萬水比他早到會場。照片中的宋楚瑜好像在鞠躬，頭低低的，很不好意思的，與陳萬水握手，樣子似乎兩人第一次認識互打招呼。宋楚瑜補充，當時她跟我說：「好久不見了！」現場與會人士哈哈大笑。

陳萬水向來以家庭為重，公私拿捏分明，表現在對外活動上又給人不同感覺。這形成「靜的陳萬水」與「動的陳萬水」兩種不同形象。「靜的陳萬水」從不多話，不出鋒頭，不搶鏡頭，躲在邊邊角落；該她講話或幫忙助講

時，「動的陳萬水」就出現，口才辯給，豪放開朗，妙語如珠又活躍自如，很放得開。在陳萬水與同學、好友聚會時，她會說個不停，這也表示她是性情中人。

儘管起初反對宋楚瑜參選，但在反對不成之後，只好站出來挺他。為宋楚瑜競選站台時，每每站上檯面，就是最佳助選員，頗有大將之風，句句扣人心弦，字字宏亮。喜愛陳萬水的選民十分熟悉她出現在宋楚瑜競選活動的場子，很有號召力與感染力，有如「坦克車」般豪邁，很能台上與台下打成一片。宋楚瑜說他從不勉強她，也不必叮嚀她，陳萬水也很有分寸，應對進退總相宜[5]。

她助講時會說，宋楚瑜走遍了全省309個鄉鎮，但家裡廚房的角落從未踏過；宋楚瑜對於全省309個鄉鎮市名稱倒背如流，但自己女兒的生日卻記不得。陳萬水的這些說詞立刻引起全場掌聲及笑聲。夏珍在《政海沉沉楚天闊》（商周，1997年，頁156）這樣描述陳萬水在輔選臺上：

第一次她站上群眾舞臺唱〈雙人枕頭〉的時候，緊張羞怯卻真情流露的淚流滿面，語不成聲，卻為已經不再是當年英姿煥發的宋楚瑜牢牢的抓住婦女票。過去一向不願站在臺前的陳萬水，一出場，她的笑和淚似乎都比宋楚瑜更能打動人心。

其實宋楚瑜的幕僚都知道，陳萬水從不過問先生在辦公室的事，無論宋楚瑜身居何職。她最有名的一句話是「我只管母事，不管公事」。民進黨前立委郭正亮教授在陳萬水過世後第三天發表〈真正夠格的第一夫人〉（2012年7月30日，NOWnews《今日新聞網》）加以紀念：「……比起其他第一夫人，萬水姊姊更夠格成為母儀天下的榜樣。」因為她「行所當行，止所當止」。而這在臺灣的政治場域裡，顯得彌足珍貴。（可參《如瑜得水》第8章）

---

[5] 在她是省主席夫人與省長夫人時，經常為弱勢團體打氣，與醫護人員互動，為集團結婚福證。該是她站出來的時候，她表現得落落大方，從不扭扭捏捏。例如她為國民黨總統、副總統候選人李登輝和連戰助選，落落大方地去助講，因為方瑀與她交往多年，義不容辭（參閱《如瑜得水》，頁232-235）。

率先帶動100元小額捐款，為選舉募款立典範

宋楚瑜被國民黨提名為省長候選人之前，他就公開呼籲打破「四十年來選舉皆需靠金錢」的觀念，也為臺灣選舉文化開創出小額捐款的示範。

在當時，省長選舉規模是臺灣有史以來最大，選區包括21個縣市；除了臺北市和高雄市外，臺灣本島和澎湖縣都是選區。選區大，選民多，代表選舉費用開銷也大。

宋楚瑜回憶，為了儘量壓低競選費用，刊登廣告競選花費較大，他就不贊成；競選辦事處的成立也往後延，從他請假一個月開始才成立。宋楚瑜說：「因為辦事處一成立，樣樣都要花錢。」

《自由時報》有一篇報導（1994年10月1日，第2版），指出補助宋楚瑜省長競選文宣經費大幅縮水，從1億元降到3,000多萬元，省黨部印製的文宣海報數量也跟著緊縮，印製完成的第一份海報只印1萬張，「預備張貼在各區黨部，所以一般選民看不到。」

1994年10月14日，《臺灣新生報》（第3版）還在報導經費問題：「國民黨中央遲遲未撥下省長競選經費，引發國民黨省長候選人宋楚瑜競選總部總幹事簡明景和黨中央的選舉經費風波……。」該篇報導亦提及省政府祕書長林豐正強調：「目前省黨部未將競選經費撥到宋楚瑜競選總部，在缺乏經費情況下只好到處籌錢。」

過不久，國民黨以支票補助競選經費5億元[6]。宋楚瑜記得很清楚，送支票來的人是國民黨臺灣省黨部主委鍾榮吉，當時宋楚瑜為跑行程在車內，鍾榮吉趕過來，上了宋楚瑜的車，給了那張支票。宋楚瑜說，「我左手拿，右手就將支票直接交給同在車上的省政府祕書長林豐正（也是田單黨部主任委員；田單黨部當時是國民黨在臺灣省政府內所設組織），這些錢都直接以省

---

[6] 以臺灣省的幅員和人口，相對臺北市與高雄市都要多很多，國民黨補助1994年宋楚瑜競選省長只有5億元，這還是當時省議會議長簡明景一再催促，才撥款下來的。1998年馬英九第一次競選臺北市市長時，國民黨第一筆補助款就至少10億元，這是時任馬英九競選總部總幹事朱甌親口告訴宋楚瑜的。宋楚瑜說，2000年總統大選時，國民黨補助連蕭的經費比起當年補助他選省長的5億元，何止10倍！

長競選總部名義，分配到各縣市競選總部去。」

上述《臺灣新生報》那篇報導還說，籌錢方法之一即是以郵政劃撥接受小額捐款。「捐款100元是區區小數目，但是宋主席不讓省府同仁捐錢，外傳宋主席為了省長選舉強迫省府同事捐款完全是流言。」林豐正還強調：「省長選舉花錢應該花得最少，替我們選舉創下一個典範。」

宋楚瑜強調，競選經費籌措都要在《選罷法》的規範下進行，一切公開透明，不做無謂的浪費。他感到欣喜：「**每天都有許多民眾捐助100元，從每個地方捐過來，我一定都回信感謝。**」而且，在當選省長後，這些小額捐款人都成為他的聯繫對象，在一年三節前夕都以寫信的方式，除了問安祝好，也即時報告各個主要省政建設進行狀況；如果這一位省民是臺東縣人，他就向他報告臺東縣建設情況。

宋楚瑜說：「我沒有收受見不得光的捐款，我沒有要還的不當人情或選舉押注的後遺症，**我沒有受制於人的競選包袱；我只有一張票，一世情，可以開大門，走大步，光明正大，公正無私地推動每一項省政建設！**」

樹立四項特色，是大型選舉與民互動先鋒

除了選前一個月才請假、競選總部延遲成立、帶動小額100元捐款助選等，宋楚瑜的一些做法或形式深具特色，都是開大型選舉的風氣之先。

第一項特色是他絕不做泛泛空談，一定和地方做到真實的情感交流。例如，在前述嘉義市那一場公辦政見會裡，雖然一再被阻斷，但約略可以看出宋楚瑜的選舉談話有根有據，而且言必有物。

他既然要爭取嘉義市民眾的支持，那他就不能天馬行空或畫大餅，也不光談原則如何如何；他會確實先做好功課，了解當地的事實與情況，就事論事，實事求是。

「我們常說選民的眼睛是雪亮的，其實選民的心也是敞亮的。選民有時受制於人情或派系，但是談到事關於己的建設與未來，都希望候選人說到做到！」宋楚瑜強調：「**和選民最真摯的交流是了解需求，提出確實解決問題的辦法，以及如何趕緊兌現承諾。**」

第二項特色是開場問候要誠懇周到，這第二項和下述第三項特色與民主先進國家競選情境有所不同。臺灣是移民社會，要融合各族群，要爭取各種票源，宋楚瑜每次上場，都會以國語、閩南語、客家語及各族原住民語向所有民眾問好。宋楚瑜說：「幾乎每一次問候語尾聲揚起，都能引起民眾共鳴呼應……。」

他在競選省長時，總會以閩南語、客家語穿插這一段：「為民服務，千斤萬斤，我嘛敢擔；為國家社會，什麼困難，我攏不驚。」說得不是很標準，可是重要的是誠意；宋楚瑜認為：「誠意食水甜！」（意即只要有誠意，光喝水也覺得甜。）

歐美國家從政者一開場就破題，宋楚瑜則以不同的、好幾種的問候語引起注意力，這種模式是由宋楚瑜開啟的，以後許多候選人也都仿效這一套照著做。

第三項特色是在任何大小場合，台上和台下「打成一片」，有說有應，你來我往，此起彼落。宋楚瑜對此稱之為「群眾語言互動」，亦即不是候選人光顧講自己的，也要讓選民的情緒宣洩出來。

我們現在對站在台上的候選人高聲問群眾，選民群起呼應的情景都甚熟悉，而候選人這般問「對不對？」、「是不是？」、「好不好？」的先行者，正是省長候選人宋楚瑜。當民眾同聲回答「對、是、好」時，士氣連在一起了，支持者也上心了。

第四項特色是宣傳車上沿街拜票兼「聊天」，特重雙向交流，宋楚瑜稱它為「戰車（掃街車）語言互動」。他一邊揮手或拱手致意，一邊又拿著麥克風和民眾說著「搏感情」的話。

一個月時間很有限，21個縣市競選總部為宋楚瑜安排巡迴，讓他站在掃街車上，親自向省民鄉親懇請惠賜一票。他不是只說「拜託！拜託！」或由他人代說，他寧可把握每一個機會，自己展現誠意並創造效果，高聲喊出店家名號，或對著沿街支持民眾直接對話，例如：「鄉親辛苦了！」、「您的孫子真古錐！」他一邊說，眼神一定對焦在那一位民眾的眼睛。

雖然辛苦一些，卻是親切的、有趣的、超好的瞬間交會。民眾是省民，是父老鄉親，不是「他者」（the Other），不是「被拜票」的「路人甲」，

這也是宋楚瑜獨一無二的親民作風。

對手出版文宣小書《會診宋楚瑜》，極盡抹黑能事

就在省長競選期間，有掛名「臺灣教授協會」的七位教授撰寫《會診宋楚瑜》小冊子，抹黑宋楚瑜。這不是「黑色宣傳」，這幾位教授都署名，但未正式出版。

他們所寫或引用的內容不經求證，大都似是而非或混淆是非，而且使用誇大或汙衊的筆調，直擊宋楚瑜如何「躍登龍門」、「宮廷內鬥」、「摧殘新聞自由」、「打壓本土文化」、「反民主」、「反臺灣」等。

競選期間及選後都有人建議，應對這些人提出告訴，以司法途徑還原事實。宋楚瑜並沒有這麼做，還特別找了一位友人，帶著茶葉去看這些教授，並轉告他的話：「謝謝指教。」

宋楚瑜的想法是，選舉本是各為其「主」（候選人），選民自有公斷，「無須選贏了，還要去吵架。」也因此，宋楚瑜和這七位教授沒有成為寇讎。

有關宋楚瑜和陳萬水在美國，從相識、相知到組成家庭、就學與打工等過程，在宋楚瑜回國服務逐漸為人所知後，經由報導陸續見諸於報章[7]，但該小冊有一段「真假教徒求偶用心」，寫得不僅移花接木，甚至有如樊梨花「移山倒海」。

這段扭曲的文字是：「宋楚瑜是否為天主教徒不得而知，但與天主教關係倒頗密切，據他自己回憶在美國時，為了追求篤信天主教的陳萬水，曾請他的大學同學歐陽瑞雄（現任外交部次長）為他惡補天主教教義和經文，還從喬治亞遠赴西部洛杉磯連續聽道六週，這番苦功使神學造詣倍增，終於贏得陳萬水的芳心歸屬，如此可看出宋楚瑜追求知識未必出眾，追求美人卻十分用心。」宋楚瑜說，除了名字為真，其餘全非事實。「我和萬水在舊金山結婚，再舉家遷美東喬治城大學攻讀博士，怎麼會有喬治亞或洛杉磯⋯⋯。」

---

7 完整憶述係於2013年7月陳萬水過世一週年前夕，由商周出版《如瑜得水：影響宋楚瑜一生的人》。

其中也有一篇談宋楚瑜回國服務之事，說宋回來擔任政大國關中心研究員，為了能成為行政院院長經國先生的祕書，先透過蔣孝武「拉皮條」以接近趙聚鈺，且趙聚鈺是經國先生「欽定」的行政院院長繼任人選，這是十足的捏造亂扯。

其實，宋楚瑜之所以回國服務，是當時新聞局局長錢復奉經國先生之命，兩度「穿針引線」，而且返國後，立即進入行政院任職，擔任經國院長英文祕書，相關情事詳述於《如瑜得水》第14章〈十四年近身追隨：宋楚瑜從經國先生那裡學到什麼？〉[8]。再者，宋楚瑜擔任經國先生英文祕書後，也不涉入蔣家家務事。事實上，學成回國前，宋楚瑜不認識也從未見過蔣孝文、蔣孝武[9]、蔣孝勇，更遑論與之有私人交往。

被記大過有隱情，該科成績仍得全班最高分

還有一事，該小冊子再扯一件1962年6月的往事，那是宋楚瑜就讀政治

---

[8] 宋楚瑜在美國求學，到了接近撰寫博士論文階段，當時行政院院長經國先生要時任新聞局局長錢復赴美，順道找宋楚瑜徵詢返國服務意願。錢復趁公赴美之便，曾於1972年11月及1973年6月兩度約見宋楚瑜討論回國服務。其後於1973年8月14日，在錢復聯繫下，宋楚瑜回來晉見經國先生；那年年底深夜，宋楚瑜離開陳萬水、宋鎮遠與在美國的家，一人束裝返國，1974年1月1日正式到行政院報到，擔任12職等簡任祕書。相關內容詳載於《如瑜得水》第14章。

[9] 宋楚瑜在《蔣經國祕書報告！》第12章指出，自回國追隨經國先生14年中，他和蔣孝文從未見面與談話，只是曾在慈湖遠距離看過他向蔣公陵寢行禮致敬，經國先生也從未讓宋楚瑜介入他的家務事。除有一次宋在新聞局局長任內奉命出差到美國訪問，路過舊金山，經國先生要宋楚瑜帶著方良女士要給孝章的一個小禮物，並親交一張便條，上面有經國先生親筆寫著在Berkeley孝章家的地址，這是宋楚瑜第一次到孝章家去拜訪。但在江南案發生之後，這種較少接觸家務事的情況稍有改變。宋楚瑜記得，一個週末中午1:00左右，他在長庚球場打球，接到武官打來電話：「總統有請！」趕到大直寓所，穿過經國先生書房，正要進經國先生臥室時，碰見蔣孝武走出，滿臉尷尬地對他說：「挨罵了！」宋楚瑜走進去，只見經國先生躺在床上氣嘟嘟的，上前靠近輕說了一聲：「總統，不要生氣。」經國先生示意他像往常一樣，坐在床邊的一張椅子。經國先生開始沒有回話，過了一會兒才說：「我知道不是他，我知道和他無關，但他和這些情治首長來往，難免給人製造藉口！」宋楚瑜當然了解其中大概，其實不是蔣孝武喜歡和情治首長接近，而是他們也想和蔣孝武接近。因為氣惱仍在心頭，又過了好一會兒，經國先生才突然迸出一句話：「以後你多和他做朋友！」宋楚瑜時任中央文工會主任，蔣孝武任中廣公司總經理，文工會是中廣公司的上層督導，但不常往來，就是公事上也多請中廣公司馬樹禮董事長從中轉折（因為黨營事業採董事長制），偶有黨政高層人員邀孝武、孝勇的交誼飯局，宋楚瑜和陳萬水也會被邀參加。經國先生了解宋楚瑜和蔣孝武、蔣孝勇的交往情況，才有這樣的交代。過了一天，宋接到蔣孝武電話說：「奉命要和你做朋友，所以要請你吃個飯。」以前兩人雖曾同桌吃飯，都是別人邀請當陪客，這之後才有較多交往互動。

大學外交系二年級，因「國際政治」課程期末考時違反考場規則遭記大過乙次。並且，在選舉過程中被有心操作，陳定南亦在政見發表會一再提起。

對一位優良學生而言，遭記大過已是難過之事，可是由於政治角力或選舉惡劣競爭，罔顧是非曲直或良心道德，卻被刻意的歪曲事實和汙衊！但由於事關個人名譽，而且經過「幾番」周折，宋楚瑜認為，必須「說清楚，講明白」。

先說為什麼「遭記大過學生是優良學生」？

其實，政大給予宋楚瑜記過處分理由是「不守交卷秩序」，並非如該小冊所下標題「考試作弊記過受罰」。若是作弊，依任何學校規定，理應該科成績不計或以零分計算才是，可是宋楚瑜該課程成績獲得全班最高分。宋楚瑜說，該課程授課老師是鄭震宇教授，宋對這位老師記憶深刻，不全因「記過仍得最高分」。

宋楚瑜仍記得，鄭老師在大陸時期做過外交部人事處處長及駐巴拿馬公使，他在課堂上談到抗戰勝利時，下了斷語：「日本最後敗了，中國並沒有勝了！中國是大大而笨笨的巨人倒下來，把小日本壓扁了而已！」他也說曾去西安，見時任西安綏靖公署主任胡宗南將軍，問能否剿掉中共延安老窩，胡答：「部隊裝備全是最新美式，應該不難，如何不能？」鄭再問：「為何不一舉『端』掉？」胡答：「委員長的命令是要我好好『看著』！」鄭直言：「你應該將延安拿下，再到南京向蔣公請罪！」這位老師在課堂上談這些，以當時政治氣候算是「大鳴大放」一類。

宋楚瑜對鄭老師還心存感激，因為他的授課生動，也是引導宋奠下英文基礎的良師之一。宋楚瑜說，鄭老師是邱吉爾迷，喜歡學邱吉爾（Winston Churchill, 1874-1965）的語調與手勢；宋楚瑜在選修鄭老師「外交名著選讀」這門課時，鄭老師又經常要學生背邱吉爾的一些名句及講詞，以致宋楚瑜至今對邱吉爾〈我們將戰鬥到底〉等演說還耳熟能詳。他仍能順口背出 " Success is not final, Failure is not fatal. It is the courage to continue that counts. We shall not flag or fail. We shall go on to the end. We shall fight with growing confidence and growing strength in the air. We shall defend our island, whatever the cost may be...."

劉家昌爆料不單純，事涉國民黨「二月政爭」

此事之所以被「爆料」，與國民黨流派之爭有關。那是1990年因總統副總統選舉提名「二月政爭」後，主流和非主流競爭愈趨激烈之時（詳參《從威權邁向開放民主》，第6章），知名導演劉家昌於1990年3月初在報紙刊登「宋楚瑜害了李登輝」半版廣告，力捧國民黨中央副祕書長關中，同時貶抑國民黨中央祕書長宋楚瑜，之後又於3月5日舉行記者會指摘宋楚瑜在政大因考試被記大過，不應擔任任何公職，而且提供1962年6月27日政大訓育委員會第41次委員會議紀錄作為佐證。

當時媒體曾加以報導。例如，《自由時報》（1990年3月6日，第C2版）三則標題分別是：〈劉家昌指宋楚瑜曾作弊記過宋的老師許秀賢稱：他是優秀學生〉、〈劉家昌貶宋　高人指點？〉及〈宋楚瑜記過有隱情　同學偷看不好意思拒絕〉；《聯合報》（1990年3月6日，第C2版）題為〈大登廣告扯舊事劉家昌叫陣　宋楚瑜未理　插足政治圈捧關貶宋　有人認為不單純〉的報導也指出：

> 由於這段舊事，讓人產生許多聯想，但是從另一個角度看，恐怕還不這麼單純。
>
> 因為劉家昌昨天在記者會中，又刻意提出學校舊檔案中的話題，這恐怕就不是他的能力所及，顯然是有人提供的。

有關宋楚瑜升任國民黨中央祕書長，以及宋、關兩人於1989年底因三項公職選舉（包括縣市長、省市議員、立法委員）和1990年初縣市議員、鄉鎮市長選舉種下「宋關情結」，可詳參《從威權邁向開放民主》第5章。至於「挺身」而出的劉家昌係政大政治系，宋楚瑜是政大外交系，而且同於1961年入學就讀，因而劉家昌在廣告中稱是「宋楚瑜同學」，這不能說錯，卻能使廣告產生「誤導」效果；宋楚瑜說，「我們在學期間並不認識。」

「四維堂事件」記大過，20年後「四維堂演講」轟動

宋楚瑜被記過有個背景，當時政治大學有一名王姓同學上課時外出，發生鬥毆事件，鬧得滿城風雨，政大隨即加強管理事宜，一是採取教務處派人到課堂點名，另則是考試改以集中方式，以大禮堂四維堂作為考場。在這個大考場內，大抵縱向是同系學生按學號排序入座，橫向是他系學生位置。宋楚瑜後面坐的是張姓同學，到打鈴交卷時還拉著在看宋的卷子，被監考老師發現。由於交卷時秩序有點亂，張姓同學躲掉了，監考老師要宋供出偷看者的名字，宋不肯指證是哪位，後就移送訓導處處理，由總教官出面規勸宋說出詳情。宋仍不願說是誰偷看他的卷子，因為他了解這對張同學的後果，最後學校開會議處，決定以「違反考場規則」記大過乙次處分。

「總教官當然知道我父親，張姓同學的父親也曾是軍隊高階主官，和我父親熟識，後來還帶著張同學到家裡賠不是，父親沒有為難張家。」宋楚瑜說，「我一個20歲的年輕人，也用不著高談什麼道義，但要我檢舉是誰做了什麼事，以證自己的清白，還真說不出口。」何況，幾十年都過去了，為了選舉是非把同學「抖出來」，不是太沒格調了？到今天宋楚瑜還是不願把這位當事人的名字說出來。

宋楚瑜的同班同學不少人都知道這件事，省長選舉時他們要站出來召開記者會，並打算刊登廣告幫忙澄清，被宋楚瑜勸阻。後來，宋楚瑜也弄清楚劉家昌是透過哪一位非主流黨務高層的關係，以及如何「蒙混」取得政大的檔案資料；當時在不知情之下提供爆料資料的政大訓導長，也正式寫了一封信向宋楚瑜道歉，宋一直保留這封信。宋楚瑜說，「就是年輕時的事情，我不願講出實情而遭記過，但為了政治或選舉，什麼事都會挖出來！」不過，劉家昌後來藉著一次機會，親筆寫信給宋，表達善意，也了了這一段恩怨。

對宋楚瑜來說，這次考試被記過稱之為「四維堂事件」亦未嘗不可；可是政大畢業20年後，他擔任行政院新聞局局長兼政府發言人時，受邀於1982年12月20日參加第一屆「政大節」，發表〈肯定自我，放眼天下〉演講，也是在四維堂內。當時「高朋滿座」，學弟妹爭睹他的翩翩風采，媒體更是大

幅報導，是否這可稱之為「四維堂榮譽」?!

在政爭或惡質選舉時，非事實的「四維堂事件」即是題材，如同英語所說「衣櫃裡的骷顱頭」（skeleton in the closet）被翻出來吵翻天；「四維堂榮譽」則一邊站，因為那不是「炒作」或「吵架」的菜。

21 縣市贏了 20 縣市，得票率為 56.22%

第一屆省長選舉開票結果，國民黨籍宋楚瑜獲得4,726,012票，得票率為56.22%；民進黨的陳定南則獲得3,254,887票，得票率為38.72%。宋楚瑜比陳定南高出147萬餘票，也比一年前國民黨縣市長選舉得票總和3,552,868票成長117萬餘票。

宋楚瑜在全省21縣市贏了20縣市，只有在陳定南家鄉的宜蘭縣輸了。他去謝票時向鄉親說，以後會更加緊宜蘭地區的各項建設，每個月至少來宜蘭一次。前述鬧場最凶的嘉義市和彰化縣，宋楚瑜都大幅領先，尤其嘉義市被稱為「民主聖地」，更是國民黨20年來首次在單一行政首長選舉中獲勝。

1994年12月20日夜晚，宋楚瑜偕同陳萬水，以及省政府團隊回到臺中市競選總部，感謝臺灣省省民對他的信任與厚愛。宋楚瑜以感性口吻表示：「臺灣人民以行動證明，臺灣的民主已經成熟，臺灣的民主已經走出省籍情結的羈絆。」

然而，1996年底，首屆臺灣省省長選出不過兩年光景，國民黨聯合民進黨召開國發會，做成所謂的「凍省共識」[10]，臺灣省省長就這麼一屆，不再選

---

[10] 面對民進黨的崛起與挑戰，1997年5月，國民黨執政高層與民進黨進行交換，召開「國發會」，以凍省交換取消行政院院長（閣揆）同意權。亦即原來行政院院長依《憲法》規定，係由總統提名後，必須經立法院行使同意權通過後才能任命。1997年7月16日晚上，陽明山中山樓的國民大會以過半數通過「凍結省級選舉」案，凍省或精省案就此拍板。宋楚瑜在中央與地方都歷練過，行政經驗豐富，了解到凍省影響所及不是他個人去留的問題，而是一旦凍省，臺灣省政府所擔負政府施政中，承上啟下、監督執行的中間環扣功能消失，必將造成整體政府施政執行能力受到重創。中央政府過去一向只管政策，臺灣省政府負責執行與監督，所以在配套措施未能完備、省政府執行功能未能取代前，貿然凍省將是行政災難的開端。因此，宋楚瑜在國民黨執政當局所策劃的「國發會」上慷慨陳詞，也以「辭職」表明勿因宋楚瑜一人而凍省，但已無力回天，只能留下紀錄為歷史做見證。凍省

第二屆。宋楚瑜既是首屆的省長，也是唯一一屆的臺灣省省長。

在5年9個月內，宋楚瑜走過全省309個鄉鎮市不止四遍以上，為的就是實現省民所託付的責任，為的就是報答省民支持的情意。省民也相當肯定宋楚瑜，各種民意調查數據經常給他85％以上的高支持度。

還有一項，宋楚瑜給臺灣選舉史上創下迄今唯一的特例，是他在卸任省長前一個月，親自舉著大型看板，到每一個縣市走透透，向鄉親報告四年省長任內，在每一個縣市做了什麼建設，動用了多少財政資源，他稱之為「民主負責感恩之旅」。最令人驚豔的，他很用心地在苗栗用客家話做了一段報告，令全場掌聲雷動。

全臺灣人心裡都清楚，宋省長做得很好，做得很稱職，做得沒話說，做得一級棒。這也可從下述「請辭待命」過程，包括各界和各縣市長的反應看出梗概。

請辭待命：國發會凍省，群情激動慰留

臺灣省改制由民選產生省長才不過兩年，由李登輝總統召集朝野政黨舉行的國家發展會議（簡稱國發會），於1996年12月28日達成「自下屆起，凍結省自治選舉」的共識，「凍省案」拍板，這真是晴天霹靂一聲雷。

3天後，也就是1996年最後一天12月31日，宋楚瑜省長在臺灣省議會第10屆第4次大會省政總質詢做完總結報告後，突然向省議會宣布已向國民黨請辭中常委，向中央政府請辭省長，這又是驚動朝野一聲雷。

宋楚瑜在省議會公開宣布辭職，其實就是意志堅定、自斷後路的表示。

決議前後那段時間，宋楚瑜砲聲隆隆，講話分貝很高，力爭省政建設延續、省政財源自主等問題，常被認為是「砲打中央」。果不其然，宋楚瑜不幸言中，凍省後至今，臺灣的政府整體施政發生嚴重脫軌、行政效率不彰的情形，建設計畫延宕、救災體系混亂，中央只管撥款卻未能善盡監督功能，而縣市鄉鎮根本無力承擔做好地方基礎工程的進度與品質，造成弊端叢生，地方行政首長因涉及工程弊案而遭收押起訴的情形屢屢發生，這些凍省後遺症一一浮現出來。更嚴重的是，交換立法院對閣揆任命的同意權後，造成超級大總統有權無責，人民和國會對總統莫可奈何！另，《聯合報》曾做凍省20年專題報導4篇，可參程嘉文、林新輝、賴香珊、江良誠、賈寶楠（2017年12月4日）及楊永年評論（2017年12月5日），本書附錄二列有參考書目資料。

他在省議會先做了總結報告。宋楚瑜說，天大地大，百姓最大，今後臺灣不論在政治、經濟上如何演變，唯一不變的是傾聽人民的聲音，實現社會公義；宋楚瑜又說，舉頭三尺有神明，他誠懇做事，不貪不取，絕對對得起良心。他支持李總統、連副總統的革新，作為有尊嚴的國民黨黨員立場不會改變，但對國發會的凍省決定，他有四點的感言和立場：

第一、臺灣從光緒11年來，歷經111年歷史，他雖不生於斯，但吃臺灣米、喝臺灣水長大，作為臺灣省首任省長，卻被要求處理所謂凍省善後工作，情何以堪？

第二、省府同仁全心全力投入省政，卻被指為效率不彰，成為「虛級化」及「凍省」的理由，身為省長，理應負責。

第三、省府存廢，如此重大的決策，身為省長不能洞察於先，又不能說服、善處於後，作為政務官，理應負責。

第四、臺灣省省長需要的不是同情，而是臺灣人要的尊嚴和頂天立地的風格，也是讀書人「一士諤諤」的骨氣。既然無法同意凍省，也無法力挽狂瀾，只能掛冠求去。

接著宋楚瑜表示，已經在下午以書面向李登輝主席請辭國民黨中常委，向副總統兼行政院院長連戰請辭臺灣省省長職務（並參《政海沉沉楚天闊》，頁237-238）。

「請辭」省長之聲發出，立即造成社會震撼，甚至群情譁然。李登輝總統和連戰副總統兼行政院院長也立刻表達懇切慰留之意，緊接著黨政人士、社會賢達、省議員及省府同仁、地方民意代表及政府首長、省民同胞和新聞輿論都紛紛表達關切，要求宋省長儘速回到工作崗位，推動省政工作，以符民眾願望。

過了將近3個星期，由於中央政府遲不批准辭呈，宋楚瑜不得不順應民情，於1997年1月21日回到中興新村，在省政工作談話會中表示以「請辭待命」方式恢復上班。也就是提出辭職的心志沒有絲毫動搖，所提出的辭職書

絕不收回，但必須返回工作崗位，並以負責任的態度、嚴肅的心情，隨時等待辭職獲准。但在群情慰留和全民關注的情勢下，宋省長加緊節奏對省民的報效，做到第一屆也是最後一屆省長任期的最後一天，才得卸仔肩。

那段「請辭」的3個星期，來自全省各地的信函不斷湧入省政府省長辦公室，以下檢錄3封。第1封是臺灣省17位縣市長期望宋楚瑜回到省長崗位的聯名函，17位縣市長包括基隆市林水木、桃園縣廖本洋、新竹市童勝男、新竹縣范振宗、苗栗縣何智輝、臺中縣廖了以、臺中市林學正、彰化縣阮剛猛、南投縣林源朗、雲林縣廖泉裕、嘉義縣李雅景、嘉義市張文英、臺南市施治明、屏東縣張滿泉、臺東縣陳建年、花蓮縣王慶豐、澎湖縣鄭烈。第2封是臺南縣縣長陳唐山表達希望宋省長「勉為其難」留任省長，繼續推動省政的親簽名函。第3封是宋楚瑜回任省長後，臺灣省17位縣市長（同上）聲明「我們支持您」的聯名致意函。第1及第3封函係先寄給吳容明副省長轉呈宋省長，陳唐山函則逕寄宋楚瑜省長收。

楚公省長鈞鑒：

自從您宣佈辭去「省長」一職以來，無論從中央到地方，下自基層民眾上至李總統，舉國上下絕大多數民眾無不希望您能繼續領導省政，為省民的福祉共同奮鬥。

前天您與總統的會面，一來他是您所敬重的長官，更是您推崇的長者，他對您這三年來用心推展省政與努力不懈的精神，均給予高度的肯定，全體省民的感受亦復如此。

我們深知您為人的純真、率直與熱情，處事的果斷，前瞻與努力。猶記得您省長競選時的一句話「不驚風不驚雨，腳踏實地認真打拼」，因此我們誠摯地希望您以個人事小，省民福祉事大為考量前提，接受民眾的付託期許，相忍為國，繼續領導省政，共同攜手為地方建設一起努力。

—— ◆ ——

宋省長鈞鑒：

自從國發會召開並作成行政層級變革之決定以來，　鈞長面臨前所未

有之壓力，乃有毅然辭卸省長職以明志之舉，引起朝野各界之譁然。然當前政局中人，一旦異地而處，去留之間，未必有 鈞長之明快及坦蕩矣！所謂上台容易下台難，證諸 鈞長，頗能令國人耳目一新。

去職固能千山獨行，謀一身之輕；然而，猶憶二年前， 鈞長意氣風發，省政建設之承諾，言猶在耳，一旦中途而廢，難謂不是百姓之遺憾，省民之所失。而國發會之決議確為求制度之變更以提升國家競爭力，不得已之圖謀。 鈞長若能忍辱負重，參贊機宜，當更為國家之福，省民之幸。

政治無常，浮沉無人可自主，所不同者，惟風格與典範而已。於部屬之立場及為臺南縣民計，唐山固誠望鈞長勉為其難，繼續推動省政；但進退之間，取捨之際，寧更尊重 鈞長之抉擇。

^職陳唐山 謹上

—— ◆ ——

楚公省長鈞鑒：

在地方鄉親翹首引領企盼您儘速歸隊，繼續領導省政三週後，終於聽到您重返省政工作崗位的報導，對於您明智的決定，舉國上下無不表示熱烈的歡迎。

回顧自您辭去「省長」職務以來，曾經引起各界高度的關注，以及李總統、連副總統兼行政院長親自懇切的慰留，目前您經過沉潛三週的靜心思慮，終於作出順應民意圓滿抉擇，繼續您念茲在茲的省民服務，深獲基層一致的肯定與推崇。

從您昨天出席省政工作談話會告白書中，我們深刻體會您這段期間進退維谷的心境轉折，也深佩您顧全大局，憂國憂民的胸懷。您能回到工作崗位上，讓我們追隨您為省民的福祉繼續打拼奮鬥，以不負「一張票、一世情」的情懷，我們支持您。更請您繼續領導我們，對未竟之地方建設與民眾福祉，繼續奮鬥努力。

臺灣省省長只有一屆，凍省阻礙基礎建設更完善的機會

一路打拚過來，最讓宋楚瑜感到安慰、引以為榮的，應就是曾經在臺灣省服務。

總計2,100個日子，5年9個月的時間，經歷這般的歷練與波折：「官派省主席」、「末代省主席」、「首屆民選省長」、「唯一一屆省長」。

就在宋楚瑜卸任之前，省政府舉辦「臺灣頭尾走透透」感恩之旅活動，宋楚瑜分赴全省21縣市，以負責的態度向省民交出成績單。這個成績單很不錯，對照宋楚瑜當初的競選承諾2,097項，一共完成1,881項，其餘辦理中216項，實現率達到89.7％。如再加上省議員競選政見也納入，宋楚瑜不斷訪視地方列管案件，以及民眾來信與民情反映事項，總計6,488項，這裡面的完成率在85％以上。

宋楚瑜在許多場合說過：「這份成績差強人意，但臺灣省政府工作團隊服務的誠意和決心絕對是100％。」

當感恩之旅活動舉辦時，正是北高兩市市長選得如火如荼之際，宋楚瑜難掩落寞地告訴鄉親：「看看他們都在忙選舉，我卻不能再選了。」想為民眾做事卻有志難伸，這種「鬱卒」不好受。

了解宋楚瑜的人都知道他最大心願，就是再選一次省長，把他想在地方做的工作做得更好，把每個地方基礎設施做得更紮實，修憲凍省排除了他能勝選連任省長的機會。

「蒼天弄人？人弄蒼天？**真應該讓我再做四年省長，我會更持續關懷弱勢和縮短城鄉差距**，臺灣的基礎建設會做得更紮實！臺灣的社會會更公平，臺灣的未來會更不一樣！」宋楚瑜說。

不過，同時間競選連任的臺北市市長陳水扁、高雄市市長吳敦義卻雙雙敗選，這也是造化弄人，令人唏噓！

省長選舉補助款未留己用，設立三個獎學金

還有一事，宋楚瑜競選省長當選後，政府依法給予競選費用補助金。中

央選舉委員會按當選人的當選票數，1票給予30元的補助，宋楚瑜當選省長得票數為4,726,012票，依補助上限規定計獲補助款104,982,000元。此部分款項係依法補助候選人個人，可自由使用，不必向政府報帳；迄今獲得此項補助款的候選人成千近萬，不曾聽聞有哪位候選人領取該款項後，須接受檢調單位調查用途。

宋楚瑜在接獲補助後，做了以下處理：

首先，宋楚瑜捐了2,000萬元給國民黨中央黨部，作為1996年李登輝、連戰競選第九任總統、副總統的競選經費。這是國民黨同志獲得政府選舉補助，捐給黨的最大一筆金額，但是他們從未對此表達肯定，反而在2000年總統大選時倒打宋楚瑜一耙。

其次，宋楚瑜參選省長所獲得的選舉補助，其餘的大筆資金主要用在設立三個獎學金。

第一、宋楚瑜以他父親名義，撥出1,250萬元，成立財團法人宋映潭先生文教基金會。該基金會成立時不另對外募款，除了發獎學金之外，從不舉辦其他活動。只是運用孳息，每年獎助50名大專學子（近十年因銀行利率下降，名額減為15-30名），每人3萬元，發予對象是國內勞工、農漁民、榮民、原住民、身心障礙人士、計程車駕駛等清寒、弱勢族群就讀大專院校之優秀子女，而自1995年至今，已發出619個名額的獎學金，共計1,835萬元。

第二、是對宋楚瑜母校美國加州大學柏克萊分校的捐助，總共是105萬美金，運用其孳息設立臺灣學生獎學金，而且指定專門提供臺灣留學生申請。由於第一年沒有孳息，但為了立刻可以發出獎學金，先於1996年11月5日匯出5萬美金，又於1996年12月4日匯出100萬美金。這兩筆匯款都是以財團法人宋映潭先生文教基金會名義捐助匯出。

美國的大學都設有專門管理財務的機制，為經營管理來自各地捐助的獎學金。每年加州大學都會選3-4名臺灣留學生的名單，送宋映潭先生文教基金會備查，至今每年仍持續提供給臺灣留學生申請獎學金。

該獎學金除獎助學費之外，還包括有照顧臺灣留學生的生活全額補助，從每個名額第一年的20,000多美元到目前的38,000美元不等，受獎人大多為

博士候選人。自1998年至2015年已有56名臺灣優秀學生獲得加州大學博士學位，學科更是跨各學術領域。

甚值一提的，在補助這麼多來自臺灣留學生中，不少人後來在全球國際學術研究領域表現卓越特出。像是參與美國研究團隊並發現宇宙140億年前「大爆炸」（Big Bang）後宇宙擴張證據的郭兆林就是其中之一的佼佼者，如今已是爭取諾貝爾獎的熱門人選。郭兆林於1994年畢業於臺大物理系，2003年獲加州大學柏克萊分校天文物理學博士，在他的博士畢業論文中特別對宋楚瑜提供獎學金表達感謝之意。

第三個獎學金是設在荷蘭的「宋楚瑜博士臺灣-IHE科技合作基金會獎學金」，金額是100萬美金，此一獎學金目的在獎助訓練臺灣的水利人才，也是指定給來自臺灣的研究生與學員。

荷蘭是全世界對水利研究最知名的國家，而IHE（The International Institute for Infrastructural, Hydraulic and Environmental Engineering，國際水利暨環境工程學院）是荷蘭最有名的水利研究學術機構，一年有80幾個國家的人員來此受訓。數十位受宋楚瑜獎助的臺灣水利人員主要來自臺灣自來水公司和水利單位。

宋楚瑜指出，當時之所以沒有將款項直接匯給IHE，是因為當時IHE正被考慮成為聯合國的正式訓練機構，事涉敏感，經聯繫後，所以才要拐個彎，先匯到國外，再轉匯過去。

非常遺憾的，臺灣政治人物能如此「廓然大公」，將政府依法補助的大額補助款無私地做上述設立獎學金之用，2000年大選時竟被國民黨濫造一個「興票案」，將此等公益捐助資金也誣陷糟蹋。至今宋楚瑜談到此事，從不忘對陳萬水的感念，她未據為己有，而是支持宋楚瑜這個「作育英才」的決定。

李登輝晚年釋善意，呼籲領導人要更冷靜謙卑

為將凍省事件後續做個交代，在此也解密補述一段「歷史祕辛」。

2011年1月3日，李前總統昔日部屬故舊受邀，席開30桌為李前總統90歲生日賀壽，主桌座次安排除李前總統夫婦故舊好友外，政壇人士則有王金平、蔡英文、許水德、謝長廷、蘇貞昌、黃石城、陳健治、陳田錨和宋楚瑜等人；馬英九、連戰、蕭萬長未受邀。

2012年7月27日，陳萬水過世，李前總統透過親近人士表達哀悼；復於2013年2月8日小年夜親簽致函賀年，再次表達對陳萬水遽然離世的不捨及惋惜，並以自身經歷至親離故、喪子之痛的椎心過往，期勉宋楚瑜早日走出憂傷，為國家社會再盡心力！以下節錄該信函中的兩段內容：

現在的臺灣正面臨風雨飄搖之際，國際情勢動盪，國內民生凋敝，缺乏有能力的領導人才，看到人民受苦，登輝實在不忍，相信主席亦有同感。為此，登輝希望主席能再起雄風，投身我們所共同熱愛的臺灣，如此，不會辜負國家、人民向來對你的期望與託付。

希望主席珍重自我，提起精神，再度擔起參與為國為民謀福造利之神聖職責。最後祝新年愉快。

尤令宋楚瑜感觸很深的，是李登輝在6月20日「更主動釋出善意，反省當年凍省時與宋決裂的歷程」。全部內容在次日（2013年6月21日）的三家大報均有大幅報導。其中《中國時報》記者寫道：

李登輝說，宋擔任省主席與省長時，其實表現非常優秀。李登輝認為，若他當初把頭放低（頭雷雷）耐心解釋，對臺灣可能會比較好。

李登輝強調，宋楚瑜擔任省長期間，做事非常拚命、認真，是很優秀的人才，這些貢獻都應該獲得歷史公允的評價；當時他也應該親自告訴宋楚瑜：「你做得不錯，很有架式。」也許能讓宋平復心情。李登輝感慨，雖然這些事情，早就已經過去了，但是回頭想來，領導人處理事情時，的確應該更冷靜、更謙卑，對國家才有幫助。

李登輝做了這樣的表白，總算把凍省時各類不實的誣諷做了「平反」。至少，就像李登輝所說，宋楚瑜在省政府及擔任國民黨祕書長期間的「這些貢獻，都應該獲得歷史公允的評價」。

回憶在黨祕書長期間，為襄助李主席推動「寧靜革命」，每週數次到他的辦公室和寓所共商國事，甚至一日三、四趟，有時談到深夜十一、十二點或更晚，大都是兩人促膝長談，共商解決之道。可惜宋到省政府之後，勤政奔走基層，不再像以前有這麼多時間與李總統直接面對面，讓「小人」鑽了空隙，這點宋說「自己也要檢討」。

2020年7月30日，李前總統因病離世，宋楚瑜至翠山莊致唁，並出席蔡英文總統主持的正式追悼會。往事如昔，故人凋零；回首前塵，怎堪追憶。

1 | 1994年7月10日下午,宋楚瑜在省政府召開記者
　　會,宣布參加第一屆省長選舉國民黨黨內初選。

2 | 國民黨舉辦省長黨內初選,南區說明會場次於
　　1994年8月7日在高雄縣鳳山市舉行,宋楚瑜與孫
　　明賢(中)兩位參選人都出席,左為國民黨臺灣
　　省黨部主委鍾榮吉。

3 | 宋楚瑜訪視地方行程通常以三、五天做帶狀規
　　劃,這張1994年8月23日的照片,是他到縣市外宿
　　多日後回到省政府參加活動,陳萬水比他早到會
　　場。宋楚瑜與陳萬水握手,當時陳萬水跟宋說:
　　「好久不見了!」現場人士哈哈大笑。

4-5 | 1994年10月1日,李總統在國民黨提名縣市工作
　　輔導會報中稱許宋楚瑜「表現出愛臺灣、愛人民的
　　政治家風範」;右圖為李總統、宋楚瑜和省府委員
　　林淵源。左圖為李總統、宋楚瑜和臺南大老統一公
　　司總裁高清愿。

1
2
3
5 4

聯合報

A23 綜合 　　　聯 合 報　　中華民國一〇二年六月二十一日／星期五

遵守規定

李登輝：當年宋做不少事應有公評

遵公道？

立院初審通過

中國時報

中華民國102年6月21日／星期五　　　　　　政治綜合 A14 中國時報

http://news.chinatimes.com

李登輝：當年對宋謙卑 台灣會較好

宋楚瑜：過去的就讓它過去

遺憾未盡心對宋釋原省

馬登記選黨魁 連署書明顯縮水

馬英九總統（中）20日在多位廣內幹部陪同下，完成競選連任國民黨主席登記手續，隨後騎單車到競選總部與基層黨員座談，並向工作人員致意。（王錦河攝）

自由時報

2013年6月21日／星期五　　　自由時報　　　政治新聞 A8

談凍省爭議

李：當年若拜託宋忍一下 台灣會較好

教唆詐領加班費

前高市環局長 判兩年定讞

宋楚瑜豁出輕鬆李：倒好

老學長與小學妹

4 | 1994年10月13日，宋楚瑜代表國民黨正式向選委會登記，參選第一屆臺灣省省長。

5 | 宋楚瑜夫婦和省長競選總部總幹事簡明景。

6 | 宋楚瑜夫婦和中央銀行總裁許遠東、國民黨籍省議員候選人盧秀燕。

7 | 臺灣省省長和省議員同時改選，宋楚瑜是這屆省級大選的「母雞」，選舉結果關係地方政治版圖重劃。

4
5
6
7

1｜1994年10月13日臺中市競選總部成立。

2｜1994年10月14日臺中縣競選總部成立。

3｜1994年10月14日彰化縣競選總部成立。

4｜1994年10月14日南投縣競選總部成立。

5｜1994年10月14日澎湖縣競選總部成立。

6｜1994年10月20日新竹市競選總部成立。

7｜1994年10月25日雲林縣競選總部成立，布袋戲大師黃海岱助講。

1　6
2
3
4
5　7

8｜1994年10月26日宜蘭縣競選總部成立。

9｜1994年10月27日臺北縣競選總部成立。

10｜1994年10月28日嘉義市競選總部成立，右為省議員黃永欽，係現任嘉義市黃敏惠市長之父。

11｜1994年10月28日臺南市競選總部成立。

12｜1994年10月29日桃園縣競選總部成立，右為總統府祕書長吳伯雄。

13｜1994年11月4日臺東縣競選總部成立。

8　10
　　11
9　12
　　13

1 | 宋楚瑜在選前一個月才請假投入選舉活動，選民給予熱烈支持。

2 | 1994年10月23日，本土藝人秀場天王豬哥亮也來為宋楚瑜高雄競選總部成立站台助選。

3 | 1994年11月11日，宋楚瑜在新竹公辦政見發表會向省民發表政見。

4 | 宋楚瑜在公辦政見會發表政見，左為民進黨省長候選人陳定南。

5 | 1994年11月14日，花蓮縣競選總部成立，宋楚瑜與星雲大師和花蓮縣縣長王慶豐（右二）等合影。

6 | 1994年11月15日，宋楚瑜和陳萬水在臺北縣省長選舉造勢晚會。

7 | 宋楚瑜的縣市後援會凝聚力強大。

1 2
3
4
5
6 7

8 | 1994年12月3日為第一屆臺灣省省長選舉投票日，宋楚瑜偕同陳萬水投下神聖一票。

9 | 1994年12月3日在臺中市競選總部，慶祝當選第一屆臺灣省省長並召開記者會，和支持民眾熱情握手。

10 | 宋楚瑜參選省長所獲得的選舉補助，主要用在設立三個獎學金。其一是以他父親名義，成立財團法人宋映潭先生文教基金會，獎助臺灣大專院校清寒優秀學生；此為宋楚瑜夫婦於1997年12月22日出席第一屆獎學金頒發茶會。

11 | 宋楚瑜擔任行政院新聞局局長時，受邀於1982年12月20日參加第一屆「政大節」，發表〈肯定自我，放眼天下〉演講，當時學弟妹爭睹他的翩翩風采，媒體更是大幅報導。

12 | 1994年11月30日《聯合報》頭版一則1/3版篇幅的廣告，特別選用一張在天安門上毛澤東主席的照片做背景，所有文字指謫：「毛和宋同是湖南人，為何要選臺灣省省長。」

雖然民進黨選舉打省籍牌，但許多省籍大老、俊彥則以行動共同來支持宋楚瑜；這些臺灣的老中壯代菁英相挺，展現了首屆臺灣省長選舉，是一次不分省籍、黨派，打破族群對立的選舉，最後宋楚瑜獲得勝選。當時他們為宋楚瑜舉辦餐會加油打氣，盛情力挺，令他至今感念；包括黃運金（苗栗客家大老，曾任臺灣省議會第1至3屆省議員）、辛文炳（曾任臺南市議會議長與臺南市市長）、張啟仲（曾任臺中市議會議長與臺中市市長）、魏火曜（日據時代臺灣第一位醫學博士，曾任臺灣大學醫學院院長與中央研究院院士）、許遠東（曾任中央銀行總裁）、羅文堂（曾任宜蘭羅東博愛醫院院長）、洪啟仁（臺灣心臟科權威，新光醫院創院與榮譽院長）、李鎮源（曾任臺灣大學醫學院院長與中央研究院院士）、郭金塔（醫學博士、新海瓦斯名譽董事長）、李枝盈（臺灣婦產科權威）、許敏惠（銀行家，曾任臺銀、彰銀、華銀與合庫等董事長）、董大成（臺灣生化學鼻祖、抗癌名醫）、張昭雄（曾任長庚醫院院長、長庚大學校長）、陳河東（曾任三商行董事長）、白俊男（曾任中華工程公司副董事長、總經理）及郭瑞嵩（物理學博士，教授）等人；這是在臺北來來（今喜來登）飯店餐敘合影，是一張非常珍貴的照片。

第 3 章

◆

縮短城鄉差距，追求均富
是省長的必要責任

　　管理學論述一再強調，領導者不能漫不經心（slip over），不能等而下之（lower down），因為「你不是資產，就是負債」。

　　政府領導人若漫不經心或等而下之，只會說「大道理」，或做漂亮數據、懶人包或梗圖之類，可能一時「吸睛」，到頭來一定「吃癟」，絕對禁不起考驗，會被歸為「負債」！

　　因為唱高調和搞宣傳加在一起，實底是「空心大老官」，不能激起團隊同仁工作熱情！政府領導者必須關心民眾權益福祉，個中道理顯而易見，無須多費唇舌；該繼續問的是：到底要做哪些事情（doing what）？要關心到何種程度（what extent）？

　　剛到省政府的宋楚瑜這麼想：「**省主席與省長的必要職責無他，就是努力消除貧困，縮短城鄉差距，追求均富社會！**」這句話很容易懂，團隊同仁弄得清楚，民眾也都明白。這句話亦隱含很深意思，關係到**縮短城鄉差距、打破族群之間的疏離、化解黨派之間的對立，以及拉近人民與政府的感情**，這也是他所構築「臺灣之夢」的四大內容（並參本書第19章）；這其中要做許多落實基礎建設的實事，它們就是省政層級的政策方向與施政目標，更是實現「臺灣之夢」的重要關鍵。

平衡社會發展，落實基礎建設

　　一隻大象[1]可能比不過一群螞蟻，領導者不能是「孤家寡人」，群策群力

---

[1]　英國管理大師韓第（Charles Handy）比喻龐大組織為笨重大象，著有《大象與跳蚤：組織與個人的新關係》等書。

效能大！

韓信將兵，多多益善，帶兵和帶人要有方法；宋楚瑜的經驗是借助價值理念結合團隊同仁，一起對焦去完成為民服務工作。

他認為，善行起於心念之間，一個信念可以築起一座金字塔。例如，「原住民要的是尊嚴和公平的機會，能分享社會發展的成果，而不是憐憫或同情」、「要讓老百姓喝乾淨的水，但不要讓他們泡在水裡」、**「教育不公平，將使貧窮世襲化」**等。

他重視農業的「三生一體」，即「農業生產、農民生計、農村生態」三者兼籌。舉如農民每天踏著的農路要修護，農路要和鄉鎮道路、縣道與省道、國道相連，方便農民工作及產品運銷。他說這個邏輯很簡單，**「減少農民的損失，就是增加農民的收入」**。

宋楚瑜還說：「我不學農，但我有心。」這顆「心」想著老百姓，要做好「縮短城鄉差距」，那就會很實在，腳步不會踩空。可是，「縮短城鄉差距」具體名目是什麼？

宋楚瑜任內基礎建設總計6,488項，完成率在85％以上，大多數沒有特別命名。換言之，**縮短城鄉差距就是通稱為基礎建設，就是實實在在落實在你我生活品質與便利的改善之中。**

或許這麼說，如果沒有「6,488項×85％」，那我們許多山區、海邊或離島等偏遠鄉鎮地區可能仍然「落後」，可能和城市差距會很大、會更大，可能從高速公路開車下來要開不少石子路或泥巴路回家；又或，下大雨刮颱風時，可能淹水更嚴重。

與謝三升交情建立在基礎建設上

在這裡，就以宋楚瑜與謝三升的故事，說說什麼是基礎建設及基礎建設無黨派之別。

為獲得省議會同意任命，宋楚瑜第一次拜會臺南縣民進黨籍省議員謝三升時，謝三升曾提到臺南縣南化水庫因為當地農民未得到適當補償，以致屢

有抗爭，水庫工程推動並不順利，幾年來幾乎做不下去。

宋就將這些事情緊緊牢記，就任後很快加以協調，恢復施工與進度，最後順利完工，使得南化水庫啟用，不僅對臺南農田灌溉大有幫助，後來又花了幾十億元，接管將這些優質的水輸送到高雄市與嘉義縣，這是南部自來水的主要來源。

宋楚瑜上任（1993年3月20日）沒多久的4月2日，立即安排趕赴臺中市，聽取臺灣省自來水公司簡報，可見他對水情高度敏感與重視。4月30日下午又到臺南縣深入了解南化水庫的工程進度，並聽取大高雄地區缺水情況及改善水源簡報。

謝三升是美麗島雜誌創刊編輯、民進黨創黨黨員，當年與蘇貞昌、游錫堃三人同為「省議會鐵三角」，在擔任民進黨臺灣省議會幹事長期間與宋楚瑜共為省民福祉，建立了求同存異的莫逆交情，可惜謝於1997年因病過世。

當謝三升病重住院時，宋楚瑜趕到臺北市中心綜合醫院（中心診所）探視，不料來晚了，謝已依習俗返家，宋只得再趕赴臺南縣學甲鎮謝三升家裡。宋楚瑜到時，謝三升已經走了，他感傷祭拜後要離去時，謝夫人陳繡鳳拿了張紙條給宋楚瑜說：「他知道你會來看他，所以寫了張條子，都是地方建設需要幫忙解決的小工程，你看看，能幫忙的，就請幫忙。」

返回省政府，宋楚瑜找了兩位副省長研商，並指定由副省長吳容明召集相關單位協調，紙條交代的都是與基層建設有關的事情。

一個多月後的告別式，省長宋楚瑜前往致祭，司儀特別宣布了小紙條的事情，宋楚瑜在靈前告訴謝三升：「你託付的事，我認真在辦，現在全部開始辦了。」隨後，他還將謝三升的紙條及省政府的回應辦理情形，一併燒給了謝三升。在場民進黨的重要創始黨員，包括陳水扁、許信良、謝長廷等幾乎全員到齊，都十分動容。在宋楚瑜致祭結束離場時，他們有不少人還起立致意。

中國春秋時期吳國國君的公子季札和徐國的徐君見面時，徐君被季札腰間的佩劍吸引，忍不住地觀望。季札告之，完成出使的任務後，一定要回來將佩劍送給徐君。怎料出使返回時，徐君已過世了，季札仍然到徐君墓前，將佩劍掛在墓旁樹上，兌現內心對徐君的許諾。

季札與徐君的故事情節，相似的發生在宋楚瑜與謝三升身上，這是宋楚瑜主持省政「不分族群政黨」的經典故事，也就是千金一諾。他常以此為例，說明政府領導者必須宏觀向前看，以遠見為人民設想，為下一代子孫、為未來著想，而不是只為「己黨」想。

接下交接印信，不能「高枕無憂」！

1993年3月20日正式交接的前一天，宋楚瑜與太太陳萬水抵達位於南投的省政府，即將戶籍遷入南投市中興新村。交接當天，行政院院長連戰出席主持布達及交接，將省政府印信由代理主席涂德錡手中，轉交給宋楚瑜。

上任的隔天是星期日，宋楚瑜沒有休息，立即外出訪視。第一站是南投縣，先與南投縣縣長林源朗及地方民意代表見面，再去看集集共同引水及集鹿大橋兩項工程。

在這兩天，宋楚瑜就兩度以「三W＋一W」，誇讚南投的好：三W是水（Water）好、女人（Woman）漂亮、天氣（Weather）棒，而且這三項實在好（Wonderful）。

但是，在中興新村省主席官邸睡覺的第一晚，因為來到新環境，一下子睡不習慣，出現落枕現象；他向省政府同仁自我解嘲地說，今後不能「高枕無憂」了。

自此，宋楚瑜開始啟動跑遍全省的行程，除了例行會議等必須親自主持或出席場合之外，他將大部分時間用在各個基層角落，廂型車、火車、直升機、飛機等都是交通工具，也是活動式的「辦公處所」。

他靠著各種地圖，奔馳在全省每一條大小道路上，在車內喝白開水，吃三明治之類的簡單飲食，在任何地點或加油站下車，跟人借用廁所、洗把臉，一站又一站地趕，見了一批又一批的人。回到中興新村時，代步工具換成腳踏車，方便他和村民及「鄰居」打招呼。

有一回由臺北乘坐廂型車南下，車行至苗栗縣三義路段時，突然車子晃動相當厲害，駕駛停車檢查，發現輪胎已經爆破，只好改搭另一部隨扈的車

子。這顯然是「跑多了」，車子也「受不了」。

到馬公 50 次，任期內走過地球六圈 25 萬 km

宋楚瑜是少有常搭直升機、飛機工作的行政首長，也是常在廂型車、火車上商討公事的「管家婆」。他說省政建設就是一部「媽媽經」，無論任何時間地點，都可以和同事、各地方的任何人，談與臺灣省有關的「柴、米、油、鹽、醬、醋、茶」。

宋楚瑜的同仁幫忙算過，在省主席及省長任期內，5年多來搭乘500餘趟飛機，飛行時數超過1,300多小時，飛機上給他冷靜構思臺灣省建設的視野與藍圖。

他也坐過將近300次直升機，宏觀去看臺灣省各地的道路和橋梁，去看與省民利益攸關卻比較偏遠的地方建設。

各單位同仁陪他走過臺灣省21縣市各地角落（參閱表3-1），包括汽車250,496公里、火車5,431公里（參閱表3-2）及舟船1,156公里（參閱表3-3），總計可以環繞地球6.415圈，超過25萬7,083公里道路。

所有309個鄉鎮市，至少都造訪四、五次以上，有些造訪次數比較高的，達40-50次以上。

花蓮、臺東和澎湖這三個縣，人口數相對偏少，也比較被忽略，他為他們花了更多的時間和精神，每個月至少都要去一趟以上。

以澎湖縣而言，馬公市去了50次，湖西鄉14次，白沙鄉12次，西嶼鄉8次，望安鄉7次，七美鄉7次；又如臺東市42次，花蓮市50次，吉安鄉22次。

宋楚瑜曾經深入臺北縣三峽利豐煤礦地底礦坑980公尺，去看在惡劣環境下辛勤工作的礦坑朋友，也曾登上臺灣最高點玉山，親歷臺灣山川的秀麗與壯闊。

全省鄉鎮走了又走，為了什麼？

就是希望到各個工程興建地點、鄉鎮市公所、農會、漁會與水利會，以及偏遠又長期乏人注意的地方，去跟他們當面談未來，去聽取他們的意見。

表3-1　宋楚瑜任內訪視各縣市次數（1993年3月20日-1998年12月20日）

縣市	次數	縣市	次數
基隆市	81	嘉義縣	116
臺北縣	230	嘉義市	78
桃園縣	165	臺南市	96
新竹縣	101	臺南縣	126
新竹市	83	高雄縣	138
苗栗縣	114	屏東縣	111
臺中市	327	臺東縣	81
臺中縣	187	花蓮縣	93
南投縣	152	宜蘭縣	92
彰化縣	128	澎湖縣	74
雲林縣	106	共　　計	2,679

表3-2　宋楚瑜任內訪視地方使用火車行駛公里一覽表

1993年3月20日-1993年12月31日	0次	無搭乘
1994年1月1日-1994年12月31日	15次	1,499.1公里
1995年1月1日-1995年12月31日	3次	246.2公里
1996年1月1日-1996年12月31日	9次	1,003.2公里
1997年1月1日-1997年12月31日	5次	620.8公里
1998年1月1日-1998年12月20日	21次	2,062.0公里
		總計5,431.3公里

表3-3　宋楚瑜任內訪視地方使用舟船行駛公里一覽表

1993年3月20日-1993年12月31日	無使用
1994年1月1日-1994年12月31日	64海浬
1995年1月1日-1995年12月31日	173海浬
1996年1月1日-1996年12月31日	108海浬
1997年1月1日-1997年12月31日	195海浬
1998年1月1日-1998年12月20日	84海浬
	總計624海浬=1,155.648公里

＊資料來源：臺灣省政府祕書處交際科統計

　　每一次去時，鄉鎮市長、代表會主席或鄉鎮市民代表會在，很多時候縣

議員、村里長，以及關心地方建設的鄉親也一起參與，從這當中能直接了解民眾想法，以及希望政府為他們做什麼？

例如，只要到花蓮縣，縣長王慶豐一定會為民眾提出建設需求，所求都是為老百姓，也都符合需要，省政府不給說不過去。花蓮的幅員狹長，南下北上跑來跑去，常忙得連落腳吃頓飯時間都沒有；宋楚瑜通常就是一碗「扁食」打發，有時來不及坐下來吃，就打包上飛機或在車上吃。

他常打趣地對王縣長說：「你的扁食真貴，一碗都得要2,000多萬元。」

機動管理：省主席下鄉，公事逐漸多起來

在宋楚瑜之前，省政府歷經13位省主席[2]，健全的制度使各廳處局都能獨立作業。在這一個良好制度運作背景下，讓他很放心去做機動式管理，不是坐在辦公室裡。

在一次管理領導研究會中召集所有廳處局首長，他特別要求鎖定幾項省政工作重點討論，第一項就是如何運用機動式的經營管理，來處理日益繁雜的省政問題。

有人問他：「主席，你難道都不累嗎？常常全省各地不停地跑。」他回答說：「老實講，食宿不定，上洗手間也不方便，怎能不累！但捫心自問，**有沒有發自內心著急處理民眾事務，倘若是肯定的，就不感覺疲累。**」

他也常以「身在公門好修行」勉勵團隊同仁：「如果能將在政府部門工作，當作如同在修行一般，公務員有幸能為民眾修橋鋪路、排難解紛、提供急難救助，以及解決各項民生問題，那就不再感覺疲累。」

有一次他和祕書長林豐正說：「最近公事比較多一點，剛開始來的時候好像沒那麼多！」

---

[2] 臺灣省政府自1947年5月16日改組成立，魏道明擔任第一任臺灣省政府主席，其後歷經陳誠、吳國楨、俞鴻鈞、嚴家淦、周至柔、黃杰、陳大慶、謝東閔、林洋港、李登輝、邱創煥、連戰、宋楚瑜等14位省主席。其後，宋楚瑜經民選當選第一屆臺灣省省長，因凍省再無第二屆省長。

林祕書長說：「以前各廳處公文有許多都由廳處長決行，也都處理得非常好，可見過去已建立非常完備分工授權制度；在歷任省主席領導下，成效非常好。」林豐正又接著說：「主席現在常常到地方上去看，看完帶回來的問題要處理，要去解決這些問題；回來交代一件，公文就增加一件，可能還不止一件公文，大家彼此還要開會，相關工作持續增加，當然公文就多了，而且還有很多要重新處理的陳年老案等，所以工作增加了。」

開有效率會議，激勵同仁工作熱情

政府首長與公務人員須開各種不同的會議，人人心中都狐疑：開會，有效嗎？

省政府每年有兩次須赴省議會，出席省政總質詢（每次為期10天）報告及備詢，每週一上午例行舉行一次首長會談、省政府委員會議（第一屆民選省長就任後改為省政會議，省政府委員改為省政委員），每月舉行一次月會，這是紀念國父孫中山先生的集會。

省政總質詢是省議會與省政府實踐民意政治的重頭戲，宋楚瑜不可能缺席。首長會談、省政府委員會議是宋楚瑜每週固定與所有廳處局首長會見的機會，除非必要的公出，宋楚瑜一定與會。

他把大部分時間用在地方行走，將發掘出來的問題帶到會議之中；他也要求省新聞處隨時蒐集媒體新聞報導與民意反應，將有關省政事項做成「輿情反映」，提到會議中報告、討論並議決執行。

他特別重視開會必須要切中問題，而且必須非常有效率。宋楚瑜曾自信地說：「省政會議是個有效率的會議，是進一步確立共識，加強執行決心的會議，而不是各自爭執、各說各話的會議。」端上省政會議討論的，都是重要事項或提案，已經類似國會的三讀會；在宣讀後，只對該修正的一些文字或各相關單位是否有補充意見進行徵詢，即可完成。

但是，提案在進入省政會議之前，都會先行召開專案會議。凡各廳處局有不同看法或需溝通、支援、協調的事項，就在受指派的一位或幾位省政

委員主持的專案會議內暢所欲言。與會者可就學理、法規與實際情況深入研討，哪怕是爭論都可暢所欲言，以形成共識。所謂「先禮後兵」，就是在這個層次的會議中進行。不過，曾經有少數新任機關首長，剛開始不太熟悉或不適應這樣的開會機制，對原先經過省政委員協調過的案子，在省政會議另做新議，這樣的後果當然難逃當場「被糾正」。

為兼顧部門機構的分工權責與協調整合，宋楚瑜特別重視省府委員（省政委員）的角色與功能，就好像經國先生擔任行政院院長時，特別重視行政院政務委員，協助督導推動十大建設。他們有些是卸任的績優縣市長，或是在省內具有相當資望、在特殊領域擁有專業者，得以在省政府各機關之間，擔任起協調者與整合者，協調彙整各單位意見。宋楚瑜指出，政府領導者掌握重大原則，其中相關的諸多細節就請能人代勞，正如清朝中興名臣曾國藩所言：「為政之要，在於找到替手。」

擴大首長會談原是一、二級機關首長必須出席，宋楚瑜到任後不久，就增列部分三級機關首長與會，主要目的有二：一為參與，一為協調。這即是在重大政策決定前，藉由更多首長參與，俾對省政業務多所了解，並收集思廣益、溝通整合之效，凡已形成共識者，省政府全體一致，全力加強推動。

雖然宋楚瑜會利用年終檢討、擴大廳處會報，分別到各廳處局與同仁會面，他同樣珍惜每個月舉行的月會，集會地點在省政資料館禮堂。月會有時安排專家學者、相關主管做專題演講或報告，之後剩下的時間，就是他與團隊同仁的「私密時間」。

禮堂容納不下那麼多人，同仁不可能全部來，但他會把握這個時機，表揚他的同仁，和他的同仁談一些想法、貼心話，激勵大家的工作熱情與士氣。「**讓團隊同仁產生工作幹勁，是領導者肩頭第一要務**。我有許多的叮嚀、期許與嘉勉，都在這時、這裡講。」宋楚瑜說。

他寧可將跑地方僅剩的寶貴時間，用來與同仁相互勉勵；接受媒體專訪或舉行正式記者會則相對減少。然而他的媒體曝光度始終「居高不下」，那是媒體記者追著他跑地方建設，順其自然地拍攝播出或刊出，並未刻意安排。

為加強省民了解省政決策與業務推展，通常在省政會議後由新聞處處長

黃義交陪同主管同仁向新聞媒體說明；他曾要求新聞處不必刻意為他宣傳，他希望自己是一位努力工作之後，民眾自然記得的省主席、省長。

不是從中央看地方，「走透透」成為流行語

臺灣建省於1885年[3]，宋楚瑜是百餘年來第一位政府領導人，徹頭徹尾跑遍每個基層角落。那時「臺灣錢淹腳目」，宋楚瑜是第一位政府領導人，慎重其事地指出政府仍對基層照顧不足。

這幅寫照叫做「全省走透透」。「走透透」係來自閩南語，以前或許有人用過，自宋楚瑜之後成為臺灣流行詞語。夏珍在《宋楚瑜中興紀事》（頁129）有一段描寫：

省政府警官隊[4]有一句貼切的形容：「以前咱們在中興新村是放暑假，省長一來就開學了！」

由於宋楚瑜不只一兩次「全省走透透」，他能娓娓道出深入各處基層親眼所見有待改進的一切，更是不忍有些鄉親還停留在延遲開發的階段，包括一般道路、農村道路、漁村道路、自來水供應、水患治理、醫療設施、衛生保健、路燈照明、汙染排放、垃圾清運等。他在擔任省主席與省長時就是「力行者」，踏著經國先生曾經走過的足跡，特別重視偏遠地區、沿海地區、山區原住民部落、客家聚落、農村與漁港，盡心盡力照顧鰥寡孤獨廢疾者、農漁民、退伍軍人軍眷、老年人、孩童等。

---

[3] 1885年（光緒11年），清朝朝廷下詔設臺灣巡撫，首任巡撫是劉銘傳，為臺灣建省之始。劉銘傳任期4年半，宋楚瑜任期5年9個月，劉是首任，宋是最後一任，一頭一尾。在劉之前是「虛」的，在宋之後也是「虛」的，雖然兩人相隔超過一個世紀，卻有著很大的交集——為臺灣老百姓打拚。宋楚瑜說：「劉銘傳之前的建設大都是軍事上的考量，真正關心民生建設是從劉銘傳開始，他是以現代化眼光全方位建設臺灣的第一人。」

[4] 這是警政署派駐中興新村維護省主席（省長）安全的小隊，其成員即是省主席（省長）的隨扈人員。

同時，省政府必須配合辦理許多行政院的政策，以六年國建[5]來說，省政府負責的計畫有200多項。另方面，直接與人民日常生活息息相關的基層鄉鎮市區，村里巷弄的道路、橋梁、水溝、涵洞、飲水設施，以及路燈、號誌等小型工程與零星設施，卻往往最容易被忽略，成為基層建設的死角，直接影響到人民的生活品質。

宋楚瑜說：「省政建設固然要配合中央從大處著眼，也應從小處著手。」如果宋楚瑜以前都在中央工作，是傾向於「從中央看地方」，後來到省之後就轉變成「從地方看中央」，或者確切地說，是變成「從偏遠角落看整個社會的正義與公正」、「從落後地區看人民的尊嚴與公平」。

那段在臺灣省打拚的歲月，宋楚瑜與省政府團隊同仁一起蛻變，由陌生而相知，由相知而相惜，由相惜而同心，戮力去圓這個「臺灣之夢」：

——縮短城鄉的差距。

——打破族群之間的疏離。

——化解黨派之間的對立。

——拉近人民與政府的感情。

許多人都知道：「問對問題，事情就解決一半。」管理學特別要求領導者，界定問題（define the problem）或定義事實（define the reality）是不可旁推的責任；如果你不能認清自己所面對的問題和情境，以及因為其他因素干擾就動搖改變認知，那即是步伐尚未踏出，已經自亂陣腳。

曾經有一次在談基層建設要深入原住民鄉及辦好原住民教育時，宋楚瑜順口唸了清代鄭板橋（1693-1765）這首〈竹石〉詠物詩：「咬定青山不放鬆，立根原在亂巖中；千磨萬擊還堅勁，任爾東西南北風。」心意已決，**不是錦上添花，而是雪中送炭，這是他來臺灣省要做的，有比竹子咬住岩石還堅定。**

---

[5] 六年國建（1991年-1997年），全名為國家建設六年計畫，是當時政府長期經濟計畫中的一環，推動之初被視為接續經國先生的十項建設計畫。因經費總金額高達8兆餘元，民進黨大力杯葛，在立法院內多次與時任行政院院長郝柏村發生衝突。1993年2月，郝柏村辭職，連戰繼任，檢討並停止大部分六年國建計畫。

宏觀施政，不是對單一事情，通盤考量所有狀況

宋楚瑜重視省政工作要宏觀，期許各廳處局首長們也要宏觀，共同帶領省政府同仁走向宏觀施政。

宋楚瑜說，宏觀不僅是要飛得高看得遠，宏觀更是實實在在地為老百姓設想；宏觀是發現這裡沒做好，趕緊看看還有其他地方是否也沒做好，一起處理做改善。因而，宏觀是一種全局思考，宏觀沒有等差之別，宏觀是為老百姓著想而「舉一反三」[6]。

臺灣省土地面積占全臺灣地區（臺澎金馬）土地面積98％以上，臺灣省人口占臺灣地區總人口80％以上。這樣大比例的人口與土地，一方面是與北高兩市相比較，在國家整體資源分配上是否做到公平的問題；另一方面，則是全省內部資源分配能否做到省民普遍被照顧的問題。

以上這兩個問題「年久月深」[7]，都關係到省民的照顧公平、生活品質和未來發展。也就是在臺灣本島和沿海離島之間、南部和北部之間、東部和西部之間、鄉鎮和城市之間，如何做到縮短日漸擴大的差距。

對於前一個問題，省議會有許多呼籲中央重視臺灣省的意見，省政府也不斷向中央反映，儘速修正《財政收支劃分法》，新訂《地方稅法通則》及《規費法》，調整對省補助原則，同時還具體研擬一套改善臺灣省基層建設方案，呈報到行政院，期能充實地方經濟並照顧省民。

由於前一個問題「操之在人」，遲遲無法獲得回應與改進，因而對於後面這個問題，宋楚瑜則以「宏觀施政」，期勉省政府團隊採取比較關懷的立場，重新調整工作的重點與步伐。

以交通建設來講，他要交通處和公路局做好施工品質，同時將全省的省道、縣道、鄉鎮道路與產業道路銜接在一起，不但標號並做路標，而且加以

6　在《論語・述而》篇中，孔子曾說：「不憤不啟，不悱不發，舉一隅，不以三隅反，則不復也。」這是一種求知方法上的教導與引導，重視主動思辨，而不是敲一下才動一下。本書有諸多省政工作實例，都用到舉一反三之法。

7　此為閩南詞語，意指經年累月；江蕙與施文彬所唱〈年久月深〉中有一句「年久月深只存相思」。

系統化，讓用路人方便上下快速道路與高速公路，一般道路也要通暢，鄉間小路不會比城市道路品質差。

民政的加速改革，財政的增益改善，學校教室與宿舍改建，醫療衛生品質提升，農漁民、老人、婦女等弱勢族群做到完善照顧，外省族群眷村改建，原住民就學及就業，以及山區部落產業能力提升等，無不從整體資源及全局眼光著手，不會疏忽或偏向誰，不能厚此薄彼。

省政府廳處局首長都了解宋楚瑜的要求：「要做整體思考，不能只講單一的事情，讓我通盤了解所有的狀況。」例如，某個地方農民要補助購置蓄水桶，或是哪個學校教室宿舍要改善，絕不是斟酌幾個鄉鎮的問題，而是整個相關區域或全省一併考量，俾能澈底一致解決問題。

80幾個建設落後的鄉鎮，如同管線末端需要加壓

宋楚瑜從不諱言，以前長期在臺北工作，難免會有「從臺北看天下」的視角障礙（perspective obstacle）；到了臺灣省，觀察的角度不一樣了。他實際深入了解，土地徵收價格不能反映市場價格，土地問題不斷累積民怨，對經濟民生發展造成阻礙，嚴重性與日俱增。

不少的土地問題，既是陳年積案也是民怨，這促使他向中央建議在「既不犧牲小我，又能成全大我」的原則下，改以市價徵收土地、區段徵收、市地重劃等方式，來推動公共工程（參閱本書第6章）。

「全省有80幾個山地原住民鄉與沿海的鄉鎮，普遍缺少醫療照顧、自來水普及、道路建設及防洪設施。」宋楚瑜講得非常明白，如果省政府不去重視，永遠沒辦法解決。如果沒有實地去看，實際去體會了解，又憑什麼來策劃施政的依據與重點？

不深入地方，怎知民間疾苦！他認為，這就好像是人體的血液循環，或平常自來水使用的名詞，叫做「末梢神經」、「管線末端」；如果不去注意，沒有給它加強或加壓，那末梢神經就容易一直是麻木的，管線末端的水量永遠是不足的。

從省民角度來思考，點線面全面顧及

宏觀施政即是從全體省民的角度、整個臺灣省的立場，來做整體的資源調配與行政支援。這與過去做法大大不同，或許以前只是「肢體運動」，宏觀施政則要邊陲末梢恢復知覺與動能。

宋楚瑜指出，**省政府施政特別重視資源整合，是將有限資源及以前分散的資源整合起來，發揮相加相乘的效果**；將多年存在於地方的癥結與困境，從整體的觀點與角度，全面加以解決。

宋楚瑜強調，省政府團隊對於每一項施政，不再只是點與線的經營，而是由「面」，關照到「全面」與「整體」。除了考慮整體資源的有限外，還要顧及資源縱向的分配是否合理，橫面的分布是否妥善，以及資源與資源之間是否有效整合。

以下是宋楚瑜比較常提到的例子：

窮鄉僻壤的照顧：長久以來，省政府和地方之間的關係，是從省到縣市而已，所有鄉鎮市看作是行政層次上的問題。以前省政府撥款照顧地方，只是集中對應縣市的21個點，可是有些縣市政府本身的財源很有限，即使比較富有的縣市也得先照顧人口比較密集的地區，以致形成縣轄市或人口稠密鄉鎮享有比較多建設，窮鄉僻壤相對嚴重不足。宋楚瑜認為，「**不能再讓他們一直窮下去，他們的問題就是省政府的問題。**」

水資源的經營：以水庫管理來說，以往是以「點」為範圍，如今全球氣候變化，以前或許可以的，現在卻變得不行，必須從整體面籌策應對。有些道理是相通的，水資源調配與鐵路局服務乘客或銀行面對客戶沒有兩樣。臺鐵火車的車廂不夠，能謝絕顧客搭乘，勸乘客少出門？銀行分行經理遇到現金短缺，能否說「因現金有限，客戶提款時一次不得超過10萬元」？

災害的救助與復建：許多山區、部落的人口約僅500到1,000人，有時天災降臨時就失聯了（參閱本書第15章）。災情通報從地方、省到中央的每一個環節，是否完全通暢？過去都是以21縣市為單位彙整災情，但是臺灣省的一些山區或部落，要如何迅速而正確地將災情資訊送出，都必須從整體省民角

度來思考才能周全。

一視同仁，不分黨派族群地域

「把省民擺在第一位。」這句話幾乎是宋楚瑜的口頭禪。但「省民」是什麼？在宋楚瑜的心中與施政過程裡，「省民」存在著兩種不同層次的意義。

第一種層次是他心心念念所要照顧的對象。

他既是省民的父母官，不能做有損任何省民的事。這可以從他對《貞觀政要》第一卷開頭一段話的解讀做說明。

《貞觀政要》第一卷開頭即說：「貞觀初，太宗謂侍臣曰：為君之道，必須先存百姓，若損百姓以奉其身，猶割股以啖腹，腹飽而身斃；若安天下，必須先正其身，未有身正而影曲，上治而下亂者。……」

這是經國先生喜歡讀的一本書，宋楚瑜也很喜歡讀，尤其這段話常觸動他。他對省議員做報告時說：「如果省政建設不把省民擺在第一位，正如割股以啖腹，那腹飽而身斃的日子也不會太遠了。」

另一層意義是，「省民」不能是「二等國民」。

他認為，無論中央或地方政府，最初和最終的施政目標都是為了人民，因而臺灣省的省民與臺北市、高雄市的市民，乃至金馬地區的同胞，都同樣重要，不能有差別待遇。

就此而論，不論第一個或第二個層次的認知，不都是他的「省長誓約」孕育源頭。既然站在全體省民、整個臺灣省的角度，那所有施政對象就不會有區別，不從那個縣市鄉鎮是由哪個黨籍主政，或那個地方得票率多寡來做差序考量。

宋楚瑜這段陳述很先進：「**原住民在社會的謀生能力偏低，這不是原住民的問題，是教育的問題，是社會的問題；榮民、勞工等弱勢族群買不起房子，這不是榮民的問題，不是勞工的問題，不是弱勢族群的問題，而是整個社會的問題，是政府政策該做調整的問題。**」

人性尊嚴是至高無上的，不應因黨籍、族群、出身背景受到不同待遇。宋楚瑜任內是民進黨地方執政高峰期，至少有近20位民進黨籍縣市長與宋楚

瑜任期重疊，但他對地方協助始終一視同仁，沒有黨派差異，當時民進黨籍縣市長都清楚，感受也比國民黨籍縣市長深刻。

「深入不毛」，站在偏遠第一線

「縮短城鄉差距」是一種「目標性」揭示，就是宋楚瑜所說「政治就管三件事」的第一件事——掌握政策方向。

就管理學來說，提出「縮短城鄉差距」作為施政目標，具有雙重目的。其一，是對內部的意義管理（management of meaning）；其二，是對眾人的注意力管理（management of attention）。

依據領導學之父班尼斯（Warren Bannis）所言，「意義管理」是指領導者有能力將自己的目標傳達給部屬同仁，讓大家認同目標的意義與使命；「注意力管理」是領導者提出的目標或願景，能凝聚成員的心智與力量，願意一同去實現。

因此，宋楚瑜親自率領團隊同仁「深入不毛」[8]，在臺灣可說是第一人，在基層角落或邊陲地帶「拓展邊界」，這項作為引起眾人關注並大受歡迎。這體現他所說「**從來英雄造時勢，豈有主角等燈光**」的註腳與實證。

日本東京外國語大學綜合國際學研究院教授小笠原欣幸長期研究臺灣政治，在《臺灣總統選舉：臺灣認同的成長與爭奪》（大家出版，2021年，頁152）這樣說：

> 宋楚瑜不同於中央政府那些與一般民眾毫無交集的官僚型政治人物，他非常重視民生經濟，不管是地方的公共建設或指揮救災都站在第一線，因此博得了廣大民眾的支持。

---

8 語出諸葛亮所撰〈前出師表〉，係指前進到荒涼或未開發地區，在此引申臺灣偏遠、資源貧乏地區。

1 | 宋楚瑜認為：「省主席與省長的必要職責無他，就是縮短城鄉差距，追求均富社會！」
此圖攝於省政會議，旁坐兩位是副省長吳容明（左二）及賴英照（左一）。

2 | 宋楚瑜主持省政會議，他把在地方發現的問題帶到會議；他也要求省新聞處隨時蒐集媒
體報導與民意反應，作為「輿情反映」，加以討論並議決執行。此為1995年1月23日，
移師至花蓮召開的省府第四次省政會議，顯示對基層的重視。

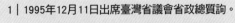

1｜1995年12月11日出席臺灣省議會省政總質詢。

2｜在省政總質詢時，與祕書長林豐正、財政廳廳長賴英
照即時交換意見。

3｜省主席宋楚瑜在省議會進行施政報告，後為省議會議
長簡明景。

4-5｜1998年11月2日，省長宋楚瑜向省議會第10屆第8
次大會省政總質詢做總結報告，其後為省議會議長劉
炳偉。該次總質詢結束，與議長劉炳偉（右）步出議
場。

6 | 1993年10月25日，南投縣貓羅溪開工整治，不分黨派的政治人物都來參加。

7 | 1996年5月10日，與無黨籍省議員陳啟吉（右）訪視貓羅溪治理情形；宋楚瑜期許團隊同仁，要讓老百姓喝乾淨的水，但不要讓他們泡在水裡。

8 | 宋楚瑜特別重視偏遠地區、沿海地區、山區原住民部落、客家聚落、農村與漁港，盡心盡力照顧鰥寡孤獨廢疾者、農漁民、退伍軍人（含軍眷）、老年人及孩童等。

9 | 當宋楚瑜親駕時，通常是路或橋竣工啟用，這是他最興奮的時刻；圖為1997年9月12日，宋楚瑜開車通過拓寬的澎3線及完工的中正橋。

10 | 1998年11月5日，宋楚瑜接受澎湖縣縣長賴峰偉致贈榮譽縣民證。

11 | 1993年11月24日，搭乘Beach 12人座行政專機，至花蓮訪視考察縣市長選舉籌辦情形。圖為在花蓮基地降落，空軍聯隊長陳肇敏（後任空軍總司令、國防部部長）接機。

2 | 1995年9月5日，與臺中縣縣長廖了以（右）搭乘直升機，訪視和平鄉山區學校。

3 | 回到中興新村時，有時宋楚瑜代步工具換成腳踏車，方便和村民及鄰居打招呼，而這張照片則是他騎著單車去投票。

4 | 1998年8月26日，宋楚瑜登上臺灣最高山玉山的3,952公尺主峰。

第 4 章

◆

人才培育，建立團隊榮譽感

人才培育乃為國所用，也是為國儲才，領導者藉此讓團隊同仁充實職能並開展抱負；其實，這也是領導者替自己領導有方籌謀妙算。

宋楚瑜父親宋達將軍為國軍人事培訓、計畫考核及後勤管理等樹立長遠制度，經國先生讓宋楚瑜長期留在身邊學習揣摩領導統御，他們深深影響宋楚瑜，去理解「為政在人」、「中興以人才為本」這些課程。宋楚瑜耳濡目染，將人才培育看得非常重要：「否則經由嚴格考試，原本百中挑一的優秀人才，可能逐漸變成庸才乃至笨才，成為平庸治理的一分子。」

至於領導一大批各個領域人才，結合成巨大能量的工作團隊，他說他不能帶給你什麼「好處」，只能帶給你「共同創造的團隊榮譽感」。

我們需要具有誠心與熱忱的領導人，許下「世界變得更美好」的承諾，引領團隊部屬以奉獻、專業與能力服務他人，而不汲汲營營於權力和名利。

從三等兵幹起，宋達為國軍奠定人才培育制度

宋楚瑜的記憶裡，他的根底是農村家庭，然後才是軍人子弟。祖父英年早逝，祖母帶著四個未成年的子女，家中人口多，父親宋達是家中長子，不出外謀生不行，乃以十四歲稚年，隻身從湖南到青島投入東北海軍，從三等水兵幹起[1]（可參考本書第9章）。

---

[1] 宋達將軍並非黃埔出身，而且在任職陸軍供應司令之前未帶過作戰部隊，但因律己甚嚴，忠勤任事，研發創新，為總統蔣公賞識，是早期國軍以參謀幕僚作業見長，而晉升到少將、中將的少數幾位將領之一。

許多人不知道，宋楚瑜父親宋達將軍連高中文憑都沒有，可是自修到美國陸軍指揮參謀大學特優結業高材生[2]，大陸時期在陸軍大學兩次特優第一名，成績歷年來沒人能打破。到臺灣軍中退役後，曾開創中國文化大學企管系，且是第一任系主任，陽明醫學院也經他籌備創設[3]，當時無黨籍臺北市市長高玉樹還曾邀請他講授行政管理課程，韓國檀國大學頒贈榮譽博士給他。

國軍撤到臺灣，軍事改造最重要的第一步即是「人員核實」。為澈底整理軍隊人員核實並建立制度，宋達將軍首先區分軍種，配賦籍系，再由軍種（軍管區）賦予籍號，使每一位官兵都有一個終身不變的兵籍號碼。所有人員根據人事命令與人事部門所提名冊，製發「軍人手牒」（後改為「軍人身分補給證」），並憑證發餉，做到一人一餉，月清月結。

鮮為外界所知的，為因應戰時緊急動員之需，宋達將軍是首位開始運用電腦的軍事首長，和美國IBM公司展開合作，建立人事資料自動化處理系統；除國軍的現役人員外，並將105萬餘名後備軍人全部納入電腦管理。接著，建立三軍統一通訊系統，提高基地通訊效率；籌建三軍總醫院，改進基地醫療管理。

宋達在現代領導階層所必備的研究發展與規劃管理等知能上具有湛深素養，尤其是落實於軍隊之後勤補給、人事規制與研考機制等改革，使其步入系統化、制度化與法規化，宏觀規劃，慮深謀遠，國軍至今猶受其益。

---

[2] 美國陸軍指揮參謀大學（United States Army Command and General Staff College）是美國陸軍將領的搖籃。當時老總統讓一些國軍優秀幹部到那裡訓練，目的是為「中」美聯合作戰時可以配合無間。因此，受訓人員都是比較傑出的軍團司令、軍長。宋達於1959年1月奉派赴美受訓半年，同期學員有胡璉、高魁元、劉玉章、羅友倫、王永樹、侯程達等。宋達以特優的表現畢業，美國陸軍參大給宋達這樣的考評：「宋將軍給人深刻印象，為人幹練、辨是非、彬彬有禮，有外交官的風度，彼係有魄力而儀表高尚之將領，在擔任學員討論小組長中，彼顯示出一種令人欽羨之領導才能，使其小組及個人達成優良之結論與答案，彼之結論與答案顯示其事前有充分之準備，並能以一種明確與果斷方式提出，設若其不同意同學或教官之見地時，彼即表示不同意，並從而辯護，同學們對彼深為愛戴，教官對其領導才能亦深為賞識。」

[3] 宋達曾應中國文化大學（當時為中國文化學院）創辦人張其昀（曾任教育部部長）之邀，創立企管系，為該系創系主任；陽明醫學院（2021年2月與交通大學合併為國立陽明交通大學）是經他手上創設，他以退輔會祕書長身分擔任籌備主任，為榮民總醫院建立建教合作基礎。

　　宋達於1955年9月接任國防部人事行政局局長，至1962年元月升任人事參謀次長，迄1964年11月任期屆滿，前後在國軍人事部門工作達9年之久，是任期最長的人事首長之一[4]，更在其任內奠定人才培育制度。

有計畫的進，有步驟的訓，不會造飛機先學修飛機

　　為因應當時國軍戰備，籌補所需兵源，保持高昂戰鬥士氣，宋達在人事制度上戮力興革，特重「**有計畫的進，有步驟的訓，有準備的用，有安置的退，有組織的儲，有時效的動，有持續的戰**」。

　　在他的任內，包括三軍軍官、士官、士兵、文職及特技等人員的動員徵召、志願服役、學校招考、甄聘僱用，以及軍校教育、新兵訓練、大專學生成功嶺集訓等，都逐一建立可長可久的制度，其中還有預備學生制度[5]、常備士官、技術常備士官教育訓練及志願留營制度。這些制度均係宋達開創，許多至今仍沿用（參閱《如瑜得水》頁340及本書第10章）。

　　臺灣教育逐漸普及與社會經濟繁榮之後，官校及各專門軍事學校招生困難開始浮現，宋達形容軍校招生「寫得好的不來，寫不好的不要」，也就是學科好的不來，學科不好的不要。但經研究「寫得好（學科）」並非職業軍人標準唯一條件，最重要的是稟賦潛能是否適於軍人職業。

　　因而宋達想出一個方法，遴聘心理學家編成小組，設計「軍人氣質測驗」，如測驗成績好，學科稍差，亦給予錄取，入學後再輔導學科，自根本解決軍校招生不足的問題。另對有志習藝者，則引導參加技術練習生訓練，

---

[4] 宋達將軍應該有連續5年可升中將，但因為負責辦理人事業務，每次都要求把自己的名字拿掉，自己打報告給參謀總長，一再請求避嫌，不要讓人家誤解，自己管人事升自己。宋達一直當了將近15-16年的少將，後來在當人事次長時，到美國陸軍指揮參謀大學半年受訓期間，才升了中將。這個受訓是非常高層次的班級，原先他負責作業呈上去的受訓名單中沒有他的名字，後來蔣公寫了一個便條，在名單上加了一個人，用紅鉛筆寫著「宋達」。

[5] 目前仍在實施的中正預校，即肇始於宋達所建立的預備學生制度，在三軍官校及政工幹校（即後來的政戰學校，現改制為國防大學政戰學院）設立預備學生班，招考初中（即後來的國中）畢業生，在軍中完成高中程度與軍事基本教育，如此可免除當年官校招不到學生之困擾，又可鼓勵青年從軍，使之報國有門。

分就16種熱門實用技術中習得一門嫻熟專長本領，大大提升國軍後勤技術人員的素質。

宋達有一觀念，凡事不可能一蹴可幾，千里始於足下，當自己不會造戰車、飛機時，就先從維修戰車、飛機做起，做實了，才能跑，才能飛。這也是他極力推廣技勤教育、培植技術練習生的來由。宋楚瑜擔任臺灣省省主席、省長時，就曾遇到這樣受益的個案實例。

那時宋楚瑜為趕全省各地搭直升機，有一次省政府交際科科長陳清貴跟他建議：「我們時常麻煩人家，以前都只感謝直升機駕駛人員，修護保養技術人員也應致意道謝才好。」宋楚瑜接納這項建議，下直升機後走到保養修護機坪致贈加菜慰問金，就在鞠躬說謝謝時，一名非常資深的技術員向宋楚瑜說：「我是您父親創辦技術練習生學校培養出來的，該感謝的是您父親！」

公費留學造就「上尉博士」，人才交流「軍轉文」

又為增進人才培育與軍校師資，特別是為培訓國防科技人才，宋達將國軍人才培訓區分為指揮參謀人才與科學技術人才，策訂了長期培養計畫，還包括國外培育。

在當年財政十分拮据的情形下，宋達將軍仍籌措經費，用於首創的國防公費留學，後來中山科學院的科技人才濟濟，實奠基於此（參見《如瑜得水》，第13章）。宋楚瑜還保留了父親宋達陪同當時的國防部蔣經國部長分批接見國防公費生親切談話的照片，中科院院長唐君鉑（宋達中將接其之後擔任陸軍供應司令）亦在座。

當年上尉王守益獲得美國密西根大學物理學博士學位，出任清華大學物理系系主任，「上尉博士」成為一時美談。如今的軍事教育已非昔日可比，國軍當中處處可見軍階不高而學位很高的軍人學者。各種軍校人才赴國外進修制度延續至今，此一培育國防科技人才，成果斐然的制度肇始於宋達次長。

另在國內培育部分，宋達將軍就近協請國內一般大學做軍文交流，時任成功大學校長閻振興（後來擔任臺灣大學校長、教育部部長）就曾經鼎助充實南部軍事院校師資，與國防部訂定建教合作計畫。後來出任國科會主委的夏漢民博士，就是出身海軍機校的人才，他曾當面向宋楚瑜提到此事。

宋達也曾與當時的考試院院長莫德惠、銓敘部部長鄧傳楷多所協調，並親自拜訪立委溝通，終於經過立法院修訂相關法規，舉辦軍人轉任文職特考，讓軍法官、軍醫及其他擁有專長人才退役後能繼續貢獻專業。

1969年8月，宋達奉命擔任初創的行政院研考會副主任委員，配合政治革新與行政革新，建立行政機關業務管制考核制度。當時他邀約數十位學者專家，協助訓練各部會現代管理能力，將電子計算機、計畫評核術（Program Evaluation and Review Technique）與現代科學管理技術應用於行政管理體系，宋達將軍非常用心且付出甚多。

該會成立之初，宋達與時任行政院副祕書長瞿紹華等人，先後獲外國政府邀請或在行政院經合會資助下奉派出國考察。此時，宋達將重點置於工業先進國家企業管理的人力資源發展情況，返國後即將考察心得，除提報上級及有關方面外，並加以深入研究，在短期間內撰成《人力資源發展的新境界》一書，我國現行的職訓制度及就業輔導辦法，大多根源於該書第3章〈檢討與建議〉提供的意見。

經國先生重視人才培養，決策不被小圈圈包圍

宋楚瑜指出，經國先生主政特重權責分明，即是：「分層負責，脈絡可循，不越級指揮，不越級報告，不互相猜忌，不破壞和諧，以求做好事情，以達政通人和。」

「經國先生的兼聽管道暢通無阻，但從**不耳根輕，不隨便聽，不隨便信，也不嘴巴快，不任意更易，不貿然採取行動；**」宋楚瑜強調，「因為政府部門有既定層次的建制與功能，但又難免有脫節的時候，就好像車子有時要加潤滑油，或打打氣一樣，他一定經過查證，確知問題實際狀況，再運用

政治智慧，適時又技巧性的加以處理，務求藥到病除。」

不僅用人方面，在決策過程中經國先生也不會讓小圈圈包圍，封閉了言路。宋楚瑜說，當時臺灣正值經濟起飛時期，對於如何在發展與穩定間取得平衡，各行各業、經濟學者或各領域專家學人見解都不盡相同，經國先生的做法是兼聽與廣開言路[6]。

「不是虛應故事，而是深入對談，再透過不同意見的相互比對、衡酌，然後由相關部會擬定政策，拍板決行。」宋楚瑜強調，經國先生很尊重讀書人，從哪裡可以知道？有一次他在便條紙上寫下要約見幾位大學校長、教授的名字，其實他每天那麼忙，寫名字就可以了，但他還是非常客氣地在名字後面加上「先生」，展現了中國人傳統的禮數。

宋楚瑜加以綜合，這些會見人才和座談問題有以下特色：（一）不是拉攏或摸摸頭，而是無私，想從各個專業領域了解國家所面臨困難與真正問題所在；（二）各行各業狀況不一，必須確實找到具有代表性的Key Man來參與，才能確實診斷並對症下藥；（三）會見或座談時間不短，並由政府相關首長作陪，可以增進政府和民間面對面的協調溝通；（四）無論單獨約見或

---

[6] 從宋楚瑜保存的資料中，經國先生在接任院長之後，曾和各行各業代表分批舉行座談，包括紡織工業（張敏之、彭敦仁、鮑朝樞、鄭作衡、林山鐘、薛伯輝、蕭柏煌、賴清添、王木發、徐有庠、吳舜文、吳尊賢等12人）、鋼鐵機械工業（陳逢源、李振輝、吳聯星、楊日明、莊國欽、游清鐵、嚴慶齡、張國安等8人）、合板工業（孫海、陳植佩、林自西、李昆迫、程保廉、沈家銘、張秋旺、侯錫榮等8人）、電子電機工業（陳茂榜、林挺生、龔維寧、傅鴻霖、洪敏弘、張俊彥、林森、許金德、偕林波士等9人）、塑膠橡膠工業（王永慶、趙廷箴、黃慶芳、馬積善、徐風和、陳進生、張志華、沈祖馨等8人）、食品工業（謝成源、顧士奇、楊本科、黃烈火、陳雲龍、苗育秀、蔡克寬、吳修齊、林忠義、郭頂順等10人）、銀行業（陳勉修、郭建英、高湯盤、吳金川、倪德明、馬君助、熊智明、魏宗鐸、潘鋕甲、孫義宣、王叔朋、李良吉、徐鳳鳴、羅啟源、吳長炎、沈維經、沈琰等17人）與外商投資企業（有12人），從這些經營者身上直接了解產業問題，以及政府能做什麼？從被邀的名單可知，當時臺灣經濟發展上響叮噹的關鍵性人物幾被「一網打盡」，經國先生直接面對面，不迴避任何問題；在他擔任行政院長期間，為因應臺灣經濟轉型，連續逐一約見孫震、郭婉容、徐育珠、陳昭南、潘志奇、張震復、李登輝、梁國樹、于宗先等學者，都是自己親自在名單上註明會見時間，每個人一談就是一至兩個小時，而且不只約見一次。經國先生也非常重視人才引進與培養，從一一各別約見中聽取建言和提拔人才，包括臺大（10人）、政大（8人）、師大（7人）、清大（11人）、交大（4人）、興大（4人）、成大（3人）、東吳（3人）、淡江（4人）、東海（3人），其中許多人後來都「優而仕」，成為政府興革的幹才，例如余玉賢、林清江等。又如1974年7月5日以早餐會方式招待中山獎學金留學生（共14人，其中包括馬英九），由中央黨部祕書長張寶樹、教育部部長蔣彥士陪同，吃著家常的燒餅、油條、豆漿、豆腐腦和小籠包等。

座談會都有計畫安排，賓主雙方都是有備而來，而且能以從容時間深入交換意見，一方面顯現經國先生的誠意與關心，另方面能促使問題討論聚焦。

還有，自1972年起舉辦的國建會（至李登輝時代1995年終止，計辦了18次）則將言路擴及海外學人，邀請他們利用暑期回國和國內學者一起研討，彙整最新知識及眾人智慧，俾利擬定施政方針與決策。第一屆研討會於1972年8月在臺北召開（為期一週），當時有來自美、加、日本、港澳、歐洲、大洋洲等地海外學人近100位，另加國內產、官、學界人士30人左右，分組討論政治、外交、經濟、貿易、文化、教育等各類問題。會後並整理會議紀錄，作成有系統的施政建議，送交行政院各有關部會參考。

從以上諸例，宋楚瑜特別強調，身為領導者或決策者之所以能夠劍及履及或直接命中靶心，不致空忙一場，有賴：（一）決策的資訊事先要充分掌握，做到「正確」與「完整」；（二）決策核心和工作階層各有使命與分工，但要做好銜接和整合；（三）決策後的執行是成功與否的關鍵，因此必須有專人持續考核追蹤，一點都不能馬虎；（四）決策的重心只有一個，那就是為人民解決問題，如果有悖離民意情事，就得及時調整因應。

用人無私，廣納各方人才

每個政治領導人為了權力鞏固及政策制定、執行，都需要有治理菁英共同協助參與，中國歷史上單是春秋戰國時代秦帝國的興起，如秦穆公之於百里奚、秦孝公之於商鞅、秦惠文王之於張儀、秦昭襄王之於范雎等，都是「用人得當」的著名例子。每個領導者難免身邊有文臣武將的「小圈圈」，但唐太宗李世民的諍臣魏徵曾言：「**兼聽則明，偏聽則暗。**」唐太宗聽得進去，也確實做到，這是唐太宗君臣名留千古的原因。

宋楚瑜引用陳壽所撰《三國志》之〈鍾離牧傳〉一段有關戰國時代武安君白起與秦昭襄王對答內容，就提到「用人」之難：「非成業難，得賢難；非得賢難，用之難；非用之難，任之難。」宋楚瑜對白起這段話也做了如是評語：「**得賢者，治；得民者，昌。**」宋楚瑜也經常引用諸葛孔明〈出師

表〉這句話：「親賢臣，遠小人，此先漢所以興隆也；親小人，遠賢臣，此後漢所以傾頹也。」[7]

宋楚瑜指出，經國先生領導特質在於「不被小圈圈包圍」，深諳領導者身邊人馬管理之法，並重視人才，拔擢人才，倚重懂得門道的專業人員。經國先生在用人方面，廣納各方賢士，不是只拔擢故舊或特定關係人士，「贛南勳舊」、「幹校嫡系」從來不是任用的重點，當年他的幾位公子連國民黨中央委員都不能參選，遑論擔任中常委，許多早期追隨經國先生的老幹部，都在避嫌的考量下並未占據高位。宋楚瑜手上還留有一些經國先生手記，其中一則寫著：

> 我的地位越高，被部屬矇騙的機會越大，此有關事業之成敗，不可不謹慎將事，對於吹牛拍馬之徒應遠離之。

宋楚瑜確信在「用人」方面，傑出的政治人物一定有其獨具的領導特質與魅力，用人眼光寬廣，任賢適才適所，且不是以任用「自己人」來鞏固地位，而是以「理念與信心」和志同道合者相結合，團隊成員既有專業且有熱誠，進而和民眾站在一起，為民眾解決問題，強國富民之道盡在於此。

重視內部同仁意見，提振政府為民服務活力

不僅打開耳朵，廣聽各界忠言，對政府內部意見也要聽取。經國先生經常勤走各部會聽簡報，一方面注意同仁們對問題的反映，同時適時提振士氣。宋楚瑜說，聽簡報不是行禮如儀而已，而是要及時發現問題、整合問題與解決問題，保持政府這部機器的正確方向與活力，發揮最大為民服務的量

---

[7] 宋楚瑜曾引諸葛孔明〈出師表〉，指出李登輝時代初期，由於晉用無私熱誠的李元簇等人才，這是完成憲政改革與不流血「寧靜革命」的關鍵所在。因為李登輝執政早期用對人了，臺灣民主才能向前走，後來也是因為權力核心換了人，臺灣政治發展就走樣了（詳參《從威權邁向開放民主》，商周，2019年）。

能與效益。

宋楚瑜自擔任新聞局副局長起，就學會運用經國先生這套聽簡報發掘問題的功夫。每個月幾次，他都會走進負責督導的國際宣傳處、資編處、視聽處、聯絡室等單位，從互動中聽取「每一個」同仁意見，後來他都叫得出同仁名字，所有新聞局出版品（包括《光華雜誌》、*Free China Review*與*Free China Weekly*等期刊的文字、圖片等）都要親自詳細審閱後再付印。

有一次他在審閱即將出版的月刊文稿與照片時，發覺一張臺北市總統府廣場的照片「怪怪的」！總統府廣場前，正面對著司令臺，兩側豎有斗大標語立牌，各寫著「反共必勝，建國必成」，新聞局攝影人員拍攝時因取景角度的關係，只拍到「共必勝，建國必成」（少拍了一個「反」字），這張照片如果刊出，在那時可能是一條「大代誌」，還好宋楚瑜眼尖發現了。這也可說明他在審閱時，不僅專心投入，而且訓練有素[8]。同時，亦可印證這位長官做事不打馬虎，絕對不是做做樣子給人看。

省政府時期更是一一聽取各廳處簡報，省政府大小單位那麼多，他都不厭其煩去和同仁親身接觸。他是第一位也是唯一的一位民選省長，到過所有省政府的廳處局、省立高中高職、省立醫院、農業試驗所、縣市政府、鄉鎮市公所及大小水庫、漁港等處，因為這都是他的轄屬，是他應該前去關心了解的現場。

宋楚瑜若有所思地說：「**領導人要在同仁們面前出現，最容易失去視角的方式就是經常待在冷氣辦公室裡。**」

培育第一線建設人才，同時勵行精簡措施

臺灣省政府的機構有259個單位，各機關學校多達5,600多所，公教人員高達28萬6,000餘人，占全國公教人員總數的50％。世界一些迷你型國家人口數

---

[8] 宋楚瑜留學美國，在華盛頓中國研究資料中心工作時，已具備對圖書資料專業到編印出版流程的知識，校閱自然是他的專業技能之一，也對編輯、排版與印刷等中下游專業略通一二（參見《如瑜得水》第12章）。

都沒有那麼多人數。

對於這麼龐大的政府機構，宋楚瑜非常重視培育優秀人才。政府要為民眾做好事情，根本之道在於孫中山先生所說「人盡其才」。省政府主要的做法有三：培育省政建設人才、留住省政建設人才及精簡不必要員額。

在他任內曾勵行精簡措施，主要方法有：簡化不必要業務，推動辦公室自動化，將零散單位統合一起辦公，開放部分業務給民間去做等。同時還進行調整行政支援單位與業務單位的員額配置比例，「這就好比一個作戰部隊，戰鬥兵人數不可少，炊事兵及勤務兵則不能多出該有的比例。」宋楚瑜說。

相對於中央機關，省級及其以下地方公務人員職等偏低，比較無法有效吸引人才；宋楚瑜當選省長後，建議讓地方政府的人才發展與升遷管道適度放寬，獲考試院及銓敘部採納。

宋楚瑜初來省政府時，所有機關首長大都沿用前任省主席連戰培養選拔出來的幹部，後來雖也有從學術界、中央與地方機關延攬人才加入，但替換比例不大。

例如，宋楚瑜當選省長後，將建設廳水利局改制為一級機構水利處，資深水利前輩、最後任水利局局長謝瑞麟，將棒子交給水利處第一任處長李鴻源（自美國愛荷華大學土木暨環境工程系獲得博士學位，原先任教於臺大土木工程系）。宋楚瑜延攬他，從學界轉任政界，「請他擔任處長前，先請他擔任省政委員2個多月，先認識人與環境，了解省政府和省議會、省政府和縣市政府之間的關係，甚至和309個鄉鎮的關係。」宋楚瑜說這是承先啟後，為國家培育第一線建設人才。

省人事處處長吳堯峰好發言論，常有不同見解，不太像「一般官場上的人」，原在民政廳副廳長「停頓」好一陣子；宋楚瑜用人唯才，用他的長處，特予拔擢升任。

宋楚瑜說這個處長常有一些意想不到的點子，像是例行年終贈送紀念品給人事主管同仁時，選了磅秤，在上面還會附加兩句趣語：「身體與組織都要享瘦，記得時時過磅。」

施政不倡口號，但求激勵士氣

回想起剛踏進省政府大門之際，宋楚瑜突然興起初至行政院新聞局服務時相同的念頭：「**不管在這裡做多久，一年或兩年都好，我要使省政府獲得民眾更多的認同，絕對不能使這個單位變差了，讓人覺得沒有好感。**」

這像是對自己的宣誓，對到任新職的期許與鼓勵。他也時常用來鼓勵同仁，要以這種「與自己對話」的方式，激勵督促自己。

他時常這樣激勵同仁：「因為你的存在與意願，由於你的服務與奉獻，將使省政府以你為榮，受到民眾更多的肯定、敬重與讚賞。」

要讓臺灣省政府團隊展現什麼樣的新貌？是宋楚瑜念茲在茲的。「我是來做為民服務工作，一方面要尊重民意，當然要體察民情，另方面不能忽略的，對內也要有領導力，否則執行力從何顯現？」宋楚瑜說，身為政府領導人，有如轄有許多分公司的執行長（CEO），「**要讓每一支隊伍都動起來，不能沒有施政的願景，不可以不激勵士氣！**」

談「願景」，不能流於空泛或無關痛癢。如同奇異公司前執行長威爾許（Jack Welch）所講，必須直指所有成員心中的真正問題：「對我來說，會有什麼好處？」

既然宋楚瑜來省政府，能帶給這裡每一個成員什麼「好處」？

他對省府同仁這麼說：「**我不能帶給你財富，我能帶給你的好處，就是共同努力、奉獻，一起創造團隊的榮譽感。**」

在本書第7章〈交通為社會發展之鑰〉，宋楚瑜為了砂石車穿越市區，事關學生和民眾安全問題，說了一個「外環如何定線」的故事。兩位當事人分別是公路局局長和住都局局長，現場是在臺南縣關廟鄉；他說：「民眾哪有精神管你政府內部如何分工，他們只想要政府幫忙解決身邊的問題。」

自此，臺灣省政府的隊伍整齊了，「省政府團隊」叫得出名號了。此前，**從未有過「政府」和「團隊」連名在一起的，「省政府團隊」是第一個**。

這種打造榮譽感的精神一直持續到即使大家都知道要「凍省」，仍是一

路奮鬥不懈，堅守職責到最後一分鐘。

宋楚瑜在省議會做施政報告時，曾用「古意人」、「老士官」來形容這一個工作團隊，是出自感動、感激和帶有敬意的心情。

省政府有許多人和許多機構都不是在冷氣房內工作的，而是在烈日下或大風大雨中，賣力維護老百姓的生命財產與權益福祉。

帶動「樂在服務」，冷門業務也可以炒熱

在宋楚瑜待過的機構裡，留心看過不少人的工作態度。有一種人比較沒有責任感，也沒有榮譽心，凡事推諉，事事請示。另一種人可愛得多，積極進取，勇於任事，能與人共事，展現正向能量。

正如義大利社會暨經濟學家帕列托（Vilfredo Pareto, 1848-1923）所發現的「20％的國民支撐著80％的國民經濟」，這就是大家非常熟悉的「80/20」法則[9]。這個理論似乎也適用到政府機關的人員？能不能加以改變？這兩個問題，宋楚瑜比較關心後面那一個。

他相信，**個人的付出能量是可以提升的，工作熱情是可以傳染的，團隊士氣是可以激勵的**。關鍵在於領導人怎麼去創造「快樂因子」或「樂在服務」的傳染源、工作氛圍、服務熱情等。

就以一些「小事」來說，如申辦公司登記、證件核發、戶口轉移、汽機車監理業務、火車購票、省立醫院批價與領藥等，以前得讓民眾花上好幾個小時排隊等候。這樣不僅受服務的人不耐煩，辦事的人每天見到的都是民眾煩躁不悅的臉色，服務的心情與士氣又怎麼能提升？

你想，人家要開辦公司，萬事起頭難，樣樣事都在忙，還從外地遠道趕來中興新村，一天辦不好，得要重來一次，這要花費多少時間、金錢與精神。所以，可以將服務態度改善，程序儘可能簡化，服務措施也加以改進，如中午午休時間可採同仁輪班方式，維持櫃檯服務民眾不中斷原則，情況就

9　此一帕列托法則（Pareto Principle）被人延伸的說法很多，如20％的人喝了80％的酒，80％的交通違規是由20％的人所犯的，或是80％的工作是由20％的人完成的。

會改觀。

當這些繁瑣的程序省掉了，配合電腦作業連線了，坐櫃檯的人員與民眾都享有最方便的成果，雙方的互動也就能改善了。

「很多情形都是這樣，如果領導人會帶動，同事之間又能力求改進，即使是冷門業務，也可以炒熱。」宋楚瑜指出。

這些改革都不必花很多錢，看起來也都是「小事」，然而，宋楚瑜堅信**「小錢也能辦大事」**、**「小動作也會產生大轉變」**。

這些為民服務的窗口，都是省政府廳處主管下的一個「小單位」，當他們活絡起來，與民眾互動氣氛轉為良好，不僅這個單位成員彼此感染好情緒，也會將這樣的好情緒擴散，「滲透」到其他部門去。如此一來，就可以讓這些好情緒的「益菌」到處傳播，帶動更多同仁的服務動能。

耐不了熱，就不要進廚房

以往舊觀念總認為奉公守法、規規矩矩、不拿非分錢、把本身分內事情做好，就是好的公務人員，這些舊觀念並沒有錯，但卻還不夠。

宋楚瑜希望同仁能改變：**「今天民眾心目中正能量的公務人員，應該具有新的思維、新的效率觀、新的人生觀。」**

宋楚瑜要團隊同仁互勉，展現宏觀的眼光、全局的視野與整體的策略，並且是具有合作、溝通和協調能力的人。

的確，真心誠意為民眾服務，真是不容易做到的事。他曾經說這可能要「三勞必備」：「非但要有功勞，而且要有苦勞，甚至還要永遠不感覺疲勞」。

或許有人要「吐槽」，做「官」何必要做到這麼累，非要這麼累，乾脆不做了?!

「是嘛，耐不了熱，就不該進廚房！既進了廚房，就要以處理自家事情的心情，來為老百姓做事。當我們認為這是自己事、自家事情，就不會覺得那麼累，不再感到疲勞了。」宋楚瑜要公務人員不妨常常問自己，每天領老

百姓給的薪水，是否戰戰兢兢、盡心盡力在解決老百姓的問題？

看過連續劇《宰相劉羅鍋》的，都記得劇中歌詞唱著「天地之間有桿秤，那秤砣是老百姓」，道理就在這裡。

和外國大學合作，培養「中立」政府專業人才

政府機關要和民間及各界搶人才，人才是政府機關最重要資源，宋楚瑜說：「**今天不培育人才，明天難有可用之人。**」

宋楚瑜擔任新聞局局長時，力排萬難舉辦新聞人員特考，對新進國際新聞人員給予甚高期許，視為未來人才。錄取後又籌措經費，送他們到頗負盛名的南非金山大學（University of the Witwatersrand）學習語文，並與外交部、經濟部合作，進一步讓中級官員到美國喬治城大學進修並取得碩士學位。

宋楚瑜說，當時有人提出疑問，「在國際大城市可以大開眼界見世面，為何選了南非，不送到洛杉磯、紐約或華盛頓？」宋楚瑜回答，「那時南非和臺灣在國際上處境都很困難[10]，非常歡迎我們去；在那裡少干擾，反而能專心學習，免得經常被叫去送往迎來！」

宋楚瑜指出，金山大學提供優良的師資、學習與住宿環境，每3個月就給新聞局一個報告，詳述每位學員的學習表現；暑假時就在附近的邦交國史瓦濟蘭（現更名為史瓦帝尼）或賴索托實習，學成之後，於回國途中又會安排到紐約、洛杉磯或歐洲各城市觀摩一個禮拜，待返國報到時這些新人已經「脫胎換骨」。

其中不少後來成為政府中堅，從孫運璿院長的交際科長，到後來陳水扁、馬英九擔任總統時的總統府公共事務室主任，以及各種外事工作者，有不少人就是宋楚瑜在新聞局局長任內創新制度所培訓出來的才俊，例如蔡仲禮、林清修、王麗珠及許秋煌等。

以曾任省政府新聞處處長和立法委員的黃義交來說，他是駐外國際新聞

---

[10] 當時南非和臺灣所面對國際困難情境不同，南非於1948年至1994年間實施種族隔離（apartheid），招致國內反對，暴力事件迭起，以致國際社會長期予以抵制。

人員乙等特考及格，於1984年赴南非金山大學語文研習，再於（胡志強任局長時）1992到1993年赴英國牛津大學外交官訓練所深造。

再如，曾任新聞局駐菲律賓新聞處、駐匈牙利新聞處等職的施宗仁，畢業於政大外交系及臺大政治所，經新聞行政高考至新聞局服務，即往金山大學語文研習；他因有發音方面問題，校方特別安排一位語言學研究生為他矯正，由此獲益甚大。

宋楚瑜強調人才培訓出發點，完全是「為國舉才」，沒有個人因素的考量：「我選舉省長和總統時，都沒有請他們幫忙或站台，他們都是『中性的』政府專業人才……。」

「菁英一百」爲國育才，非爲「宋家軍」

以前省政府每年均考選20人赴國外做專題研究，並委託東海、中山兩個大學辦理國內進修。宋楚瑜到任後又增加中正、交通與東華三所大學，開辦碩士班程度的「公共行政研究班」、「管理科學研究班」，以推廣省政府在職人員進修教育。

宋楚瑜除了將省訓團改制為公務人力發展學院，辦理主管人員的各項業務訓練之外，又訂頒「臺灣省政府選送主管人員出國進修發展實施計畫」，這就是大家習稱、當時有名的「菁英一百」計畫[11]。

自1994年度起，每年選送100名省屬荐任級以上主管參與研修，分行政管理、環保及衛生、交通及都市建設、社會及勞工福利四組，以3個月為期，每期分成三階段實施：先集中省訓團講習，以1至2個月時間分赴外國觀摩學習，返國後回團做總結研討。

宋楚瑜對「菁英一百」計畫，著重兩項要點：一是擴大公務人員的見識（vision），所謂「見多則識廣」，或者是「人外有人，天外有天」，目的

---

[11] 「菁英一百」的原初構想類似於老總統培育國軍將領的計畫，也與宋楚瑜父親宋達曾赴美國堪薩斯極具聲名的陸軍指揮參謀大學受訓不無關係。他父親曾談過在那裡受訓的種種情形，他後來以艾森豪獎金得主身分訪問美國時，也曾專程到父親受訓之處憑弔，並蒙該校人士告知艾森豪任職上校時在此受訓情形。

在於提升省政府中高級幹部決策思考及處理問題的層次；另一是借鏡他山之石，從人家處理問題的過程與經驗，擷取值得參考的程序與方法。

例如，保送水利工程人員到荷蘭國際水利暨環境工程學院（UNESCO-IHE）[12]、省政府中階官員到澳洲國立南澳大學（University of South Australia）、優秀醫師到美國約翰霍普金斯大學（The Johns Hopkins University）取得醫院管理碩士學位、省營行庫中級主管到美國哥倫比亞大學進修國際金融等。

又如，那時（30年前）宋楚瑜已經注意到家庭保護，省政府曾委託美國紐約大學辦理「家庭保護規範」研習，選送工作人員前往汲取該州的家庭福利制度與家庭暴力防治、兒童少年暨婦女保護工作等經驗與做法。

還有，臺灣省政府每年都編列預算為每一位清潔隊員做身體健康檢查，也撥經費給各縣市政府清潔隊設置盥洗設備，讓清潔隊隊員每次工作完後能先沖洗、換上乾淨衣服再回家；過年前省政府都會為縣市清潔隊隊員舉辦年終感恩餐會，邀請前來中興新村相聚，都由宋楚瑜親自主持（參見照片）；每年也會選派表現優良的清潔隊隊員到新加坡參訪，一方面是獎勵，另方面是觀摩國外環保的進步做法。經費就動員社會資源來挹注，由省政府社會處協調獅子會、扶輪社等給予財務協助，使社會動能與愛心發揮激勵鼓舞作用。

宋楚瑜鼓勵省政府同仁出國見識增加歷練，他自己在省政府期間為加強與美國姊妹州簽約和增進聯誼，或與國外大學推廣建教合作，或接受國外正式邀訪，也奉中央核定後數度出國做短期訪問與考察，以擴大視野，汲取他國建設經驗。

任用有能之人，不憑私人關係

宋楚瑜在行政院新聞局服務就有這樣經驗，每次辦理升遷考核時，都會看到許多推介函，說某人很好很能幹；另外一種函，大家都知道是黑函，

---

[12] UNESCO-IHE（The International Institute for Infrastructural, Hydraulic and Environmental Engineering）成立於1957年，是荷蘭最有名且享譽全世界的水利研究學術機構。

那一定是說某人多麼不好，做了哪些壞事。他到省政府之後也常碰到類似情況。他並沒有認為推介函有什麼不好，國人向來接受「內舉不避親」觀念，但他不會私下任意調動升遷任何人，所有人事案件莫不與副省長、祕書長、副祕書長討論，絕不因私人關係、個人好惡，去做判斷、做決定。

　　他到省政府工作，除了屈指可數幾位祕書、幕僚、廳處局長外，沒有搞「一朝天子一朝臣」；有少數幾位廳處長隨連戰高升到中央，絕大多數都留任。當時就有一句有趣傳言，「連家班」成了「宋家軍」，基本道理就是「帶兵要帶心」，培養共同理想，形成共同理念，「人在做，天在看」，以民為本，為民服務。

　　省政府同仁知道，宋楚瑜任內從省政府外網羅了幾位得力幹部，包括林豐正（祕書長、副省長）、賴英照（財政廳廳長、副省長）、陳鏡潭[13]（省政委員、公務人力培訓處處長）、伊慶春[14]（省政委員）、尹祚芊[15]（省政委員）、秦金生（副祕書長、省訓團教育長）、馬傑明（副祕書長）、夏龍（省主席辦公室主任、經研會主委）、邱聰智[16]（法規會主委，法務部部長施啟揚推薦）、文化處處長洪孟啟、公路局局長梁樾、公賣局局長施顏祥[17]、楊雲黛（省長辦公室主任）等。他們都未曾在省政府服務過，但宋楚瑜在挑選過程中審慎再三，除從他自己過去接觸的人才中挑選外，也向所要選任的同行領域前輩徵詢請益，還到原服務單位向其同僚查詢，並特別強調兩點：品德操守及團隊合作精神，果然這些入選人才都不負眾望，表現傑出。

　　對於省政府重大的人事調整，宋楚瑜一定找吳容明與賴英照兩位副省長一起評估（參閱本書第16章），省營事業主管無例外的均原則性採取內升。

---

[13] 陳鏡潭曾任臺灣師範大學化學系主任及理學院院長、臺北師範學院校長，致力於臺日科技與文教交流。

[14] 伊慶春獲有美國明尼蘇達大學社會學博士學位，曾任中央研究院中山人文社會科學研究所副研究員、研究員及臺大社會學系兼任教授，現任中央研究院社會學研究所特聘研究員。

[15] 尹祚芊畢業於國防醫學院護理學系及社會醫學研究所，並獲美國密西根大學護理哲學博士，曾任三軍總醫院護理部主任，擔任省政委員後，歷任榮總護理部主任、監察委員等職。

[16] 邱聰智獲有臺灣大學法學士、碩士及博士學位（亦是國家法學博士），曾任臺北市政府法規會主委，擔任臺灣省政府法規會主委後，歷任考試委員、輔仁大學講座教授。

[17] 施顏祥係臺灣大學化學系學士、美國麻省理工學院博士，1986年起進入經濟部服務，歷任科技顧問室顧問、副主任、主任、中小企業處處長；在擔任菸酒公賣局（現臺灣菸酒公司）局長後，又歷任中油公司董事長、經濟部部長等職。

教育、警政、財政等廳處所屬機構遍布全省，對於這些中堅主管職升遷任免，宋楚瑜完全尊重廳處首長的權責。他任內從未干預過高中職校長、縣市警察局局長和行庫經理的任何一個人選，這些重要職缺加總起來有好幾千名。

除了省立醫院為找到好醫生與好院長（參閱本書第12章），積極對外網羅人才之外，包括行庫在內的各個省屬事業，宋楚瑜一直維持內升傳統，一定要歷練完整，才可能循序擇優升任，副總經理、總經理、董事長的基本排序從沒有斷過。

宋楚瑜指出，「在我省政府任期內，大部分都獎掖內升，例如行庫偶爾有的是從中央級的交通銀行、農民銀行升遷過來，從來沒有空降部隊或非專業的人事安插，更不會由民股的來插隊。」

在培養人才與選拔人才上，宋楚瑜確實有與眾不同的觀念與做法。他喜歡找勤於任事、勇於負責的人，而不喜歡人事關說。事後獲得升遷的同仁常跟他說，怎麼也沒想到在沒有任何跡象下會被升任，非常驚訝：「怎麼會輪到我？」

曾有一家省屬企業的總經理，他就拔擢了沒有大學文憑、出身基層、表現優異而沒有任何背景的人出任，事後的反應非常好。

宋楚瑜留學美國，獲得兩個碩士、一個博士學位，其後又獲得四個榮譽博士學位；他的父親宋達是三等兵出身，沒有什麼學歷，全靠自學自修。所以，宋楚瑜對沒有學歷的人，不會有成見，不會刻意不提拔。

公務員都是知識工作者，也都是價值創造者

1982年3月19日至6月28日，宋楚瑜任職行政院新聞局局長時，曾以艾森豪獎金得主[18]身分與陳萬水赴美，做為期3個多月參觀訪問。這是他在美國讀

---

[18] 艾森豪獎金並非一筆錢，而是邀請有潛力的外國菁英夫婦（年齡在40歲以下）深入了解美國。在30幾歲時，宋楚瑜就是該獎金的正選人選，那時由於擔任新聞局副局長、局長，同時兼任經國先生的祕書及外賓翻譯等工作，尤其每次經國先生接見外賓時，宋楚瑜都必須配合翻譯工作，排開自己的行程，實在脫不開身，所以好幾年都跳過，直到他將要40歲那年，按照該基金會規定，不去就再沒機會了，才成行。原本這項訪問活動為期半年至一年，因為上述工作任務關係，宋楚瑜予以縮短為3個多月。

書與工作8年之後，再一次有機會密集深入了解美國社會，足跡遍及39個城市，特別是一些他之前沒去過的、偏遠的州。

此趟美國之行，宋楚瑜與陳萬水一起拜會許多美國政府的高階官員，以及學術、教育、宗教與企業界領袖，另一個重點是面對包括美聯社（AP）、合眾社（UPI）、《紐約時報》（*The New York Times*）、《華盛頓郵報》（*The Washington Post*）、《洛杉磯時報》（*The Los Angeles Times*）等美國各大媒體，在與近200位記者的訪問中讓國際媒體更多了解臺灣。

在每一個與老美接觸的場合，宋楚瑜都向他們傳遞這樣的理念：讓自由中國永保自由（Keep free China free）與促使整個中國享有自由（Make all China free），增進他們對臺灣的認識與了解；返國後還將這些訪問刊出的文稿彙集成冊，出版《讓自由中國永保自由》（*Keep Free China Free*）一書。

宋楚瑜也拜會了福特汽車、IBM電腦、柯達、通用等工商界企業人士，不僅使他更深入了解美國，更被安排參觀華爾街股市開盤、美國軍事及太空設施、農畜牧產業，顯然此行並不是輕鬆旅遊。當宋楚瑜要求參觀設在內布拉斯加州（Nebraska）奧馬哈市（Omaha）地底下的美軍戰略空軍總部（United States Strategic Air Command），美國政府也同意並做了慎重安排。

在拜訪福特汽車等私人企業時，宋楚瑜發現這些公司在內部管理上有值得學習之處。例如，他們提供全體員工有關業務資訊的手冊，協助每個成員一到新職立即上手，迅速完整增進對企業整體及自身權益等的了解與認知。又他們都很注重在職訓練，甚至會在主管人員辦公室內設置電視錄影設備，方便模擬接受外界記者採訪實況演練，這些都令人印象深刻。

因為有這樣的親身體驗，宋楚瑜回國後於1983年3月編印《行政院新聞局職員手冊》，他到省政府也請省人事處編訂《臺灣省政府職員服務手冊》。此是機關與工作傳承的一種做法，人手一本，隨時運用；同仁們對組織沿革、組織體系與職能升遷、訓練進修、考核獎懲與福利互助、退休撫卹等相關事項均可一目瞭然。

以省政府來說，該手冊裡還有省議會議員名冊，各機關及省營事業機構職稱、通訊聯絡方式與電話等，均有助於同仁之間相互認識彼此。宋楚瑜

說，「都在同一個屋簷下，都在為省民同胞打拚，卻互不相識，也不知如何互助，那怎能凝聚成一股力量！」

宋楚瑜也鼓勵同仁在工作中，多元吸收專業新知與相關知識，將自己業務心得、累積的知識載入服務手冊，作為傳承之用，以便隨時運用，或移交接任者，幫助新人進入狀況。

時代加速變遷，政府機構的角色職能必須要與時俱進，提升服務品質的熱情更需不斷加溫。宋楚瑜指出，今日公務人員從事公共服務，都須是帶動社會進步的「知識工作者」，也應是善用專業知識與管理才能的「價值創造者」。

宋楚瑜認為，政府必須是一個追求卓越的組織，而且這個組織必須提供成員知識成長、自我實現（self-actualization）與自我超越，方能走在時代變遷的前沿（leading edge），而不是被民意甩在後頭。

政府團隊有如交響樂團，領導者不必然是主角

和大家一樣，宋楚瑜年輕時就喜歡聽音樂，不過不是古典音樂。後來會喜歡上古典音樂，是因為太太陳萬水從小愛好音樂。留學美國期間，宋楚瑜常陪她去聽音樂會，她也挑選一些古典音樂入門，點點滴滴地教給宋楚瑜。

後來不敢說是內行，至少對一些著名曲子耳熟能詳，宋楚瑜只要聽幾個音，真能說得出是哪位作曲家作品。

他的女兒宋鎮邁讀過光仁音樂班，是學低音大提琴的。就一般學習選擇來看，拉大提琴是比較「冷門的」或「配搭的」樂器種類，小提琴和鋼琴屬於「熱門的」或「主流的」樂器種類。

陳萬水曾說：「本來考慮讓女兒去學小提琴的，後來女兒和我想想之後，還是決定拉低音大提琴好。」他們常拿宋楚瑜開玩笑：家裡已經「有人」很出風頭了！那麼應當讓孩子了解，怎麼去幫襯人家，共同演奏出一個好曲子，而不是要去同人家爭做主角。

這個故事是宋楚瑜接見臺灣省交響樂團（現為國立臺灣交響樂團）時所

說，他想告訴眾人或同仁：「**每個團體都需要領導人，領導人不必然都是主角，也需適時退居配角，去激勵和支持第一線同仁。**」

宋楚瑜也提醒同仁，「不是要你一個人暴虎馮河[19]，或是要幾個人直搗黃龍[20]，而是全體整隊互做支援（help and support each other）！」

救災救難時，警消和義警消人員就是主角；颱風來襲前，關水門的人就是主角；口蹄疫侵襲時，防疫人員、國軍弟兄和農林廳廳長就是主角；腸病毒傳染時，所有醫護人員和衛生處處長就是主角；櫃檯上為民服務，讓民眾順暢購票、洽公，協助辦好各項證照，也是主角。

任何人事物和一切境遇情境，都有主角有配角；不管主角或是配角，每個角色都重要，都要輪番上陣，去抗「黃龍」[21]和疫病。

宋楚瑜打趣地說：「做基層建設的事情，是一群人一起幹的，不是獨秀（solo）的！不是陳獨秀[22]的！也不是余獨秀[23]的！」

德蕾莎修女（Mater Teresia, 1910-1997）有句名言：「我可以做你不能做的事，你可以做我不能做的事，我們一起可以成就許多大事。」

水門 3,362 個，不能只差一個沒關好

誠如宋楚瑜所言，政府做事要先抓好政策方向（目標），做好資源分配與整合運用，在執行過程還需追蹤管理，這一切都是在要求提升「人為」素質。

政府領導者在於做好大政方針掌舵，卻同時不可忽略執行時一個不留

---

[19] 「暴虎馮河」語出《論語・述而》，直譯為：不拿或沒有武器，空手去與老虎搏鬥；不靠舟船，就要渡過長河。

[20] 「黃龍」是指黃龍府，在今中國東北吉林省境內，宋朝時金人（女真族）都城。「直搗黃龍」本是名將岳飛為雪靖康恥，討伐金人時與所率部屬相勉激勵語，後來擴大用於各種競賽和做事策略中。

[21] 這裡的「黃龍」是指洪峰，亦即滔滔黃河水。以「黃龍來了」指稱黃河大水壓境，見於2022年湖南衛視和芒果TV首播歷史劇《天下長河》。本書有關臺灣治水抗洪記述，可參第13章〈化水災為「水財」〉及第15章〈救災，必須分秒必爭〉。

[22] 陳獨秀（1879-1942）是行動派的思想家，1920年起為中國共產黨主要創始人之一及初期領袖。

[23] 余獨秀不是什麼人，此喻指一個人想怎麼做就怎麼做。

意，就可能導致民眾遺憾發生。宋楚瑜說，就好像企業賣出危險貨品，領導人絕無法置身事外：「一個個微小細節若是不明察秋毫或粗心放過，將影響施政的品質及民眾的生命、權益或財產安全。」

賀伯颱風之後，大家都在檢討，為何有一個水門關不起來，而使水患更加氾濫。調查結果出來，原來是工人將一個裝設弄顛倒導致。

宋楚瑜不斷以此事為鑑，告誡同仁不能再犯：「人家賣給你東西時附有說明書，我們不按說明去做、去安裝，就這麼一個疏忽，害得許多民眾泡在水裡，財產損失慘重。」

當時全省一共有多少水門，答案是3,362個；只要一個水門沒關好，就足以引發不可收拾的後果。假使3,362個水門平時不維護，或颱風來時未關，當然問題就更不得了！

「可是做為公僕的我們，怎麼厚著臉皮對老百姓說，我們已經關好3,361個，只差一個沒有關好。」宋楚瑜自我警惕及告誡同仁說。

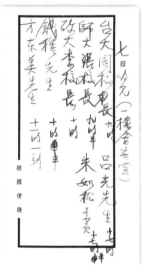

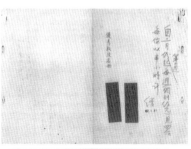

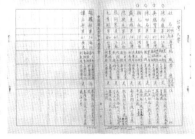

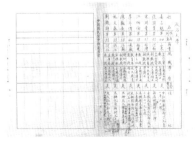

1｜為培訓自主國防科技人才，宋楚瑜父親宋達將軍在國防部人事次長任內策訂包括國防公費留學制度的長期培養計畫，出國進修學成回國後，成為中科院的核心主力。此為時任國防部部長經國先生和國防公費留學生合影；經國先生的左側為宋達，右側為中山科學研究院院長唐君鉑。

2｜經國先生在便條紙上寫下要約見幾位大學校長、教授的名字，他很尊重讀書人，寫人名時會客氣地加上「先生」兩個字，展現了傳統中國人的禮數。

3-5｜經國先生非常重視人才引進與培養，從個別約見中聽取建言和提拔人才，包括臺大、政大、師大等校學者。

1-2｜宋達將軍曾與當時的考
　　試院院長莫德惠、銓敘部
　　部長鄧傳楷協調，並拜訪
　　立委溝通修訂相關法規，
　　舉辦軍人轉任文職特考，
　　讓軍法官、軍醫及其他擁
　　有專長人才退役後繼續貢
　　獻專業。

3-4｜宋楚瑜擔任行政院新聞
　　局局長時，曾以艾森豪獎
　　金得主身分與陳萬水赴美
　　參觀訪問，從福特汽車等
　　企業注意到他們提供員工
　　有關業務資訊的手冊；宋
　　楚瑜回國後編印《行政院
　　新聞局職員手冊》，到省
　　政府也編訂《臺灣省政府
　　職員服務手冊》。

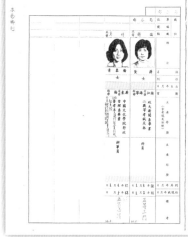

念留影合業結期一第班究研百一英菁團練訓省灣台

5-6│臺灣省政府訂頒〈選送主
　　管人員出國進修發展實施計
　　畫〉，亦即當時有名的「菁
　　英一百」計畫。每年選送
　　100名優秀中級幹部參與研
　　修，以3個月為期，每期分成
　　三階段實施：先集中省訓團
　　講習，以1至2個月時間分赴
　　外國觀摩學習，返國後再回
　　省訓團做總結研討；而後他
　　們在工作崗位上都有重要貢
　　獻。

7│此為省政府經研會主委夏龍
　　與臺鐵局長陳德沛赴日本考
　　察報告。

8│「菁英一百」出國人員均需
　　撰寫研習報告書。

台灣省政府所屬機關因公出國人員報告書
（出國類別：考察）

台灣鐵路管理局購車案赴日本考察報告

1 | 1994年3月19日在動員月會表揚績優首長，左起社會處處長唐啟明、公路局局長梁樾、警務處處長陳璧。

2 | 1995年11月21日，宋楚瑜在動員月會中頒獎，右一為建設廳廳長蔡鐘雄，右二為社會處處長唐啟明。

3 | 每逢颱風來襲，省消防處處長趙鋼（左）和同仁均提前進入戒備狀態，宋楚瑜前去關切打氣。

4 | 1995年11月18日校閱義警。

5 | 1997年4月10日訪視嘉義市消防隊，並與其眷屬、孩童合影。

6 | 1994年11月7日和全省資深績優清潔隊員會餐。

7 | 1995年1月23日慰勉花蓮縣清潔隊員平日工作的辛勞。

1 2 3
4
5
7 6

8 ｜ 1994年5月30日接見「菁英一百」合作大學澳洲國立南澳大學校長，及副校長林正義博士（右）。

9 ｜ 1997年5月26日與南澳大學簽署培育合作計畫，左一為省人事處處長吳堯峰，左三為副省長賴英照。

10 ｜ 1998年11月9日主持南澳大學教育訓練結業式。

1-2 ｜ 宋楚瑜感謝副省長林豐正及吳容明的付出奉獻，此為林豐正奉調內政部部長時，特邀二位副省長及家眷至省長官邸聚會。

3 ｜ 1997年5月25日，宋楚瑜獲頒臺北市成淵高中百年校慶傑出校友，李登輝總統親臨致詞；左起宋楚瑜、臺北市市長陳水扁、養樂多公司董事長陳重光、臺北市議會議長陳健治、臺北縣議會前副議長麥春福。

第 5 章

教育要公平，弱勢才能出頭天

　　臺灣是個小島嶼，要做到施政「公平」，掌好「為政之道」很重要；只要肯上心，將心比心，用對了心，所有施政才能入正軌。否則，**窮人家庭伊于胡底？偏鄉海角有何指望？**

　　政府的責任與目的之一，就在於調節分配資源，讓弱勢地區與弱勢族群享有公平起跑機會；尤其在教育上撒下「正義公平」（fairness and justice）的種子，人人才有「出頭天」的一天。

　　以美國政治學家和漢學家白魯恂（Lucian W. Pye）所謂解決分配危機（the distribution crisis）的方法，主要就在於給予弱勢群體更多的機會和發展潛力；這對於宋楚瑜的體認來說，一切就要從教育做起、做好、做實。

　　宋楚瑜深信水往低處流，人往高處爬的道理；**只要有良好的教育，三級貧戶也可以有出頭天**[1]**的機會**，「要不然，弱勢和貧窮人怎麼找到生命的出口？怎麼會有明天？」

高雄縣和高雄市不一樣

　　宋楚瑜最在意：教育不公平，致使貧窮世襲或稱貧窮陷阱（poverty trap）成為麻木常態。在美國或西方國家，這是指「跨代貧窮」（intergenerational poverty），日本稱之為「貧困惡循環」，貧困家庭一代接一代，逃不出窮困漩渦。

---

[1] 出身臺南縣官田鄉的陳水扁自認為是「三級貧戶出頭天」的真實例子，臺南一中與臺大法律系畢業，一路從政做到總統。陳水扁父親是佃農和長工，當時是三級貧戶。

宋楚瑜也認為，教育不是統治者用之於延續其「意識形態」，以施展其「管控或貫徹」（penetration）的工具，而是要做到孔子有教無類的精神，達到「普及分配」（distribution）的途徑。

宋楚瑜強調，貧窮不只是個人的問題，也不應歸類為社會的問題，「追根究柢，**貧窮其實是文化的問題；這並不是靠社會救濟或再好的社會福利可以改變，而非得由教育這個方面著手來翻轉。**」

先總統蔣中正每年6月25日都到鳳山陸軍官校主持畢業典禮，有一回召見高雄縣縣長林淵源。因為隸屬高雄縣的鳳山市與高雄市相鄰，特別關心地問道：「我常到南部來，但分不出哪裡是高雄縣和高雄市。」

林縣長後來擔任省政委員，曾經向省主席宋楚瑜講述他當時的回覆：「報告總統，晚上有路燈的，是高雄市，沒路燈的，是高雄縣；地上鋪柏油的，是高雄市，沒鋪柏油的，是高雄縣。……」宋楚瑜聽了林淵源的分析，覺得非常深刻入裡，就加以再運用：「早上8:00準時全天上課的，是高雄市；分上下午兩班制半天上課的，是高雄縣。」

這樣的說法用在當時「發展中」的臺灣很傳神，確實反映臺灣城鄉在基礎建設或基礎教育等方面上的「具體差距」。

世界古文明有四個，儒家思想最重教育

對為政者來說，教育不應是應景的投資，抑或是政績上的功勳，反而必須是默默從事，紮根在今日，結果在未來的千秋大業。

說白了，這是份愛心的工作與良心的事業，不能被利用或假借；施教的教職人員如此，做決策的領導者亦如此，旨在培養獨立思考（independent thinking）的國民，以為造福人群、社會發展與產業升級所用。

宋楚瑜希望將有限的教育資源用在改進教學、教材、軟體設備上，不夠的資源寧可向民間與社會去尋找，運用產官學合作模式遍撒種子。就像是與私人興學的台塑王永慶董事長及長庚大學校長張昭雄與合作，專案培育原住民護理等專業人才（參閱本書第8章），在學有所成後，返鄉回饋自己鄉親。

「無論個人或族群成長與內聚力的形成，有賴教育予以輔助。明天會更好、我想做得比以前更好等，即是個人美德；進而擴散成為社會美德時，國家或民族的素質會改變，就有機會走向富強。」宋楚瑜指出，世界四大古文明（位於今伊拉克的美索不達米亞、埃及、印度及中國）裡的中國最具有強大生命力，他認為主要曾歷經四次「體質變化」的重大改革。

中國歷史上第一個國政大幅改革有成的案例，應是戰國時代秦孝公（西元前381年-西元前338年）舉用商鞅變法；商鞅變法講求耕戰，廢除「世卿世祿」制度，按軍功大小授予爵位，此舉打破封建世襲階級，社會流動彈性躍起，有如一股活水般生氣蓬勃，名將白起和王翦橫空出世。

其次，是起始於隋文帝，粲然大備於唐朝的科舉制度[2]，此為統治者與人民之間建立人才引進的盟約，亦是平民入仕乃至布衣卿相的制度化[3]，歷代名相賢臣大都出自此途。這是以「考試」產生治理國家人才，這些國家人才在他們的時代裡都是「少數菁英」。

第三，是國父孫中山先生高舉國民革命旗幟，推翻專制王朝封建體制，此後「家天下」不再，《禮記‧禮運》「天下為公」思想經孫中山先生傳播，大行於天下。

第四，當是海峽兩岸均致力現代教育制度的建立。廢科舉與興新學始於清末，出國留洋亦自清末，但遲至兩岸分治與政治制度各自發展，卻先後都在教育基石上紮根甚深。

宋楚瑜認為自孔子倡導教育以來，儒家文化圈逐漸形成，至今所受薰染者，皆以仁、義、禮、智、信為宗，重視人倫道德、知識教育、家庭生活與敬天法祖。宋楚瑜以為，中國大陸雖經歷破四舊（破除「舊思想、舊文化、舊風俗、舊習慣」）的「大破」，所幸也步回「大立」，如今可見維護中華

---

[2]　中國科舉制度持續1,300年，至清末（1905年）被慈禧太后廢除；鄰近中國的亞洲國家如越南、朝鮮半島、琉球群島和日本列島均曾引入選拔人才，越南至阮朝末期（1919年）才予以廢除。

[3]　布衣卿相起源甚早，周文王時的姜子牙，春秋時代的管仲，戰國時期的商鞅、張儀、蘇秦、范雎、呂不韋等皆是平民出身，後來都官至相位；漢代建立察舉制，魏文帝時創立九品中正制，至隋唐時期科舉制度完備，布衣卿相依循考試實現。

文化甚盡心力，在電視廣告中反覆播出爺爺奶奶教導兒童寫書法和背誦詩詞、惜物與做人的道理等。

宋楚瑜也指出，民進黨已有兩次政黨輪替的執政經驗，不妨多加反思兩個「綱」：一個是「臺獨黨綱」，另一個是「課綱」。宋楚瑜不反對目前學校教母語，但他也提醒「語言政策是最容易自取其敗的公共政策」[4]，他希望執政當局多方面設想：建立配套在家庭裡學習母語，是否比較實際?!學校教育則多專注培育專業與高階人才，習得符合興趣與職涯需求的一技之長，裨益未來發展與世界競爭力，以及多多教導做人做事道理，樹立倫理道德，是否比較實際?!

學校教育固應也要引導學生認知本土及其演變與未來，並學習世界各重要文化的內涵，進而養成思考、分析、比較、論證、評價判斷等方面能力。但是，宋楚瑜直白，不應該全是「本位思考」和「切斷思維」；如果我們90%以上有血緣的鄉親和臺灣年輕一代「視茫茫」，對中華文化茫然無知或毫無概念，連黃帝、孔孟、秦始皇、漢武帝、唐太宗、成吉思汗、諸葛亮、李白、蘇東坡、岳飛、文天祥或孫中山都不「認識」，那不僅是歷史上的斷層，亦是老師與學生、父母與子女之間思想臍帶的分裂，甚至是「不知從何說起」或「不知如何連接」的溝通障礙，將有如「鴨子聽雷」，有聽沒有懂。

也就是說，多了解原住民貢獻、唐山過臺灣、先祖渡臺艱辛等本土源流，的確是應該的，卻毋須過猶不及。「一昧強調『獨』素與本土化，和以前早期威權時期的黨化教育有何區別?!到底是要民主進步，抑或是民主退步?!」宋楚瑜懇切指出：「**教育若不確實，抑或歷史斷裂失真，以致不了解自己為誰，也不明白所處世界位置，反而是捨本逐末，更可能耽誤子孫。**」

---

[4] 此句話出自歷史評論家赫斯特（John Hirst）所撰《你一定愛讀的極簡歐洲史：為什麼歐洲對現代文明的影響這麼深？》（席玉蘋譯，大是文化，2010年，頁201）。赫氏任教於澳洲墨爾本拉籌伯大學（La Trobe University）歷史系，他論述羅馬帝國時，認為羅馬是個包容性強的帝國，羅馬本身並沒有一套明確的語言政策。

教育普及而民智大開，「政治人」十喙九尻川

自1949年後，從中國大陸遷徙200多萬人來臺，來自不同省籍、不同職業，其中不少是各行各業、各個學術或專業領域頂尖之士，使臺灣成為戰後迅速復原地區。

宋楚瑜指出，臺灣因地緣或歷史上諸因素，亦是多種文明匯流之處：「臺灣擁有多元文化元素，除原住民南島語族外，使用中文、英文或日文等文字語言，甚至同時熟悉各地方言的人所在多有。」

臺灣在日據時期，基礎教育已稍具規模；宋楚瑜認為德、日是戰敗國家，復興腳步走得很快，得力於基礎教育建設紮實：「馬關條約從清朝獲得的大量賠款，有許多投入日本的國民基礎教育，而且日本在臺灣50年，興辦不少小學，現在全臺有201所百年以上歷史學校，都是那時設立的，雖然那時僅是日本人和少數臺灣人的子女能進去就讀。」

尤其在極其艱困條件下，臺灣自1968年學年起將國民教育由6年延長為9年，至今已是99％以上的公民都具有中等以上教育程度。再加上後來有一段時間大力提倡技職教育，使當時中小企業有充足的技術人才資源。

經過經濟發展和九年國民教育的影響，戰後嬰兒潮（post-World War II baby boom）教育普及且民智大開，人民要求參與（participate）的動能愈來愈強。宋楚瑜以美國著名政治社會學家李普塞特（Seymour Martin Lipset）的理論來說，政治發展需要經濟、社會的條件來奠基，包括人民財富指數、工業化指數、都市化指數及教育指數等。宋楚瑜指出，李普塞特的重要結論之一，在政治發展及國家現代化過程中，教育比經濟發展或財富收入增加更重要，也比從事哪種職業重要。

因為九年義務的國民教育，使得識字率提高，閱報率人口逐漸增加，也勇於接受現代化知識，再加上1979年元月起開放國人出國觀光，可以親睹國外一切社會實況，臺灣民眾邁進全世界且眼界大開，因此對於政治事務或人物有認知（cognitive），也能判斷評估（evaluative），進而表達出支持或不支持的情感（affective）反應。

宋楚瑜強調，這種對政治參與愈來愈強的現象可以用「七嘴八舌」或「指手畫腳」來形容，用閩南語說則是「十喙九尻川」、「三色人講五色話」。而這種願意參與公共事務的現代人即是李普塞特所稱的「政治人」（political man），亦即從經濟發展邁向政治發展的中間媒介，若缺少了這種人，要談政治發展是落空的。或如政治發展學者阿爾蒙與佛巴（G. Almond & S. Verba）所指出參與型政治文化（participant political culture）的形成，認為政治參與是可以期待且有效用的，甚至想以行動者姿態投入立法與決策過程，進而影響法律與政策制定的結果。

2014 年第一次「宋習會」，反映臺灣人想「出頭天」

2014年5月7日，在北京人民大會堂，親民黨主席宋楚瑜與中共總書記習近平初次會見。習近平對兩岸關係提出和平發展、遏制臺獨的「四不原則」，宋楚瑜則以兩岸制度不同，希望大陸多體諒臺灣同胞的臺灣意識等「四個體諒」[5]加以回應。席間，習近平問宋楚瑜：「對臺灣這麼讓利，怎麼還會發生太陽花學運？」

宋楚瑜回以：「參與太陽花學運遊行約50萬人，不全然是學生上街呼應；現場沒幾個警察，照樣秩序井然，到最後主持人一宣布散場，半小時內現場清空，一點垃圾都沒留下。他們用行動證明了，不需要強力的政府管理他們，他們自己就會管好自己，是多麼難得的公民素質！」宋楚瑜還說，自1968年起，已將近50年，臺灣的公民高達99％都受過九年義務教育，如果是六年國民義務教育則超過60年，這連歐美國家都不一定做得到。

---

5 宋楚瑜向習近平所提「四個體諒」是：（一）大陸應體諒臺灣人民的臺灣意識，不要與臺獨直接畫上等號；（二）大陸應體諒兩岸政治社會制度的差異，切勿忽視臺灣的自主公民意識；（三）大陸應體諒臺灣人對於「讓利」的反彈，了解臺灣人民對經濟自主的堅持；（四）大陸應體諒臺灣多元社會本質，體認兩岸關係應是一個「說服」與「爭取認同」的過程。由上可知，宋楚瑜所提「四個體諒」，意在促使中國大陸領導人多認識臺灣現狀，亦即臺灣人接受完整義務教育，人人都具有自主性公民意識，有認知，有判斷，有自己的價值觀；臺灣人要做生意，在世界各地走跳，必須要有國際經貿通道，所以要加入國際組織，不必然是要搞臺獨；而且，臺灣人為了生存發展所展現出的意志力，是發自人性的本能與必然，中國大陸要用說服和溝通的方式，而不是強制力。

習近平當時相當肯定宋楚瑜所提「四個體諒」，還希望未來能更加擴大臺灣同胞「分享」大陸發展的成果，與臺灣同胞展開多層面的溝通，並以誠意化解深層歧見，加強雙方人民間的信任，希望未來臺灣與大陸「1+1>2」，能夠優勢互補，共同開創中華民族的前景。

習近平並向宋楚瑜說，大陸既沒有「靠臺灣得利」的企圖，也不存在「誰強迫誰，誰吃掉誰」的問題。大陸將會擴大與臺灣各階層的溝通，更注意「三中一青」（中小企業、中低收入、中南部偏鄉與青年）的心聲與需求。

以上所描述，大約可用臺語的「齣頭」和「出頭天」續作說明。首先，「齣頭」和「出頭天」是兩個意思。當我們說：「這個人齣頭真多。」是指這個人「點子多，噱頭多，想法很多」；當我們說：「這個人出頭天。」是指這個人經過努力，突破現狀，嶄露頭角，脫離困境或困苦。

有網友加以整理，例如〈爸爸請你也保重〉、〈世界第一等〉、〈有夢你會紅〉、〈咱是好兄弟〉、〈小鯽仔變大魚〉等約300首歌的歌詞使用了「出頭天」；五月天和鄔兆邦的歌，歌名都叫「出頭天」。

「流行歌曲即是外顯的社會象徵或社會性格，這島嶼上的人人都受到良好教育，父母親更鼓勵兒女立志向上。」宋楚瑜指出，他相信教育刺激「成就需求」（needs for achievement），改變以前「命運天注定」的想法，十足反映「人往高處爬」的人性與意志。

宋楚瑜不排斥「齣頭」這兩個字，但重點不是「搞怪」或「標新立異」，而是「人生有夢，築夢踏實」[6]，甚至認為想「出頭天」的人，他的

---

[6] 「人生有夢，築夢踏實」這八個字，是宋楚瑜擔任行政院新聞局局長時，於1982年12月20日返回母校政治大學參加第一屆政大節時，在四維堂發表〈肯定自我，放眼天下：指南山麓話「指南」〉演講內容的主題。他在該演講說：「我主張人生要有夢。美好的夢想，往往是人努力的目標和生活的動力。而這夢指的是一種憧憬、一種理想、一種抱負，而不是懵懵懂懂、不著邊際的白日夢。所以，在『人生有夢』之餘，我又主張『築夢踏實』。」「人生有夢，築夢踏實」改寫自美國黑人人權鬥士金恩（Martin Luther King, 1929-1968）的演講題目〈我有一個夢〉（I Have a Dream），金恩在此篇演講中多以「I Have a Dream」這一句話作為每一段的開頭。宋楚瑜在新聞局局長、中央文工會主任任內，曾抽出時間多次對大專學生發表講話，例如1980年8月6日在成功嶺對受訓大專學生演講〈龍的傳人：有爭氣的國民，才有爭氣的國家〉，就受到年輕人與媒體矚目，其後這些演講收錄於《心心念念在傳薪：宋楚瑜對青年朋友的談話》（《中央日報》，1989年）。

「齙頭」比較多是自我鞭策。這都是臺灣經濟起飛，蛻變為世界高科技代工重鎮，乃至臺灣發展民主政治的本錢。

《憲法》重教育，修憲和凍省後一切改觀

依據1947年1月1日頒布的《中華民國憲法》第164條規定：「教育、科學、文化之經費，在中央不得少於其預算總額百分之十五，在省不得少於其預算總額百分之二十五，在市縣不得少於其預算總額百分之三十五。其依法設置之教育文化基金及產業，應予以保障。」

但是，1997年7月21日修正公布之《憲法增修條文》第10條第8項則規定：「教育、科學、文化之經費，尤其國民教育之經費應優先編列，不受《憲法》第164條規定之限制。」

依據《憲法》權責劃分，省政府積極補助並改善省立高中與高職學校[7]，宋楚瑜一一走過全省各地高中職學校，也一所一所和師生講話或座談。包括板橋中學、新竹中學、臺中一中、臺中女中、嘉義中學、臺南一中、臺南女中、高雄中學和高雄女中等名校，依各校的需求，改建操場跑道、體育館，或擴建圖書館、科學館、視聽教室以及電腦教室、宿舍等，可說對教育投資從不手軟。

每年教育廳舉辦的全省教育會議，宋楚瑜一定出席和省立高中職校校長一起座談，認真聽取意見和回應問題，絲毫不敢馬虎。他知道，一個校長在這麼正式會議所提所述，都要特別留心。對於省立高中職學校校長的人選，如同宋楚瑜對省立醫院院長、縣市警察局局長、省屬行庫各地經理一樣從不干預，而是依循制度由教育廳廳長「做主」；例如花蓮女中校長田正美，即是久經歷練，來自桃園縣復興鄉泰雅族原住民。

宋楚瑜清楚表示：「高中職校校長不僅歷練過教務主任等職，而且依考評全省輪調後升任，誰能比教育廳廳長更了解其中運作及人選的品德與能

7　依據《憲法》精神及權責劃分，中央政府負責大學教育投資，省政府負責省立高中職教育投資，地方縣市政府負責國中小學校教育投資。

力；凍省之後，這機制完了，預算不再依機制挹注，校長等僅在每個直轄市或一個縣市內輪調。」

宋楚瑜稱1947年公布施行的《憲法》，可說是全世界最重視教育投資的一部《憲法》，沒有一個國家這樣明文規定各級政府教育投資比例。但在實際執行上，早期臺灣省有些較窮縣市政府歲入尚不足以支付教育人員或公務人員的薪資，哪有能力再做重大教育投資？這也是前面所說臺灣省要分「兩班制」上課之原因所在。

後來宋楚瑜找省政委員陳鏡潭組成專案小組實地考察了解，並經過教育廳廳長陳英豪帶領同仁努力充實，總計擴充興建11萬餘間教室，將臺灣省每個地方都統一在上午8:00全天上課，並做到每個原住民鄉都有原住民學校[8]，每3公里就有一個學校，使臺灣真正達到教育普及與品質提升。

繼而推動35人以內的小班制度，提高教學品質。而且，對於中小學的廁所、飲水、照明、安全教育及老師的辦公環境等都加以改善，甚至教室裡都有電視、錄影機及電動布幕等，改進了教學與學習的環境。宋楚瑜指出，凍省後有些廁所太舊，地方財政竟無能力整修，令人嘆息！（參閱程嘉文等，〈凍省20年　臺灣學到什麼？〉，《聯合報》，2017年12月4日，第A1版）

宋楚瑜強調凍省前和凍省後差別很大，依《憲法》之規定，省每年必須將25％總預算使用於教育、科學、文化，過去臺灣省政府在這方面每年預算總計約1,000億元；凍省之後不再編列這筆預算，中央手握大權與經費，卻得由縣市政府各自張羅，這是凍省後遺症之一。宋楚瑜直言：「教育是百年大計，把省凍了、廢了，配套在哪裡？」

英國哲學家培根（Francis Bacon, 1561-1626）有句名言：「Knowledge is power」，意即「知識就是力量」或「知識就是權力」。宋楚瑜**堅信政府最應投資的事業就是教育，最應做到公平的事業也是教育，「知識不被壟斷，權力就不會被壟斷，任何政治、經濟與社會的權力都不會被少數人所壟斷，這**樣的社會也必然是個多元化、開創性、前瞻性、分享性的社會，也是一個希

---

[8]　新竹縣尖石國中和臺東縣蘭嶼國小等原住民學校都加以改善，充實許多很好的設備；蘭嶼國小每間教室鋪設木質地板，學生進教室需脫鞋子的故事，請參閱本書第8章。

望滿布、朝氣蓬勃的社會。」

弱勢地區不該經費不足，教育投資不能七折八扣

2006年的954期《商業周刊》對教育做了一個專題報導，以2003年度教育部的特定教育補助為例，指出臺北縣拿到30億元，是苗栗縣的168倍，但臺北縣國民小學的學生人數，只是苗栗縣的6.73倍。為什麼非要獨厚一些地方，難道其他的縣市就活該倒楣？結果不就是造成窮縣教育經費不足。

該篇報導質疑，國民教育竟成「七折教育」：縣政府擔心財政收支不好，要求縣教育局先以教育預算70%為執行額度，最後再看剩下的30%有沒有錢執行？宋楚瑜明言，如果省政府還在，就不會這樣！

前曾提及，為了改善半天上學為一天制，在宋楚瑜任內擴充興建11萬餘間教室；不只硬體改善，還有教師們所應享有權益，包括補助現任教師所需增加的薪水，以及他們的退休金等。

其實，倘若包括興建與改建，不只11萬餘間，詳細數據如下：

——高中職部分，興建普通教室3,079間、專科教室2,041間、學生宿舍23棟、圖書館27棟、游泳池16座、體育館或禮堂37座。

——在國中小部分，增改建普通教室130,027間、專科教室27,634間、圖書室1,849間，並改善飲用水設備3,524套及照明設備17,428套。

——到他卸任時，教育廳輔導國中小3,248個學校開辦營養午餐，整建廁所8,062間、學校運動場1,993座、綜合球場1,170座、活動中心856座。

——為維護校園安全，國民中小學自1996年度起，陸續裝置緊急安全系統、保全系統、防盜防闖系統、中央監控系統等設施於1,365校，完成率47%。

在此要特別提的是宋楚瑜對國中小學開辦營養午餐的重視，他認真籌措財源，尤其是對中低收入戶，這些費用全額由省府編列預算支付。受惠的有3,248所學校，廢省之後縣市政府財務欠佳者，就得傷腦筋自籌，畢竟巧婦難為無米之炊，成了問題。這不得不讓人感嘆為什麼宋楚瑜領導下的省府可以

做到，而廢省之後，中央政府就烏龍了。

的確，國民義務教育是地方事務，主管機關是地方政府，中央是對地方提供補助，而且補助的金額難免不一樣。但中央到底以什麼做依據而給地方錢？其實應是確實地了解地方教育建設需求，不是手中握有權力，喜歡怎麼給就怎麼給。

宋楚瑜特別重視政府延續教育投資的必要性，他指出臺灣或世界各地都有「學區」的概念與需求，父母親為了下一代出頭天，拚命往「好學區」擠，這雖是「人往高處爬」的具象，但作為施政者，就要儘量做到公平！

宋楚瑜質問：「誰願做二等國民？誰不想脫離貧窮？那政府就應做好資源分配，讓好老師下鄉教學，讓偏鄉學校和臺北市的北一女中或建國中學相比，不會望塵莫及⋯⋯。」

其實，宋楚瑜和教育廳同仁所做教育上的各項努力，就是將一些基礎條件與資源「弄到位」與「做公平」，縮短「偏鄉學校（區）」與「好學校（區）」的差距，不使學生有「被棄」的疏離感。

宋楚瑜以過來人經驗一再強調，做決策的人不妨多走出去看看，很多事情都不在公文裡：「**公務人員或政務官，尤其是領導人或決策者，絕對沒有憑一己好惡而行事的權力。也不是躲在冷氣房看計畫、批公文，就可以發掘問題癥結。**」

一個鄉至少一所國中，一個地方有一個國小

隨著城鄉差距，人口比較密集的地區，如臺北縣、桃園縣等都不斷請求增設高中、國中；即使人口沒那麼密集，在逐漸形成都會的彰化縣、苗栗縣等，也要求增加學校。相對的，偏遠地區及原住民山區學生人數逐年遞減，有的學校老師加上工友比學生人數還多。

這牽涉到哪裡該增、哪裡該減該併，真是頭痛的問題。宋楚瑜請教育廳計算過，每增一所學校的軟硬體設施，至少要10億元，每年維持的開支得1億元以上。但是，人民有遷徙的自由，政府不能限制人民住哪裡或不住哪裡，

而往往偏遠地區遷不走或不肯走的民眾，通常是弱勢的一群。

併校不是一件簡單的事情，增校更需龐大的開銷，然而兩者不能併談，不是將這個經費東挪西移而已。宋楚瑜的原則仍堅持資源調配要平衡：「對一些偏遠、離島及原住民地區的問題，不可視而不見，還是希望要維持一個鄉至少一所國中，一個地方有一個國小。」

很明顯的，宋楚瑜對人口稠密地區的教育投資比較保守，他鼓勵以教育精神與價值來看問題，而非今天蓋綜合運動場，明天要建那棟大樓。他當時已注意一項關鍵問題：「我們人口出生率已經到了瓶頸，如果還要在教育硬體設備上做投資，不加以因應調整的話，將來一定會形成資源上的浪費。」

然而，來自家長、地方上的壓力畢竟不輕，大家都在爭取讓自己的孩子擁有更多教育資源，更好的學習環境與設施。他只能以自己的例子來說服，說他以前念臺北市士林初中時只有5班，初一2班，初二2班，初三只有1班，不要說學校沒有禮堂，就是連教室也沒有，教室是向士林鎮公所借的，他們的校長邵夢蘭要學生坐在地上，大家一起背《論語》。

宋楚瑜要大家一起體認：「不能一昧的只要硬體，反而忽視了教育精神與本質的重要性。很多人一同走過艱苦時代，許多人才也曾是在物質匱乏環境下成長，我這個臺灣省的省長，也是這樣培育出來的。」

不能忽視人口下降，要妥為因應

宋楚瑜指出：「不僅國民義務教育改善為整天上課制，還有小班制、國小英語教學等，每一項政策的推動與執行，都牽連著諸多互動的因素。」

在他卸任時，臺灣全省國小每班已不超過41人，1999年度再降為每班40人，國小一年級則為35人。自教育部部長吳京推動教育改革，如35人以內的小班制度，可以提高教學品質，家長們無不支持，宋楚瑜也非常支持。

在此同時，宋楚瑜更了解若要採小班制，初步估計必須增加3萬至5萬名老師，開辦費用在500億元以上。這些經費假如由各縣市政府自行籌措，實在是一項難題。錢在哪裡？資源在哪裡？能否在現有經費中推動？

宋楚瑜表示，「省政府難道不希望臺灣省和北高兩市一樣實施小班制，但卻不能因為經費不足，就推給縣市政府，一推了之或永遠不做。」

事情總得一步一步來，省政府的策略性做法是：配合中央政策，倘若不能全省立即達到小班制標準，是否選擇一些縣市先行試辦；若財力有所不足，則由省、中央設法支援，分階段、分地區的克服實質困難。

前項難題尚未克服，小學英語教學的問題旋即接踵而至。以臺灣持續經濟發展與邁向國際化的需求，國民英語教學是遲早必然的事，但是師資何在？如何達成英語教育的目標？

還有，臺灣的人口成長，已呈逐年下降趨勢，當為調降班級學生數，從41人要降到35人，而需廣為增建教室時，是不是應將人口下降比例與小班制推行，做比較周密的考量與銜接？或者是此時只看見小班制，卻未能預見未來可能形成的資源浪費？

宋楚瑜認為，政策的制定與執行都必須有完整考量，如果理念正確，決策沒錯，執行細節卻大而化之，是否又是窒礙難行？抑或只做一部分施行，又形成另一種教育不公平？

強化特殊教育，不忘〈禮運大同篇〉精神

身心障礙教育的對象是弱勢族群，是省政府非常重視的一部分。所支出經費年年成長，從1993年度的13億4,000萬元，增加到1997年度的26億3,000萬元，成長197%。以下這些是省政府持續的具體作為：

——省立林口啟智學校與長庚醫院合作辦理床邊教學班，提供病弱住院學生就學機會。

——對於在普通高中職就讀的視聽障礙學生，責由省立臺中啟聰學校與臺中啟明學校加強輔導，定期辦理視聽障礙學生混合教育巡迴輔導班，由專任巡迴輔導教師再做進一步輔導諮詢。

——提供盲用電腦，並補助擴視機、助聽器等輔具，提供視聽障礙學生更佳學習環境。

——辦理視覺障礙學生甄試分發，協助把握進一步學習機會。

——省立臺中啟聰學校於1996年成立嬰幼兒啟聰教育實驗班，招收0至3歲的聽障嬰幼兒，同時加強家長親職教育，做到及早療癒效果。

——補助國中小設置知動訓練室，共設置128間，提供身心障礙學生物理治療、語言治療、職能訓練等專業服務。

——委託公私立大學開設特教學分班，提升特教教師專業知能。

宋楚瑜說：「我們都不會忘記〈禮運大同篇〉的精神，身在公門時多為人想，能做一點是一點，社會就會愈趨公平與正義。」

因此，除了持續加強原有11所啟智、啟聰、啟明學校的功能外，省政府又增加設立基隆、宜蘭等7所公立特殊教育學校，而且朝一縣市至少設置一所為目標規劃。同時，在各地增設國中小學特殊教育班，計增加633班，合計全省有1,794班；增設學前特殊教育班62班；增設高職特殊教育實驗班25校67班。

以前教育廳存在幾十年，費盡多少心思，做那麼許許多多事，給人感覺教育工作本來就如日月運行般尋常。可是，等到臺灣省政府教育廳沒有了，很多人開始懷念它，在報章雜誌常可看到。

以前面提到的《商業周刊》報導來說，受訪的高雄師大教育系教授陳麗珠特別指出，過去中央撥下來的款項，臺灣省教育廳會把經費直接撥給學校，各校能拿到經費差異不大，但是「精省」後，部分教育經費被行政院主計處（2012年更名為行政院主計總處）收回，當作地方自主的「統籌分配款」，國民義務教育也由各縣市負責。

所謂「各縣市負責」，絕不是各縣市各憑本事爭取，絕不能演變成「自生自滅」；宋楚瑜有感而發：「雖然省教育廳不見了，它的精神、功能與制度仍在，還是可以找得到，還是可以找出來。」

鼓勵私人興學，給予必要協助

政府的公共投資得評估未來，不能做無謂浪費，可是來自民眾要求提升教育品質的壓力始終居高不下，又該怎麼辦？

宋楚瑜認為這個問題「應好好辦」：「不妨靠民間力量來興學！這是可以調整的，在觀念與做法上稍做調整。」

他不諱言，過去無論是民眾或政府，對於私立學校有一些成見，總認為公立比較好，比較令人放心。但他要求教育廳加強私立學校的輔導與管理，協助私人興學制度化，並且要有防弊機制，校產不能任意變成私產。

宋楚瑜在任內積極鼓勵並補助私立學校：「他們一樣為教育學子而努力，我補助私人興學超過以往，都由教育廳做綜合評估，我及我的團隊都沒有任何圖利私人問題。」

他在許多場合大聲疾呼，包括在國民黨中央常會提出報告，要大家一同破除「私立學校就是學店」的觀念。他以美國為例，「沒有任何人認為私立學校是比較差的。按照美國民間所做的調查或教育界的評鑑，美國最好的大學包括哈佛大學、史丹佛大學等，沒有任何人會說他們是學店。」

鼓勵私人興學最具體的方法，莫如協助土地取得。他請省政府土地專家副省長吳容明有機會就講，以扭轉政府公共政策的思維。以臺北縣三重市東海高中為例，政府要辦一個公立學校，卻把私立東海高中的土地徵收，在校學生與警察發生衝突，他就認為是「非常荒謬的現象」。

從1989年開始，因為中央立法的關係，省政府會同地方政府徵收公共設施保留地，其中一部分就是作為學校用地。但依法令，必須設立公立學校，不能作為私人興學之用。宋楚瑜質疑：「文教區是不是一定要提供給公立學校使用？若由私立學校租用，甚至是由政府無償提供使用，就不叫做教育設施，這是極其不合理的事。」

推廣電腦與使用網路，也要背誦〈岳陽樓記〉

各級教育都是培養學生人生觀與價值觀的重要階段，不僅國中小學重要，高中職教育更是關鍵的分水嶺。人格教育主要在高中時期養成，至今宋楚瑜仍念念不忘：「臺灣的教育造就了我，我又有機會為臺灣教育付出心力，這是何等幸運。」

一些年輕時背誦的《論語》、《孟子》、〈岳陽樓記〉、〈出師表〉、〈正氣歌〉、〈木蘭辭〉，以及李白與杜甫的詩句等，他仍能朗朗上口，隨時引用、應用。受過以前傳統教育的世代都清楚，**這種背誦當然不是有口無心，而是人格養成的潛移默化，也是立志向上的參照學習**；宋楚瑜強調，「這些古文精粹都是在初中與高中階段背下來的，一方面用來自規自勉，另也用以勉勵他人，這是我常感自豪的地方。」

擔任省主席與省長時，每年教師節前一天晚上入住臺南市，清晨四點不到起床，五點前到「全臺首學」孔廟（建於明鄭永曆19年，西元1665年），主持祭孔大典；下午或晚上則和教育界共聚一堂，頒發獎狀與獎金，表揚優良老師，一同宏揚尊師重道。

由國小至大學完全接受臺灣教育，宋楚瑜常自豪的說：「我是Made in Taiwan。」他並解釋所謂Made，在西方的英文裡面有雙重意義，一個是「製造」，一個是「造就」。說這個人能夠打拚而有所成，英文即He is a self-made man，這裡的made就是指造就。

他的英語訓練自ABC入手，是在臺灣的初中開始學習，其後能夠出國深造，取得美國碩、博士學位，並與世界各領域菁英和各國領導人直接用英語洽事交談，以及在國際場合發表英語演講，他不會也沒有忘了初中英文老師袁家姑、家教老師管東貴和李傳義等教導下，所奠定的紮實根基。在訪問大陸時，他隨時隨地可以引經據典，也和大陸領導高層廣泛地就事論事，令他想起初中、高中的歷史和國文老師吳和、陶佩瑚等為他打下的史學基礎，還有政大許多嚴師多予啟迪和諄諄教誨。宋楚瑜引用胡適的話，為自己學習成長過程感到慶幸：「要怎麼收穫，先怎麼栽！臺灣的教育真是功不可沒。」

相對於年輕人是數位原住民（digital natives），身為數位移民（digital immigrants）的宋楚瑜[9]也常拿自己學習經驗相比，刻意提醒教育崗位的老師

---

9 除手機外，宋楚瑜隨時以平板電腦獲取來自全世界的即時資訊。早年從email使用開始，宋楚瑜就關注美國所開啟的資訊高速公路（information superhighway）；1992年，美國總統候選人柯林頓提出建設資訊高速公路，1993年成為美國政府的建設計畫，即是如今通稱的網際網路。

們。他希望教育工作者要在這些問題上多加強輔導學子：「高、國中學生乃至國小生在電腦上的運用能力，非我們這代人所能比擬，但是對於人與人、人與社會、人與環境之間關係，以及**許多有關生命教育問題的應對處理，就不是電腦能竟其功，為人師者千萬不能推給人工智慧、電腦與網路！**」

省政府分年度大力推廣電腦輔助教學，充實電腦設備與建置資訊網路，這些都是配合提升國家競爭力的當務之急；投資經費逐年累升，宋楚瑜和教育廳廳長陳英豪也從不忘要求：「**要充實人腦，造就人腦，俾能駕馭電腦。**」

他認為，臺灣的高科技能力逐次發展，電腦相關科技工業製造技術馳名全球，亦應是回過頭來多關心「造就人腦」這方面問題的時候。

充實各鄉鎮市圖書資源，建構全民學習的社會

李登輝擔任臺北市市長時，宋楚瑜擔任行政院新聞局局長，行政院院會的座位次序是臺北市市長，下一個就是新聞局局長的座位，兩人比鄰而坐，開會就是開會，並沒有太多互動。

因為當時新聞局主管業務和新聞傳播與藝術文化頗有關係（詳參《如瑜得水》，頁467-475），偶然一次向李登輝提了「臺北市何不辦音樂季、文化季」的建議。本就喜愛音樂的臺北市市長李登輝，指示臺北市立交響樂團籌辦，1979年「臺北市音樂季」開鑼，首開國內大型音樂季先河。當年行政院院長孫運璿正提倡「富而好禮的社會」運動，在行政院大禮堂舉辦茶會款待參加音樂季的臺北市國外貴賓，在茶會中李市長就當著孫院長面說：「臺北市音樂季的點子是宋局長提出的。」

宋楚瑜在新聞局任內擴大舉辦金鼎獎，行政院院長孫運璿也應新聞局規劃，大力倡導發行圖書禮券（免稅發行），鼓勵學校及社會民眾採用圖書禮券作為禮品，學校和社會也成立許多讀書會團體，其間臺大校長孫震也響應。對於這些增進人文價值的工作，宋楚瑜及新聞局同仁都默默在幕後配合推動，一時蔚為風氣。

當時宋楚瑜還想帶動的是各地都有充實的圖書資源、最新出版的報刊雜

誌，輔導各級公共圖書館，建立全民學習的社會。宋楚瑜留有深刻的印象，美國第16任總統林肯（Abraham Lincoln, 1809-1865）小時候只有《聖經》、《伊索寓言》、《魯賓遜漂流記》等幾本書，這令他愛不釋手，有時必須外出到很遠的地方，才能向長輩再借到其他書籍。

宋楚瑜讓省文化處協助各級圖書館建立自動化網路系統，實施「鄉鄉圖書館」政策，任內在全省各鄉鎮市開放啟用圖書館（至少有284個），包括購置圖書期刊、辦理閱讀推廣活動、舉辦優良圖書及兒童讀物全省巡迴展，並結合大專院校圖書館本科系學生暑期工讀，僱用324人（每人工讀兩個月）分赴各鄉鎮市圖書館，協助推動技術性服務，為全省圖書館電腦化投入先期準備。

省文化處處長洪孟啟強調，當時電腦網路正處在發動之初，各地圖書館的建設與資源充實，具有文化火車頭作用。他指出，「在當時，臺灣省設立文化處是先著[10]，北高兩市接著跟進設立文化局；推動圖書借閱系統電腦化，則促進出版公司均以條碼管理每一本書；各鄉鎮有了圖書館，除了吸引讀書人口，還辦理才藝班等活動，媽媽陪孩子到圖書館讀書的風氣也揚升起來。」

「藝術下鄉」成為日常，藝文表演走入民衆生活圈

宋楚瑜也要省文化處經由區域化、整體化的概念，推廣「文化生活圈」與「生命共同體」的認知，促使不同族群的文化代代相傳，並且也能互相交流融合。省文化處則規劃由省立新竹、彰化、臺南及臺東社會教育館統整區域文化資源，再結合縣市文化中心、社教工作站及民間文化機構、個人工作室等，於1997年8月分北中南東四區舉辦臺灣文化節[11]，當時省長宋楚瑜在臺東、副省長吳容明在臺北縣、副省長賴英照在臺中縣、祕書長蔡鐘雄在臺南縣同步為該節慶主持開幕，是為臺灣文化界、各地文化工作者的一大盛事。

---

[10] 1996年6月29日，省政府修訂組織章程，送經省議會第10屆第3次大會第34次會議通過增設文化處，並分送行政院、考試院備查。

[11] 臺灣文化節以「臺灣春秋遠、文化傳承長」為主題，以「文化薪火」接力的方式，由東臺灣出發，再傳遞到中區、南區、北區，其各分區主題分別為東區「族群文化嘉年華」、中區「土香水長」、南區「社區博物館尋根」、北區「民俗風采、史料探源」。「族群文化嘉年華」強調各個族群互相尊重了解，建立自信自尊的共識，設計各項的活動有「東臺灣

宋楚瑜還特別交代省文化處，定期安排資深演藝人員到養老院表演，並給予自謙為「不成敬意」的禮金致謝，一方面使資深演藝人員多表現演出才藝並四處走走，另方面在養老院的老人家對資深演藝人員比較熟悉，能增加共鳴與互動感。宋楚瑜說：「什麼叫做親切和人情味，就是有人關心你！人生的意義，都是在關懷互動之間誕生，進而豐富起來。」

省文化處也成立「臺灣省文化基金會」，用以整合文化資源，並輔導協助民間藝文工作團體及個人，一些默默從事藝術創作與傳統技藝等方面的工作者逐漸露臉，為人們熟悉認識。宋楚瑜加以鼓勵多做「藝術下鄉」活動，讓藝文活動和民眾生活相結合，成為日常生活一部分，包括歌仔戲、布袋戲、京劇等就由省文化處規劃推動贊助，走入民眾活動中心或社區廣場，例如明華園孫翠鳳即以這種「文化社區化」方式，掀起廣大民眾的歡迎與喜愛。

臺北市華山文創園區以前是臺灣省菸酒公賣局的臺北酒廠及廠房加以整修的「省有土地」，是所謂「省有財產」。陳水扁擔任臺北市市長時曾打主意，要無償將此塊土地從省政府要去蓋「大巨蛋」，省政府未同意。該廠房經閒置多年不再生產，又因於1997年曾發生金枝演社事件[12]，省長宋楚瑜隨即請省政府文化處處長洪孟啟（後來曾任行政院文化部部長）與省菸酒公賣局局長施顏祥（後來曾任經濟部部長）協商，自1999年起公賣局將舊酒廠委託

文化之美」展覽及人文講座、2000年東臺灣文化生活圈研討會、原住民表演互訪、山地傳統技藝趣味競賽、族群文化藝術傳承研習及山海民俗歌舞表演，以及各族群傳統技藝資料建立等。「土香水長」的主軸內容包括：南投縣的霧社文化祭是泰雅傳統祭儀再現；彰化縣的在地山水在地情是對淨土河川的禮讚；臺中縣葫蘆墩圳采風係對大葫蘆墩圳生活圈的文史演出；臺中市的大墩水之舞，溯源旱溪、綠川、柳川及筏子溪；雲林縣北港溪畔源流長演出北港溪的歷史見證等。參與「社區博物館尋根」活動的單位包括澎湖縣社區博物館（文石館、陶藝館、石雕館、文物館等）、屏東縣社區博物館、高雄縣甲仙化石館、臺南市社區博物館、臺南縣社區博物館（包括奇美、菜寮、大地、拔馬、自然史等博物館）、嘉義縣阿里山高山博物館等。「民俗風采、史料探源」活動包括宜蘭縣「戲弄宜蘭」，是戲曲文化多樣風貌的調查、展演及傳習；基隆市「生命里程」慶典有出生、婚嫁、生子等習俗再現；臺北縣「龍俗采風」探討臺北縣龍脈文化、聚落、街肆、寺廟、建築及地景；桃園縣「人與土地：土地伯公的信仰」研究土地神祇信仰；新竹縣「大隘風雲」推展大隘三鄉（北埔、峨眉、寶山）特有民俗風情；新竹市「竹塹米粉情」尋求常民生活文化的發揚與再造；苗栗縣「客家禮」介紹客家禮俗歲時節儀等。

12 金枝演社在華山騎山摩托車演出舞臺劇《古國之神：祭特洛伊》，警方曾以竊占國土罪逮捕該演社創辦人王榮裕與演社成員。

省文化處代管。

省文化處再委託中華民國藝文環境改造協會經營，臺北酒廠更名為「華山藝文特區」，使得此一臺北市精華蛋黃區、價值超過百億新臺幣的土地，轉而成為灌溉文化作物的園地，現已蔚為藝文界、非營利團體及個人使用的創作場域及多元化的藝文展演空間。這不能不說是宋楚瑜和團隊同仁用心打下基礎，為臺灣文化界所做貢獻之一。

興辦綜合高中，以殺河豚為例，籲建立職業證照制度

孔老夫子對教育重視因材施教，換成現代的觀點，就是適才適性。

學生是什麼才什麼性，學生什麼時候確立才性，也要加以考量。自1996年度起，省教育廳核准2所省立高中、9所私立高中、7所省立高職、11所私立高職試辦綜合高中，就是這樣考量下的產物。

省政府積極試辦綜合高中，這已在英美蔚為風潮。很適合部分性向、興趣分化較為延遲或較早確定的學生需要，透過綜合性課程選修，不但能獲得普通學術和職業性向的試探，並有助於學生們未來職業轉換與調整。

而且，教育尤須與就業市場的需求相結合，宋楚瑜任內對此十分重視，因此特別請教育廳與技職學校彈性調整一些科系，以增加「畢業即就業」的機會。

有一次到日本訪問，朋友好意要宋楚瑜開開眼界，請他吃河豚的沙西米：「長官，你不要小看河豚，河豚不是什麼人都可以殺的，師傅殺得不好，吃下會中毒。」宋楚瑜說那家店師傅有殺河豚的證照，牆上就掛著一張殺河豚的合格證書。

當時宋楚瑜為了廣為「宣導」職業證照制度，常舉日本廚師為例，說明必先取得合格證書，才能殺河豚；如今風氣已開，已經不用多費唇舌。由此亦可知，在技職教育上，在就業市場上，鼓勵教育與職業證照結合，宋楚瑜和教育廳同仁算得上是開篇者。

可喜的是，在宋楚瑜任內報檢人數將近有70萬名學生，約35萬名取得職

業證照，合格率50.23％；宋楚瑜頗感欣慰：「這就是以一技之長，發揮所長與興趣，站穩在社會上的位置。」

螺絲釘須用三號就用三號，馬虎為出事之本

宋楚瑜很重視適性發展，如同本書第8章談到的，他教導自己孩子和期許原住民都一樣，要他們具備「一技之長」。所以，從1994年度起，他要省教育廳在國中教育階段就實施技藝教育[13]，多為學子教育分流（split stream）做規劃準備。

宋楚瑜一直深刻記得新加坡總理李光耀（1923-2015）親自向他說，新加坡十分羨慕臺灣有高水準的技職教育，能訓練培養出高水準的勞工（skilled labor）。宋楚瑜十分重視技職教育，他認為臺灣經濟與農業發展的基礎，就在高職與專科的養成教育，這種養成教育所打下的基礎，不只是各種的專業訓練，尤其是從業的基本態度，也就是敬業的精神。

因此，宋楚瑜訪視過全省每一所省立高中與高職學校，不是隨處走走看看而已，也會和師生說說話或講典故。除了上述一段殺河豚要考證照外，還有下面幾個經常講的。這個省長雖然忙，但花不少時間和學生對話，因為這是百年事業。

第二任中央研究院院長胡適（1891-1962）曾撰寫一篇「差不多先生」的故事，藉以惕勵國人革除「差不多」習性[14]。宋楚瑜據以延伸說「三號螺絲

---

[13] 自1994至1998年度，省教育廳在國中三年級辦理技藝教育，包括特殊技藝班236班、合作技藝教育班2,525班、自辦式技藝教育班1,724班、技藝教育中心581班，合計5,066班。此外，5年間於高職辦理一年段及三年段實用技能班4,355班，並於1998年2月擴大開辦春季實用技能班一年段制，追蹤輔導1997年6月國中畢業而未升學學生回校繼續就學，計由公私立職校開辦90班供學生選讀。

[14] 胡適所撰〈差不多先生傳〉，這是一篇傳記體雜文，於1919年發表於《新生活雜誌》，前兩段這麼說：「你知道中國最有名的人是誰？提起此人，人人皆曉，處處聞名，他姓差，名不多，是各省各縣各村人氏。你一定見過他，一定聽過別人談起他，差不多先生的名字，天天掛在大家的口頭，因為他是中國全國人的代表。差不多先生的相貌，和你和我都差不多。他有一雙眼睛，但看得不很清楚；有兩隻耳朵，但聽得不很分明；有鼻子和嘴，但他對於氣味和口味都不很講究；他的腦子也不小，但他的記性卻不很精明，他的思想也不細密。」另收錄於MC HotDog 專輯《差不多先生》中的一首同名Rap歌曲〈差不多先生〉，由饒舌歌手MC HotDog作詞演唱，張震嶽作曲，是年輕人的喜好歌曲，亦具提醒意味。

釘」故事，並且另創**青年守則第13條**──「**馬虎為出事之本**」。

話說宋楚瑜在美國留學時，恰巧碰到一位美軍陸軍中校，他曾經來臺灣擔任美軍顧問團兵工顧問，認識他父親宋達將軍（時任陸軍供應司令），閒聊中問他對臺灣的印象如何？這位美軍中校這麼說：「臺灣軍隊兵工維護素質逐漸提升，技術層面也比過去大幅進步，大體上給人向上提升感覺，硬要說有任何問題，就是有時不依循規範行事。」

美軍中校以他親眼所見汽車修護為例，螺絲釘有一、二、三、四、五號，按規定這個螺絲孔須以三號螺絲釘上鎖，但他說有些士官或士兵一時找不到三號釘，就擅用二號釘或四號釘；宋楚瑜記得很清楚，那位美軍中校做了一個小結論：「用二號或四號釘代替，可以拴上也拴得緊，短時間勉強可以，當場不會出事，久了仍不換上規定的螺絲釘，遲早一定出狀況。」

宋楚瑜藉此告訴學生，美軍兵工顧問所做「小結論」是「大道理」，千萬不要以為「差一點」沒關係。宋楚瑜和學生說，也和省政府同仁說，青年守則有12條，第1條是忠勇為愛國之本，第12條是有恆為成功之本，以前大家都會背。宋楚瑜為了提醒大家，經常在講話時加上自己「發明」的第13條──「馬虎為出事之本」！

「**差一點，差很多**」，強調將事情做好，是經由良好的工作態度與做事習慣培養起來的，倘若任事不勤又不經心，遲早一定出問題；而且，尤其是公務人員經管眾人之事，出的常常是大問題。他提醒再提醒：

「做事情隨便馬虎，它的結果必定是災難。」

「不要做差不多先生，差一點就差很多。」

「一個螺絲沒鎖好，飛機可能就會出事。」

以「蜜蜂的故事」，勉勵學子培養勤儉質樸美德

在網路上只要打入「蜜蜂的故事＋李光耀」等關鍵字詞，就會出現許多有關新加坡故總理李光耀與宋楚瑜對話的新聞與相關文章。1976年1月下旬，李光耀夫婦來臺訪問，宋楚瑜與陳萬水就有幸接待。

大家對這個故事都不陌生，大意是李光耀夫婦每次來臺灣都會買蜂蜜，宋楚瑜忍不住問新加坡不是也產蜂蜜，為何一定要在臺灣買？李光耀答道：「臺灣蜂蜜品質比較好！因為新加坡一年四季如春，不須採蜜儲糧，所以蜜蜂比較懶惰。」

其實，這個故事起由並非兩個男主角，而是他們的太太。也就是李光耀夫人與陳萬水彼此聊得來，連李光耀夫人到臺灣逛街買什麼都是聊天話題，過程中知道他們喜歡臺灣蜂蜜，而且偏好荔枝口味的。

為了這事，新加坡派了一組養蜂專家引進地中海的工蜂，並帶了幾百箱蜜蜂到新加坡。一開始，新加坡蜂蜜產量果然大幅增加，可是過了一年，蜂蜜產質又跟以前差不多了。研究結果是：地中海引進的蜜蜂，因為新加坡四季如春，所以很快就入境隨俗，「小蜜蜂，嗡嗡嗡，飛到西，飛到東，採蜜好過冬」的情景不復可見。

陳萬水會提及這個新加坡小蜜蜂故事，其意在提醒不要輕易拋棄了臺灣人勤奮美德，後來陳萬水的朋友間偶以此為話題，輾轉刊載在《讀者文摘》上，而為大家熟悉且發人深省。

如果時間夠，宋楚瑜還會加碼，講他湖南省湘潭縣長輩書畫家齊白石（1864-1957）的勤勉故事。也是蜜蜂的故事，但這邊的蜜蜂比新加坡的蜜蜂勤勞；這邊的蜜蜂是齊白石筆下的「採花蜂苦蜜方甜」，宋楚瑜認為齊白石更是那隻「採花蜂」[15]。

宋楚瑜指出，鄉賢齊白石出身木匠，後來在詩、書、畫、篆刻等均有上乘成就，印證好「勤」能成的道理。齊白石作畫題字喜歡題「天道酬勤」（出自《周易》卦辭）四字，宋楚瑜也喜歡這四個字，並且提倡這四個字；他為臺東縣綠島鄉蓋水庫，特地題名為「酬勤水庫」。

宋楚瑜常以陳萬水和齊白石的這些蜜蜂故事，勉勵省立高中及高職的學

---

[15] 「採花蜂苦蜜方甜」是齊白石所作詩句，他與張大千有「南張北齊」之稱。齊白石學生李可染（亦是中國當代畫家）曾提及，齊白石一生曾有兩次「十日未作畫」，一次是他母親去世時，另一次是他臥病；在他的畫上常可看到「白石日課」和「白石夜燈」的題字，代表「白天時間不夠，晚上張燈繼續」。

生，強調**勤勞、節儉、質樸**是臺灣人固有美德，是前人渡海來臺延續幾百年來的最大資產，也是新世代青年學子絕不能丟掉的本錢。

宋楚瑜寄望年輕人代代上進，不僅強化職校實習工廠設備等硬體投資，同時期許他們厚植勤勞、刻苦、節儉、認真和負責任等民族性格與傳統價值，轉化成為自身精神養分的倫理原則（moral principles）和職場奮鬥的心理資本（psychological capital, PsyCap）。

宋楚瑜呼籲年輕人「**提升專業，更須敬業**」，唯有一代比一代強，一代代傳承下去，才能讓臺灣永遠保持創新能力，在全球化競爭激烈的環境中屹立不搖。

無窮盡付出，教育是百年事業

我們通常會說，教育是百年樹人的事業，意指必須經過日積月累、無窮盡的心力付出與灌溉之後，才能期待它帶來成就，顯現出它的成果。

大致說來，教育又分成三個範疇：一是學校教育，另一個是家庭教育，說的是家庭裡的教養；還有一個是社會教育。這三樣都很重要，國人都很重視，都將教養下一代視為重大事情，目的都為了孩子能更好。

但無論從個人、家庭、社會或國家的觀點，宋楚瑜認為教育至少必須具有兩種層次的認知：

其一，教育對於個人，絕對是必須的投資，其效果未必能立竿見影，不是今天讀書了，就讓你明天賺到錢，但教育實在是社會流動、窮人翻身的唯一法寶，政府要盡到力量，讓每一個人都享有公平受教育的機會。

其二，教育是立國之本，國家的長遠大計。既是「根本」又是「長遠」，可見政府必須長期投入才能陸續看見成效。所以，不能有所偏廢，不容有任何的死角，哪個時期中斷了，哪些地區忽略了，均非國家與社會之福，都可能會反過頭來，要整個社會付出更多的社會成本。

宋楚瑜認為，教育就是不間斷的學習與累積，這一代為下一代做付出與努力，要經過「三代」才見端倪，「一代就是30年，可見教育真是百年樹人

的事業。」

帶給青年成就欲望，扭轉「樓上樓下」差距

話雖如此，教育是百年樹人的事業，教育也應是解決社會問題的手段，對社會和諧發展有所助益且具引導作用；宋楚瑜指出，教育應該面對社會問題，而非「教育歸教育，社會歸社會」，形成各種「一刀切」的現象。

宋楚瑜質疑，現在世界許多大學都施行教育評鑑，教育評鑑也都以就業狀況作為指標之一，但是經過學校精心培養出來的社會新鮮人，何以對社會「無感與無指望」?!臺灣自教改以來，人人都可進大學，究竟有多少年輕人所學與就業相符?!人人都是大學畢業生，究竟多少人改從事「服務業」，這不是所學與就業「一刀切」?!

以日本為例，戰後一代被喻為「企業戰士」，美國學者傅高義（Ezra F. Vogel, 1930-2020）1979年出版《日本第一：對美國的啟示》（*Japan As Number One: Lessons for America*），曾讚譽東方人也能優於西方人。

但是宋楚瑜觀察到，在「日本第一」之後，日本社會也經歷迷失20年或30年，日本年輕人有尼特族與飛特族[16]的說法，以至今日中國大陸還出現「躺平族」[17]一詞。

「與氣候變遷、新冠疫情肆虐或通貨膨脹，甚至俄烏戰爭等相比，**當前社會最嚴重與最嚴肅的課題，是貧富懸殊與年輕人前途問題，這是世界各國領導者無可逃避的責任。**」宋楚瑜指出，為何「時代考驗青年，青年創造時代」已經不再？這課題是各國領袖都須認真以對的時候了！

日本管理學家大前研一對全球中產階級的消失，形容為「M型社會」的

---

[16] 尼特族是「NEET」的音譯，NEET是「not in employment, education or training」的縮寫，意即沒有就業、在學或接受培訓的人，等同寧願「家裡蹲」。「飛特族」（Freeter）是英文 free（自由）、德文字根arbeit（勞動，日文意指打工、兼差）和英文字尾er（者）結合的新字，指的是年輕人不求全職工作，喜歡時薪打工的自由與自控。

[17] 躺平族是中國大陸新近流行的網路詞語，指年輕人在經濟衰退下選擇「無欲無求」的處世態度，包括不買房、不買車、不談戀愛、不結婚、不生娃、低水平消費等。

來臨；宋楚瑜則問：「臺灣從經國先生時代帶動經濟起飛，產生那麼多中產階級，現在有多少人敢自稱中產階級？有多少家庭敢說是小康家庭？」

宋楚瑜自問自答：「不是大家不敢自稱中產階級與小康家庭，而是對未來不具信心，對未來充滿不確定感。試問今日是中產階級與小康家庭，明天還是嗎？這和『臺灣錢淹腳目』時期的上升感，是截然不同的！」

宋楚瑜認為現在的問題與過去殊異，以前是「水平差距」，也就是城鄉差距，亦是「富人區」和「貧民窟」兩個截然不同世界的強烈對比；但現在則是「垂直差距」，高收入者與低收入者的「天壤之別」，與對階級爬升的「不敢奢望」。

宋楚瑜指出這是世界目前普遍的困境，並非特指哪一地區或國家，而是人類經濟生活型態的轉變，「自己」演變出來綁住自己的「東西」，這可能導致以下幾種值得檢視與注意的惡果：

其一，高科技業者收入高，金融投資者「以錢滾錢」獲致高報酬，即所謂「億來億去」是也；反之，勞動力者以工時維生，升斗小民「十合為升，十升為斗」過著艱辛的日子，這中間中產階級漸漸流失掉，進而加劇階級間的衝突對立。

其二，曾經在亞洲盛行的終身僱用制一去不復返，失業率高，工作不穩定，工作責任制或外包制造成另一種「桎梏」形式，這是生涯規劃理想與職業工作實境的另一項衝突對立。

其三，年輕人成為尼特族或躺平族，失去上進心和成就欲望，即使政府或企業擁有資源與資金，但缺乏目標與踏實的政策和手段，亦缺延攬人才的凝聚力，撒幣政策只圖一時討好少數特定族群，卻無力解決五缺（缺地、缺水、缺電、缺工、缺才）的根本問題，普遍無法有效振興經濟及提升消費者信心，這不就是施政卻失政的困境！

宋楚瑜形容這種**已經布滿全球社會的垂直差距為「樓上與樓下的差距」，是新品種的「階級差距」**，令「樓下之人」不敢仰望「樓上之人」，有如「捆龍索」一般，鎖住社會流動的脈絡及年輕人創造與創新的需欲。教育必須與社會發展、世界變化（國際潮流）、就業市場等相結合，才能人盡

其才，各得其所。

撒下公平種子，才能孕育公平社會

宋楚瑜引用英國哲學家培根所說「知識就是力量」這句話，來提醒教育的重要性，但他更重視的是，教育要公平，知識能共享，社會流動才無所阻礙。

他呼籲：「儘量做到資源公平分配，設法幫助偏遠地區與弱勢族群，為社會打造更公平競爭的基礎。**撒下公平的種子，才能孕育公平的社會，這才是有希望的社會。**」

他常說，不見得要花錢去蓋華麗校門或宏偉建築，省下經費就能做更合理的運用；「**教育資源不能被壟斷，知識才不會被壟斷，窮人家子弟才能出頭天。**」

五月天在〈出頭天〉（作詞：阿信）這樣唱著：

在我的天頂　甘有人會看見　看到我不甘願這樣過一生
在我的一生　我甘願來相信　每一朵花都有自己的春天
在我的天頂　大雨落不停　也不能改變到我的固執

學 校 工 程

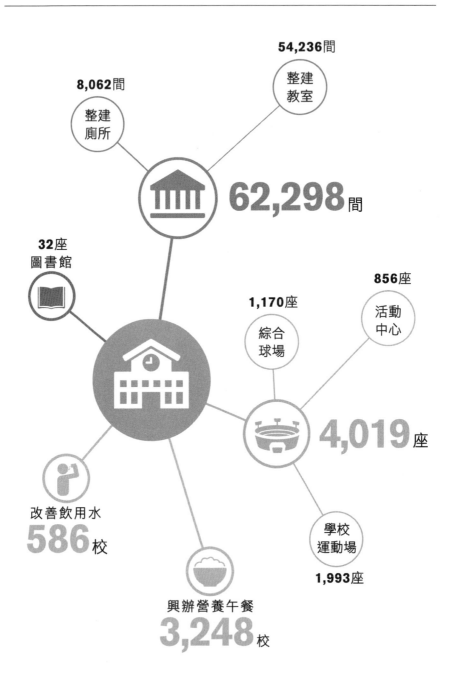

54,236間
整建
教室

8,062間
整建
廁所

62,298間

32座
圖書館

1,170座
綜合
球場

856座
活動
中心

4,019座

改善飲用水
586校

學校
運動場

1,993座

興辦營養午餐
3,248校

宋楚瑜任內為臺灣省教育所奠下各類基礎設施。

1 │ 1993年6月29日，宋楚瑜與行政院院長連戰、教育部部長郭為藩、臺北市市長黃大洲出席全國國中校長會議。

2 │ 1993年9月18日，宋楚瑜出席臺灣區公私立高中校長會議，和教育部部長郭為藩（右一）及省教育廳廳長陳英豪（左二）交換意見。

3 │ 宋楚瑜於1980年8月6日受邀至臺中成功嶺向受訓大專學生演講，題目是〈龍的傳人：有爭氣的國民，才有爭氣的國家〉。這是他生平第一次大型公開演說，以非軍職身分擔任演講人，時年38歲就有機會面對「千軍萬馬」，亦是難得的殊榮，此次演講內容引起國內外廣泛正面迴響。

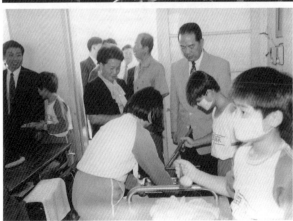

1│宋楚瑜主持兒童少年保護主管人員研習會，右為伊慶春省政委員。

2│1995年12月18日，宋楚瑜主持臺灣省設立兒童少年保護熱線中心專線啟用典禮。左起警務處處長陳璧、副省長吳容明、周聯華牧師及省政委員伊慶春（右三）、教育廳廳長陳英豪（右二）和社會處處長唐啟明（右一）。

3│省教育廳輔導國中小3,248所學校開辦營養午餐；圖為宋楚瑜親自訪視，和省議員黃秀孟關心臺南縣學童午餐情形。

4 | 1995年12月30日，宋楚瑜訪宜蘭
縣參觀電子資訊化教學，教育廳
廳長陳英豪、縣長游錫堃陪同。

5-6 | 宋楚瑜強調：「教育資源不能
被壟斷，知識才不會被壟斷，窮
人家子弟才能出頭天。」同時呼
籲：「儘量做到資源公平分配，
設法幫助偏遠地區與弱勢族群，
撒下公平的種子，才能孕育公
平的社會，這才是有希望的社
會。」

7 | 宋楚瑜、新竹縣縣長林光華和地
方人士及學童們合影。

4
5   6
7

1-2｜宋楚瑜呼籲青年學子「提升
　　專業，更須敬業」，厚植勤
　　勞、刻苦、節儉、認真和負責
　　任等傳統價值。

3-4｜宋楚瑜堅信政府最應投資的
　　事業就是教育，最應做到公平
　　的事業也是教育。

5｜1998年11月5日，宋楚瑜與澎
　　湖中正國小學童合影。

5 | 宋楚瑜深刻記得新加坡總理李光耀（左）向他說，新加坡十分羨慕臺灣有高水準的技職教育，能訓練培養出高水準的勞工。

6 | 陳萬水於2012年7月27日病逝，李光耀即於2012年7月30日致函宋楚瑜，表達哀悼與慰問之意。

7-8 | 每年教師節前一晚，宋楚瑜入住臺南市，清晨五點前到「全臺首學」孔廟主持祭孔大典；下午或晚上和教育界共聚一堂，表揚優良老師，一同宏揚尊師重道。上圖為1993年9月28日，下圖為1997年9月28日。

9 | 前人渡海來臺延續幾百年來的美德是寶貴資產，是新世代年輕人不能丟掉的本錢。圖為宋楚瑜在苗栗縣卓蘭主持昭忠廟秋祭，這裡是中法戰爭時湘軍陣亡將士埋骨之所，右一為苗栗縣縣長何智輝，右四是國民黨臺灣省黨部主委鍾榮吉。

1 | 1995年12月8日，宋省長訪問成功大學及知名作家蘇雪林教授，由吳京校長陪同。

2 | 宋楚瑜與國寶級布袋戲大師黃海岱（左）、李天祿。

3 | 1998年6月，宋楚瑜與布袋戲大師黃海岱一起參加活動，並在大師面前即興演出素還真的橋段，逗得大家哈哈笑。

4 | 1998年9月21日，與畫家張杰、省文化處處長洪孟啟合影。

第 6 章

施政要成全大我，也兼顧小我

本章要說的是「陳年積案」及其解決之道！

這是政府如何立即回應民眾的問題；遇到民眾有問題且有理，政府單位就要協助解決，若能做到有反應（responsive），就不致產生或積累一些「陳年積案」。

這也是政府不能迴避民眾權益的課題，對於過去有違公平正義之事應勇於面對，對於過去「陳年積案」應予以清除，做到對弱勢者不虧不欠。

「陳年積案」簡單說就是和民眾有關的事情，經一再反映卻遲遲得不到解決；可能是小事，但也可能大到如土地問題被擱著不理，甚至背後還隱藏著「更大問題」，那麼施政既要成全大我，是不是同時也要「兼顧小我」？

解決「我的問題」，不是「光做你想做的」！

宋楚瑜這樣下定義：民眾想要政府做的，和政府要為民眾做的，有時並不相同，甚至截然相左，這就形成陳年積案。

宋楚瑜舉例如是說：「我住的地方老是淹水或路不好，政府卻大做公園造景或放煙火，這不對頭啊！」

他以這句英文「What can I do for you？」再做說明，此句意思是「我能為你做什麼？」亦即政府能幫忙你解決什麼問題，抑或你有什麼問題提出來，我身為政府人員就幫你解決。

他說大白話：「我要橘子與番石榴，你就給我橘子與番石榴，不要硬塞蘋果、奇異果給我！」

在行政院新聞中心正廳[1]張掛著昔日經國先生對新聞局局長宋楚瑜指示的一幅聯語：右聯是「**告訴民眾・明瞭政府做些甚麼**」，左聯是「**反映民情・希望政府做些甚麼**」，左聯旁註明「蔣故 總統經國先生」。這即是反映當時經國先生重視民情、輿情，不是要求新聞局單向地宣達政令，把政府的政策做法清清楚楚告訴民眾，還期許政府各單位的政策溝通和媒體界的新聞報導，均能朝「重視民意，反映民情」雙向溝通的方向齊步邁進。

宋楚瑜指出，此則聯語是他擔任行政院新聞局局長時奉經國先生之命擬寫，呈給經國先生同意後製作張掛。宋楚瑜認為，那時不比今日，社群媒體尚未發展，但社會日趨多元開放，政府必須帶頭先行，來與新聞界和普羅大眾遂行無障礙、有來有往的雙向對等溝通，讓政府施政能和民意期許拉近或貼合，而且政府所作所為即是民眾的期許與願望。

照此，民眾若所言有理，那政府得盡力幫忙做到。例如，民眾有淹水之苦，就幫忙到不淹水；民眾交通不便，就幫忙到暢通順利；民眾有土地被不法占去，就當然要為民眾要回土地（詳後）！

從「關注民眾關係」做起，做到兼聽

阿爾蒙與佛巴（G. Almond ＆ S. Verba）等政治發展學者對於政府政策的「消費者」（政策實施的對象）與「使用者」（政策訂定後遵行者），概略區分為一般民眾（general public）與關注民眾（attentive public）兩種類型。前者是指對公共事務不甚了解或無興趣者；後者相對於前者是少數，他們經常關注公共事務動態，並且在個人心中形成意見，進而願意表達出自己的看法與想法，甚至熱心從事政治參與，投入到各類型政治活動。

宋楚瑜認為，「關注民眾」指的就是關心時事與周遭事物（surrounding environment）的人，在政治學或傳播學有所謂意見領袖（opinion leader）或主動閱聽人（active audience），以及公共關係與危機傳播等研究領域的議題公

---

[1] 亦即以前行政院新聞局及自2012年5月改制為行政院發言人辦公室召開記者會時使用的場地。

眾（issue public）等，應都是政府領導者的「諫友」，他們的來函或各種形式意見反映，均須積極回應和主動聯繫。

從實務角度看，宋楚瑜發覺「關注民眾」具有雙重角色：「他們會反映民意，他們也會影響民意。」在宋楚瑜的所學與認知裡，一般人除非真的「有事情」，否則不太會給政府機關或行政首長寫信，因為這會「暴露或表明」自己的個人資料（身分、住家地址或聯繫方式等）。宋楚瑜說：「所以當他主動現身，你（政府領導者）還不好好把握?!」

這可說是宋楚瑜從政多年積累的心得之一：「我們都懂兼聽與偏聽的道理，又要**如何能做好兼聽？其實很簡單，就從經營『關注民眾』關係做起**，就從這基礎之地做起！」

重視民眾來信，「函件小組」運作靈活

不論現在通訊科技如何進展與發達，網站如何更新，社群媒體如何演變，大數據如何撈取資料與快速分析，網路時代裡的紙媒，傳統書寫與郵件往來仍不會消逝，要做具體及精準人事物的交流，依然須經營好此塊園地。

從救國團時代開始，經國先生的辦公室就有一個「函件小組」，宋楚瑜剛回國擔任經國先生祕書時，負責人是楊兆軒祕書。

函件小組非常重要，因為經國先生非常注重和老百姓互動，所以很重視民眾來信；但是民眾來信很多，他不可能全部看過，必須有人按照事情的輕重緩急，先做初步的分類整理。所以函件小組負責人必須了解經國先生要看什麼，哪些要呈，哪些可以交辦下去，即所謂「分稿」。民眾來信內容如果很重要，例如攸關重大民生經濟議題等，函件小組會先做成摘要，把原件放在底下，再呈請經國先生過目；整個工作流程由辦公室主任負責督導。

宋楚瑜到新聞局、文工會、國民黨中央黨部和省政府服務，也依樣畫葫蘆成立函件小組，民眾寫信都有紀錄。例如，省政府時期由辦公室主任夏龍（其後是游長安）負責，臺北縣（現新北市）民眾來信有7,432封，桃園縣4,128封等，全省總計50,131件，而且都有回信，甚至信件來回好幾次，以縣

市分類列管，都有案可查。

宋楚瑜和民眾往來函件一直保留，直到他離開省政府之後，有一年颱風來襲，他住家的地下室淹水，才將這些水漬函件一併清理，運到焚化爐焚燒掉，連同其他書信文稿總計重量有1萬餘公斤。

做有反應的政府，一封來信就解決村裡事情

基隆市信義國小飲料自動販賣機壞了，一位張昊威小朋友直接寫信給省長宋楚瑜。這是件「小事」，卻是小朋友們的「大事」，宋楚瑜接信後要教育廳協助，並且特地回信謝謝他，答應一定很快修好。

臺南縣東山鄉的劉清木寫信給省民服務中心，說村內大庄至凹子腳道路兩旁沒有自來水管裝置，希望省政府幫忙安裝。臺北縣鶯歌鎮葉先生來信提到大湖段205-3的地段，原是山坡農牧用地，卻有人開挖建廠，未做水土保持工程，以致附近的土地每雨必崩，土壤流失，請求查處，恢復原狀。

像這類信函寫到省民服務中心、省政府任何機關，或寫給宋楚瑜本人，絕不會有去無回，而且還立案列管追蹤，寄信人很快會獲得回覆。

臺南縣東山鄉的那封信，立刻經省自來水公司訪查，獲知這條水管路線屬於東山鄉公所，東山鄉公所同意埋設管線用地，但埋設水管的路面恢復，要由省自來水公司負責，水管路線長達1,700公尺，路面修復經費為30萬6,000元。這個案子經由省自來水公司籌措經費，很快讓當地民眾喝到健康的自來水。劉清木只來了一封信，村裡的事情就獲得解決。

鶯歌鎮的反映函，經轉由臺北縣政府派員訪查，果然是擅自開挖整地又自建工廠，違反《水土保持法》。違反《水土保持法》部分依法處理，違法者必須恢復植生覆蓋，本案交由鶯歌鎮公所協助督導，後來確實做好了改善工作。

「省長電子信箱」設立之後，反映的問題無所不包。有些問題還很急，假如一時疏忽，即有可能誤了民眾的生命財產。例如有一位省民高億，透過電子郵件告訴宋楚瑜，嘉義縣梅山鄉（倒交山）瑞峰村的村民，因地震已無

糧可炊，請省長立刻空投糧食，迅速恢復通車道路。這封郵件在當天就獲得回應，糧食當日投送到災區，並在3天內鋪設便道，以利民眾通行。

民眾來函均管理追蹤，也主動向民眾函報

宋楚瑜採取機動式經營管理，拓展與民眾接觸的範圍，也拉近與民眾的距離，一個自然的結果是：民眾來函也多了。

通常民眾給政府官員寫信，如果沒有獲得妥善回應，來信者必然興趣缺缺；對宋楚瑜來說，民眾來函幾乎是「與日俱增」，互動頻繁且數量累增，相當可觀。凡是民眾來函，他都會回信，如有所託或要求情事，不論辦得成或不成，都會有回音。宋楚瑜非常重視這樣的管道，藉此長期與民眾保持聯繫。

當然，這些回函皆由幕僚處理，不過他對內容與案情都有了解，不做虛言，不敷衍了事。他說：「有許多民眾的來函，所反映的都是地方上重要事情，絕不能不了了之，經國先生就很重視民眾來信。」

不只重視回函，在逢年過節時期，宋楚瑜一年三次主動去信，給這些關心地方建設而曾經給他寫信的民眾，表達感謝與賀節之意，並對最近地方建設重要事項現況，按各縣市內的省政建設進展情形，做扼要說明。當民眾接到信函，就很容易清楚自己生活範圍內，有哪些省政府工作在進行及後續相關情形。

留意民情，隨時了解民怨何來

宋楚瑜指出，他剛到省政府時，總統李登輝曾定期經由密件處理，將行政院法務部調查局所做，與省政府施政有關的政（民）情報告，交到宋楚瑜手上；接著，調查局局長吳東明與省政風處處長王廣生每月也送來相關資料，這些都是協助掌握比較機密性質的情資動態。

宋楚瑜對這些情資「另眼相看」，不是視之為「政治思想檢查」的報告，而是做為了解民怨的參考。他先是親閱，接著交給辦公室主任夏龍、游

長安，從中深入查察怨從何來？換句話說，是找「事由」，而不是查「思想」。

當「事由」比較明顯時，省政府相關單位立即有人到現場了解，探求民眾需要政府做何改善；宋楚瑜也隨後就到，實際查訪改善進度及民眾對省政府作為是否滿意。

「民怨應該看作是民眾對政府施政有不滿意的地方，如果政府有心去解除，絕對沒有解不開的怨尤！」宋楚瑜試從這樣角度，使勁將民眾和政府之間「怨尤之根」刨除掉。

又如民怨亦可能事關大家的地方建設，就在鄉里之間成為「談資」（topic of conversation），抑或口耳相傳的笑罵政府。例如，每次選舉時承諾要蓋「什麼橋」，選後即消失得無影無蹤。

因為一再如此，臺灣省有幾座橋被戲稱為「選舉橋」，藉以諷刺「選舉時橋就浮上來，選舉後橋就沉下去」[2]。但宋楚瑜並不逃避，在他任內完成新建重建大小橋梁1,360座，拓寬改善402座；包括臺北縣關渡大橋、桃園縣復興鄉大橋、宜蘭縣泰雅大橋、新竹縣芎林鄉竹林大橋、苗栗縣新東大橋、彰化縣西濱大橋及彰雲大橋、南投縣集鹿大橋、雲林縣竹圍大橋、臺南縣洪水港大橋、高雄縣萬大大橋、花蓮縣玉長大橋、澎湖跨海大橋等都一一建好，滿足民眾要交通暢通的願望，也為山區民眾解決對外農產品輸運問題。

這都是宋楚瑜從經國先生學來「腳踏實地」的作風，不論化解一些個人或大眾對政府的怨懟，甚而轉化原本的民怨成為建設的推動力。因為，宋楚瑜曾不止一次隨侍經國先生到十大建設的每一個工地視察並聽取簡報，更亦步亦趨追隨經國先生走過許多溝通民意的現場。

讓樹頭站得更穩，重視里民大會提案

宋楚瑜到省政府之前，未曾參與過里民大會；到省政府之後，也不可能

---

[2] 連結大金門（金門本島金寧鄉）與小金門（烈嶼鄉）之間的金門大橋，是有名的「選舉浮橋」之一，歷經將近20年爭議，於2022年興建完成。

參與所有的里民大會。至少，落籍南投市中興新村光輝里，成為這「里」里民後，他曾參加這里的里民大會。

他還記得，有一次出席臺中縣太平鄉頭汴村村民大會，會議由村長周賜台主持。至今他仍保存這些資料；當時村民提到的問題不少，諸如老人活動中心、農產品產銷管道改善、溪河攔沙壩加建魚梯、高爾夫球場加強水土保持等。

宋楚瑜指出，臺灣省總計有6,797個村里，也就是有許許多多的村里長、村里幹事，在為民眾辛勤做事。他引用了臺灣一句俗諺：「**樹頭徛予在，毋驚樹尾做風颱（意即樹根若穩固，就不怕被颱風吹倒）**」，說明在地方上有許多的村里長伯熱心腸，真正紮根為鄰里打拚。

以每年舉行一次的村里民大會來說，以往經常為人詬病，認為會而不決，決而不行，開完會後即無下文或相應不理。然而宋楚瑜了解，並非縣市政府不做處理，實在常常是「手頭有限」。

但若因此沒人管這些事，那省民的生活水準就永遠沒辦法提升。一年、兩年，甚至五年、十年過去了，還在原地踏步，民怨自然就出來了，還可能慢慢地演變為陳年積案。

善用年度結餘款，建了大橋再建小橋

「省」和「村里」的層級間距那麼「遠」，這樣一位省長如何符合6,797個村里的需求，去辦理曾經一提再提而無法獲得改善的問題？

宋楚瑜又動了腦筋，也可算他擁有這項「發明權」：「**每年各項或幾個建設經費不一定都會用完，也就是說有些建設項目會有結餘款，這些結餘款積累起來有幾個億元；千萬不要怕麻煩，不能繳庫結算了事……。**」

宋楚瑜再搬出「為政之道，心存百姓，耐煩而已」的道理，推演到這個「節骨點」上面：「**預算用在造大路的結餘款積累下來，再用之於村里的小道路上；預算用在造大橋的結餘款積累下來，再用之於村里的小橋上；預算用在造排水大工程的結餘款積累下來，再用之於村里的小排、小水溝上。**」

如此一來，預算的科目不變，沒有違法或不合規定的問題，只要列出優先順序……。」這些就是省政府能實際改良偏鄉邊邊角角，使許多弱勢地區生活更便利的「眉角」所在。

所謂「列出優先順序」即是省政府負責研考追蹤的經研會所做的事情，要將這些結餘款做到妥善運用，也必須有良善章法。通常每地村里為了爭取建設，村里長都會做好計畫，還要做口頭簡報；省政府經研會人員則分批趕往各地，一方面實地了解情況，一方面檢核申請計畫是否詳實，再回到省政府決定補助與否（參閱本書第17章）。

當時經研會主委夏龍就曾告訴宋省長：「對村里長而言，爭取結餘款以充實地方建設，確是大事一件，關係到村里長的面子與地方建設的裡子，有許多村里長簡報時都穿西裝打領帶，嚴陣以待……。」從這個視角看過去，真是處處生機蓬勃。

後來再由於《省縣自治法》有新規定，各機關處理村里民大會決議案應列入管制追蹤考核。宋楚瑜即請省政府經研會與民政廳彙整，全面清查各縣市1997年村里民大會決議案計7,768件，除1,902件未符立案標準外，其餘納入〈臺灣省改善民眾生活品質設施計畫〉相關分項下辦理。

領導者帶領團隊工作，必須做到言而有信，言行一致，才是合格的政府工作團隊。同時，宋楚瑜與省政府官員都深知經費有限，不能也不會做無謂投資，如果官員告訴他，做這件事無異將錢投到海裡，宋楚瑜就斷然不會做；如果大家決定要做了，絕對講話算話，再多的困難也會排除，達成目標。

宋楚瑜認為政府形象要更新：「政府機關給人各種不同的感覺，一個值得努力的目標是讓民眾覺得有做事，是在幫大家解決問題，而非高高在上、高不可攀的衙門。」

因為他們是弱勢，政府不能漠視

宋楚瑜經常不拘泥形式接觸省民，只是為了溝通、談問題和解決問題，

大致分為兩種類型：

一種類型是關於重大建設，他會約集地方上「相關人物」或「利害關係人」[3]，包括縣市長、鄉鎮市長、相關民意代表及當事人（主要利害關係人）等，任何形式地點都行，也可能在路邊空地擺起圖表就開始進行討論。

另一種是定點座談。到各鄉鎮市公所、農漁會或農田水利會，到民間團體或各地公共場所等。例如，他到鄉鎮市公所，就先通知鄉鎮市長，鄉鎮市民代表、村里長、民眾等自由參與，喝茶或白開水，坐下來聊。

而宋楚瑜到每個地方和民眾面對面或座談，大約有兩種問題：一種是地方建設事項，省政府同仁都知道省長有「民眾的小事就是政府的大事」的處事態度，都會追蹤到民眾滿意為止；另有一種比較棘手的，就是前面提及的「陳年積案」。

大家知道，陳年老酒，好喝；陳年積案，難搞。宋楚瑜不喝酒，幾乎滴酒不沾[4]；宋楚瑜和民眾談事情，難免會談到陳年積案，他雖知道「陳年積案，難搞」，但他碰，而且碰到底！

碰這些陳年積案，就是要為民眾解困，就是要還民眾公道，他說：「因為他們是弱勢，世間總要有公道，政府要主持公道！」

宋楚瑜可能是唯一到過全省每一個鄉鎮市公所，與這麼多地方民眾和政治人物坐下來談問題的首長。這是一種徵詢需求的過程，或稱之為雙向溝通（mutual communication）的互動，地方上有什麼應興應革事項，這些「與談人」最清楚不過。

無論民眾大小事，都會有人記錄，有時宋楚瑜也自己做筆記，但絕不是現場答應；而是帶回來由省政府相關部門研究，可行者即刻找經費辦理，且

---

[3] 利害關係人（stakeholders）的簡單定義是指，任何一個組織機構（政府機構、企業公司等）或社會團體的所作所為，可以影響特定政策，或被特定政策所影響的個人或團體。以政府交通機構施政而言，其利害關係人有用路人、乘客、被開罰單的民眾、私人土地被徵收者、對交通路線或施工品質有期望者、運輸業者、運輸單位工會或媒體（報導與評論）等。

[4] 有一次經國先生在梨山賓館宴請約旦哈山親王，陪客中有林洋港，宋楚瑜也在座。敬酒時林洋港也順帶向宋楚瑜舉杯勸酒，經國先生主動就說「他不會喝酒」，為宋楚瑜解圍。林洋港在臺灣勸酒是有名的，從此宋楚瑜從林洋港那裡取得「免酒令」（詳參《如瑜得水》，頁386）。

無論可做或不做，都知會相關人，不會毫無下文。

願意多做事，與專欄作家朋友大談「民怨」

1994年10月3日，民選省長投票日期僅剩兩個月，從臺北來了一群專欄作家到中興新村拜訪，大多是宋楚瑜的老朋友，他熱心接待也談得愉快，但不談選舉（參閱本書第2章）。

不談選舉，談了什麼？令這些老朋友訝異的，宋楚瑜談了一堆「民怨」，有許多是環繞著土地問題說的。

宋楚瑜在地方行走，民眾要求省政府協助解決問題，有許多與生於斯、長於斯的土地有關。宋楚瑜接觸多了，感觸也深，所以談得特別多。

擔任國民黨中央祕書長時，有一次宋楚瑜隨同總統李登輝，與高雄地區國大代表會談，國代反映政府徵收公共設施用地的民怨問題，當時他心裡先想到的是：「土地不讓政府徵收，莫非要留著炒地皮？」

後來到了臺灣省，觀察的角度不一樣了。他實際深入了解，徵收價格不能反應市場價格，土地問題不斷累積民怨，對經濟民生發展造成阻礙，嚴重性與日俱增。

臺灣省省民普遍對土地有著濃厚情感，普遍存著「有土斯有財」、「安土重遷」的觀念，因而這方面的問題很多，有不少是以前積累留下來的，也有因公共建設實施土地徵收時不斷衍生出來的。

舊的問題包括祖先遺留下來土地尚未辦理繼承、共有土地無法分割、日據時代被日本政府強制徵收無法發還、早期的自耕保留地未辦交換移轉、祭祀公業土地無人管理等，這些問題都是與民眾財產權息息相關，也是省民亟盼政府解決的陳年土地問題。

又如現行土地徵收補償地價偏低，引發土地所有權人激烈不滿，甚至發動街頭抗爭，造成政府大力推動各項公共建設的困境，不僅影響土地取得時程，亦耗費龐大社會資源，形成「建設愈多，民怨愈多」的不正常現象。

解決日據陳年土地積案，放領1萬7千餘筆

　　宋楚瑜就任省主席時，李總統就曾交給他兩本民意訪查彙編的冊子，內容都是地方上的民怨。裡面歸納成一些類別，其中第一大類的陳年積案，大部分都與土地問題有關。例如臺大實驗林場、臺拓地放領、宜蘭縣蘇澳港土地產權、臺中縣示範林場，以及南投縣瑞竹、頂林、大鞍三林業生產合作社承租地、雲林縣經濟農場、嘉義縣赤司農場等。

　　這些積案因過去法令老舊，涉及中央相關法規制度，如果不設法解決，不僅眾多民怨增加政府施政負擔，甚且影響新的建設工作進行；省政府花了極大心力檢討整理，同時向中央反映與請求協助，也多次邀請縣市長及鄉鎮市長，共同尋求解決方案。

　　到任不到3個月，趙昌平、黃鎮岳、黃肇珩三位監察委員就來巡察了。宋楚瑜特別向他們說明，省政府正在積極處理一些早年無法解決的陳年積案，以及想辦法維護人民權益的立場與態度。

　　監察委員來省政府巡察，是監察制度行之有年的重要工作。每個年度監察委員巡察時，宋楚瑜都親自報告，而且都會說明處理陳年積案的情形。後來有一次監察委員在會議上，還曾特別提到省政府施政的民怨比較少，也比以前少。

　　前面提到一些有關土地放領的積案，肇因都是日據時代強行徵收老百姓土地；臺灣光復後，國民政府接收，還是成為公有土地。臺大實驗林及其承租人土地權益糾紛久遠，承租人忿忿不平，他們長年耕作的土地拿不回來，所有權依然在政府手上。有一句話讓宋楚瑜印象深刻：「臺灣光復了，我家的土地還沒有光復！」

　　臺中縣示範林場及南投縣瑞竹、頂林、大鞍三林業生產合作社承租地等也是如此，民眾多少年來一直陳情：「日據時代強行徵收我們祖先的土地，到臺灣光復了，又光復這麼多年了，土地為何還是不放領給我們？」

　　宋楚瑜指示省地政處研究並做專案辦理，在1994年10月3日省政會議議決，只要有相關資料證明日據政府徵收土地，省政府就將土地放領歸還。理

由是：「他們的祖先都在那裡耕作，沒有理由到了這一代，產權還擺在政府手裡。」

此一放領至宋楚瑜卸任，總計核准1萬7,000餘筆，1萬1,600公頃，占公告放領比數的89.8％，公告放領面積的86.4％。

處理蘇澳港土地產權，誰有道理就聽誰的

宜蘭縣蘇澳港土地產權問題，被宋楚瑜形容為一個特殊的「宜蘭經驗」。

蘇澳港背靠中央山脈，是一個商、漁、軍共用港。早年建軍港時，整個村裡的人家都得配合政府要求，搬遷到附近一塊省屬土地上。但當時這樣住下來，卻未辦理土地移轉；他們大多數是漁民，幾世代都住在蘇澳港邊，可是遷住在省屬土地上之後，反而動彈不得，要加蓋不可以，要買賣更不可能，因為他們沒有土地所有權。

宋楚瑜到當地訪視，民眾知道他要來，特地集合起來向省長陳述：「以前家裡人口少，現在增加了，但是公家土地上不能加蓋房子？」這是第一個問題。

第二個問題是，「我們現在不願意住在這裡，想換個地方住，可是產權是省政府的，怎麼可以買賣？」民眾向他說明，「我們之所以住在省有土地上，是因為以前政府要建軍港，要我們搬離原有住地，才遷到這裡來。」

這不用翻閱法條，光用常識來判斷，民眾講得有道理啊！宋楚瑜說：「他們的祖先都住在這裡，沒有理由到了這一代，卻沒了產權。」

這個案子延擱20年以上，應該不是很「陳年」，但繼續不管「擺」下去，就不斷累積民怨；宋楚瑜就請副省長吳容明多次和中央協商，要求地政處與漁業局加緊協助。

後來他再次到訪時，民眾很感激他，蘇澳的鎮民代表們一一向他致謝。他說，該謝謝的對象，應該是吳副省長和地政處、漁業局的同仁，他只不過是省政府的代表人而已。宋楚瑜對蘇澳港邊的這些弱勢再三強調：「**政府和民眾之間的關係，不是對立的關係，是講道理的關係；政府和民眾都要講道**

理，誰有道理，就聽誰的。」

省主席主持公道，直接面對塭仔圳土地徵收

在他投入省長選舉後很久，由於競選活動遲遲未展開，李總統和中央黨部輔選人員都急了，要他趕快召集地方上的輔選幹部懇請助選。

好不容易第一次約好臺北縣地方人士見面，時間是下午5:00，但宋楚瑜想白天還有別的事可以先做，就到新莊、三重、泰山這一帶訪視。

因為時間有限，他本來講好只和鄉鎮市長及代表會主席見面，但是到了新莊一下車，看到的陣仗不是這樣。有上千位民眾因臺北地區三期防洪計畫，就是塭仔圳土地徵收問題，拿著白布條來陳情：「救救我們，請主席主持公道。」

宋楚瑜過去跟他們握手，請他們有事情到裡面好好談，不要勞動警察。民眾看省主席願意談，就派了幾個代表，先在樓上禮堂等候。他先與新莊市市長及一些地方人士談完建設問題之後，再與他們見面。

新莊民眾提了兩件事情，一是反對區段徵收，另一件是維護合法住戶權益。宋楚瑜問陳情民眾，難道政府還會去保護非法住戶的權益？

他們急著說：「我們祖先住在這裡有好幾代，我們蓋房子在前，政府規劃疏洪道在後，不給我們合理補償，叫我們住到哪裡去？」

在宋楚瑜及省政府團隊努力下，塭仔圳洲後村辦理整村遷建，搬遷到新社區安居，居民訴求獲得迅速回應與妥善處理。宋楚瑜的為政之道就是兩點：一是「心存百姓」，二是「耐煩」。水患問題要處理，防洪計畫要施作，但人民的權益不能不顧及，兩者不可偏廢。讀者若有空到新莊看看被安置的這些搬遷戶社區，就可以了解當年省政府的確是說到做到。

聽取大雅老榮民哭訴，豈忍補償費不足換購房子

又有一次，宋楚瑜到臺中縣大雅鄉，本來談得好好的，突然有位老榮民

當場哭起來：「主席，也讓我講講話嘛！」宋楚瑜說：「好，你講。」

老榮民說：「政府要開闢馬路，就這麼畫出一條路，要拆掉我的兩棟房子，這是我用一生積蓄規規矩矩合法買的！政府進行都市計畫，規劃修建一條路，非得拆我的房子，補償費又不足以讓我換購，去買另一間公寓，我這一家老少要住到哪裡去啊！」

老榮民愈說愈傷心，哭得更大聲，宋楚瑜當時這麼想：「我也不能跟他說，以前老人家不都教我們，要犧牲小我，成全大我，這話我能講？他說的也沒錯，為什麼不拆別人的房子，偏偏要拆到他的房子。」

像這類的問題不勝枚舉，除了大臺北防洪工程、臺中都會區大里溪整治工程外，苗栗縣鯉魚潭水庫工程、嘉義縣仁義潭水庫工程等，都曾引起很大的抗爭。這是現代建設中一定會遇到的問題，尤其臺灣的土地相對於其他生產性資源顯得稀少，再明理的民眾也不甘心，百般不願意被徵收土地。

宋楚瑜對政府徵收土地，說了一個人性弔詭：「政府開路開到愈接近自家門口，人人都舉雙手歡迎；萬一開路得從我家土地開過去，又以低價徵收時，任誰都抵死不從。」

「我就事論事講一句話，國民黨幾十年來做了許多建設，建設愈多，民怨愈多。」宋楚瑜始終記得一位善於講理的民進黨省議員，這樣質詢：「因為建設，就要拆房子，一拆房子，補償費不足，不足以讓民眾再買得起一間公寓，便會造成累世的民怨。這一代恨你，下一代也恨你。」

以上這段話，後來宋楚瑜在國民黨中常會提出改革方案時就曾加以引用。

倘若不處理好土地徵收問題，民怨如影隨形

宋楚瑜做事的方法一向追溯源起，是從政策源頭做起；要對症下藥，得先準確把脈（feel the pulse）。

以往土地徵收主要基於《行政法》上「特別犧牲」的理論，被認為是國家的單方權力行為，不需問原土地權利人的意思如何。

除了少數工業用地或科學工業園區用地，是以市價或一般買賣價格協議

補償外，其餘的土地徵收補償，最高係以公告現值加4成計算。被徵收人實際所能領受的土地補償金，與一般私人土地買賣價格差距甚大，不足以購回同等品質、同等面積與同等利用價值的土地，肇致人民不滿。

政府推動公共工程建設的困難愈來愈多，一方面得面對抗爭與民怨，另一方面依據調查研究顯示，臺灣地區土地地價約5到7年即上漲一倍，公共工程建設所需用地費用占總經費的比例，也有愈來愈高的趨勢。

例如，北部二高（第二高速公路）建設計畫，工程費為1,076億元，用地費578億元。臺北都會區快速道路系統屬臺灣省部分，全長約63公里，總經費為907億元，用地費為450億餘元；其中部分路段，像板橋大漢溪南側環河快速道路，工程費只有4億餘元，用地費高達25億元；特二號道路大漢溪經浮洲橋至土城交流道，工程費56億餘元，用地費高達105億餘元；浮洲橋至中和交流道，工程費4億餘元，用地費36億餘元。

宋楚瑜初到省政府服務時就發現，大部分的陳年積案竟都和土地徵收有關，更令他感到為難的，幾乎土地徵收所產生的抗爭，必將與他想要進行的建設如影隨形；一言以蔽之，馬路開到哪裡，民怨就跟到哪裡。他深刻感受到，如果沒有處理好土地徵收的問題，就算省政府做了許多為民謀福利的好事，也會被一筆勾銷，無法得到民眾肯定。

揭櫫公共建設用地新理念，訂頒土地6項省法規

1996年11月20日，宋楚瑜以臺灣省省長身分在執政的國民黨中央常會提出〈現階段公共政策的困難與解決——公共建設用地取得問題與對策〉的報告，希望藉由這篇報告能使黨內相關決策者重新思考土地政策。

他在此一報告裡，揭櫫公共工程建設摒除以往「犧牲小我，成全大我」的觀念，改採「既不犧牲小我，又能成全大我」的原則，當時引起新聞界重視及民眾極大的迴響。

倘若一塊土地公告地價每坪是2萬元，但是土地現值（交易價值）是每坪5萬元，那在徵收土地時，這每坪3萬元的差價，就造成原地主倍數損失，擁

有坪數愈多，損失程度則愈大。因而，當宋楚瑜在中常會提出相關政策性的建議，不啻是對國民黨過去幾十年來土地政策的「檢討」，亦是促成政府徵收私人土地在補償費用上不合理的「修正」。

宋楚瑜指出，私有土地所有權雖非絕對無上的權利，但政府的土地徵收不給予相對合理的補償與救濟，不應再被視為「正當的國權侵害行為」。

他建議中央檢討《土地徵收條例》，改以正常買賣價格（交易價值）作為地價補償標準，建立申訴制度，使民眾獲得實質補償，藉以消除民怨。

同時，更切題的，他提議以市地重劃、區段徵收或以地易地等地政手段取得公共建設用地；考慮以水地重劃方式，解決河川整治用地取得問題；研究以設定地上權、地役權、建築容積移轉或給付使用償金等多元化方式取得「使用權」，替代「所有權」的做法，減少徵收土地面積，撙節經費支出。

在宋楚瑜向中央常會提出報告前後，省地政處陸續就土地政策、農地政策向中央提出修法建議，且研修不合時宜法令，訂頒了6項省法規，再為其餘的陳年積案及各項公共工程建設所引起抗爭等問題解套。

這影響未來發展的6項重要法規是：《臺灣省土地徵收核發獎勵金、補助金及救濟金要點》（1996年3月7日頒布實施）、《臺灣省耕地租約登記辦法》（1996年8月13日修訂實施）、《臺灣省農村社區更新土地重劃實施辦法》（1998年4月2日頒布實施）、《臺灣省祭祀公業土地清理辦法》（1998年4月20日頒布實施）、《臺灣省區段徵收實施辦法》（1998年5月27日頒布實施）及《臺灣省各縣市共有自耕保留地清理辦法》（1998年7月10日頒布實施）。

減少私有土地徵收，交通運輸工程立體化

宋楚瑜加以補充，雖然補償措施逐漸有所改善，但為避免公共工程徵收土地仍可能造成民怨，省政府推動建設時就應考慮儘量減少土地徵收。但事實上也不可能完全不去徵收私有土地，這又要如何處理？

「鋼筋、水泥與砂石等建設費用都是小零頭，徵收土地才是大錢！」宋

楚瑜區分得十分清楚：「土地是稀有財，只會不斷上漲，那就不要花大錢在土地取得上，寧可在堤防上面或沿著堤防邊，將道路或建設做寬大一點。」

因此，省政府因地制宜採以市地重劃、區段徵收、農地重劃等地政方法辦理公共建設外，再濟以工程設計方式，整合各種交通建設與大眾運輸結構。除堤防與道路共構之外，另以公路客運、捷運與鐵路等車站設計在同棟大廈不同樓層，以利使用地取得更具彈性與選擇性。

本書亦舉有實例，例如新竹市東大路立體交叉工程（參閱本書第7章）是跨越臺鐵縱貫線，以共構或立體化加以解決；彰化市彰安國中及宜蘭十一股溪地下排水工程（參閱本書第13章）是不在土地上做規劃，改由地下挖出水道，以及臺北縣新店往臺北市環河快速道路工程（如今這樣的道路建設方式已經處處可見），是利用河川堤防作為都市外環穿越道路。

宋楚瑜特別重視市地重劃、區段徵收等自償性土地開發的地政手段，可以讓政府無償取得公共設施用地，解決徵收民眾私有土地問題，協助政府推動重大建設計畫，達成政府與人民「雙贏」，不但促進地方繁榮發展，地主也可以領回一定比例土地，於公於私皆蒙其利。

以南投縣頭前厝市地重劃等26區來說，合計辦理面積達1,105公頃，提供可建築用地面積695公頃，政府無償取得公共建設用地面積410公頃，節省用地徵購及建設費用538億餘元。

區段徵收可以臺中縣烏日河川浮覆新生地為例，面積20.65公頃，提供可建築用地面積9.32公頃，政府無償取得公共設施用地面積11.33公頃，節省用地徵購及建設費用約8億餘元。

排除投資障礙，放鬆臺灣經濟發展負擔

無論工業區的開發、公共設施的闢建、新市區的規劃或舊社區的更新，樣樣脫離不了土地，因而建立合理活絡的土地管理制度，亦是宋楚瑜主持省政工作的一項重點任務。

宋楚瑜指出政府推動經濟投資，難免碰到一種情形，也就是民眾歡迎科

技工業區，反對一般汙染性工業區，結果造成政府勘選工業區時呈現兩極化的反應。

宋楚瑜這麼說：「受歡迎的科技工業區，各地方爭取無法擺平；受排斥的汙染性工業區，則歷經千辛萬苦，也不一定有著落開發。」這固然是由於過去少部分企業未重視汙染防治結果，卻也造成周圍地區居民談工業設廠而色變，圍廠索賠情事層出不窮。

另方面，也由於國內中小企業面臨轉型期，而公共基礎建設又形不足，因此新開發工業區均面臨水電供應不足、環保抗爭、都市計畫作業耗費時間等不同困難。還有，建築、營造及製造業更普遍存在勞力不足、工資成本上漲等問題，均成為經濟投資瓶頸的理由。以往宜蘭縣排斥六輕、彰化縣鹿港排斥杜邦及臺中港排斥拜耳化工廠，均為顯例。

宋楚瑜認為：「未來臺灣經濟是否能轉趨樂觀，外在的國際經濟、兩岸關係固然重要，也取決於國內投資障礙能否順利排除，以及整體規劃的公共建設能否確實執行？而這些關鍵問題之所以難解，離不開土地問題，有待地政人才積極投入。」

與土地問題正面對決，找到人才做對的事

真是白頭宮女話當年，歸根究柢還是要找到人才。

省政府原有一批地政專業人才，如副省長吳容明、地政處處長許松等，都是從省地政處培育出來的。

吳容明是政治大學法學博士，土地行政高考優等及格，從臺北市政府地政處副處長轉任臺灣省政府，歷任省地政處副處長、省政府副祕書長、地政處處長三職。

起初宋楚瑜與吳容明並不熟識，宋楚瑜初到省政府只與吳容明重疊不到1個月，考試院院長邱創煥網羅吳容明到考試院擔任祕書長，兩人擦肩而過。

宋楚瑜時時留心人才，從省政府同仁口碑中了解，吳容明對地政事務專精嫻熟，尤具綜理規劃能力。當宋楚瑜當選省長後，即力邀吳容明回省政府

接任常務副省長一職，並在林豐正轉任內政部部長後，又委以政務副省長重任，倚為左右手，甚是器重。

吳容明在各種省政工作及土地問題上竭思盡慮，善謀方法對策，宋楚瑜用人唯才，信任人才，借重人才的專業與膽識，彌補了自己的不足，這是宋楚瑜主政期間省政工作得以大開大闔的原因之一，由此亦可略窺宋楚瑜有心消弭民怨、落實照顧省民。

勿使民怨變成「代代埋怨」，要轉化為「民間資源」

世界上每一個政府結構不一，不可能對民眾做到事事照顧，但總不能不做或做不到，又講不出道理，如此紋風不動，甚或相應不理，那就非常不該了。

民眾有時不滿，可能就會批評幾句，這只是隨口「抱怨」而已。可是民眾的權益受損了，累積多了，這就形成「民怨」。但如果政府及時挽回，方法也得當，「民怨」或許能轉化為「民間資源」；否則曠日費時之後，「民怨」變成「代代民怨」，即可能造就「陳年積案」。

政府施政可務實亦可務虛，可做實際亦可做浮誇，區別已在本章前頭點出：「民眾要橘子與番石榴，就給橘子與番石榴，不要硬塞蘋果、奇異果，不要只會放煙火！」

「與其盡做取悅老百姓之事，不如解決民怨與陳年積案，讓人有感，有立竿見影之效，很快就有回應！」宋楚瑜誠懇相告政府領導者：「因為老百姓想要的，都不是一時想的，都是想很久了！能夠做好它，就是功德，真是身在公門好修行。」

宋楚瑜強調，如果公共工程樣樣都用以前徵收土地的方法，政府財力無法負擔，對於土地被徵收的人民而言，也是不情不願或無可奈何之事。政府領導者及公務人員都應想想：「民主政治，天大，地大，百姓最大」，如何從中走出一條「既不犧牲小我，又能成全大我」及「成全大我，照顧小我」的可行之道。

1 | 蘇澳港土地產權問題被宋楚瑜形容
為特殊的「宜蘭經驗」。他說：
「他們的祖先都住在這裡，沒有理
由到了這一代，卻沒了產權。」他
和副省長吳容明為這些漁民和民
眾，解決了這個陳年積案；圖為宋
楚瑜和蘇澳鎮鎮長林棋山（宋楚瑜
的右邊）實地訪視。

2-3 | 「省」和「村里」的層級間距那
麼「遠」，省長施政還是想辦法符
合全省6,797個村里的需求，方法
在於：預算用在造大路、大橋及排
水大工程的結餘款積累下來，再用
之於村里的小道路、小橋及小排、
小水溝上。

4 | 此幅聯語是宋楚瑜擔任行政院新聞局局長時奉經國先生之命擬寫，呈給經國先生同意後製作張掛於行政院新聞中心正廳（迄今仍在），以期政府施政能朝「重視民意，反映民情」雙向溝通的方向齊步邁進。

5 | 1994年10月3日，專欄作者協會理事長吳延環（中）和《經濟日報》副董事長楊選堂（右二，筆名楊子）等作家到訪中興新村，宋楚瑜親自接待；時值第一屆省長選舉前兩個月，宋楚瑜不拉票，不談選舉，卻大談如何消弭民怨。

6 | 趙昌平（左一）、黃鎮岳（左二）、黃肇珩三位監察委員巡察省政府，宋楚瑜親自說明處理陳年積案情形；右為財政廳廳長賴英照。

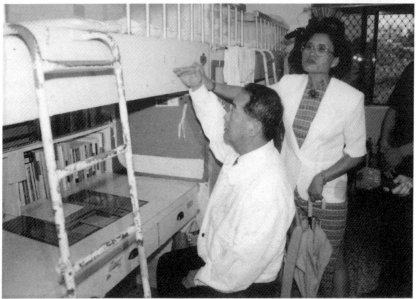

1-2｜對於資源相對較為不足的花蓮，宋楚瑜不忘承諾，以花蓮市為例，任內頻頻造訪達50次之多，這是1995年9月20日，親自訪視花蓮女中及學生宿舍，並親自體驗學生的書桌椅高度，與床榻的距離是否合宜，細心關懷備至；下圖右為校長田正美。

第 7 章

交通為社會發展之鑰

　　宋楚瑜認為，「交通為縮短城鄉差距與社會發展之鑰」；基本概念是，交通促進農工商發展，不但要貨暢其流，尤須協助弱勢「掙錢」；**農民沒有路，再好再多的農畜產品出不去**，更不用說臺灣大多數是中小企業，勞工和企業主對便捷快速需求甚殷。

　　構思地方建設的整體發展，宋楚瑜心裡頭有兩位「老師傅」，一是國父孫中山先生所撰《實業計畫》的藍圖[1]，還有經國先生實現臺灣十大建設的精神；十大建設中幾乎一半與交通有關。

　　宋楚瑜在省政府任內，經常引用國父發展交通與經國先生縮短城鄉差距的概念，透過系統化，將地方基礎建設像織布一樣，一針一線的縫合起來。

　　宋楚瑜將所有的重大交通建設加以連結，包括**防汛道路與產業道路要和鄉道連接，鄉道要和縣道連接，縣道要和省道連接，省道要和快速道路、國道（高速公路）連接起來**；同時更進一步將這些省道都給予系統化編號，與中央和縣連成一氣。除了聯繫南北的省道幹線全面拓寬，在他的任內開始興建12條東西向快速道路並陸續完成，這些都是改善城鄉生活差距，充實地方經濟的必要工作。

　　這是臺灣四百年歷史中，在交通建設繼劉銘傳、經國先生之後，值得翻閱的一頁。

---

[1] 孫中山先生於1919年所發表的《實業計畫》，原本是以英文撰寫，書名為 *The International Development of China*《國際共同開發中國實業計畫書》。孫中山先生認為，發展交通是開採礦藏與落實工業化的利器；尤其重要的是修築鐵路與公路、疏濬運河水道、開闢商港等。他擬定十年內修建鐵路16萬公里、「碎石路」160萬公里，以及包括北東南三大港口在內的31個港口。

關廟外環道的線怎麼劃？

　　臺15線在宋楚瑜省長任內全線通車，這是聯絡臺灣省西北部沿海的省道，北起當時的臺北縣淡水鎮的關渡大橋，南至新竹市香山區浸水橋。桃園縣觀音鄉的外環道就在築路時一起做，若是等到路都打通、人口移入後才做，就慢半拍了。

　　當城鎮人口增加，交通問題日益顯現，政府領導人就應及時提早審視都市計畫整體發展的問題，宋楚瑜是那時帶頭重視興建外環道路的先行者：「興建道路或開闢外環道，是為人口增加做先期作業，不是人多了再做。」

　　臺南縣關廟鎮常發生砂石車的肇事問題，受害者多是學生。原因出在業者於高屏溪採了砂石，由卡車載運穿越關廟市區，砂石採得愈頻繁，學生出事率愈高。

　　宋楚瑜急了，為何不趕快建外環，砂石車走外環道路，小朋友與民眾安全保障才會提高。

　　宋楚瑜找了省政府公路局局長和住都局局長到現場，才知被一個「大問題」困住了：外環如何定線？

　　按照政府分工，外環線內屬住都局（處）管，外環線外屬公路局管，這沒「異見」。問題是，這條外環線誰劃了算？必須要劃到兩大單位所有人都沒「意見」。

　　宋楚瑜就站在關廟地界，做了一個動作問：「我站這地方是屬於都市計畫內，還是都市計畫外？」

　　兩位局長一時都答不出。

　　宋楚瑜接著說：「你們答不出來，我也答不出來！但我知道，**老百姓才不管都市計畫內或外，他們只要今後不再有人因車禍而有傷亡！**」

　　回到省政會議上，宋楚瑜當著所有廳處局長宣示：「事情沒做好，老百姓會感覺出來。他們不會說住都局（處）或公路局沒做好，他們也不會計較住都局或公路局局長是誰，只會說省主席沒做好！只會說省政府沒做

事！」

「**誰有時間、精神管你政府內部如何分工，老百姓只想要政府幫忙解決身邊的問題。**」宋楚瑜定調。

從此以後，省政府變樣了，團隊精神出來了：「只有搶著做事，沒有推諉塞責」。臺灣省政府的隊伍整齊了，「省政府團隊」叫得出名號了。

此前，從未有過「政府」和「團隊」連名在一起的，「省政府團隊」是第一個。大家也開始知道，「政府」和「團隊」可以連名一起，才更有力量為民眾做事。

為省公路建設付出三大努力

宋楚瑜跑遍全省，但花在離島、落後地區的時間，要比其他地方多出許多倍，不是沒有原因。

鄉間道路無法立即通向財富，可是卻向便利與公平邁進一步。當一個計畫敲定要付諸實行，當羊腸小徑、泥濘道路，一變為筆直行道時，他比誰都高興，都激動。

「你走到臺灣的道路上面，就感受得出來，有太多的事情，不是在冷氣房內，隨便拿個紅鉛筆、藍鉛筆，在那邊劃來劃去的。」宋楚瑜指著他手上的臺灣地圖說。

很多地方鄉親由於感到省政府「有在做事」，碰到宋楚瑜時，自然的脫口恭維，說很多道路都是他做的，宋楚瑜則說：「不是我做的，我只是認真的去推動、去督導、去促成而已。功勞和苦勞都是公路局等單位同仁的！」

當時省政府機關首長隨時可能接到「省長來電」，前後幾位的交通主管鍾正行、陳世坉、陳武正、梁樾[2]等人常是「受話人」，更是感受尤深；他們

---

[2] 梁樾也是眷村子弟，中正理工學院畢業，獲有美國普渡大學學位，曾任少將兵工署署長等職，但宋、梁兩人原不認識，因梁在榮工處的專業表現而受到重用。

經常「接聽」省長最新的「路況報告」，哪條路有坑洞不平，哪個路牌不清楚或又歪了。

宋楚瑜經常走高速公路，有時還刻意專駛省道、縣道和鄉道來回。他就常設想自己是駕駛人，看有什麼需要改進的、要加強的。

經過他的「挑剔」而改善的問題還真不少。例如，臺中縣大肚交流道的路標字體太小，不容易看清楚，非迷路不可；接著是往省政府所在地中興新村方向，1、2公里間要連續變換四次車道，路牌不清，迷路事小，最怕是出車禍。

簡單的說，在省主席和省長將近六年任期內，宋楚瑜和兩位公路局局長陳世圮、梁樾為省公路「做」了三件事：（一）從道路使用者（用路人）的角度來看問題；（二）公路系統化；（三）拉近城鄉差距。

道路的興建就是要供大眾使用，如何方便社會大眾、用路人，是省政府的著眼點。不是從工程師的角度，或是管理者的角度來看問題，而是從使用者的角度看問題。因此，對於號誌、路標、路牌及監理相關業務的改進等，都有了全面的突破性進展。

可以這麼說，國道除外，現在大家都已熟悉使用的現代化行車道路系統與指示辨識路標，都是宋省長要求省政府交通部門建立的，以前臺灣沒有這些東西。

從拉近城鄉差距來看，宋楚瑜為了幾條道路，曾和中央有不同的意見。一是臺3線，希望中央給多一點補助，早一點把苗栗段拓寬；另一條是臺東的臺9線及臺11線沿海道路拓寬，因為東部地區沒有國道，如果中央再多補助一些，就可將省道提升具有國道的使用價值。

所有重要的省道，包括臺1線、臺3線、臺9線、臺11線，以及西部沿海的臺17線、臺19線，以至臺61線西濱快速道路，與沿著臺15線一直到臺北縣八里鎮，這些重要交通道路都做了非常大幅度的拓寬。

以臺1線來講，從北到屏東楓港全面拓寬，銜接通往臺灣最南端及東部的臺26線，直達鵝鑾鼻、佳樂水，全線都拓寬成四線，甚至有些地方還更寬。臺3線在臺南縣地區，特別是楠西、玉井等路段，做了最大的努力，由過去要

花1-2小時到達的，現在少至20分鐘以內大都可以到達。

引進美國公路管理系統開啟新頁

以前沒有，現在臺灣各地大小公路上處處都架設清晰的編號指示路牌；以前沒有，現在政府交通單位編印的公路行車指南地圖，以及加油站普設廁所等便民措施，都是宋楚瑜在省政府任內啟動完成的。

這些構想來自於宋楚瑜在美國留學時的駕車經驗，它的實現對民眾「行的方便」助益甚大。在那個沒有汽車導航的年代，宋楚瑜加入美國汽車協會（American Automobile Association, 簡稱AAA）免費取得勾選後確認的地圖，按圖找路，想到哪兒就開到哪兒，美東、美西、美中、美南、美北都開過。他曾和太太陳萬水自駕走遍美國本土的49州，後來擔任省長時期又和陳萬水駛過夏威夷州，也完成駕車遊歷美國50州的紀錄。

宋楚瑜喜歡開車馳騁，要的不是超速的快感，而是「一兼二顧」，邊開車邊旅遊，盡情於湖光山色之間，暫時拋開身邊繁忙事務。若是時間允許，他們夫婦會開車旅行，有時也與幾個朋友一起開車出遊。

在服兵役時，憲兵預官少尉宋楚瑜已有駕駛執照，連隊部每月提領米糧，就駕著3/4噸中型吉普當義務駕駛。他還會開卡車，開過向美國搬家公司U-Haul租的中型運貨車，往返紐約與華府幫忙朋友搬家，當時《聯合報》駐華盛頓記者、後來擔任中央通訊社社長的施克敏就曾經被幫忙過。陳萬水於1967年12月在柏克萊的Berkeley Adult School接受為期12週駕駛訓練，1968年4月正式取得駕照。

宋楚瑜和陳萬水於1966年12月26日在美國結婚組建家庭，兩人於1968年7月搭乘留美學生第一次組團租用包機回臺月餘，將長子宋鎮遠交給爺爺和奶奶，再搭乘包機回到美國繼續學業（詳參《如瑜得水》，頁90-91）。

返回美國後，緊接著在8月24日，兩人展開一趟難得的橫跨美國之旅。開著結婚後買的二手福斯金龜車，宋楚瑜載著陳萬水，將書籍、電視機等財產家當放在後座與車頭的小車廂，從舊金山出發，一連開了12天，總計5,000多

英里行程，9月4日抵達華府，算是兩人遲來的蜜月旅行[3]。

這趟兩人自駕之旅，就按圖找路，沿途經過洛杉磯、拉斯維加斯（Las Vegas）、胡佛水壩（Hoover Dam）、大峽谷（Grand Canyon），再北上穿越猶他州（Utah）、鹽湖城（Salt Lake City）、大提頓國家公園（Grand Teton National Park）、黃石國家公園（Yellowstone National Park）、矗立美國四大總統（華盛頓、傑弗遜、老羅斯福和林肯）巨石雕像的若虛莫山（Mt. Rushmore，俗稱美國總統山）等風景名勝，再由芝加哥開抵華府。

宋楚瑜說，「美國50個州，我都曾開車走遍，而且都是跟陳萬水在一起。從舊金山開到華盛頓，從西雅圖開到加州，又從舊金山開到聖地牙哥（San Diego），還開到墨西哥的邊境。從華盛頓開車到西礁島（Key West，佛羅里達州最南端），從華盛頓開到紐約，從波士頓開到緬因州（Maine），從阿拉巴馬州的摩比港市（Mobile）經過當時世界最長的橋——美國路易斯安那州的龐恰特雷恩湖堤道（Lake Pontchartrain Causeway）到紐奧良（New Orleans），真是任我遊，都沒有迷路。」

開始建立用路人習慣：按編號走，單號南北，雙號東西

也因為過去在美國看地圖駕車的經驗令他印象深刻，宋楚瑜就任省主席後立即督促省交通處、公路局去做，以1年8個月時間完成臺灣公路網絡標誌化與系統化，並印製方便攜帶的全省公路路線摺頁地圖，提供民眾索取。

---

[3] 到風景區和人多的市集，由宋楚瑜開車，累了還要趕路就由陳萬水接班；吃得隨意簡單，一餐少則2美元、最多一次是在黃石公園7美元；住便宜的汽車旅館，每夜多則10幾美元，少則5美元；當時油價便宜，每加侖0.25美元，12天下來油錢總共花了不到100美元。每到一處，陳萬水總要記錄花費，最後還列表整理跑過哪些路線、各類花費為何，其中一項最貴的是車子修理70餘美元，加油站的工人硬說避震器要更換，它不過是有點小毛病，但出門在外又處於荒郊野外，只好被highway robber硬敲竹槓。陳萬水親作的旅行日誌，就像她父親所作的航海日誌，有感言、有大事紀、有財務支出、有旅程、有油料記載，不一而足，由此可見這對夫妻的恩愛和節省。宋楚瑜在若虛莫山照相取景時，刻意讓陳萬水的頭部入鏡在四位總統人頭像之後，這時他心裡浮現的念頭，就是後來他在選舉時常掛在口中，說人民呼喚的不是只叫「總統好」，而是心中期盼「好總統」。因為只有好的領導，才能留下永恆嘉惠人民的制度。這四位美國總統的理念對宋楚瑜的影響甚大，這也是為什麼他倆不辭千里，也要彎過來一睹的理由。

宋楚瑜要省交通處和公路局做道路編號命名時，有三項特別提醒：

第一、**不要以「管鐵路」的方法來「管公路」，而是要以數字符號取代文字**，方便駕駛人瞬間判斷。火車行駛在鐵軌上，沒有猶疑或取捨的問題，例如京張鐵路是「北京到張家口」（1909年通車，第一條由中國人自行設計建造的鐵路），取兩地之名而「合成」，便利乘客方向辨識。但是，你若第一次開上臺北陽金公路（陽明山到金山），可能要花腦筋，因為一時弄不清楚方向。

第二、**讓用路人養成一個習慣，單數號碼是南北縱向，雙數號碼是東西橫向**，現在對在臺灣的駕駛人，這已是「不必說」的普通常識。「這才有方向感，不至於開到迷途，我在美國開車時頗為受用。」宋楚瑜強調自己是「常常親身經歷且深刻感受的用路人」，因而才「敢」對自己所轄機關，做出有關專業的「指示」。

第三、**要具有「預警」或「提前指示」功能**，告知用路人「你的目的地快到了」。這先從東西向快速公路做起，再推廣到省道、縣道等，使用路人早點獲知即將改變方向或減速的資訊，以免錯過出口。

1994年11月，臺灣省首次印製《公路行車指南》，宋楚瑜以省主席的身分，在這份摺頁地圖的序文中寫著：

楚瑜有感於過去遊〔留〕學美國時之駕車經驗，深覺國內用路人資訊系統之不足，因而建議公路局參考美國或其他先進國家模式，重新調整路線編號，改善道路系統指示標誌，並印製精確路網圖，以提高對用路人之服務水準。現在，公路編號業已修訂，指示標誌更新業已完成，今印製精確的公路行車指南，以表達我們對用路人的關懷與服務。祝旅途愉快，一路平安。

在擔任臺灣省省長期間，開闢了不少新的道路，但他不辦傳統慶典式的通車典禮，通車時就由他親自駕車，載著當地的地方首長「首航」，親自驗收道路，確定交通安全無虞後才開放通車。

這是臺灣省首次完成「國道、省道、縣道、鄉道」之間系統化與標誌化的起源，這項創舉帶動臺灣公路全面邁向現代化與科學化管理，李登輝總統就曾經公開讚揚宋省長此為「對臺灣具體貢獻之一」。如今雖普遍使用汽車導航，迷航仍時有所聞，仍需指示路牌與行車指南地圖相輔，而這些省政府「政績」依然亮眼，未曾失去效用。

這裡補述一件事，當初開始推動系統化豎立路標與路牌時，交通部並不同意省政府做法。

宋楚瑜說，交通部認為把臺灣所有道路都標號，那「阿共」登陸後，按號、按圖、按標示摸路，國防安全「全都露」，這豈不是公開「資敵」了！

宋楚瑜還說，剛開始實在「說不通」，臺1線還要分成「兩段」編號。他只好請省公路局局長陳世圯與交通部路政司持續溝通，直到交通部點頭說「通」，全省道路系統化才上路。

「金城武樹」不是在什麼大道，而是產業道路上

臺東縣池上鄉伯朗大道上有一棵茄苳樹，被稱之為「金城武樹」，太有名了。

眾所皆知，那是因為2013年電視上的一支廣告，著名演員金城武在此樹取景而暴紅，從此吸引無數國內外觀光客朝聖。

宋楚瑜看到地方受益，高興之餘也說：「那哪是什麼大道，就是一條產業道路而已！人潮進來了，小路自然也就身價不凡。」

真沒想到，誰知道「伯朗大道」原是宋楚瑜任內所闢產業道路。而且要不是這條頗為寬敞的產業道路鋪上柏油，那一棵就叫茄苳樹的「金城武樹」，到現在可能沒有多少人知道，豈能揚名天下。

因為關係農民與原住民的產業生計，到現在他還念著力行產業道路（投89線），這是全臺最長的鄉道。其實，在1998年9月1日，他向省議會所提任內最後一次施政報告（臺灣省議會第10屆第8次大會），就這麼說：

上個月楚瑜曾到南投縣仁愛鄉力行村訪問，地方反映力行產業道路已改善至馬力觀，但馬力觀至中橫公路有4.2公里路段尚未拓寬，路面仍崎嶇難行，初估經費要3億餘元，才能全線改善到底，楚瑜已立即請省公路局研議改善。

宋楚瑜從美國學成返國追隨經國先生，由於經國先生有意增加宋楚瑜的歷練，方法之一是讓他陪同下鄉了解民情（參閱《蔣經國祕書報告！》，第9章）。宋楚瑜看過經國先生無數次踏在泥濘道路上，與各地及偏遠地區民眾談問題、話家常。當然，他深刻了解自己或民眾踏在泥濘路裡是何滋味！

建設是不斷累積的，經國先生時期沒辦法及時做的，到了宋楚瑜身上有機會就趕緊來做。省政府自1985年起，已經陸續推動既有農路整修計畫。宋楚瑜1993年3月到任後，將這項工作列入臺灣省基層建設計畫項下辦理，5年餘之間共計投資經費121億6,000萬元，完成興建產業道路547公里、改善農路1,700公里、養護及路面處理1,900公里，並完成宜蘭縣等15縣農地重劃區內農路，長度合計1,900公里。

產業道路是方便農產運銷的，農產收成要有平整農路運出去賣，另一是未經編號的村里聚落對外往來道路，以及上述兩類道路的邊溝排水，做好就能照顧農民與偏遠地區居民的收益與生活水平。宋楚瑜說，這包括改善生活環境、農路與地政等問題，他感激民政廳廳長陳進興、農林廳廳長陳武雄、地政處處長許松與公路局局長陳世圮、梁樾等，他們為各地省民盡心盡力。

其實臺灣農產品品質提高之後，不論是內需或外銷，繼之必須講究賣相，早期包裝條件哪有泡棉與紙箱，但路鋪平了，蔬菜水果就不太會擦撞而難看、難賣了！後來宋楚瑜又在臺東鄉下遇見果農，在顛簸石子路上運送釋迦，有些賣不出去得留下自己吃或丟掉，他這位政府領導人說了一句人性話：「**減少農民的損失，就是增加農民的收入。**」這話算是宋楚瑜「神入」（亦即「將心比心」）農民的願想而說出口的，也可以說是「金城武樹」得與世人見面的幕後故事。

其實，只要有心為老百姓做實事，都能讓人感受到；宋楚瑜強調，「這

樣的磁場非常強,百姓在哪裡想得到幫助,你在位置上就要為百姓設想,身在公門好修行。」

1994年底省長競選時,在臺南縣鄉下拜票,人擠人爭相握手之間,一位民眾順勢遞給宋楚瑜一個贊助紅包說:「謝謝您!請您收下。幫我們把農路做得那麼好,我們的收成都增加了。」

宋楚瑜回憶說:「那是一雙務農的手,長繭的,粗粗的。天很冷,卻很溫暖!」

臺1線拓寬,以「菩薩心」感化人心

政府推動任何政策,難免會遇上一些棘手問題,許多情況是「社會效益高,卻民眾接受度低」;例如,以前剛開始推動騎機車戴安全帽、垃圾分類,或都更時談不下來的釘子戶等,都令人頭疼不已。

遇到「說不通」的狀況,使用蠻力通常「行不通」。必須視當時情況與各種社會條件審慎因應,不妨「轉個彎」,或來個「借力使力」。

宋楚瑜在臺1線道拓寬為四線工程(有些路段為六線道)的「觀音託夢」,應可說是為政府公共政策做好與民溝通的成功故事。施政無奇巧,它的竅門要訣仍是立基於從人民需求的角度做整體思考,是省長以「菩薩心」感化人心,如此而已。

臺1線(以前稱為「省道」)曾是臺灣經濟起飛(economic takeoff)前的重要交通動脈,臺灣物產南來北往,南部產出的蔬菜水果北運,主要就靠臺1線和臺鐵。後來臺1線被高速公路(一高)搶走風采,但仍具紓解功能,省民依賴為短程交通要道。當拓寬工程進行到苗栗縣通霄鎮路段時,因為必須將該地慈雲寺的金爐向內挪移,竟引起信眾強烈反對。宋楚瑜立即前去通霄溝通,縣長何智輝、鎮長、鎮民代表等同時先向他提到通霄溪亟須整治,粗估整治經費約需1億2,000萬元。

宋楚瑜答應配合通霄溪整治,在經過省政府團隊研擬規劃後進行。此時他順著話題提出慈雲寺金爐內移以便開路之事,鎮長回以地方人士要求遷建

費6,000萬元，以示對菩薩的敬意。

宋楚瑜在請人了解慈雲寺奉祀的是觀世音菩薩後，又去了通霄一趟。這次在和地方人士溝通時，他聲音低沉且放慢說話速度，誠懇地告訴鎮長與信眾，大意是：他也是觀音的虔誠信徒，昨晚正巧觀世音菩薩託夢給他，要他轉達通霄信眾，祂願意犧牲左手來做堤防，讓通霄不再淹水，祂也要省長捐出右手來做道路，讓通霄一路順暢，這兩件事都能利益眾生，省長和信眾都要全力配合。

他說得嚴肅虔敬，大家也能理解省長的用心在於推動地方建設，最後獲得慈雲寺對面一家工廠老闆的回應，自願將自己的工廠用地向裡面多退縮一點，供作建路用地，結果兩全其美，整溪、建路全都能順利完成。

宋楚瑜說，「工廠老闆要省政府以路的中線為準，多用工廠的一部分土地，臺1線那麼寬的路，稍稍拐一點沒問題。結果金爐未動，6,000萬元省了下來，移作通霄溪整治費，諸事圓滿。」

宋省長這個「觀音託夢」很生動，因為這裡面雖然有「演出」，卻沒有「安排」。「演出者」是省長，出發點不僅是為了推動政府政策，更是為了公眾利益，做了一個情意懇切的表白；工廠老闆也知道此事的重要性與意義，所以願意捐出自己的土地，成就一段闢路的佳話。

宋省長這個「觀音託夢」很有名，重點不在觀音菩薩真有託夢否，而是省長善用宗教信仰去說服，而且不是地方要錢就給錢。借用瑞士心理學家榮格（Carl Gustav Jung, 1875-1961）「共時性」（synchronicity）的概念，這是心靈上的對話，它不存在因果關係，它的運作不由人的意志操控，省政府沒有派人去勸工廠老闆捐地，工廠老闆的意向也不在省長的意料之內，而是以「菩薩心」為橋梁，建立了「有意義的巧合」，這不失為溝通哲學的範例。

類似情形也發生在臺9線，這項建設關係東部發展，花蓮居民不願自己的土地被徵收，要求道路不必過於拓寬，拉起白布條激烈抗議。縣長王慶豐就讓陳情民眾與宋省長直接對談。這一回他直接向民眾剖析利害，這麼講：「你們現在不做，那省政府只好將經費拿到其他地方做，到時候別人發展得更好，你們就不能埋怨了。」後來這條貫穿花東、連接西部平原的道路終於

如期施工完成。

橫向快速公路：與 18 個生活圈相結合

以道路運輸系統為主軸的建設，是改善城鄉生活差距、充實地方經濟的最有效手段。過去幾十年臺灣的交通建設，隨著經濟發展的出口外銷需求，偏重於南北走向，所考量的主要是運輸功能，遠大於民眾平時的生活機能。

促進城鄉均衡發展則是宋楚瑜施政的新考量，取而代之的，是以全省18個生活圈為主軸的道路系統建設。這些生活圈是：基隆、桃園、中壢、新竹、苗栗、臺中、南投、彰化、雲林、嘉義、新營、臺南、高雄、屏東、臺東、花蓮、宜蘭、澎湖。

這些生活圈若要落實，關鍵之鑰乃是交通，也就是南來北往之外，再做好橫向交通的建設，這項主力工作落在省公路局與省住都處身上。公路局首先在西部走廊，規劃出12條東西向快速公路，負責興建其中的8條，而住都處負責另外4條，並配合這些快捷的交通網絡建設，規劃因應未來區域發展的需要。

這12條嶄新的快速公路，如今大家都已熟悉，分別是：萬里瑞濱線（臺62線）、八里新店線（臺64線）、觀音大溪線（臺66線）、南寮竹東線（臺68線）、後龍汶水線（臺72線）、彰濱臺中線（臺74線）、漢寶草屯線（臺76線）、臺西古坑線（臺78線）、東石嘉義線（臺82線）、北門玉井線（臺84線）、臺南關廟線（臺86線）、高雄潮州線（臺88線）。

12條東西快速公路總長340公里，與西濱快速公路、中山高速公路、第二高速公路、臺1縣、臺3線、縱貫鐵路、高速鐵路，共構全新面貌的西部走廊交通運輸網。每一條南北與東西向道路，都有考量到區域性發展，也同時串聯了西部地區14個生活圈。

其中北門玉井線第一優先路段於1998年7月完工通車，是最先完成的路段，為臺灣交通網絡建設開啟新頁。如前所述，當時並沒有舉行正式的通車典禮，就是宋楚瑜親自駕車，副駕座坐著交通部次長毛治國（後曾任行政院院長）；車子一開，走了一段，就算是通車了。

以彰濱臺中線為例，當初就是考量大中部都會區及以臺中市為中心的社經活動大幅增長，而將西濱、中山高、二高及高鐵烏日站互為連貫，以構成彰濱工業區、彰濱遊樂區與臺中都會區的交通捷徑，而臺中市西面的外環快速道路，主要在紓解臺中市與彰化市擁擠的交通狀態。

另一個與臺中生活圈關係密切的是南投生活圈，臺中市是中部工商業中心，南投則富觀光旅遊景點，兩地來往造成臺3線路段嚴重壅塞，民眾埋怨已久。中投公路的興建是宋楚瑜競選省長的政見，如今尖峰行車時間，可由原來70分鐘縮短到半小時內（詳後）。

道路規劃要有統籌機關

治理有個盲點是，有權者不一定懂專業，懂專業的不一定有權做決策。

政府首長即是有權者，但他能不能宏觀，做決策能否與專業結合，無不關係著公共政策推動成敗。很多弊病百出的建設，皆是由於缺少上述條件，而貽害「人間」。

宋楚瑜回憶當時說：「全省道路長度可以繞臺灣不知有多少圈，但是這些道路如果不能系統化的話，常因標示不夠清楚，要再走回頭路，這不是道路建設的正常現象，這是我最在意的決策與專業結合的問題。」

省政府曾向中央建議，希望將省公路局由隸屬省交通處，提升為省的一級單位，來綜理全省道路事宜。包括地政處的農地重劃區內農水道路、水土保持局的產業道路、住都處的都市計畫道路在內。

最後自是不了了之，因為中央認為國家建制相關的考試與銓敘制度，不能遭到破壞。但非常諷刺的是，一個修憲卻可以把建制幾十年的省給廢了！

宋楚瑜是少有常搭乘直升機（291架次）、飛機（507架次）的行政首長，搭直升機是為趕時間，又可在空中俯瞰建設情形與進度。他不見得懂道路工程，但肯用心，能宏觀地去看臺灣的道路與種種建設，曉得這條路是通到哪裡，這裡為什麼有橋無路，那裡為什麼有路無橋。

以前經常出現「有橋無路」或「有路無橋」，就好像兒歌〈兩隻老虎〉

唱的，「兩隻老虎，兩隻老虎，跑得快，跑得快，一隻沒有耳朵，一隻沒有尾巴，真奇怪！真奇怪！」其中因素多端且繁雜，關係到決策與專業權責是否合一，領導者是否有心與宏觀，還有政府制度是否與時俱進種種問題。

善用影響力而非權威力，打通了城林大橋

我們對空拍攝影師齊柏林[4]及其代表作《看見臺灣》等相當熟悉，宋楚瑜擔任省主席與省長時也和齊柏林一樣，平均每週至少要搭一次直升機飛到各地，他在空中並不閒著，隨時俯瞰道路工程等各項建設。齊柏林看的是自然地理、生態環境，宋省長看的是省政建設、公路、水利或災害情況。

有一次在直升機上，宋楚瑜注意到一座新建的六線道大橋，怎麼橋頭上就有個鐵皮工廠擋在那裡，橋與路則不相通。他事後親自進行了解追蹤，原來連接土城、樹林上國道二號交流道的城林大橋（現在可連接臺65線快速公路），有個工廠拒遷，橫梗在那裡。

工廠當了釘子戶，理由是當年公告是以建造公園徵收土地，現在變成造橋修路，因此要求重新辦理公告。宋楚瑜一聽就懂了，時間不一樣了，使用目的改變了，問題出在徵收價錢沒有「與時俱進」。然而誰去和工廠溝通？

城林大橋由中央國道三號經費出資，省政府公路局負責施工，這屬省政工作。宋楚瑜過沒多久，帶著公路局局長梁樾去找工廠老闆坐下來談，答應按照最新的公告地價補償。

「我保證，重新辦理公告並徵收土地，徵收價格依據新公告規定辦理，當然在行政程序上需要一些時間，到時再補償你；但不要再拖延了，你先給地，好拆房子。」宋楚瑜和梁樾向工廠老闆說。

工廠老闆想了一下，面對著宋楚瑜回應：「**別人的話，我不相信；但你**

---

[4] 齊柏林（1964-2017）喜愛攝影，起初進入交通部國工局工作，擔任空拍記錄國道三號（二高）等高速公路興建過程。其後，齊柏林又在公餘租用直升機，從空中拍攝臺灣的山川河流、地景、生態等，並提倡環境保護。他於2017年6月10日，進行代表作《看見臺灣》續集《看見臺灣II》的空中勘景時，在花蓮縣豐濱鄉長虹橋附近山區墜機遇難。

說的話，我相信。」

當時民進黨籍樹林鎮鎮長廖本煙和地方民眾在外舉牌抗議，認為這是表演作秀，不可能談出結果。宋楚瑜也向他們妥做說明，今日之事定當有人負責追蹤管理，所作承諾一定兌現。

接下來，真的依照彼此的約定，一步步解決了，城林大橋接通了。

城林大橋雖係「小事」一件，卻隱藏著宋楚瑜老是念叨「為政之道無他，心存百姓，耐煩而已」這句話的「潛道理」。

領導人要經常出去走動，從現場發掘問題，但如果在直升機上睡著了，說不定城林大橋的問題就會一直擺爛，延宕沒有解決。

俯瞰與仰望都是人們的基本能力，但要懂得運用，不是天馬行空的上下隨意看，就如顯微鏡和望遠鏡，各有其妙用功能，我們可以「望遠俯瞰」，發現城林大橋邊上工廠的問題，但也要「見微知著」，去發現問題癥結，展現解決問題的魄力。

我們可察覺宋省長**善於運用「影響力」，而非「權威力」**。這個與民溝通沒有文字契約，只有言語與默契。省長是省民用選票，一票一票選出來的，但他維持用競選時爭取選票的態度，坐下來和工廠老闆直接溝通。宋楚瑜說：「**政府的權力再大，省長的權力再大，就愈要溝通。**」宋楚瑜再補一句：「**溝通為解決問題之道！**」

善用「溝通」與「影響力」，而非「權威力」，收穫之一是什麼？就是贏得時間。政府的工，最怕拖延，省長和工廠老闆都為公共工程縮短了執行時間，善哉！善哉！

此事宋省長也有「賺頭」，因為主動、明快且言而有信，獲致利害關係人與地方民眾好評，以後推動類似建設「有如神助」。

不再「有橋無路」，填補中央和地方的縫隙

類似城林大橋「橋與路」的「不通」情形，大致可分類為「有橋無路」或「有路無橋」兩種，另外一種是「四線道接二線道」；宋楚瑜勤走各地，

就是要去做宏觀整體改善，將中央和地方的縫隙趕緊「補位」起來。

宋楚瑜曾到苗栗縣三灣鄉現場訪視時，看到由中央及省補助經費新蓋一座漂亮的橋梁，因為地方沒有經費可接著開路，只好到此為止。宋楚瑜形容：「就是一座橋，孤零零杵在那裡，前不著村，後不著店，像《白蛇傳》許仙見白娘娘那一幕一樣，兩旁沒有道路……。」

宋楚瑜思考事情，**不是「兵來將擋，水來土掩」，他擅長「通盤法」**。全省立即經過全面查察，竟然有80幾座橋是有橋無路的。省政府加以整合為通案，一次撥款7億餘元，專為路和橋銜接的工程所用；上述苗栗縣一例是一併做了三灣大橋引道工程，以及南庄、獅潭的苗21線，和臺3線拓寬整合工程，澈底改善苗栗縣對外交通。

屏東縣新埤鄉與春日鄉可說是「有路無橋」的例子。新埤鄉居民以客家人和平埔原住民馬卡道族為多，春日鄉則以排灣族為主，兩個地方對外交通臺18線原本沒有橋梁，如果要到對岸須繞道10多公里，鄉民都期待改善交通（參閱本書第16章），經省政府團隊評估建橋費需2億6,000萬元，宋楚瑜未因經費高而不同意，來義大橋在他任內完工通行。

宋楚瑜說，「把橋梁做好了，不僅交通便捷，更有利於地方產業經濟與居民生計。」

接著說「四線道接二線道」。

臺灣省行政區有21個縣市，但所有都市計畫書卻高達300多個；往往一個都市計畫內的道路是四線道，另一個計畫銜接下去的卻只是兩線道。你管你的，我管我的，各做各的，各種都市計畫合在一起成了「四不像」。

中興新村附近的臺14甲線就很「四不像」，非常奇怪一段短短的路，卻沒有配合前後拓寬，每次車行駛到這路段就變窄了。有人告訴他，是因為要配合設計國道中二高，將來準備做整體規劃，到時一併處理解決。

他再問什麼時候可以施工，得到的回答是「2至3年後」。

他耐不住性子：「可是這2至3年間，誰知道要發生多少車禍，現在就該做的事，不就應該趕快做！」

當年政府播遷來臺，因為建設經費不足，在財政管理上發明配合款的做

法，亦即中央撥一定款項，地方必須自籌相當比例款項來做建設，這對弱勢地方較吃虧，也是上述各種只完成某部分公共工程案例屢見不鮮的原因所在。

宋楚瑜表示，「**民眾有繳稅和受教育的義務，但沒有理由也不該承擔政府施政的不當！**」這些建設經費「資源不繼」，造成地方不便，就得省政府主動發掘，並發揮出「補位」與「合力」（synergy）的功能，讓「斷裂」或「縫隙」得以彌合。

新竹市東大路建高架，火車另闢便道不礙工

新竹科學園區於1980年設立後，新竹市人口愈來愈多，交通大學、清華大學附近經常堵車，關鍵在於東大路與光復路兩大主幹道路未能直接連通，改善之法就是在東大路興建高架道路工程。

問題來了，經費如實撥了，投標廠商卻倒了。

此事提到省政會議討論，依法追究投標廠商的責任與相關賠償，但從法律途徑處理難免曠日持久，應該設法另起爐灶，趕緊將工程持續推動。同時確定這事不能歸咎於原負責發包執行單位的公路局與住都局（處），因為他們都依法行政了，就由上級長官省長宋楚瑜負起善後一切責任。

當時新竹市市長是民進黨籍的蔡仁堅，宋楚瑜說他和蔡仁堅看法一致，不能因為一個「外因」，就耽擱民眾的急迫需求。宋楚瑜表示：「新竹市市民要的是交通順暢，既然省政府答應要改善，就要依承諾去實現，不能有其他理由或託詞。」

東大路高架道路工程還有一個困難要克服，平日火車、汽機車、行人要通行，又要在平交道上進行高架工程，委實不易。原先訂在夜間離峰時間施工，但即使這樣，每天也只能施作4小時不等，進度如此牛步，工程必然無法如期完成，怎麼辦？

這個問題再次提上省政會議討論，關鍵點是「火車停不得，它是臺灣最重要的交通運輸縱貫線，要從平交道通過，通過時施工得暫停」。宋楚瑜問大家：「火車要通行，乘客和市民利益都要兼顧，那是否能將火車稍微改道

205

一下，從施工用地旁邊『繞』過去？」

這還真是前所未見的「空前」，省政會議真的議決通過，由鐵路局另闢一條供火車繞行的便道，來紓緩交通瓶頸，將每日施作時間加倍延長為8小時。然而，這項構想是因應施工後實際困難而衍生出來，有必要予以追加預算，一樣的就由省長宋楚瑜擔負起來。

新竹市東大路立體交叉工程跨越臺鐵縱貫線，不僅解決運輸瓶頸與塞車之苦，並建立東西向快速公路南寮竹東線（臺68線）、西濱公路、中山高及北二高整體連結系統，充分發揮打通東西南北任督二脈的交通功能。

「政府是為解決民眾問題而設置的，將政府所屬機構力量整合起來，可以做許多事情。」宋楚瑜一邊說，一邊用手在桌上寫一個「困」字，接著在「困」字上畫個大「×」：「解決民困就是消除民怨，政府要做事，絕不能被困住！」

此一工程雖一波三折，但為了踐履承諾，省長宋楚瑜百般設法與堅持，終底於成，其中有個「硬道理」：政府首長不能只是擺設，只會「空喙哺舌」（亦即閩南俚語「空嘴薄舌」），尤其是高層首長做決策，要能突破現實困境，一展橫掃千軍氣魄。

由此例可知，宋楚瑜在省主席與省長合計5年9個月任期內，在各個施政層面何以均能端出如此紮實成績！關鍵無他，**為政者有行政權與行政資源等籌碼，務須時時在領導時，善於運籌且做對決策（Do the right things），而且帶動團隊士氣，一同「將事情做好」（Do things right）。**

臺7線和北宜公路拓寬，宜蘭縣公路全交給省公路局負責

全長128公里的臺7線，連接桃園縣大溪鎮、復興鄉與宜蘭縣大同鄉、員山鄉、宜蘭市和壯圍鄉；在大同、員山兩個鄉的臺7線沿蘭陽溪修建，北部橫貫公路（北橫）屬於臺7線的一部分。這條路在宋楚瑜任內拓寬與修建之後，對宜蘭山區發展影響重大，增進對外交通便利，也刺激產業發展。

宋楚瑜於2022年11月又跑了一趟臺7線，回顧這20幾年來的變化：「以前

裡面有各種農產和溫泉，現在蓋了許多民宿，希望山區民眾的收入與生活都愈來愈好。」

全長58公里，途經臺北縣新店、石碇、坪林與宜蘭縣頭城的北宜公路，屬於臺9線北端的一部分。以前由於山路曲折，路面崎嶇不平，素有「九彎十八拐」之稱；早年且因交通事故頻繁，過往車輛都會拋撒冥紙，有些路段兩旁飛得到處可見。

宋楚瑜說，公路局對這條路也花了許多心力，地勢不高的道路做成四線道，「九彎十八拐」的山區部分加以拓寬或拉直，此後改頭換面，成為一條乾乾淨淨道路。即使後來國道五號北宜高速公路雪山隧道通行，仍有喜愛自然的騎士與用路人偏好此途，往返臺北與宜蘭的城鄉之間。

宜蘭縣自1981年至2005年都是由民進黨籍執政，歷經連選連任的陳定南、游錫堃和劉守成三位縣長。宋楚瑜到省政府前五年和游錫堃，後一年和劉守成任期重疊。

當時宜蘭縣政府將兩線道以上道路託交省政府，由省公路局闢建、修護與管理。宋楚瑜說，省政府有公路局這種傳承悠久與技術優良的專業團隊，地方政府才會放心交付。

2000年總統大選由陳水扁與呂秀蓮這一組勝出後，以些微差距落選的宋楚瑜在臺北市仁愛路競選總部，接見來訪的民進黨主席林義雄與民進黨祕書長游錫堃。兩位客人告以當選人陳水扁有意弭平歧見，並加強和諧與溝通。

宋楚瑜記得談了一些問題之後，他特別向客人強調一點，「現在政黨輪替了，民進黨接著要執政中央，可要好好想清楚凍省的後遺症。凍省是民進黨發動的，兩位都是宜蘭人，都知道以前宜蘭道路是省在做，省公路局等機構收歸中央，他們的技術、職責與精神要全盤接續發揚，才是人民之福……。」

「水」與「路」：機關之間做協調與整合

將近6年的省政工作，「水」與「路」是兩大核心業務，以「路」為經，

207

以「水」為緯，宋楚瑜一再強調。

此話之意，當然不只是「水利」與「交通」齊頭並進，分別都做好。還有另一層：與「水」及「路」有關的機關，更要重視協調與整合。

「路不能只顧路，水不能只顧水，否則道路常常會因淹水而中斷，大水也會排不出去。」宋楚瑜特別要水利與公路單位，「排水要進入溝，溝要進到小排，小排要進到大排，到區域排水要進到河，然後入海，這些整合要聯繫在一起做。」

他舉臺17線為例，這是最靠近沿海地區的省公路，從臺中一直到高雄、屏東，以前不少人都抱怨這條路擋了排水。雨從山上下來要入海，如果涵洞、排水做不好的話，就變成「擋水牆」。

宋楚瑜每月至少去一趟臺東、花蓮，訪視各地和臺9線、臺11線工程進度。他現場就問：「這些涵洞不能大一點嗎？」獲得的答案是：「這是固定規格。」

制式思維行不得，局長馬上被K：「全省的降雨率都一樣嗎？有些地方弄大一號的，積水不是排除得快！」

有了橋梁之後，保養怎麼辦？

省政府請中央大學做了一個完整調查，全省所有橋梁全部列卡，像醫院病歷表一樣，記述它們的來歷、重要事件、特別追蹤事項，以及定期檢查維護紀錄等。換句話說，每座橋和每一條道路一樣，都有專人專責且做專業管理，不論平時或災害發生時。

新竹頭前溪的原始規模是日據時代一座單線橋梁，後來為了節省經費，就在這個原來的橋再加寬，結果颱風一來，老橋的橋墩壞了，連鋼筋一起把新的橋拉歪了，結構不安全了，最後省政府只能全部打掉，重新建造又花了10幾億元。

光這個橋梁的問題，至少牽涉了好多部門之間的協調與整合。「假如公路局只管建造橋梁，不管橋梁安全，或管了橋梁安全，沒有人去維護橋墩安全，以及好好處理砂石濫採的問題，那麼整體工作仍然不算完善，不能令民眾滿意。」宋楚瑜說。

路與橋、橋與路的銜接：為弱勢圖生計

臺灣省第9任省主席謝東閔（1908-2001）曾力推「家庭工廠」[5]，這在臺灣早期經濟發展史上是一篇共同記憶，以後延續為政府設立加工出口區，有的手工仍在偏鄉賡續不絕，賺一些外快或生計。

追隨過經國先生的腳步，宋楚瑜很了解偏鄉與原住民鄉的生活種切。他和省政府同仁戮力交通建設，有許多路與橋梁都是為弱勢或原住民興建的，初衷就是要讓那些辛勤卻收入微薄的生產成果，能經由路與橋、橋與路的銜接，順利運到集散地、市集或市場上。

例如，宜蘭縣泰雅大橋連接天送埤（三星鄉天福與天山兩村，蘭陽溪從山區進入平原之處）與崙埤（大同鄉崙埤部落），便利原住民到羅東地區；臺東縣大武橋方便大鳥社區（包括初屯、達萬、彩泉、和平等部落）對外聯繫；花蓮縣新建臺9線蘇花公路大濁水橋，使宜蘭縣和花蓮縣貫通，臺30線玉長公路連接臺9線和臺11線，是唯一以隧道方式（長2.66公里）穿越海岸山脈的公路，將原本2小時的車程縮短為90分鐘；屏東縣幅員遼闊，南北長100多公里，最北的霧臺、三地門與瑪家位於中央山脈南段，地勢險阻，起伏甚大，省政府闢建臺24線（四線）這條沿山路幹道，直接通到屏東市。

1997年7月18日，就在國民大會舉手表決凍省的時刻，宋楚瑜的雙腳依然踩在對省民承諾要改善的路上，只要在任的一天，他不能讓鄉親的那一票白投。當天他趕到了屏東縣新埤鄉箕湖大橋、彰化縣福興鄉福寶橋及宜蘭縣三星鄉農義橋、苗栗縣新東大橋的通車典禮，地方老老少少個個興高采烈，他的心裡踏實了。

宋楚瑜說，臺灣有不少人住在荒郊野外，「我的意思是指住在偏鄉或偏遠地區，他們也要賺錢和養小孩。如果沒有路和橋，人出不來，貨物也無法

---

[5] 謝東閔於1972年至1978年擔任臺灣省政府主席，任內積極推行「客廳即工廠」，鼓勵家家戶戶客廳作為工作場所。許多婦女帶著小孩，或和鄰居一起圍坐方桌板凳，忙著手工工作，成為當時社會即景，為臺灣代工業興起打下基礎。

暢其流。」他又多說了幾句：「仁愛鄉的力行產業道路曾經幫助許多山地產業，現在不知怎麼樣了？」

「我們要為未來發展『生技』，也不要忘了為弱勢發展『生計』！」

鳳鼻隧道：國軍砲照打，民眾交通如常

經過拓寬的西濱公路，沿途風景幽美，看山望海，盡入眼簾。其中在竹北和新豐兩地交界有個鳳鼻隧道，長2.25公里（現為臺61線與臺15線共構路段），四線道漂亮筆直。

鳳鼻隧道與一般隧道不太一樣，經過時會覺得舒暢，因為它不是封閉式，而是開放式的，在隧道內視野可以看到臺灣海峽。

可能有些人不曉得，它還是國內第一座避彈隧道。

避什麼彈呢？

本來這個地方並沒有隧道，附近有一個陸軍裝甲兵訓練中心，每隔一段時間進行實彈射擊，砲從山丘上往臺灣海峽打，一遇射擊演習時，沿海南北交通就管制，人車停止通行，老百姓得等演習完畢，才能恢復交通與生活。

民眾跟前來關心地方的省長反映：「軍方打砲，我們就什麼事情都不能做了。」

宋楚瑜說：「國防很重要，交通民生也很重要，總不能顧了這個，疏忽了那個，省政府來想辦法。」

經過省公路局局長陳世圯反覆研究，既要考量民眾使用者的方便，又思考要兼顧交通與環保的需求，就構思以「假隧道」的方式，採雙孔雙向棚架式設計，造型兼具藝術與生態之美，斥資了近22億元興建，於1997年春節前完工。

如此一來，南北交通多了一條管道，配合西濱公路新竹段工程竣工，駕駛人可以從臺北縣八里一路南下，有效紓解重要交通路段車潮。更重要的，便利的道路帶來沿海地區新氣象，嶄新的隧道方便了當地民眾與南來北往的用路人。

從此，國軍砲照打，民眾從隧道通過，兩不相礙。

現在無須多解釋，大家已都熟悉什麼是明隧道，只是你不知道在隧道開車的上方，國軍照常操演。

以前民眾不是沒反映，政府單位也不是不回應，而是「想不出」恰當辦法！但總要有人，肯站在民眾角度上認知問題，帶領團隊想出解決辦法來，社會才能繼續向前進步。

錫隘隧道：從山頂打洞改為山腰挖隧道

以前苗栗縣獅潭鄉要前往公館鄉，必須向南繞到汶水，民眾感到一山之隔很遙遠。現在苗栗人東西往來方便無比，說：「由於錫隘隧道貫通，苗栗縣的中部多了一條橫貫公路。」

除了興建錫隘隧道外，還拓寬隧道以西的苗26線及其支線苗26-2線，隧道以東路段則是新闢道路連接拓寬的臺3線。從錫隘隧道到臺3線交叉口全長3.45公里，其中包括隧道917公尺、橋梁85公尺和道路2.4公里。

這些改善地方交通的整體工程分階段進行，前後歷經何智輝、傅學鵬與劉政鴻三位縣長。劉政鴻於2006年4月在隧道東口立了一塊「錫隘隧道闢建記事」碑文，特別感謝省長宋楚瑜。

此事緣自苗栗縣民眾呼籲，希望由獅潭鄉打一個簡便山洞連接公館鄉與苗栗市，以供農用車輛通過。此一構想是利用舊有古道，行經距山頂很近的地方打通一個隧道，路窄且坡度很大，當時工程估計約需8,000萬元，宋楚瑜在競選省長間承諾了這件事情。

後來經過公路局多次研究，再三考量臺3線及臺1線的交通動線及流量，並且為行路安全考量，向下鑿穿山體，還拓寬路面，最後總經費高達7億元。這是一筆龐大的數字，在宋楚瑜卸任兩、三個禮拜前，省政府終於籌到這筆經費順利動工，也兌現了他對省民的承諾。

此地區需要一般性聯外交通，確實要有一條輔助性道路，但基於道路設計標準及安全的理由，道路的坡度必須降低，隧道的標高必須移至山腰的位

置，就不能以山頂隧道工程交差了事。

宋楚瑜表示：「原先是要在45度斜坡頂上打洞，太陡了。後來改在山的肚子開挖隧道，經費自然增加了。這是將事情做好、做安全，不能敷衍了事，也非要五毛給一塊。」

就在動工典禮的同時，宋楚瑜看到工地附近獅潭與公館鄉親，以舞龍舞獅、敲鑼打鼓慶祝。

1998年12月19日在中興新村舉行的省長卸任告別演說中，他特別提到此事：「從鄉親興高采烈的表情說明，這確實是民眾需要的事情，假如在最後兩個禮拜的時間，省政府卻因為精省緣故而懈怠了工作，沒有替民眾解決這一件事情，那將是多麼令人遺憾的事情。」

「重然諾」是宋楚瑜信守的待人接物原則，不論是作為省府團隊的領導者，或回應縣市地方的需求，**起先絕不輕易說是，但若應允了，絕對講話算話**。

以前是單線石頭路，澎湖所有縣道全部比照省道標準

臺灣省的省道通不到澎湖，或許有待以後。

以前澎湖許多地方連路面都沒有，最多只有石頭路，而且是單線的。

宋楚瑜在本書〈前言〉提到澎湖建設：「還好當年有把握時間做事，這些建設至今仍供民眾方便使用。」宋楚瑜在澎湖縣做了許多交通建設和基礎設施，他的說法是「縮短城鄉差距」，還有「澎湖鄉親不是二等省民」，其實還有更深層次的理由。

他每個月至少去澎湖一趟，澎湖64個島嶼只要有人居住的，都一一訪視過，而且不只是一兩次。不是去遊山玩水，而是一一去探問鄉親的需求和問題，包括自來水供應、教育設施、醫療衛生、公路擴寬、漁港建設、育苗植樹等，並不時加以追蹤考核。他對團隊同仁說，歷史經驗一再顯示，要攻克臺灣必先取澎湖，明鄭時期如此，康熙時代如此，日本據臺亦復如此。因此，宋楚瑜說：「**保臺灣，必先保澎湖；保澎湖，必先保澎湖人心。**」這是

宋省長之所以孜孜不倦，致力澎湖建設的「策略思維」。

澎湖縣是臺灣省唯一沒有省道的縣。和省公路局同仁戮力打拚，宋楚瑜任內做了澎1線、澎2線、澎3線、澎4線，從馬公一直到最南邊的風櫃，全部都是四線道。

這些縣道建成之後，也都由省公路局負責，以省道的標準保養，使**澎湖縣民和所有臺灣本島的省民一樣**，享有現代化省道公路的規格與待遇。

從馬公穿過四線的跨海大橋，一直到西嶼的外垵全都是四線的大道；跨海大橋拓寬完工之後，宋楚瑜還是把最初興建單線大橋時蔣中正總統的題字放至原位。

宋楚瑜引以為傲的說，如果到澎湖去看這條道路，真有「落霞與孤鶩齊飛，秋水共長天一色」的感覺，漂亮的不得了。

還有臺東的路，宋楚瑜很激賞，他回想以前說：「以前和中央爭取經費，還不是為了整體的平衡發展。有機會多去看看臺東，臺11線和臺9線多美，絕對不亞於夏威夷；你看看海濱，看看那四線道路，多麼敞亮舒坦！」

小琉球做環島公路，設加油站又購交通船

對於外島或外島的外島，宋楚瑜也很用心，為當地居民做「環島」公路。包括澎湖的七美與望安、臺東的蘭嶼、綠島與屏東的小琉球等，以前並沒有平整的柏油路，鋪路和保養道路都由省公路局負責，對島內民眾生活便利有所助益，更帶動起觀光效益，提升旅遊與居家的品質。

例如，位於屏東縣東港西南方的小琉球，是離島中唯一的珊瑚礁島，如今是旅遊熱點，在島上可騎乘摩托車或腳踏車遍遊觀光景點，東港與小琉球水路航程約30分鐘，都是宋楚瑜主動去「溝通」，而由省政府興闢出來的。

小琉球的民眾和宋楚瑜說，省政府幫他們做了很好的環島公路，但他們也需要對外的交通，於是宋楚瑜又設法幫他們造了兩艘往返臺灣本島的雙線交通船。

小琉球的漁船要加油，必須開到高雄港或屏東縣的東港，很不經濟也很

不方便，有些漁民甚至為汽車用油，還在家裡儲油，造成住處的安全威脅。

設立加油站的事，說來與省政府無關，但他們是省民，方便與安全是省民的權利，宋楚瑜為此去跟中油董事長當面反映小琉球加油的不便，同時為解決這個問題，也協助中油取得用地。

這個情況與以前經國先生協助八斗子的漁民很相似。八斗子的漁民要加油，得到基隆港，宋楚瑜擔任經國先生祕書時，知道經國先生花了一段很長的時間，才把八斗子漁港加油站的事情做好（參見《蔣經國祕書報告！》，頁144-145）。

臺3線砍一棵，加種十棵：交通與環保兩全其美

隨著臺1線、臺3線、臺9線、臺11線等省道的拓寬，綠美化工程必然緊接於後，宋楚瑜希望不僅造就道路之美，也要形成景觀之美。全省的省道都在他任內大量植樹，特別是以臺南、花蓮和臺東最有成果。

臺84線（俗稱走馬瀨線）和臺20線的南化、左鎮與玉井等地段，以前的幾任縣長做了不少公共造產，種了許多芒果樹，收成可以賣，成為地方產業一大特色。當時的產業道路狹窄，為了臺3線擴寬為四線道，須砍掉路邊的芒果樹，交通發展與環境保育在此形成兩難，環保團體與綠色聯盟抗議連連。

後來還是由宋省長出面，開了五次協調會，宣示每砍一棵，加種十棵；在宋楚瑜記憶裡，一共砍了600多棵，由林務局加種6,000多棵樹，如今樹長大，高又漂亮，都已成林，景觀不變。

即使時間已久，宋楚瑜記憶如新：「時任臺南縣議會議長周五六後來告訴我，他赴美留學的妹妹回到家鄉，都認不出自己生長的地方了。」

宋楚瑜說：「臺南縣走馬瀨這個地方，道路兩旁曾被破壞過的山林，都用心讓它恢復，這條快速公路可以說是臺灣最漂亮的道路之一。」

北宜公路、蘇花公路也做得不錯。很多轉彎的路段、臨海的地方，都做了質樸的觀景點，可瞻視平原，可遠眺海景。以前單線通車的蘇花公路，現

在可以雙線通行了。宋省長在任時曾說，「我想請老局長林則彬先生[6]再去看看，在他奠下的基礎上，我們做了很大的突破。」

花蓮臺9線的拓寬工程，曾為了消波塊的問題，各方有不同的意見；省政府做了一些努力，所進行的是非全線拓寬的調配性措施，兼顧成本支出與環境衝擊。

臺9線的南迴公路部分，省政府想辦法拓寬，也顧慮到環保，不是做全部的四線拓寬，爬坡道的地方增加一線，下坡道仍是單線，做調配性拓寬，既解決交通流量，又做好環境保護，不失兩全其美。

宋楚瑜特別屬意歐美城市「林園大道」（parkway）的做法，林務局即洽臺糖公司合作，將臺糖一些土地與公路銜接，做成優美的綠帶。也在市區道路安全島栽植不太會落葉的喬木，選擇不會向外延伸只會往上成長樹種，例如臺1線彰化市路段等就此改頭換面，形成耳目一新的園藝景觀區。

有些地區山坡復建也用了心思，像桃59線的工程都用綠美化去修邊，做植草磚，做擋土牆，牆上再種些爬藤類植物。

興建嘉義市世賢路，大樹小樹「交錯栽種」

嘉義市的西環狀道路又是一例。市長張文英提出該市需要寬闊的環市道路，不僅由臺灣省政府全力支援經費修建，更以黨外前輩許世賢（也就是張博雅與張文英的母親，嘉義市升格省轄市後第一位市長）之名，將該環市道路命名為世賢路。

只是當時該條林蔭大道中間安全島的植栽，曾經讓雙方各執一詞，相持不下，到底是要尊重市長張文英的意見，全部栽種自外地移來的大樹，還是依照省政府林務局局長何偉真的建議，由小樹種起？

6　林則彬（1901-2003）是福建福州人。1949年任臺灣省公路局副局長兼總工程師，1956年擔任東西橫貫公路工程總處總處長，1957年升任省公路局局長，仍兼總工程師與總處長之職。前後以5年時間，於1960年完成中橫公路。中橫在探勘與興修築期間，林則彬與時任行政院退輔會副主委的經國先生多次翻山越嶺，歷經艱險。

宋楚瑜事先已知道省和市意見不一致，他能理解市長張文英「種大樹」的想法，藉以立即彰顯市政建設的成效；他也了解局長何偉真的專業堅持，「種小樹」以長成大樹，這比較「健康」。

政治就是眾人之事，公說公有理，婆說婆有理，往往各有顧慮與立場。誰也沒想到宋楚瑜到現場看過後兼顧雙方，當著市長和局長的面，裁示「交錯栽種」，也就是大樹、小樹交錯栽種。

現在當然事過境遷，水過無痕，但共同付出心力之後，嘉義市世賢路林蔭茂盛，又是「前人種樹，後人乘涼」一例。

應允陳唐山興建汫水港大橋，協調李雅景用地取得

宋楚瑜當省長時期，臺南縣縣長是民進黨籍陳唐山。當時還沒有高鐵，這位縣長對道路交通特別重視，省政府亦是盡力給予幫助。

宋楚瑜說，陳唐山曾在某個場合說起，很想改善自己家鄉鹽水的對外交通。鹽水及附近地區居民外出，開車到臺南機場要花上1小時，若能興建臺南縣鹽水與嘉義縣義竹之間的汫水港大橋，接通往嘉義水上機場的道路，那就方便多了。

宋楚瑜帶回省政府研究，後來評估陳縣長建議合理可行，省政府於是撥出經費2億餘元。不想到了年底，出了土地取得問題，臺南縣這邊沒問題，嘉義縣那邊卻有問題。

既然經費撥了，今年無法執行，那就得和陳縣長商量收回該項經費，先移到其他交通建設使用，並承諾由省長出面和嘉義縣縣長李雅景協調土地取得。換句話說，省政府一定會做到協助土地取得，經費明年照撥。

宋楚瑜回想起，當時陳唐山聽了之後半信半疑，似乎有點不開心，曾嘀咕：「答應的錢，又收回去。」

宋楚瑜一向說到做到，立即和嘉義縣縣長李雅景協調，在第二年土地取得後，省政府迅速推動汫水港大橋興建完工。此後，陳唐山不僅感謝省政府幫忙完成該項地方建設，還津津樂道省政府預算執行高效率。

不再是小道路，全面改善「唯一內陸縣」交通經脈

南投縣雖是省政府的家，但臺鐵沒經過，一高也不走到這裡（中二高是後來才有的）。長年下來，南投交通建設相對落後，宋楚瑜跟隨經國先生下鄉時常來，當時都是小道路或碎石子路。

宋楚瑜想給南投較好的交通，到任後立即趕進度，臺3線、臺14線及其支線、臺16線及其支線、臺21線都加以拓寬，其後再規劃興建臺76線漢寶草屯線快速公路與臺63線中投快速公路，共構此一全臺「唯一內陸縣」的對外聯繫網絡，也打通縣境內原住民泰雅族、賽德克族、布農族、鄒族及日月潭畔邵族的觀光與產銷動脈。

還有，除新建貓羅溪橋、拓寬軍功橋外，籌資興建橫跨集集鎮和鹿谷鄉兩地的集鹿大橋，於1996年由公路局發包，但到1999年九二一大地震時尚未完工（原預定於1999年2月前竣工通車）。

宋楚瑜在賑災之際，提醒集鹿大橋「未損根本，工程品質經得起考驗」，攸關鹿谷居民生計所繫茶葉蔬果運銷，呼籲政府要「傾其所能在最短的三、四個月內趕工搶通」。

九二一集集大地震時，中投快速公路沒有倒，臺14線等新建與拓寬路面沒有塌，集鹿大橋沒有垮，這些道路成為救災和災後復建的救命重要輸送線。

中投公路：高架和平面並行，不准設檳榔攤

臺74線中彰快速公路與臺63線中投快速公路是連接臺中都會區和彰化、南投兩縣的重要交通要道，中投快速公路也是宋楚瑜競選省長的承諾之一。

中投快速公路起自臺中市南區，經過大里、霧峰，跨越烏溪（即大肚溪），至南投縣草屯鎮，銜接臺14乙線，全長將近20公里。當初省政府規劃中投做成快速高架道路，但省議員林宗男和地方民眾建議要做平面道路，最後將意見整合，決定大部分路段做成高架，但平面道路部分亦平行施工，並

設有匝道及引道16個，其中2個往南投與往臺中均具有上與下引道，如今尖峰行車時間可由原來70分鐘縮短到半小時。

林宗男和地方民眾當然不希望中投公路只是一條「過道」，不僅用於加速連接南投縣和臺中市，也要能將主要鄉鎮交通便捷地相連結。省政府思考重點則在於過去的交通建設將臺中市和南投縣隔得「很遙遠」，倘若還要兼顧各地方，則無法「快速」起來。

後來宋省長裁示「雙管齊下」，上面做高架，平面做一般道路，但有一點責成警察單位強制執行：「平面道路旁不准設有檳榔攤」，這項規定後來也採用於臺北縣新店到臺北市的環河快速道路上。

這不為別的，也沒職業歧視。宋楚瑜說，關鍵在於有「賣檳榔」，就會有「買檳榔」；當司機從高架一上一下或路過停車來買，就會造成路邊交通堵塞，失去快速公路的意義。

中彰公路：一項不合格，暫不通車

在宋楚瑜卸任省長前不久，負責研考追蹤的主委夏龍再去追蹤中彰公路，發現路面都做好，品質沒問題，但路燈應採國際標，卻未依規定辦理。

夏龍向宋楚瑜建議，為顧慮民眾行車安全，寧可不舉行完工典禮，列入移交事項。宋楚瑜領導的省政府團隊，一向不重視啟用剪綵，隨即同意顧慮行車安全比較重要，不必非得為完工而完工。

在宋省長卸職大約3個多月後，中彰公路通車啟用了。宋楚瑜說：「大道之行也，天下為公。尤其考核追蹤的職責就是去督導完善，就需要這樣一絲不苟，雖然99％沒問題，只要有一項不合格，也不行。」

公路局：讓人放心的單位

建制完善的公路局是讓宋楚瑜非常放心的單位之一。

縣市長與鄉鎮市長最希望的是，他們的鄉道、縣道能由公路局代養，宋

楚瑜說：「如果我們做得很差，別人拒之唯恐不及，哪會希望委託由我們省公路局來代養代管？」

另一個情形也很讓省長放心，那就是不用宋楚瑜打電話，颱風來時公路局同仁都是全體動員主動待命，隨時準備冒著風雨搶修公路的任務。

他常誇公路各個單位做得很好，無論道路平坦度或工程品質，大家都給予正面肯定，絕對不輸任何國內外大都會道路。經整頓過後的臺灣本島最主要的南北幹線臺1線、臺3線、臺9線和臺11線，宋楚瑜很有信心。公路局的同仁都知道常使用這些道路的，就是省長本人，一有狀況，公路局局長就會挨K；但相對地，省長不時公開表揚辛苦的工作同仁，公路局常常也名列前茅。

阿里山公路於1982年完工正式通車，是往來阿里山地區的重要幹道，也是臺灣珍貴的高山公路。新中橫公路嘉義玉山線即俗稱的「阿里山公路」，在臺灣公路網中編列為省道「臺18線」。今天遊客到阿里山旅遊所經過使用的道路，就是宋楚瑜省長任內拓寬改善的。每次阿里山因天災發生坍塌等意外，他就趕上山了解並救急。

有一回在臺北開完會，宋楚瑜直接趕到和平鄉的德基水庫。他常來這裡，一為看水，二為看路，當然還要慰勉在那裡辛苦工作的同仁。他了解守護路段的辛勞，只要任何地方下雨坍方，同仁就得立即出動搶修。他也特別注意一些危險路段及以人工開鑿的山洞，工程人員幾十年來花費多少心力在做維護。

公路同仁有他們經年累積的專業經驗，宋楚瑜則以他所熟悉政治上的專業經驗和體會，與他們交換意見。他告訴他們，**現在的道路工程不再是科學技術上的工程（engineering）而已，不但是民政工程（civic engineering），也是政治工程（political engineering），還是社會與環保工程（social & environmental engineering）。**

宋楚瑜不完全從工程的角度看問題，而是從民眾使用者的角度來解決很多的問題，他說：「我不是工程師，但是我了解一點點政治，了解一些民眾的想法，如何把民眾和政治層面的問題，與engineering結合在一起，或許是解

決民眾需求的一條途徑。」

協助臺鐵增購車廂810輛，不能只看數據漂亮

宋楚瑜是臺鐵「老乘客」，在國民黨內服務時就非常大頻率地勤走基層，主要靠火車為來回交通工具。他親身體驗到鐵路交通的一票難求是民眾不能忍受的大問題，尤其是開往東部的車位。

在省政府服務期間，宋楚瑜協助臺鐵增購車廂，總數累積達到810輛車廂（通勤電聯車344輛、自強號400輛及柴油空調客車66輛），另增購莒光號客車45輛，自此鐵路通行問題才開始逐步改善，民眾的鐵路通勤與旅行才開啟另一新頁。

宋楚瑜到任省主席，立即協助鐵路局採購車廂，第一批344輛電聯車於1994年完成招標作業，隔年就交貨，使得臺鐵的車廂總數達到700多輛。效率蠻快的，看來這事辦得不錯，以後的火車好搭了。

那時做這項決策時，離參選省長時間還遠，宋楚瑜能不能、要不要參選，是後頭的事。因為省主席若做不好，誰會要他繼續做民選的省長。

其實，鐵路局採購車廂增添到700多輛，只是克服了眼前的問題。但負責任的政府領導人還得向前看，要考慮汰舊換新，也要計慮永續經營，一切就是為了民眾行的便利。

他提醒自己說，「我**不能只顧此時或自己任內圓滿，而不為後續之事傷神，必須未雨綢繆，不能留下一堆怎麼也銜接不過來的爛攤。**」

宋楚瑜持續編列預算，為臺鐵購車廂和添量能，在會議上反覆提及「要精於預估與評估問題」，不能光顧眼前數據如何漂亮，而是要問整體運輸能量與交通運輸問題已否解決？民眾行的問題是否解決？才是管制工作與施政的終極目標。

政府的任何工作都須是延續性、前瞻性的，不是只顧此時；即此一例，見微知著，值得省思。

親自督察並打氣，臺鐵要與時俱進

　　宋楚瑜到省政府服務之後，就對臺鐵有很高的期盼，視之為「平民版的高鐵」，一再期許鐵路局雖歷滄桑，但不能老化，要積極推動改革，不要讓民眾失望。

　　2021年太魯閣號發生重大意外事故，在各方交相憤怒責怪之際，宋楚瑜還寫了一篇〈臺鐵的定位：「安全、舒適、便捷」〉兩千多字長文，登在《蘋果日報》（2021年4月13日，A11版）上，說明臺鐵為了國家整體經濟，必須全力配合政策推動，政府若無法相對給予政策支援，豈可完全咎責於臺鐵經營不善，也再次殷切提醒「馬虎為出事之本」。

　　身為過去臺鐵的老長官，宋楚瑜搭乘臺鐵火車跑了5,431公里，更親身訪視臺鐵每一個大大小小車站，以及親自督導、撥款協助改善平交道設施777處、平交道立體化33座及周邊交通壅塞；路線重軌化206公里、雙軌化52公里；路基改善137公里，換軌533公里，改建橋梁65座、隧道6座，新設光纖通訊系統285公里；並改善沿線景觀、綠化和違建拆除問題等不勝枚舉；改善臺鐵所有車站的設施，包括整修及新建盥洗室，以及車站前的計程車招呼站。

　　宋楚瑜對重大臺鐵改善工程都親自督察，一方面為勞苦的鐵路員工打氣，也親身了解實況並提供資源。例如南橫佳冬隧道補漏時滲水不斷，為在不影響正常營運前提下，宋楚瑜和同仁在夜間23:00車班停駛後，親往現場仔細勘察，了解為安全整修的必要，再由省府核定補助2億元，因為這不是鐵路局多賣車票能籌得出來的大錢。

　　又如，實施語音及網路訂位、郵局代售鐵路乘車票等，也都一一上路展開。宋楚瑜了解：「民眾排隊購票，不僅虛擲時間，也真的太辛苦了！」我們現在網路上可以一指神通，然而那時父祖輩為了買火車票，可是漏夜排隊的。

　　剛開始推動的是擴大電話訂票服務，宋楚瑜在省政會議提出構想時，幾乎被認為不可能，鐵路不比航空，每日售票動輒千、萬計，技術上怎能克服，但宋楚瑜非常堅持，即是站在民眾使用者的角度，去做設想與推動（參

閱本書第14章）。

蘆竹運煤火車擋道，改為夜間行駛

大家可能比較不熟悉，臺鐵自1968年起有一條貨運支線——林口線[7]，由桃園站行經龜山、蘆竹到林口火力發電廠，就是專門運送燃煤，於2012年12月31日停駛。

當時蘆竹人口增加了，道路也拓寬了，但是運煤火車要通過，三不五時道路交通受到影響；為了鐵路運輸與用路人安全，還特別在平交道兩邊設置鋼管欄杆。

宋楚瑜到現場訪視，發現道路拓寬的功能被火車「削弱」，民眾頗有不耐怨言，馬上裁示「鋼管撤掉」及「運煤火車白天不行駛，改為晚上離峰時間運送」。隨後，又增加一項對臺鐵的指示：「以後不得隨意變更平交道設置」，臺鐵也將這項省長指示升級列為「規定」。

宋楚瑜強調：「**我不能管公路、鐵路的時刻表，但我可以管他們的局長，也就是管協調，幫老百姓管著跟他們有關的大小事。**」

宋楚瑜仍記得，就為這事，從桃園選出的省議員邱創良、黃木添、鄭金玲、呂進芳都當面誇他說：「這位省長很有腦筋！」

載人又載貨，臺鐵運輸具特殊任務

宋楚瑜在臺灣各地奔走，深刻體會臺鐵至少肩負交通運輸和觀光推廣的兩大功能與任務。所謂「交通運輸」，是指載人與載物，這裡不談營運，而是重視偏遠地區做為「運輸工具」的職責，這和高鐵就有大差別。

他非常了解鄉間許多農夫農婦及各行各業人士，肩挑擔子或背負重物，

---

[7] 林口線係貨運支線，應是臺鐵少數賺錢的路線之一。當時燃煤由臺中港卸下，經由臺鐵海線、縱貫線，再轉林口線，運到林口火力發電廠。後來八里臺北港啟用後，改由臺北港卸煤，再經公路運送林口火力發電廠。

常靠火車幫忙，讓自己的生產或貨品能賣出去，增加收入，養家活口。

當了省主席之後，他就和臺鐵溝通好，因鐵路運輸具協助偏鄉特殊任務，任內票價絕不能調漲。他還要求臺鐵將最後一節車廂調整，專做收置農作物與產品之用，不載人。

「臺鐵的普通車為什麼站站都停，就是要方便普羅大眾，挑東西出來賣的都是辛苦人，賺的是辛苦錢。上車時先到最後一節車廂擺好東西，下車時再取下來，可以載人又載貨物，將火車運輸功能發揮到極致。」宋楚瑜說。

鐵路沿線綠美化，老火車站變身觀光新寵

出任省主席之初，宋楚瑜的立即指示事項之一，即要求臺鐵在鐵路沿線栽植矮灌木，予以綠化與美化，並由各縣市政府配合消除鐵道周邊髒亂，拆除占建和違建，提供旅客賞心悅目景觀。並且在每節車廂、在鐵路局管轄之內及力所能及之處，要求做到整齊清潔，以及配合新購車廂，提高各車站月台高度，如此不只是為安全考量，也方便旅客上下車。

特別是為因應國內外旅客喜歡鐵路觀光，在臺北到基隆及宜蘭之間，以及臺鐵客運支線的平溪線（沿基隆河河谷興建，臺灣北部最熱門的觀光旅遊鐵路）、內灣線（橫跨新竹市與新竹縣）、集集線（連接彰化縣二水鄉與南投縣水里鄉），宋楚瑜指示鐵路局加強各車站整頓，在「懷舊」元素上予以「布新」，結合傳統及其周邊新創休憩設施，滿足新興旅遊需求。

以南投縣集集車站而言，興建於1933年，以檜木建造[8]，是集集鎮的地標，宋楚瑜下令再予維持整理，由此點延展出好幾條悠閒的步行觀光路線；車站斜對面陳列一部除役的蒸氣火車頭，為集集支線歷史做見證。1994年，在臺鐵與集集鎮公所合力推展下，集集支線的小火車轉型為觀光彩繪列車，假日時遊客絡繹不絕。

宋楚瑜也多次關注並整修農林廳林務局所屬阿里山森林鐵路，這條鐵路

---

[8]　1999年9月21日發生九二一大地震，集集線毀壞嚴重，集集車站傾斜，直到2001年1月21日修復通車，今日仍是臺灣著名觀光鐵路之一。

由林業運輸轉型為旅遊觀光，起點自嘉義市嘉義車站，終點在嘉義縣阿里山鄉阿里山車站。當年為服務遊客，特別增加嘉義市至奮起湖的區間車，廣受民眾歡迎，使林務局森林鐵路在87年度營運收入大幅成長1,654萬元（原訂收入6,632萬元，實收8,286萬元），創歷年新高。林務局也請出退休的老師傅，修復阿里山森林鐵路26號蒸氣老車頭（1913年製造），定期定時行駛喚起民眾濃濃的回憶。

宋楚瑜強調，每一個老火車站與火車頭都是「活古蹟」，要與民眾生活結合在一起。當然，在指示的同時，他也加撥環保及維護經費給鐵路局、林務局等，**絕對不能「只會下命令」，而不管部屬「籌措無門」**！「坐在車內看出去，可以看風景，如果也看到一些亂七八糟的，那就煞風景！」宋楚瑜表示。

這位省長最不簡單的是：除了要求團隊工作品質，他還會自己親自到現場「盯」著看，他會幫旅客與民眾解決反映的問題。

臺鐵現代化：值得珍視的一頁

這一頁頁都值得臺鐵人和我們敝帚自珍：劉銘傳興建臺北至基隆、臺北至新竹兩線路段，後來延伸到山線、海線的完成，再延伸到臺南、高雄、北迴、南迴；行車號誌由人工而機械、電子、電腦化；路軌也由輕軌逐步換成重軌；火車動力由剛開始的燃煤到柴油，到經國先生手上完成鐵路電氣化。

宋楚瑜擔任省主席與省長期間，繼之開闢北迴鐵路高山地區宜蘭觀音二號隧道工程，又完成山、海兩線雙軌及電氣化，改建及汰換臺鐵老舊橋梁和車廂，加強排水設施，讓臺鐵在大雨天照常通行；已有80年歷史的苗栗竹南到臺中豐原舊有彎曲繞山路線予以截彎取直，單線鐵軌也全都雙軌化；大臺中地區的鐵路區間車是地方民眾搭乘的大眾捷運系統，為縮短間距便利乘客，宋楚瑜省長任內增設大慶車站，他也到該車站訪視並親自使用自動購票機，這是當時先進設施。

硬體改善必須排除萬難籌措經費，宋楚瑜從不喊累，有了經費也不手

軟，才能採購自強號及通勤電車810輛加入營運。又交通運輸首重安全，如高雄屏東間電化工程、鐵路山線雙軌工程、東部鐵路改善工程、鐵路平交道改建立體交叉工程、木材枕木換成鋼筋混凝土枕和橡膠道板[9]等，都是投入龐大資金，以改善民眾「行」的品質與安全的重要決策。

臺北市隨著都市發展東移，原東西向橫亙在市中心的鐵道對臺北市市民交通造成極大不便；臺灣鐵路是省營事業，推動執行鐵路地下化，係由臺灣省政府督導。1994年6月18日，宋楚瑜陪同行政院院長連戰試乘鐵路地下化完成後通行列車，並共同主持臺北鐵路地下化華山至松山段通車典禮。

還有，省文化處也曾經積極推動鐵道藝術網路計畫，以既有的鐵道為基礎，在各個城鎮的火車站貨運倉庫設置藝術創作與展示場所。其中臺中站第20至26號倉庫是第一個實驗性地點；雲林縣斗南站擬作為中部地區容量最大場所；彰化縣二水站則連結南投縣集集、水里、車埕的鐵道觀光與文創產業線，增進地方發展潛力，又能厚植文化創作實力。

當時這是一項多元容納的前瞻規劃，包含鐵道文物、地方人文資產與遺產、新生藝術作品等，文化處處長洪孟啟預估若能加以實現，可能造就出「環島博物館」，但在凍省後落空了。

臺灣鐵路始自劉銘傳，於光緒13年（1887年）在臺北大稻埕開闢臺北基隆段，至宋楚瑜卸任省長，剛好歷經111年歲月。

1998年6月9日，宋楚瑜卸任省長這一年的鐵路節，在一群喜愛火車的有心人士結合臺鐵退休老員工推動下，非常特別地請出庫藏臺北機廠，編號CK101的古董蒸氣老火車頭[10]，讓它再度自臺北奔馳到基隆站。

火車「嘟嘟」的汽笛聲，喚起許多人童年的難忘記憶。在宋楚瑜的要求

---

[9] 平交道鋪設橡膠道板，有助於行人車輛穿越時更平穩；而且，平交道自動防護設備控制系統雙重化，裝設障礙物自動偵測設備及緊急按鈕，減少平交道事故發生。同時對路況不良平交道加以改善，將平交道欄杆與平交道附近道路紅綠燈聯鎖（interlocking)，並增設標誌、標線、標字，提醒車輛及行人注意。又在較紊亂的平交道裝設自動照相設備，嚇阻駕駛違規搶越平交道。

[10] 在臺鐵停用報廢的蒸汽火車裡，CK101是第一輛修復並讓它能再行駛的火車；從1997年10月開始動工修復，在翌年6月9日的臺灣鐵路節完工，得以動態行駛方式公開陳列展覽（詳參維基百科「臺鐵CK101號蒸汽機車」）。

下，CK101又以一個月的時間做了全臺環島旅遊，與臺灣各地方民眾重聚一回，可說是對劉銘傳的最敬禮。

沒有明星，沒有英雄主義

在任內最後一次的臺灣光復節慶祝大會中，宋楚瑜特別表揚一位同仁，他鄭重地請這位同仁站起來，這樣介紹給大家認識：

「蔡清水先生，是我們省公路局五區工程處處長，服務我們省公路局44年，沒有請過一天假，沒有出過一次國，在他負責的每一項工程中努力工作，還曾因公受傷，在工地裡被鋼板打到幾乎不在人間，至今走路還一跛一跛的我們給他掌聲鼓勵。」

一個公路局工程處處長職等並不算高，要做的事與要負的責任可不少，宋楚瑜特別注意到了。其實要在這麼重要場合接受表揚的人，須工作達45年以上，但蔡清水尚差一年，宋楚瑜請公路局斟酌「加上」。

他表揚的是蔡清水，也藉此肯定「公路團隊」，更鼓勵像蔡清水一樣的許許多多默默工作數十年如一日的省政府同仁。（在表揚之後，宋楚瑜還請公路局安排蔡清水出國考察，這也是獎勵的一種方式。）他告訴每個同仁：

省政府工作團隊的基本精神，不是官做多大，而是在崗位上默默耕耘。

大家共同創造省政府的團隊精神，這種團隊精神不是紙上談兵，不是掛在嘴邊而已，是為省民同胞實際打拚做事，誠誠懇懇，實實在在，因而獲得省民同胞的信任、信賴與支持，是一種能在自己心理上真正感到身為公務人員，為民眾腳踏實地努力服務，所獲得的一種滿足感、成就感。

這種團隊精神是什麼？是沒有明星，只有共同努力的榮譽感；沒有個人英雄主義，是大家共同齊心協力，無私無我的奉獻；不是用口水，而是腳踏實地的用汗水走遍臺灣每一個角落，讓我們所有的省民都感受到建設成果的一種喜悅。

不是權力，而是責任

在凍省「請辭待命」期間，宋楚瑜曾對外表示，離開公職退休後，他可以擔任地理老師，而且自認絕對稱職。

夏珍在《宋楚瑜中興紀事》中有這麼一段形容：「奔馳在公路上，他最喜歡的不是小盹一會兒，相反的，他總是打開九人座巴士上的衛星定位儀，欣賞圖上不斷移動的一小點（座車方位），從南到北，從東到西，地圖於他，不是權力，而是責任。」

宋楚瑜很喜歡〈滿江紅〉裡的一句話：「三十功名塵與土，八千里路雲和月」。

30多歲，宋楚瑜就擔任行政院新聞局局長，當時是參加行政院院會中最年輕的首長。他看遍官場很多現象，人生功名真是像塵與土。

他珍惜與公路鐵路同仁一起打拚的歲月。他說：「在省道、縣道和鐵道上打拚的人，真是有如八千里路披星戴月，心裡真正想的是省民，省政府團隊這種辛勞絕對不能被抹煞。」

1 | 宋楚瑜就任省主席，立即督促省交通處公路局完成臺灣公路網絡標誌化與系統化，帶動臺灣公路全面邁向現代化與科學化管理；李登輝總統曾公開讚揚，此舉為「對臺灣具體貢獻之一」。

2 | 按省政府各單位業務執掌，外環線內屬住都局（處）管，外環線外屬公路局管，宋楚瑜說：「百姓才不管政府如何分工，只要道路順暢和交通安全。」右二為住都局局長林宗敏。此照片為1998年1月24日，省長訪視中投公路。

3-6｜宋楚瑜認為「交通為
縮短城鄉差距與社會
發展之鑰」，因此特
別重視公路的建設，
時時親自訪視各縣市
督察了解情形。

基 礎 建 設

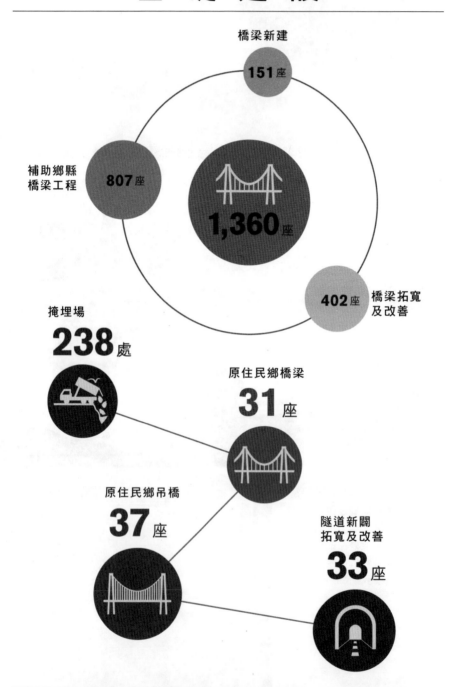

橋梁新建
151座

補助鄉縣
橋梁工程
807座

1,360座

402座 橋梁拓寬
及改善

掩埋場
238處

原住民鄉橋梁
31座

原住民鄉吊橋
37座

隧道新闢
拓寬及改善
33座

宋楚瑜及省政府團隊所做橋梁基礎設施。

1 | 1993年10月24日，宋楚瑜陪同李登輝
總統訪視南投縣集鹿大橋工程。

2 | 1994年7月23日，宋楚瑜與連戰院長共
同主持北橫羅浮橋竣工典禮。

3 | 1997年3月6日，宋楚瑜訪視省道臺2
線、臺9線及宜蘭縣蘇澳鎮特1號公路
等新建與養護工程；他親自行駛蘇花
公路全線，此圖為途中下來勘視路況
與橋梁建設。

4 | 1997年3月14日，宋楚瑜主持苗栗縣三
灣大橋通車，並參加打糬活動。

5 | 1997年7月29日，出席彰化縣福興鄉福
寶橋通車典禮，並和地方鄉親寒暄。

1 | 1997年9月19日，訪視苗栗縣西湖鄉飛龍大橋新建工程。

2 | 1998年1月24日，訪視南投縣軍功橋路面工程，右為省公路局局長梁樾，左為省水利處處長李鴻源。

3 | 1998年10月2日，宋楚瑜訪視臺19線臺南縣西港大橋拓寬工程，聽取公路局局長梁樾簡報。

4 | 1998年10月11日，主持苗栗縣銅鑼鄉九湖通九大橋通車典禮。

5 | 臺北大橋改建完工後圖照。

6 | 關渡大橋。

7 | 1994年8月10日，宋楚瑜與行政院院長連戰、宜蘭縣縣長游錫堃、交通部部長劉兆玄等人，訪視北宜高速公路雪山隧道工程情形。

8 | 宋楚瑜強調：「我不能管公路、鐵路的時刻表，但我可以管他們的局長，也就是幫百姓管著跟他們有關的大小事。」圖為宋楚瑜在臺中火車站聽取鐵路局簡報。

9 | 宋楚瑜說：「走在臺灣的道路上面，就感受許多事情不是在冷氣房內，拿個紅鉛筆、藍鉛筆，在那邊劃來劃去的。」此為1997年4月23日，訪視新竹東大路立體高架橋工程。

1｜空中鳥瞰臺1線拓寬後的景觀。

2｜臺11線。

3｜1995年12月30日，省長視察中沙大橋，彰化縣縣長周清玉（左四）、省府祕書長蔡鐘雄（左二）陪同。

4｜1998年8月2日，宋楚瑜主持臺灣南北要道臺3線全線拓寬竣工，立委徐成焜（右一）、立委何智輝（右二）、苗栗縣縣長傅學鵬（左五）、省議員陳超明（左四）、立委劉政鴻（左三）等人一起參加。

5-6｜臺3線拓寬竣工，和苗栗鄉親一同歡慶。

7｜西濱快速公路苗栗至臺中段。

4 1
5 2
6 3
7

交 通 建 設

漁港興建/修建
115處

3,580公里

道路新闢
616 km

道路拓寬及改善
1,536 km

補助鄉縣道路工程
1,428 km

臺灣海岸線全長1140km
約繞行**3**圈

全臺農林道路工程
4,025,984公尺

改善農路
1,320,799 m

辦理道路
50,960 m

整修農路
2,654,225 m

宋楚瑜任內對臺灣省交通及農林道路、漁港等基礎建設的概況。

1｜1994年7月21日，宋楚瑜訪
視新竹市東大路立體高架橋
工程，右為新竹市市長童勝
男，簡報者係省住都局工務
處處長吳澤成（現為行政院
工程委員會主委）。

2｜新竹市東大路高架道路通
車，左為新竹市市長蔡仁
堅，右為省議員張蔡美。

3｜連接臺灣西部沿海要道臺15
線竹北和新豐路段的鳳鼻
隧道長2.25公里，以「假隧
道」的方式構築，在隧道內
可以看到臺灣海峽，它還是
國內第一座「避彈隧道」，
也是一條四線道快速公路。

4｜1996年1月27日，宋楚瑜訪視
新竹縣寶山交流道，由縣長
范振宗、省議員邱鏡淳、交
通部次長張家祝及省交通處
處長陳世圯陪同。

1 2
3
4

5│宋楚瑜與屏東縣縣長蘇嘉全、省
　公路局局長梁樾、省議員曹啟鴻
　（右）實地視察屏東交通建設。

6-7│宋楚瑜與公路局局長陳世圯
　　（右）及臺東縣縣長陳建年
　　（左）到臺東山區踏勘，為東部
　　新公路定線。

8-9│1998年6月12日，宋楚瑜主持花
　　蓮縣玉長公路（臺30線，玉里長
　　濱公路）開工，並問候鄉親。此
　　公路是國家重大交通建設之一，
　　全長16.22公里，橫跨海岸山脈，
　　為花東縱谷風景區、東海岸的重
　　要交通動脈。

1 | 1997年2月21日，宋楚瑜慰勉澎湖縣公路局工程人員，其後方為澎湖縣議會議長黃建築。

2 | 1997年7月16日，宋楚瑜訪視澎3線拓寬及中正橋興建工程，右為省議員許素葉。

3 | 澎湖縣道拓寬為四線道後景觀。

4 | 澎湖跨海大橋拓寬完工，宋楚瑜指示將最初興建單線大橋時蔣中正總統的題字仍保留在原位。

5 | 1994年8月12日，東西向公路彰濱臺中線破土。

6 | 1994年10月20日，宋楚瑜主持東西向快速公路南寮竹東線動工，與立委林光華（左二）、新竹市市長童勝男（右五）、省議員張蔡美（右三）、省公路局局長陳世圯（右二）一起破土。

7 | 1994年11月7日，宋楚瑜出席東西向快速公路高雄潮州線破土典禮。屏東縣縣長伍澤元，及高雄縣縣長余政憲作陪。

8 | 1998年8月25日，宋楚瑜訪視東西向漢寶草屯線，彰化縣縣長阮剛猛（左二）及省議員謝章捷（右二）陪同。

1 | 宋楚瑜在北門玉井線親駕，交通部次長毛治國坐在副駕，這樣就是通車了。

2 | 臺南縣北門玉井線於1998年7月完工，為臺灣12條東西向快速公路通車的第一條，開啟臺灣交通路網建設新頁。

3 | 1998年11月1日，東西向南寮竹東線通車，宋楚瑜親駕，苗栗縣縣長林光華坐在副駕，後座站立者左起新竹市市長蔡仁堅、立委范振宗、省議員張蔡美、省議員邱鏡淳。

4 | 1998年7月28日，省長訪視臺鐵標高最高的苗栗三義鄉勝興車站。

5 | 宋楚瑜搭乘臺鐵火車跑了5,431公里，巡訪臺鐵每一個大大小小車站，親自督導並撥款協助改善，強化服務乘客功能。

1｜宋楚瑜對臺鐵有很高期盼（左為臺鐵管理局局長陳德沛），視之為「平民版的高鐵」，一再期許鐵路局雖歷滄桑，但不能老化。

2｜1998年1月22日，宋楚瑜對臺鐵改善工程都親自關切，為勞苦的鐵路員工打氣，此為宋省長訪視宜蘭，問候鐵路局員工。

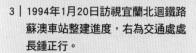

3｜1994年1月20日訪視宜蘭北迴鐵路
　蘇澳車站整建進度，右為交通處處
　長鍾正行。

4｜1994年2月25日，宋楚瑜巡視北迴
　鐵路雙線工程。

5｜1994年12月22日，宋楚瑜訪視臺鐵
　宜蘭縣蘇澳站，宜蘭縣縣長游錫堃
　（左一）、蘇澳鎮鎮長林棋山（左
　二）及省建設廳廳長林將財、省新
　聞處處長黃義交陪同。

6｜1998年9月8日，宋楚瑜慰勉北迴鐵
　路施工人員，省議員盧逸峰（中）
　陪同。

3　4
5
6

1｜1994年6月18日，主持鐵路地下化松山段通車典禮。

2｜1996年1月19日，宋楚瑜主持臺鐵新購電聯車啟用典禮。

3｜1997年2月27日，宋楚瑜搭乘臺鐵，訪視高屏段電化工程。

4｜1997年9月23日，宋楚瑜在板橋新站開工典禮中動土的畫面。

5-7｜1998年7月28日，宋楚瑜訪視苗栗縣三義
　　　鐵路隧道工程；同時在勝興車站，與站務
　　　人員交談。

8-9｜1998年8月13日，訪視阿里山鐵路嘉義
　　　竹崎站修復工程，省林務局局長何偉真
　　　（左）陪同；並與火車駕駛員握手致意。

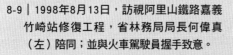

1｜1998年8月12日，宋楚瑜訪視基隆市，了解郵局代售火車票作業情形。

2｜1998年9月8日，宋楚瑜訪視北迴鐵路，在車站和搭乘火車的小朋友熱情握手。

3-4｜1998年10月11日在臺中縣豐原車站（左上）以及苗栗段（左下：右一為傅學鵬縣長，左二為徐成焜立委），主持鐵路山線雙軌工程通車典禮。

第 8 章

◆

讓原住民有一技傍身，
創造自己的故事

臺灣地方不大，各個族群生活在一起，平地有原住民，山地也有原住民；原住民即是其他國家通稱的「少數民族」。

60餘年前，經國先生為探勘開闢中橫公路曾經涉入深山，用泰雅族語向少數民族問候：「老溫（朋友），乃麻子（你好嗎）？」[1]這個聲音彷彿還在山谷中迴盪。

後來，宋楚瑜也追隨經國先生腳步，到各個部落去關心基礎建設，增進彼此的認識與認同。他從不會弄錯，連北排灣、南排灣也分得清楚。他能一口氣順暢背出原住民各族分布在哪些鄉鎮，說出那55個鄉鎮名。

那段時間，宋楚瑜與省政府團隊為偏遠地區、弱勢族群或原住民，做過不少「彌補性」的工作。這種急切任事的心情，就如同要創作一件好的藝術品，不忍心邊邊有瑕疵，要投入許多專業與心力，想盡辦法做到完美。

他甚至堅持，「劣勢者利益最大化」才是社會正義的真諦；他深知「原住民要的是尊嚴和公平的機會，能分享社會發展的成果，而不是憐憫或同情」。

我們是一家人，語言是尊重族群第一步

在1994年4月15日的83年度原住民事務研討會上，宋楚瑜以〈大家都是臺

---

[1] 經國先生擔任行政院退輔會主任委員時，為勘定中部橫貫公路開闢路線，和當時省公路局局長林則彬等人兩次深入人跡罕至之地，以後還曾19次前去探視開路的榮民弟兄，一起把酒言歡。中橫是他們幾人在沒有路的高山峻嶺中一步一步走出來的，經國先生在深山裡曾經有較長時間和原住民相處，學了簡單的泰雅族語。

灣寶島上的生命共同體〉致詞時，特別強調推廣原住民文化、進用原住民人才、改善原住民教育，以及提升產業經濟、改善交通、居住品質、社會福利等問題之後，非常慎重其事地背出55個原住民鄉鎮名；他沒有帶小抄，沒有看稿子，為的是表達省政府對原住民同胞的施政決心與重視。以下一段是宋楚瑜當時所背所講（引自《宋省長楚瑜講話彙編》第一輯，頁263-264）：

> 現在楚瑜就試著從北到南說出各原住民地區鄉鎮市名稱，並請批評指教：臺北縣烏來鄉，宜蘭縣大同鄉、南澳鄉，桃園縣復興鄉，新竹縣五峰鄉、尖石鄉，苗栗縣泰安鄉，臺中縣和平鄉，南投縣仁愛鄉、信義鄉，嘉義縣阿里山鄉，高雄縣三民鄉、桃源鄉、茂林鄉，屏東縣霧臺鄉、三地門鄉、瑪家鄉、泰武鄉、來義鄉、春日鄉、獅子鄉、牡丹鄉，花蓮縣秀林鄉、萬榮鄉、卓溪鄉，臺東縣海端鄉、延平鄉、達仁鄉、金峰鄉、蘭嶼鄉，以上三十個山地鄉大部分訪問過，另外二十五個平地山胞鄉鎮市是：新竹縣關西鎮，苗栗縣南庄鄉、獅潭鄉，南投縣魚池鄉，屏東縣滿州鄉，花蓮縣新城鄉、花蓮市、吉安鄉、光復鄉、鳳林鎮、瑞穗鄉、豐濱鄉、壽豐鄉、玉里鎮，臺東縣長濱鄉、成功鎮、東河鄉、池上鄉、關山鎮、鹿野鄉、臺東市、卑南鄉、太麻里鄉、大武鄉等，此外還有基隆市的中正區，楚瑜能說出這些鄉鎮市，表示省政府的重視與關心，希望全體同仁共同為原住民服務，使原住民不僅得到尊重，更成為臺灣美麗寶島上的生命共同體……。

不知經過多少的苦心與練習，宋楚瑜學會使用各族原住民的問候語、簡單的語言，每次該他講話的時候，都不會忘記開頭與結尾要「秀一下」，偶爾中間也要穿插幾句，或來個一小段，這創造了他極具效果的演說風格。

宋楚瑜在各種場合經常使用，向原住民各族群的問候語，到今天仍朗朗上口。例如，對排灣族的MARI MARI（來義鄉以北）、MASARO（來義鄉及其以南），對阿美族的NA AI HO，對泰雅族的MAHU WAI SU，對布農族的UNINANG MIHUMISAN等等。

1996年的農曆除夕之前，宋楚瑜邀請了全省四大族群的鄉親代表，到中興新村共度圍爐的晚會。這一次晚會是與民互動的一個剪影，將省內各個族群邀集相聚；他和陳萬水放鬆的與所有人載歌載舞。當晚他用客語朗誦〈客家本色〉的歌詞，又和原住民各個族群一起跳原住民舞，高唱〈我們都是一家人〉。歌聲很高昂，大家的情緒都很high。

由於環境的關係，年近50歲，他才開始學習閩南、客家及原住民的語言。雖然每次開口，都要先深呼吸，鼓足十分勇氣，雖然每次都引來一陣陣笑聲。可是他知道，這樣的笑聲並非看他笑話，而是一種鼓勵、一種認同，他們樂意省主席、省長勇敢講出來，與他們拉近距離，雖然不標準，不輾轉。

劣勢者利益最大化，共同克服困難

宋楚瑜認為語言是工具，維護母語只是尊重族群的第一步；「還有更重要的，要了解他們的文化習俗，深入他們的日常生活，和他們共同克服困難，解決一連串問題，讓他們擁有尊嚴與公平競爭的機會。」

身為政府領導人，**追求族群的「尊嚴與公平」時，不是「錦上添花」，亦非「雪中送炭」，也絕不是採用齊頭式的平等，而是平時就去做到真實的接觸，增進信任與認同。**

宋楚瑜堅持他的想法，認為「劣勢者利益最大化」才是社會正義原理，才是社會進步準則，才是尊重人權，才能真正做到發揚人道精神，才能說我們的社會享有「機會均等」。

「正如當前社會趨勢，窮者日窮，富者日富；族群差距亦復如此，要協助他們站上利基（niche）公平的出發點，要幫忙他們取得機會平等的競爭力。」他引用美國政治發展學者白魯恂（Lucian W. Pye）[2]的看法，指出開發

---

[2] 白魯恂出生在中國山西省汾州一個派駐的公理會傳教士家庭，他曾在美國涉及亞洲的研究和政策機構任職，例如美中關係全國委員會（National Committee on United States–China Relations）、美國外交關係協會（Council on Foreign Relations, CFR），1988-1989年任美國政治學會（the American Political Science Association）主席。他亦被認為是提倡政治文化（political culture）概念，或是研究落後國家發展理論的先驅者。

國家或開發中國家的政府若做不到這一層，都會導致菁英與弱勢的隔閡，政令無法到達基層末梢，衍生管控或貫徹危機（the penetration crisis）。

然而，「劣勢者利益最大化」有兩件事「不可為」。

其一，不可持施捨（或是「居高臨下」）的態度。

如果在出發點上，是以「你比我低下，你不如我」這樣的心思，而非發乎至誠，非以「平等」（equality）待之，很容易被看穿、識破。

宋楚瑜認為，絕對平等是不存在的，相對平等是以人為之力盡可能做到接近平等；亦即在最基本的現代化經濟和現代化生活前提上，補足基礎建設等條件，建構出立足點（起跑點）平等的公平機會與環境。

「要做好原住民的工作，一定要兼顧現實，還要真正用長遠的、前瞻性的眼光去看問題。」宋楚瑜認為：「不能只侷限給予原住民一些優惠、補助、救濟的措施，原住民要的不是憐憫或同情。」

其二，不再以「強制整合」為最高目標。

「要能做好貫徹，不是霸道的力量，而是王道的力量」，宋楚瑜堅持「求同存異」，以及相互之間的尊重：「所謂強摘的果子不甜，如果強加以約束，甚或硬要予以同化，恐怕都是適得其反！」

國際潮流與學術觀點已經改變，各國政府亦不再以「強制整合」為最高目標，轉而改採多元文化主義。宋楚瑜深刻理解與體認：「當少數民族的文化能得到欣賞與尊重時，他們才會樂於與大社會融為一體。」

以宋楚瑜任內完成的泰雅大橋[3]為例，不僅在於協助原住民對外交通與物產運銷（並參本書第7章），同時也藉以宣揚道地的泰雅文化。這座泰雅大橋可說是具有多項原住民鄉公共工程之最：除工程經費是當時最高之外；亦是橋梁最長，長1,000公尺；造型最具特色，係結合泰雅族織布與紋面文化；工程品質最佳，榮獲行政院農委會1996年度評鑑為全國施工品質優等。

一位網友如此形容泰雅大橋：「橋身的設計造型將泰雅文化和現代的藝

[3] 泰雅大橋於1994年4月29日發包興建，於1997年6月30日如期完工，總計工程費為2億2,300餘萬元，分4年由省原住民事務委員會（前山胞行政局、原住民行政局）編列預算補助宜蘭縣政府執行。

術手法相互融入，有著像弓箭般造型的路燈，菱形的裝飾圖案，而護欄則是原住民織布的布匹花樣，色調上以紅、棕、褐三色為主，十分具有泰雅族人的獨特風味，頗具巧思。」

差距在哪？省議員質詢原住民「生命少 20 幾歲」

在一次省政總質詢中，曾華德、林春德、楊仁福、林正二幾位原住民省議員聯合質詢，以統計數字表達，讓宋楚瑜印象深刻，至今還念著這事。

當時這幾位原住民省議員說：「臺灣住民的平均壽命，男人是74歲，女性是75歲，但是原住民平均的壽命，不管男女，只有50多歲，原住民比一般人平均壽命要少20幾年。」

原住民省議員一席話有如醍醐灌頂，讓宋楚瑜一直銘記，省政府團隊更加不敢放鬆。宋楚瑜立即細究原因，梳理出原住民生活條件相較簡陋，居住環境品質不佳，衛生保健意識與設施不足，工作機會與實質收入有待改善，甚而個人的技能專長、謀職媒合及職場適應等都亟待加強與協助。

他在訪問蘭嶼時，親自體會當地原住民達悟族欠缺現代經濟生產條件，大多數族人無法維持固定正常收入，於是在國民黨中常會提議蘭嶼鄉親的健保費全免，應付費用由中央及省政府各出一半。同時，他要求省衛生處等單位投入更多醫療資源，積極增強該地衛生所設備，做到全面的改善與照顧。

省原住民事務委員會主委李文來曾言：「目睹宋省長為原住民奔波，不由得想到排灣族的一句話『馬利馬利！』感恩的心，宋省長的關懷，我們原住民的朋友都知道……。」

親自主持編列，原住民預算年年增加

如果回到「從前」，的確不能單從移民角度來看問題，也應從原住民的角度來理解，這是宋楚瑜一貫的態度：「**採取溝通，相互尊重，更重視原住民對臺灣所做的努力，以及原住民祖先對臺灣所做許許多多的貢獻。**」

宋楚瑜尊重族群差異（difference），卻不願見到族群差距（discrepancy）。如果說「人性關懷」是宋楚瑜的施政核心，「尊嚴與公平」則是人性關懷的施政原則，「資源整合」就是做到人性關懷的必要方法。他期許在他治理的臺灣省內，不再有核心與邊陲、強勢與弱勢、進步與落後的懸殊差距。

宋楚瑜尊重文化和信仰上的差異：「**不論哪個族群，我們都是生命共同體，經過歷代沿襲相傳，原住民有原住民的文化習俗，閩客也各有其文化習俗，並不妨礙族群的共同進步。**」

宋楚瑜深入原住民鄉與偏遠地區，夙夜為原住民打拚，致力縮短城鄉差距與族群差距。他澈澈底底跑遍原住民55個鄉鎮聚落與客家鄉鎮好幾回，甚至與省政府廳處首長幾十次的去實地關心，解決原住民鄉與偏遠地區對外交通、飲用水、教育、幼童及少女保護、產業發展、醫療與公共衛生等問題，確實做到「心到，手到，腳到」、「人到，錢到，考核追蹤也到」，直到問題完全改善。

尤其，每年編列原住民相關預算時，他都出席並親自主持；每年預算只有增加，不會減少。宋楚瑜要求：「**原住民鄉的道路等建設經費不編在原住民項下，因為這些道路建設出來，使用者不只是原住民。**」這項指示一直為宋任內兩位省主計處處長徐希學、張志弘等嚴格奉行。

宋楚瑜回憶說，徐希學與張志弘執行預算規劃十分盡責，對於省政推動的政策與重點項目，一定想方設法籌措財源，但他們也是「鐵公雞」和「嚴行法令的龜毛者」，只要有任何一丁點違反規定，絕對正色予以回絕，這和政黨輪替後各級政府各種弊案叢生屢見不鮮，不可同日而語。

原住民預算 6 年成長 194％

如上所言，宋楚瑜服務於省政府5年多來對原住民經費支持不遺餘力，各項相關建設皆加強辦理，從以下數據可大致了解一二：

──在主委李文來協助下，原住民預算編列自1993年度的11億元，成長至
　　1999年度的34億元，成長幅度194％。

——山地原住民鄉主要道路系統建設規劃路線總長1,511.7公里，需新闢路段54.02公里，需改善路段589.51公里；實際上，1993至1998年度編列經費50億3,000萬元，完成新闢43.22公里，完成改善54.95公里。另完成村落道路546公里的整建工作。

——自來水改善自1993至1997年度編列5億2,000萬元，完成改善171個村落飲水設施，供水率達68.51％。

——結合原住民的宗教信仰與聚會需求，完成原住民多功能活動中心113棟，經費43億元。

——原住民聚落生活環境及防災設施改善分6年實施，每年3億元，共計18億元，完成聚落環境改善213個村落，防災設施改善126個村落。

——輔導原住民保留地共同合作委託經營辦理11鄉24處，增編原住民保留地3,958公頃，收回土地造林122公頃，完成12個縣政府13個山地原住民鄉公所安裝電腦，遂行土地管理電腦化。

宋楚瑜經常提醒團隊同仁，省政府不能因為原住民人口數不及2％而有差別待遇，任何省政府預算案絕不可排擠到原住民預算。原住民朋友也暱稱宋為「大頭目」，後來在宋楚瑜參選省長和總統時，他獲得原住民同胞幾近九成的投票率支持。

和內政部協調，籌謀城市原住民居住問題

宋楚瑜上任省主席沒多久，省住都局（處）規劃新店地區的環河快速道路為八線大道，小碧潭的原住民部落拿起白布條請願，理由很簡單：「幾百年以前，我們就住在這裡，為什麼今天卻要我們遷走？你們說我們是違章建築，其實在臺北那麼多的房子才是違章建築。」

由原住民選出的省議員楊仁福和林春德非常關心這個問題，宋楚瑜沒有迴避，直接到現場了解，與原住民部落溝通，做出整體遷村的共識與決定，遷建經費由省政府全額負擔，並再加蓋原住民的宗教集會場。

首先，該案由省政府提撥4,700萬元，配合內政部、臺北縣政府協力予以

解決。在原住民集體遷村的興建期間，省政府亦協調在新店中正國宅內提供58戶做為「中間過渡居住」場所。

接著，宋楚瑜親自和由省經建會主委轉任內政部次長的楊寶發（曾任臺南縣縣長）密切協調，籌妥1億餘元經費，相關法令也做一番調整修正。他希望原住民遷入居住後，透過收取象徵性租金，以聚沙成塔的方式，積累作為未來都市地區興建原住民國宅基金，藉由衍生孳息循環運用。

因為原住民習慣群居，這個新部落住宅區完工後，就一直保持專供原住民居住；宋楚瑜也將這個構想運用在基隆市海濱八尺門國宅，形成國宅空間與都市原住民部落的共生現象，凡此有利於族群和諧的事情，他都鼓勵省政府團隊去做並推廣。小碧潭原住民部落是一個開始點，提供宋楚瑜對城市原住民居住問題做整體思考。

附帶一提，在處理眷村改建與國民住宅興建時也特別綜整考量，納入原住民或低收入戶，盡心盡力做到照顧弱勢。

蘭嶼海砂屋是省政府建的，就應由省政府負責改建

有的事情推展並不是那麼順利。

以蘭嶼來說，宋楚瑜曾去了5趟，那邊前前後後有環島道路拓寬、垃圾衛生掩埋場、紅頭與東清兩村自來水改善等工程進行，但他同時關心蘭嶼海砂屋改建工程。

自1966年起，蘭嶼開始興建國宅，比較大批的是1975至1980年，由省政府民政廳主辦，配合「改善山胞生活」計畫，共興建國宅566戶。當地原住民雅美族（後改名為達悟族）進住不到五、六年，房子水泥塊開始掉落，鋼筋外露鏽蝕；形同危樓之後，族人開始向政府求償。

1994年9月7日，蘭嶼原住民為海砂屋問題到省議會請願，宋楚瑜和民政廳廳長陳進興多次商議，自1995年推出蘭嶼國宅「整、興、建」五年計畫，每戶補助45萬元。但省政府已經將經費撥到臺東縣政府，縣政府卻遲遲發包不出去。

問題有兩個，一是受限50年使用報廢拆除的規定，另一個是由臺灣本島運送陸沙，價格上比原來價格高出20％。這些事宋楚瑜又請省政府民政廳等相關單位設法突破困難，要因地、因事制宜，該增加經費預算就增加。

他做了這樣的釐清：「假如我們只是虛應故事，而不從實質層面上去做調整，就沒有權力怪地方沒發包出去。」他對此事十分堅持，認為省政府要幫蘭嶼海砂屋儘速改建：「我到任之前，全臺各地區發現不少海砂屋；蘭嶼海砂屋是省政府建的，就應該由省政府負責改建。政府做的工程對人民要負責任，不要讓人民對政府失掉信任與信心。」在他的堅持與追蹤下，這個問題終於獲得解決。

一技傍身最重要：發揚各族群技藝、詩歌、神話

今天臺灣地區的人口中，原住民同胞的比例甚微，約只有1.6％而已。若以眼前就業市場的現實情況來論，原住民要與其他族群作公平競爭，可能有些困難。

如再原地踏步，成功與機會不會從天上掉下來。

因而，在為原住民廣開升學管道之外，另一種立地做起的長遠方法，就是開設原住民技能訓練班，教以職業技術，讓原住民青年「一技傍身，行遍天下」。

宋楚瑜語重心長：「我教導自己的孩子也是這樣，不求他飛黃騰達，只要他具備一技之長。」他的一兒一女在陳萬水的教導下，都學有專精，有一技之長，不必依賴父親的關係去謀職。

廣開升學管道是省政府整合社會資源與政府資源，培養原住民的菁英，讓原住民本身產生自發向上的力量，形成一股風潮。

另一方面，特殊技能教學、輔導就業與創業等，則是省政府整合原住民的自有資源、民間資源與政府資源，鼓勵原住民學生與青年，從認知和參與建立自尊與自信，培養奮鬥意志和社會責任感。

只要有一技之長，每個家庭就有寄託與希望。如果能從自有文化藝術價

值傳承著眼，將深具特色的原住民文化，轉變成更精緻的文化產品，讓原住民的文化在市場上占有一席之地，不僅可以使原住民同胞在現代工商社會中找到立足之地，也可以保存這些文化傳統。

「像泰雅族的黥面文化、達悟族的飛魚文化、排灣族的百步蛇雕刻文化及魯凱族的石板屋文化等，既特殊又吸引人。再結合旅遊、農牧、手工藝的整體性產業規劃，使原住民的傳統文化、母語、詩歌、神話、傳說、編織、刺繡、雕刻，透過生活、生產與文化創意相結合機制加以復甦、推廣，甚至進入市場販售，這樣不也是能提升原住民生活品質的方法！」宋楚瑜這般細數著。

教育機會若均等，原住民照樣考進臺大醫學院

原住民子弟在各行各業裡，均不乏特殊優秀與表現傑出的人才。原住民對社會發展有長期付出的貢獻，原住民的智力、智慧絕不遜於任何族群，但原住民在家庭經濟與生活等條件上，包括住的環境、衛生及飲食等，相對處於弱勢，以致壽命也呈現明顯的差距，這是不爭的事實。

1996年3月，由省教育廳舉辦的一場原住民教育研討會，選在省立花蓮女中舉行，承辦此項會議也是花蓮女中。花蓮女中校長田正美是桃園縣復興鄉泰雅族原住民，宋楚瑜在會中稱讚她是「原住民的驕傲」。

加上前一年大學聯考，一位榜首也是原住民，來自花蓮縣，考進臺大醫學院，凡此都讓宋楚瑜頗有所感。他對與會人員發表了〈點一盞希望的燈〉講話，講述內容中的一個要點，就是他向來最重視的，教育是一把最重要的鑰匙，知識不能被壟斷。他以欣悅並肯定的口吻說：「**只要教育機會平等，原住民同樣可以進入臺大醫學院就讀。**」

臺灣經過幾十年建設，各地區教育都具備良好規模，宋楚瑜在全省各鄉鎮奔走時，比較關心教育資源分布與共享的問題。許多偏遠、離島的地方都去了，像澎湖縣吉貝與花嶼、臺東縣蘭嶼那些學校，每次訪視都看得到在進步，老師教學辛勤認真，學生充分運用電腦與圖書，宋楚瑜非常感動。

建好的蘭嶼國小，也是設備相當好的學校。因為這裡夏天很熱，教室特

別挑高，又當地風沙很大，每間教室都鋪設木質地板。學生進去要脫鞋子，裡面還有洗手設備，改善得很周全。

他常去看原住民國中小學，也做了一番澈底改善。以新竹縣尖石國中而言，在翠綠山林環抱裡，有PU跑道，教室與宿舍整潔明亮，整面大玻璃窗門透視著天然美景。學生宿舍裡有上下鋪、書桌、櫥櫃、茶几、沙發，文康室有書報、電視等設備，一應俱全，應有盡有。

改善尖石國中宿舍，山地原住民鄉國中小學通盤處理

長期以來這些地區的學校被忽略，宋楚瑜一一去訪視，在看過這些學校後心裡很不好受，立即指示要教育廳加以改善。就因為他相信教育是達到公平正義的途徑，政府最應做好這項工作：「**將教育這個餅做大，而且要做得公平，讓每個地方的子弟不論在哪裡就學，都可享有一樣的教育資源。**」

新竹縣尖石鄉是原住民居住且位於甚偏遠的山區，尖石國中則是當地唯一的國中。可是當宋楚瑜還是省主席，第一次訪視時，有不同的四個字能表達他當時的心情，那就是「很不滿意」且感到「非常慚愧」。他心裡頭盤桓想著：「全省到底有多少類似狀況的宿舍？」

當時這裡有300多個學生，有100多個學生每天長途跋涉，想寄居學校宿舍，卻只能提供40幾個學生住宿，其他人怎麼辦？

不僅如此，宋楚瑜看到宿舍簡陋不堪，為了安全起見，女生宿舍門窗全裝上鐵條，照明設備也不好，每個床位都很破舊。他實在於心不忍：「做父母的，來看自己的兒女住在裡面，做何感想？」

要讓原住民學子樂於上學，不能沒有好的環境，來安頓他們的身心。老師們也必須有較優渥的住處，才能定下心來，為山區子弟奉獻心力。

宋楚瑜立即和教育廳廳長陳英豪商量改善問題，他神情嚴肅的告訴教育廳同仁：「尖石國中校長向省政府申請600萬元增闢宿舍，這不是多少錢的問題，而是我們有沒有愛心，肯不肯用心，為民眾與學生解決問題。」

隨後，他又請省府委員陳鏡潭組成專案小組，共分7個小組，全面實地了

解所有山地原住民鄉及偏遠區國中小教室與宿舍等軟硬體設備，統一規劃納入「教育優先區」，訂定專款補助辦法。

教育廳同仁很賣力，將這件事當作迫切事情辦理，大約不到3年，充實改善這些學校設施。也多虧副省長兼財政廳廳長賴英照，籌措大約7億元經費，才能完成這件心頭大事。宋楚瑜說：「這種經費絕對不能省，下一代才有希望。」

招收原住民護理師專班：吳秀蘭、張昭雄、王永慶的故事

談到原住民教育，則要說說吳秀蘭的故事。

長庚醫院院長和長庚大學校長張昭雄與宋楚瑜結緣，源頭即是原住民教育問題。張校長、台塑集團故董事長王永慶和宋楚瑜有一個共同故事（詳參《寧為劉銘傳》，第14章），就是一起為原住民培訓醫療技職人才，協助他們返鄉為自己族人與部落貢獻所學，用專業來守護自己的家人與族人。

那是一次到宜蘭縣原住民的大同鄉訪視，走出鄉公所時，宋楚瑜無意間發現對街一位眉清目秀的女孩子。他雖然行程非常緊湊，還是忍不住停下來表示關心，當時她是國中二年級學生。她告訴宋楚瑜，因為今天考試，所以提前放學，並說明家裡的大致情況。

那時，原住民少女被人口販子販賣案例時有所聞，「拯救雛妓」是民眾關切的社會問題。宋楚瑜不禁多了一個心，就暫時擱下既定行程，帶著鄉長與幾個人到離鄉公所不遠的吳家拜訪。

吳秀蘭的祖母已很高齡，聽障的父親在省林務局打零工，母親也是打零工養家，家庭沒有固定收入，還有兩個弟妹。宋楚瑜立刻請林務局為她父親安排工作，每日固定600元收入，並由社會處申辦低收入戶救助，教育廳則協助吳家小孩順利就學。

不只一位吳秀蘭，還有其他的吳秀蘭

那趟回來，宋楚瑜心思未止，「不只一位吳秀蘭，應該還有其他的吳秀

蘭」。這令他想起台塑董事長王永慶，因為他聽說王永慶一直在關心照顧原住民，於是省政府立即與長庚護專協調招收原住民學生事宜。

原本教育部對護專考試專招原住民學生有不同意見，認為無此先例，希望以「無差別」的聯合招生方式辦理。張昭雄為了教育部的意見傷神，正好在一次餐會上遇到宋省長，遂與之談起，但因會場太吵雜，談不了細節，未能充分溝通。張昭雄沒想到，隔天宋楚瑜就請社會處處長唐啟明來洽。

不久兩人再次遇見，宋楚瑜主動提起這件事，表示將在國民黨中央常會向教育部部長郭為藩反映。令張昭雄驚訝的是，擔任省長的宋楚瑜那麼忙，居然清楚記得這件事，並且關切進度。以前兩人並不熟悉，自原住民教育之事起，彼此有了深刻認識；2000年總統大選時，張昭雄應允為宋楚瑜的搭檔，擔任副總統候選人，之後又出任親民黨副主席。

宋楚瑜說教育部本來有不同意見，認為專為特定族群招生「依法無據」，經研究後，改稱「於法並無不合」，以專案方式通過該計畫；長庚則獎助學生全額學雜費、食宿費，以及免費供應書籍，並按月發給原住民學生零用金。

長庚護專此次計錄取140多位原住民學生，吳秀蘭也被錄取；開學之後，宋楚瑜和王永慶夫婦一同出席，和接受獎助的原住民學生碰面，勉勵他們努力向學並共進午餐。

王永慶還允諾，在台塑集團興辦的明志工專，開辦原住民青年技能訓練班。這樣運用現有職業教育單獨招生及整合社會資源的做法，來克服原住民的根本問題，後來還有慈濟護專、大漢工專等學校跟進辦理。

原住民國中畢業生的升學管道，當然不是這幾所整合資源的學校而已，其他還有省立花蓮高工等13所重點職業學校，及省立蘇澳水產等33所教育廳指定職業學校。為了減輕原住民負擔，除了學費、雜費幾乎全免，另頒發助學金每人每年42,000元。

宋楚瑜相信社會上有許多像王永慶的人，願意提供相關資源幫助原住民；但他更相信，原住民要的是尊重、尊嚴與公平，不是施捨、憐憫或同情。政府該做的，是為原住民點燃一盞希望的燈；接下來的路，他們自己要

去開拓。

不僅如此，省政府另編列經費，讓原住民護專學生利用寒暑假返鄉工讀；宋楚瑜還撥空與學生見面，一再勗勉擔負起保護家鄉責任，將所學的醫療常識與衛生保健方法帶給自己族人，一同建立衛生、醫療與保健的觀念。

提供創業貸款，助原住民創造自己的故事

宋楚瑜渴望看到原住民朋友一代比一代強，在每個崗位上擔任中堅，在各行各業表現出色，「**不再是聽故事的角色，而是經由他們的雙手去完成，去告訴人家他們走過的艱辛，去告訴人家他們創造的故事。**」

由於原住民傳統工藝已有斷層之虞，省政府在新竹縣尖石、桃園縣復興及花蓮縣秀林三個鄉從事實驗性教學，自族群長老裡聘請專業人才與特殊才藝老師，對學員施以訓練指導，也鼓勵學員返回部落後，以接力方式開班傳授族人，期由點、線至全面，保存傳統工藝技能，並增加原住民收入。

省政府協助原住民的管道具多元性且多樣化。例如，輔導原住民運用田園景觀、自然生態、環境資源、農家文化，興建民宿村莊，使農業與觀光結合，發展具休閒功能產業。

同時，積極幫助原住民取得公有地工作權、建地地上權、林地地上權，用之於開發地區性的特產；例如，臺中縣和平鄉的甜柿、花蓮光復地區的箭筍、南投縣信義鄉的梅子，都有豐碩成果。

省政府也設立山地原住民鄉原住民就業服務志工，以及配合原住民勞動合作社成立，協調省屬公共工程得標廠商提供就業機會；此外，並獎助民營企業僱用原住民每人每月2,000元，最多6個月。由於路途較為遙遠，原住民求職也可獲餐旅費補助。

宋楚瑜重視原住民就業輔導，省屬公共工程得標廠商有義務協助原住民就業，必須提供一定比例工作機會，是宋楚瑜所做的「特別指示」。至於廠商如何找原住民勞工，省政府從不干涉。

另外，省勞工處職業訓練中心也投入原住民職業訓練，包括現代工商社

會所需各種技能，如土木、家具、木工、電工、汽車修護、電髮、烹飪等。宋楚瑜要求省政府同仁：「開拓更多選擇性的工作機會，不是再沿襲過去只提供煤礦坑、漁船上的就業而已。」

不僅輔導就業，也協助原住民自己當老闆，經省議員林春德、楊仁福呼籲，成立了原住民經濟事業發展基金，省政府籌措金額累增為20億元，藉著孳息及低利貸款的循環利用，貸款額度提高到抵押貸款500萬元、信用貸款80萬元。自1994年至1998年度，計貸放1,665件，金額達15億元。

點燃一盞希望的燈，讓原住民自己成為社會菁英

貸款1,665件，並不是製造出1,665個老闆而已，而是要創造出1,665個故事，甚至激勵帶動出無數感人的故事。

「這就是人們所說的，不是給人一條魚，而是教人怎麼去釣魚。」宋楚瑜強調：「**原住民朋友自行創業，與其他鄉親朋友一樣，會經歷困難、失敗，但凡是走過的，必會留下足跡，必會走出屬於自己成功的路。**」

還有，教育只是一把鑰匙，社會上每個工作都是磨練的場域，都是開創自我的機會，必須靠自己，自己的力量才是無窮無盡的。宋楚瑜指出，「讓別人來幫助原住民，不是政府的終極目標，原住民本身培養訓練自己成為社會菁英，擴大影響，帶動風潮，這才是在原住民教育的重中之重。」

省政府也曾每年辦理「強化原住民參與政治建設」計畫，藉著舉辦講習會、座談會與研討會等，拔擢原住民青年與人才。宋楚瑜認為，少數民族尤須培育族群政治菁英，擔負起振興族群責任。但他亦強調，「這些方式在於發掘領導菁英，並持續給予參與機會，至於選舉提名或各類推薦，則完全尊重各族，自由的產生人選。」

在宋楚瑜任內，原住民公職人員政治參與踴躍，當選鄉長有30名、縣市議員52名（平地原住民22名，山地原住民30名）；還有臺東縣縣長陳建年，卑南族人，經國民黨提名，1993年當選，1997年連任，是臺灣第一位原住民出身的縣市首長。

要施以「文德」，而非控制力、強制力或高壓

在處理少數民族與政治認同問題上，宋楚瑜常學以致用，記得當年在美國時讀到阿爾蒙與佛巴研究開發中國家在政治發展中最難以克服的問題時，提到有五項危機或問題；他在美國求學時，就十分關心這方面問題，也因此成為他在喬治城大學博士論文研究中的一部分。

他於1974年撰寫完成題為 *An Elite Perspective on Developmental Crisis: China's Experiences in Inner Mongolia*（Washington D. C. The Georgetown University）的博士論文，中文譯為《從社會菁英的角度看發展危機：中共在內蒙古的經驗》，在該論文中他鋪陳政治發展是「追求認同」（identity）、「探求合法」（legitimacy）、「爭取管控」（penetration）、「擴大參與」（participation）、「普及分配」（distribution）五者之間，連續不斷且相互影響作用的動態過程。在此過程中，產生五種力量的「向心力」和「離心力」的混合作用，他稱之為「發展過程中的五角關係」或「五項危機或問題」。宋楚瑜加以論述，在政治發展過程中這五項危機或問題並非互相排斥，事實上任何一項危機也會造成其他四種危機的衝擊，亦即任何社會制度中，危機或問題並非單一存在，一項新的危機與另一項危機或多或少會互相共存而又相互影響。

簡言之，此一糾葛且難以梳理的政治發展族群融合難題，其核心本質直接涉及「我是誰」、「我屬於哪類族群」、「我和其他族群的人如何相處」。在他返國服務後的各個工作崗位上，持續留心這個問題在臺灣的起伏變化。他以「向心力」與「離心力」兩個概念，來統整說明開發中國家政治發展現象。

所謂「向心力」（centripetal），在自然界可視之為牛頓發現的「地心引力」（gravity）；運用到政治發展上，即是令人「願意共享的吸引力」，其特徵包括：（一）政治權力分配到位；（二）政治參與公平公開；（三）感染力或滲透力（penetration）強。亦即政府公權力管理周延（並非依恃控制力、強制力）、教育目標明確、政治溝通與說服力暢達、社會化（socialization）過程順利推展，再以資訊傳播作為助力，而共構成加乘效果的綜合力，終能

凝聚民眾的認同與共識。而所指「離心力」（centrifugal）則為政治、經濟、社會利益分配不到位，政治參與不公平，公權力的使用不合理、不透明，族群意識認同被煽動，媒體言論趨於分歧或極化（polarization），就成為社會動盪的催化劑。

宋楚瑜的研究發現，當一個國家人民向心力強，對國家認同感也強，這樣的國家在政治與經濟上就會趨於穩定與發展；反之，當離心力被操作時，不僅在政治上趨於離散（discretization）或分歧（divergence），直接威脅到政權的鞏固與穩定，社會隨之動盪不安，連同經濟發展也會受到影響，甚至趨於敗壞。宋楚瑜認為，臺灣經驗走到今天這一步，尚有待考驗與克服的難題仍然不少，端由皆源自於此一「敏感地層」多元族群的屬性。

如果要從中國古書找相襯的話，比較接近的是《論語》季氏篇紀錄孔子所說：「遠人不服，則修文德以來之。」其中最為精髓的「文德」一詞就是「文治教化」（不是控制力、強制力或高壓），這在開發中國家政治民主化過程中即是最欠缺卻最迫切需要的「磁吸力」（magnetic attraction）。換成經國先生的語言，那就是「一切都從人民的角度看問題」，也是他要宋楚瑜擬出「告訴民眾‧明瞭政府做些甚麼」及「反映民情‧希望政府做些甚麼」（參見本書第6章）此一對聯很傳神地訴諸雙向對等溝通（two-way symmetric communication）的精神旨意所在。

促使社會更開放，讓弱勢族群擁有公平機會

在宋楚瑜的觀念裡，**「脫貧致富」是解決民生基本需求，亦是一種持續的「艱鉅工程」**；因為民眾需求也會隨時代而變化與提升（例如以前不要自來水，後來要自來水），也因此政府必須逐步拓展照顧版圖，由蛋黃區推展到蛋白區，從都市到村里部落、山巔海角，都要盡心細心。

他的一套邏輯是：「**對弱勢族群的照顧，要建立在社會正義的基礎之上，在政策上要跳脫傳統一般成本利益考量**；再則是設法使社會更開放，共同促進弱勢族群擁有公平的機會。」

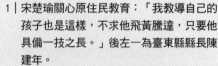

1│宋楚瑜關心原住民教育:「我教導自己的孩子也是這樣,不求他飛黃騰達,只要他具備一技之長。」後左一為臺東縣縣長陳建年。

2│宋楚瑜認為:「只要教育機會平等,原住民同樣可以進入臺大醫學院就讀。」

3│每年編列原住民相關預算時,宋楚瑜都親自主持;每年預算只有增加,不會減少;他要求:「原住民鄉的道路等建設經費不編在原住民項下,因為這些道路建設出來,使用者不只是原住民。」

4-5│宋楚瑜十分重視原住民權益等問題,圖為他親自主持1994年度原住民事務研討會及1995年度原住民教育研討會。

6 | 張昭雄、王永慶（右）和
宋楚瑜有一個共同故事，
就是一起為原住民培訓醫
療技職人才，協助他們返
鄉為自己族人與部落貢獻
所學。

7 | 1996年1月10日，宋楚瑜到
臺北縣林口長庚護校，與
原住民學生歡喜相聚。

8 | 左起宋楚瑜、陳萬水、省
社會處處長唐啟明和原住
民學生吳秀蘭。

1998年1月17日，宋楚瑜出席臺東文化節活動，以原住民語問候鄉親好。

1｜1993年9月10日，宋楚瑜訪視屏東縣獅子鄉，探望原住民學童，並查看學童宿舍設備。

2｜1996年12月4日，宋楚瑜訪視臺東農工。

3｜1996年宋楚瑜訪視臺東縣阿尼弗兒童之家。

1｜泰雅大橋不僅協助原住民對外交通與物產運銷，同時展現泰雅族織布與紋面文化的特色。

2｜1997年4月2日，宋楚瑜參加臺東布農族打耳祭。

3｜宋楚瑜、屏東縣縣長蘇嘉全、臺東縣縣長陳建年和原住民學童合影。

4｜1994年9月7日，蘭嶼原住民為海砂屋問題到省政府請願，之後宋楚瑜五訪蘭嶼，解決了改建問題，並完成蘭嶼環島公路。

5｜1996年2月7日，宋楚瑜主持屏東縣牡丹水庫通水典禮。

1-2｜1993年5月7日，宋楚瑜和陳萬水由時任屏東縣縣長蘇貞昌陪同，參與大武鄉豐年祭慶典。

3｜原住民朋友暱稱宋楚瑜為「大頭目」，後來在他參選省長和總統時，原住民以幾近九成的投票率來支持他，左三為臺東縣縣長陳建年。

4 │ 宋楚瑜深刻理解與體認：「當少數民族的文化能得到欣賞與尊重時，才會樂於與社會融為一體。」此為訪視高雄縣原住民鄉由林淵源省政委員陪同（右一）。

1 | 1996年農曆過年前，宋楚瑜邀請全省四大族群的鄉親代表，到中興新村共度圍爐晚會；他和太太陳萬水與所有與會原住民同胞載歌載舞。

2 | 宋楚瑜與陳萬水融入與原住民鄉親的活動。

3 | 省長夫人陳萬水（中）與原住民共舞。

原 住 民 鄉 建 設

堤防 9 km

擋土牆 34.6 km

233.3公里

配水管整修 189.7 km

聚落改善 147 村

共 254 村

防災設施改善 107 村

取水設施改善 30 處

252 處

配水池整建 77 處

飲水設施整建 145 處

宋楚瑜任內所做原住民鄉聚落改善、飲水設施及防災等建設。

第9章

◆

農漁工礦全面照應

在國民黨與「黨外」（民進黨成立之前的稱呼）對立的時期，「黨外」文宣首先以「宮廷派」、「大內高手」，大貼宋楚瑜的標籤。誇大不實的抹黑散布成為流言，讓人覺得他好像「不知民間疾苦」、「不食人間煙火」。

對於人家亂貼標籤，宋楚瑜實在不想反駁，只是偶爾私底下也難免犯嘀咕：「與其說我是大內高手，不如說是在軍機處行走[1]貼切！」其實，他這位「軍機處行走」也多有機會在「鄉下間（民間）」行走；經國先生下鄉時常要宋楚瑜隨行見習（參閱《蔣經國祕書報告！》，2018年）。

既然來到臺灣省服務，才不管你是什麼派或何方高手，農業可是一項必要考驗。大部分時間從事政治工作的宋楚瑜，顯然與農業連不在一起。但宋楚瑜說，「我不學農，但我有心。」

面對霧峰省議會，細數五穀雜糧

在臺灣，農業是臺灣重要的產業之一，因此要當省主席的，不能對農業一竅不通。在國民黨中央常會通過提名宋楚瑜出任省主席之後，省議會開始了新制度，要對新任省主席行使同意權[2]，這關過了才算數。

---

[1] 「軍機處」是清朝盛世時期專責處理軍政機要的常設部門。宋楚瑜在經國先生身邊歷練14年，有正式任命職務（行政院祕書、行政院新聞局副局長、行政院新聞局局長、國民黨中央文工會主任、國民黨中央副祕書長）；經國先生擔任行政院院長時期要他同時擔任「院長祕書」，經國先生擔任總統也要他同時擔任「總統祕書」（詳參《如瑜得水》，第14章）。

[2] 行使同意權這個新制度，首先用於連戰出任省主席時，連戰於1990年6月至1993年2月擔任省主席，宋楚瑜係其後任。由於之前宋楚瑜被認為是「大內高手」，而且前一項職務是國民黨祕書長，民進黨省議員嚴陣以待，不許宋楚瑜旁邊有人幫腔助陣或代為答詢。

當時省政府的幕僚事先曾為宋楚瑜彙集省議員可能提問的問題，並備答詢參考，讓他準備應考。在一疊厚厚的題庫與資料中，農政與農業問題就占大宗，資料最豐富，參考答案很詳實。

1993年3月16日，在宋楚瑜做完施政理念報告後，開始長達3小時詢答，太陽都下山了，還在奮戰。民進黨籍省議員火力十分集中，從「宮廷派」與「大內高手」，質疑到這位新首長是不是「五穀不分」？

宜蘭縣選出的省議員劉守成一上場，就擺出五穀要宋楚瑜一一辨認。這是基礎常識，認得出來，並不代表懂得農政，但若認不出，「代誌」就大條。

還好，宋楚瑜表現得很好，他告訴劉守成，1950年代他在臺北市士林初中念書，學校附近都是農田，一眼望去到陽明山都是綠油油一片，對稻米、小米、黃豆、麥子都清楚，還曾挖過番薯、荸薺，他在生產勞動課也種過四季豆。

追隨經國先生走遍農村漁港，體會照顧弱勢心情

臺灣地狹人稠，天然資源缺乏，但因人民勤奮及政府政策得當，有效推動土地改革，實行耕者有其田，在那段特殊年代也實施肥料換穀[3]制度，透過技術改進，把臺灣從戰後荒島變成世界最具生產力的地區之一。

---

[3] 肥料換穀是二戰後國民黨主政臺灣的農業經濟政策之一，至1973年1月廢止。農家所需化學肥料須以稻穀交換，而非現金交易；交換比率從1949年1.5公斤肥料（硫酸錏）對1公斤稻穀，到1967年比率變為1：0.85。肥料換穀含有隱藏稅性質，實施多年後，農民普遍感到不滿，經國先生在民間聽到農民反映後，就要行政院研考會到民間普查民情並檢討制度的缺失。1973年行政院頒布《加速農村建設九大措施》廢除肥料換穀制度時，宋楚瑜尚未到行政院任職，擔任經國先生祕書後曾仔細了解決策過程，令宋楚瑜感受良深，尤其在該制度廢除後，經國先生仍加以追蹤。當時有兩份經國先生約見政府相關人員名單，本來整理檔案時要丟棄，讓宋楚瑜留了下來保存至今。1974年2月，經國先生親自約見科員、組員、研究員、科長（陳庚金、杜善良）等，先直接聽取研考會調查稻米及肥料的狀況，連臺灣省政府農林廳管肥料的最基層官員都被找來，親自檢查會議名單，直接面對面了解實情。1974年12月18日下午5點，再以行政院院長名義，召集經濟部部長孫運璿、臺灣省政府主席謝東閔、政務委員李登輝、臺灣省政府農林廳廳長張訓舜、糧食局局長施石青、經濟部次長楊基銓、臺肥公司總經理陳宗仁開會討論並做有關肥料專案簡報。也就是弄清楚實際狀況及釐訂出配套措施後，才下決策廢除，並追蹤後續。

隨著臺灣經濟快速發展及產業結構的變遷，農業部門在總體經濟地位逐漸下降，為解決稻米生產過剩，農產品加工代之而起，菇類種植可說是其中代表；尤其1950年代成功栽培自美國引入的洋菇菌種，菇類產業進入一個新紀元，並一度有「洋菇王國」的美譽。

經國先生主政期間，對此十分重視，「軍機處行走」宋楚瑜隨經國先生下鄉訪視，親睹經國先生到洋菇棚寮與農民話家常，並詢問農民生產與外銷的情形。有一次座車行駛在南投縣名間鄉道路，經國先生臨時起意想下去看看，下了車走在泥濘的產業道路上，遠遠走來一位菇農，手上拿著鐮刀，隨行的兩位貼身隨扈不免心生警覺。當這位菇農愈走愈近時，他先將鐮刀放在路邊，脫下工作手套，拍拍身上塵土，靠近向經國先生行禮，經國先生與他握手後，一起走進菇寮閒話家常。宋楚瑜對這事記憶深刻，一位鄉間老農能這樣恰如其分表現應對進退之儀，當時他心裡讚嘆：「吾不如老農！」也令他體認一回「禮失求諸野」的道理。

臺灣推動工業發展的過程中，正逢美國經濟援助停止（1965年7月，美國停止對臺進行15年的援助貸款），國內資金短缺，人口快速增加，農村勞力過剩，乃決定採行發展勞力密集輕工業與拓展出口的突破性策略。經過近10年的研究規劃，終於在1966年12月創建了全球第一個加工出口區——「高雄加工出口區」。該加工出口區發展迅速，園區很快就呈飽和狀態，因而在1968年設置第二個加工出口區——「楠梓加工出口區」，並利用興建中的潭子工業區改設為臺中加工出口區。

宋楚瑜曾陪經國院長到楠梓等加工出口區視察，見識下班時間幾萬輛腳踏車和摩托車萬頭鑽動景象，這也是許多鄉親長輩共同記憶中的一部分。值得一提的，那時被稱為「鄰家姑娘」和「帽子歌后」的鳳飛飛（於2012年過世），被譽為「勞工天使」，當時她的歌聲天天撫慰在加工出口區工作的人們。

對宋楚瑜影響很深的是，他曾跟隨經國先生雙腳走在泥濘的基隆八斗子漁港，也親眼目睹屏東農民因缺水而愁眉地向經國先生訴苦，陪同經國先生乘坐廂型車在澎湖西嶼只能單線通行的碎石路，頂著漫天風沙顛簸行進，一

次又一次看到、聽到經國先生對農漁民親切的對話交談。

政府領導人能和民眾親切互動交談，是從經國先生開始的。宋楚瑜見到與深刻感受到的是他們彼此沒有歌功頌德的語彙，也沒有高高在上的態度，只有聽到農漁民的苦楚和對政府的期待，以及經國先生那種迫切想照顧弱勢的心情。

三生一體：「農業生產、農民生計、農村生態」兼籌並顧

其實，對一個政府領導者而言，照顧農民必先訂定政策目標。宋楚瑜特**別重視農業的「三生一體」，必須「農業生產、農民生計、農村生態」三者兼籌並顧，缺一不可。**

農民在臺灣已是弱勢族群，農村人口老化，生產成本不斷提高，收成不穩定；宋楚瑜說，「**要讓年輕人肯回到鄉村，不能光靠口號，不能靠道德勸說，政府一定得拿出具體方法**，提供誘因與配套，農村才不致一直衰落下去。」這些具體方法有：

第一、宋楚瑜與省政府團隊致力的是縮短城鄉差距，主要是在生活品質、就業機會與生產環境等方面的改善。

宋楚瑜強調，**農村有農村的風貌，都市有都市的繁華，兩者本有差異，但大家同樣生活在臺灣，都市人享有的一般生活條件，在鄉村也必須具有：**「與其坐視人口朝城市集中，不如將城市的工作機會與生活品質帶到農村，這才是國土再造、深耕臺灣的根本大法。」

例如，最基本的水電供應、便利交通、免於淹水之苦、教育設施充足，以及環境衛生改進等，這些政府都必須持續不斷去做；當農村的基本生活機能不至於與城市差距太大，就會有許多人留下來奮鬥，進而創造豐富多元的工作機會。

第二、加強有關農會（farmers' association）、農田水利會等民間團體的功能。

幾十年下來，這些團體與農民休戚相關，也有著深厚情感。臺灣的農會

依據《農會法》為農民的社團法人組織，也是經營多功能、多目標、連環相輔的綜合性事業體，性質兼具經濟性、金融性、教育性、社會性，其自治幹部經由選舉產生，亦可從事融資服務。

宋楚瑜對各地農會運作熟稔，他分析農會具有融資貸款、協調技術移轉、勞力調節和農產品儲藏、推銷等功能。亦即說，只要具備農民身分，需要借錢周轉，農會均會伸出援手；省農林廳農業試驗所研發各式品種成果，均會透過農會系統推廣於農民；當人力短缺時，農會即時介入調配，以利播種和收割；省政府做好儲存庫、冷藏庫或稻穀乾燥機等設施裝備，則由農會作為中間樞紐，提供農民做最大效度應用。

「我下令農林廳補助農會，提供蔬菜冷藏設備及稻穀乾燥機等，不用說對農民有切身幫助；這可以應付超量生產，或是儲備大量供應之需。」宋楚瑜也說，「這不是牟利，也非圖利私人，而是幫助農戶降低生產成本，全部經由農會經手與協調。可是在凍省之後，這些功能大打折扣了。」

在宋楚瑜任內，農會還確實發揮一項功能，就是「產銷調節」的諮詢與互通。省農林廳會善用現代科技，通盤考量全省各種類農畜產品產量及如何配銷。農林廳同仁肯用心也下功夫，不勝其煩地透過農會系統聯繫農民：「種太多了，會影響價格。」「生太少了，會缺貨。」今天如果省農林廳還在，會缺蛋嗎？

臺灣各地設有區域性的水利會[4]，主要工作是水利事業的興辦、農業災害防治，以及其他農業政策或土地開發等事務，自治幹部亦經由選舉產生。宋楚瑜認為，對於他們資金運作及人事健全，政府有責任予以輔導。農田水利會財務困難，每年省政府全額補助人事及運作經費將近100億元，以強化灌溉、防洪等功能。

省政府逐年編列充足貸款預算，協助辦理農民購地貸款、農機貸款、輔導修建農宅貸款及加速農建貸款，計幫助43,000餘農漁戶，獲取573億餘元資金。但宋楚瑜絕不把農會和農田水利會視為政治上「樁腳」，在省主席、省

---

[4] 自2020年10月1日起，全國的農田水利會改為公務機關，並改組為管理處，處長改為官派，納入行政院農業委員會農田水利署管理。

長任內雖曾赴各地一一訪視過，但從不在這兩個團體去為選舉講話或造勢。宋楚瑜說：「臺灣的農會與農田水利會，有如輔助農民生產活動的雙翼，直接裨益農民生產條件與生產技術的改善，恰可彌補政府農業施政某些的不足。」

第三、是盡全力協助農民的生產設施，讓農民終年辛苦有所得，也能保障收穫。

事無大小，凡農民生產所需的條件與設施，宋楚瑜都要農林廳同仁為農民設想。舉如**農民每天踏著的農路要修，而且要和鄉鎮道路、縣道與省道相連，方便農民的工作與生活**，以及農產品運銷；能夠增進產銷機能的倉儲、冷凍設備、蓄水桶、乾燥機等，都要以整體考量，實際嘉惠產能。

農林廳及所屬機關、各試驗改良場所則致力於生產技術及品種改良，進而轉化到產地的田野上，裨益農民的具體成果，並促進農業精緻化與升級。甚至產量調節、災害救濟補助等，均需時時衡量並確切掌握，該收購就收購，該出手援助農民時不能拖延，也都以最快速的效率，來減少農民的虧損。

沒有動人口號：承繼前三任省主席農業政策

歷年來，農政向來是省政府非常要緊且吃重的工作，到了宋楚瑜主政，省農林廳列管案件計達700餘項，超過省政府其他廳處局，說明農漁工作在臺灣省的重要性。雖是如此，但宋楚瑜對於農業，卻一直沒另有動人的口號。

在宋楚瑜之前的三任省主席，李登輝的「核心農家」，邱創煥的「精緻農業」，連戰的「富麗農村」，這些原有的農業施政理念，其實都被宋楚瑜承繼下來，加以整合成「臺灣省農業建設方案」，於1995年7月起實施，為期5年。

他說：「我並不是學農的，將歷任省主席規劃的藍圖、答應農業界的事情再接著好好去做，把過去發生窒礙的問題及未完成的事情再去做解決處理，讓好的政策延續下去，就是最好的施政口號。」

另方面，宋楚瑜對自己說，不必提口號，有心最重要。他自認沒有別的長處，就是有耐心、能耐煩，願意花時間腳踏實地從民眾的角度去思考事

情。宋楚瑜這麼強調：「**我雖不學農，但我有心，就是苦民之苦，設身處地的對每個問題和每個細節，以農民的心去想問題。**」

舉例來說，臺南縣左鎮鄉山坡地多且缺水，農民希望每戶補助2萬元做蓄水桶，這雖然是一件小事情，他覺得非常實際，政府必須對人民每一件事給予關心，用心去解決。做好蓄水桶，可供灌溉、救旱及噴藥使用，不僅可以解決山坡地用水問題，也可以增加農業的生產與收入。

另在主要稻作地區，增設了66處大型穀物乾燥中心，直接受理農民收穫濕穀的統一乾燥工作，此舉有助於舒緩農村的勞力不足，減輕農作物重複搬運的成本支出。

宋楚瑜任內，省農林廳先後在邱茂英、陳武雄兩位廳長領導下，積極輔導無競爭力的農作產品轉作，對於有競爭潛力的農產品，則朝提高品質與降低成本雙管齊下，加強所屬各試驗改良場所的基礎研究、產銷班的設置、產銷資訊流通，為農民開拓市場利基。

農林廳也在全省設置農藥殘留化學檢驗站、生化檢驗站、病蟲害診斷服務站，提供農民及消費者檢測等服務。通常一個偶發單一農藥殘留事件，就會引發連鎖效應，殃及多數無辜農民，農林廳在1994年就制定「吉園圃」安全蔬果標章，輔導優良產銷班申請使用。

宋楚瑜說：「幫助農民，不只是給錢補助，給錢是一時的。要真正用心，用心才會多花時間，多用精神去關注，將有利於永續發展的事情做好。要幫助農民，就要多方面為他們設想，將有利於農民的資源整合出來。」

收購契作：不能不站在農民角度想問題

有許多省議員都來自農業縣或出身農業基層，不只在省議會開會期間關心農民，時時刻刻且隨時隨地都在反映農民心聲。他們一提到稻米收購數量與價格，已經多年沒有調整，農民辛苦了一年，可能連本錢都不夠，宋楚瑜就立刻請農林廳進行了解及協商，把收購數量加兩成，收購價格提高一成。

為了減輕價格低落，造成農民的損失，省政府曾持續辦理甘藍、包心

白菜、釀酒葡萄、大蒜、虱目魚等農漁產品緊急收購措施。有一次颱風要來了，省議員先打電話來關心，要求省公賣局提前收購契作葡萄。但是根據契作，必須是以一至兩個月的時間，每天收購一定數量；如果壓縮在兩三天內完成，是很困難的事，只好苦了職責所在的省公賣局。

宋楚瑜這樣權衡：「倘若我們從省政府的角度考量問題，這是吃力又麻煩的事，但我們不能不從農民的角度來想，不願看到農民遭受嚴重損失。」

過去果樹受災補助的標準和其他農作物是相同的，後來又遇上一次風災，宋楚瑜就請農林廳依不同類型的農作，研擬不同的補助救濟辦法。每一種農作物價值並不相同，補助標準應該有所不同才是。那次颱風，嚴重損害臺東、花蓮、宜蘭等地區的番荔枝（釋迦）及文旦，而且果樹也死了，新植要好多年才能結果，如果仍然沿用蔬菜的補助標準，對果農顯然有欠公平。

過去原規定颱風災害救助作業的工作天為54天，省政府則縮短為30天。當災害發生時，由鄉鎮公所先行勘查災情，省農林廳就立即派員趕到地方，配合縣市政府辦理複查，提早將救助金發放；救助金是直接匯撥農漁民的帳戶，方便他們迅速復耕、復建。

投資超過 121 億元：大修農路及農村排水系統

在颱風勘災中，宋楚瑜趕到臺東，實地了解釋迦果樹受災的情形。一行人走在產業道路上，眼看著果農的損失，腳底同時感覺到的是農路很差，雖然大家沒有提起，但他心裡先想著農路這麼糟，若不重新整修，是不是會影響農產品的收益？

釋迦在運輸中一經碰撞，受損就賣不出好價錢，因此他立即下令補助修整農路。宋楚瑜一再強調這句最重要的農業指示：「**減少農民的損失，就是增加農民的收益。**」

臺灣農業自1960年代起，就從平原不斷的往丘陵地與高山發展，產業道路自然成為農民生產的重要命脈。然而，早期因為經費不足，農地重劃區內的農路多為土路，路肩亦多為土坡，重劃區外的農路則由農民或地方政府自

行修建，因缺乏附屬工程設施，時常遇雨泥濘，排水不良，路面不佳或因道路坡陡，人車通行困難。

省政府自1985年度起，實施農路整修及改修計畫。宋楚瑜繼續且加速推動，列入臺灣省基層建設計畫項下辦理，5年多來共計投資經費121億6,000萬元，完成興建產業道路547公里、改善農路1,700公里、養護及路面處理1,900公里，並完成宜蘭縣等15縣農地重劃區內農路，長度合計1,900公里（並參本書第7章）。

農業在臺灣已蛻變為非單純的經濟活動，而與國土保育、水源涵養、自然生態保育息息相關。如今從一些主要道路，轉入鄉野田間與基層農村，都不再不良於行，不僅有了筆直平坦的柏油路面，也有很好的道路護坡及排水系統等設施，農水路亦更具使用功效，適於大型農機操作，有助於農業機械化的實施。

與先進國家一樣，臺灣農業占國內生產毛額已降至5％左右。宋楚瑜強調生產毛額雖小，養活的人卻不少；沒有安定的農村，就沒有安定的社會。先進國家經驗講究「適度平衡的成長」，宋楚瑜重視的農業是「三生一體」的產業，須兼顧農業生產、農民生計、農村生態，任一方面都不宜偏失。

省政府推動農路興建與整修，一者可增進運輸效能，減少農產品運送時的耗損，保持農產品質；再者可減少農路塵土飛揚，改善農村地區的居住環境，並配合發展區域性觀光農業，提高地方居民的兼業機會及所得。

值得一提的，不僅僅是農路及產業道路，農村村里巷弄的居家小路也都鋪上柏油，這對「日出而作，日落而息」的農民鄉親做到順暢到家的完整照顧，可說是史上前所未見的確實福利。這項工作得以逐步落實，不僅改變農村風貌，也對農作生產及農產運輸起了大作用，宋楚瑜十分嘉許民政廳廳長陳進興和地政處處長許松，他們協助提供了各地方真確的資訊（如路況……等）與民眾的需求，才能使建設做到位。

今天坐在高鐵的旅客來去匆匆，有時遙望車窗外一條條鄉間小路或農路，一瞥臺灣各地農村秀麗景緻，不失心神上的清爽享受。最讓宋楚瑜感到欣慰的，「村路已都不是泥巴」是他任內的政績之一，他和省政府團隊有把

握時間做好事情。

　　他離開省政府多年之後，有一次在臺北市一家小吃店吃飯，師傅竟然誠誠懇懇地感激「宋省長」，說在他小時生長居住的宜蘭鄉下道路因為省長都已整修好，特別免費加做一盤菜聊表敬意與謝意。

少量多樣化：因應走向國際開放

　　宋楚瑜聽經國先生提起過，臺灣在工商業衰退的時候，城市人口就回到農漁村，家裡只要多添一雙筷子，問題就解決了一半。農漁村替社會安定把關，為各種產業做調整功能，發揮了國家穩定的作用與貢獻。

　　工商業發達之後，農業所遭遇的問題卻愈來愈大。尤其臺灣加入關貿總協定（GATT）、世貿組織（WTO）以後，對於工商及服務業都是百利而無一害，但是對於農業而言，則面臨關稅調整及農漁畜產貿易管制放寬等因素衝擊。

　　因應走向國際開放的趨勢及消費者的多元需求，省政府立即著手調整現有體制內輔導、保護農漁產品中不合理部分，除稻作仍作重點保護外，其餘則選擇發展市場潛力大、附加價值高的產品或產業。

　　省農林廳的策略是「少量多樣化」。像玉米、大豆、高粱等雜糧，收購價是進口價的5倍，寧可決定放棄，輔導農民轉作。代之而起的，是具有地方特色及特殊風味的經濟作物，包括愛玉子、金線蓮、山藥、茶葉、食用菇、牛蒡等97種農特產品；利於精緻加工的青梅、芒果、金柑、蘆薈、胡蘿蔔、花生、芥菜、根菜類等蔬果；以及「以量制價」，因產量少而能爭取高價格的山蘇、山芹菜、新興菇類、碧玉筍、山苦瓜等30餘種蔬菜。

　　臺灣的農漁業在世界名列前茅，成果十分優異且得來不易。外界比較少知的，此實得力於省政府農林廳暨所屬機關、各試驗改良場所，擁有一群高素質的研究人員，長期針對全省不同地區、土壤、氣候、環境，進行不同品種的試驗與推廣。

　　例如，位於臺中縣霧峰的省農業試驗所負責農業試驗研究，位於臺南

縣善化的亞洲蔬菜中心負責研發新品種蔬菜，目前保存超過6萬5,000個種原（germplasm），為全球公部門最多蔬菜種子的非營利組織，以及位於基隆市和平島的省水產試驗所（宋楚瑜任內的所長為廖一久博士，有「草蝦養殖之父」之稱）負責各種魚類與養殖技術研究等，均是自日據時代開始，源遠流長且賡續享譽國際的研發專業機構。

「不僅工業發展重視研發（Research and Development, R＆D），農漁業發展同樣重視研發，省政府因應開放國際走向，『少量多樣化』的策略能夠奏效，端賴於此。」宋楚瑜指出，所謂「一分耕耘，一分收穫」，不可或缺的是研究發展工作[5]。

臺灣原具有十分豐富的自然資源與地理景觀，這與農漁民日常的生活與生產行為是結合一起的。順應國人重視休閒生活的需求，農林廳積極規劃並推廣觀光農園、休閒農業、娛樂漁業、森林遊樂事業，促使農漁林業提升孕育更多功能。

每到寒流來襲，宋楚瑜也常是一顆心懸在半空中，深怕農漁民的辛勤努力頓時遭受重大損失。農林廳、漁業局隨時都與宋楚瑜保持聯繫，且已不待指示，周知各地農漁民鋪稻草防災害或搶收。但是，宋楚瑜總是要提醒，**「農漁民都是靠天吃飯的，不僅終年工作辛勤，還要看老天爺臉色，所以凡事要多為農漁戶著想。」**

不過倘若遇到天然災害，省政府會立即予以補助，將損失降到最低；宋楚瑜更叮囑，凍傷或凍斃的作物、「翻白」魚貨不能流入市場：「臺灣農漁產品質逐漸提升，在世界已經建立信度，千萬不要因小失大，傷害到商譽。」

---

[5] 在宋楚瑜主政期間，致力於生物科技創新發展應用，以原有厚實的試驗研究基礎，由農林廳整合組成5個研究群，計23個研究分組，包括生物技術、魚病防治、動物疫苗開發等49個重點研究發展項目，並配合中央執行蔬果、漁產、畜產品提升競爭力計畫，積極推廣農漁產品企業化經營及多元化營銷管道，發揮農產品流通機能，強化產業體質。

實踐花卉專區諾言，田尾鄉成為「公路花園」

彰化縣田尾鄉沿臺1線公路，有「公路花園」美稱。這裡是花卉生產專業區，花卉年產量及花卉種類居全臺灣之冠。雖然田尾花卉早有基礎，卻是到宋楚瑜任內，才真正成為花卉專業區或花卉中心，也為彰化縣在彰化市八卦山大佛與鹿港老街等之外，再添一處旅遊勝景。

早於1972年，田尾鄉已經正式規劃為公路花園特定區，計有300餘公頃。此後附近土地水漲船高，地價稅也跟著增加，卻遲遲不見特定區建設有何動靜，地方抱怨「空有其名，不見其實；未蒙其利，先受其害」。

宋楚瑜獲悉後，一天晚上輕車簡從，從中興新村去到田尾鄉找鄉長劉淑芳「聊天」。果然，鄉長為民「埋怨」與「請願」，之後提出兩個選擇建議：一是取消特定區，恢復原來較低的地價稅；另一是趕緊籌資建設，促使地方美夢成真。

宋楚瑜有備而來，也了解劉鄉長所言在理。立即讓資金到位，建設隨即展開，並結合當地居民與業者打下的基礎，積極發展花卉園藝產業，進而將公路旁原有花木美化為公路花園。

經過多年不斷耕耘，此特定區集合眾人創意，展現各種巧思，擁有了不同風格的景觀、園藝店家及庭園咖啡屋等，民眾在此可以賞花、買花、逛大片花園，可以喝咖啡與花茶、吃花草冰、嚐花草餐，豐富及美化了人文景觀與休閒生活。

大埤酸菜專業區：莫為酸菜，吵吵鬧鬧

當時為了因應加入GATT、WTO的衝擊，臺灣省政府進行各種調整、輔導與鼓勵的措施，另還以政府的力量，運用投資公共工程的方式，協助農漁民解決生產問題。

宋楚瑜站在弱勢這一邊：「**將一些方便農漁民的公共設施費用，由政府來協助支付，農漁民的相對成本就會減低。**」這裡先以雲林縣大埤鄉為例，

接著再以高雄彌陀鄉協助漁民環境改善，以及將各種農漁建設推廣到其他農漁鄉鎮的故事。

雲林縣大埤鄉是全省最主要的酸菜產區，醃製酸菜須大量使用鹽，但任鹽水四處傾倒，會使土地鹽化，造成嚴重汙染問題，引起當地及其南鄰嘉義縣溪口鄉連連抗議。

政府為加強環保，當然要求酸菜生產要同時做好汙水處理。然而，生產酸菜的農民所賺的是蠅頭小利，要求投資4,000萬元做汙水處理，農會或農民都沒有辦法做到（可參第18章）。

宋楚瑜不僅為農民著想，也想要澈底解決：「鄉民要的很簡單，就是穩穩當當過日子，工作已經很辛苦，還得應付汙染問題，真是很累！」

他要求農林廳設立大埤酸菜專業區，並做整體規劃，將鹽水排放分輕重等級進行，以期一勞永逸。所需的經費，以政府投資環保公共工程方式來吸納，共花了2億多元。

施工過程中，還邀請溪口鄉鄉民代表參與排放工程督建。就此做到土地保護，也解決幾十年來地區性的農業生產所衍生的問題。

宋楚瑜說明：「**民眾要吃酸菜，農民要生產酸菜，大家都要求環保，解決之道只有政府出面，設法畢其功於一役，無須為酸菜而吵吵鬧鬧。**」

開發 16 處森林遊樂區，提供旅遊休憩並活絡山村經濟

隨著國民旅遊與戶外遊憩興起，省政府加速觀光果園、森林遊樂區等建設，以符應民眾需求，也刺激農村經濟與山村經濟。宋楚瑜的施政藍圖很清晰：「以前農業社會對休憩比較不重視，工商業人口增加後的趨勢就不一樣了。」

省政府大力輔導縣市政府辦理休閒農業，包括資源調查規劃及公共設施建設等，同時配合公路交通建設，銜接民眾自駕和遊覽車旅遊路線，計辦理全省性規劃9處，全鄉鎮性規劃37處，以及地區性規劃27處，投資經費約28億8,880萬元。

省政府也輔導縣市政府在全省各地設置市（縣）民農園、教育農園及花卉公園37處；同時輔導鄉鎮公所及農會籌設觀光農園，在全省15縣55鄉鎮市設置觀光農園1,560公頃，開放作物有柑桔、葡萄、草莓等10餘種。

宋楚瑜任內又投資17億8,000餘萬元，致力開發太平山、內洞、滿月圓、東眼山、大雪山、奧萬大、武陵、八仙山、合歡山、池南、富源、雙流、阿里山、藤枝、知本、墾丁等16處森林遊樂區自然步道、公共設施及服務系統，每年提供500萬人次旅遊。

宋楚瑜認為臺灣生態資源豐富，不僅僅是增進接觸森林自然的機會：「這是上班族舒緩調劑生活的最佳場域，同時還可創造森林周邊及交通系統沿線的就業機會；開個小商店或賣自己收成的農產品，小日子總可支撐著過。」省政府也將主要遊樂區的住宿、餐飲等服務與設施，開放給民間專業團體投資經營，提升遊樂區的設施水準與服務品質。

以往林業建設多在偏遠山區執行，達成保林育林及國土綠化任務，卻和一般民眾「相距太遠」；宋楚瑜感謝省林務局局長何偉真提出「親民林業」政策，讓省民和政府力量結合，其主要措施包括：

（一）除了山區森林保育外，加強平地綠美化及造林。

（二）設置全省登山步道系統，方便國人親近森林。

（三）加強森林遊樂區解說服務功能。

（四）協助中小學自然學科教育。

（五）建立國家森林志工制度，廣納熱心民眾參與林業建設。

在宋省長的政策指示下，林務局將臺灣的林業建設大加擴展，由深山延伸到平地與海濱，致力平原地區的綠美化、海岸林的公園化，以及城鄉道路的林園化。這些明顯轉變都和民眾生活密切相關，讓省民感受到省政府推行綠美化和親民林業的用心。

改善漁港作業條件，加強「討海人」競爭力

以前經濟條件較差，凡事因陋就簡，隨著都市化與工業化，漁港漁村相

對落後，漁民生計「輸人」也「輸陣」。

宋楚瑜很關心漁民，走遍臺灣省80多個大小漁港及各地漁會，有的去了好幾次。在宋楚瑜心裡，「討海人」及其相關行業是弱勢一群：「閩南語歌曲有許多寫海上男兒或漁港漁村心聲，很好聽很感人，有些很心酸，政府應該多多幫忙才對！」

宋楚瑜想給予實際協助，想為漁民謀生增添設備，想為漁港賦予多元風貌；即使澎湖及其離島每一個角落，都親自為漁民鄉親設想謀劃。

屏東縣琉球鄉（俗稱「小琉球」）原本沒有加油站，宋楚瑜主動去跟中油董事長當面反映，並協助中油取得設置加油站的用地（相關內容可參第7章）。

高雄縣彌陀鄉有人建議，捕撈的魚貨不可能馬上都賣掉，漁民作業需要冷凍庫、造冰廠，以及集貨場、漁具倉庫及漁具整補場等設施，這些要求關係著漁民收入，才能讓漁民賺得更多！

宋楚瑜認為不妨將心比心：「高雄縣彌陀鄉漁民和雲林縣大埤鄉農民面對的問題本質都一樣，所賺的錢何以足夠再去做生產環境的改善?!」

而且高雄縣彌陀鄉並非個案，省政府對全省漁港設備更新都以公共投資方式，全盤協助解決。其他如活魚蓄養池、選別機、高壓清洗機、包裝機及封口機等，對魚貨運銷有所助益的，也都盡可能去做。

他和省漁會理事長鄭美蘭都為漁民及其子弟未來發展計慮，無論漁港更新、漁船安全、漁民生活和漁村環境改善等，無不同心協力。經兩任漁業局局長胡興華和沙志一帶領同仁細心規劃，許多漁港整建翻新，打造新的路面並加以綠美化，擴大曬漁網場地，以及鼓勵高經濟海水魚蝦貝類及淡水魚類繁養殖技術，逐步取得世界領先地位。

修建防波堤、海堤碼頭，設立9處魚貨直銷中心

臺東縣長濱、成功、大武等漁港停靠船席不足，省政府予以補助修建防波堤、海堤兼碼頭；宜蘭縣烏石漁港增闢公共設施腹地，雲林縣虎尾鎮大型

批發魚市場也做汙水處理與景觀工程。

全省漁港都經省政府大力協助，新建防波堤4,145公尺，增建碼頭4,990公尺，填築新生地260公頃；貨物裝卸量增至16億1,000餘萬噸；另增進港埠營運能力，建立各港埠資訊連線作業，推動港灣汙染防治作業，全力配合中央政府當時所要發展的亞太營運中心計畫。

省漁業局亦輔導設立無線電電腦拍賣鐘[6]，並將漁船與船員進出港納入電腦管理，簡化漁船進出港手續，加速通關作業；為減輕漁民負擔，補助漁船1/2檢丈費用，停止收取漁業執照費。

同時，積極整合漁業產銷班，加強辦理魚貨共同運銷業務，並在主要漁港及漁村設立魚貨直銷中心，包括基隆碧砂漁港、金山富基漁港、桃園竹圍漁港、新竹漁港（又稱南寮漁港）、臺中梧棲漁港、高雄興達港、枋寮漁港、恆春後壁湖漁港、花蓮壽豐鹽寮漁港等9處。宋楚瑜予以肯定：「這能使漁民直接銷售自產魚貨，減少運銷層次，直接增加漁民收入。」

為因應地方特色，塑造多元化漁村風貌，促使人口回流定居，省政府自1995年度開始辦理富麗漁村整建計畫，東部以宜蘭縣頭城鎮漁村為示範重點地區，西部則選定苗栗縣後龍鎮等50處漁村做整體規劃，計投入13億5,000餘萬元。

由於沿海漁業環境汙染，加上非法電魚、毒魚、炸魚，資源有日漸枯竭之虞，保護培育工作急迫殷切；宋楚瑜指示漁業局在全省各縣市投放人工魚礁14,600座及保護礁3,400座。

省政府也輔導141艘省轄漁船與6個國家地區進行漁業合作，每年約有400餘艘漁船以國外港口為補給作業基地，作業海域遍及印度洋、中西太平洋及太平洋東岸。同時配合IATTC（Inter-American Tropical Tuna Commission, 美洲間熱帶鮪魚委員會）、ICCAT（International Commission for the Conservation of Atlantic Tunas, 大西洋鮪類保育委員會）、CCSBT（Commission for the Conservation of Southern Bluefin Tuna, 南方黑鮪保育委員會）、FFA（Pacific Islands Forum

---

6 1995年3月，工研院開發首部無線電電腦拍賣鐘，立即於彰化縣埔心魚市場試用，第二部則於1998年7月在嘉義魚市場正式啟用，為全省魚貨交易公平公開而迅速揭開序幕。

Fisheries Agency, 太平洋島嶼論壇漁業局）、APEC（Asia-Pacific Economic Cooperation, 亞太經濟合作會議）、PECC（Pacific Economic Cooperation Council, 太平洋經濟合作理事會）等國際漁業組織所訂規範，爭取我國漁船權益。

取法舊金山漁人碼頭，漁港變身觀光休閒漁港

宋楚瑜還動了一個心思，要省漁業局出去考察並**取法美國西部著名旅遊景點舊金山漁人碼頭（Fisherman's Wharf），將臺灣漁港變身為觀光休閒漁港**。他認為漁港或漁村必須改變，不僅是漁船或漁民進出的地方，而是人人和家庭都想一起來的「旅遊點」。

宋楚瑜留學時，和家人在舊金山居住好長一段時間，他要漁業局選派人員前往觀摩，看看舊金山漁人碼頭是如何營運的，以及漁貨店家與海鮮餐廳特色，帶回來漁港和觀光漁市混合的概念，將基隆碧砂漁港改建成漁業與觀光旅遊結合的基地，此一範例後來成為各地觀光漁港的典範。2001年淡水漁人碼頭（即淡水第二漁港）完工開放，已是後來的事了。

「以前漁港就是『魚港』，經過省漁業局全盤扭轉，我們現在看到全家出遊，到這裡採買魚貨、吃海鮮、逛海景、喝咖啡……。還有觀光魚園、釣魚平台、休閒涼亭、漁產品展售和直銷中心等。」宋楚瑜說。

宋楚瑜嘴角微笑：「人家好的一面就該好好參考，**休閒觀光漁港的概念也是一兼二顧，摸蜊仔兼洗褲；一來增進漁港經濟生產力，再者讓民眾多一些休閒遊憩的好去處。**」

為漁民買海上平安險，「多救一個人就夠本！」

漁民在海上作業，與海搏鬥，真是拚風拚雨，賺的是賣命錢，危險性遠較其他行業高。雖然是這樣打拚，部分漁民朋友由於信仰及習慣的關係，不願投保人身險，倘不幸遇海上作業失事時，眷屬就無法得到保障。

宋楚瑜指示省漁業局局長胡興華，自1995年4月開始，由省政府為漁民投

保海上作業平安險，每人新臺幣30萬元，後提高為60萬元，保費全數由省政府負擔。

依照規定，漁船出海作業一定要帶信號彈，不帶不得出海。這是安全上的考量，遇有事故發生，即可發射請求救援，政府的規定沒有錯。但是信號彈容易受潮故障，必須定期換新，因而增加漁民的支出與負擔，也因為這樣的事，漁民頗有怨言，常與駐警檢查人員起爭執。

既然無法有效執法，人命又重要，宋楚瑜再次指示漁業局局長胡興華，漁民的信號彈由省政府補助，理由是：「這是政府該做的事，只要這些信號彈在必要時，多救了一個人，那所有補助都夠本了！」

強化四大國際商港效能，維護碼頭工人權益

包括基隆港、臺中港、高雄港、花蓮港四大國際商港，以及臺北縣淡水、宜蘭縣蘇澳、臺南市安平、澎湖縣馬公等重要港口，都屬臺灣省政府交通處管轄；宋楚瑜任內常到各港務局訪視，推動航港業務自動化、港埠民營化、費率彈性化，計投入604億元興建防波堤、聯外道路、港埠大樓等，並解決不少陳年問題。

1960至1980年代，臺灣被稱為「拆船王國」，高雄港曾經是最響亮的重鎮，竟然束手無策讓一艘貨輪烏干達號擱淺旗津海灘長達8年之久，船體鐵板銹蝕剝落，不僅有礙國際港口觀瞻，甚且有汙染海域生態之虞。在他到任省主席不到3個月，親至高雄港訪視後即下令限期拆除船體，並設法籌措2億元經費，以為支應。

高雄港形勢天成，航線遍布全球，宋楚瑜任內是世界第三大港；他編足經費執行中央亞太營運中心計畫，加速興建該港第五貨櫃中心8座碼頭（4座於任內完工，另4座於卸任一年後完成），擴大裝卸運輸效能。高雄港過港隧道於1984年完工通車，除旗津地區居民外，均需繳納車輛通行費，宋楚瑜到任半年即停收，理由是促進旗津觀光及相關產業發展。

由於高雄港區鄰近市區，原設有圍牆相隔，他同時考量港務發展與市民

需求，指示高雄港務局將圍牆打掉，讓市民和訪客有親近海港的機會；現在高雄輕軌結合港景，實奠基於此。他同時要求港務局以「港灣再開發」的理念，重新規劃結合愛河、壽山及旗津海岸公園等形成遊憩連線，以帶動地方與市區整體繁榮。

當年高雄港還有一個棘手的「老問題」，關係到幾十年來在這裡奉獻的碼頭工人權益，有一段時間因發生罷工事件，弄得貨上不來也下不去。他督促交通處，運用省政府交通建設基金，約達100億元，維護勞工年資並完成僱用關係的制度化與合理化。宋楚瑜回憶說，「不論政府機構或是航商業者，都要將心比心，關切勞動者權益，這在臺灣港務算是大事一件。」

處理了高雄旗津烏干達輪船擱淺問題後，也同樣處理在澎湖西嶼外海擱淺5年，對航道安全有礙的寶明號輪船，完成打撈與拆除。基隆港也一樣，碼頭工人問題一併比照辦理，將周遭圍牆也打掉，讓民眾得以親海，欣賞海灣之美。

中小企業遠征全世界，勞工創造「Made in Taiwan」

1982年3月19日，宋楚瑜以艾森豪獎金得主身分[7]，夫婦倆人赴美做為期3個多月參觀訪問。其間在美國各地所住旅館，發現浴室裡提供的浴帽上印有Made in Taiwan，這事本來很稀鬆平常，卻讓他這個了解美國的人感觸良深。

在一次會見全省基層模範勞工時，他特別提出來講：「一個浴帽能賣多少錢，能賣美金幾角幾分？臺灣居然能生產這麼多浴帽，銷售進到美國旅館的產品都有一定水準。由此可見，臺灣的錢絕非天上掉下來，而是一點一滴，努力打拚累積來的；如果沒有勞工朋友打拚，不可能有遍地開花結果的成就。」

「臺灣錢，淹腳目！」現在這句話已經過時、不流行或不適用。年輕一輩比較不了解亦未見識過以前臺灣那種各行各業蓬勃煥發的樣貌；宋楚瑜形

7　1982年3月19日至6月28日，宋楚瑜以艾森豪獎金得主身分赴美，詳參《如瑜得水》第9章。

容：「許多中小企業老闆就提著一卡皮箱走天下，工廠夥計幾十人製造出來的產品就行遍天下⋯⋯。」

2016年11月，宋楚瑜偕女兒宋鎮邁代表政府出席在祕魯首都利馬舉行的APEC經濟領袖會議，在與國際貨幣基金組織（IMF）總裁拉加德（Christine Madeleine Odette Lagarde）及其他與會的主要領導人[8]會談中，談起臺灣經濟發展經驗；宋楚瑜特別指出臺灣的農業人口比例不斷調降，從80％降到5％，其中調節下來的75％人口未曾造成社會動亂，而是轉型到自行創業或當上班族，創造了130萬個中小型企業及900萬個工作機會，亦即原本從事農業耕作的人口逐漸轉型成為中產階級。而這些中小企業的外銷成果，累積了世界稱羨的外匯存底，1991年曾高居世界第一，1992年世界第二，至2018年10月止為4,601億美元，位居世界前五名。

強化夥伴關係，勞資爭議延續日降至 8.33 天

依據省勞工處統計，全省企業（約6至7成）以員工29人以下的小企業居多；其次，約2至3成為30至99人的企業。宋楚瑜以「母雞與小雞」的概念詮釋：「臺灣中小企業小巧靈活，機敏勤快，就好像母雞（事業主）帶小雞（員工），且比較像『土雞』或『放山雞』，不像養雞場⋯⋯。」

當時省勞工處處長黃癸楠服務這一群群「土雞或放山雞」，則是以「全人化」的理念，朝著這些目標奮進：

（一）幫助省民具備謀生技能，使人人有工作，進而安居樂業。

（二）促使勞動條件公平合理，促進勞資關係和諧合作，使每一位工作者樂意努力。

（三）讓每一位工作者都能安全安心工作，免於生命健康受害。

---

8 包括中國國家主席習近平、美國總統歐巴馬（Barack Obama）、日本首相安倍晉三等人，特別是一項企業領袖與政治領袖分組座談中，和俄羅斯總統普丁（Vladimir Putin）、墨西哥總統裴尼亞（Enrique Peña Nieto）、澳洲總理騰博爾（Malcolm Turnbull）等人同一小組。有關宋楚瑜及其女兒宋鎮邁兩度代表政府出席APEC經濟領袖會議，可參《從威權邁向開放民主》，頁543-556。

（四）增進勞工福利，提高勞工生活水準，使每一位努力的工作者都有發展機會。

宋楚瑜重視「**勞資雙方是夥伴關係（partnership）**」：「沒有和諧的勞資關係，勞工則沒有穩定的工作環境，再有專業技能的勞工也要處於弱勢與劣勢。」因而在勞資爭議的防杜，以及勞資關係的強化，都是省政府和事業主齊心努力的重點。

省勞工處辦理「勞資同心，共存雙贏」巡迴講座，也積極促成勞資雙方權利義務透明化，計有700家事業單位召開勞資會議，200家事業單位簽訂團體協約，300餘家事業單位推行分紅、入股或分紅入股制度，對於安定企業的生產秩序助益甚大。另一項成效是勞資爭議案件，由發生至完全平息，延續日數均在10天上下，且呈現縮減趨勢，例如一件爭議案件平均處理日數，在1993年為11.46天，1997年已降至8.33天。

全方位輔助全省勞工，為社會增添和諧穩定力量

值得一提的，省勞工處所屬北區和南區職訓中心是翹楚機構，所培養技術人才為企業爭先僱用對象。北區職訓中心訓練職類17個，訓練容量505人，服裝設計與製作、汽車板金等舉足輕重；南區職訓中心訓練職類28個，訓練容量885人，CNC（computer numerical control電腦數值控制）車床、機電整合、水電、家具木工、門窗木工等享有盛名，為國際技能競賽金牌選手培育搖籃。

省勞工處有5個就業服務中心和22個就業服務站，為臺灣經濟發展挹注成長動力，並協助民眾在工作中成就自我。1993年至1997年透過就業服務中心與服務站求職民眾累計49萬6,000餘人，求才人數105萬7,000餘人，成功安置就業人數24萬5,000餘人。

因應臺灣工業發展結構不斷變化，生產過程愈來愈複雜，工廠使用化學性危害物，如有機溶劑、特定化學物質、鉛等重金屬、礦物性粉塵及物理性噪音作業增加，省勞工處每年均投入相當人力辦理安全健康檢查，檢查次數1

萬3,000餘次。

勞工最擔心的是萬一傷病時，醫療費用如何負擔及一家大小生活誰來承擔？省政府每年都補助五類被保險人（本省職業工人、被裁減資遣員工、外僱船員、漁會甲類會員及產業工人）勞保、健保的保費，支出金額相當龐大；宋楚瑜任內超過1,270億元，每年補助人數均逾1千萬人。

大家都想擁有一個家，省政府自1994年起著手興建勞工住宅社區，輔導勞工申請建購住宅貸款，使勞工家庭在國民住宅外，又多一個選擇優惠貸款機會，以政府貼補貸款利息方式，協助辦理低利貸款自行興建或購置住宅。

宋楚瑜在了解省政府配合中央辦理勞工住宅貸款戶數，僅是申請合格戶的1/5時，另特別寬列經費，自1995年起連續4年，每年增加輔助勞工建購住宅貸款2,500戶，1999年起再增加2,500戶，達到5,000戶。

宋楚瑜的想法很簡單：「**一戶就是一個家庭，能多幫一個，就多幫一個，這是加法和乘法的概念，為社會增添和諧穩定力量。**」

深入地底下980公尺，探望關懷礦工工作

幾年下來，宋楚瑜曾登上臺灣最高點的玉山，看臺灣山川的秀麗壯闊；也曾經訪視一些礦坑，其中一次深入地底980公尺，亦即臺灣最深的臺北縣三峽利豐煤礦，去看在惡劣環境下辛勤工作的礦坑鄉親。

宋楚瑜十分重視礦坑礦區的環境安全與水土保持，多次由省礦務局局長陳顯章陪同，訪視各地礦業專業區，實地關注防止災害作業情形。1997年9月20日是比較特別的一次，在聽取簡報了解本省煤礦改善情形後，搭乘運煤臺車下到利豐煤礦去，省議員周錫瑋、礦務局局長朱明昭（陳顯章於當年5月轉任省建設廳副廳長）、省新聞處處長黃義交陪同下坑去。

本來礦務局要安排他去看一般生產線及露天的大理石採礦，宋楚瑜說不只要看這些，還要看「礦工朋友最艱苦的工作地方」。接著，有人擔心省長安全，勸他不要下礦坑，但宋楚瑜堅持：「要實際了解礦工工作環境，就要身歷其境。」

宋楚瑜清楚記得，他著礦工服裝，頭上戴礦工安全帽和探照頭燈，與礦工一樣搭乘礦車，一層層地進入到最底層。他一一和忙碌中的礦工打招呼，也和礦工握手問好；親眼目睹礦工們側身爬了進去，在橫打的一個個洞裡，得要如此屈著身體工作，才能挖出煤礦。

有人會認為省長下礦坑是在作秀，可是他不這樣想：「我只想表達我的關心，不管他人怎麼想！」他繼續說著：「長年在那麼深的礦坑地底下工作，有個官員下來，有個父母官下來，那天大家的心情會不一樣；正如我的心情也完全不一樣，這就有意思有意義，都可以留作念想……。」

走出礦坑，記者馬上問有何感想？他不假思索地說，只想講一句話：**「感謝天，感謝地，感謝臺灣有這一款打拚的鄉親！」** 為使礦工權益保障更進一步，他在不提高保費的原則下，將礦工保額由50萬元提高到100萬元；雖然不多，卻是「心意」滿滿，增加出來的保費則是由省政府負擔。

任內礦災發生率「0」：礦場董事長感激省長關懷礦工

進入利豐煤礦最底層之前，朱局長在簡報中特別強調，礦坑安全檢查已從過去每三個月一次，改為每週一次；宋楚瑜聽了仍叮嚀：「還是不夠，每時每刻都要提醒注意。」他也感激省礦務局同仁：「功不可沒啊！在我任內裡，臺灣省從未發生災變情事。」礦災發生率是「0」。

去過三峽利豐煤礦之後兩個多月，有一天下午，宋楚瑜在往宜蘭的火車上，當天上午發生地震，且持續下著大雨，心中惦記起礦工的安危，立即拿起手機打給礦務局局長，指示是否應該封礦，檢查安全之後再上工。

礦務局局長不久回電，利豐煤礦已經封礦了。

宋楚瑜想想，再打一個電話，因為礦工是以日計酬，封礦就沒有收入，但那是省政府以安全理由要求封礦，所以曠工損失的工資，由省政府補貼。

之後礦務局局長又回電：「礦場董事長對省長關懷礦工菩薩心腸非常感謝，表示哪有公家出錢的道理，這些礦工工資由礦場全部負責，不用省政府補助。」宋楚瑜談這件事時，還記得利豐煤礦是「蘇董事長」，再查對資

料，確認董事長名字是「蘇木水」。

在祕魯首都利馬舉行APEC領袖會議時，宋楚瑜曾與祕魯總統庫辛斯基（Pedro Pablo Kuczynski）談起這起下礦坑的經驗，以及在他任內礦災零紀錄與礦場管理安全機制等內容，祕魯總統立即表現高度興趣並想要相關資料；宋回國後立即整理寄送給他，並表示臺灣願意提供專業人員及相關協助。

祕魯礦產資源豐富，銀產量居世界第一，銅、鋅產量居世界第二，錫、鉍、銻居世界第三，鉛居世界第四，黃金居世界第五，但是礦藏愈多，礦災亦不間斷，祕魯總統希望汲取宋省長的相關經驗，以降低礦災的發生。

出身農村的家庭，懂得謀生不易

宋楚瑜的祖父在他父親宋達中將10歲時就過世，他父親14歲隻身從湖南到青島投效海軍。至今他都還不知道祖父長什麼樣子，連照片都沒留下半張（參閱《如瑜得水》，第13章）。

宋楚瑜說：「為什麼會這樣，家裡很窮的關係，家庭人口多，不出外謀生是不行的。」

在宋楚瑜的記憶裡，他的根底是農村的家庭，然後才是軍人子弟。但他不是學農的，亦未曾從事農作，卻未必「不食人間煙火」。

「我永遠記得我是吃眷糧長大的，但我源自於農村家庭，我懂得吃苦耐勞，力爭上游，忠愛國家。」這些話，宋楚瑜常掛在嘴上。他也調侃自己，「我這個『軍機處行走』可不是白混瞎混的，不是混吃混喝的；既能在廟堂之上行走，更勤在鄉野山巔海角行走！」

1｜宋楚瑜特別重視「農業生產、農民生計、農村生態」，三者兼籌並顧，缺一不可，這是成功的臺灣版「三農政策」。

2｜宋楚瑜說：「我雖不學農，但我有心，用農民的心去想問題。」此為1997年5月8日，在澎湖訪視農作生產情形。

1 | 1996年10月11日,由副省長賴英照(右一)、省農林廳廳長陳武雄(左一)、縣長游錫堃(左二)陪同訪視宜蘭園藝花卉展。

2 | 宜蘭三星鄉的蔥是「一鄉一特產」的標竿。

3 | 1998年2月6日,由縣長呂秀蓮陪同訪視桃園縣農業建設。

4 | 1994年8月9日,訪問苗栗縣卓蘭鎮農會,品嘗葡萄。

5 | 1997年8月6日,與省議員謝鈞惠(右二)、方醫良(右三)關心文旦生產。

6 | 1997年10月17日,宋楚瑜在臺南縣,訪視農民採收菱角情形,並親自體驗。

7 | 1998年9月1日,訪問臺南縣,與縣長陳唐山(左)、省議員方醫良(中)品嘗麻豆文旦。

1-2 ｜ 宋楚瑜走遍臺灣省大小漁港及各地漁會，有的去了好幾次，他給予漁民實際協助，即使澎湖及其離島，此為1994年9月22日和1995年12月7日親自走訪的留影。

3-5 ｜ 1996年8月22日，宋楚瑜訪視澎湖縣，登上漁船了解漁民作業辛勞；偕同縣長賴峰偉（圖4右）訪視漁港，關懷補漁網民眾；也至漁民作業場，實地了解問題。

6 | 省水產試驗所負責各種魚類與養殖技術研究，所長廖一久（右）領導籌建千噸級「水試一號」試驗船，於1994年3月3日下午3時舉行命名暨啟用典禮，宋楚瑜與省農林廳廳長邱茂英、基隆市市長林水木、省議員周滄淵、省議員劉文雄一同出席。

7 | 1994年5月18日訪視臺東縣長濱漁港。

8 | 1998年6月30日主持漁民節暨模範漁民頒獎典禮。

9 | 1998年10月5日，宋楚瑜出席基隆市碧砂漁港景觀命名典禮，左一為省議員劉文雄。

1｜宋楚瑜重視「勞資雙方是夥伴關係」，1994年4月29日，與臺灣省模範勞工合影。

2-3｜宋楚瑜（左圖後排中）1997年9月20日深入臺北縣三峽鎮利豐煤礦地底980公尺礦坑，去看辛勤工作的礦坑鄉親，他重視礦工安全維護，在他的任內礦災發生率是「0」。宋楚瑜出坑時心情激動的說：「感謝天，感謝地，感謝臺灣有這一款打拚的鄉親！」

第 10 章

◆

父子兩代為榮民付出

　　為了縮短貧富差距，宋楚瑜對弱勢族群與弱勢地區極盡關心，對榮民、榮眷更是關懷備至，因為他總不忘自己也是屬於吃眷糧長大的一群。

　　經國先生曾任行政院退輔會主委（1956年至1964年），他父親宋達中將亦曾任退輔會祕書長（1970年至1975年），是影響宋楚瑜一生最重要的兩個人；不僅如此，宋達是國軍撤退來臺後勤任務主要執行者，也是安置穩定國軍和軍眷生活的先鋒官。

　　在這種環境成長的宋楚瑜，自然而然的有一種割捨不去的「榮眷情懷」；當自謀生活老兵走上街頭抗議及衝撞行政院時，經國總統指派宋楚瑜過去傳達：「只要我蔣經國有口飯吃，老兵就有飯吃！」

　　宋楚瑜完成全省35處（合計48村）眷村改建：「有太多感情層面的因素，我是吃眷糧長大的，讓我非上心不可！」

　　隨著時代變遷，行政院退輔會預算較不充裕，宋楚瑜就主動補位，由省社會處加強和退輔會協調，一同照顧榮民或翻修榮家。他認為，只要設籍在臺灣省的省民，他就應負起照顧的責任。

父親宋達積勞成疾，經國先生特囑照顧

　　宋楚瑜自1974年1月起，在行政院院長辦公室上班（有關宋楚瑜自美返國原委可參《如瑜得水》第14章），才過3個多月，那時擔任行政院退輔會祕書長的父親宋達身體出現疼痛情況，起初還以貼貼舒緩貼布了事，詎料在4月發現肺癌，癌細胞轉移侵蝕脊椎骨髓，第四節脊椎蛀空，榮總當時尚無把握進

行開刀。

6月在經國先生指示下安排前往美國醫治。出發前，經國先生以親筆簽名的便條紙，指示撥出5,000美元作為醫療費用，另喚宋楚瑜進入他的辦公室，親手交給800美元現款作為陪同父親赴美就醫零用金之用，並交代6月16日陸軍官校50週年校慶活動，要和美國駐華大使安克志夫婦一同出席，若父親開完刀趕得回來，就一起到鳳山幫忙翻譯。

1974年6月初，宋楚瑜陪著父親到美國芝加哥比林醫院（Billing Hospital），開刀時就守在父親旁邊，看著父親身體被手術刀切開，醫生用小榔頭在大腿骨敲下一塊塊小骨頭，用來填換被蛀空的第四節脊椎。父親才開完刀，宋楚瑜立即動身返臺，父親則留給陳萬水照顧。

1975年4月5日，總統蔣公逝世，舉國哀喪，各國特使包括美國副總統洛克斐勒（Nelson Aldrich Rockefeller）、日本前首相佐藤榮作等，都專程來臺弔唁，宋楚瑜作為經國先生的外事祕書，工作十分忙碌。4月16日蔣公奉厝慈湖，經國先生守靈，宋楚瑜每天也必須跟著，並住在慈湖一個月。

在美國養病的宋達將軍獲悉蔣公逝世後，內心痛楚，病床難臥，那時有些檢查報告尚未出來，便堅持要返國弔祭致敬。4月18日那天，經國先生在慈湖又下了一紙親筆便條，上面寫著「購臺北至美國來回機〔票〕一張，並另發宋楚瑜祕書出國旅費美金乙千元整」，交給宋楚瑜去接父親回國。由於宋楚瑜與承辦會計業務科長蔣孝佐熟稔（蔣科長的兒子與宋楚瑜是士林初中同班同學），將經國先生下的便條紙留給他，以影本歸檔。因為便條紙上有紅框邊，於喪事在身的傳統禮俗犯忌不合；寫好後，守喪的經國先生親手將紅框邊裁掉，才交給宋楚瑜，可見經國先生處事的細膩。

宋達返抵國門，剛下飛機，拖著屍弱的病體，直驅慈湖，步履維艱地走進陵寢，痛哭失聲。此一追思緬懷領袖的心情，不是隻字片語所能述盡，亦實非他人所能體會。

宋達返國後轉到臺北榮總住院繼續療養。宋楚瑜每天都抽時間到榮總去探看父親，有一次在公共汽車上還碰到一位在國安局服務的朋友，他很驚訝宋楚瑜的嚴謹樸實作風，也很讚許宋楚瑜的孝道。宋楚瑜記得有一天下班時

候，經國先生叫了他，沒說什麼話，就要他一起同乘一車去榮總看宋達，經國先生要宋達安心好好養病。

送了經國先生上車後，宋楚瑜回病房跟父親說：「爸爸過去做得好，經國先生還親自來看您，也很關照我！」當時，宋達嘆了一口氣說：「現在人家看宋楚瑜是宋達的兒子，將來人家只記得宋達是宋楚瑜的父親了！」

宋達將軍在1975年8月7日病逝，甫屆60歲，惜哉正值有為之年。據悉最後彌留前一天，仍要家人準備公事包要去上班，臨終前跟宋楚瑜說：「**我沒留什麼財產給你，只留給你好的名聲！**」家屬依其遺囑，本來不成立治喪委員會，不舉行公祭，不收禮，但長官親朋舊友獲訊都要求前來弔唁，退輔會才經家屬同意舉行奠禮[1]。

經國先生：「你爸爸對國家很有貢獻！」

前述一段，宋楚瑜侍奉父親宋達赴美就醫，從6月4日出發赴美，至14日趕回臺北。6月15日，經國先生和安克志夫婦一起南下高雄，宋楚瑜緊隨身邊，為經國先生與安克志做翻譯，並參觀陸戰隊、中油煉油廠、高雄港、中船、中鋼、高雄牧場、澄清湖等。

次日（6月16日）出席陸軍官校50週年校慶，慶祝會上經國院長致詞，劉安祺、胡璉與劉玉章多位將領也在現場。安克志對經國先生在官校慶典上，宣讀〈軍人讀訓〉，全體軍官學生隨聲朗誦，極感興趣。經國先生指示宋楚瑜儘速將〈軍人讀訓〉與〈青年守則〉英文譯文相贈。

高雄的夏天很熱，忙了一整天的經國先生住進高雄圓山飯店套房，沖洗後另穿著汗衫背心，叫了宋楚瑜進去，詳問宋楚瑜父親開刀情況，並告訴

[1] 1975年9月7日出殯當日，政府頒發「總統嚴家淦、行政院院長蔣經國」署名的旌忠狀，經國先生和夫人親臨致祭，並到後堂瞻視遺容，親自慰問宋楚瑜母親。還有甚多宋達生前好友、政府及軍中的同事都來弔祭，歷任參謀總長包括顧祝同、周至柔、彭孟緝、王叔銘、黎玉璽、賴名湯、高魁元、宋長志，經濟部部長孫運璿、外交部部長沈昌煥、美國大使安克志夫婦、大使館副館長彭博（Paul Popper）夫婦及大使館代表也都親臨行禮致唁。行政院退輔會趙聚鈺主委偕夫人還親送宋達將軍靈柩至陽明山第一公墓安葬，趙聚鈺並親撰紀念文，引述諸葛亮〈出師表〉、范仲淹〈岳陽樓記〉等名句，以示哀悼。

他：「你爸爸對國家很有貢獻！得了這種病，最重要的就是要有和病魔對抗的信心，要好好養病，幫我問個好。」

經國先生對宋楚瑜父親的慰問和肯定，令宋楚瑜很感動。然而這不是沒有原因的，因為經國先生親身經歷過1949年國軍從大陸撤退到臺灣的辛酸過程；而執行國軍撤退工作的正是宋達。

策劃並執行國軍三大撤退，安置 20 萬軍民

1950年春，國軍在大陸次第撤守，共軍在東南沿海集結重兵，在戰況緊急時，國防部第四廳趙廳長棄職離守，宋達臨危受命以副廳長代理廳長，負責國軍最後在大陸西南的後勤軍需支援。當時宋達亦負責撤退來臺運輸安排，堅持不讓自己家人先坐上撤退飛機，直到該年12月，宋達才和家人搭乘最後一架軍機撤離成都。

來臺後，宋達真除國防部第四廳廳長（即是今日的後勤次長），先後執行海南島、舟山島、富國島三大撤退後勤任務，包括徵調船艦、通訊聯絡、裝備清點、途中補給與醫療、入臺人員核實等，共計撤退安置20萬以上官兵眷屬在臺灣各地。

此後，又推行國軍「人、財、物」三大核實，建立人事計算制度、新財產制度及核實補給制度，並製發「軍人手牒」（後改為「軍人身分補給證」），憑證發餉，做到一人一餉，月清月結，有人必有餉，有餉必有人。

另從軍人補給證衍生，發行「中華民國軍人眷屬補給證」及「中華民國退伍軍人眷屬補給證」，簡稱「眷補證」，根據眷屬人口及年齡補給，區分大口、中口及小口三種。每位眷屬都有一份編號的眷補證，載貼姓名、年齡及一吋照片，眷補證內頁還印含有一年份12張糧票，按月兌換一定數量的大米、食用油、麵粉、食鹽、半焦煤等生活必需品，以及軍眷生活補助費（大口補助40元），很確實地安頓所有國軍及其眷屬生活無虞。

當年軍人待遇普遍偏低，不足以養家活口，「眷補證」可說是另一份重要的餬口來源。國軍撤退來臺後，為安置軍人眷屬，先後在各地設立眷村。

每個月軍方派出軍用卡車，載送各種物資到眷村發放。這一天就是眷村的大日子，家家戶戶扶老攜幼，拿著糧票及承器來領取，熱鬧景象宛如過年。

接獲參謀總長指示，宋達不眠不休擬定「富臺計畫」

1949年8月5日美國發表《中美關係白皮書》（又稱《美國對華關係白皮書》），形同放棄對國民政府的任何支援，國軍更是孤立無援。為確保撤退任務萬無一失，都是在極其祕密下統籌協調，真是責任繁，壓力重。宋楚瑜特別注意到父親手寫自傳，稱三大撤退任務為「敵前裝載」，意思是在敵人的砲火威脅下撤退，不靠外援，孤軍奮鬥，艱辛無比。

以1953年執行黃杰部隊從越南富國島撤退接運來臺為例，事前宋達曾派出先遣小組，由他的得力副手副廳長王征萍少將擔任組長，率三名參謀人員，與黃杰及在西貢的法國負責人協調相關作業，全部接運船隻分7批，共21艘（6艘屬於海軍，其餘是招商局及其他民間船隻），全程約3,800浬，來回耗時16至20日。

越南富國島的撤運計畫，代名為「富臺計畫」，是宋達將軍接獲參謀總長周至柔上將指示，和幕僚日以繼夜不眠不休完成。宋楚瑜看到宋達當年親自釐訂絕對機密的泛黃文件，記載了當時留越南國軍總人數計30,683人[2]（計有官7,347人、兵16,599人、傷殘468人、軍眷2,441人、做工官兵3,328人、義民250人、學生250人），以每人占艙位兩噸配算，共需船舶66,889噸。基於機密、隱密及減少駁裝困難，不編成船團行動，亦不派遣海軍護航，牽涉國軍單位計有海軍總部、聯勤總部、臺灣保安司令部、憲兵司令部、總政治部（即後來的總政治作戰部，今之政戰局）及招商局、臺航、復興公司、留越國軍管訓總處等。

臺灣光復時，1945年10月，國軍第70軍與第62軍來臺接收，因百廢待舉，部隊未加休整，而有穿草鞋或衣衫襤褸情形，傳出民眾對此觀感不佳。

---

2 在此一撤退來臺人員中，包括高金素梅、秦慧珠、黎建南的父親。

為了國軍形象重整，宋達將軍計慮周詳，所有官兵在越南時均已穿上重新配發的新裝；載運回臺下船時，穿戴整齊劃一，部隊軍紀嚴肅。宋楚瑜加註評語：「我父親雖無高學歷，但用心肯學，真正做到活到老學到老，而且觀念與時俱進，他深刻理解他們不是殘兵敗將⋯⋯。」

此一計畫包括籌補官兵及軍眷的薪餉、主副食（大米、口糧、罐頭、鹹菜、傷患副食加給）、服裝（草黃平布軍便服、軍帽、運動衣褲、膠鞋、毛巾、棉背心）等，連每人每日使用淡水管制（以10磅為限）、軍醫護理人員派遣、醫療藥品準備、船艦消毒及廁所衛生（發肥皂一塊、草紙一束60張）、返臺進港前檢疫等，均一一考量在內。

不只接運的船舶調集、船舶編組、航行路線、接運地點等[3]，以及補給、勤務、預算編列與財源籌措，還有來臺安置的費用，包括編列第一次接運專案費4,634萬1,336元91分，及到臺後每年經常費5,632萬7,314元54分，都予以查實核定，這在當時都不是小錢。

當時沒有電腦可作輔助，整本計畫在緊迫時間下制訂，有些「須知」用打字機打字，大部分都是文字書寫，各式圖（航線圖、國軍分駐越南地點要圖）和表（補給表、調配表、數量計畫表等）均是筆上作業。

宋達將軍於1969年2月送交國防研究院第十期受訓時所撰親筆《自傳》裡有一段敘述：「在四廳任內，先後執行三大撤運（海南、舟山之撤運，留越國軍之接運），從狀況判斷、祕密協調、計畫運輸、徵調船舶、通信連絡、敵前裝載、引水護航、途中給養與醫療、入臺人員之核實、裝備之清點，尤其20萬人以上官兵眷屬平民之緊急安頓，均能力排萬難，達成任務。」

黃杰在其著書《海外羈情》曾說：「國防部的接運計畫做得十分周密，顧慮也非常詳盡，證明自由祖國3年來的進步，尤其是軍事上的進步並非虛譽，這有事實做根據。就記憶所及，自我從軍以來，大規模部隊的撤運很

---

[3] 接運船艦從高雄左營出發，直向南駛，經菲律賓呂宋島西南部折向西駛，回航時路線相同，這可以遠離海南島，不致受到共軍截擊，同時可以運用法國海軍及美國第七艦隊在南中國海的一段海上掩護，萬一有颱風時還可以借用菲律賓的避風港，這些變數都經過宋達縝密思考。

少，尤其是遠程的國外撤運，可以說是絕無僅有。……這次接運計畫的圓滿達成，我們軍事上進步的成果，將在國際上獲得至高的評價。」

姊姊中正橋下游泳溺水，父親隔天才能返家

在緊急擬訂計畫接運留越國軍返國任務的1953年5月10日（這天是星期日），發生一件令人心酸的事故。宋楚瑜14歲的姊姊宋楚琪在臺北縣永和中正橋下游泳失蹤了，向以「公務至上，任務第一」的宋達將軍雖然掛心，宛如巨石壓在心頭，卻只能摒除焦急，專心致力於公務上，先把國家的事辦得周到後再慮及家事。

當日上午8:00，宋達將軍接到參謀總長周至柔上將的電話指示：「留越南國軍3萬餘人，法國方面已經同意接運返國，第四廳立即擬具運輸計畫，在明早上班時提出報告。」由於此一行動，宋達並未預聞，又須在極其倉促時間內完成作業計畫，當即找到幾位同事緊急趕回辦公室。不料作業忙到下午3時許，突然接到宋楚瑜母親打來電話：「楚琪在淡水河游泳失蹤了！」宋達將軍只能說：「此刻公事很緊急，不能放下回家，趕緊找人下水找尋。」

在這段公私兩端忙憂萬分的情況下，宋達依然從容指導同事作業，透夜完成複雜的接運計畫，如時提出報告，大體上獲得同意，細部事項經過詳細檢查修正，到星期一中午始奉上級全部核可，然後急忙趕回家。宋楚琪遺體到星期一下午才找到，這件事對宋楚瑜影響至深，「雖然人找到了，卻是一具冰冷的遺體，到現在我還記得那兩天一夜，家人是如何煎熬過來的，尤其是父親趕回家見到姊姊的那一幕……，他教給我們的是**國事為先**的道理。」（詳參《如瑜得水》，第13章）

以前有人認為宋楚瑜的發展是由於有一個「好爸爸」，事實是這個「好爸爸」總是先公後私，甚至因公忘私。在2012年總統大選第一場電視辯論中，提問人意在言外地問候選人，馬英九、蔡英文及宋楚瑜你們三人都有一個好爸爸；宋楚瑜很誠懇而感性地回答說：「**的確，我有一位好父親，他教我公而忘私，舉頭三尺有神明。**」

和尚也和國軍來臺，比擬「敦克爾克行動」

蔡英文當選第十四任總統後，於2016年3月9日拜訪宋楚瑜，會談一個多小時。其間宋楚瑜曾將他父親負責執行海南島、舟山島、富國島三大撤退後勤任務，以及協助安置20萬軍民同胞的部分原始資料給蔡英文看，期盼蔡就任總統後要盡心且妥善處理族群問題和兩岸關係。

宋楚瑜告訴蔡英文，這是人類有史以來的一次大遷徙，超過200萬人從大陸遷移到臺灣，如果當時沒有這些軍民同胞來協防臺灣，臺灣在1949年時或許即遭赤化；由於共產黨信仰無神論，當年大力破除四舊，宋楚瑜很生動地指出「連和尚也加入軍隊一起逃難到臺灣來」，包括星雲、惟覺、聖嚴、淨心等法師，但這些軍民同胞來到臺灣後立即獲得政府和軍隊的安頓，大家都有飯吃，沒有一個人餓死，這是臺灣在危急存亡之秋，奠定日後屹立不搖的重要基礎。

宋楚瑜語調放慢地說：「臺灣百姓應該感謝這些軍隊，也就是現在的老兵，他們集結最後的力量保衛臺灣，使臺灣免遭赤化，躲過後來幾次大災難；同樣地，從大陸各地遷移到臺灣的各省族群，包括我宋楚瑜在內，也應該感謝臺灣這塊土地和同胞，這一方水土養活了我們！」而這些外省菁英，像是文化教育的先進，對臺灣後來的發展也提供了不可磨滅的貢獻。宋楚瑜也不忘提醒，臺灣經濟要繼續向前邁進，要靠兩岸和平，要處理好兩岸關係。在談這段歷史時，蔡英文神情肅穆且點頭回應說：「宋主席的這一番話，給了很多啟發。」

2017年7月在臺灣上映一部由英國、法國、美國及荷蘭合拍的戰爭電影《敦克爾克大行動》（Dunkirk），描述二次大戰時在歐洲大陸執行的一次戰略性撤退，那時英國首相張伯倫（Arthur Neville Chamberlain）施行綏靖主義外交政策失敗，由邱吉爾（Winston Churchill）繼任。納粹德國軍隊瓦解法國馬其諾防線（Maginot Line）後包抄英法盟軍，盟軍撤至敦克爾克（法國東北部靠近比利時的港口）後，為了避免被德軍圍殲，執行了當時最大規模的撤退行動，名為「發電機行動」。過程中英國原計畫只要撤退出3萬名兵力，

經蒙哥馬利（Bernard Law Montgomery）將軍籌策，最終仍以動員各種大小船隻，將30餘萬大部分的英國士兵撤離歐洲大陸。這次的撤退行動成功挽救了大量軍力，不僅固守了英倫三島，並成為4年後諾曼第登陸反攻的本錢。

宋楚瑜看了這部電影很有感觸：「相同的，當時若沒有這20萬從大陸撤退出來的部隊，怎麼能守住臺澎金馬！」也難怪宋達累倒，時任國防部政治部主任（1950年5月至1954年7月）的經國先生還親自提了一簍雞蛋到醫院去探視他，交代悉心盡力照拂（詳參《如瑜得水》，第13章）。

承修越戰美軍裝備，增進國軍後勤修護技術

宋達將軍曾數度奉派出國考察，每一次總是本著「帶了問題去考察，把握重點去研究，找到解決方法回來」的態度。例如，1966年6月，宋達率團赴西德考察國防軍事為期3週，曾訪問德國陸軍軍隊署轄下機關、學校、部隊、工廠計19個單位，此為戰後臺灣首次派遣高層軍事代表團赴德國考察軍事，返國後寫成「訪問德國軍事報告書」乙冊。

1952年9月，時任國防部第四廳廳長的宋達，第一次應邀訪美，此乃政府遷臺後，美國正式恢復軍事援助，當時甚為有名的首次國軍四將領[4]赴美考察，美軍顧問團第一任團長蔡斯將軍（Williams C. Chase）還特別親自到松山機場送行。又如1967年6月，時任陸軍供應司令的宋達將軍應美國陸軍軍品司令部司令班森（Frank S. Besson, Jr.）上將邀請訪問美軍後勤設施，商討後勤實際問題。此次考察為期4週，計訪問美軍19個單位，返國後宋達研訂「自助互助維護戰力方案」，同時編譯出版《美軍行政（後勤）管理新觀念》一書。

根據宋達訪問心得研訂的「自助互助維護戰力方案」交付實施後，其中具有重大影響的就是「承修第三國裝備」一項。美軍當時正在越南作戰，毀損裝備遠運日本或美國本土，翻修耗資甚大，宋達將軍提出以中華民國陸軍

---

[4] 另三名將領為國防部第一廳廳長（即人事次長）傅亞夫中將、陸軍總部參謀長趙家驤中將（後擔任金門防衛司令部副司令官，在823砲戰中與吉星文將軍一同殉職）及聯勤總部財務署署長吳嵩慶中將。

修護能力來承修美軍裝備的構想，立即獲得當時美軍顧問團團長戚烈拉將軍（Richard Ciccolella）大力支持。1969年11月6日臺灣與美國雙方簽訂〈關於在中華民國翻修翻新美國陸軍裝備之協議〉（由參謀總長高魁元與戚烈拉簽字），前後共有五批，承修項目包括超過萬輛的戰車、載重車、油罐車、卡車等，而為接此任務，宋達籌組招考訓練國軍首批青年「技術練習生」。

在陸軍汽車基地廠承修第三國裝備第一批竣工暨交接典禮舉行時，美軍顧問團團長戚烈拉少將致詞肯定中華民國陸軍的成功績效，不但提升了臺灣陸軍在整修裝備方面的技術與後勤支援能力，同時也展現了當時兩國共同的利益與友誼；美軍駐琉球第二後勤指揮部指揮官洪納將軍，則在致詞中推崇中華民國陸軍精湛的修護技術已經達到國際水準。

此一〈協議〉不但為美軍的損壞車輛提供即時翻修服務，解除美軍在越南戰場待修車輛的積存問題，維持美軍在遠東地區的戰力，更賺得大量美元外匯，並且在互惠原則上換得急需裝備，積極提升臺灣陸軍後勤修護技術的實作能力，大量培訓出各類的技術應用人才，同時也充實社會就業，這些都是附加價值。

不愛應酬串門子，教導兒子應對進退有節

宋楚瑜從高中時候起，就常在家中幫忙父親抄寫處理文書作業、黏貼人事名條、謄寫講話稿等。雖然已過幾十年，他對早期軍方人事如數家珍，說起誰是黃埔幾期，誰曾擔任什麼職務，就像似講自己經歷一樣。

有時國軍舉行軍事會報，宋達會在家預習簡報，事先準備大型圖表，一邊說一邊拿著棒子指著重點，時間必須做到恰好精準。在旁的唯一聽眾即是宋楚瑜，他操作如今看來笨重的盤式錄音機，幫父親錄下內容並協助計算掌控時間。宋楚瑜還留有父親在總統蔣公面前簡報照片。

宋楚瑜初中及高中時期英文家教老師管東貴（並參本書第13章），那時在家裡上英文課，偶有客人來訪，父母親不在家時，作為長子的宋楚瑜就起身到門口回應或接聽電話。但看這位「小大人」說話談吐，以及對客人克盡

禮儀的樣子，不僅印象深刻且嘖嘖稱奇。

　　宋楚瑜以第一志願考取政大外交系，那是重考時才考進去的，第一次考大學時落榜。宋楚瑜原是投考理工組土木工程系，後來他以「設計並建築林肯紀念堂，雖是學理工的，但被紀念的林肯是學文法的」為由，說服父親讓他轉考文法組，管東貴就曾幫忙說：「依楚瑜秉性與才具，他日若學文法較學理工，更為合適。」

　　宋達不喜應酬，更無串門子的習慣，公餘閒暇聊天的對象常是兒子宋楚瑜；宋達經常將自己早年從軍奮鬥的經歷、辛苦淬鍊得來的為人處世原則、做人做事的心得，以及「人一能之己十之，人十能之己百之」（《中庸》原句為「人一能之，己百之；人十能之，己千之」）的勤能補拙道理，不厭其煩地教導宋楚瑜。所以，自青少年時代就認識宋楚瑜的友人都覺得他「少年老成」、「應對進退有節」，此實為父親宋達之功也！

老兵不死，只是活得很辛苦

　　政府遷臺後，到了1961年才有完備的退伍制度；這期間，宋達將軍在國防部人事行政局局長及人事次長任內（1955年9月至1964年11月），都做了重大的改革與貢獻（參閱《如瑜得水》，頁340、351）。

　　但在1987年，發生老兵幾度陳情抗議事件。這些請願老兵都是在政府建立退伍制度前離開部隊自謀生活者，主要因為早年軍中待遇甚低，自願退役另謀出路，只領取一次約新臺幣400至1,000元（當時折合美金10至25元）不等的退伍金就離開軍中。

　　宋楚瑜拿出父親宋達1968年7月最後在軍中任職聯勤副總司令的薪餉袋，一位服務軍隊40年、中將一級年功俸每個月所得，包括薪餉1,665元、特別加給1,300元、主管加給400元、眷補160元、米糧2元等等，全部合計3,527元，再扣除保險費41.5元，全部只不過3,485.5元（不到美金88元）。退役時，只能以本俸為計算基準，由此可想這些老兵當年所領金額當然更少得可憐，和臺灣經濟起飛後國民所得大幅增加的薪資水準不堪比擬。

幾經歲月，早期自謀生活士兵已成自謀生活「老兵」；老兵未死，只是活得很辛苦。有的是經商失敗，有的就是找不到穩定像樣的工作，與當年選擇留在軍中，其後退伍獲得安養及領退休俸的昔日同袍相比，境遇懸殊；尤其在政府開放大陸探親後，自謀生活老兵身無積蓄而旅費無著，自然產生相對剝奪感的怨懟之情。最初在1982年，政府透過退輔會給予這些自謀生活老兵就養給付2,466元，到了1987年調整到2,978元。

老兵三度走上街頭，發起第四度「出擊」行政院

自謀生活老兵於1987年7月開始，曾三度走上街頭請願，要求增加2,000元，並從寬認定請領給養的標準，卻未獲得政府相關單位具體回應；又忍過10月慶典，11月9日上午7:30發起第四度「出擊」，目標地點是行政院。

一清早行政院大門附近的中山南路與忠孝東路交叉路口，湧入2,000餘名來自全省各地老兵，交通為之堵塞。情治單位出動鎮暴憲兵、保一總隊及臺北市警力計1,300名，部署於行政院、監察院及警政署周邊內外維持秩序。老兵們則帶著鋼杯、毛毯與乾糧，在行政院大門前「就地紮營，埋鍋造飯」，警政署署長羅張、臺北市政府警察局局長廖兆祥等苦無對策，行政院院長俞國華只能從後門進出上下班。

11月10日當天上午11時、下午2時、下午4時與晚上9時，退輔會第一處處長、警備總部副總司令等和老兵代表進行了4次協調，仍無共識。其間，有些老兵與計程車、遊覽車發生4次口角與衝突，攔住車輛大叫：「沒有過去我們流血拚命，哪有今天的臺灣！」

宋楚瑜：「有什麼委屈，可以告訴我！」

當晚，由《中國時報》舉辦的一場「琳恩颱風賑災」義演晚會在臺北市小巨蛋現址（當時是一座體育館）舉行，時任國民黨中央委員會副祕書長的宋楚瑜被邀出席該晚會，他及國民黨其他幾位主管在晚會會場曾與黨祕書長

李煥商談，認為老兵聚眾圍堵行政院若不妥處，不僅妨害交通，對國民黨和政府形象損害更大。

這時，剛好負責治安的警政署署長羅張找宋楚瑜到署裡了解狀況後，建議宋楚瑜經北平東路（行政院後門）進入，再到老兵請願現場見老兵。但宋楚瑜堅持進入請願現場必須從群眾前面走進去，所謂「從群眾中來，到群眾中去」。

那晚23:35，宋楚瑜在沒有警衛陪同下到達現場，聚集在行政院大門外的老兵仍約有200人，搭成兩個帳棚，有些老兵躺臥在紙板上休息，也有幾名老兵一起喝酒。經過幾年的歷練、加上在新聞局局長時的曝光度，老兵都認得宋楚瑜，但其中一名帶有醉意的老兵拿起敲破的酒瓶，作勢對著宋楚瑜。宋楚瑜停下腳步，問他：「有什麼委屈，可以告訴我！」因為現場吵雜，宋楚瑜要他一起向前走到行政院大樓左側餐廳與新聞局之間的一塊空地，談了一會兒，並安撫要他放心。

隨後宋楚瑜帶著八名老兵代表進入行政院，協調至次日凌晨00:45，步出行政院回到老兵聚集現場，老兵自救會會長劉任航高舉雙手說：「宋副祕書長幫我們解決問題了！」並宣布協調結果：凡符合就養者，儘快辦理就養；凡符合寄缺者，一律辦理寄缺，不限人數；退輔會將儘快發放提高生活補助費，增加2,000元，並自次月一日起開始登記，正式調整到5,078元。

宋楚瑜轉達：「只要我蔣經國有口飯吃，老兵就有飯吃！」

接著，本是「榮民之子」的宋楚瑜很誠懇告訴老兵們，「經國先生對老兵與榮民向來都是關懷備至，經常提到當年與榮民們上山下海，同甘苦共患難，同生共死的往事，而且深深懷念與榮民一同大碗喝酒的歡樂融洽，但現在總統身體健康不如往昔，不能再像當年那樣陪著您們，也希望您們應當體諒總統的苦心。」

宋楚瑜奉命轉達經國先生親口要他向這些老兵轉告的話：「**只要我蔣經國有口飯吃，老兵就有飯吃；即使只剩最後一口飯，也會讓老兵們先吃！**」

聽到經國先生這句話，老兵們淚流滿面，開始撤退，一個不留。

隨後，政府發布命令，為主管機關處理不當做了處置，退輔會主委張國英被撤換，由許歷農將軍接任，同時也兌現了對老兵的承諾。

這批自謀生活老兵大都歷經對日抗戰與內戰，和政府轉戰大江南北後一起隨遷來臺，只不過他們自請要求提早退伍，政府按原先制度與規定發給退伍金後，依法大可不用管了，但是總統蔣公曾經告訴他們：「我把你們從大陸帶來，就會把你們帶回去！」得知老兵包圍行政院，令經國先生幾晚難以入眠，最後要宋楚瑜好好去當面溝通，並轉達了上述那段感動老兵的話。

郝總長日記解答，這絕不是多管老兵的閒事！

老兵抗議政府行動雖然最後解除，宋楚瑜卻未能全身而退，不難想像譽滿京城，謗亦隨之。有人或許要問：「宋楚瑜，怎麼又是你，你在經國先生面前究竟說了些什麼！」這麼多年來，宋楚瑜始終對此事未做過任何辯解，但是郝柏村在經國先生身後出版的《郝總長日記中的經國先生晚年》（天下文化，1995年，頁393）中一段記載，或許能提供部分解答：

總統對余表示，張國英到輔導會後，未能照他的指示去做，故總統深為不滿。余於下午前往張寓，對張表示慰問之意，張稱他調職是總統在盛怒下所作決定。

張到輔導會的作法，想做好，但由於多年來未將貧苦榮民作為主要工作對象，反成為安置高級人員，作國際及國內公共關係的不當路線，亦非張就任六個月所能扭轉。

但張到職不久即出國訪問，而國內榮民已有請願情事，總統已表示不滿。總統認為所有退除役軍人，輔導會均應照顧，而張則認為在榮家者輔導會負責，散居者由於政府不提供預算，所以他不管。另外張認為請願是行政院的事，這點亦為俞國華院長所不滿。

宋楚瑜語調低沉地說：「事實的真相是，宋楚瑜從未在經國先生面前批評輔導會；一連二日夜，老兵在行政院大門紮營抗議，沒人出面作有效化解，負責治安工作的警政署署長羅張怕出事，直接主動找到我。我又參加情治會報[5]，能拒絕嗎？也該有些責任感吧！再加上又奉經國先生之命，去轉達經國先生關心榮民的事。」由此來看，這絕不是多管老兵的閒事！

政治不是死板板，要法外施仁

「政府對人民，政黨對黨員與幹部，不是機械式的法律權利義務關係，而應是具人道情懷，以視民如親的態度來協助解決他們的問題。應該還有情感和道義上的責任，不能動不動就搬出法律條文的規範，說什麼政府早已依據相關法律規定辦理了應盡的義務，政府就可以『見死不救，見急不濟』，撒下不管了嗎？」宋楚瑜深刻體會經國先生身為國家領導人，夜聞老兵露宿無法入眠之苦，「不只是經國先生是國家領導人、榮民大家長，即使一般身無權力的人，也不會對生活有問題的弱勢族群不聞不問，不施以援手。」

宋楚瑜再強調：「**政治是管理眾人之事，政治就是人性關懷，政治就是common sense，政治不是死板板，政治要舉一反三，豈不聞法外施仁，悲天憫人，民胞物與！**」

《中國時報》記者張景為一則特稿指出：「老兵認為自謀生活者要求的補助是權利，而退輔會卻強調這項經費只是福利；換句話說，老兵認為他們是『要債』而非『要飯』……，這不僅是給與受的關係，同時也是社會公道的問題。」（1987年11月10日，第3版）

---

[5] 宋楚瑜自1984至1987年擔任中央文工會主任，這和他前一階段擔任行政院新聞局局長的工作性質相近。其後經國主席之所以升任他為黨中央首席副祕書長，仍兼督導文宣系統，則與他工作範疇愈加擴大有關。在「黨外」反對運動出現時，宋奉經國先生命令與黨外人士溝通。到江南案與李亞頻事件發生後，經國先生要宋參加情治首長例行會報。江南案發後，下令徹查才知道情治系統自作主張，弄出了紕漏，此後又發生情治系統不當處理《國際日報》「李亞頻事件」，才叫宋楚瑜列席情治會報，有助於經國先生確實掌握情治系統的資訊，這在過去是絕沒有過的事，宋楚瑜也從未對外透露，而宋楚瑜參與情治會報就從斯時起，至李登輝接掌政權為止（詳參《蔣經國祕書報告！》，第11章及12章）。

《臺灣日報》刊載司馬岩撰寫的「新聞分析」這樣說：「初冬的寒風中，執政黨中央黨部副祕書長宋楚瑜誠懇的與榮民們一起站在行政院前的大馬路上聊天，已是10日凌晨一時許，大多數人皆已入眠，但是宋楚瑜與榮民們卻聊得愉快，四周洋溢著溫暖、和諧與歡樂的氣氛。」（1987年11月11日，第2版）

1987年11月11日《自由時報》社論〈老兵的眼淚一滴滴敲打著我們的心靈！時移勢轉　壯志消磨　衰老了戰士的生命〉一文中指出：「本報昨日刊出榮民們血淚之言，對政府機關近兩年來的拖延態度深表不滿。不過，執政黨副祕書長宋楚瑜在前日深夜與請願榮民溝通後，已決定由退輔會加速照顧榮民給予就養與安置。退輔會負責人了解問題之嚴重後，已於昨日宣布將根據協議原則決定增加安養榮民名額，分期增加補助費，甚至不合榮民條件者，滿55歲即可到訓練中心寄居，顯見老兵請願大體已獲結果。其他有關生活困難問題，循此方向，稍假時日，當不致不能解決。我們固深感安慰！然而，我們認為榮民生活問題固然重要，老兵的蒼涼心態，更值得政府及全國民眾寄以注意及關懷！」

《中華日報》記者李家慶肯定宋楚瑜塑造了黨工新形象：「宋楚瑜的適時出現，消除了榮民的不滿情緒，解決了數月來榮民一再提出的生活需求。這種有所為的肩擔，獲得社會大眾一致的喝采，也為執政黨黨工塑造了親切、誠懇、負責、明快的新形象，更為『中國國民黨永遠和民眾在一起』作了最好的註腳。」（1987年11月12日，第2版）

1987年11月23日出刊的《時報新聞周刊》專題報導，其中記者黃輝珍加以分析：「宋楚瑜長年追隨蔣經國總統，深深體會蔣總統對老兵們懷有一份特別情感……，或許正是由於宋楚瑜了解層峰對老兵問題的關注，加上他本身與老兵們也有淵源。因此，國民黨才由他『挺身而出』。」當年跑這條新聞的黨政記者，現在許多人都已經是各媒體上層幹部，也有的已經做到總編輯、總主筆或社長。他們經歷過當年老兵抗爭事件，應該都是此事的見證人。

1987年12月28日出刊的《雷聲》196期讀者論壇，署名「傅健明等一群青

年」如是說：「宋楚瑜先生能幹、肯幹，他多年來表現的風格與形象，自有其社會定論，不需要我們這些小市民為他錦上添花，但那天深夜，宋楚瑜先生冒著寒風斜雨，周旋在老兵之中，終而化解了一場高升中的抗爭，這是不爭的事實。」

後來老兵就養金果然在宋楚瑜擔任國民黨祕書長時，透過黨政協調，再增加至將近7,000元。且逐年改善提高老兵就養金，至2017年12月已增加至14,000元左右。

軍眷子弟做眷改，戮力完成全省 35 處 48 村

我們現在為「都更」傷腦筋，回頭以30年前臺灣省政府推動眷村改建為例，即可充分顯現政府機關做事要動腦筋、有方法，也是說明施政不分族群、不分黨派的又一事例。

宋楚瑜從小深刻了解眷村的辛苦，一路走來也都十分關注榮民榮眷的生活。在到省政府服務後，他立即將興建國民住宅與眷村改建列為重點施政工作之一。

1993年3月20日，他就任省主席的第一天，已找好軍方出身的李建生[6]擔任省府委員，作為省政府推動眷村改建的CEO。「萬事起頭難，但有了決心，也找對了人選，事情推展就順利。」宋楚瑜說。

1993年3月23日，他就任省主席的第四天，即到訪臺中市國安國宅社區，指出眷村改建須著手兩個主要方向：一是加強照顧眷村低收入戶，另一是加強照顧需要國宅的社會大眾。

該年6月1日，宋楚瑜成立「臺灣省軍眷村合作改建國民住宅督導推行委員會」，擔任主任委員，李建生擔任召集人，督導省住都局（處），每月召開一次與軍方的協調會報，加緊催動改建的每一個腳步。

宋楚瑜長年追隨經國先生，甚為了解經國先生不忍榮民在歷經征戰後，

6　李建生曾任國防部總政治作戰部第三處處長、馬祖防衛司令部政戰主任、總政治作戰部中將副主任兼執行官等職。

仍因陋就簡生活在老舊眷村。「遷臺之初，物質條件很差，一下子轉進200餘萬人，能遮風躲雨就不錯了！」宋楚瑜臉上瞬間喜憂交錯：「但是，臺灣經濟逐漸好轉，尤其在經濟起飛之後，各行各業經濟水準大有改善，不少眷村相鄰於高樓大廈之間，顯得反差與不協調。」

經國先生擔任行政院院長時，曾於1977年裁示「原則同意運用眷村土地百分之七十價款補助原眷戶購宅」，續由省政府與國防部簽訂協議書，並訂頒相關作業要點，據以實施。因而1980年起至1993年5月，省政府與國防部合建國宅25處計8,119戶，這可視為臺灣都市更新之發軔。

宋楚瑜於1993年3月就任後，即訪視全省各處眷村：「都已經過30幾年、40幾年，眷村還是克難房子，一家幾口同住5坪或6坪，連盥洗都是板子隔著而已……。」《自立晚報》記者李澤治曾對新店環河路與溪州街一帶的眷村景象，寫了一篇特稿：「老兵聚落的房子，全部是低矮的磚造平房。潮濕陰暗，而且衛生環境極差，是共見的特色。每一戶的空間通常不超過10坪，有的甚至只有4、5坪，一家五、六口人擠在一起，連旋身的空隙都找不到。」（1987年11月16日，第3版）

就在宋楚瑜極度關切，李建生與住都局局長林宗敏合作無間下，眷改全面展開。每一處眷村改建時，宋楚瑜和兩任國防部部長孫震、蔣仲苓及各軍種總司令等一同破土，受惠而心裡著實高興的，就是即將可過新生活的榮民榮眷。省政府在宋楚瑜任內戮力完成全省35處（合計48村）的眷村改建，興建25,988戶，另興建國民住宅18萬3,600戶（含貸款自購9萬1,700戶），總計投入1,197億餘元，補貼貸款自購利息98億餘元。這是臺灣都市更新以來最具成效的一次施政，至今無出其右。

這「35處48村」如下：基隆市的光華國宅、兆連新村、建實新村，臺北縣的環南國宅、秀朗二村、忠孝新村、壽德新村、貿商二村，桃園縣的明駝一村、建國十四村、陸光三村、陸光四村、陸光五村、五守新村、光華二村、居安新村、自立精忠新村，新竹市的空軍第三村、公學新村，臺中縣的明駝二村，臺中市的虎嘯東中西村、光大一二三村，嘉義縣的平實乙村，臺南市的實踐三村、果貿二村、大林新城、大道新村、大鵬八村、四維新村、

富臺等四村，高雄縣的黃埔一村、四維二村，屏東縣的崇仁新村，以及宜蘭縣的岳飛新村和花蓮縣的凌雲四村等。

宋楚瑜對榮民榮眷能照顧就多加照顧。例如，當年交通不比今時，為臺中縣清水等地榮民榮眷方便就醫，他就指示安排專車往返臺中榮總，讓行動不便或病痛長者一起共乘，減少輾轉搭車之苦。

照顧不分族群，眷村改建有方法

這是一個牽涉榮民照顧及省民照顧，以及都市景觀、生活環境品質提升等層面甚廣的問題，省政府至少得與眷村民眾、地方政府、中央相關部會如退輔會等多方面進行聯繫溝通。

這也是一件與時間賽跑的事情，愈往後拖延一天，榮民及其家眷只能過著「晴不能遮陽，雨無法避漏」的日子。宋楚瑜形容：「臺灣至今仍有太多老舊公寓房子，但眷村房子比老舊公寓更糟，大都是小隔間或竹籬笆連接簡易木材建造，有些是屋頂蓋稻草、竹泥牆的，經不起幾十年風雨摧殘。」

然而，一開始的協調溝通等事宜並非十分順利。

其中一項關鍵原因，是《眷村改建條例》[7]尚未通過，立法院內對此多所爭議，宋楚瑜為推動此項工作，開動之初並無法源支持。當時社會大眾對於眷村改建的看法，顯然受到民進黨在選舉時不斷宣傳的影響，造成焦點模糊及認知上的差距，有些輿情認為大可不必對某一對象特殊照顧。

另方面，因為年代久遠，眷村住戶有的已達30至40年，有些已頂讓，有些還出租開店成了違建戶，其間權益不一，臺灣省政府夾在住戶、縣市政府與國防部之間，要協調真是煞費苦心。

例如當初宋楚瑜前去新竹市公學新村協調時，由新竹市選出的立委謝啟大就與村民一同站出來抗議，說「如果解決不了問題，就不要到這裡作秀」。沒想到謝啟大後因公學新村獲得妥善改建，與宋楚瑜成為好友。

---

[7] 全名是《國軍老舊眷村改建條例》，於1996年2月5日公布實施，此後軍眷村改建工作由國防部整體規劃辦理。

謝啟大所說沒錯，沒有辦法就不要來作秀。宋楚瑜面對民眾，根本不想作秀，是要來解決問題的，他前後與村民進行四、五次的協調，其方法無他：「居住是基本的民生問題，用人性關懷的角度去想，用宏觀施政的視野去做，大家一起將周遭所有問題處理好。」

經費籌措極為困難，宋楚瑜毅然決定由省國宅基金先行撥墊，再於興建完工配售後歸墊，這讓資金調度有喘息和紓解的時間與空間。省政府還掌握了一些「籌碼」，那就是改建之後「房數」遠大於原住戶的「戶數」，多出的收入可供作拆建、增加公共設施及其環境美化等費用，澈底改善並提升居住品質。

後來也證明，眷村改建後所獲得土地與房舍，亦可運用照顧其他層面，特別是勞工、中低收入戶等，不只是外省榮民而已，這些省民也都能以較低價格承購其他多出的戶數，擁有自己的家。

宋楚瑜覺得進步的社會應該是：「一塊土地蓋成高樓，可以增加使用的空間，原本雜亂無章的村子，納入都市發展計畫中，變成美輪美奐大樓，還增加民眾休閒散步的寬廣生活空間……。」

就以新竹市公學新村來說，宋楚瑜與省政府同仁特地做了完整研究，將該眷村旁一塊省有公園預定地一併規劃開發，有住宅也有開放空間，居民都願意配合。這村原有488眷戶，興建成12層樓大廈後，變成住宅2,088戶、店鋪58戶，甲區於宋楚瑜卸任前落成，乙區於隔年1月完工，至今仍是新竹市最大的國民住宅區。

眷改「三堅持」：不圖利財團、須重視操守和為住戶設想

事實上，省政府推動眷村改建之所以展現亮眼績效，主要在於宋楚瑜抱定三項堅持，或稱之為「底線」：

第一、堅持絕不能有炒地皮介入，政府執行都更或眷改，要照顧原住戶，而非圖利財團。

第二、和前一項相關的，執行者絕對地保持操守潔淨，不可徇私舞弊，

不能圖利自己。

第三、改建不是交差了事，要跟得上時代進步，要為住戶全面設想，整體提升居住環境品質。

眷村改建，還有其他省政府所做大小工程，就像經國先生的十大建設一樣，沒有弊端。

「你去看一看，這麼多經費支出，這麼多戶數參與眷村改建，到今天有傳出任何問題？」宋楚瑜自信地說。

「省政府推動的眷村改建，不但建築新穎，美觀大方，而且公共設施現代化，都有公園式的綠地與設施。」宋楚瑜極為肯定同仁付出心力。

此外，宋楚瑜亦很關心臺灣都更進度與實踐方法。他一而再苦口婆心：「但凡管理眾人之事，要有心為民眾設身處地，將心比心，異位思考，將民眾所要的（民之所欲）和決策者所能做的接合在一起！」他又說了一次：「為政之道無他，心存百姓，耐煩而已！」

他認為，臺灣都更卡在這些節骨眼，現行法令應綜合評估以下幾點做適切因應：（一）住戶在除舊換新之一段時間，政府須幫忙設置「中繼所」；這是脫殼蛻變期，雖然住戶要求不必高，但政府要提供臨時住所供都更戶選擇或決定自理。（二）都更戶一定會考量坪數問題，從人性關懷處去做調整，才能水到渠成，否則抗爭阻礙，影響都市進步，不在話下。（三）臺灣錢淹腳目的日子已經過去，務須掂量大部分人手邊已無閒錢，儘量減少住戶負擔為好。

他說兩岸關係尚好的那些年，遊覽車與旅館業等生意興隆，每天一架架飛機載運大陸同胞來臺旅遊，但還記得他們這般反應：「臺北怎麼會這樣又老又舊?!」千萬不要忽視或規避這種驚嘆評語，原是站在大陸城市建設與臺灣城市建設的對比下而發出的。

宋楚瑜任內還設立了好幾個老人養護所，如省立彰化老人養護中心，遷建省立澎湖仁愛之家，整建省立屏東仁愛之家，補助彰化縣私立喜樂保育院興建失智患者住宿家園等。

這些成功案例都是就地取材，為做事而做事，就現有資源加以整合運

用，從未大興土木，絕無一絲一毫浪費，非常符合宋楚瑜性格的特色。

他很希望這些合作成功或公設民營的個案能多多推展擴散，不僅南、北、中、西、東都有，而且普及社區化，達成「社區照顧」、「福利社區化」的理想。

宋楚瑜說，「凡事都要為未來著想，總要跨出最困難的第一步。接下來做的，就有了參考模式。我們也必須趕快做，照顧的資源就能不斷累積與整合。」以下三例更是宋楚瑜整合資源，用心照顧弱勢民眾的代表範例。

臺東馬蘭榮家軍民同住，唐氏症孩子有了家

顧名思義，馬蘭榮家是照顧榮民弟兄的，為行政院退輔會所屬機構，位於臺東縣臺東市，有1,400個床位，當時住了榮民將近1,000人，這是政府遷臺後，最早實施的社會福利機構。

另外，在政府還未開放赴大陸探親之前，有些老榮民與智能有問題的原住民結婚，生下子女有些患有遺傳性蒙古症（或稱唐氏症），大約400多位，住處不一。當時行政院退輔會因經費逐漸縮減，再也沒有充分資源照顧，宋楚瑜就主動拜訪退輔會主委周世斌，向他提出省政府與軍方「共享資源」的構想。

這個構想就是把唐氏症兒設籍在臺灣省，全部納入省政府社會處照護的對象，而馬蘭榮家的部分房舍提供省政府運用，省政府以委託方式，委由馬蘭榮家辦理癱瘓省籍老人及身心障礙者收置、照護等工作。

很快的，獲得行政院退輔會的回應。

退輔會、省政府都只是默默的做，並未對外宣揚。後來宋楚瑜在一次臺東行程中，跨進了這個榮家，去看榮民老兵，去看這個榮家大家長鄺仲棟中將。

鄺中將遵循行政院退輔會的老人安養政策，在不影響原來榮民的安養原則下，騰出部分房舍，撥給省社會處運用。對馬蘭榮家而言，產權不變，榮民權益不損失，省社會處又以經費回饋馬蘭榮家整建修繕工程，包括在餐廳

與臥室裝置冷氣空調等。

馬蘭榮家位在臺東市更生路上，院內卑南水圳貫穿其間，一邊住榮民，一邊住民眾，兩方面都受到政府妥善的照顧。

新店頤苑轉型公辦民營，編列預算補助原住民老人

省立臺北仁愛之家頤苑是自費安養中心，位於臺北縣新店，隸屬省社會處，院民及員工數眾多。

1995年省政府規劃改為公辦民營時，為顧及院民與員工心理上的調適，曾召開一連串的會議、公聽會、員工座談會，甚至協調會，但仍引起員工與院民激烈反彈，一度還要準備聯合向總統陳情。其後採任務編組方式，由專業人士輔導員工、院民，才漸漸化解阻力。

既是公辦民營，省政府仍對省立臺北仁愛之家頤苑負輔導及監督之責，省社會處仍每年編列預算1,200餘萬元支應，但支付用途改變為補助原住民院民的收費差額，不過接受補助原住民的平均年齡為76歲，使得這筆預算能用得上的對象就愈來愈少。

1997年經公開公告，徵求受委託人，入選的是財團法人天主教會臺北教區，委託期為5年。

1997年7月起，原有關人員、設施、業務，全部移由天主教會臺北教區接辦，教會所屬耕莘醫院每星期都派醫生與護理人員前來安養中心，為老人們提供醫療服務。以前醫師服務安養中心的意願並不高，自此問題迎刃而解。

新竹湖口新辦寧園，作為失智老人之家

位於新竹縣湖口鄉的臺灣省寧園安養院，屬於新辦公設民營委託性質，也是臺灣省第一所公設民營失智症的專責收容養護機構。

省政府計畫依公辦民營模式來辦理，但既乏經費購地建屋，設備也是一大難題。宋省長與社會處處長唐啟明再三研商，相中湖口的新竹就業講習所

土地與房舍，報請行政院同意無償撥用。

新竹就業講習所原收容未滿60歲榮民學習技藝與住宿之用，但由於榮民逐漸年邁，功能日漸萎縮，設備和土地處於閒置狀態，省社會處有意重新利用，使它成為全省中重度失智患者的養護處所，以幫助有需要的省民家庭，行政院自是樂意成全，並由內政部獎助經費3,000萬元，加上省社會處800餘萬元配合款，順利整修房舍設施，以供使用。

宋省長高興看到失智患者終於有了一個家，親自為養護所命名「臺灣省寧園安養院」。受委託者亦經公開徵求及評選產生，由財團法人天主教會新竹教區成為失智患者的照護人，耕莘醫院則負責提供充足完善的醫療服務。

通盤治水排水，國軍軍事基地併辦治理

日據時期，日本軍國主義抬頭，為圖南進與向外擴張，取得東南亞豐富自然資源，幾乎臺灣各地都設有空軍軍事基地；之後，政府和國軍轉進來臺，接收使用並不斷充實，有些沿用至今。

以空軍基地而言，就有臺北松山及南機場、桃園大園（水斗）、新竹、臺中（水湳）、嘉義、臺南、高雄（岡山及小港）、屏東、臺東、宜蘭、花蓮及澎湖馬公等，目前不是和國際機場共用，就是與國內航空站相連。

宋楚瑜擔任省主席、省長時，基於防洪治水整體通盤考量，要求團隊同仁將飛航基地、各軍種訓練基地及軍事設施等國軍單位鄰近低窪地一併納入改善排水計畫，使周邊軍民一同免於淹水之苦，這又是創舉。

其中最值得稱許的是，花蓮（佳山計畫）機場、臺東志航機場、高雄岡山機場和澎湖馬公機場。省府在宋楚瑜指示下，投入相當大的資金改善排水，軍民共享改善後的成果。

宋楚瑜說，「國防預算不可能有餘力另編軍事基地周邊排水經費，這些軍與民接壤的地帶或區域仍須有人去銜接、去治理，省政府不能忽視這一塊，軍民本一家啊！」

2023年8月某天，宋楚瑜和行政院退輔會主委馮世寬（曾任國防部部長）

在一個活動中相遇，馮主委主動提起他擔任空軍第443戰術戰鬥機聯隊（駐地臺南）少將聯隊長時，省政府積極協助解決臺南空軍基地淹水問題；馮世寬說：「雖然是20幾年前的事，記憶仍十分清楚，省政府團隊提供經費做排水改善，幫了大忙。」

關公變張飛：軍眷子弟勤儉，「很替爸爸爭面子」！

作為軍官的孩子，宋楚瑜從小穿的是父親舊軍裝改製的衣服。當時隨便穿草綠色軍服，憲兵是會抓的，所以要染成黑色，襪子也是一樣，穿後流汗使得襪子退色，兩隻腳都是黑的，內褲則是用麵粉袋做的，這種粗布越洗會越白。

以軍人穿的皮鞋來說，1960年代有的是用豬皮做的。往往父親穿舊了之後，他們兄弟就接過來穿，但畢竟這樣仍是「軍用品」，還需要經過一番「打扮」，那就是將咖啡色的皮面染成黑色，稱它是「關公變張飛」。聽來似乎十分有趣，但那時有很多軍眷子弟都是如此克勤克儉的。

宋楚瑜母親胡窕容（1918-2017）當家，以節儉教導子女，當省則省，當用則用。宋楚瑜當省主席、省長，管一個省的支出，該用則用，該省則省，更是要謹慎節用！宋楚瑜的父母親和經國先生都給他最好的榜樣。

有人說宋楚瑜是什麼世家子弟，他也沒有多講話，不過以前他母親會笑他：「你很替爸爸爭面子，人家還說你是世家子弟，可見你還不錯，落落大方，沒有小家子氣！」

1 | 1974年6月4日，宋楚瑜陪同罹患肺癌父親赴美就醫，14日趕回臺北，及時和經國先生一起搭機南下，參加陸軍官校50週年校慶活動，他緊隨身邊，為經國先生與美國駐華大使安克志夫婦擔任翻譯。照片後排將領為劉安祺、胡璉與劉玉章，經國先生右後為陸軍官校校長秦祖熙。

2 | 宋達將軍罹患肺癌，在經國先生指示下安排前往美國醫治。出發前，經國先生以親筆簽名的便條紙，指示撥出5,000美元作為醫療費用。

3 | 1975年4月5日蔣公逝世，宋達將軍堅持返國弔祭致敬。守孝的經國先生於4月18日在慈湖又下親筆便條，發宋楚瑜出國旅費美金乙千元，赴美接宋達回國。因為便條紙上有紅框邊，於喪事在身的傳統禮俗犯忌不合，經國先生親手將紅框邊裁掉。

4-5｜1975年9月7日宋達（1916-1975）將軍告別式當日，經國先生和夫人親臨致祭，並到後堂瞻仰遺容，慰問其夫人宋胡寵容及宋楚瑜。

1 | 「眷補證」係由軍人補給證衍生出來，是宋達將軍研發擬定，依據眷屬人口及年齡補給，區分大口、中口及小口三種，落實照顧所有的軍眷。

2 | 1953年接運留越國軍實施計畫屬「絕對機密」，由宋達及其同僚緊急策劃擬定。

3 | 美軍當時在越南作戰，宋達將軍（右）提出以陸軍修護能力來承修美軍裝備構想，立即獲得當時美軍顧問團團長威烈拉將軍（Richard Ciccolella）支持。此為威烈拉參觀維修廠時留影。

4 | 1968年7月，宋達最後在軍中任職聯勤副總司令的薪餉不過3,485.5元（不到美金88元），退役時只能以本俸為計算基準，宋楚瑜由此推想當年老兵所領金額更少得可憐，和臺灣經濟起飛後國民所得大幅增加的薪資水準不堪比擬，因而從不忘卻，要多照顧榮民榮眷。

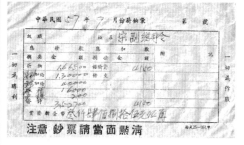

5 | 宋楚瑜母親宋胡宛容女士（於2017年11月28日仙逝，享壽100歲）於1952年和宋家小孩在總統府前合影，左二為宋楚瑜；由圖可見當年將領眷屬的穿著克難簡樸。

1 2
3
4
5

6 | 宋楚瑜對榮民長輩關懷備至，從不忘自己屬於吃眷糧長大的一群。

7 | 1995年1月23日前往花蓮榮民之家探問。

8 | 1997年1月24日，省長宋楚瑜訪視臺東馬蘭榮家。馬蘭榮家由省政府與行政院退輔會合作辦理，只要唐氏症孩子設籍在臺灣省，全部納入省政府社會處照護的對象。

9 | 1997年12月23日再次訪視臺東馬蘭榮家，很關心榮民伯伯的照護問題。

10 | 在那戰亂的年代，作為軍官的小孩，宋楚瑜小時（右一）穿的是父親舊軍裝改製的衣服，此為宋家闔家在陽明公園的合影。

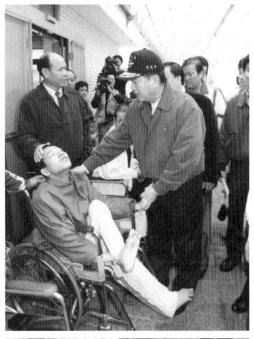

1 | 1993年6月7日，宋楚瑜成立「臺灣省軍眷村合作改建國民住宅督導推行委員會」擔任主任委員，李建生（右二）擔任召集人，加緊推動眷村改建。

2 | 1994年6月18日，宋楚瑜與國防部部長孫震、立委韓國瑜、省議員劉克、省建設廳廳長林將財（中後）主持臺北縣中和壽德新村破土典禮。

3 | 1995年12月7日，省長訪視臺中縣眷村，了解榮眷生活需求。

4 | 省政府推動眷村改建，不但建築美觀大方，而且公共設施現代化，都有公園式的綠地與設施；圖為新竹市空軍第三村完工後景觀。

新竹市空軍第三村

5 | 1993年8月11日，基隆市光華國宅破土，右起省主席宋楚瑜、國防部部長孫震、陸軍總司令李楨林、海軍總司令莊銘耀。

6 | 1993年新竹眷村改建開工，宋楚瑜、省議員張蔡美、省建設廳廳長林將財、省府委員李建生、新竹市市長童勝男共同主持。

7 | 1993年10月15日，臺中市虎嘯西村新建開工，右三為空軍總司令唐飛，左為臺中市市長林柏榕。

8 | 1994年4月28日，主持臺南市實踐三村改建開工典禮，右二陸軍副總司令丁之發，右四為臺南市市長施治明。

1 | 桃園精忠六村動土，與李登輝
總統、國防部部長蔣仲苓共同
主持。

2 | 1995年11月26日桃園陸光四村
動土，宋楚瑜與總統府祕書長
吳伯雄、桃園縣縣長劉邦友、
陸軍總司令李楨林等一起參
加。

3 | 與國防部部長蔣仲苓、陸軍總
司令李楨林、臺北縣縣長尤
清，主持泰山忠孝新村眷村改
建國宅開工典禮。

4 | 1998年10月22日訪視桃園縣陸
光四村國宅社區，桃園縣長呂
秀蓮及省議員鄭金鈴陪同。

桃園縣陸光四村國宅社區

第 11 章

◆

基於人性關懷照顧弱勢

在臺灣，宋楚瑜會說各種不同的方言，他的語言天分應可說名列前茅。

他可以娓娓道出複雜的道理，也擅長將複雜道理說得很輕巧，例如他說**省主席、省長就是「管家婆」，省政建設就是一部「媽媽經」**[1]。

而且他認為，這個「管家婆」所展現「媽媽經」的一切，應該是維護「人性的尊嚴」，擴展「人性的關懷」。

除了「管家婆」，他也喜歡將自己勉為「父母官」；他期許「照顧弱勢要做到整合社會資源，再加上人性關懷」。本章的一些理念與故事情節，可以說明這一點。

政治就是人性關懷，人性尊嚴至高無上

本書第一章引介美國前眾議院議長歐尼爾（Tip O'Neill）闡述「所有的政治就是照顧地方」（All politics is local）的道理，以及宋楚瑜加以改為「所有政治的道理，都是常識」（All politics is common sense）及「所有政治的道理，都是人性關懷」（All politics is human concern）；因為他特別堅持，省政

---

[1] 國家建設、省政建設如此，縣政建設、鄉鎮建設也是如此。省長、縣市長、鄉鎮市長、部長與行政院院長，這些人等都是「管家婆」。宋楚瑜說，當你去做了，做了「管家婆」，家家有本難唸的「媽媽經」，總有忙不完的「媽媽經」。省政府機關首長隨時可能接到「省長來電」，省長一個電話來了，就是一連串事情要處理，人民的小事就是政府的大事，要趕快去辦，絲毫遲疑不得。省府同仁也漸漸習慣，知道省長的「嘮叨」，是為了把事情做好，沒有責備的意思，要趕緊將事情辦好就好。宋楚瑜也有自知之明，他說自己很像澎湖絲瓜，又黏又雜唸。地方跑多了，他明白民眾常以澎湖絲瓜形容一個人，由於它有十稜，臺語的諧音是雜唸，他知道自己是「雜唸的人」。

府施政必須公平，省政工作必須是不分黨派、族群、地域，公平地照顧每一位省民。

宋楚瑜舉早期臺灣建設為例，鐵路與公路臺1線為南北交通運輸所寄，所以沿線鄉鎮市發展程度就較高，執政的國民黨在這些地域所獲支持度亦較高；但離這交通樞紐愈遠的沿海與山地原住民鄉則相反，支持度則偏低。

宋楚瑜指出，歐尼爾的道理沒錯卻不夠，還要拾遺補漏，要再加上對弱勢的「人性關懷」，才比較完整。

不會掉淚的人，我不會找他當社會處處長

宋楚瑜在找社會處處長時，曾向隨後出任社會處處長的唐啟明說了一句話：「如果看到有人孤苦無依，遭受苦難，而**不會掉淚的人，我不會找他共事。**」

唐啟明做了省社會處處長，幫了無數辛苦大眾，非常受到好評。唐啟明在省政府任期與宋楚瑜一樣，都是5年9個月。宋楚瑜說，唐啟明小時也是苦苦熬出來的，連住的地方都沒有，父子兩人就在辦公室裡長期打地鋪過夜，求學向上考取政治大學。

宋楚瑜說：「**用吃過苦的人，比較能了解賺食人[2]的艱苦。**」

經唐啟明細心的聯繫與協調，省政府在社會工作上放大與其他政府機關及民間合作的腳步，包括與行政院退輔會、佛教、一貫道、天主教、基督教（如長老教會），以及各個慈善機構與公益團體一起推動社會關懷工作。

唐啟明以主動及最高誠意的態度，跑遍了原住民居住的山區，從不談意識形態，踏進各個教會團體。面露笑容是唐啟明的特色，有條不紊地說明省政府可以提供哪些資源與服務，大家一起幫助工作。

「我和唐處長都非常尊重原住民與弱勢族群的宗教信仰，而且是站在原

---

[2] 賺食即謀生，閩南語歌常以「賺食人」入詞，例如〈快樂的賺食人〉、〈賺食人的悲哀〉等。

有宗教團體關懷基礎之上[3]，與之共同攜手協力，**希望宗教團體再加上省政府，做到加乘效益。**」宋楚瑜說。

此外，省政府也廣泛結合包括工商團體、自由職業團體及社會團體的省級社團計有393個，以及財團法人慈善事業基金會171個（省級25個和縣級146個），或為反毒、防毒、反雛妓及心靈改革等，或為照顧兒童、少年、老人、身心障礙者，一同為扶助社會弱勢安全與成長，將愛心擴散出去。

社工人員「入世做功德」，渡生老病死苦

如果宋楚瑜不是省主席、省長，很可能他最想做的，或最適合他做的，是社會處處長這個職位。也許是出自內心實在的感觸，他將社會處的細瑣業務譬喻成「入世做功德」的工作。

他賦予了社會處同仁、社工人員最崇高的責任心與使命感，像基督教、天主教、回教與佛教、道教的教徒一樣，充滿愛心，到處做善事。他說：「有些人為渡生、老、病、死、苦，所以出家；**社工同仁是看到社會上的生、老、病、死、苦，而介入、面對、協助處理這些問題。**」

他將社會工作形容得入木三分：「想想看，『生』，如婦幼保護、托兒所、少年福利，這不都是在照顧著生的問題？『老』，如養老院、關懷獨居老人、居家老人服務等。『病』，所謂老人失智、精神病患，都在社會福利工作的項目中。『死』，如納骨塔的設置、公墓公園化、改善殯葬設施等。『苦』，那就更多了，如急難救助、天然災害、性侵害防治、反雛妓、弱勢族群照顧，這不都是社會苦難的一面，要我們去好好照顧！」

為培養專業人才及提升家庭保護，省政府還委託美國紐約大學辦理「家庭保護規範」研習，選送工作人員前往研習觀摩，汲取紐約州的家庭福利制度與文化、家庭暴力防治、兒童少年暨婦女保護工作等經驗與做法；唐啟明

---

[3] 有一次錫安山新約教派鬧得很凶時，經國先生曾親自主動交代宋楚瑜去找副總統李登輝，請他與長老教會溝通並化解誤會（參閱《蔣經國祕書報告！》，頁287-288），宋楚瑜由此亦習得如何與「異議團體」的相處之道。

就是希望同仁多借鏡先進國家，「看看人家怎麼處理這些難題，來提高我們的執行品質。」

附帶一提，創立「五洲園」的「通天教主」黃海岱是宋楚瑜學布袋戲的老師，宋楚瑜不僅認真學布袋戲，演得有板有眼，還於1998年6月邀請年近百歲的黃海岱老先生，一起為關懷獨居老人製作電視公益廣告。

在宋楚瑜人性關懷的施政理念中，「愛心」居核心位置，這不只顯現在醫療、農漁民、勞工、原住民、老弱婦幼、身心障礙者及社會弱勢族群等相關層面上，更是及於所有的政策與施政。他十分重視並勉勵所有為民服務工作者：「**為老百姓做事情，要設身處地，要將心比心，去體會那些受苦受難者的心。**」

心中有愛，做起事來就愉快

有次宋楚瑜到臺北縣坪林鄉衛生所訪問，特別留意到一位年輕女醫師對病患服務很細心。他想在坪林鄉這個較偏僻地方，竟有這樣年輕又富熱心的醫師，實在非常難得。和她談過話後，知道她是陽明醫學院畢業的，也自願深入鄉里，盡心盡力做好診療工作，希望偏鄉的病人一樣能接受到良好的醫療。

又有次在蘭嶼訪問，太陽高照，天氣炎熱，宋楚瑜遠遠看到一位嬌小女士戴著草帽，和一位小孩從山上走下來。這引起他的好奇，走近打了招呼，知道她是蘭嶼國中的老師，從臺南師範學院畢業後分發到此，正在做家庭訪問，因為聽不懂當地語言，才找這一位學生來協助。宋楚瑜特地問她：「有什麼需要幫忙的？」她答說蘭嶼夏天實在太熱，回到宿舍熱到睡不著，宋楚瑜趕緊找教育廳通盤調查後並撥款裝設冷氣，以提高「教」與「學」的品質。

他常將這兩件事情擺在一起講，說許多人都在角落裡默默奉獻，不見得有人會看到，也不會特別有人注意做得如何，但他們依然負責認真。宋楚瑜說：「除了愛心驅使，哪還有更好的解釋？因為愛，讓人做起事來都愉快，不怕累，不嫌偏遠，如同證嚴師父所說的『歡喜做，甘願受』。」

幾乎在他重要施政報告及與同仁談話，他都不厭其煩的一再強調，要用「愛」來解決問題，來確實做事情，來照顧弱勢族群，希望人間有愛，社會有情。

身障人士想賣愛國獎券，其實要的是尊嚴與公平

宋楚瑜曾自述一則與身障人士的故事。

有一個晚上，抽空陪太太陳萬水去看電影《阿甘正傳》午夜場；由於時間已晚，在排隊買票時，看到一位身障人士還在賣口香糖，就上前打招呼問他：「你好嗎？」

這位身障朋友笑笑沒回答，反而趁這個機會問了一句話：「省長，什麼時候可以開始再賣愛國獎券[4]？口香糖生意不好，而且還有清潔的問題。」

宋楚瑜藉此例說，「這位身障朋友沒有下半身，想的不是同情和憐憫，而是尊嚴和公平的工作機會。」

宋楚瑜說這個故事，其實另有其背後政治上的感受：

當時是省市長民選後的第一年，臺灣省、臺北市及高雄市三位新當選人無不卯盡全力，希望能以優異表現回饋選民。陳水扁大幅調高里長待遇為每月45,000元；吳敦義在高雄也想辦法提高到35,000元；宋楚瑜想了想，總不能北、高兩市里長待遇提高了，省的縣市村里長仍紋風不動，遂請省主計處合計合計，將村里長的待遇也調高到34,000元，所需預算約30億元，還與縣市政府共同分擔。

但不是只有村里長待遇的差別問題，陳水扁還進一步增加中小學教師與基層員警的津貼，一差又是2至3萬元。同在一個小小的臺灣，村里長、小學老師與警察超勤津貼，皆屬全國一致性事務，偏偏出現「一國三制」的情況，甚且環境建設超前的北、高兩市，竟然領得更多！

---

[4] 愛國獎券始自1950年代，存在37年，共發行1171期，由臺灣省政府發行，執行單位為省屬臺灣銀行。1980年代中期後，由於受到地下賭博「大家樂」影響，以致臺灣省政府於1987年12月27日宣布暫停發行，愛國獎券從此成為歷史名詞。

宋楚瑜迂迴的以身障人士想賣愛國獎券的事例，來說明「**省民與所有國民都應一樣，都必須受到尊嚴與公平的對待。**」

「高姓技工」為幫大陸漁民喪生，展現兩岸一家親

一次大颱風來襲前，宋楚瑜分別打電話給可能受災的地方縣市長，關切防颱準備情形。又突然想起，宜蘭蘇澳港外還有一些「海上旅館」，裡面有大陸漁民。

「海上旅館」就是臺灣漁船僱用的大陸漁工，依法規不能上岸，只能窩居在漁船裡。於是宋楚瑜再打電話給宜蘭縣縣長游錫堃，讓那些「海上旅館」漁船暫時進港躲避，以免發生意外。

游縣長熱心提醒省主席宋楚瑜，還必須先聯繫省警務處（後於1997年1月改制為警政廳），因為大陸漁工只要一上岸，警察便會以非法入境為由取締。當宋楚瑜聯繫警務處處長陳璧之後，一些漁船就順利進港，卻有一艘漁船突然拋錨；船家因而找了一位高姓技工，他不因是大陸漁船而排拒修理，仍冒著風雨出海修船，但在修好返回途中不幸被風雨吹打到海裡喪生。事後宋楚瑜到宜蘭勘災和了解「海上旅館」時，才知道這件事。

根據當時交際科科長陳清貴所做行程檔案，清楚記載「高姓技工」是高萬枝；1994年7月12日訪視宜蘭時，宋楚瑜特地趕去弔慰，當面向高萬枝遺孀葉姬妏女士致意。時隔3年餘之後，在1997年10月9日又前去探訪葉女士，他始終未忘受難的省民家屬。

面對當今的兩岸情勢，宋楚瑜回憶這起發生在快30年前的不幸事件，很有感觸：在當時沒有複雜政治因素干擾的前提下，高姓技工的救難行為，不就是展現四海之內皆兄弟、兩岸一家親？!著實讓人感佩。

怎忍視同一般救助，要將民眾視為親人

一個好端端的人，也是為了做好事情，竟然因此喪生，當時如何照顧這

一位見義勇為的技工家屬？

老實說，省政府急難救助金只有20萬元，縣政府也只能補助5萬元，像對這樣為公犧牲的好人及其家屬的照顧，怎忍視同一般的急難救助？

於是宋楚瑜問了社會處處長唐啟明，查詢有關表揚好人好事代表的規定，再請社會處以表揚好人好事為理由，為他的家屬籌集100萬元；對於小孩的教育，則請教育廳以獎助學金的方式，照顧到高中畢業；另外，也為他的太太找到一份適合工作，協助這個家庭脫困與穩定下來。

關於這件事，省政府與縣政府皆可依相關規定辦理就好。但是在傳統中國的社會，官與民之間有著千絲萬縷的良性或惡性關係。宋楚瑜一直認為與人民的關係應往良性的一面發展，官有照顧民的天賦責任，亦即「父母官」[5]這層因緣。宋楚瑜吐露：「**我很讚許『父母官』這個詞，做官的就好像做父母的一樣，要將每位民眾視為親人，正如醫師視病猶親……。**」

既然高姓技工是親人，「父母官」不論能力如何，面對這件意外時不能置身事外，總要去表達關切，表示有「人」或有「官」在關心。

宋楚瑜說：「人與人之間，不就活在這樣的人情味裡！」

臺中大肚車禍含悲見屍，妥善照顧駕駛員家屬

1994年3月17日17:00左右，臺中縣大肚鄉海線鐵路平交道發生嚴重車禍，一輛滿載鋼片的大卡車和自強號火車撞上，造成9人死亡24人受傷，動員搶救人員達500人。

這不是煞車問題釀禍，而是平交道枕木使用久了，支撐不住重力，大卡車陷在軌道上；緊急間，一個開不出來，一個停不下來。事後宋楚瑜下令清查所有枕木平交道（一查竟有700餘座），立即加強維修路基、軌道和軌枕，將777座木枕全部更換為鋼筋水泥枕和橡膠道板。

---

[5] 「父母官」是中國古代百姓對州官及縣官的一種稱呼或敬稱。或許現代人不喜這種封建用語，甚至都已建立「百姓是官員衣食父母」的認知，但歷史上的「好官」視百姓如親的故事傳誦，並不會斷絕。

車禍發生當時，宋楚瑜正在臺北縣新店山區剛要進入烏來。省政府的通報系統非常迅速，宋楚瑜在第一時間就得到訊息。當時二高未通，要趕到出事現場，至少5個小時以上；宋楚瑜馬上決定改變行程，一路奔馳南下。

省政府相關單位主管及同仁都已投入協助搶救，宋楚瑜在趕車過程中仍隨時掌握情況。當他趕到沙鹿童綜合醫院、光田醫院，分別慰問受傷旅客及家屬時，已是半夜。他趕這趟遠路，最要緊的是要給死難者家屬安慰及善後協助。

根據民間習俗，非親屬在夜裡是「不見屍」的，但宋楚瑜慰問傷者後又轉到殯儀館，對著白布裹著屍體含悲凝視。隨行的省政府祕書長林豐正曾提醒，依民間習俗不必如此。

宋楚瑜指著一個館內貼示，上面寫著死者所屬生肖及忌諱哪些生肖，以及最後一行字「至親不忌」，回答林豐正說：「**省主席是父母官，就是親人，至親不忌，我就不忌。**」

他還細心到理解罹難者家屬因傷痛未吃晚飯，要在場的鐵路局人員準備便當，其實他與隨扈肚子也是空著。之後，再往車禍現場了解事故原因，慰問搶修工作人員，這時已經凌晨1:40。

由於這次車禍，火車駕駛員也同遭不測，臺鐵員工在工會理事長林惠官[6]帶領下，急著當面向宋楚瑜反映：過世的駕駛員年紀輕，職等低，政府能給的撫卹金才20幾萬元，幼子才3歲半，太太連工作都沒有，未來的日子如何過下去?！

宋楚瑜一聽更急，找省政府人事處處長吳堯峰了解。吳堯峰提醒，如果因為這個案子做成通例，日後省政府所有員工都要比照，這筆開支會很大。

或許此事應可告一段落，誰知宋楚瑜還不死心，又要人事處再查，查出因鐵路意外，10年因公死亡40幾人，平均每年超過4人死亡。

政府預算不可能每年預估編列4人會出事的撫卹金，但總有預備金可用，

---

6 這是宋楚瑜和林惠官（1957-2009）第一次見面。林惠官是陳情帶隊者，見義勇為的個性溢於言表，令宋楚瑜留下深刻印象。其後經親民黨提名而擔任第5屆及第6屆不分區立法委員（2002-2008），他是立法院少數勞工基層出身的立法委員。

用預備金來救濟，一個人100萬元，是合理的數字。

他又找了教育廳和社會處，先把駕駛員幼子建檔，照顧就學到高中畢業，發給清寒獎學金；駕駛員太太列入低收入戶，並由臺鐵安置工作，讓她能養家活口。

設立義警、義消基金，直到他們的子女能自行運用

特別的事件，就要特殊的處理，省政府對於因公殉職的義警消，同樣也採取以上幾個事例的照顧原則，而照顧義警消的概念，則來自宋主席太太陳萬水。

在幫宋楚瑜選省長跑行程時，陳萬水當面聽到義消打火兄弟的苦衷，他們沒有薪水，純然是義務投入，出生入死到火場打拚，難免也有意外發生，卻沒有公家撫卹。身為人妻與人母，也曾經在保險公司服務過的陳萬水很不忍：「他們的太太與子女往後生活怎麼辦？」隨後向宋楚瑜特別提醒這件事情（參閱《如瑜得水》，第8章）。

接著宋楚瑜與省政府相關部門再經研議，特別考慮撫卹金的管理與使用事宜，**不但是金錢的給付，最重要的是必須建立「人性關懷」的運作機制。**

省政府為義消、義警籌組成立了一個基金，義消、義警各有1億5,000萬元，以基金孳息照顧殉職的義消、義警家屬；倘若一位殉職義消或義警遭遇不幸，他的家屬能領到800-900萬元的撫卹金，但不是只發錢就算照顧了。

省政府不但幫忙籌募基金，還要幫忙保管運用，還要追蹤家屬子女往後的教育與生活。基金保管會就是基於這樣的思考而產生，用意在以最妥善的辦法，將這筆撫卹金好好運用，以保障罹難者家屬的生活、受教育等需要。

例如，桃園縣一次化學工廠救災行動中，一位原住民義消失去生命，使一個單親小孩瞬間成為孤兒。「一個小孩」突然拿到那麼多撫恤救助金，能夠自理嗎？這些錢是否可能被有心人拿去？那這個小孩將來誰來照顧？是不是又要送到育幼院？

宋楚瑜說：「所以我們考慮蠻多，不但要為他們籌措財源，還要幫他們

處理善後。錢是他們的，但是好事要做到底，得幫助他們好好管理這筆錢，直到他們子女能自行運用為止。」

宋楚瑜常以這個例子勉勵省政府同仁，「**身在公門好修行，好人一定做到底，勝過燒香拜神明！**」

「表揚」＋「提出方向」，為社會溫暖串起人心

許多人都曾去過香火鼎盛的廟宇，例如南投縣竹山鎮紫南宮主祀土地公和土地婆，可說是聞名全臺的財神廟。有些信眾不遠「千里」而來，或借發財金，或求錢母錢子[7]，據說因而發財的人非常多，甚且因為借發財金而「賺錢」，再回來「還更多錢」的例子不勝枚舉。

竹山紫南宮沒有華麗建築，就只是一間小小幾坪大的廟，借錢無須打借條，借錢不收取利息，借錢不還錢也不會遭到逼討，宋楚瑜仍記得任內曾經予以頒獎表揚，還與該廟董事長莊秋安成為好朋友。

「全省類似紫南宮的廟宇不少，廣泛贏得老百姓信賴；人與神明的關係就在默念或冥冥之間完成溝通，無須形諸文字與語言承諾。」宋楚瑜由此看見臺灣人善良的一面：「有誰看著你一定要還錢？可是因為知恩圖報，可能還錢更多，且多很多，這可說是臺灣人的可愛之處。」

宋楚瑜每年都會出席社會處舉辦的一些宗教信仰活動，頒發獎狀或匾額，而且也會利用這個機會上台講話。一來藉以表揚與人為善團體或個人，好人好事要傳千里，激起擴散效應；再者「提出方向」，促進政府和民間的力量更加整合，匡補政府能量之不足，以使各慈善單位和宗教團體一同付出，結合成環環相扣的「慈善鏈」。

他會在表揚大會中提出勉勵：「宗教團體弘揚教義行有餘力時，除了蓋廟、塑造金身和舉辦慶典之外，也要多照顧鰥寡孤獨廢疾者，多去關心獨居

---

[7] 依據臺灣廟宇習俗，由於信徒祈求神明願望不一，發財金可以分為錢母或錢子。錢母通常用來「錢生錢」，因而會存到信眾的流通戶頭裡；錢子是用在特定祈求事項上，期以心想事成的效果。

老人，為他們送便當，以及發給貧戶獎學金等，這都是在替天行道……。」

宋楚瑜了解臺灣宗教團體與廟宇遍及各地角落，是充滿生機與活力的社會力量，民眾日常凝聚在這裡，藉以維繫信仰、聯絡情誼，以及擴散愛心、實踐善行等。宋楚瑜站在這樣的基礎上，呼籲「相加與相乘」的原理：**當政府力有未逮，必須借助結合社會資源，這時可藉著表揚和提出方向，建立截長補短的合作模式。**

宋楚瑜稱呼這些為「好人做好事」，是官民合作的「社會保健」工作，要群策群力且點點滴滴去做，積沙成塔，集腋成裘；有些像是20世紀哲學家波柏（Karl R. Popper, 1902-1994）所謂「點滴社會工程」（piecemeal social engineering）的意思，或者說是為這個社會「打點滴」，為社會挹注正向力量，裨益正常成長茁壯。

舉頭三尺有神明，一切皆為成就百姓幸福

宋楚瑜不僅走遍全省每個角落，而且拜訪過各地方社區的信仰中心；也就是到過所有縣市鄉鎮甚至村里的佛道寺廟等，去和鄉親民眾一起虔誠上香。

他尊重各信仰中心的領導群組和信眾，包括寺廟的住持、董事長或主任委員及委員等，也會依循各宗教儀節進行程序，無論是抬神轎、走八卦步或祈禱；就像入鄉隨俗一樣，他進入每個寺廟、教堂就完全遵循其信奉者的儀節行事，藉以表達對鄉親和信眾的敬重。宋楚瑜說，「這不是迷信，而是和各地民眾做心靈上與信仰上的交流。」

擔任臺灣省主席及省長時，宋楚瑜每年都受邀到臺中縣大甲鎮鎮瀾宮做主祭官，於午夜時分媽祖出巡上香扶轎，這時所有電視媒體頻道都會現場連線報導，宋楚瑜是焦點之一，這是他到臺灣省寺廟參拜最著名的例子。自此之後，大甲媽祖出巡愈辦愈弘大，「三月瘋媽祖」成為臺灣最大的宗教活動。

宋楚瑜一連十年被邀出席，在大甲鎮瀾宮活動中擔任主賓，但他與其他

政治人物不同，從不藉此做政治行銷和選舉活動。持續到近些年來，他也會不時到各寺廟上香，以示虔誠與恭敬。

無論走到哪裡，或對任何神祇菩薩禮敬，宋楚瑜心裡或口中謹以「祈求國泰民安，風調雨順，臺灣省民闔家平安，大發展，大發財」為念；亦即他從不祈求個人之事，未曾許願過保佑其個人升官或發財。

他於2011年3月訪問大陸，在山西五台山普壽寺上香祈福時，曾發表簡單談話：「祈求佛祖保佑所有眾生免除戰爭的災難，希望世界和平。」他也向主持高僧如瑞法師解說臺灣的宗教習俗，同時提及他在上香時「從不言私」。他做這番表白，在在說明政治人物心中要有百姓，絕不能上欺神明，這亦是遵循他祖母和他父親「舉頭三尺有神明」的家規庭訓。

2023年7月2日，《臺灣時報》（第3版）刊出中山大學退休教授陳茂雄所撰專論〈宋楚瑜難尋〉，該文因2024年大選而重提2000年和2004年總統大選往事，特別稱許宋楚瑜是「很難得的人才」，其中一段這麼說：

當年當官的人都高高在上，選民與官員的來往屬高攀，宋楚瑜開創新局，讓選民感到與宋楚瑜之間是平等，此舉提升選民的成就感。

凡走過的，必留下足跡；也或許在一些時刻，總有人會說一些「道地話」，這裡頭沒有個人榮耀，只能慶幸「當年有把握時間與機會，好好且盡心盡力為百姓做事情」；宋楚瑜再三訴說：「**握有權力的人要『上道』，千萬不要蹉跎時間，不能混水摸魚或謀一己之私，你的一舉一動關係著鄉親民眾及其子孫的未來。**」

移民有先後，都要相容共創未來

本書第1章提及，在宋省長辦公室裡曾經掛著一幅先民渡海圖，揭示著臺灣四百年的移民史頁。移民者都有勇於患難、不怕挑戰的特性，移民更要開荒墾地，需要粗獷的體魄與大無畏的精神，這和全世界對外移民的故事一樣

可歌可泣。

　　宋楚瑜拿著這幅先民渡海圖的照片（參閱第1章所附），訴說先民們衣衫襤褸，扶老攜幼渡過黑水溝（「黑潮」從菲律賓由南往北流經臺灣海峽），手裡恭恭敬敬捧著海神媽祖上岸，從每一張布滿風霜、望向臺灣的臉上，都綻放出希望的光芒。他認為，來到這塊土地的人，或許有先有後，出發地有遠有近，但是追求幸福前程的目標則無二致，大家都擁有一個共同的未來和期待。

　　對於移民，宋楚瑜另有一番深刻的觀察與了解。宋楚瑜留意到「300多年前的榮民」與「1949年來的榮民」。前者隨延平郡王鄭成功來臺，投入屯墾的生產行列，鄭氏治臺22年，墾殖區域比荷蘭占臺38年擴展了兩三倍；後者擔任臺灣經濟發展中最危險艱鉅的工作，例如橫貫公路的開闢、高山農場的開發等，以及經國先生所推動的十大建設重大工程都由榮民工程處（已改制為榮民工程公司）承辦，施工品質經得起時間考驗。

　　跑遍全臺灣又懂臺灣過往的宋楚瑜，自有他的「歷史慧眼」。他微笑著說：「臺南人大都是『老芋頭』的後代。什麼新營、柳營、下營、林鳳營、左鎮等等，不都是軍營？官田不就是明末清初當時的『退輔會農場』嗎？」

　　省文化處處長洪孟啟從信仰的角度切入指出，臺灣早期的社會結構是以寺廟為中心，向外層逐漸擴散的共同祭祀圈：「從每一個廟宇，到一個村、一個庄頭、一個鄉鎮，事實上就好像一個家庭往外擴散一樣。」

　　洪孟啟加以闡釋，一座廟宇即是一個人文中心，除了可以領略傳統建築之美，而且每一處都有原由典故，每一幅壁畫或雕刻也都有濃厚的忠孝節義精神，例如蘇武北海牧羊、劉關張桃園結義、岳飛精忠報國等，同時也張掛歷代及當代的題字或字畫，宛如時間膠囊。

　　一個典型之例是始建於清朝乾隆34年（1769年）的臺北縣三峽祖師廟，奉祀來自福建泉州安溪縣的高僧清水祖師，主持重建的李梅樹教授（1902-1983）更是兼容並蓄，亦將他自己（出生於臺北縣三峽）、顏水龍（臺南縣下營畫家）、于右任（陝西省三原人，曾任監察院第1任院長）、張道藩（貴州省盤縣人，曾任立法院第4任院長）等名家名作都收入這廟裡。

宋楚瑜和陳萬水都是文化藝術活動愛好者，他多次到三峽參拜祖師廟，也訪問李梅樹工作室，與臺大中文系教授的書法家臺靜農（1902-1990）、書法家王壯為（1909-1998）、臺北縣永和畫家楊三郎（1907-1995）、宜蘭縣雕塑家楊英風（1926-1997）、苗栗縣雕塑家朱銘（1938-2023）、有「荷花大師」之譽畫家張杰（1921-2016）、嶺南畫派水墨畫家歐豪年，以及李奇茂（1925-2019）、江兆申（1925-1996）、鄭善禧、李轂摩、杜忠誥、吳炫三等均有交往，都禮敬有加，他們舉辦文藝展出，省文化處都給予應有的協助。

楊三郎為李登輝夫人曾文惠的表哥，楊三郎每次舉辦畫展，李登輝必親至看畫，李宋兩人曾一起去看楊的畫展；陳萬水日記也記述：「晚上6:30楊三郎在永和家中請客，吃佛跳牆，令人難忘（永和博愛街7號）。」

協助解除生老病死苦，使弱勢「縮幅」

一方面是「照顧」，另方面是「保健」，宋楚瑜希望盡一切努力，使弱勢「縮幅」（downsize）。

「除了照顧弱勢族群外，對於健康正常的家庭也要重視，才能減少弱勢族群產生。」宋楚瑜強調，為政者要多結合教育、文化及慈善團體，來推廣平權教育、互助溫馨故事、施比受有福的道理，還有表揚好人好事、行善義舉、模範母親（父親）、模範家庭等。

社會照顧的工作要做，社會保健的工作也要做，使這個社會不再生病。宋楚瑜再加以解釋：「就像在婦幼保護上，安全防護要做，緊急救援要做，重視女性權利與重視婦幼保護的觀念也要做，大家多管齊下施力，那麼社會才會祥和安定。」

1994年9月24日，宋楚瑜造訪臺中沿海鄉鎮，有位身障同胞突然說：「主席，可以背我一下嗎？」宋楚瑜立即背起他，現場人士鼓掌叫好。

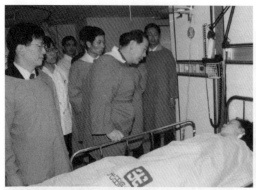

1-2｜1994年3月17日，臺中縣大肚鄉海線鐵
　　路平交道發生嚴重車禍，宋楚瑜從臺北縣
　　新店山區趕到光田醫院，慰問受傷旅客及
　　家屬，已是半夜。

3｜1994年12月30日，宋楚瑜與太太陳萬水及
　南投縣縣長林源朗探視癌症兒童。

4 | 訪問臺北樂生療養院，左三為省議員簡盛義，右為省社會處處長唐啟明。

5 | 宋楚瑜對出任社會處處長人選，是有想法的，曾向隨後出任該處處長的唐啟明（右三）說一句話：「如果看到有人孤苦無依，遭受苦難，而不會掉淚的人，我不會找他一起共事。」

6 | 宋楚瑜常與團隊同仁勉勵：「因為愛，讓人做起事來都愉快，不怕累，也不會嫌偏遠。」

7 | 1998年9月訪視雲林教養院。

1｜1994年7月24日訪問花蓮慈濟功德會。

2｜宋楚瑜在花蓮縣縣長王慶豐（左二）陪同下，1994年11月19日至花蓮慈濟醫院，拜會證嚴法師。

3｜宋楚瑜與一貫道點傳師陳大姑。

4｜1996年11月26日主持捐資賀伯颱風賑災表揚會。

5｜1998年4月14日主持臺灣省宗教團體舉辦公益慈善社會教化事業績優表揚大會。

6｜省政府廣泛結合省級社團、財團法人慈善事業基金會扶助社會弱勢，將愛心擴散出去。

7｜1997年12月19日，宋省長參加身障人士結婚暨幸福家庭表揚。

8｜1998年4月1日主持省立臺中育幼院慈暉大樓啟用典禮。

9｜1998年4月14日訪視高雄縣六龜育幼院，欣賞口足畫家楊恩典作畫。

10｜宋楚瑜和陳萬水參觀楊三郎畫展，兩對夫妻合影。

1 | 1998年6月14日，宋楚瑜主持警察節表揚活動，與警察大使成龍先生合影。左一為警務處處長王一飛。

2 | 省政府為義消、義警籌組成立一個基金，義消、義警各有1億5,000萬元，以基金孳息照顧殉職的義消、義警家屬；圖為各縣市義警大隊聯名致贈宋省長的感謝牌匾。

第 12 章

醫療不僅 medicure，還要 medicare

省衛生處、省立醫院到縣市衛生局、鄉鎮衛生所及群體醫療執業中心等，整個體系連貫起來，再和臺大醫院、榮總、長庚、新光等大醫院交流合作，這是為省民健康再造願景的一條途徑。

政治既然是人性關懷，那醫療服務與照顧更應做到人性化。在面對醫療行政人員或醫護人員的場合，宋楚瑜經常會運用兩個概念名詞來做說明：medicure（醫院及醫術的治病）與 medicare（醫療的關懷照顧）；醫療不僅medicure，還要 medicare。

宋楚瑜到省政府時，國民所得已達一萬美元以上，環繞在他腦中的問題是：省民的醫療品質是否也具備相當水準？山區與離島等偏遠地區的醫療照顧夠好？

他不僅要求硬體與設備改進，更是從心理與人際等層面強化公部門與民眾的互動信任。

宜蘭縣冬山鄉沿海地區發現烏腳病，宋楚瑜立即多管齊下應急且做中繼處理（參閱本書第13章）；愈是偏遠地區的醫療保健，宋楚瑜愈加重視，因為這是縮短城鄉差距的重要一環。

法院與醫院是觀察社會的溫度計

中西就醫情況有別。外國人通常把病患往醫院一送，家屬便離開了；我們不一樣，總習慣隨侍在病人身邊。可是省立醫院沒有在加護病房外設置家屬休息室，有時家屬累了，只好在加護病房外打地鋪，一眼望去，簡直就像

難民營。

產房也是這樣，宋楚瑜有一次訪視一家省立醫院，看見一個大男人躺在床上睡得熟，但這不應是「他」睡的地方，又不忍心吵醒。問了旁人，原來是產婦到嬰兒室餵奶，陪伴在旁的丈夫累了，倒頭就睡。

在宋楚瑜的觀念中，法院與醫院是觀察社會的溫度計或寒暑表。「冷」與「熱」的分別，不僅從外觀上做觀察，更要從內心裡來感知。宋楚瑜考量事情都從「人性」著手：「**任何醫護人員一舉一動，都會被病患或家屬感受到，留下好或壞的評價並口碑相傳。**」

他認為，這兩個地方在最基本的環境與形象上，首先都要讓民眾有信心：「**法院是維護社會正義的聖地，應該嚴謹肅穆；醫院是維護個人健康的場所，應該整潔明亮。**」

宋楚瑜指出，如果醫院看起來像菜市場，那這個國家醫療衛生一定很差；如果法院有如鬥雞場，那這個國家的法治一定很糟糕。不是說菜市場和鬥雞場不好，而是該嚴肅的就要嚴肅，該整潔的就該整潔。

人們對於醫院和法院，通常都認為能不去就不去，但若法院能維護正義與公理，這個社會就是光明的、有希望的；而醫院若能對病患做到最好的照顧，這才是健康的、溫馨的社會。

宋達致力國軍醫療整建，宋楚瑜視病猶親有「家學淵源」

在醫療保健的專業領域上，宋楚瑜的確是門外漢，但對醫療保健的管理層面，他算得上有一些心得。因而，他經常動腦筋，和省衛生處處長商討問題，還可以激出火花。

前曾說到宋楚瑜自高中時期起，幫忙父親宋達在家裡預習各種軍事簡報；他拿著錄音機，幫父親錄下內容，協助計算掌控時間，他同時是在旁聽眾，父親所說內容深植在他腦海裡。

本書第10章提及越戰時期，1969年11月6日，臺灣與美國簽訂〈關於在中華民國翻修翻新美國陸軍裝備之協議〉，前後共有五批，而為接此任務，宋

達籌組招考訓練國軍首批年輕的「技術練習生」。而在培訓技術練習生中，有招考一部分女生，準備分發至各軍醫院，訓練為佐理護理師[1]，一為節約戰鬥兵源，再則為提高醫護效能。

宋達於1964年11月奉調陸軍供應司令，而陸軍供應司令部所屬軍醫署[2]，下轄陸軍總醫院、各番號醫院，以至各部隊衛生連等。宋楚瑜看父親留下的資料，說那時為反攻大陸（例如「國光計畫」，詳參《如瑜得水》，頁351-354），使國軍維持高昂戰鬥力，「……其中國軍醫療建制經整建完成，基礎的衛生連平時為袍澤診治，戰時即是急救兵；我從父親那裡聽到學到視病猶親，視袍澤如親……。」

後來在省政府服務任內，宋楚瑜到醫療院所講話時，立即想到就是「視病猶親」這四個字。宋楚瑜臉上顯露著自信：「若就醫療管理而言，我是有那麼一點點家學淵源。」

遷臺之初籌建位於臺北市汀州路的三軍總醫院，以及1971年創設陽明醫學院，都是在宋達手上開始。宋達以退輔會祕書長的身分，擔任陽明醫學院籌備處主任[3]，為榮民總醫院建立建教合作基礎。宋達去世時，行政院退輔會主委趙聚鈺親撰紀念文，曾提及：「其間兼薰木業公司之經營，與陽明醫學院之籌建，為力尤勖。」（參見魏秀梅，《趙聚鈺先生年譜》，中研院近代史研究所，1990年，頁307-308）

另方面，宋達將軍尤重軍文交流，在國防部人事次長任內曾與時任考試院院長莫德惠、銓敘部部長鄧傳楷多所協調，並親自拜訪立委溝通，得以經過立法院修訂相關法規，舉辦軍人轉任文職特考，讓軍法官、軍醫及其他擁

---

[1] 當時有一位陸軍供應司令部技術中心十一醫護班學員陳如省，分發陸軍816醫院報到，接受為期兩年助理護理師在職訓練；她曾作如下心得描述：「在醫學上有生理解剖、護理倫理、病房行政、檢驗技術、化生放防護、衛材供應等專門課程。因之在學習的情緒上，自然顯得非常緊張，而在精神負擔上，較我們在校念書時，似乎更沉重得多了。」

[2] 陸軍供應司令部（1955年9月正式成立，1975年10月改編為陸軍後勤司令部）由原屬聯合勤務總司令部之運輸、通信、工兵、兵工、經理、軍醫六個技術勤務署，與陸軍總司令部第四署，以及工兵、通信、運輸、兵工、經理、軍醫六個特業參謀處合併編組而成，下轄六個中將署長，大小單位多達250餘個。

[3] 1971年1月26日，行政院正式核准籌設「國立陽明醫學院」。由教育部政務次長孫宕越兼任籌備委員會主任委員，成立「國立陽明醫學院籌備處」，副主任委員宋達為籌備處主任。

有專長人才退役後繼續貢獻專業（參閱本書第4章）。自此，軍法及軍醫體系等專業人才經由法制化，得以融入社會繼續貢獻心力。

要人性化，醫護人員對病患盡心力

人在生病時最感脆弱，需要更多的照顧，這時醫院應該給予病患什麼樣的服務？

醫療專業非旁人所能置喙，宋楚瑜不懂就是不懂，但他懂得病患的需要——人性化的關懷與服務。

上任一年，他已遍訪省屬醫療院所，深刻了解病患等待醫生看診的苦，病患在排隊等候花了不少時間，可是和醫生談不上幾句話。這樣的現象被稱為「三長兩短」——掛號長、候診長、取藥長，問診短、治療短，用意在提醒醫護人員多對病患盡最大可能的照顧。

不只是「三長兩短」，還有一些情況，讓人總覺得「不對勁」。例如，面對病患提問時，有些醫護人員不願意「多話」；或許認為自己的醫護行為「已盡責任」，只要按照「我」說的即可；也有些人採「迴避」策略，好像話說得愈少，愈無須擔負任何責任。

再如，1975年上映的美國老電影《飛越杜鵑窩》[4]（*One Flew Over the Cuckoo's Nest*），許多人都看過。「不僅是醫護人員，我們不少人常因一念之差或自以為是，致使所欲照顧對象真有如處於天堂與地獄的差別境遇。」宋楚瑜特別引喻這個故事：「如果我們醫護人員似『杜鵑窩』那位護理長般的吹毛求疵，或是喜歡操縱他人，雖然她工作很賣力，但對病患真是『不

---

[4] 《飛越杜鵑窩》改編自凱西（Ken Kesey）同名小說，曾獲1975年第48屆奧斯卡金像獎最佳影片、最佳男主角、最佳女主角，最佳導演和最佳改編劇本五項大獎。《飛越杜鵑窩》被視為影史百大電影之一，也是公認「影視表演」的必修課。「杜鵑窩」（cuckoo's nest）意指精神病院，因凱西的這本書和同名電影而廣為世人所用。經查閱網路資料，此一名詞係源自同名的一首美國童謠，歌詞敘述一隻杜鵑飛來飛去，好像瘋了一般。此一小說故事男主角麥克莫非（Mac Murphy）躲避入獄，而被送到精神病院，他希望能和患友共同成長並擁有自我，他期許醫護人員把病患當做「人」看待，醫病關係能經由溝通而和諧相處，卻也時運不濟遇到「恐怖護理師」；也因為他心存這一點「自由意志」的「卑微願望」，被施予「前額葉切除術（pre-frontal lobotomy）」，甚至最後喪失生命。

幸』，甚至『要命』！」

這都是宋楚瑜運用medicare（醫療的關懷照顧）與medicure（醫院及醫術的治病）兩個概念名詞，對醫療人員特別期許的因緣所在。外國人不用medicure，而用medicare，cure是醫術的治病，care是還要加上關懷，要對病患將心比心，設身處地換位思考，同感其感他的需求。

他做了這樣說明：「**我們不僅要幫人看病，要cure病患；更重要的，還要能視病如親的去關懷，要care病患**。豈只有醫生要care，省長與醫療體系等公務人員也應如此，各行各業與各個崗位的從業者均需如此，不然做久了就會產生倦怠感，服務熱忱也沒有了。」

「病患的心很敏感。**所以不論大小醫院、衛生所，都是照顧人的地方，這裡面一定要有人情味，要人性化**。」他認為這樣，這個社會才會溫暖。

宋楚瑜一上任就全面了解和研討醫療相關問題，之後一連串行動隨即展開。本章所說的改進都是30年前的事，當時皆是開風氣之先。

——1994年度起，全面實施預約掛號措施，包括現場預約、電話預約、自動掛號櫃員機預約，並推動全功能櫃檯，將掛號、批價、收費窗口視病患需要機動調整，病患較以往減少約1/3排隊等候時間。

——省立基隆醫院自1996年11月起實施電腦網路掛號，預約掛號者可先看病後辦掛號手續，減少排隊掛號時間。

——1995年7月起，省立醫院一律免收掛號費，減低省民負擔。

屁股燒傷睡通鋪，「幫他們換個小病房！」

醫院要人性化，醫生、護理人員要能視病如親，可是醫院也是最繁忙的地方之一，醫護人員經常片刻不得休息，可能多照顧了這個，就會疏忽了那個。

正因為忙，卻不能盲，在忙之際，多留個心，多為病患想想，病患的感受可以完全不一樣。

有次宋楚瑜人在花蓮，南臺灣高雄煉油廠發生爆炸，他聞訊後立即飛去

高雄，趕去爆炸現場，了解救災情況後，再轉赴左營海軍醫院探視傷患。他在燙傷中心看了重傷傷患後，又去普通病房慰問幾位輕傷者，主治醫生陪同說明救治醫療情形，也告訴宋楚瑜都仔細檢查了，輕傷者沒什麼大礙。

但是，傷患一看到省主席宋楚瑜來，還是表示很「不舒服」。宋楚瑜關心地問及受傷情形後，就心裡有數了。

宋楚瑜形容，當煉油廠爆炸時，現場的人通常立即抱著頭，背對著火奔逃，那臀部和背部就成了較易受傷的部位。有些人為保護頭部蹲下來，以致屁股受了傷；這些輕傷者受傷部位是臀部等，有必要上藥治療，可是被安置在通鋪病房，確實不自在也不方便，也難怪感到不舒服。

宋楚瑜再說：「以前醫院比較沒有做到兼顧病患權益與隱私，**我們說將心比心，也叫做『共情』，我們試想與傷患處在相同的情境，試想與傷患有著共同的尷尬心情，就知道該怎麼做了。**」

隨即宋楚瑜與院長商量：「幫忙他們換個有隱密隔簾的小病房吧！或許他們就會比較舒服一些。」

後來他又接到醫院回覆的電話說：「已經將他們都轉了病房，統統好多了！」

不花大錢蓋新大樓，新建、擴建、整建三頭並進

每當談起省民醫療問題時，宋楚瑜總有一種當家長的掛懷與責任，「把這個省政府所屬21縣市所有醫療系統連結與充實改善起來，那省民就無需往北高兩市的大醫院跑。」

他的衡量標準很簡單：我們的至親好友生病需要醫療服務時，會不會第一個想到各縣市的省立醫院？我們的省議員曾經光顧過省立醫院？或省府同仁重視信任自己的省立醫院，把醫療問題交付過我們嗎？

宋楚瑜在歷任職位上，碰過不少八行書，推薦信函幾乎天天有，但宋楚瑜說：「省議員和省政府官員不敢到省立醫院看病，那省立醫院的招牌還有用嗎？」

以往省政府的人事升遷有不少找省議員說項，宋楚瑜則會向省議員婉轉說明：「我不是不尊重您，而是這些被推薦人選優秀與否，還是衛生處最清楚；再者，如果醫院辦不好，我們生病都不去省立醫院，那老百姓怎麼願意去?!」

宋楚瑜有心加以整頓，但不光是硬體設備而已，還有制度與軟體。省立醫院既然掛上了「省立」兩字[5]，就一定要有相當的水準。省立醫院是比不上臺大、榮總，但若也比不上一些私立綜合醫院，那就說不過去了。

臺灣省每縣市都有省立醫院，整頓省立醫院分為新建、擴建與整建三部分齊頭並進。整建是宋楚瑜嘗試擦亮省立醫院招牌的重點所在，不是花大把錢去蓋新大樓，而是把舊有的加以整理，讓它恢復清新活力。

著眼點一方面在於經費負擔，如何將有限的錢，發揮較大的效用；還有，老建築不一定要打掉，國外許多知名學府或建築物，外表古色古香，內部卻整修得很新穎、很現代化，一樣給人溫馨、明亮的感覺。

另外，擴建的醫院與分院不少，全部加以整修、整建的同時，注入現代化的制度管理，並強化整齊、清潔和衛生規範。

一個個省立醫院開始「改頭換面」，在內部裝備方面也訂定共同標準，包括各門診及病房的大小格局、病床規格，以及急診室、加護病房、洗腎中心等基本配備的設置及動線規劃，讓較好的省立醫院更現代化，也為落後的省立醫院立起一個向前努力的標竿。

為跟上資訊科技時代，省立醫療院所也全建立從掛號、看診、批價、收費到取藥等流程電腦連線的一貫化作業制度，病患的病歷號碼不易記得，全部改使用身分證字號，而且各省立醫院網路要方便互相調閱病歷。例如，省民臨時到省立桃園醫院急診看病，可是平常看病是在省立屏東醫院，便可立即透過連線取得病歷資料。

---

[5] 臺灣省21縣市都有省立醫院，凍省之後變成「署立」（行政院衛生署），現在變成「部立」（行政院衛福部）。

將舊有的醫舍好好整頓，與臺大和榮總醫院合作交流

首先起跑整建的是省立花蓮醫院，就讓人覺得成效不錯。這個醫院的老房子整理後煥然一新，宋楚瑜陪總統李登輝去訪視，眾皆滿意。整修費用不過幾百萬元，比蓋一所新醫院，花上億元的經費划算多了。以後他特別請省政委員郭瑛玉與衛生處處長石曜堂沿用這個方式，協助推動省立醫院的再造工作。

省立基隆醫院整修後，不僅外觀非常亮眼，再進一步與臺大醫院合作交流，把臺大好醫師請過來做專科門診，甚至當省立醫院院長。後來長庚醫院總院長張昭雄告訴宋楚瑜，過去基隆長庚醫院的業績與看病率，遠遠高於省立基隆醫院，但後者整建不久後就情勢改觀。整頓後的省立基隆醫院水準提升很多，使得基隆長庚醫院面臨強大壓力，不得不撤換院長，重新訂定策略，否則競爭不過。

省立桃園醫院也是個成功案例，特別與臺大醫院合作，院長是從臺大醫院副院長甄選過來的，就是後來擔任衛生署署長的侯盛茂。當年有些省議員硬要推薦自己的人，各有各的人選，宋楚瑜就是愛莫能助。

省立臺中醫院撥出一塊地，興建兒童醫院，並和臺中榮總等大醫院積極合作；宋楚瑜要時任臺中榮總院長彭芳谷（其後擔任臺北榮總院長）多予協助，兩人都是湖南省湘潭縣人，後來成為好朋友。

宋楚瑜開啟基隆醫院、臺北醫院、桃園醫院等北部省立醫院對外交流，和臺大醫院充分合作；他說：「臺大醫院的人事也有瓶頸，兩方面有互補作用，將他們好的醫生聘過來，硬體設備我們來做改善。」

挑選優秀醫護人員，送霍普金斯大學深造

宋楚瑜為了省立醫院院長選拔，成立一個遴選小組，包括榮總總院長、臺大醫院院長、新光醫院院長、長庚醫學院院長等人，一同來面試徵選具有資格的院長人選，宋楚瑜則坐在一旁。

宋楚瑜就曾經語重心長的向這些院長人選說：「你們所要就任這個院長位置，任務艱鉅不同於往常的任何一個工作。假如你本人和你的家人，在患有重大疾病要開刀時，你會不會想到省立醫院就醫？你如果自己不敢，你說省民又怎麼敢？」

另方面，醫療專業與醫院管理不是一件事，好的醫生也不見得是好的院長，好院長的才能不是與生俱來的，這些人才要多做培訓。

「菁英一百」計畫內其中一部分，就與世界頂尖的美國巴爾迪摩市約翰霍普金斯大學（Johns Hopkins University）有合作關係，選送了30幾名可能接任省立醫院院長人選，進行為期一年的密集訓練。所有參與人員都拿到醫院管理碩士學位，畢業時約翰霍普金斯大學副校長、副院長飛到臺灣，親自頒授學位證書，這在當時是一件盛事。

導省立醫院院長任用於正軌，做名符其實「省」長

以上有關醫院管理上的人才培育與甄選任用，就像任用省屬行庫各地區經理、各省立高中校長或各縣市警察局局長一樣，都是衛生處處長、財政廳廳長、教育廳廳長、警政廳廳長的權責；作為省主席、省長的宋楚瑜，絕不越權或干預，廳處長擁有完整任用權，也要負起完全責任，5年多下來從未見濫權瀆職弊案。

身為省政府領導者，宋楚瑜主張權責相符，「若徇私任用省立醫院院長，省衛生處處長如何管理省立醫院，醫院院長如何管理內部運作，醫護人員任用不就跟著亂了套。」他說。

宋楚瑜建立省立醫院院長任用制度，不再靠八行書或走捷徑；他說：「推薦信不再，少去不少文書客套作業，我也省事多了。」

宋楚瑜調侃自己，「**我是名符其實的『省』主席和『省』長，不該管的就不管；因為不管醫院院長、行庫經理、高中職校長和警察局局長的任用，我省心省事去做我該做的事，我也無須為任用私人而傷神！**」

做好醫療系統整合，爲偏鄉衛生所強化功能

全省醫療資源原是分配不均的狀況，倘若不從整體網絡系統固本，花再多的錢也不見得改善。「關懷社區，促進健康」是省衛生處的努力目標，衛生處運用系統整合的方法，訂定並執行以下三種策略（途徑）：

策略之一，是從基層保健中心開始，到衛生所群體醫療執業中心、開業醫院、地區醫院與省立醫院之間的合作，並進一步與區域醫院、醫學中心辦理醫療合作與人才交流，加強建教合作，促進彼此良性競爭，提升省立醫院的功能。

策略之二，無論老年、身心障礙或精神病患照護、山地原住民鄉與離島醫療照顧或疫病防治等，都必須橫向與社會、環保、文化、原住民等行政建制單位積極配合協調，全面落實解決省民醫療健康問題。

策略之三，多與醫師公會、中醫師公會、牙醫師公會、藥師公會及護理師公會等醫事團體協調溝通，多了解他們的訴求心聲，鼓勵參與協助省政府醫療衛生建設。

依據地緣關係與地區性需求，省政府將全省省立醫院分為六個聯營區，每個聯營區各指定一所省立醫院為責任醫院，充分運用區域內醫療資源，落實轉診制度，改善偏遠地區醫療資源缺乏等問題。

臺灣省除了21縣市衛生局、各縣市省立醫院之外，最前線醫療單位是338個鄉鎮市區衛生所、498個村里衛生室；至1996年12月底，其中174個衛生所設有群體醫療執業中心，運用原有衛生所再充實醫療保健設備，並由各地省立醫院及教學醫院支援醫師，開辦基層門診。

衛生所可說是「醫護前線」，省衛生處盡力購置超音波、生化分析儀、心電圖、視力檢查等儀器，逐步成為和民眾健康息息相關的據點。沒多久，衛生所進步了，提供的醫療保健服務比一般人想像的多很多，包括醫療門診、保健門診、婦幼衛生、預防接種、家庭計畫、中老年疾病防治、精神病防治、家戶衛生、衛生教育、食品衛生稽查管理、緊急救護、檢驗、急性、慢性傳染病防治等。

省政府也編列經費補助縣市衛生局或鄉鎮衛生所擴建、重建[6]，5年來補助重建5個縣市的衛生局及衛生所28間。其中包括：重建臺東縣蘭嶼鄉衛生所，擴建臺中縣和平鄉、屏東縣琉球鄉、宜蘭縣大同鄉、花蓮縣卓溪鄉、桃園縣復興鄉、南投縣信義鄉等衛生所。

這些都是離島或偏鄉，就是要加強這些地區醫療衛生，讓弱勢地區同樣享有較好的醫療品質。

創造偏鄉留住醫護條件，發展社區衛生義工隊

宋楚瑜關心在衛生所工作的醫護人員，所有衛生局、衛生所和群體醫療執業中心、各地衛生室都訪視過，為第一線醫療人員打打氣。又如偏遠的臺東縣大武鄉、高雄縣大社鄉、嘉義縣大埔鄉、雲林縣東勢鄉、臺東縣蘭嶼及澎湖縣離島等地的衛生所，更是去過好幾次。

他要求省衛生處研訂吸引醫師的辦法，提高醫師的待遇，改善衛生所空間，充實衛生所醫療設備。山地原住民鄉及離島地區衛生所醫師可同時支領獎勵金與不開業獎金，而且興建宿舍供醫師居住。

宋楚瑜也勤動腦筋，和省衛生處處長石曜堂商量，將省立醫院部分缺乏好醫師的科別或門診，協請臺大、榮總、長庚與新光等大醫院醫師下鄉來幫忙，這又要如何辦得到？宋楚瑜的構想是，在偏鄉或風景區內蓋一些宿舍，安排大醫院醫師攜家帶眷來住，一方面做度假旅遊，同時抽幾個小時幫省民看病診療。衛生處處長說：「可行！」

省政府也從長遠著想，訂定山地離島醫療人員養成計畫，與長庚護專、慈濟護專合作，培育原住民、離島醫護人員（參閱本書第8章）；幾年下來，學成的人回到家鄉奉獻服務，使得偏鄉醫療變得更有希望。

從1979年起，省衛生處就開始在全省輔導成立民間衛生組織——臺灣省社區衛生促進委員會（簡稱衛促會）。宋楚瑜又請衛生處協助衛促會發展成

6　依照縣市衛生局或鄉鎮衛生所業務需要，省政府補助重建衛生局約1,800建坪的四層樓辦公廳，以及重建衛生所約480建坪的三層樓辦公房舍為參考基準。

立義（志）工隊，每年舉辦超過一萬場次的大小醫療保健活動，並囑咐編印《臺灣省社區衛生芬芳錄》，表彰熱心人士的功德事蹟。

《保健手冊》頗值一提，從1995年初版發行，到1998年印行第三版，共計印製發行290萬冊，由公共衛生人員配合家庭需要分送。當年網路尚未普及，偏鄉家戶一冊在手，隨時可以翻閱參考，有如一寶。

此一手冊依人生成長過程的順序，將家庭日常生活保健及互相照護所需要的常識完整羅列，內容涵蓋居家環境衛生、婦幼兒童保健、青少年及銀髮族身心健康、正確飲食、用藥方法、常見疾病及安全急救處理、全民健保等，並列有「臺灣區醫療保健體系」的單位、地址與洽詢電話等相關資料，方便民眾就醫查詢應用。

公共衛生護理師也走透透，吳淑慧發現肺結核大感染

在各種集會地點或民眾聚集定點，經常可以看到衛生所的公共衛生護理師為民眾量血壓，使用的是當時最新的全自動血壓脈搏測定器。

公共衛生護理師有許多「戶外任務」，要經常走入社區。平時要到處為民眾量血壓、驗尿糖、血糖等，又得到高血壓、糖尿病、精神病等患者家中做衛生保健指導，協助照護初生嬰兒防疫，而且「走透透」深入社區，甚至山巔海角。

為了落實服務到家的目標，省衛生處每年都補助購置機車，讓衛生所工作同仁能有機車代步[7]，能到基層的每一個角落。

小兵也能立大功，千萬別小看公共衛生護理師的功能，宋楚瑜就曾表揚過雲林縣一位公共衛生護理師吳淑慧。當時她是剛畢業到衛生所服務的社會新鮮人，就在一次工作場合中，發現古坑鄉有一位學生疑似患有開放性肺結核症狀，很警覺得趕緊通報。

---

[7] 同樣是為了普及和輸送，省政府也補助山地及離島衛生所與轄內有原住民鄉的縣市衛生局購置四輪傳動吉普型工作車，方便在地醫療行動。

再往下追蹤，又發現學生家人也有類似症狀，進而追蹤到大埤鄉該學生就讀學校，發現同班和同校許多學生也出現群聚感染現象；從一個人追查到2,000多個人，然後迅速全部列管與集體治療，避免了擴大傳染的危機。

有一年，臺北市也發生一起開放性肺結核的案例，因為病患是高齡的前總統李登輝（1923-2020），引起不少注意。結果臺北市政府衛生局的處理，竟然處罰醫生與醫院為何公開病例，可是對一些前去探視行為和家屬防護，竟然放任不管，也沒有交代。

宋楚瑜說，「保護病患隱私權是對的」，「臺北市不妨可以將雲林縣公共衛生護理師的例子拿來借鏡一下。」

與張溫鷹訪視玉里養護所，心頭有如大石塊壓著

位於花蓮的玉里醫院以前是省立玉里養護所[8]，宋楚瑜初次去造訪後，心頭好像被一顆大石塊壓著。他心裡沉重地問道：「精神病患難道就不能有尊嚴？」

生於臺中市中區、牙醫師出身的省議員張溫鷹（後來曾任臺中市市長、內政部次長）非常關心省立玉里養護所。1994年5月3日，省主席宋楚瑜和省議員張溫鷹一同到訪，聽取簡報後，也一一檢視設備，並探視病患的醫療與生活現況。過程中，宋楚瑜邊聽邊看邊記。

玉里養護所非常簡陋，病舍原是鐵皮屋構造，裡面有貧民、遊民，許多是隨著政府來臺、受到戰火摧殘的官士兵。有的病患有家屬，有的病患從無親人探視。

就和以前的部隊管理一樣，大家擠在一間間大通鋪，分上下兩層，一個接著一個睡，生活條件很差，光線很陰暗。

更糟的情況是，男女病患共居一室，衣衫不整，隨處走動；偌大病區

8　1960年代，由省政府與行政院退輔會合力設立籌備處；1966年9月1日，「省立玉里養護所」正式成立，隸屬臺灣省政府衛生處；1991年改制為精神科專科醫院，1994年進行改制為玉里醫院；現已改制為衛福部玉里醫院。

房舍比鄰排列，病患高達1,800餘名，一位護理師得照顧上百位病患。宋楚瑜說：「我們的部隊，每個連都還有連長、副連長、輔導長、好多名排長與班長，分層負責來照顧弟兄！」

在隨行採訪記者提問下，宋楚瑜這麼回答：「對於養護病患的問題，省與中央必須好好檢討。將不同病情程度病人一起集中在這裡，在開發中國家或許可以見到，但我們正邁向已開發國家，這樣的分工是有問題的！」

面對採訪的麥克風與鏡頭，宋楚瑜偶爾低頭看一下筆記紙條，語調十分低沉。接著他談到中央和省會共同努力，省衛生處和社會處也會介入，病患家屬也會協同照護等。

宋楚瑜眼神突然瞄向院長說，「這裡不是看守所，警政單位的看守所比這裡都還進步。」又說：「我們不能將這麼多人，『關』在這個地方。」

不過他也說：「我沒有一點責怪的意思，這是上級單位沒有整合，沒有做好。」宋楚瑜再轉向媒體攝影鏡頭：「省政府會儘速改善，但對這裡的同仁，（稍稍停頓後說）不忍苛責。」

隨後回到中興新村，立即開會檢討，有進度地加以改善，兩年之後蓋好新的房舍，一如他一向要求的──「整潔明亮」。

玉里養護所擴建改制為省立玉里醫院，開啟精神病患全面照顧

原來的玉里養護所於1994年進行改制為「臺灣省玉里醫院」的興建工程花費約6億元，包括新建綜合醫療大樓、祥和、溪口復健園區，並改建萬寧復建園區（至2000年完工）。新完成房舍每6人一間，也設立醫生護理師宿舍，並且增加醫護人員。

完工啟用後，宋楚瑜由衛生處處長石曜堂陪同去訪視，這次他滿懷開心，一一與患友打招呼，病患高聲唱歌歡迎他，還有人呼喊：「中華民國萬歲！」

玉里醫院當年是全臺最大的精神病患收容所；其後高雄、臺北也設立療養院，但收容量小。早年臺灣沒有精神病患收容所，其後收容機構亦不足

夠，有些病患就是由家裡「照顧」。

就是這一份對弱勢者的關懷縈繞不去，使得他對精神病患照顧絲毫不敢放鬆，還要衛生處從急性、慢性、復建，以至長期養護，都須提供系統性或連續性服務。

這應是對精神病患全面照顧的先河，接著各省立醫院接續設立精神科門診，而且設有急性病床50床及日間住院30床。部分衛生所及群體醫療執業中心也開設精神門診。

此外，另在「臺灣省加強精神病防治工作計畫」下，增設省立醫院1,600床、省立嘉南療養院500床、省立雲林醫院荷苞山分院200床、省立玉里醫院2,300床，於2000年全面開放，擴大收治精神病患。

邁入高齡化社會，設立大臺中地區老人中心

1993年，臺灣正式邁入高齡化社會[9]，65歲以上人口占總人口比率達到7%；那時約30年前，老人照護的觀念未普及，需求亦不如現在迫切。

依據當時省衛生處統計，約近七成本省老人與子女同住，但在宋省長指示老人照護「單一窗口，多元服務」方針下，衛生處即於1998年7月1日在省立臺中醫院正式開啟「關懷老人」服務，設立大臺中地區老人照護諮詢服務中心。

該中心成立當天，宋楚瑜人在臺北（出席榮工處改制公司、公共電視臺開播與國民黨中常會），衛生處處長石曜堂主持揭幕典禮，臺中市市長張溫鷹受邀前來，親自體會省政府推動成果，並模擬視茫茫老人坐輪椅通過無障礙環境。

該中心從事老人照護資源整合，廣泛連結公私立醫療與養護機構，以及社政單位、民間公益團體，建立整合性關懷老人服務網絡；只要民眾提出申請，立即獲得老人照護資訊與諮詢服務，以及照顧者支持與喘息（暫托）服

9　依據世界衛生組織（WHO）定義，65歲以上人口占總人口比率達到7%、14%及20%，分別稱為高齡化社會、高齡社會及超高齡社會。臺灣於1993年成為高齡化社會，2018年轉為高齡社會，推估於2025年邁入超高齡社會。

務，並提供協商與轉介安置，這些可視為老人照護起跑了。

在第10章提到了宋楚瑜任內設立許多老人養護所，擴大規模收容老人，如臺東馬蘭榮家、省立臺北仁愛之家頤苑自費安養中心及臺灣省寧園安養院，是整合社會資源來照護老人的案例。馬蘭榮家由省政府與國軍退輔會合作而成，頤苑由公辦公營轉型公辦民營，寧園由無到有，都以最少的錢，發揮辦理老人安養的最大效果。

做好預防與追蹤，加強山地原住民鄉肝病照護

宋楚瑜對離島、偏鄉與山地原住民鄉有些愛好飲酒或特殊飲食習慣之弱勢族群，總是給予特別關照；對於肝病、烏腳病、肺結核等案例或好發病地區，宋楚瑜投入最大心力。不僅接好自來水管線，改善飲用水，同時改建住宅，改善居住環境，從預防與追蹤等多方面著手進行。

1998年度還特別專案編列經費4,422萬元，訂定「山地〔原住民〕鄉疾病篩檢專案計畫」，選定肝病及痛風全面篩檢發現之病患，補助住院期間生活費、伙食費等，使患者能安心住院醫療，治療後轉至當地衛生所繼續追蹤至患者痊癒。該年受檢人數25,073人，成效極佳；並指示下一個年度繼續擴大推行。

前述及有幾位原住民省議員曾在省議會聯合質詢中，指出原住民比臺灣一般民眾平均壽命要少20幾年（參閱本書第8章），主因是居住、水源與醫療條件相對太差，那次的質詢後，一直讓宋楚瑜耿耿於懷；他要求衛生處經由篩檢：「加強建立山地原住民鄉等居民健康資料檔，再輔以資訊化，加強患者聯繫與健康管理。」

為更進一步照護原住民鄉親，他對偏遠的山區，尤其是原住民鄉鎮衛生所設備都給予特別的提昇。除此，又特別撥了一筆為數不小的經費，為原住民新建了一間醫院──省立花蓮醫院豐濱分院。宋楚瑜說，這所醫院不僅可照顧當地在偏遠山區的原住民，附帶對到花蓮觀光旅遊的遊客，如有緊急就醫需要，也可以得到及時的醫療照護。

宋楚瑜積極推動弱勢地區的基層醫療衛生建設，將「劣勢者利益最大化」落實，因為他深信這是社會正義與進步的體現。

全額補助蘭嶼健保費，醫療船開赴澎湖各離島

臺東縣蘭嶼鄉居民的經濟狀況不佳，宋楚瑜非常清楚。那裡的工作機會少，沒有參加健保的人很多，遇到緊急事故或重大傷病，就無法及時就醫。省政府就這個地區予以特別考量，全額補助全民健保的自付保費[10]，每年另編列經費600萬元，提高醫護與行政人員的工作津貼，並重建衛生所和改善醫療設備。

山區與離島鄉親民眾不能像城市居民一樣，可以方便就醫。他們得走上好遠的路，花好幾個小時，才能見到醫生。他們同樣是省民，可是享有的醫療資源相對較少。

為了彌補醫療差距，宋楚瑜與衛生處構思「巡迴醫療」，亦即在固定時間地點提供主動醫療服務。例如，補助新竹、苗栗、臺東和花蓮4個縣衛生局及31個山地原住民鄉衛生所購置巡迴醫療車，無須鄉民大老遠來回，就能「接近或靠近」醫療。

以澎湖人來說，有人居住的島嶼有13個，這些居民平日也要看看小病，做做身體保健，但交通的因素就是障礙，形成民眾有保險無醫療的缺憾，這些人的健康也要照顧，哪能裝做看不見？

省政府能做到的，就盡力幫他們做，籌建「澎醫一號」巡迴醫療船，於1995年9月10日開航，定時定點巡迴醫療500餘點，平均每月出航15點次；其間曾經診療270人次緊急醫療任務，確實提供澎湖離島民眾莫大幫助。

再遠的離島居民也是省民，看病不須民眾自己過來，而是醫護人員過去服務；以前都是民眾就醫和等醫生及護理人員，這種由醫護人員提供主動式服務前所未見，凍省之後也就不見了，很是可惜！

---

[10] 蘭嶼補助對象包括第二類（無一定雇主或自營作業而參加職業工會者）、第三類（農會會員）、第六類（榮民及榮民遺眷），年需經費約1,200萬元，可受益人數1,900人。

身在公門好修行，人性光輝從醫療院所傳出去

從今天回溯去看30年前，省政府在窘迫財政境況下不避責任，積極去做各種醫療照護，可說是「勇於任事」。

省政府、省衛生處和省長可以有千百個理由推卸，但是為了縮短城鄉差距，為了山區、離島和偏鄉省民健康福祉，省政府整合所有資源去做，發揮出「整體作戰」效益。

宋楚瑜很有「想法」，也帶頭想方法，**能多照顧一個是一個，沒有人的權利應受到漠視**。宋楚瑜還帶動起一種風氣，要醫院設備與醫護人員治病醫術（medicure）和醫療制度與醫護人員對病患關懷照顧（medicare）緊緊拴在一起，人性光輝要從醫療院所傳播出去。

宋楚瑜不嫌煩地說：「**所有醫護人員和醫療行政人員都是為民服務的第一線，如果想通並做到『身在公門好修行』，那人生就變得有意義，那所有人的人生就都是彩色了！**」

1 | 1993年7月30日陪同李登輝總統，訪視臺東基督教醫院。

2 | 1993年9月3日，訪視省立新竹醫院。

3 | 1994年7月30日訪視臺南縣烏腳病防治醫院，關心慰問患者。

4 | 1997年11月15日，宋楚瑜訪視省立基隆醫院。該醫院與臺大醫院合作交流，把臺大醫師請過來做專科門診；長庚醫院總院長張昭雄告訴宋楚瑜，整頓後的省立基隆醫院水準提升很多，使得基隆長庚醫院面臨強大壓力。

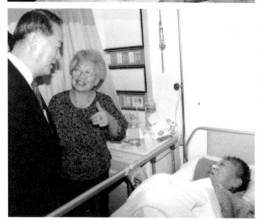

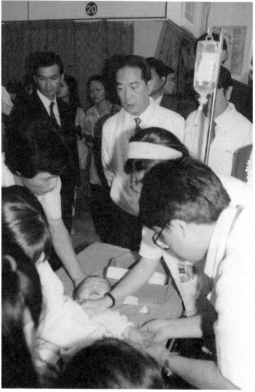

1｜省衛生處每年補助購置機車，讓衛生所同仁服務到基層角落。圖為1995年1月16日宋省長和衛生署署長張博雅（左）檢閱配有機車走入社區的護理人員。右一為衛生處處長林克炤。

2｜宋楚瑜期許公共衛生護理師投入「戶外任務」，要走入社區，甚至山巔海角。

3｜1997年2月27日訪視高雄縣大社鄉衛生所，慰勉關心基層醫護人員和民眾。

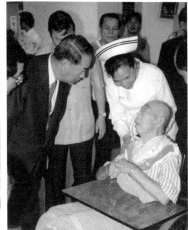

4 | 1995年5月3日，宋省長非常關心改制新建的省立玉里醫院工程，牙醫師出身的省議員張溫鷹（後曾任臺中市市長等職）與花蓮縣縣長王慶豐（中）一起陪同訪視。

5 | 省衛生處於1998年7月1日在省立臺中醫院開啟「關懷老人」服務，設立大臺中地區老人照護諮詢服務中心；圖為宋楚瑜探視老者。

6 | 1998年7月31日訪視省立臺中醫院。

7 | 1998年11月13日訪視省立玉里醫院，慰勉醫護人員。

4　5
　　6
　　7

1 | 1998年8月18日，宋省長出席屏東縣琉球鄉衛生所新建大樓落成活動。

2 | 1998年9月5日，宋楚瑜訪視臺北縣耕莘醫院，與狄剛總主教（右二）、單國璽主教（左一，其後為樞機主教）合影。

3 | 1998年9月21日，宋楚瑜出席山地離島地區贈車典禮，右二為省衛生處處長石曜堂。

4 | 宋楚瑜經常勉勵：「所有醫護人員和醫療行政人員都是為民服務的第一線。」

第 13 章

◆

化水災為「水財」

　　2006年7月，第6屆第3會期立法院休會之後，又召開了一次臨時會；其中一項任務是通過很有名的「八年八百億元」治水特別預算。

　　8年800億元，1年是100億元。然而，宋楚瑜當省長時的治水經費，1年何止100億元，至少是300-500億元。

　　為什麼要編這麼多預算？由於水的問題必須要從全方位宏觀、整體思考來對症下藥。宋楚瑜認為飲用水是「基礎建設」之一，鋪設自來水管與改善水質是他施政環節的重中之重。

　　在宋楚瑜施政中，**水的問題排在最優先的第一順位。這有兩項重點，一是讓民眾喝到乾淨又充分的水，另一是將淹水問題處理好，可以化水災為「水財」**。

　　以前的地理課本，大概只會教我們水庫的效益與功能，但是時代不一樣了，水的問題也是一門經營學，因為臺灣特殊的地理環境孕育出很特別的經驗與運作模式。

澎湖海水淡化，並比照金門植樹

　　澎湖人視水如珍寶，絕不浪費一滴水。

　　澎湖是小型島嶼，自古以來缺水，而且無法有效與臺灣做水資源調配。宋楚瑜上任省主席的第二年，1994年夏季，全省天旱，澎湖更是嚴重。他一個月內三赴澎湖，因為那裡的百姓每天短缺用水達2,500噸。

　　「經國學校」的學生宋楚瑜很堅定的說：「**澎湖人一天沒水喝，我也**

一天不喝水！」很清楚的，省主席信誓旦旦的親許諾言，澎湖長期缺水的問題，勢必要解了！

他立即指示「多管齊下」，除了省屬臺灣航業公司的臺華輪（客輪）運水，並洽獲軍方同意派遣軍艦協助運水[1]，這「兩管」每日可運水1,000噸，但還不夠。

他另計議，租了印度籍「大陸玫瑰號」運水船，每一天半往返高雄馬公一航次，每次運水4,000噸。這個外籍船運水成本甚高，每一航次需60萬元，換算每噸水成本150元[2]，但澎湖人能喝到水比較重要！

以上只是治標，他又和省水利局、省自來水公司研商根本之法。曾經一度評估自嘉義埋設海底自來水管線，然而最後決定並完成的是：興建馬公機場雨水截流工程，疏濬馬公成功水庫，持續七美水庫溢洪道下游排水工程，改善成功、東衛及興仁等水庫汙水截流工程，以及大果葉、隘門兩座地下水庫，全面大規模推動造林，還有經營海水淡化廠。如此周全的施政作為，實可說是澎湖發展史上盛事。

宋楚瑜指出，澎湖成功水庫水量經常不足，下雨沒下在水庫集水區，大部分雨水都流掉了，「但可以想辦法去集中，在馬公機場周邊做水道，將雨水截流下來，能留多少都好！」

宋楚瑜津津樂道：「還有大量植樹造林[3]，省林務局在澎湖設立分支單位；金門植樹做得很好，駐紮島上部隊也幫忙不少。今天你去看看，因地形與土質挑選樹種，種植成功了，樹長高了，不僅防風，又幫忙留住水分。」（參閱本書〈前言〉）

宋楚瑜加以歸納：「做水庫、截流集水、開啟海水淡化、植樹防風蓄水

---

[1] 宋楚瑜和海軍總司令顧崇廉洽商，每次海軍軍艦例行補給澎湖時，幫忙運自來水供應澎湖用水。現代船艦為維持航行重心，大都汲取海水、河水等到船艙內增加穩定度，稱之為壓艙水（Ballast water）；宋楚瑜請海軍以自來水作為壓艙水，到澎湖時洩供民眾使用。

[2] 為了解決澎湖缺水，宋楚瑜動用省政府1995、1996年度第二預備金1億5,366萬元及1998年度第二預備金9,060萬元，三個年度共計動支2億4,426萬元。

[3] 澎湖乾旱少雨，每年又有強勁東北季風長達6個月，在宋省長任內，省林務局實施澎湖造林6年計畫，共投資2億2,007萬元，完成新植造林181.77公頃，補植783.83公頃，架設防風網176公頃，學校美化79處所，公園、社區、集水坑及行道樹綠化64.71公頃。

等，做一整套的，這就是系統化。」

澎湖海水淡化採逆滲透法（Reverse osmosis, RO），至今仍是世界海水淡化技術的主流，當時約需經費2億元，宋楚瑜以「為離島做長遠建設」為由，向中央爭取專案經費補助。

自該年（1994年）9月動工，經全體工程人員趕工，不斷超越預定進度，於次年8月完工供水，不到1年內完成國內首座海水淡化廠，真可用「眾志成城」來形容。9月22日，宋楚瑜主持竣工通水典禮，總統李登輝也親臨觀禮，自此也為政府協助離島、偏遠地區解決用水問題，提供「新種」模式。

宋楚瑜對澎湖很上心，每月至少去一次。直到他卸任省長的一刻，1998年12月19日在中興新村發表卸任臺灣省省長告別演說時說到三件事情，第一件就是澎湖，還念著用水等問題：

記得五年前，楚瑜來臺灣省服務之初，澎湖各島嶼，除建設不足，還面臨嚴重缺水的問題，楚瑜承諾每個月至少去澎湖一次，親自了解實情；也研訂了兩項措施，一是以船隻從臺灣本島運水過去，一是構建海水淡化廠。這兩項措施即時解決了澎湖地區的缺水問題。兩三個禮拜前，省公路局為澎湖鄉親鋪設的環島公路竣工，楚瑜最後一次以省長身分訪視澎湖，當飛機在黃昏時刻起飛，離開澎湖時，楚瑜看到五年前幾乎乾枯的成功水庫，竟然盛滿清澈湖水，想到當初是因為成功水庫沒有水，所以才要運水、才要做海水淡化工程，如今海水淡化廠完工之後，成功水庫在枯水期仍有滿水位的水源，真不得不讓人嘆謂：自助而後人助，人助而後天助。

澎湖縣是全省財政最困難的縣市之一，一年預算40幾億元，自有財源才1億餘元，可是該縣民進黨籍縣長率先發放老人津貼，一年就要6億元，而租船運水、建海水淡化廠的經費，卻全是省政府爭取中央經費來支付。

宋楚瑜常說：「省政府能撒手不管？澎湖老百姓沒有水，我不能說澎湖縣縣長是民進黨籍的就置之不理；他們都是省民，照樣要想盡辦法，全力解決民眾用水問題。」

澎湖共有64個島嶼，有人住的島，宋都去訪視過；他信守對澎湖人的承諾，即使到卸任前仍是每月至少到澎湖一次關心地方建設，民眾更是報以熱烈歡迎。這樣民胞物與的施政作為在多年後，仍得到澎湖鄉親的反饋；〈前言〉曾提及今（2023）年2月宋楚瑜接待美國友人至澎湖旅遊，除了陳光復縣長外，地方鄉親都不約而同的提及，沒有當年省長為澎湖所做的植林、拓路、水資源開發等各項建設，澎湖的觀光等產業發展就沒有今天的榮景，趁此機會再向他表達了無比的感謝之意。

雨港基隆用大鋼管送水，並做長遠規劃

基隆原本是個雨港，一年平均有3,200毫米的雨量，宋楚瑜到省政府不久，居然連續兩年都很少下雨。

如上所言，同時間內，澎湖一樣不雨，宋楚瑜說：「澎湖人一天沒水喝，我也一天不喝水！」可是鄰近翡翠水庫的基隆市也缺水，宋楚瑜卻未說過：「如果基隆人沒有水喝，我也將不喝水！」

怎麼對澎湖人和對基隆人的「情感」不一樣？

原因無他，臺灣本島的水是可以調配的，不必「發下重誓」。

基隆有個新山水庫，是土石壩的，壩高75公尺，卻乾到見底；宋楚瑜和省議員劉文雄等人去現場，親眼看到居然有人在水庫底乾涸處露營[4]！該如何解決這嚴重缺水問題？宋楚瑜和省政府團隊想盡辦法。

趕緊做一些救急的，包括從以前留下來許多的煤礦老坑抽水，作為澆花、洗滌或沖刷用；飲用水由省自來水公司負責，自汐止就近運送過來。民眾邀請一同祈雨，他虔敬參與；他走到基隆各地關心民眾，也感謝執行送水的工作人員。

自基隆選出的省議員劉文雄（1954-2017）早年已經認識宋楚瑜，但見他

4　本書寫作期間，臺灣又發生乾旱且水情嚴峻，《聯合報》（2023年3月23日，第A6版）報導曾文水庫蓄水量只剩11％，大面積淤泥裸露長滿雜草，宛如一座天然高爾夫球場。

一上任就力拚省政，曾經感慨地說：「基隆經歷數十年來罕見的缺水狀況，多虧他費心。」

為基隆缺水救急，還有一個「很有畫面」的故事。

大學時期，宋楚瑜有時去南港找老師學英文；宋楚瑜說，「這位老師是在中研院任職的管東貴[5]先生，就是從臺北騎腳踏車過去，途中會看見臺北到基隆之間用來運油，鋪設在地面上的大油管。」

那時，自基隆港和高雄港卸下的油，要運到各地，都用這樣粗管輸送，大概一個人高，走了一大段後彎一彎，減緩熱脹冷縮。鋪設油管運油是他父親宋達（時任國防部第四廳廳長，負責後勤補給）的構想。

宋楚瑜想那時戰亂仍未平息，油管都不怕被炸或破壞，為何不也用鋼管來運水去基隆？既然從汐止接濟仍不夠，那就再從板新給水廠（位於臺北縣三峽鳶山旁，西鄰大漢溪）供應過去。

於是用大鋼管，架設在道路兩旁的地面上，從三峽接到基隆。「這是救急，不必花大錢，沒有必要埋在地下，不是永遠要靠鋼管來送水。我父親那個時代，都不怕油管被破壞，這運水大鋼管怕什麼！鋪在道路兩旁，也不妨礙車子通行……。」宋楚瑜形容。

用明管敞開著運水，並非「進步」現象。但對於有意志力、有心做實事的領導者，解決燃眉之急的民困和供應民需更為重要。他和他的團隊就是「逢山開路，遇水架橋」也要向前走。

還有，雨港缺水，絕非好事，領導人要早日籌謀。基隆市沒那麼多經費管旱象，省主席責無旁貸。

長遠之計，辦理新山水庫加高、西勢水庫淤砂疏濬、基隆河整治，以及

5　初中時期起，宋楚瑜就跟著當時就讀臺大歷史系二年級的管東貴（1931-2019，其後任職於中央研究院歷史語言研究所，後來擔任該研究所所長）學習英文，後來又跟臺大經濟系李傳義學習，他們兩位都是宋楚瑜的家教老師。管東貴盯著宋楚瑜背英文，遠東讀本每一篇都要背到熟；到宋楚瑜大學時期，仍不時向管東貴請益，管老師拿中文書給他翻譯成英文，再幫忙修改，從實際紮實功夫做起。宋楚瑜說雖然辛苦，他的英文底子就是這樣打起來的。1977年，宋楚瑜出版《學術論文規範》（正中書局，此書極為暢銷，多次再版），曾請管東貴幫忙看過部分章節，宋在謝辭裡特別感謝管老師。

興建東勢坑溪、友蚋溪及瑪陵坑溪三個攔河堰等。

為何還有地區沒自來水？自來水並非「自來的」

　　旱象不只在基隆，全臺大範圍缺水地區有桃園縣、宜蘭縣、花東地區等沿海鄉鎮、山區及偏遠地區，包括一些原住民鄉、客家鄉或水庫旁邊的居民等，宋楚瑜親自走訪，做了許多努力，做得很細膩。

　　高雄縣、屏東縣、臺東縣有許多原住民部落與客家村的鄉親，因為沒有自來水，只能喝地下水，因為種植農作關係，不少農藥滲到地底下，嚴重影響健康，必須儘快改善；宋楚瑜印象裡的屏東縣麟洛鄉「全鄉都沒有自來水」，省政府先找到水源，把管線做好接通，才有了自來水可用。宋楚瑜卸任後，仍有攔河堰工程進行，屏東縣瑪家隘寮堰是其中一個。

　　彰化縣花壇鄉時任鄉長唐鎮林曾爭取石筍埤圳、花壇村及三春村排水改善，以及長春與永春兩村自來水供應，皆獲逐步施設；幾個月後，省長又再度到鄉公所了解進度。唐鄉長挺佩服他沒有官架子，而且能夠充分掌握地方問題並加以解決。宋楚瑜仍記得，高雄市左營區內軍營的供水也是在他任內解決的。

　　其實豈只先天地理條件不利的澎湖縣缺水；在臺北縣石碇、深坑、坪林等翡翠水庫集水區的民眾，原來也沒有自來水；石碇鄉在改善前的自來水普及率僅21.11％。在臺南縣白河水庫、曾文水庫邊上的人也沒有自來水。

　　你也許會感到驚訝，為什麼以前都不做自來水？不喝自來水？

　　此事原不足奇，以前民眾覺得自來水並不是「自來的」，是要付錢的，他們不願意拉管接線，有山泉水可接，有井水可喝，何必花錢買自來水。可是到了現在，以前打的井沒有水或受汙染了，於是大家就想要用乾淨的自來水。

　　宋楚瑜分析，「自來水」這個名詞是日本人發明的，天底下哪有自來水！自來水管線拉到你家供水，都需要政府投資與民眾出錢，你去問一些部落或偏鄉村落，他們一定說是「錢來水」。

雖是「錢來水」，但因「政策支付」，已使家戶負擔得起，現在使用自來水似乎已變成「天賦人權」與「基本人權」。

「政策支付」：讓偏遠地方也有自來水

宋楚瑜施政重點之一，水利排第一位；水利建設項目繁多，又以自來水供應最要緊。

至今臺灣地區還是有少數地方沒有自來水供應，但這已是經過宋楚瑜率領省政府團隊戮力過後的「結果」。否則，為數更多，仍在喝井水與地下水。

宋楚瑜追隨經國先生走過臺灣許多地方，他清楚隨著時空環境變遷，所需面對的民生問題勢必不斷衍生。在宋楚瑜的施政中，顧念再三的是讓民眾喝到乾淨又充分的水，所以對自來水的水質、普及率、偏遠地區的用水照顧都列在優先施政的位置。

他到任省政府後，立即做了「無自來水地區給水計畫」，每個年度均編列預算高達2億至近3億元，以執行提高自來水普及率。

在臺灣，對於生下來就喝乾淨水的人而言，可能對仍有人不飲用自來水感到「奇怪」；但對原來喝井水與地下水的人而言，飲用自來水並非「天賦人權」，而是經過陳情抗議，或是出自「基本人權」的考慮，經宋楚瑜和省政府團隊主動出擊才換得來的。

所謂「省政府主動出擊」，是指將自來水供應做成施政計畫，鋪設自來水管線的經費是以「政策支付」辦理，家戶只負擔一些基本費用；也就是這些經費的投資龐大，一來不是偏遠地區家戶所能負擔，也不是省自來水公司能夠支付，而是省政府不惜建設成本，為省民公平享有而「自發努力從事的」。

陪同宋楚瑜走訪各地的省政府兩任交際科科長陳清貴與吳老德這麼說：「自來水公司是一個事業單位，有錢當然就做，沒錢賺就不做，宋省長則是沒錢賺也要做，要讓挨家挨戶的人都有飲用的自來水。」

宋楚瑜舉著兩個拳頭：「鄉間散戶接通自來水管要費用，因為拉的管線

長，費用怎麼負擔！另方面，自來水公司是事業單位，不是慈善機構，不可能虧錢去辦事，這就要靠政府出面解決。」

宋楚瑜加以解釋，由省政府訂定「改善偏遠地區自來水飲用計畫」，亦即對那些「管線末端」形成政策上名正言順的補助，大概每戶只收1萬2,000元，其餘該負擔的經費則由省政府全額補助。

他經常「舉一反三」。例如，桃園縣蘆竹、大園、觀音、新屋4鄉有不少是客家鄉親，發現飲用地下水影響健康，其他客家鄉也做通案考量；宜蘭冬山鄉發生烏腳病，也比照辦理⋯⋯。相關事例詳述於後文。

布袋灣仔 12 戶也要接自來水管過去

在團隊努力下，1993年上任到卸任的1998年，自來水普及率從81.88％成長到87.42％，數據上雖只成長了5.54％，用戶卻增加135萬餘戶。若要細究，這些新增的用戶都是偏遠地區，大都是一個個小村莊、小部落累積而來。

例如，高雄縣內門鄉三平村只有15戶人家，苗栗縣南庄鄉南江村橫屏背部落只有18戶人家，臺南縣關廟鄉布袋灣仔只有12戶人家，卻都是自來水公司服務的對象。本章會再提供一些實例，說明省政府團隊為「愈偏遠地區愈需要照顧」的鄉親打拚的足跡與政策落實。

臺灣省自來水輸配水管線有新有舊，但舊的埋設年代遠自光復前；日據時期所埋設水管材質用的都是石綿管，這是會致癌的，所以需要儘快更換。宋楚瑜立即著手辦理兩年汰換計畫，至1995年6月如期完成；供水管線長度由原來的31,786公里增至45,500公里，汰換舊漏管線高達2,890公里，這具有解決漏水、穩定供水品質、維護民眾健康、減少維修成本等功能[6]。

這是省政府施政最重視的基礎建設，自來水供應是「基礎中的基礎」。

---

[6] 依據臺灣省自來水公司於1998年8月出版《飲水思源：臺灣的建設自來水篇》所載，這些具體效益包括延續至1997年度售水率提高6.6％，減少漏水量3,699萬立方公尺，減少破管維修費1億7,533萬元，有效減緩水源開發及供水系統擴建時程，節省水源開發投資經費53億9,142萬元及節省供水系統擴建投資經費44億5,907萬元。

宋楚瑜瞪大雙眼：「許多人忽略『基礎』二字，尤其擁有行政權力者！不讀國小，怎麼有程度升國中；沒有基礎醫學的國家，醫療體系發展不起來。基礎建設就是全國一致，不論那地方多偏遠，人人都應平等享有。」

宋楚瑜拿起水杯：「人人都要喝水，喝好水質的水！你會讓你的父母子女喝不乾淨或有害身體的水嗎？」

寶山鄉沒有自來水：用「歸納分析」突顯問題迫切

全省309個鄉鎮市，有一個地方有一高、二高經過，全臺灣最重要兩條高速公路都通過這裡，當地居民卻沒交流道也沒有便道可以上下，這是哪裡？

宋楚瑜告訴大家，這就是新竹縣的寶山鄉。鄉長與鄉民跟宋楚瑜講，他們並不需要「大便道」，只需要「小便道」就好，並問：「主席，你看公平不公平？」後來宋楚瑜親自找交通部次長張家祝，協調解決了這件事。

全省所有鄉鎮市中，有個地方擁有兩座水庫，卻沒有自來水喝，這又是哪裡？

宋楚瑜告訴大家，這也是新竹縣的寶山鄉。他與同仁們研究後，知道因地方偏遠且人口較少，接管的費用很高，一直沒有辦理，立即政策性地予以協助，幫鄉民解決了問題。

很可能他們的事，都被看成「小事」，宋楚瑜特別運用他拿手的「歸納分析」[7]，突顯了他們地位的「重要性」與問題的「迫切性」。

西方人喊 It's unfair.（這不公平！），通常是大事情了，可是這句話若用中文表達，似乎就沒那麼嚴重？因為在你來說是大事，對我可是小事。許多地方上的事情，並非沒人提，也非無人聞問，可是被當作「小事」，就容易疏忽。對此，宋楚瑜不僅不迷糊，還運用所學專長，為省民突顯問題迫切。

---

[7] 宋楚瑜在美國加州大學柏克萊分校攻讀碩士期間，政治系主任施伯樂（Robert Anthony Scalapino, 1919-2011）是對他影響最深的業師之一；宋楚瑜受益於施伯樂的歸納分析方法，詳參《如瑜得水》頁309-311。

桃園沿海四鄉要自來水：專案核定每戶只要負擔 12,000 元

還有，全省只有一個鄉有兩個機場，一個是國際機場，還有一個軍用機場，但是他們一直沒有自來水喝，這是哪裡？

宋楚瑜如此這般介紹桃園縣大園鄉。不只大園，緊鄰一起的蘆竹、觀音及新屋等4個沿海鄉鎮，還有許多鄉親也都沒自來水喝。

地方跑熟了，宋楚瑜又注意到：「離這4個鄉不遠，中間只隔著中壢就有一個平鎮淨水廠，石門水庫也在同一縣境內，但他們就是沒自來水喝！」

這裡大多數也是客家人，非常勤奮節儉，過去打口井就夠用，但在工業化之後，打上來的水是黑的，受到汙染了，於是想到要用自來水。

這裡又夾雜另一個環境汙染的問題，臺北縣林口發電廠排出來的煤煙，經常飄到這些沿海鄉鎮，當地民眾為此抗議多年，中央好像曾經給他們一個印象，要拿出8億元回饋這些受影響的鄉鎮。

宋楚瑜到省政府服務，立即詢問相關部門，也與中央部會協調過。於是他和幾個同事，趁一個機會夜訪大園鄉鄉長和觀音鄉鄉長。他們都很驚奇，從未看過省主席晚上跑來鄉長家裡聊天。

鄉長客客氣氣端上一杯水請他喝。宋楚瑜看了，是黃褐色，好像是茶，又像似咖啡。鄉長告訴他：「這是我們平日的飲用水──井水。」

「政府不講信用，過去答應要給我們每個鄉鎮2億元，一共8億元，為什麼至今不給我們？」鄉長接著說。

「你拿這些經費做什麼用？分給大家錢？」宋楚瑜問。

「也不是啊！很簡單，我們這裡沒有自來水，有了經費，就可以來做自來水了。」他們說。

「做自來水是一件事，不要跟林口發電廠汙染混為一談。」宋楚瑜強調。

「那當然，可以不混為一談，我們要錢嘛，要錢就是為了做建設。」他們的態度非常堅決。

聊了不少時間，宋楚瑜向鄉長表示，好好整合地方上的需求，提出一個書面計畫，省政府就會趕快做。鄉公所沒有做這樣大計畫的經驗，主席就請

省政府經研會主委來幫忙，詳告地方的需求，為他們做「全套」的計畫，包括專案企劃、公文作業、施工接管、輸送乾淨的自來水等。

過了一段時間，從過去不到30％住戶有簡易自來水，提高到80％以上的住戶都有自來水可用。宋楚瑜想這個問題解決了，心裡很開心。

又安排了一天到訪鄉鎮公所，以為他們應該會謝謝省政府幫他們解決問題。誰知他們又提出問題：「主席，只有80％，還有20％的人沒有自來水啊，還要5,000萬元，要幫我們做。」

民眾的需要改變了，要政府幫忙做點事情，宋楚瑜認為「沒有理由推託」。他回答：「好，省政府再做計畫，今年想辦法來完成。」

此案另有重大意義，在評估鄉民的經濟能力及鼓勵鄉民裝設自來水的雙重考量下，省政府以專案請宋省長核定，每戶接用外管費用負擔以「不超過12,000元為原則」。此後，偏遠鄉下申設自來水的省民都據此比照辦理。

宜蘭冬山鄉也有烏腳病：趕緊拉管供應自來水

從供水成本來看，愈是基層偏遠地區的供水工程，成本必然愈高，然而這些地區的居民，往往愈是弱勢的省民，政府沒有理由不予照顧。宜蘭縣冬山鄉的沿海村落，又是一個例子。

或許大家聽過臺南沿海鹽分地區（就是沿海含鹽分高的產鹽地帶）有烏腳病的問題，沒想到宜蘭縣也會有。冬山鄉沿海村落居民因為飲用含有砷的地下井水，在傳出病例之後，省政府新聞處作了輿情反映，立刻在省政會議討論，並做決議由省政委員尹祚芊女士組成專案小組督導，進行醫療上的處理，同時全面檢查未發病的民眾。

宋楚瑜記憶裡，省政府撥了800萬元，以專案方式補助未發病民眾做身體檢查。健保可以負擔醫療，但不負擔未發病民眾的身體檢查；宋楚瑜說：「大家都喝了地下井水，不檢查怎令人放心！檢查有病的就治療，檢查沒病的，就不要再喝井水了。」

當時宋楚瑜也立刻趕去宜蘭，時任縣衛生局局長邱淑媞（後來擔任臺北

市政府衛生局局長、衛福部國民健康署署長）陪同一起訪視。治本之道仍在於裝設自來水，偏遠地區每戶接自來水管費用就要20-30萬元，省政府就以發展基層建設經費來貼補，比照桃園縣觀音鄉沿海改善自來水計畫，每戶最多只要自付12,000元，其餘經費由省政府協助解決。

但是安裝自來水，不是幾天功夫就可完成，省政府擬定計畫要在半年之內將自來水安裝好，可是這半年內，要居民喝什麼水？

「老話一句，政治就是人性關懷！你能要冬山鄉民眾再忍耐幾個月，照樣喝有砷的井水？如果這裡有你的親人，你會要他們繼續喝有毒害的水？」宋楚瑜問道。

於是**省政府又提出「中間計畫」，就是在還沒接好自來水之前，每天由省自來水公司載運自來水，供應到每個村莊**，但拜託鄉親節約用水，如澆花、灌溉、沖馬桶等非食用性的其他用水，仍先用井水應急。

北中南增闢乾淨水源：還要當眾飲水，做到水質保證

諸葛孔明可以借東風，宋楚瑜靠的是一步一腳印，臺灣省所有的大小水庫、攔河堰、自來水工程、淨水廠、汙水處理廠、各縣市農田水利會等都訪視了好幾遍。

自來水用戶增加，不是管線拉過去而已，其背後重要工作就是要增闢水庫與攔河堰等水源，擴建自來水工程及淨水廠等，俾能確保水供應的「量與質」。

包括新建臺北縣八里汙水處理廠、淡水河系汙水截流等，都是在為確保河川水質做先鋒。其中一環是臺北水源特定區（新烏地區）汙水下水道系統於1996年4月完工，總工程費計9億4,000餘萬元，是國內水源保護區第一套運轉操作的汙水下水道系統。

宋楚瑜指著杯內的水：「水庫的水不可能平白送到你家，舊管線不汰換，沒淨化的水，你敢喝？不做汙水處理，豈有乾淨清澈的水源？這中間要經過多少環節，每個地方都要管理調節好，這即是整體的、系統化的概念。」

宋楚瑜留下不少鏡頭，在民眾面前大口生飲自來水，表示省自來水公司「品質可靠」。他不是愛「秀」，而是要「掛保證」，一方面保證水質無疑，另方面藉以嘉勉員工再接再勵。

為了要增闢水源，省政府團隊加速推動規劃與新建水庫。北部有基隆新山水庫加高工程、雙溪丁子蘭水壩、坪林水庫、新竹寶山第二水庫等；中部有鯉魚潭水庫、建民水庫等；南部地區有南化水庫、高屏溪攔河堰、牡丹水庫等。

新竹縣市屬北部多雨地區，但因地質結構留不住水，水源的頭前溪又非源自高山，加上發展高科技產業，每日需水量遽增，所以宋楚瑜積極推動興建寶山第二水庫，也從苗栗縣的永和山水庫調水過來支應。

又，配合水庫、攔河堰興建，還得辦理下游自來水工程、淨水廠等新建與擴建。北部有新山淨水場二期淨水處理工程、板新三期淨水廠擴建、平鎮一期、三峽河抽水站、新竹隆恩堰下游自來水工程、宜蘭粗坑水源取水工程；中部有東興淨水廠二期工程、鯉魚潭淨水廠、豐原二廠一、二期淨水處理工程、溪湖系統、北斗系統、元長系統擴建；南部則有南化水庫下游自來水工程、高屏溪攔河堰下游工程、牡丹水庫下游自來水工程、臺東利嘉淨水場。

「不然呢，水管拉過去了，打開水龍頭流出來的水可能還是不乾淨。」宋楚瑜一邊說，一邊用筆寫下洪炳麟、謝瑞麟、李鴻源幾個名字。臺灣水利走過半世紀，從省水利局到省水利處，幾任局處長一棒接一棒，還有省自來水公司總經理林茂文，他很感激當時他們竭盡心力。

他還說，水利人員與水公司人員都是在基層默默做事，外界不知他們平日怎麼忙活，真的是「有功無賞，打破要賠」。他為他們說話：「淹水時，大家都罵他們；沒有淹水了，也沒有一個人會謝謝水利人員。就好像自來水公司一樣，沒有水時，大家都罵他們；有水喝時，沒人感謝水公司人員。」

越域引水：高雄山區的水引到南化水庫儲存

水的問題迫在眉睫，興建水庫又碰到來自環保或地方的抗爭，總要有人

籌思整體應對策略。

宋楚瑜想到「一條鞭法」，將所有河川區分為中央管的河川、省管的河川、縣管的河川，此後一條河川從頭到尾，事無鉅細，都有權責歸屬。但是，他在將水利局由二級單位升格為一級單位水利處之後，又將許多縣級工作攬由省政府水利處做，「如果再發生水災，縣長不會有事，大概都是省長的事。」（《水的政治學》，頁60）

水這件事有很多跨區域性問題，如果由地方層級來做，或可能儘做綠美化工程的話，將來後患無窮。宋楚瑜指出，「因為水源可能在一個縣，水域在另一（幾）個縣，終點又是在別的地方，因此一條河從上游到下游，都須做整體考量。」

宋楚瑜也想起李登輝曾為解決濁水溪流域及烏山頭水庫的豐水、枯水問題，提出「北水南引」、「南水北調」等概念。這讓他有了全省水資源連線的想法，在任內提出「越域引水」計畫，這是他對「水」管理的首項重要主張。

他特別交代水利處，河川要做流域規劃，水資源要做區域調配，兩項工作都做好，就能達到「越域引水」平日儲蓄與緊急提用的功能。流域規劃相當於區域排水，這也像公路交通一樣。宋楚瑜說，水道和公路都要系統化，村里要與鄉鎮連，鄉鎮要與縣連，縣要與省連，省要與中央規劃相連。

我們都知道，水即是財，但我們也要知道，水能載舟也能覆舟。宋楚瑜說，「如果系統化的其中一點出問題，水就排不出去，也不能被汲取運用，更可能會造成某處積水淹水，隨時演變成禍害。」

另因緯度與地形等關係，降雨情形一向南少北多，也因此更需要水資源的靈活調度。「靈活調度」重視的並非一個區向另一個區尋求支援，而是平日就要「儲蓄」，必要時才能「提領」。宋楚瑜非常熟悉美國加州，那裡是北水南調，管線拉得很長，「但臺灣無須做由北到南的大管子或輸水渠道，因為南部只是在冬季水少而已。」

宋楚瑜憶述，「就是不要讓水流失，儘量從上游去取水，跨越分水嶺送到鄰近既有的水庫儲存備用，這樣能使雨季的水變成財，就好像經常存銅板

一樣，你不會把銅板丟掉吧！」

宋楚瑜在他任內一再要求水利（局）處推動水道系統化或越域引水，而且緊盯預算編列，否則因預算排擠效果，可能根本無法落實。例如高雄縣內門鄉旗山溪的水，豐水時期就引到臺南縣南化水庫與曾文水庫裡，如果遇到高雄缺水的話，就優先撥給高雄用，等於在銀行先存款，急需要用時再提出來，這就是宋楚瑜所謂「越域引水」計畫；自1994年元月開始，南化水庫拉水管供應臺南和高雄，就已實現。

眾所周知，水庫另負有發電的任務，宋楚瑜希望飲用水為先，他要求：「若遇天旱水荒，可以不發電就不發電；都已經缺水了，何須再浪費水來發電！」

這裡面還有「文章」，在水庫負責發電員工有「外快」（發電獎金），因而以前不管缺不缺水，都照樣發電。宋楚瑜改成天旱不發電後，仍會給發電員工一些獎金，代表「你們的辛苦，我們都清楚」。

宋楚瑜帶領員工，一向獎懲分明，要你努力完成，則須給予相對的資源、條件與配備；員工有執行問題時，也會幫忙設想或排除，對臺電員工也同樣地盡力做到。他說：「這些基層員工也是蠻辛苦的，補貼一些些，可以做好調配工作，很划算。」

水銀行調頭寸：南化水庫拉管線回供高雄用水

越域引水特重平日儲蓄，水資源的管理則是水銀行之間彼此互相「調頭寸」，這是宋楚瑜對水的第二項重要主張。

宋楚瑜分析，過去水資源的管理和運用偏重於點的管理，為什麼不能像銀行一樣，就像臺灣銀行的基隆分行如果資金短缺，當然不能掛牌說「沒有現款，今日打烊」。既然基隆分行可以從其他銀行調頭寸，難道水就不能調頭寸嗎？

宋楚瑜舉例，北部地區可以將翡翠水庫、石門水庫和新山水庫聯合起來；中部地區有寶山第一水庫、永和山水庫、明德水庫、德基水庫及石岡

壩，再則做好的建民水庫、集集攔河堰等，統統都可連接起來。

宋楚瑜予以區別，如果彼此以管線相連，這就是「水銀行」；如果不相連，仍叫做「水庫」。

這種水資源管理並非空想，宋楚瑜主要得自省水利處處長李鴻源依據學理的構想，付之以行動的，就是將全省重要水庫都用大管線連起來。到他卸任為止，全省除楊梅至新竹、草屯雙溪嘴至雲林林內兩條供水管線仍在施工外，其餘16條幹管總長度355公里，均已完成。

其中最有名的計畫就是南化水庫的送水，前面已提及高雄縣旗山溪的水引到這個水庫存起來。南化水庫有效蓄水容量為1億4,433餘萬立方公尺，每日除了供應臺南與高雄地區約50餘萬立方公尺，也擴大輸送自來水到嘉義沿海8個鄉鎮。

宋楚瑜指出，高屏地區不如臺北有個翡翠水庫，就只有澄清湖（大貝湖）等，但澄清湖是「水塘」，鳳山水庫是「水潭」，阿公店水庫是「空池」，通常沒什麼蓄水量，再則是美濃水庫做不起來，由於民意反對。

以前高雄市市民曾因水質問題還要買水喝，改變關鍵就在於建設南化水庫時，省政府同時花了75億元埋設自來水管線，把水接過來給高雄人喝，並在澄清湖淨水廠興建「高級淨水處理大型示範模型廠」（於1996年9月完工）。

必須一提的，雖然高雄市是直轄市，在行政上不屬臺灣省，但臺灣省政府下轄臺灣自來水公司，則負責自來水供應。他借題發揮：「我的太座陳萬水，從小在高雄成長就讀，我是高雄市的女婿，焉能不照顧『岳家』！」

水資源統整後的區域調配，可以「北水南引」、「中水南引」、「中水北引」，這就是整體的支援調配。在宋楚瑜的理念中，每個水庫都有缺水的可能，所以不說是把基隆的水源「引到」高雄，而是區域內「調撥」、「互相支援」。像屏東牡丹水庫完工使用，不但可以支援屏東南部恆春半島6個鄉鎮（詳後），還可以送到更北部的地方。

在雲林縣，宋楚瑜也和水利會會長張輝元一起做過南水北調，雖是小規模的分段周轉，以中部地區為主，但地方上熱烈參與，省議員蘇洪月嬌、縣

議員張榮味等都出席；當時總統李登輝也來看，還很讚許。宋楚瑜說，李登輝總統懂水，曾於日據時代在雲林等地區做田野調查，知道這地方缺水。

只不過，宋省長卸職之後，從此缺了「省」這個「中堅」來操持，「越域引水」計畫後繼無人，這在氣候變遷愈趨嚴酷的今日，水資源的問題顯得有些「脫線」，受苦的是百姓。

挹注大量資金，辦理雨水與汙水下水道

但在調撥時有一項原則，飲用水和工業用水要分開，以及排放時雨水和廢水也要分離處理，這是宋楚瑜管理水的第三項重點。

像高屏溪的水被認為不乾淨，那麼飲用水就如前所述，先把上游乾淨的水用管線引流存放臺南，再用供應自來水的水管運回高雄。中鋼一個工廠一天用掉的水很大，要100萬噸（和高雄市市民每日民生用水差不多），則是從高屏溪中下游抽取的，在他任內完成高屏溪攔河堰工程，以供高雄市中鋼及所有工業用水之需。

宋楚瑜指出，「同一個高雄地方的不同用水，分開去取，分割使用。所有的水都盡其用，不要浪費掉！」

早年環保觀念還不夠，常將雨水和汙廢水混一起，經由河川或區域排水系統排到大海，對建設經費投入壓力也較小。宋楚瑜想得很遠，省政府得做一些「很遠的工作」，例如趕快做下水道排放汙廢水。宋楚瑜說：「西方先進國家的下水道已有100多年，而臺灣大部分地方沒有下水道……。」

宋楚瑜就讀政大外交系時，必須修法文學分，老師所選的教材之一是雨果（Victor Marie Hugo, 1802-1885）撰著《悲慘世界》（Les Misérables）簡易本，這部文學作品對18世紀末法國大革命、拿破崙崛起及1815年滑鐵盧戰役的時代背景描寫甚詳，至今令他印象依然深刻的是，那時巴黎就有下水道[8]。

8　世界最古老下水道是義大利羅馬（古羅馬帝國時期）所建下水道系統，羅馬人統治時城市排水也推廣到巴黎；據稱1374年，巴黎排汙市政工程局局長建造第一條石砌拱形下水道，位於今日巴黎第2區蒙馬特爾路下面，現仍在使用。雨果在《悲慘世界》描寫主人翁尚萬強（Jean Valjean）背著生命垂危的革命青年馬呂斯逃避軍警追捕，就在迷宮般的下水道裡。

宋楚瑜走訪地方時一再呼籲，「長遠而言，雨水與汙水混排絕不經濟，因為各種排放水量加總，一定會增加排水系統負荷，到時候排不掉，就是要命的水災。」因此，省政府對地方所提各項排水計畫嚴格把關，堅持分流，絕不馬虎。

再者，隨著時代變遷與社會進步，愈來愈重視環境保育問題，宋楚瑜早有「先覺」。他說，「在1990年代，要將雨水和家庭汙水分離處理，也是一種需要魄力的重大決策。到了現在都已很清楚，即使大海也不能亂排，我們吃的魚從哪裡來？」

自1993年至宋楚瑜卸任，5年多來省政府在全省設有雨水抽水站51座，抽水機組199組，保護面積達16,914公頃，總抽水量為每秒866立方公尺。辦理雨水下水道及抽水站排水工程建設，總計建築箱涵及幹線116萬8,178公尺，經費投入319億9,000餘萬元，使實施率從過去31％提升至51.5％。另總計籌編314億9,979萬元，建設全臺汙水下水道系統。

汙水下水道系統的心臟在於汙水處理廠，沒有汙水處理廠將無法發揮功能。臺灣省公共汙水下水道建設始自宋楚瑜主政的1993年，5年多下來可見的成果可分4類：（一）操作中的汙水處理廠，有臺中港關連工業區汙水處理廠；（二）試車中的汙水處理廠，有八里汙水處理廠；（三）施工中的汙水處理廠，有臺中市汙水處理廠及臺南市汙水處理廠；（四）設計中的汙水處理廠，計有基隆市、瑞芳、板新、桃園、竹北、新竹市（客雅）、石岡壩、高雄近郊（鳳山溪）、旗山美濃（五明）、屏東（六塊厝）、內埔、潮萬（民治）、花蓮等13座處理廠。

就這樣，汙水管線、截流站及汙水處理廠等挑戰一一展開，這些都是臺灣省以前未曾有過的業務，一切有了「起步走」。

九訪瓦磘溝：20幾年淹水夢魘從此遠離

以臺北縣中永和的瓦磘溝來說，它是中永和的「界河」，更是區域防洪的排水系統，以前人口居住不多，排水還可以，後來漸漸房子蓋起來，就淹

水了。宋楚瑜小時曾住永和,對那裡很清楚,「什麼東西都進來,怎能不淹水!怎能不成臭水溝!」

地方因瓦磘溝淹水而苦,省議員江上清、宋艾克、周錫瑋等不斷反映,民進黨籍臺北縣縣長尤清也傷盡腦筋。宋楚瑜自上任就著手處理,前後提撥18億元經費整治,如今再無瓦磘溝淹水新聞。

瓦磘溝治理功成時,永和智光里里長趙振丞具名舉辦感恩餐會,邀請宋省長及住都處人員參加,宋楚瑜和立法委員洪秀柱等人同坐一桌。趙里長邀請函上面這樣寫著:

感謝省長對瓦磘溝整治之關懷及住都處諸位長官的努力。今年歷經兩次颱風,十餘次豪雨,皆無災情;20幾年的淹水夢魘從此遠離,此乃省長及住都處諸位長官之恩澤。

宋楚瑜翻閱紀錄資料,在他任內曾經「九訪瓦磘溝」,這是治理區域排水的漫漫「長頁」,就此足以寫成一本書。但是,他將淹水治好了,隨之而來的是工廠搬進,廢水又排進溝裡。

以前排進家庭汙水,好不容易投入經費治理好,如今卻排進工廠廢水,那不是又臭了?下水道或汙廢水排除系統一向是「不容易被看見的政績」,宋楚瑜深刻感觸且強調,「治水尤須永續經營,接任者要接棒下去,不能只做錦上添花工程討好民眾。」

瓦磘溝的整治給他的深刻提點是,它是區排,不是汙排,雨水歸水利單位管,汙廢水歸環保單位管,「政府部門分工要做好,各司其職,各盡其責,否則受苦受害的是百姓。」

把「碗」做大:選定基隆新山五個水庫加高

過去水的開發與治理,幾乎都是落在省這個層級上,中央與地方反而離水很遠。而省的治水預算又不足,一定要依輕重緩急排定優先順序,分期逐

年推動辦理。水庫增高和興建攔河堰互為犄角，是宋楚瑜為百姓找水的第四和第五個重點施政。

從清代在臺南縣新化鎮築虎頭埤，日據時代興建烏山頭水庫，到光復後的石門水庫，以至於宋楚瑜任內完成的屏東縣牡丹水庫、臺南縣南化水庫、綠島酬勤水庫及金門山西水庫，臺灣水庫計有46座，再過來的美濃水庫做不下去了，為了自然生態與環保，民眾都不支持。

現在做一個水庫，動不動上百億，南化水庫就用了128億元，既花大錢，民意又不允許，該怎麼辦？

在宋楚瑜的看法中，水庫好比一個「碗」，碗底小，碗口大，碗口加高所增加的蓄水，比一個新水庫不差，費用卻大大省了不少。

既然已有許多現成的碗。「不一定要做新碗，可以把現有的改裝加大啊！」宋楚瑜說。

宋楚瑜任內幾年，陸續選定基隆新山水庫、新竹寶山第二水庫、高雄阿公店水庫、臺南南化水庫第二期及苗栗鯉魚潭水庫第二期等，符合安全性及技術可行性範圍內的水庫，儘可能的加高，以增加蓄水量。例如，基隆新山水庫施作加高工程，蓄水量增加600萬立方公尺，比原本水庫多了1.5倍，等於在基隆地區又添增1.5個水庫，就是很成功的例子。

舊「碗」增高，是在既有基礎下，讓「點」的立足更穩，但還可以再尋求突破，接著繼續將全省管線連接起來，一樣分成幾個區，水氣相通，互為奧援。

宋楚瑜對水利局同仁的努力至為稱讚，尤其對局長謝瑞麟給予很高的評價。謝局長退休後，仍在宋楚瑜主持的維謙水利基金會付出心力。2023年7月睡夢中安然辭世，享年92歲。宋楚瑜還親自主持了謝局長的告別式，並請政府正式褒揚其50多年來對臺灣水利事業的貢獻。

興建 26 個攔河堰截住地表水

臺灣地區年平均降雨量約2,500毫米，可獲905億立方公尺水資源，相對於

義大利或法國年平均降雨量不足1,000毫米，可謂相當充沛。但是，由於地形和緯度關係，臺灣山高水急，降雨集中夏季，逕流入海迅速，而且北回歸線[9]以南的降雨量不如北部，有明顯差異。

「2,500毫米的雨水70％流失，所剩30％的7成用於農業灌溉，3成用於工業及民生。」宋楚瑜還指出，「若遇水荒時，就啟動休耕，雖然糧食可以進口，但未來全球可能面對糧食危機，臺灣能不早日籌謀？」

整體而言，臺灣地下水已嚴重超抽，不應再過度倚賴，興建水庫又困難重重，折衷方法是做攔河堰，經費少很多，工期短，對地理環境衝擊也小。宋楚瑜指示建設廳與水利局（處）聽取專家學者研議之後，主張「多做小型的攔河堰，增加地表水利用，並配合水庫及地下水，將水資源做有效運用」。

所謂「攔河堰」，就是在河川水道上面興築攔水壩，阻止水流並抬高水位，又在上游處設置取水口，得以方便引取河水。宋楚瑜依稀記得，「小型攔河堰完工後運作，評估水成本比水庫的水便宜許多。」

宋楚瑜還指出省政府想方設法，也應用與攔河堰功能類似，但使用材質不一樣的橡皮壩[10]（也可稱為橡皮壩攔河堰），例如在高屏溪等其他許多地方，這些工程小小的，大都未予命名，這是他和省水利處處長李鴻源腦力激盪互動出來的成果。

工業用水需求量更高，宋楚瑜邊跑地方邊動腦筋，因各地人事物或環境情境不一，而衍生不同的「想法或創意」，隨之與李鴻源繼續進行智慧的碰撞，以產生新點子。

宋楚瑜說：「水利處處長還甚驚奇，這位省長真會想東想西！你怎麼會

---

[9] 南北緯5°-25°屬信風帶，沒有水氣凝結條件，非洲撒哈拉沙漠等或半沙漠，多分布在這些緯度之內。臺灣北回歸線（北溫帶與熱帶的分界線）通過的地方，有嘉義縣的東石鄉、朴子市、太保市、水上鄉、中埔鄉、番路鄉、阿里山鄉及嘉義市，以及高雄縣桃源鄉，花蓮縣的卓溪鄉、瑞穗鄉、玉里鄉、長濱鄉、豐濱鄉。

[10] 橡皮壩是薄壁水工構造物，建造成本更低，施工期間更短，缺點是不如混凝土工程的攔河堰堅固耐用。相關資訊可上網查閱「橡皮壩」及「橡皮壩攔河堰」；經濟部水利署（此即凍省以前的省政府水利處）對貢寮堰橡皮壩（臺灣東北部雙溪下游，集水區雨量站有上林國小、雙溪及吉林國小）亦有一些介紹。

想出這些東西?!」

宋楚瑜的經典答語是:「所有政治的道理,都是常理;人往高處爬,水往低處流,李冰父子[11]是成大水利系畢業的?!」他有時還會捎上戰國時期韓國水利專家鄭國[12]:「鄭國也沒上過大學水利系!」

宋楚瑜肯學、用心又勤動腦筋,雖然不是學水利的,雖然是「外行人」,但講的卻不是「外行話」。其因何在?他說:「很簡單,多截留一些水,用處多且有備無患!」

在提出攔河堰構想之初,曾經發生一段小插曲。中央水資會對此表示存疑,認為每年只有7-8月豐水期,攔河堰才有水可取,在枯水期效益不大。其後經媒體報導,渲染成中央與省看法不一,幾乎使計畫胎死腹中。

事實上,是溝通不夠所致。省政府的構想是在豐水期期間,全省用水以攔河堰取水為主,藉以節省水庫及地下水,以備枯水期之需,此想法有科學依據。水資會了解之後,十分支持,還答應補助興建經費。

臺灣主要河川有21水系,次要河川有29水系,普通河川79條,經省政府評估選定,適合興建攔河堰有26處[13]。

其中高屏溪攔河堰工程,是南部地區繼南化水庫及牡丹水庫之後,重要水源開發計畫之一,與南化水庫聯合應用,解決高雄及臺南地區用水需求。還有集集共同引水工程計畫,改善濁水溪兩岸灌溉引水設施,減少濱海地區地下水抽取並緩和地層下陷,以及供應雲林工業區用水。

不僅如此,宋楚瑜也推進濁水溪流域的自來水供應,包括彰化縣等地區的飲用水都獲得直接助益,另方面興建連結集集、鹿谷兩鄉鎮的集鹿大橋,

11 李冰父子是戰國時期秦國水利專家,主建四川省都江堰大型水利工程,使用至今。

12 戰國晚期,秦趙「長平之戰」後,韓國相邦張平(其後協助劉邦建立漢朝的謀略家張良之父)恐懼韓國被秦國吞併,提出「疲秦」之策,派水工鄭國赴秦,於秦王政元年(西元前246年)起,為秦國築河渠,長300里,位於今陝西省涇陽縣一帶,該河渠命名為鄭國渠。

13 除於濁水溪上游擇定施工集集攔河堰,高屏溪下游興建大型攔河堰之外,省政府另就供水地區用水迫切性、用地取得難易及規劃設計的配合,分別排定三期開發順序,興建24座小型攔河堰。第一批有基隆東勢坑溪堰、花蓮美崙溪堰、南投鹿谷堰及大旗堰、綠島流麻溝堰;第二批有基隆瑪陵坑堰及友蚋堰、三峽攔河堰、新竹隆恩堰、臺南玉峰堰、高屏溪攔河堰、屏東隘寮堰及宜蘭粗坑堰;第三批有基隆中股堰、新竹鳳山溪堰、內灣堰、宜蘭羅東堰及花蓮馬鞍堰等。

使水與路的輸送管道雙雙順利完成。

翡翠水庫水資源管理：「不相惜顏面」講直話

「有水之時，當思無水之苦」，一進新店溪支流北勢溪下游的翡翠水庫大門，就看到刻著經國先生的這句話，也是宋楚瑜經常引用的一句話。

這個水庫的興建地點，還是經國先生親自找的。當年建造翡翠水庫時，反對的聲浪很高，說在臺北市的上頭建個大水庫（水庫距離臺北市30公里），萬一中共飛彈打過來怎麼辦，但是經國先生硬是排除萬難加以興建。

翡翠水庫是臺灣少有以民生用水為取向的水庫，不做工業給水，就只做飲用水。翡翠水庫最主要是用北勢溪的水，引到直潭堰及青潭堰來；水就定儲在那裡，翡翠水庫的水平時都是不用的。北勢溪長約50公里，流經臺北縣雙溪、坪林、石碇、新店等區。

因為在南邊還有一條水量很大的南勢溪，全長約45公里，流經臺北縣烏來及新店南端。因為南勢溪水量相當豐沛，所以臺北市市民喝的水，大部分都是先用南勢溪來的水，只有在南勢溪缺水時，才把上面翡翠水庫的水放下來。

當時臺北縣要用水庫的水，卻要向臺北市買水，而且價錢還挺貴的。宋楚瑜這麼說：「翡翠水庫從臺北縣取水，臺灣省才用一點臺北市水庫的水，就要高水價，這是不公平的。為什麼翡翠水庫的蓄水可以維持高標，是因為平時的開銷都是臺灣省（指南勢溪的水）在付，然後臺北市才能把錢（北勢溪的水）存在銀行（翡翠水庫）中。但是等到我沒錢向你周轉時，你卻跟我要利息。」這仍是宋楚瑜一向強調水資源互相調度的觀念，當時的臺北市市長是陳水扁。

大概有兩三件事，讓人覺得宋楚瑜老在砲打中央，如財稅問題、路的問題，另一個就是水的問題。宋楚瑜不斷提醒要快快重視，省政府如果不提出來就是失職，但講出來卻無奈的被誤解成「砲打中央」。

在1996年8月號的《天下雜誌》訪談中，宋楚瑜還搬出貞觀之治；他說：「老的書裡講貞觀之治，講一個『相惜顏面』，但是沒講清楚。日本人出了

一本書，描寫貞觀之治最偉大精神是『不相惜顏面』，就是敢直講話，把問題談出來，然後就事論事，能夠討論問題。」

協助農戶遷出，維護翡翠水庫水質

翡翠水庫於1979年8月正式開工，1987年6月完工，可承受7級震度的地震，最高常水位（即滿水位）標高170公尺。

宋楚瑜仍記得，在翡翠水庫施工前，他曾隨同經國先生前往勘查，時任臺北市市長李登輝陪同。

有一年颱風過後，宋楚瑜自己開車載著陳萬水和兒子，到臺北近郊去看竣工不久的翡翠水庫，當時的水位是169公尺，已接近170公尺的最高水位，而水庫安全仍然無虞。

當晚剛好經國先生有事找宋楚瑜，宋楚瑜提到白天去了水庫，並說水庫安然無恙。談話中經國先生告訴宋楚瑜，翡翠水庫的建造地點是他選址確定的，他相信一定可以為大臺北地區解決飲水問題。經國先生還問宋楚瑜：「你有沒有翻過那座山？爬過去就是小格頭，在那個山頭上，可以遠眺宜蘭龜山島……。」那時宋楚瑜對臺灣各地方還未深入，很誠實回說不十分清楚這些地點。

宋楚瑜轉述，當晚那次談話中經國先生很開心地說：「假如哪天不做總統，我可以去做導遊。」因為他不僅熱愛這裡的所有百姓，也熟悉臺灣各地民情，以及一山一水與一草一木。

當宋楚瑜到省政府時，翡翠水庫周邊標高170公尺以上地區，仍作為農作物種植區，後來考量水質維護，宋楚瑜編列20餘億元預算，妥善搬遷安置這些農戶。

前面說過，臺灣自來水公司由省政府統籌管理，供應高雄市市民飲用水，同時也和臺北市政府合作供應市民飲用水。透過南勢溪的水資源共享，再加上翡翠水庫位在臺北縣，所以臺灣省省長宋楚瑜也關心臺北市市民飲用水水質的問題：「以前先求有水就好，但環保與生活品質呼聲愈高，民眾的

要求水準就愈高。在水源區種植作物要使用化學藥物，事關幾百萬人飲用水……。」這是臺灣省省長介入翡翠水庫上游農戶搬遷的背景與緣由。

流麻溝窪地：綠島上建攔河堰與酬勤水庫

臺東縣的綠島，原名火燒島，可見沒有水。

省政府的水利專家在綠島「覓水」，正確說法是找尋「聚水」之地。終於找到一處叫「流麻溝」的窪地，省政府隨即著手興建流麻溝攔河堰，也做了水庫。

當地民眾感謝省政府幫了大忙，建議以「楚瑜水庫」命名。宋楚瑜以為不可：「感謝天，感謝地，感謝所有鄉親，讓省政府有機會服務！在這種感恩的心念下，我想到我很喜歡的『天道酬勤』[14]四個字……」，而將這座離島水庫命名為「酬勤水庫」。

宋楚瑜指出，發揮攔河堰最大功能成效的，主要有臺中縣大甲溪從上游水庫到下游的石岡水壩，一節一節的攔住溪水；其次是集集攔河堰，省政府都用盡心力投入，「但自從凍省之後，就沒有持續加強，臺灣的水丟掉了，真的很可惜！」

再以集集攔河堰來說，此一工程原本預定2000年6月完工供水，年供水量可達21.66億立方公尺，是濁水溪流域水源開發的先驅計畫，也是未來全區水源調配控制樞紐。除了改善農業用水，並可增加民生、工業用水的供應。

在宋楚瑜的要求下，省政府歷經兩任水利主管（水利局局長謝瑞麟和水利處處長李鴻源）督導，提前在六輕開始營運（1998年）前供水，支援台塑雲林六輕工業區。宋楚瑜指出，一向自詡為「臺灣經營之神」的王永慶也注意到，公開讚揚省政府團隊的工作效率，並在1997年7月3日親送題有「統籌兼顧　工業民生」等字的銀盤致意。

「雲林縣的崙背、二崙、麥寮等鄉鎮都在濁水溪兩側，原本都沒有自來

---

[14] 「天道酬勤」語出《周易》卦辭，意指上天會酬報辛勤奮發的人。

水。」宋楚瑜再三強調，包括彰化縣的濁水溪兩側都接管供水，有了集集攔河堰，它不只有工業效用，不僅做六輕用水支援，省政府沿途也做自來水供應，把自來水管線接到家戶，以改善民眾的用水品質。

在宋楚瑜任內，完工的攔河堰有11座，都發揮小成本大效益的特色。例如，補充花蓮地區民生用水的美崙溪攔河堰，經費為700萬元；供應南投縣鹿谷鄉的鹿谷攔河堰，是800萬元。基隆東勢坑溪攔河堰經費為2,300萬元，能引取東勢坑溪水送新山水庫運用；而較高經費的雲林新虎尾溪攔河堰為6,300萬元，則能穩定供應新虎尾溪下游地區農業用水，以及六輕建廠早期用水。

攔河堰的弱點是蓄水量小，僅能增加局部區域地表水利用，可是再配置完整的區域供水網管，即能攔截夏季雨水，與水庫相連結，發揮更大功效，宋楚瑜對此期待甚高[15]。

擴大烏山頭水庫功能，治水患嘉惠鄉親

烏山頭水庫位於臺南縣六甲與官田，由日本的水利工程師八田與一規劃，於1930年完工，主要灌溉嘉南平原農作。宋楚瑜說，日據時代做烏山頭水庫，主要目的是用於灌溉甘蔗[16]，而非供應家戶飲用水，當時這些灌溉區都

---

[15] 省政府曾經規劃越域引水計畫，興建4座攔河堰注入水庫儲存：第一座是大安溪士林堰，截取大安溪的水量，導入苗栗縣鯉魚潭水庫運用；其次是旗山甲仙堰，截取旗山溪的水量，導入臺南縣南化水庫運用；第三是烏溪雙溪嘴堰，截取烏溪的水量，導入臺中縣建民水庫運用；第四是上坪溪燥樹排堰，截取頭前溪支流上坪溪的水量，導入新竹縣寶山第二水庫運用。

[16] 宋楚瑜對這段嘉南平原歷史甚為熟稔。日本據臺之前，其國內蔗糖約2/3至3/4仰賴進口，為減少外匯損失，糖業發展成為臺灣總督府首要任務，其後由於八田與一完成嘉南平原灌溉系統，而使產糖任務達成，進而回饋日本的經濟與財政。嘉南平原本是雨水缺少地區，而且之前埤圳灌溉面積只有300餘甲。八田與一投入嘉南平原水利工程建設，以嘉南大圳設計者及烏山頭水庫建造者聞名，有「嘉南大圳之父」的稱號。嘉南平原生產蔗糖還有緣由，係因1898年2月26日，日本第7任首相伊藤博文（曾任日本第1、5、7、10任首相）任命兒玉源太郎為臺灣第4任總督，並給兒玉安排一位能幹助手，亦即臺灣民政長官後藤新平，兩人同日上任（後藤在臺8年餘，離職後接任南滿洲鐵道株式會社總裁）。後藤新平致力臺灣公共衛生、城市規劃、道路及鐵路建設（包括縱貫線、阿里山鐵路），另聘請從歐美留學回日的新渡戶稻造擔任臺灣殖產局局長，於1901年提出《糖業改良意見書》，對臺灣糖業有重大影響，被稱為「臺灣糖業之父」。新渡戶稻造來臺任職前的1900年出版《武士道》一書，先後譯成德文、法文、英文出版，廣為世界所知。他也是於1984年到2004年流通使用日本銀行券5,000日圓的幣面人物。

沒有鋪接自來水。

1997年5月23日宋楚瑜訪視臺南縣六甲及官田鎮，主持「嘉南農田水利會烏山頭水庫放水設施更新改善工程竣工典禮」，並參觀該會於水庫送水口上方興建的「八田技師紀念室」，向水庫邊八田銅像獻花致意，以感念嘉南大圳設計者——八田與一。這是臺灣當代政治人物，第一位到此獻花者，也是首次公開表達臺灣的建設永續經營的理念。

而這項改善工程，主要是將烏山頭水庫的水接管引到嘉義縣，供應該縣沿海東石鄉、布袋鎮、義竹鄉、六腳鄉、朴子市、鹿草鄉等地飲用自來水，所有的經費超過上億元全額由省府負擔。

宋楚瑜記得也拜訪過林水樹（嘉義區漁會榮譽理事長，時為東石鄉龍港社區發展協會理事長），到他家裡看自來水的管線配置，還有水質是否良好。林水樹很感激省長為地方打拚與努力，說自來水普及家庭，不須消毒，只要煮過，即可飲用，是嘉義縣沿海鄉鎮多年夢寐以求的大事。

再者，嘉義東石、布袋沿海地區，養殖漁業興盛，超抽地下水造成地層下陷，每逢海水滿潮或颱風侵襲，常引起海水倒灌、溢堤積水，危及沿岸500多戶居民、600多公頃魚塭農田等生命財產安全。

宋省長十分關心這些沿海區域水患問題，其中尤以東石鄉新吉村、型厝村一帶最為嚴重。他曾七度到東石鄉訪視、勘災，指示要從長遠角度儘速研擬解決水患之對策，多管齊下根本解決問題。包括：（一）持續加強整建東石鄉及嘉義縣沿岸海堤增高工程；（二）新建排水門；（三）增設抽水機；（四）改善相關排水設施；（五）積極輔導沿海地區養殖業者減少抽取地下水。

南化水庫村民抗爭：謝三升請宋楚瑜處理民困

由於人口增長和用水需求，南化水庫於1988年12月開工，宋楚瑜到任後指示提前1993年7月6日封口蓄水，並配合下游淨水廠與送配水管線工程，於1993年11月1日竣工啟用。

南化水庫主要是因應臺南、高雄等地區的用水需求，先後投入總工程費128.77億元。宋楚瑜說，「南化水庫水源為救命水」。

因為烏山頭水庫和南化水庫興建目的有所不同，後者係因應社會進步需求，主要作為民眾飲用水，遂在興建過程中一直存在一個問題，水庫周邊農戶與居民今後不能在此生產作物，避免農藥或化學藥物使用而傷害水質。但這些務農的在地人出路如何安排，未見妥善規劃。

當時宋楚瑜踏往中興新村之路，要順利通過省主席提名，必須爭取獲得省議會的同意，一一拜會所有各黨派的省議員。1993年3月2日，拜訪臺南縣民進黨籍省議員謝三升時，謝三升特意提及此事，表示屢有抗爭，以致水庫工程推動並不順利。

宋楚瑜就將這件事情緊緊牢記，就任後很快訪視當地，了解農戶們的意見。宋楚瑜說，「大家都要養家餬口，不繼續種田豈能活下去！」在省政府努力下，幫他們另尋耕地交換，才得以恢復施工。4月30日下午，他又到南化水庫了解工程進度，同時也聽取大高雄地區缺水情況及改善水源簡報。

此後，雖然黨籍有別，宋楚瑜和謝三升的關係可謂是「和而不同」；直到謝三升於任內過世前，還心繫縣民之事，以寫紙條相託宋楚瑜辦理完成（可參《從威權邁向開放民主》頁505-506，以及本書第3章）。

牡丹水庫：合圍有問題，省長心中有盤算

屏東縣的牡丹水庫動工很早，於1980年興建，累積耗資70餘億元，有效蓄水量870萬立方公尺。

進行了10幾年，於1995年9月15日封口蓄水，1996年2月7日竣工通水，省長宋楚瑜、經濟部部長江丙坤與屏東縣縣長伍澤元主持按鈕啟用儀式，自此供應屏東南端包括枋山、枋寮、牡丹、車城、恆春、滿州等鄉鎮，以及核三廠、墾丁國家公園、國軍特種營區、五里亭機場、船舶、工業等用水。

宋楚瑜講了那麼多牡丹水庫的貢獻，可歸納出一個重點：「牡丹水庫加上隘寮堰，再做供水管線，以前屏東縣自來水普及率不高，以後可以提高生

活水準了。」

　　由上看來，似乎進行順利，實則另有一段插曲。在1995年6月底時，工程已完成97％，卻因集水區附近有300餘門原住民祖墳遲遲未能遷移，影響水庫合圍蓄水，偏偏此時南部用水一直持續緊張著。

　　對於任何家族而言，遷墳是重大事情，除了經費或補償費問題，還涉及「落葉歸根」及親族意見整合等。這個關口一卡住，就造成了工程延宕，以致功虧一簣，前面趕工心血都白費了。

　　宋楚瑜又來了，直接去找鄉長談，希望他出來「兜事情」。

　　去之前，他先找省政府民政廳廳長陳進興、社會處處長唐啟明介入。

　　民政廳和社會處先沙盤推演，儘量從民眾角度思考他們可能提出的問題，包括補助遷葬費用，以及協助取得遷葬的墓地或靈骨塔，更用心找了風水很好的地方，作為安頓300餘門墳墓的「好所在」。這樣一來，再商請鄉長出面，就比較好辦。

　　鄉長可以和鄉民說，省政府很有誠意，也幫忙想得周到。

　　結果，省政府、縣政府和鄉公所沒有張貼強拆公告，民眾皆自動配合遷墳了。

　　這裡面，宋省長有一個「算盤」在打，除了鄉民對祖墳的情感因素，還有牡丹水庫要早一點運作，對大家整體利益都好：「每日出水10萬噸，每噸收費10元，晚一天合圍供水，每天就損失百萬元！相對來說，早一天合圍供水，每天就有百萬元收入；早半年就多出1億8,000萬元收入，所有開銷和獎金都有著落了。」

　　宋楚瑜說，「我們先做好各種設想與規劃，讓鄉長有面子和底氣說服鄉民；這些費用相對於水庫產出的利益，都是小錢。」

　　鄉民不肯遷移祖墳，就是原先整體規劃「不夠完整」；是政府施政造成民怨或民困，事情自然受阻礙。

　　宋楚瑜說，「這個道理不難理解，想想如果有人要動你的祖墳，就知道怎麼做事了（how to do）！」

　　省政府對這件事也沒有「動粗」或「耍權威」，是善用逐漸累積起來的

信任與影響力。此時，行政權與資源掌握都在省長手中，不就是省長該去突破瓶頸的決策時刻。

高屏溪綜合整治，總投資 500 億元

辦理河川整治、排水改善、水資源開發等複合任務，受限政府總體預算分配；年度預算經費倘若不能編足，就造成防洪工程無法依計畫期程完成。

省水利（局）處年預算平均為300-500億元，已占省政府預算很大比重；以臺北防洪計畫為例，總共投資將近1,000億元，才看見一些成果。

在本書第15章〈救災，必須分秒必爭〉提及，1994年8月凱特琳、道格颱風重創中南部及高雄縣市，讓大家對治理高雄水患有了共識，高雄縣縣長余政憲和省主席宋楚瑜攜手治理高雄水患。

整體而言，高屏溪做長遠性綜合整治，要投資的經費超過500億元，宋楚瑜期許省政府團隊戮力，結合森林保育、河川防治、垃圾處理、汙廢水處理、綠美化等多元措施，為治山防洪「樹立一個良好典範」。

阿公店溪整治等四項工程主要在解決岡山鎮、永安鄉、彌陀鄉、燕巢鄉、大社鄉、橋頭鄉、梓官鄉、高雄市楠梓區等地的水患問題。阿公店水庫更新工程以增建越域排洪道，並配合水庫浚渫，提高水庫防洪保護標準，以確保岡山、彌陀及西部交通走廊的安全。

阿公店溪地勢低，整治過程中另有兩個問題尚待克服。一是河道裡尚留有過去多年來的廢棄物，必須清除乾淨；另是低窪地要做抽水站，抽水站用地取得須加以協調。

凱特琳、道格雨災除是天災，也是人禍所致。亦即水利失修，排水系統不良，以及水庫失去防洪蓄水功能，都是重要肇因。一些資料顯示，在阿公店水庫上游有水泥廠，四周有違章工廠和住宅，水庫內側有魚塭，由於長年沒有疏濬，水庫裡面長滿布袋蓮，蓄水量只剩不到原來1/4；為此，宋楚瑜協請高雄縣縣長余政憲，儘速將廢棄物澈底清除，俾助水患治理早日功成。

兩人又在某夜晚，一同造訪岡山鎮鎮長石丁玉家，三人一起籌策並商請

石鎮長幫忙，趕快將抽水站用地取得辦好，最後才完成整個工程收尾，澈底解決溪水氾濫問題。而將地方水患治理好，才能有助產業發展。林義守先生所創燁隆集團的燁聯鋼鐵就在岡山，就特別感謝省長整治了當地的水患。

一樣地這些在整治過程裡衍生出來的經費，則都由省政府埋單，縣政府和鎮公所只需協助執行。

從上游那瑪夏做到中下游，澄清高雄河川

前文提及，以前許多高雄人經常要買水喝，不是「一瓶一瓶」買，而是「一桶一桶」買。

高屏溪是臺灣流域面積最廣的河流（長度最長是濁水溪），年逕流量84億立方公尺，占臺灣河川總水量13％，卻因為汙染無法飲用，專售或零售山泉水商店一度生意興隆。

高屏溪上游水源地的三民鄉（已改名為那瑪夏）、茂林鄉是原住民居住之地；這個上游地區沒有汙水處理，洗澡水、洗腳水等家庭汙水直接流入河川。宋楚瑜特地去上游看，地方盼省政府協助4,000萬元，一些報導說他馬上承諾「給」了三民鄉4,000萬元。但這件事，其實應是宋楚瑜以4,000萬元去整治水源地及處理相關汙水問題。

宋楚瑜就說：「這不單是三民鄉的問題，是關係到沿岸所有民眾的問題。以三民鄉的稅收來說，要1千年才能籌到這筆款項，省縣能不加以支援？省不只是給予支援，而且主動協助規劃處理。」其後，宋楚瑜又將茂林鄉汙水處理工作移至省政府辦理，因為他認為「茲事體大，非一鄉公所所能承擔」。

從上游往下游走，經過美濃、高樹、里港、大樹、屏東、萬丹、新園、林園等鄉鎮市，沿溪兩岸都是農田、養豬場、工廠及各鄉鎮排水溝流入的汙廢水。最主要的汙染源是養豬廢水，占總汙染量的2/3，家庭汙水和工業廢水各占其餘1/3的一半。由於養豬額外的「加料」，使溪水的水氨氮、大腸菌含量甚高，必須經過多層處理。

自此以為期8年時間整治高屏溪，整治工作排定優先順序，從上游旗山溪

開始，再展開中下游河系部分，同時對違法濫墾的遊樂區和養殖豬、鴨戶，採取強制取締作為及相關配套措施。

　　這個整治方案提出的背景緣由之一，就是基於南部地區乾旱時間長，而且預估10年以後大高雄地區每天將缺水100萬噸。其中高雄人飲用水救急之法已於前述，由南化水庫拉水管南下供應。

治理貓羅溪：10年間經費差距700倍

　　以下所引《自由時報》彰化記者湯世名於2022年9月17日發布一篇報導，幾乎是每年秋天都會出現的休憩題材，上網如果打上「貓羅溪」、「甜根子草（花）」或「水牛」、「牛群」，即可找到類似新聞報導：

　　9月「雪」！時序入秋，彰化縣、南投縣與臺中市烏日區交界處貓羅溪畔的甜根子草開花了，整個貓羅溪河岸呈現一片白茫茫的花海世界，遠眺有如層層白雪覆蓋，隨風搖曳有如白色浪花，浪漫極了，也吸引許多「攝」手前來拍照，搭配貓羅溪放牧牛群一起入鏡，更是全臺唯一可拍到甜根子花與牛群的祕境。

　　可是，以前貓羅溪不是這般迷人美景，而是人們不願隨意接觸的水域。水的問題不好處理，因為經常觸及財政問題的痛處，貓羅溪也因此遲遲等到了宋楚瑜手上，才收服，而且綠美化。

　　套用經國先生的名言「今天不做，明天就後悔」，宋楚瑜說了另一句：**「今天不做，明天會更貴，甚至阻力更大。」**

　　貓羅溪流經省政府中興新村的對面，當發大水時，曾經發生淹死過人的不幸事件。貓羅溪再不整治，對南投縣縣民始終是個心頭大患。他很重視貓羅溪整治工程，在他就任省主席的第二天，以及「請辭待命」恢復工作的第一天，都先跑去看貓羅溪的整治工作。

　　李登輝做省主席時，也想好好治理南投縣這條最重要河川，那時要花1億

多元，卻一直沒有錢，沒能做成；李總統就曾告訴宋楚瑜要重視這個問題，最後就在宋楚瑜任內完成。

大概差隔10年，李登輝主政臺灣省政府時，貓羅溪旁南投市營盤口段公告地價徵收費每平方公尺只要1塊錢，可是到了宋楚瑜要做時，已經漲到每平方公尺要700元，10年間漲了700倍。

即使如此，宋楚瑜算一算後，咬著牙決定貸款來做，因為所付利息還比將來徵收的費用來得低，再貴利息也比不上土地徵收的漲幅。

後來李登輝總統問他，「我當年都沒辦法做，現在土地徵收的成本漲這麼高，你為什麼可以做？」

宋楚瑜回以，「**只要是建設門的經費，寧可貸款去做工程，貸款利息不會加倍，不會像土地增值是以十倍百倍成長的速度**，但是經常門的支出絕不貸款，該做就做，該省就省，將經費集中用在急用的工程項上。」

傾力治理羅東鎮北成圳，要 500 萬給 5,000 萬

政府從老百姓身上拿錢來做事，經常錢花了，只看得見眼前漂亮，卻經不起時間考驗，過不了多久，問題依然存在。

這就是頭痛時醫頭，腳痛時醫腳，醫了老半天，老毛病醫不掉。如果不針對病源去醫治，不找到真正病因，所有的治療與花費，都是浪費，都是虛擲。宜蘭縣羅東鎮北成圳的治水工程，就是一個「有名」的例子。

之所以「有名」，是因為宜蘭縣兩位「老縣長」游錫堃與陳定南，在2004年總統大選投票前5個月，去翻了這個「舊帳」，扯出這個問題。「要五毛給一塊」、「要五百給五千」，這是一項對省政府經費是否涉及貪瀆與經費不實的嚴厲指控。當時游錫堃與陳定南擔任行政院院長及法務部部長。

這個案子原先是羅東鎮公所依據1997年里民大會決議，行文宜蘭縣政府建請改善，要求500萬元經費補助。由於當時縣政府經費不足，又報請省政府補助，省政府趕著將它列入1999年度預算，報奉行政院經建會核備後辦理，核列經費不是500萬元，而是5,000萬元。

當初鎮公所提報，基於反映里民提議，確實提出的需求為500萬元經費，就鎮公所的立場與視界，這並沒有任何錯。當時劉守成主政的宜蘭縣政府由於經費不足，再報請省政府協助，這也沒有錯。宋楚瑜指出，「省政府依法行事，報奉行政院經建會核備後辦理5,000萬元經費，這當然也沒有錯。」

的確，當時羅東鎮樹林里只要求強化北成圳排水路護岸工程，從土岸改為漿砌卵石，提報區域僅400公尺。案子轉到省政府後，經過整體性專業評估，認為**倘若只治理中游一段，沒有治本，治了等於白治，錢花了也等於白花**。

宋楚瑜強調，後來經省政府會同縣政府、鎮公所、宜蘭農田水利會及當地里長現場勘查，結論是應整體考量上游冬山鄉部分及下游的綠美化工程，俾使整治後的北成圳兼具休閒遊憩、排水防洪功能，並同步落實羅東運動公園全面景觀建設。

宋楚瑜指出，省政府一貫做事情的態度，不是「要五毛給一塊」，而是看符不符合人民需求，**如果真是地方所需，「要五毛可以給好幾塊」；反之，不符合人民需要，「要五毛，我們一分也不會給」**。

宋楚瑜再三強調，他主持省政工作，從不因黨派問題，而在補助地方的經費上有所分別。不論羅東鎮鎮民或宜蘭縣縣民，都是臺灣省省民，不會因宜蘭縣縣長是民進黨籍，而有大小眼，而疏忽照顧。

宋楚瑜更藉著這事說明：「**政府做事情的方法與態度，絕不可以是『鋸箭法』**[17]，以為把箭鋸掉就解決問題了，但箭頭在哪裡？如果只治理中游，那是蒙著眼睛，睜眼看不到民眾為水患所困的痛苦。」

當時立法院院長王金平聲援宋楚瑜說，如果要五毛，真給一塊，那多出來的五毛怎麼報帳？這一切都有預算、決算的程序，假如宋楚瑜敢給，宜蘭縣又如何敢報「假帳」？北成圳如此，宜蘭縣如此，臺灣省其他縣市難不成都可以作假報銷？這是省政府提供地方建設，考量到需要配合改善的工程，王金平說：「他們拿這個做文章，有點可笑。」

---

[17] 鋸箭式據說出自李宗吾撰著《厚黑學》，大意是有人中了箭，趕緊找外科醫生治療，外科醫生將箭桿鋸下，那為什麼不取出箭頭？所獲回答：那是內科的事，你再尋內科。

後來監察院也還給宋楚瑜一個清白，該院調查報告指出，「經省政府、縣政府、鎮公所等單位現場實勘後，將原工程調整擴大，經費需求自有增益，而且依據鎮公所函請縣政府轉陳省政府的工程預算書，即重新估算經費為5,600餘萬元，省政府核定補助5,000萬元，尚屬合宜，所謂省政府浮濫撥給5,000萬元之『要五百給五千』情事，並非事實。」

這件事很無厘頭，後來雖然澄清了，省政府無一絲瑕疵，卻也留下「要五毛給一塊」、「要五百給五千」的「刻板印象」（stereotype）。這對宋楚瑜來講，的確吃了大悶虧；不過，事情有正反兩面，人心自有公斷。「好」的一面是認知宋楚瑜的「正面」與「正派」。這是「正字」標記，理解他幹事周全，想為民眾澈底解決問題。

宋楚瑜回憶直言，有一次宜蘭縣縣長游錫堃呈報上來說要修一座鄉間駁坎小型危「橋」（其實是跨過輸送灌溉水渠的通道），宋楚瑜在公文上批字：「再查有無其他『危橋』？」結果是：「當時宜蘭縣有80幾座年久失修類似危橋，都是運用省政建設年度結餘款來補助縣政府全部加以整建，但整建的功勞不歸省政府，而是宜蘭縣政府。」

宋楚瑜主持省政，從不因黨派問題，而在經費支援上有所分別，一切以省民利益為依歸；高屏溪整治如此，北成圳整治亦是如此，本書一再強調這個理念，並在各章多處佐證實例，就是希望為政者亦復如是，造百姓之福！

宋楚瑜苦口婆心再三：「**切記以民為念，當你握有政治權力時，正是實踐『天下為公』之始。**」

彰化市彰安國中：全臺第一回採用「下水道法」

臨陣思猛將，治事想良臣，大家都期望身為政府首長的人必須有魄力、能做事、善做決策，但在決策之前，則有賴幾顆清楚透澈的「腦袋」，幫忙集思廣益，運籌帷幄，不然寸步難行。

就以彰化縣彰化市來說，彰安國中每遇大雨就淹水，附近的排水溝根本無法把水排出去。宋楚瑜擔任省主席訪視時，答應要幫他們解決問題，錢也

籌到了，撥了1億多元。

可是到了第二年，工程依然沒有進度，下大雨時，又淹水了。宋楚瑜與林豐正、吳容明兩位副省長開會，他說：「我還有什麼臉再去看？一年前承諾的事，到現在還沒有做，我們再去看有什麼意義？那就叫『作秀』！」

後來他們讓宋楚瑜了解這裡還沒有動工的原因，是因為要做這個排水溝工程，上面有一條道路涉及土地徵收問題，但一旦開例徵收，全省其他土地8米道路也涉及到同樣的徵收問題，這樣的經費過於龐大（上兆元），政府不可能有這個錢。

但是無論如何，宋楚瑜一定要他們想出辦法來。地政專家出身的吳容明責無旁貸，和地政處、水利局的同仁絞盡腦汁，終於想出一個辦法，引用「下水道法」，政府若去做下水道，就不必徵收地面上的土地。

最後省政府真的在地底下施作工程，結果淹水問題改善了。原來要花2億6,000萬元徵收土地，結果後來是以公告現值5％給予補償金方式，只花了600多萬元。

這就是team work，省政府工作團隊有特別的工作經驗。

省政府工作團隊肯動腦筋，開闢出前所未見的方法與做法。

因為省下了不少錢，省政府又用同樣的方法，把其他有相同問題的地區都做了處理改善。

宜蘭十一股溪：再複製引用「下水道法」

宜蘭縣所有道路都是由省公路局代做，新建泰雅大橋、南方澳大橋，拓寬蘭陽大橋，整治十一股溪、十三股排水、美福大排，宋楚瑜從未疏忽長期以來由民進黨執政的這個縣。

在競選臺灣省省長時，宋楚瑜有感競選對手陳定南（1943-2006，曾經兩任宜蘭縣縣長，1994年在立委任內代表民進黨參選臺灣省省長，其後又曾任行政院法務部部長）在自己家鄉勤懇耕耘，獲得高票支持；宋在選後謝票時要宜蘭鄉親放心，承諾每月至少來訪一次，會更努力督促省政府在宜蘭縣推

動地方建設，這亦是宋楚瑜特別重視宜蘭縣的原因所在。

礁溪溫泉區大致在十一股溪、湯圍溪和得子口溪中下游的沖積扇內，北邊以十一股溪為界。古早漢人以閩南語「乾溪」稱呼此地長年乾荒的河床，成為「礁溪」地名的由來。

平時不下雨，看不到溪水，所以是「乾溪」；下雨時，卻有如山洪爆發，集中流到礁溪這一「低點」，鐵路公路為之中斷，成為危害居民的不定時炸彈。本來應儘早治理，卻延宕10幾年，直到宋楚瑜推動才解決；如今礁溪不淹水，地價也漲了。

起初，省政府團隊想辦法要將溪水引到大海，此一方法得做引水渠道，那免不了要徵收土地，其中之一的地主是遠東紡織廠的老闆徐旭東。

這塊礁溪遠東紡織廠土地面積完整，而且符合政府開發設置工商綜合區規定，若被徵收缺少一部分，價值恐將銳減。宋楚瑜記得，為了土地徵收一事，曾與徐董事長通過兩次電話。

徵收土地往往事涉繁複，至少包括地主出讓土地和購買經費預算諸事；當正在苦思與地主磨合之際，副省長吳容明剛好構想出應對彰安國中排水的「下水道法」，就這麼再複製運用在宜蘭十一股溪引水渠道上。

亦即是，不徵收徐家廠房土地，在遠東紡織廠廠房底下做排水工程。依據現行法規，下水道沒有規定多寬多窄，但要應付排水，不妨做寬闊一些，以為未來著想。原本土地徵收要由地方政府支付，下水道法無需徵收土地，反而替宜蘭縣政府省下購地經費。

宋楚瑜翻閱行程記事本，屈指一算，「五訪」十一股溪！為了十一股溪，宋楚瑜到現場5次協調督導。

十一股溪面目全新，不再危害百姓，並非只是挖掘了一個排水工程的問題，接下來還要時時加以維護。這牽涉到政府各單位的連貫與整合，從溪流發源的山區到平地，包括林務局、水土保持局、都市計畫局、水利局、鐵路局、公路局等等單位，都要求以「共同體」的思維來做維護。

宋楚瑜認為「治水如治國」，無論治標治本都要協同一致：「政府單位因權責而分工，因為民服務理念一致而整合管理，上游不能濫墾濫伐，下游

不能便宜行事，都同等重要！民眾不會問政府哪個『局』沒做好事情，民眾只要『政府』做好事情，否則把排水工程堵塞了，民眾又受害了。」

宋楚瑜常說：「政府所做的事情和任何工程，都是永續經營的；公路和水路一樣，不能有尾無頭，也不能有頭無尾。」

白河民眾有水喝：功勞分享水公司員工

1995年，臺南地區缺水嚴重，宋楚瑜到白河水庫去了解如何調配用水。處理完畢後，外面突然湧來許多人，在民進黨籍省議員葉宜津帶領下請願。主要是因白河水庫旁一個村子沒有自來水，水庫的水都接到別的地方，水庫旁居民卻沒有自來水喝，那麼多年來沒有人處理這件事。

宋楚瑜認為這個訴求很合理，但為趕下一個行程，請人代為轉達省政府會好好處理，幾部車子原想從旁邊道路離開；宋楚瑜說，「雖然請人轉達，但我說會好好處理，一定會好好處理。」但此時民眾見狀，卻愈往前衝，宋楚瑜趕緊喊停車，下車去跟群眾見面。

當宋楚瑜下車，民眾向他高聲問好，並要求給一個公道；宋楚瑜請民眾選派代表與他懇談，他保證會由省自來水公司解決這個問題。

半年後，果真實現，民眾都有了自來水。這些拉白布條的村民為了感謝省長的幫忙，還集資訂做了木製橫匾，趕赴中興新村致贈給他。只見宋楚瑜搖搖頭，告訴村民致謝的對象不是省長，「是自來水公司同仁努力的結果。」

不避請願民眾，樂意當面溝通，誰有道理，就聽誰的，這一向是宋楚瑜面對群眾的基本態度。

另方面，身為領導人，克盡領導人應做的分際與責任，也就是「做對的事（對省長而言，即做對決策）」，但「將事情做好」，讓民眾與使用者滿意的，則功在同仁。

宋楚瑜說，**領導人不懂不居功的「分享哲學」，只會自以為「神通廣大」，甚至「很偉大」，那同仁員工就離心離德了**。

中沙大橋橋基裸露：砂石開採轉變為「計畫管理」

　　宋楚瑜對臺灣河川管理，累積心得成為一句簡易的「八字訣」：「**不能亂挖，不能亂丟**」。

　　大意是：砂石開採業者不能擅自亂挖亂採，採砂石時要有水利人員在場督看；河川清淤業者從淤積處清出來沙土或廢棄物，不能隨地棄置，要有人督導管理。當然也包括，任何人都不可對河川丟棄垃圾與廢棄物等。

　　這種道理如此「淺顯」，但是不要輕看，這是臺灣河川管理政策上的大轉折，由「嚴加取締」轉變到「計畫管理」。

　　2022年9月臺東大地震後不久，宋楚瑜問道：「高寮大橋怎麼會震垮[18]？採砂石時有沒有傷害到橋墩安全結構？」宋楚瑜沒去看過，只是借題一問。

　　所以，故意這麼一問，非為橋垮之因，而是為了要切入河川管理的議題。他以慢條斯理的口吻說：「砂石是黃金，牽涉到『極大利益』，不少黑道強要經營……。」

　　接著，宋楚瑜學著砂石經營業者的「架式」說：「你（指政府主管單位）若將開採砂石的特權交給我，那建設經費由我全部負責負擔。」

　　再下來，宋楚瑜拿出《水的政治學》（頁123），指著「6個人管89家」的這段唸了出來；那是當年雲林縣濁水溪上游中沙大橋橋基裸露現場，省水利局局長謝瑞麟及其同仁和宋楚瑜的問答：

　　宋楚瑜聽完報告後問：「這裡總共有多少砂石廠在開採？」

　　從濁水溪的二水鐵路橋下游到出海口算起，42公里的河段共有89家。

　　宋楚瑜又問：「89家你們怎麼管？你們有多少人可以管？」

　　那時彰化縣政府只有3個人管濁水溪，雲林縣政府也有3個，加起來

---

[18] 臺東池上於2022年9月18日下午14:44分發生6.8大地震，臺東震度6強，橫跨秀姑巒溪的花蓮縣玉里鎮高寮大橋及富里鄉崙天大橋坍塌，橋面柔腸寸斷。高寮大橋是臺9線與縣道193線間的交通橋梁，2022年3月22日才因地震造成設施損壞，在6月進行封路整修，不料不久即被震垮。

是6個，但這6個河川巡防員都是臨時人員，他們的工作是管這89家唯利是圖、背後都有黑道介入的砂石業者。

宋楚瑜又問第二個問題：「這42公里兩岸堤防的越堤路中，出入路口有幾個？」

有51個出路〔入〕口。

宋楚瑜再問：「那麼這6個人要站在哪6個出路〔入〕口才能管住那些砂石業者？」

因此，宋楚瑜在離開前，要求謝瑞麟在3個月內提出砂石管理的整體改善計畫來，並且不只解決砂石問題，同時也一併解決橋梁問題、垃圾問題等河川管理問題。

很明顯的，宋楚瑜在告訴、提醒省水利局，單薄人力要取締那麼多出入口與業者，形同無從管理，管理落空，無法無天，該改弦易轍了。

砂石聯管計畫：水利人員在現場督看

河川管理是縣市政府的權責，但省有輔導督導之責。面對各地河川問題層出，省水利局從與宋楚瑜問答的幾個問題中思考，提出「砂石採取整體管理改善計畫」（簡稱聯管計畫），一改過去幾十年的取締行動。

以管理濁水溪、高屏溪為例，省政府採用河川治理整治原則，妥善規劃疏濬範圍做為砂石採取區，輔導合法業者經由砂石公會成立聯合開發委員會，阻卻河川內違規行為。

省政府從此要求業者「有計畫的採」，業者須以自律自制方式，不能單獨下河川採砂石，採砂石時一定要有水利人員在場；水利人員必須監看哪些部分可以採或哪些部分禁採，以免破壞橋墩和堤防基腳的安全結構。

宋楚瑜說，「若是毫無節制地採挖，連花大錢去建設的橋墩與堤防邊邊都要掏盡，那即使大禹或李冰再世，也無濟於事。」

宋楚瑜指出，不是只有橋墩和堤防之處不能亂採，有些水流流勢的水道

底下也不能亂挖，「否則水勢改道亂跑，反成大害！」

旱季時期，就要清除河道淤積，但挖掘出來的東西放置在哪裡，過去沒有人管，外包業者就堆在離河川不遠的高地上，既省事又沒人看見。很糟糕的，也很諷刺的，下雨後它們又流到河道裡面去。

省水利局對這些過去「不必管」的事情，在宋楚瑜要求下，擔起監督與行動之責，雖然辛苦些，卻深具意義，自然樂意從事。「其實到處都這樣，人因找到工作意義而更有精神！」宋楚瑜說。

宋楚瑜對水利人員非常重視與關心，每年他們辦運動會都到場鼓勵，握握手，頒頒獎，聊上幾句。宋楚瑜問：「李冰父子是成大水利系畢業的？」這父子兩人能成就都江堰，不就是依循一般邏輯與大自然界的道理，還有會鼓舞士氣吧！

宋楚瑜以中指與食指在桌上「走」：「我對砂石與河川管理有一些概念，雖然不精，也算得上是『老師傅』，都是跑遍全臺灣現場踏過、摸過、看過，一點一滴學來的。」

宜蘭冬山河經驗：河川治理要做綠美化

前面牡丹水庫一節曾提及「風水」的問題，對此不論西方人或東方人都講究。宋楚瑜平心而論，國人比較重視家裡的「小風水」，西方人比較在意山林與自然環境生態的「大風水」。

這樣的區分並非價值判斷，而僅是為了說明事情方便。宋楚瑜認為，在氣候變遷成為公共議題之前，美加、歐洲一些國家自然生態保護做得比我們好，他們所處的緯度會下雪，春夏季雪融以後慢慢變成水，只有偶爾冰融快了，再加上颱風大雨時才成災。

相對的，臺灣幾乎沒有雪，雨水卻來得快去得也快；強颱一進來，雖可帶雨水來，有時導致大災，所以宋楚瑜說：「**對山林保護要花更多的心，現在不做好防災和自然生態保護，將來要付出代價更大。**」

宋楚瑜在任時曾提起一個問題，「宜蘭縣冬山河整治工程是省政府水利

局做的，為什麼民眾反而對縣長陳定南的作為印象較深，而歸列是他任內政績？」

那時宋楚瑜尚未就任，冬山河於1980年間辦理全線改善，上游為自然保育森林區，中游為親水活動區，下游為水上公園區。如今冬山河親水公園已成遊憩熱點，照理省政府與縣政府均曾賣力。

陳定南是在省水利局所做工程完成後，再接著把高灘地做了綠美化，宋楚瑜稱這為「附加價值」（added value）。這個附加價值被看見了，又或者說附加價值的事物比較「吸睛」。

宋楚瑜是要省政府同仁注意，「只有在水利工程完成後，颱風豪雨過境不再淹水時，才能感受到附加價值」。同時，他也藉此例提醒：「綠美化是每天可以讓民眾享受到的，在進行實質建設時也要巧妙構思，增加河川地的附加價值。」

宋楚瑜留學時，住過美西與美東，開車跑遍全美，十分留意鄉村景觀與都會區休閒遊憩設施。他常和省政府同仁說，臺灣人口擁擠，高灘地是嶄新的開發方向，即使發大水淹了，趕緊加以清除整理，又可恢復使用。

宋楚瑜妙喻：「河川做好後，再做綠美化，等於是『摸蜊仔兼洗褲』。」他玩了一下文字遊戲：「一兼二顧，一石二鳥，一箭雙鵰，一舉兩得。」

此後，省政府團隊知道了「上游、中游、下游」的道理，嘉義縣八掌溪整治後續做綠美化，苗栗縣後龍溪的高灘地也做得很好，臺中縣大里溪高灘地也去改善，新竹縣頭前溪隆恩堰20幾公頃的高灘地也做；南投縣貓羅溪整治時也規劃50公頃做都市河川公園之用。

這些「摸蜊仔」與「洗褲」之舉，就是「大風水」，既保障民眾生命財產安全，亦為人口密集的地區與城市提供休閒場所。

宋楚瑜說：「綠美化是我任內強調的一個重點，每一個縣市都選定主要的河川，把這些河川地的綠美化做起來，就可再嘉惠省民。」

年年主持防汛會議，督辦各項水務

1995年5月間，全省各地連下豪雨，嘉義縣東石、布袋等鄉鎮都泡在水裡，一片「水鄉澤國」的情景，民眾看見前來勘災的省長，無不大吐苦水。

淹水禍首是塭港大排水門未如期完工，宋楚瑜除請水利局嚴加督導，也要住都局（處）採購8臺移動式抽水機。才沒多久，竟傳出1架抽水機被偷，宋楚瑜即令警政單位速查。

「這麼大的機器不翼而飛，絕對不是一般竊盜所為，必定是有人搞花樣……。」其實宋楚瑜的意思是，一臺機器可以搶救許多生命財產，丟不得，要愛惜！

北鄰雲林縣口湖鄉災情相對輕得多，以往造成口湖各大排堵塞的布袋蓮與廢棄物已明顯減少，省政府推動的排水改善已出現效果。

夏季到來，宋楚瑜都親自主持防汛會議，而且盯著農林廳撥款補助各縣市農田水利會，每年補助款高達近百億元；太多的水務管理事務工作需要大量的人力，也會提供一些獎金給予獎勵。宋楚瑜跑全臺各地、各鄉鎮公所，也一起跑農會和農田水利會，他很重視這些因臺灣特殊需求而成立又制度健全的民間組織。

此時，宋楚瑜絕對要一再提醒的有：檢查水門、抽水機與發電機能否正常運作、各處水溝與排水道清理等，更別忽視長在低海拔的河流、溝渠、池塘、水田等的布袋蓮；因為它長得很快，一定要清掉，才能暢通。

宋楚瑜提高音量：「不是光投入建設就好，建設之後還要維護……。」他還說，「有一年花蓮縣清水溝，還清出一台破舊的大冰箱，這不提前清出來，豈不要害了好幾個村子的人！」

輔導養殖業，重視地層下陷問題

嘉義沿海地區地層下陷，僅是全臺各地超抽地下水的冰山一角。

地下水被抽出來，可能用做日常飲用水，但大宗是用於養殖業，問題十

分嚴重。

很多事情其實都是「人與天爭」的結果，例如養殖業超抽地下水、高山墾植，甚至低於水平線的村落，還是有愈來愈多的人遷進來居住。

宋楚瑜能理解，臺灣地狹人稠，且一半以上都是山林，如果能擠進繁華城市，何苦住在低窪地區？

他曾說過一個故事：以前追隨經國先生到屏東縣訪察，一下了飛機，到處是魚塭，當時鰻魚外銷日本，替國家增加不少的外匯，當地也以此自豪。可是時至今日，卻衍生亂挖池塘、魚塭，超用地下水，導致地層下陷、破壞生態環境等問題。

宋楚瑜只是說：「以前不對嗎？如果沒有當年的鰻魚外銷，今天的外匯存底會有這麼多？現在國民平均所得比以前成長，地層卻也下陷了，兩者之間如何取得平衡，值得我們思考！」

根據當時經濟部的統計及評估，臺灣地下水平均每年的天然補助量（40億立方公尺）與抽用量（71億立方公尺）有極大落差，導致西南部沿海地區地層嚴重下陷，總面積高達1,200平方公里，幾乎等於兩個新加坡。

宋楚瑜不止一次要求農林廳會同嘉義縣政府，鼓勵沿海養殖業者不要再做魚塭；他也十分體諒養殖業者的處境，畢竟養殖是他們的生計，並請農林廳將魚塭比照農田休耕辦法給予補助，或依據農田釋放政策變更土地用途，以及輔導養殖業外移到印尼、菲律賓等東南亞國家。

林園鄉西溪村的海堤，省長也管

「高雄縣西溪海堤崩陷！」1996年5月下旬凱姆颱風（兩個月後則是賀伯颱風侵臺）過境後，這只是一則出現在地方版的新聞報導。

沒想到宋省長隔天就到林園鄉西溪這個小村子，在實勘之後表示省政府將整修這些早期的海堤。後來他說到做到，完成這件事。

當天省長來了，當然很多人就來了。

一位在高雄縣採訪新聞多年的吳姓記者，事後就很感慨的說，剛潰堤時

村民乏人聞問，景況冷冷清清，誰想宋省長來了，一時之間冠蓋雲集，原本不見人影的民意代表忽然都出現，把一個平靜的海邊小村擠滿滿的，簡直不可同日而語。

宋楚瑜主政的省政府重視民眾權益與國土安全，包括對海（河）堤修護或侵蝕防護工程等均不遺餘力[19]。以下列舉是其中一部分：臺北縣八里段海岸侵蝕防護工程，新竹縣頭前溪斗崙堤防，臺南市鹽水溪溪心寮堤防，嘉義縣東石海堤、鰲鼓防潮堤防，高雄縣茄萣、彌陀、蚵仔寮等段堤防，屏東縣隘寮溪里港堤防、嘉蓮堤防，宜蘭縣頭城段海岸侵蝕防護工程，花蓮縣南濱段海岸侵蝕防護工程。

宋楚瑜說，全省海岸防護經費每年大約10億元，來自於中央全額補助，省政府負責執行維修，但他認為這還不夠，堅持再由省的預算追加1億5,000萬元。

管到金門喝水，因省民在金門當兵

對金門人來說，2018年8月5日兩岸通水是件大事，可以解決金門長期水質不佳及水源不足的問題，而此一民生重要課題，也是金門鄉親盼望20年的心願。

金門島在過去即有水資源不足與超抽地下水的問題。在宋楚瑜擔任臺灣省政府主席與省長時，就責由省水利（局）處代辦金門所有的水利和自來水工程。

有一張1996年3月14日的照片，那時金門缺水，宋楚瑜立即趕赴金門，時任金防部司令顏忠誠（首位金門人擔任金防部司令）與福建省省主席吳金贊隨行陪同。因為福建省政府虛級化，一直設在臺北縣新店，過去金門和馬祖又實施戰地政務，由軍方負責許多事，中央政府就將福建省有些地方民生事

---

[19] 臺灣省政府訂有「河海堤工程計畫」，以1994年度至1997年度而言，河堤工程新建堤防155,285公尺、護岸36,152公尺、堤防加高加強121,137公尺、水防道路1,615公尺；海堤工程部分計完成新建28,226公尺、整建35,878公尺、養護10,333公尺、離岸堤54座、導流堤3座、突堤8座、潛堤3座、水防道路5,202公尺、灘池整理905公尺。

務委由臺灣省政府代辦。

臺灣省竟然跳到福建省金門管起「不是自己分內」的事，為此有一次省政總質詢中終於擦出火花。

一位民進黨籍省議員質問宋楚瑜：「臺灣省那麼多事情等著我們去做，把自己分內事情做好都來不及，你憑什麼又為什麼去管人家福建省的事情？」省政總質詢是省議會的重頭戲，省議員即席問，省長必須即時答。

只見宋楚瑜不疾不徐地回道：「您的指教很好，也講的很對，**福建省的事不是我們臺灣省該管**，但我知道，**臺灣省有10幾萬青年在金門當兵**，他們都是我們的子弟，他們喝水與用水的問題也重要，我們哪能夠不加以關心和協助！」

語畢，那位省議員頓時再無疾言厲色，不再追問。

建立水域管理制度，去除本位主義心態

不怕麻煩與多加溝通，讓民眾去除本位主義很重要；執行公權力的政府要疏通民意，正如疏濬河川一樣。

省水利處處長李鴻源對「水的本位主義」心態，期期以為不可。他曾指出，南化水庫與曾文水庫越域引水工程，是一種不用另建水庫，以智慧向大自然要水，又可留下水的方法；沒想到高雄地方人士卻加以反對，說高雄縣的水為何要引到臺南縣去。

這種心態也出現在南投縣集集共同引水計畫中，也有人反對把南投的水引到雲林給六輕用或給彰化用，竟大聲疾呼：「這是祖先留下來的水，怎麼可以分給雲林人喝？」

無論《憲法》或《水利法》都明文規定，水資源是國家整體資源，任何人、任何機關都不能私用。但是在傳統概念上，民眾會認為水是「自家的」，雖然在法律上沒有水權，但是民眾有抗爭權，一旦民眾聚集，就又會形成難題。

宋楚瑜說：「簡要言之，**就是全省一盤棋，建立全面完整的『水網』**

綜合管理，不但北水南調，南水北調，互通有無，而且上、中、下游一體照應。」宋楚瑜一直都認為，臺灣亟須及早建立一套水域管理制度，否則像高屏溪從上游下來，沿途經過幾個縣市，如果每個人都去掐斷水源，只管自己利益，那處在下游的高雄市民就沒有水喝了。

領導人要走進民眾，直接面對比迂迴或「轉進」還有效。只有耐煩，善加溝通引導，「言路」與「水路」才能為之暢通。

「拉高」自己視野，帶動社會進步共識：修正相關法令

再者，公權力之行使有賴與時俱進的法律修訂，領導人要有敢為天下先的高度，帶動起社會進步的共識。

依現行法律規定，必須先取得所需土地後，才能進行河川整治，而私有土地登記為水利用地的比例甚高，導致徵收困難，這對整治工程的進度造成相當大影響。

宋楚瑜當選省長不久後，就在國民黨中央常會提出利用地政手段，亦即「水地重劃」，建請中央修改相關法令來解決用地問題。可是那麼長時間過去了，由於凍省風波，一些所需經費不多的工程或仍卡在法令及用地取得，致使遇雨成災的情形一再發生。

宜蘭地區淹水最嚴重的得子口溪就是一個實例。

宋楚瑜在卸任前48天（在省議會報告瑞伯與芭比絲颱風災情及處理措施），仍苦口婆心地向省議員說明「無『法』解開」死結的原委。至今宋楚瑜已離開省政府20多年，經濟部水利署還在辦理得子口溪水患工程，所幸應已到「收穫」階段。

其實，省政府對於得子口溪早已編列整治經費，土地也於1992年公告徵收並依法提存法院（此為連戰擔任省主席時）；被徵收土地本是農民耕地，卻因被規劃為水利用地，每平方公尺公告現值只予補償600元，以致被徵收地主們長期抗爭，要求比照鄰近農業用地每平方公尺1,400元，估計約需增加4,300萬元。但是，宋楚瑜說，就是由於這筆增加的補助款「於法無據」，行

政機關無法辦理，整治工作也一直無法進行，延宕了水患治理的時間。

若以遇災損失動輒以億元計，和4,300萬元相比，無須多加計算，政府顯然值得投資。但由於法令綁住了，使公務人員卻步不敢貿然簽文，以免一旦遭人檢舉，即有圖利他人之嫌。

宋楚瑜說，水利單位雖然同情農民遭遇，卻礙於已經公告徵收，依法不得逕行撤銷，也無權大幅提高救濟金，致使問題沒有辦法解決。當然，還有一層，省長上任不過兩年，「凍省」已是「大風起兮雲飛揚」，誰還呼應宋楚瑜做法令改革，這何嘗不是「臺灣人自己綁死臺灣進步腳步」！

宋楚瑜以「過來人」的心思，建議**擁有權力的領導人，在面臨任何眾人之事時，要先「拉高」自己，亦即「站得高，看得遠」，而且操守潔淨，「行得穩，做（坐）得正」**。他認為，這是面對複雜無比的水問題，所應秉持的唯一態度。

宋楚瑜正色道：「當你擁有了高度與無私，就取得治理的正當性與可信度，可率領堂堂正正之師，一起面對與克服問題。」

省長任期結束，總統李登輝安排召見宋楚瑜，時間約30分鐘。宋楚瑜向李總統報告，他不會忘記總統的提攜與指導，不會忘記臺灣省省民給予他的服務機會。

宋楚瑜回憶向總統報告內容：「就任省主席之初，李總統要我為省民一步一腳印，我不僅走遍臺灣省每一個角落，所交代我的水利、公路、教育、醫療衛生和縮短城鄉差距等任務，也都勤勤懇懇去做、去落實了……。」

治水排在施政第一順位：省政府治理過，就不淹了

以往的治山防洪，大部分是由省這個層級辦理[20]。早於1964年，省主席黃

---

[20] 1956年9月1日，臺灣省政府建設廳水利局改稱為「臺灣省政府水利局」，仍隸屬建設廳，為省屬三級機構。1997年5月13日，臺灣省政府建設廳第六科和原有的水利局合併成立「臺灣省政府水利處」，屬省府一級機構。1999年7月1日，臺灣省政府水利處因凍省改隸經濟部，稱為「經濟部水利處」。1999年11月16日，水利處成立第十河川局。2002年3月28日，經濟部整併經濟部水資源局、經濟部水利處、臺北水源特定區管理委員會等水利機關，成立「經濟部水利署」。

杰就發表〈治山與防洪〉專文，呼籲國人重視「治水先治山」的觀念。1975至1979年，省政府在東部及蘭陽地區積極進行治山防洪；1980年起，又治理東部三縣的52個集水區。

由於東部三縣治理模式成功，復於1988年整合各單位執行的相關計畫，訂定「西部地區治山防洪計畫」於1992年起實施，並於1998年將西部地區劃分為98個集水區，做整體性治理。

雖然預算經費極其有限，從省主席到省長任內，宋楚瑜把水的問題排在施政第一位，也由於勇於挑起這個重任，漸漸看出一些成績。例如，省政府整治了遇雨即淹的南投貓羅溪、臺中大里溪、臺北二重疏洪道、高雄阿公店溪、宜蘭礁溪十一股溪、蘭陽溪員山堤防、彰化二林魚寮溪及萬興排水等；也辦理臺北縣瓦磘溝、彰化、雲林、嘉義沿海低地、員林大排、石筍排水及彰化市彰安國中淹水等治水工程，解決這些地區民眾長年淹水之苦。

1998年11月2日是宋楚瑜任內最後一次到省議會，接受省政總質詢的最後一天，距卸任省長僅剩48天，省議會要宋楚瑜報告瑞伯與芭比絲颱風災情及處理措施（參見本書第15章），他就向省議員說明，「全省已完成治水基本計畫的地區，都沒有發生淹水情形」，至於未完成治水基本計畫的，還有基隆、宜蘭、臺北、花蓮、臺東等地區，遭到土石崩塌、交通中斷等災害，特別是臺北縣汐止基隆河沿岸，在短短10天內兩度淹水⋯⋯。

同是1998年11月2日這一天，省議會最後重頭戲是由省長做「第10屆第8次大會省政總質詢總結報告」。宋楚瑜感受凍省逼近卻缺乏配套，以及省議員和民眾的情義，特別再次呼籲要使民眾免於水患威脅，申言「**人生權位不足惜，留得好名才是真**」。同時他還將布袋戲大師黃俊雄拆字聯「十口心思，思國思民思社稷；寸身言謝，謝天謝地謝君王」，改為「**十口心思，思國思民思臺灣；寸身言謝，謝天謝地謝鄉親**」，藉以表明最最記掛的是吾土吾民，最最感謝的也是斯土斯民。

淹水經驗：小時住在中永和常淹水

「在水的問題上，我原來只是幼稚園的程度，慢慢接觸懂一點，勉強到了中小學程度，這一切都是點滴的學習了解。」宋楚瑜雖這麼說，曾是臺大土木工程系教授的前省水利處處長李鴻源卻認為，他已經可以到臺大演講，對一屋子教授講臺灣水利。

再套一句宋楚瑜講過的話，治水是「有功無賞，打破要賠」，臺灣的官員很多恨不得離水遠遠的，那他為什麼要與「水」牽扯這麼深？一直為水辛苦，為水忙！到底為誰辛苦為誰忙？

答案出人意料之外，是他自己有過「切膚之痛」。

小時候宋楚瑜住在臺北縣中永和地區，一下雨，淡水河經常淹水。淹水時，不敢睡覺，怕被淹死；退水時，也不能睡，如果不趁著退水時攪動泥漿，將汙泥隨勢清除，積留下來的臭泥可有得清，這是宋楚瑜曾有過的切身痛苦。

不過，就因為小時候有這樣的「淹水經驗」，讓他面對災民時更有一份同理心，更能感同身受，更能以人性關懷與腳踏實地的務實態度，站在民眾的角度看問題。

水 源 設 施

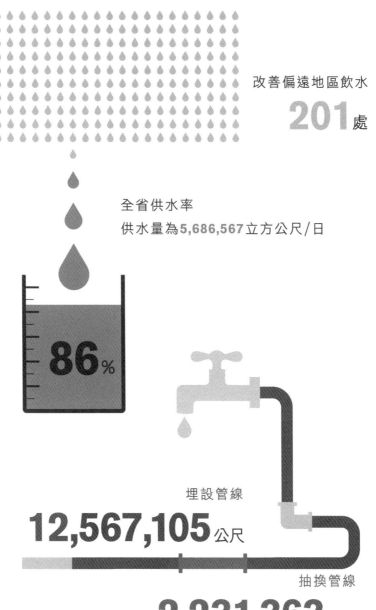

改善偏遠地區飲水
201處

全省供水率
供水量為**5,686,567**立方公尺/日

86%

埋設管線
12,567,105公尺

抽換管線
2,231,363公尺

宋楚瑜認為飲用水是「基礎建設」之一，鋪設自來水管與改善水質是施政環節的重中之重。

1｜1994年4月23日，宋楚瑜和海軍總司令顧崇廉（左二）洽商，每次海軍軍艦例行補給澎湖時，以自來水當壓艙水，供應澎湖用水。

2｜1994年7月28日，訪視澎湖協助解決缺水問題。

3｜1994年9月22日，宋楚瑜主持澎湖海水淡化廠開工典禮。

4｜1998年1月2日省長訪澎湖視察租用民船支援供水情形。右為省自來水公司總經理林茂文，左二為澎湖縣縣長賴峰偉。

5｜澎湖興仁水庫。

6 | 1993年7月16日，宋楚瑜陪同李登輝總統訪視澎湖大面積育苗植樹成效，右為宋川強中將（時任陸軍澎防部司令）。

7 | 1995年10月26日，宋楚瑜任內，省林務局實施澎湖造林6年計畫，因地形與土質挑選樹種，共投資2億餘元，駐紮島上部隊協助執行；其後成效良好，不僅防風，又可留住水分。

1｜1997年3月13日訪視澎湖，慰勉造林工作人員辛勞。

2｜1998年11月5日向記者說明澎湖造林成果，右為省林務局局長何偉真。

3-4｜此為澎湖造林後的景觀，不僅提升土地利用價值，而且促進觀光及地方產業發展。

1　3
　　4
2

5 | 基隆新山水庫乾到見底，宋楚瑜和基隆市市長林水木（右一）、省建設廳廳長蔡鐘雄（右二）、省水利局局長謝瑞麟（右三）、省政府祕書長林豐正（左四）、省自來水公司總經理林茂文（中後）、省農林廳廳長邱茂英（左二）等人現場勘查。

6 | 宋楚瑜踏在新山水庫裡的泥地視察工程進度，省政府祕書長林豐正（右）和省水利局局長謝瑞麟（左）陪同。

7 | 1993年9月5日訪視基隆新山水庫，省建設廳廳長許文志（中）及省自來水公司總經理林茂文（左一）、副總經理黃金山（左二）陪同。

8 | 主持基隆新山水庫加高工程完工典禮，左為李登輝總統。

9 | 新山水庫加高工程竣工圖照。

10 | 省議員劉文雄（左）曾經感慨地說：「基隆經歷數十年來罕見的缺水狀況，多虧宋主席費心。」

1 | 1994年3月16日，視察臺北縣八里汙水處理廠。

2 | 1996年3月15日，宋楚瑜視察臺北縣烏來汙水處理廠，建設廳廳長林將財（右四）陪同。

3 | 臺北縣中和、永和因瓦磘溝淹水而苦，省議員周錫瑋（右二）等不斷反映，宋楚瑜上任省主席後，就著手處理，前後提撥18億元經費完成整治。

4-5 | 宋楚瑜任內「九訪瓦磘溝」，興建抽水站發揮防洪功能，中和、永和從此不再淹水。

6 | 1994年9月21日主持臺北縣石碇、深坑自來水工程完工典禮。

7 | 1998年4月30日，宋省長主持臺北縣防汛演習。

1｜1993年10月15日視察臺中縣石岡水壩，右為省建設廳長許文志，左為水利局局長謝瑞麟。

2｜1993年11月8日陪同李登輝總統，聽取省水利局局長謝瑞麟簡報宜蘭河川整治計畫。

3｜1998年4月2日查訪新竹縣自來水管汰換工程。

4｜1998年10月22日訪視桃園縣平鎮淨水廠。

5｜1998年11月10日訪視臺北縣五股二重疏洪道工程，與臺北縣縣長蘇貞昌、省議員陳照郎及簡盛義、省交通處處長鍾正行等交換意見。

6│水的問題不好處理，經常觸及財政問題的痛處，南投縣貓羅溪遲遲等到宋楚瑜任內才辦理完成，而且加以綠美化；右二為省議員陳啟吉。

7│集集攔河堰經省政府努力，提前在六輕開始營運（1998年）前供水，支援台塑雲林六輕工業區；圖為宋楚瑜和台塑集團副董事長王永在。

8│1997年7月台塑關係企業董事長王永慶公開讚揚省政府團隊的工作效率，親送題有「統籌兼顧工業民生」的銀盤致意。

9│1998年9月21日，宋省長訪視集集攔河堰工程，由水利處處長李鴻源及省議員陳啟吉陪同。

6
7
8
9

1｜省議員葉宜津（左）帶領臺南縣白河鎮民眾向宋楚瑜陳情，說白河水庫旁村子沒有自來水，半年後省政府予以妥善辦理完成。

2｜1993年11月1日，臺南縣南化水庫竣工啟用，由李登輝總統（右五）和宋楚瑜共同主持。

3｜南化水庫全貌。

4｜自1994年元月開始實施越域引水計畫，南化水庫拉水管供應臺南和高雄地區，右起立委洪玉欽、宋楚瑜、臺南縣縣長陳唐山、省議員方醫良。

5-6｜1998年4月16日追蹤訪視南化水庫越域引水工程；省政府撥款逾百億，完成運水管線工程，自南化水庫引水至高雄市，每日供應乾淨飲用水。

7 | 1993年9月10日視察阿公店水庫，高雄縣縣長余陳月瑛陪同。

8 | 1994年10月22日，宋楚瑜在澄清湖主持高雄地區飲用水品質改善計畫簡報。

9 | 1994年10月23日主持高屏溪攔河堰開工典禮。

10 | 1998年8月18日至高雄縣大樹鄉，訪視高屏溪攔河堰工程，右二為高雄縣縣長余政憲。

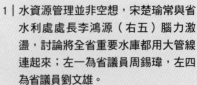

1｜水資源管理並非空想，宋楚瑜常與省水利處處長李鴻源（右五）腦力激盪，討論將全省重要水庫都用大管線連起來；左一為省議員周錫瑋，左四為省議員劉文雄。

2｜宋楚瑜想為臺灣多留住一些水，想將水資源做有效運用。此為1997年8月12日，訪視臺東池上鄉大波池風景區，由陳建年縣長（右一）及省水利處李鴻源處長陪同。

3｜1998年5月22日訪視屏東縣，關懷民眾飲水水質，宋楚瑜親自檢測。

4-5｜1998年7月24日主持花蓮南區（玉里、富里、卓溪）自來水通水典禮，並飲用通水後的自來水。

1
2　4
3　5

6｜1996年3月14日，宋楚瑜前去金門關心缺水問題，福建省政府主席吳金贊（左）、金防部司令顏忠誠及立委陳清寶接機。

7｜宋楚瑜責由省水利（局）處代辦金門所有的水利和自來水工程，金門缺水時立即趕赴金門。省議員質詢為何「管」到金門去，宋楚瑜回答：「福建省的事不是我們臺灣省該管，但臺灣省有10幾萬青年在金門當兵。」右為金防部司令顏忠誠。

第 14 章

◆

簡政便民

以前的企業或政府，常常擺出態度是，「我們所能供應的，就是這些，就是這樣；你要嘛，就照這樣規定或這種遊戲規則來」。

後來不斷有新的理念提出，主張「企業改造」與「政府再造」。只是，往往企業比起政府進步神速，一直勇往直前。

政府不是沒有進步，未必沒有改革，也未必沒有動作，不過總是忘了竅門：沒從使用者的角度去思考，為人民帶來便利。

先進的民主國家，甚至鄰近的日、韓等國，都比我們先經歷這樣的陣痛。跨越陣痛的學說各有千秋，令人目不暇給，但重點都不離，從使用者的角度看問題，而不是從管理者的角度看問題。

政府應如 7-ELEVEN，要做到「便利」二字

宋楚瑜曾經打過比方，說他和省政府同仁共同經營省政府，應該要像是7-ELEVEN便利商店。他說，省政府既然如同7-ELEVEN，只要省民有事，就必須立即回應，還要主動接近顧客；不僅如此，省民還未提出的問題，也要先為他們設想在前頭。

早年臺灣有雜貨店，哪有7-ELEVEN這類的便利商店；雜貨店有它的溫馨美好特質，便利商店則有便捷功能。宋楚瑜是第一位將政府比擬為「便利商店」的政府首長，他首先會這麼加以聯想，無非由於「便利商店」的英文convenience store這一個名詞詞組。

他這麼說：「每一個為民服務單位，就像似一家家商店；政府單位雖無

法24小時不打烊，但下班之後仍然有人不休息、不睡覺，一樣24小時服務守護民眾。」

他更看重「便利」二字：「企業或商店做不到便利，顧客不會上門來；政府單位做不到便利，民眾雖然無法不和你打交道，也只能心不甘情不願上門，然後怨聲載道！」

宋楚瑜就世界各國政府的功能變遷指出，過去是以「政府為民眾做些什麼」的角度推動施政，這種模式傾向於「政府作為即是德政」的思考，民眾見到政府有一些不錯作為，也常感念於心。

只是，他愈來愈相信，由於民眾愈趨主動與獨立思考，不再是政府宣傳射擊的「標靶」，已變身為政府政策的顧客或消費者。因而，一切都得從人民的角度看問題，都得從人民的基本生活需求與想法切入，也就是「天大地大，人民最大」；政府要彎腰低身下來，傾問民眾「希望政府做些什麼」！

跳出習慣領域，弄清楚「老闆是誰？」

公務人員也與一般人一樣，比較喜歡在「習慣領域」裡工作，不過公務人員是「一人對眾人」，如果習慣成自然，自然變老氣或僚氣，就跟不上民情變遷與需要，長久下來民怨必然浮現。

公務人員平日服務眾人，有時也會以個人身分赴公務機關洽公，角色易位後的感受可能是百味雜陳：「為什麼會這樣？」「為什麼要這樣？」宋楚瑜質問，工商業界不乏「受挫顧客」，政府機構服務櫃檯前的「受挫民眾」會少？公務人員難道不應加以改善？

要改，就要窮本溯源，要對症下藥。

「窮本溯源」所指的是，要弄清楚「老闆是誰？」與「顧客是誰？」

「對症下藥」則是將選擇權還給使用者，是使用者在使用，不是經營者、管理者在使用。

企業對這些就非常清楚，他們與同行激烈競爭，所要賺取利潤的來源，就是消費者。誰掏錢給他們，誰就是他們的老闆，所以他們想盡辦法，一切

以客為尊。

政府機關同樣必須弄清楚「老闆是誰？」與「顧客是誰？」宋楚瑜指出，政府經費開支、公務人員薪水的來源，不是上級機關，不是管預算、決算的機構，也不是民意代表或立法機構，而是來自老百姓的納稅錢，**不能因為老百姓不是直接付你薪水，就忘了他們是「頭家」，才是應該好好服務的對象。**

他要省政府同仁學習企業改革所追求的精神與優點，要視民眾為「顧客」，為「政策消費者」，要奉「以客為尊」為金科玉律，來調整政府工作的流程、方式與內容，絕不能再像過去，「我們就是供應這些，就是這些，就是這樣」。

宋楚瑜指出：「必須從需求面來看待問題，也就是過去從政府或管理者角度看問題的習慣，改為以民眾與使用者的角度看待問題，才能發現更有效解決問題或提供服務的途徑。」

現在與過去「無仝款」，官僚傲慢令人反感

從使用者的觀點來看，才能找到該做什麼樣的調整！

就以一些「小」事來說，如申辦公司登記或證件核發、戶口遷移、汽機車監理業務、火車購票等來說，以前總得讓民眾花上好長的時間排隊等候。

以前人們為了一個小小文件申請，在公務機關可以大排長龍，耗上幾小時而逆來順受，以為理所當然。但後果可能是：不僅受服務的人不耐煩，辦事的人每天見到民眾煩躁不悅的臉色，服務的心情與士氣又如何能提升？甚而，當跨入後工業社會（Post-Industrial Society）的資訊時代，新人類與新新人類可不再吃這一套。

自1980年代初以來，「企業家精神」（entrepreneurial spirit）就被學術界與實務界引為論述政府改革的基本概念，尤以歐斯本與蓋伯勒（David Osborne & Ted Gaebler）在《新政府運動》（*Reinventing Government*，天下文化，1993年）所指，民眾對政府敬而遠之，「不願」與政府打交道，最反感官僚主義的自大與傲慢，以免浪費自己的寶貴時間，於是引起諸多有關行政

革新或政府創新的爭論和激盪。

今非昔比，政治的力量消褪了，社會的力量興起了，政府的「優勢地位」一再消失，民眾的需求與期望愈來愈多。正如上面所說的雜貨店和便利商店，過去有過去的背景，現在有現在的情境，宋楚瑜以閩南語「無仝款」（即是「不一樣」），來說明時代與環境的不一樣，政府的思維與作為也應不一樣。

從使用者角度來設想，重整為民服務的灘頭

剛當省主席第一年，宋楚瑜會見十大傑出青年，其中一位顏面傷殘的傑出青年是陽光基金會理事長，當場建議簡化身心障礙同胞慰問金發放手續。

過去慰問金的發放或相關補助金的核發，都要經五、六道關卡，而且每三個月才發放一次。此事經宋楚瑜交予省社會處處長唐啟明研究處理後，決定自1994年元月起改成按月發給，而且將補助款直接匯撥到身心障礙同胞指定帳戶。

臺灣夏秋兩季多颱，農作物難免因此遭受侵害，任誰都不願遇到這種天災；政府救助作業可以有效協助復耕，可是宜速不宜遲。如果災害發生後，當地鄉鎮公所先行勘查災情，省農林廳立即趕去與縣市政府會同辦理，也就是一次審定撥款，而非「端坐」等著層層上報，於是能提早發放救助金，救助期限由原來規定54天，縮短為30天完成。宋楚瑜還是那一句話：「身在公門好修行，公務人員由被動變為主動，雖辛苦但有代價，農民痛苦減低了。」

漁民打拚的場所在船上、在外海、在遠洋，上了陸地就是想回家，想要休息，繁瑣法令只會造成漁民作業不便，能加以簡化的就簡化。例如，廢止漁船進出港信號申請及寄港手續，停辦漁船船籍證書申請，停收20至100噸漁船漁業證照費及設置漁港管理所等整合漁政與警政一元化作業，這樣就可以節省漁民申請手續，加速漁船進出港通關作業。

臺北縣與臺北市之間有幾座橋梁，以前過橋時都要收費，常因繳費造

成交通壅塞，尤以尖峰時段更為嚴重，各級民意代表迭有反映，強烈要求取消過橋費。就政府而言，這是一大筆費用的收入，但對於使用者，在意的是「時間至上」。後來宋楚瑜在省議會宣布，省政府代管的重陽、中興、忠孝三座省市共管橋梁停止徵收過橋費；同樣的，宋楚瑜也取消高雄港旗津到高雄市過港隧道的通行費。

宋楚瑜在任省政府時，只有第一高速公路（中山高速公路），從基隆市上去走不到20公里，到了臺北縣汐止收費站就要繳交「過路費」（自1977年8月1日起開始收費，從25元、30元，其後調到40元）。宋楚瑜聽到民意反映後，基於從基隆到臺北市或臺北縣，一高是唯一主要道路，在行政院院會提出「單邊收費」，也就是從基隆往臺北不收費，從臺北往基隆才收費，自1998年元旦開始實施，直到2013年12月30日啟用國道全面計程電子收費（ETC）為止。

宋楚瑜歸納說，上述身心障礙同胞、受災農民、急著返家的漁民，和排隊過橋的駕駛人都一樣，都是「使用者」、「政府政策的顧客」和「年年按時繳稅的金主」，也就是每一位身在公門的真正「老闆」。

他為民眾著想的說道：「所有使用者的等候時間難道不是時間？加總起來浪費何其多？可以去做多少有意義的事？」

他強調從使用者角度設想，道路和橋梁本來就是要利其行，問題重點不在於「使用者付費」，反而是改善交通的效益，遠遠超過收取的過橋費！

「公文旅行」434 個官印？授權作業要做好

曾經有一篇新聞報導，指出單單一個花蓮海洋公園申請變更遊憩用地的案子，從地方到中央「公文旅行」，總共經過434個官印。宋楚瑜問：「這麼多的單位與官印，又有幾個是經過省政府的層級？」

為民服務工作不就是簡政便民，簡政便民的基礎不就應是行政效率的課題？！他指出兩項關鍵：「我們有許多的公事，能夠在三天辦的，要拖到五天，什麼原因？就是行政流程太長。事實上，我們已有很好的分工授權辦法與作業程序，但是這個授權還是沒有做得很好。如果事事都要各廳處局首長

簽名蓋章，就是授權不夠落實。」

宋楚瑜嚴格要求改進：「**行政效率優劣關鍵在於授權與否，不在於行政層級的多寡**。如果政府行政只有一個層級，卻分工不當或沒有充分授權，行政流程可能拖得很冗長；**如果權責劃分明確、充分授權、業務合理統整，四級政府的行政流程也可以很有效率。**」

內部公文處理流程要簡化，而一些因應外部機構或協調事務者的人力分配，也要簡化；宋楚瑜認為，「並不是相關的人去得多，一堆人站得整整齊齊，才算是百分百的敬意與尊重。」

以應對省議會來說，宋楚瑜就要求各廳處局首長，絕對尊重省議員反映民意的職權與功能，但當省議會開會及省政總質詢期間，省政工作應該運作如常，每一個單位只派一個人或少數人到省議會去協助首長，萬一有什麼答不周全，馬上利用通訊設備聯繫，取得資料再回應即可。

「一邊是為省民服務，一邊是接受省議會監督，兩方面的事情都要兼顧做好。」宋楚瑜認為面對省議員詢問，假如答不出來，並不是什麼丟臉的事情，因為那是分工授權，技術層面的事情很多本來就不是可以立即答覆的。

他有時引用「丙吉問牛」[1]典故，說如若街頭有人打架，歸警察局或派出所管，不關政務官的事，要所有同仁具有這樣認知：「你問我臺灣銀行現在存款有多少？對不起，我現在搞不太清楚，但我可以馬上問問財政廳廳長。同樣的，如果財政廳廳長面對省議員有答不出的問題，可以請求稍後馬上答覆，不必覺得不好意思。」

火車比照飛機訂票方式，民眾不需再漏夜排隊買票

以前沒有網路可以訂票，鐵路局各車站均是現場售票，每天都有一大堆

---

[1] 《漢書・卷七四・丙吉傳》記載漢宣帝丞相「丙吉問牛」事例。一日丙吉外出，遇到百姓鬥毆，不理不睬，不聞不問，卻非常關心查問一旁經過的牛隻為何喘氣不停。有人議論丙吉人獸的輕重不分，後來史書卻讚他「知大體」，克盡丞相之責，因為民以食為天，牛是生產「工具」，茲事體大。

人排隊購票。民眾若欲預購假期（國定假日及連假）或端午、中秋、春節三節車票，那更是大排長龍，甚至漏夜打地鋪。

這樣的畫面曾經一再重演著，賣票人可曾想過民眾腿痠不痠，或在寒風中排隊有多辛苦?!

「賣票人」就是臺鐵，隸屬於臺灣省政府交通處。宋楚瑜當國民黨中央祕書長時常走訪地方，就是火車常客之一，擔任省主席後，基於職責不能不管：「我們的國民所得已經達到12,000美元，邁向已開發國家之林，怎麼還出現打地鋪買票的現象呢？」

他在一次省政會議中，聽到民眾漏夜排隊買不到票的輿情反映，立即要求交通處和臺鐵研究，「比照飛機訂票的方式，在臺鐵既有的電話訂票系統下，全面擴大辦理火車電話訂票」。

臺鐵接到訊息後，第一個反應是：技術上可能有困難。

的確，火車和飛機的班次及售位有差距；前者量大，而且各站可以上下車，所需「應付」情形複雜。

儘管如此，宋楚瑜不想依舊「落後」，堅持「進步」目標：「飛機預訂機票已行之有年，為何現行的火車訂票系統仍不敷民眾需要？他相信只要改進的方向正確，其他技術問題不難克服。」

宋楚瑜給予全力支持，臺鐵硬著頭皮往前衝，終於1996年2月10日春節前夕，全面增加臺東新站等28站辦理電話訂票業務，自此漏夜排票消失了。

另外，日常到車站仍需排隊買票，到底還有多少車票，看板上可以清楚顯示；如果還剩10張票，從第11位起就不必排隊了。宋楚瑜提醒臺鐵，這樣的做法既「透明化」，又可避免浪費民眾時間，何樂而不為！

這是一個突破點，如今看來「不算什麼」，但大家不妨想想「漏夜排票」和「不漏夜排票」之間的差別有多大！事隔30年之後，我們社會還有類似「漏夜排票」的情形，仍需我們堅持「進步」與「不落後」！

在持續求「進步」與「不落後」的工作態度與目標下，1997年4月15日臺鐵網際網路訂票服務系統也正式上線，民眾訂票自此更加便捷。

如果「漏夜排票」及其類似情形事關重大，是開發中國家和已開發國

家的重大差別，那我們豈能不快些克服與改進！政府領導者不就是要神經敏銳，不就是要前瞻堅持，做好引領進步的工作與職責！

人民有遷徙自由，全省戶政率先開辦一地登記

就在宋楚瑜踏進了省政府之後，民政、地政、財政、建設、教育、農漁、交通、衛生等部門都啟動革新，一些讓老百姓方便、從使用者角度思考的便民措施接連出爐。

我們不能以現代科技發展去衡量過去，那時電腦作業仍未普及，重要的是「人腦思考要先跟上」，即以戶政的便民措施及戶政資訊電腦化而言，就是個很好的例子。

臺灣已是工商社會，有愈來愈多人出外工作謀生，所謂「北漂」或「中漂」。現在許多人都已忘記，原先辦理戶口遷徙，必須先於戶籍所在地辦理「遷出」，再到遷入地辦理「遷入」，一件事得分「兩地兩端」辦理，多麼費事累人啊！

之前，從未有人質疑：「為何要這般麻煩？」宋楚瑜首先想起並認為：「從人民的角度來看問題，我是個自由人，我有權利四處自由行動，今天要在這裡，明天走到那裡，戶口就應很順利地遷到那裡！」

宋楚瑜和省民政廳廳長陳進興商量：「政府有責任以最便捷的速度與方式，幫忙省民處理戶口遷徙作業。」

因為這樣的觀念，臺灣省相繼於1994年7月及1995年10月，開辦「一地遷徙登記」和「現住地申領戶籍謄本」，民眾只需於遷入地辦理遷入登記，不必到原戶籍所在地辦理遷出登記，免去了外出人為申請一個文件的奔波之苦；而北、高兩市於1995年7月1日跟進，亦即全島同步實施，廣受民眾認同。

「一地遷徙登記」在一年間累計受益11萬餘件，亦獲得中央政府肯定，行政院研考會評定為「八十五年度推行參與及建議制度」機關績效榮譽獎。

那時「便捷」的技術與客觀條件尚未形成，省主席宋楚瑜就先站在使用者角度著想，請省政府民政廳以傳真方式受理民眾申請，繼之加速推動全省

戶政系統電腦化。就是這麼一個觀念的翻轉，讓所有人都能「簡便」辦理公家事務。

臺灣省21縣市的戶政系統電腦化，從基本資料建檔、資料核校到民眾網路申請作業的便捷順暢使用，可說是「平地起高樓」。

由於經費關係，此一電腦化建置自1994年7月至1997年9月，分兩階段完成；第一階段由臺北縣等10縣市先做，第二階段辦理宜蘭縣等11縣市。這項工作好比大廈打地基，有了這個基礎才有可能進行後續的簡政便民，這是臺灣戶政史上劃時代的大事！

電腦化完成後的一般戶籍登記，如出生、結婚等申請，經由電腦列印，只需5分鐘就可以完成。以前戶籍謄本申請限戶籍地戶政事務所辦理，電腦化之後任何一個戶政事務所都可以辦理。

戶籍作業電腦化臺灣省政府是領頭羊，南北兩個直轄市（高雄市和臺北市）見賢思齊，也隨之加入行列，自此全島經由網路連線，各地居民處理有關戶籍相關事宜，在哪裡都可辦理，實在是便利得很。對於在外就學、就業的民眾，就近到任何一個戶政事務所都可申辦，大大減少時間、金錢及人力的浪費。

除此，貼心的服務還有許多，例如為民眾代填申請書表，提供老花眼鏡與愛心傘，代換硬幣，解答法令疑義；對於年長、重病、傷殘民眾無法到事務所親自申辦者，則派員「到府辦理」。還有，全省各縣市計340個戶政事務所「全數降低」服務櫃檯高度為75公分；以前戶政事務所服務櫃檯太高，很不便民。

工商登記便利化，做「生意人」後盾

日本經營之神松下幸之助有一套「自來水經營哲學」，臺灣省省長宋楚瑜則有一套「自來水服務哲學」。

松下的使命感是要將電器產品賣得像自來水，一樣多，一樣便宜。宋楚瑜則是要政府機構提供便利服務，讓民眾像打開自來水龍頭，水就來了，一

樣方便，一樣好用。

從使用者的角度考量，民眾不需了解一大堆複雜的原理，或面對繁瑣的程序與填不完的制式表格。宋楚瑜要省政府同仁做到的，就是要讓民眾感到「便利」與「好用」，就好像打開水龍頭，自來水就來了；按下開關，燈就亮了。

省建設廳和省民互動很直接，這些省民大都是極其敏銳的「生意人」。他們在國內外打拚做生意，要碰到諸多挑戰，宋楚瑜期勉省政府同仁「能多幫一點就多幫一點，節省他們在政府機關耗費時間，就是幫他們節省成本」。

因為省建設廳受理公司登記等案件，業務量非常龐大，每年約22萬6,000件，占省政府受理人民申請案件68％。如果辦理的手續弄得很繁雜，不僅民眾費時傷神，公務人員也同樣地會累了自己。

省建設廳在廳長許文志、林將財相繼率領下，投入不少精神加以研究改善，就為做到「更方便」。這其中包括實施電腦管制作業、受理傳真補正、建置「自領案件電子揭示系統」、公司登記以光碟整合系統作業、核發證明及資料抄錄中午不休息服務、開創公司登記及民眾親自申辦當天領照（公司設立登記及民眾到廳申辦8小時發照，試辦公司設立登記6小時發照及民眾到廳2小時發照）等，都是當時便民利民的最現代化措施。大家都方便了，民眾滿意度就高了。

為了解民眾需求與滿意度，省建設廳另針對工廠設立登記、公司設立登記、技術行業管理、營造業管理、加油站設立登記等項業務，實施服務後續評估調查。以業務科受理民眾申請案件為樣本，每月發出問卷500件，回收問卷表示滿意者愈來愈高，從70％不斷提升到91％以上；又問卷中有表示具體意見及要求服務事項者，也會立即賡續辦理並加以回覆。

地政業務也簡化，省政府頒布「簡化建物所有權第一次測量登記作業，規定建物平面圖得委由測量技師、建築師等繪製」共16項措施，以因應社會需要與民眾需求。又為節省民眾申辦土地登記謄本、地籍圖謄本及地價證明的時間及往返次數，自1993年6月起開辦以傳真方式受理民眾申請，便利迅速

取得地籍資料。

如今「傳真機」已經減少使用，但在網際網路發達之前可是「神器」，所有公私辦公室與家裡使用，所有記者與作家傳稿使用，宋楚瑜「全省走透透」九人座旅行車內也使用，藉以迅速掌握傳遞一切訊息。他就將這種當時的「新科技」，做為過渡到電腦化和資訊化的「中間工具」，運用於戶籍申辦、工商登記和地政文件等方方面面政府施政上，亦可說是善用其器了。

一句話，就是做到服務對象「受到尊重」，而且「感到滿意」為止。

考駕照不是要考倒民眾，從此 S 型曲道放寬 24 公分

民眾對政府施政有怨言，有時會當面反映，有時則口耳相傳，公務人員不是不知，不是不改，但站在管理的全盤考量上，經常因為牽一髮動全身，要改，談何容易，卻也因循拖延下來。

以前宋楚瑜就聽說交通路政或監理單位，很「機車」，很會找「麻煩」，真的是這樣嗎？

他也確實知道民眾有抱怨，既來了省政府，不能也不該漠視。他雖是省主席，可也不能忘了「一介平民」才是他最長久的身分。

他強調要站在民眾的立場，從需求面來看待問題，於是他找出一些觀察點或切入點。

例如，試問自己能不能從臺北出發，開車南下，不用下車問路，一路開到屏東？又如，他這個「老駕駛」再進監理所考照一次，能不能通過 S 型曲道進出？

關於第一個問題，他沒去做，但他全省跑，坐在廂型車上曾經仔細觀察，有了初步結論：「如果不是我的駕駛開車，而是由我自駕，很可能因為路牌不清楚，路況又不熟悉，離開了高速公路就會迷路。」

第二個問題，他親自去做了，到省政府服務的第一個星期，去監理所訪視時，他進入路考試場。特別挑選民眾反映最多、最難的S型曲道試試；他相當自信30多年的開車經驗，應難不倒才是，誰知上車開沒多久，車壓線鈴聲

就響了。但他並不覺得不好意思，他想一定許多已經取得駕照的省民再來一次，也會與他一樣做不到。

會開車、有駕照的新任省主席，竟然通不過S型曲道測驗，這可是「有價值」新聞，媒體大登特登，還引起熱烈廣泛討論。這些討論並非看省主席笑話，主管機關的交通部亦未等閒視之，隔年就決定放寬S型寬度，由原先2.96公尺增加到3.2公尺。

或許有人會以為那次的「S型事件」是個表演事件，但宋楚瑜說：「那天測試，我原本有信心通過，可是剛好試到的是老爺車，又是手排……。」

這些理由不管成不成立，且那時考駕照都考手排，還好**省主席當時沒開好，S型寬度才能多出24公分**。

你說交通路政或監理單位的同仁，希望民眾遭遇這樣的困擾，絕對不希望；你說民眾開車願意遭受這樣的折磨，也絕對不願意；宋楚瑜說：「民眾考領駕照開車並非什麼特權，也不是施予了不起恩惠，只是現代社會的生活必須之一而已。」那為什麼不來改一改，調整一下？

雖然已有「放寬」改善，但省政府還是一再向交通部反映，開車考照不必再測驗曲線進退。宋楚瑜認為，幾乎全臺灣所有省縣鄉鎮道路都未見過如汽車考照的S型曲道，若真有這麼一條路，也要趕緊截彎取直。假如臺灣沒有這種道路，就不需要為難民眾，為什麼要用它去考老百姓？

開車是現代生活必須，無關高矮胖瘦

過去的觀念總認為，開車是少數人的專門技術，而現代文明普及之後，民眾自行開車已是理所當然的事。過去的確是那樣，如今社會事實卻是這樣，因而政府的管理與做法就必須要調整，不能停留在過去。

宋楚瑜並不是因為在美國念書，就全信美國人那一套，但他懂得揚長避短，擷取先進國家一些值得參酌的理念或觀念。美國人認為開車是一項每個現代文明人應有的技能，即使有色盲者想要開車，也會想辦法設計可供他們辨識的路標。

他強調，**民眾的方便就是政府的方便，政府就是要多協助民眾，不是來刁難他們，是要想辦法維護人民的權利，讓民眾得到「應有的便利」。**

他在美國讀書、工作與生活有8年，他喜歡開車旅行。雖然那是幅員廣大的國家，只要拿本地圖，看著路牌，就可以到達目的地，他開遍美國50州。

對於在美國的駕車經驗，他興致勃勃地告訴省政府同仁，不厭其煩，說了又說。第一次說的時候，是希望省交通處及公路局建立公路網路標識，並印製一份方便攜帶的完整公路路線地圖；以後每說一遍，則是勉勵同仁將這些事辦好，提供給用路人最大便利。

經過交通處及公路局同仁的努力，將全省道路重新標號，豎立路名與指示標誌，並印製完整的公路路線地圖。但在進行這項規劃時，起初交通部並不同意，理由是將這些道路都標號，萬一「阿共」打進來按圖索驥，不就是暗助敵人，國防安全怎麼辦？宋楚瑜力排眾議，堅持要做，不然不知要遲到民國幾年才有這些道路編號（詳參本書第7章）。

全省駕照作業程序亦經簡化，凡是下午14:00以前報考通過者，在下班前就可取得駕照。汽機車新領牌照可以委託經銷商領牌；監理所人員下鄉辦理機車考照及換照；民眾可以在非戶籍所在地的任何一個監理單位申辦。

還有，以前要申請駕照時，非得要量身高、體重及體檢，同時為了防止作弊，還有80幾種交通試題模擬卷，筆試又得等齊幾十個人後，才能進去考試。後來身高、體重不量了，筆試考卷改成剩下五、六種，參加筆試者隨到隨考；宋楚瑜的想法是：「駕照筆試是要讓駕駛人記得交通規則，而不是讓他考不取，讓他不要開車。」

宋楚瑜認為這是對駕駛人尊重，對人民尊重：「很簡單的，會不會開車，跟高、矮、胖、瘦，跟體檢沒有什麼關係；監理所與監理站相關設備與人力不需要的醫檢人員，可以調配到欠缺醫療的偏遠地區。」

他將監理所站當作省政府最重要的門面之一，不能服務不周，否則怨聲載道，省主席耳朵會受不了。當時全省有1,200餘萬輛汽機車，除了18歲以下省民，幾乎每千人有200輛汽車，每千人有400輛機車，只要一人責罵一句，怎麼得了！

宋楚瑜要團隊同仁多為使用者設想，不讓百姓的時間與精神做無謂的虛擲，不能因政府所設定行政程序，造成民眾「等待」或「空耗」。他說，連澎湖監理站都設備齊全，櫃檯改善良好；另有一次陪同李登輝總統去訪視臺中監理所，李總統在一旁觀察，居然5分鐘就能幫民眾辦好所申請事項的文件，讓他印象極為深刻。

來自威廉波特的點子，加油站附設廁所

宋楚瑜在省政府時，除了改善道路系統指示標誌、公路編號重新修訂、印製公路行車指南路網圖供民眾方便行車之外，另一項在加油站附設廁所，亦屬創舉。

其實，加油站附設廁所，是經宋楚瑜與國營企業中油公司董事長張子源接洽，由中油試點施行，再逐漸擴充，以致臺灣現在每個加油站都有附設廁所，迄今民眾已經非常習慣，「上廁所，找加油站」。

這個點子源自宋楚瑜在美國生活經驗，而印象最深刻是他一家人到一個小城的故事。

這個小城就是美國賓州威廉波特（Williamsport, Pennsylvania），它是美國世界少棒聯盟（LLB）的所在地。宋楚瑜與陳萬水曾經帶著兒子宋鎮遠參加旅美學生組合包乘的巴士，到這裡為中華少棒隊第一次參加聯盟大賽加油。從華盛頓到威廉波特來回8小時，途中許多人就往路邊的加油站擠，大排長龍上廁所，宋楚瑜順手拿起相機拍了一張，沒想到這張照片成為日後一個建設創意的來源。

張子源曾任臺中市市長、國營會副主委，後來接任中油董事長時，宋楚瑜出掌臺灣省政府；宋楚瑜先有了威廉波特的點子，很具體，可供參考，張子源聽了，覺得蠻不錯，既方便民眾又可回饋顧客，但希望給幾個月時間規劃，再編列經費全面推廣。

做過民選縣市長的張子源，當然知道民情所需，馬上當作正事辦；1994年3月3日，很快地就選在基隆市一處中油加油站的「廁所開張」，邀請宋楚

瑜一起「試用」，當時就是一條大新聞。

　　剛開始時，加油站附設廁所不提供免費衛生紙，民眾需要還得花錢買，後來逐步改善，也提供衛生紙讓人取用，社會進步就是這樣累積起來的。

人民使用方便，政府行政去「重」就「輕」

　　現代人就生活在官僚制、科層制之中。

　　官僚組織或稱為官僚制、科層制，是一種理性化管理組織結構，被德國社會學家韋伯（Max Weber, 1864-1920）形容為「鐵的牢籠」（Iron Cage）[2]，藉以比喻官僚制快速擴張，對廣大民眾生活造成禁錮作用。

　　韋伯認為這種禁錮作用如同「清教徒（Puritan）自縛」，原本對於物質追求應視為輕薄外衣一般，平時輕掛於肩膀上，隨時可以卸下；不過後來卻變成如蝸牛外殼背負在身上，拿不下來！

　　政府行政機制施加於人民，應是去「重」就「輕」，也即是本章主訴的「簡政便民」。宋楚瑜經常提醒省政府團隊，要將民眾最迫切需要的事情，透過各個角度、層面反覆思考，做到審慎周延規劃，「理」出優先順序與有效的改良方法，而**所有問題核心是「人民使用方便」，重於政府管理的方便**。

　　由過去偏向政府管理的方便，轉而站在人民與使用者的需求面上考量，去除政府工作造成民眾的繁瑣和不便，就是所謂行政改革或行政革新的精義。

---

[2]　韋伯用的德文原文是「Stahlhartes Gehäuse」，意指「堅硬外殼」，其後經美國結構功能論社會學大師帕深斯（Talcott Parsons, 1902-1979）譯為「Iron Cage」後廣為流傳。帕深斯長年任教於美國哈佛大學社會學系，年輕時曾赴德國海德堡大學留學，取得經濟學博士學位。

1 | 宋楚瑜開車跑遍美國每一個州,就任省主席後到訪公路局監理所(後座為交通處處長伍澤元),特別親測有名的考照殺手題——S型曲道,誰知車壓線,鈴聲響起;媒體刊出新聞以致主管機關交通部重新檢討,決定放寬S型為24公分。宋楚瑜認為,全臺道路未見過如汽車考照的S型道路,若真有也要趕緊截彎取直。

2 | 1993年10月6日,宋楚瑜出席公路局監理站第二代電腦系統啟用典禮。公路局局長陳世坦、省議員陳照郎、簡盛義陪同。

3 | 1994年5月27日,宋楚瑜和行政院院長連戰、行政院政務委員黃石城(左二)、臺中縣縣長廖了以(右一)訪視臺中港聽取有關簡政措施報告。

4 ｜ 從華盛頓到威廉波特途中，許多人在路邊加油站排隊上廁所，宋楚瑜拿起相機拍下，沒想到這張照片成為日後臺灣加油站附設廁所的創意來源。

5 ｜ 1994年3月3日，宋楚瑜和中油董事長張子源在基隆市中油加油站公廁，實地了解開放民眾使用情形，從此臺灣加油站提供免費乾淨廁所，供用路人使用。

6 ｜ 1994年4月12日，宋楚瑜訪視臺北縣，縣長尤清（右）親自接待。

7 ｜ 臺灣省21縣市戶政系統電腦化，從基本資料建檔、資料核校到民眾網路申請作業便捷順暢使用，可說是「平地起高樓」。戶籍作業電腦化就是起自臺灣省政府，北高兩個直轄市隨後跟進辦理。圖為1998年8月24日，宋楚瑜主持省政府網際網路應用暨行政資訊展。

第 15 章

◆

救災，必須分秒必爭

所謂「群龍不能無首」，很能形容救災式領導。

平日評比可以是「五星級」[1]，但**要測出政府領導者能耐，往往救災救難才是較真關鍵。**

救災救難絕對急如星火，要趕快出手解救，後到不如先到，明早到不如今晚到。但是，救災不光是救難人員打前鋒，所有救難體系與資源運作能否展開效率，有賴強而有力領導。

省政府救災救難，就是打結構式「團隊作戰」，力量集中，爭快上陣；也就是各廳處陣式排開，**指定一位首長為現場指揮官**。統一聽號令，通力合作，互為奧援，達成使命。宋楚瑜很有自信：「**省政府團隊趕救災，只有兩件事不做，其一是爭功，其二是諉過。**」

宋楚瑜常說，省政工作沒有「強勢」的省長，只有「強勢」的作為，才能回應「強勢」的民意要求，才能提升省民「強勢」的生活需求。

在氣候變遷愈來愈嚴峻的今天，我們愈來愈需要有「強勢」的救災領導，來領導出愈來愈堅強的救災團隊。

搭直升機只因特殊任務，不是特權

個性急，是急人之難；性情烈，是烈火真金，尤其眼瞅著人民有危難時，表露無遺。

---

[1] 臺灣的《遠見》雜誌評比各縣市長政績，可上網查閱〈遠見雜誌五星縣市長人物列表〉。

了解這一點，就比較能理解宋楚瑜為什麼非要搭直升機！

宋楚瑜的交通工具不是黑頭轎車，絕大部分是廂型車。

他一點也不在意人家批評，經常執意搭乘直升機（並參本書第17章）。但他不是搭直升機上下班的，通常他搭直升機時，都是不得不的狀況。

剛到省政府，就有省議員質疑他常搭直升機，是一種「特權」。他只能一再婉轉說明，只能以實際行動來證明：「這不是特權，而是特殊任務」。

每遇災害勘救行動開始，省政府警官隊隨扈與他就是「生命共同體」。他們幾個人與宋楚瑜上山下海，如影隨形，寸步不離，每個人都加保意外險。

宋楚瑜說人民有難時，怎麼可能坐得住：「若不是為了趕時間，趕去勘災救災，誰願在天候不佳，冒著危險，硬要搭直升機？」

夏珍在《宋楚瑜中興紀事》（頁129-130）指出，宋楚瑜為大大小小災情奔走，「水裡來，火裡去，百無禁忌」，以下是她所做第一手描述：

有一回到阿里山，直升機連著起飛四次，都因為雷雨，沒有辦法降落，最後降落嘉義，宋楚瑜大發雷霆，警官隊硬著頭皮被罵，怎麼樣也不肯讓他再上機。第二天一早，又趕著雲層稍薄，才飛上山落地之後，立刻被要求下山，再多待一刻，大概就得被雷雨困在山上了。

還有一回，要趕回臺中，又是遇到大雷雨不能降落，得改降嘉義，宋楚瑜說什麼都不肯，警官隊看看沒輒，只好門簾一拉，不理他說什麼，立刻聯繫嘉義機場，盡可能調度所有車輛，飛機一落地，立刻以汽車接駁。

拚命三郎的個性，不只在搭飛機上，坐船亦復如此。立志定期到澎湖的宋楚瑜，天候好搭機，天候差搭快艇，軍用快艇時速達70浬，約75級，一般快艇頂多15級，警官隊幾乎人人彎腰大吐的時候，只有宋楚瑜一個人氣定神閒。

1996年9月號《臺灣月刊》刊出一篇署名「清波」的省政府同仁文章〈和時間賽跑的人〉，以日記方式記載宋楚瑜勘災的一天。「清波」當天回到辦

公室，時間已近子夜12時，他算算宋省長這一天勘災工作時間是17小時。以下是這篇日記的片段：

　　隨行發布省長新聞稿是我的職責。坐在駛向宜蘭的自強號火車上，腦海中仍響起太太的抱怨：家裡被颱風打壞的雨篷還沒有修理，星期天還非得去出差嗎？自己想到這，臉上不禁露出一絲苦笑，心想：還不是為了工作嘛！

　　今天去宜蘭是臨時通知的，原本這趟宜蘭行是昨天就應成行的，不料，宋省長搭乘的直升機昨天遭逢氣流不穩而被迫折返，改至基隆訪視，因此今天一清早才又再次搭乘火車前往宜蘭勘察災情。

　　在車廂中，隨行各相關廳處首長就一路向省長簡報大家至各地勘災及救災的情況。唉！感覺省長真是片刻不得閒。

為衛爾康大火道歉，深切檢討並全面盤檢各處公安

　　1995年2月15日19:00，臺中市西區臺中港路二段（現為臺灣大道）發生衛爾康餐廳大火，造成64死11傷，此為臺灣地區單一建築物死亡人數最多的火災與踩踏事故；起因是瓦斯管線破裂，導致瓦斯外洩，瞬間引燃周圍可燃材料。

　　火災事故當日是元宵節，宋楚瑜當選省長不到兩個月。19:20，起初接獲通報，衛爾康只是一般火災，但陸續傳出的情況卻愈來愈不對勁，臺中市籍省政委員林仁德先趕到現場。

　　20:46火勢撲滅，一具具燒得難以辨識的屍體紛紛被抬出，救災人員雙手都抱酸了。林仁德趕緊通知人在臺北的宋楚瑜，宋楚瑜和兩位副省長林豐正、吳容明與社會處處長唐啟明立刻南下，趕到事故現場時已是凌晨，除指示全力善後，馬上再趕去臺中市立殯儀館慰問家屬。

　　死者家屬在殯儀館認屍，悲傷不已，哭聲四起；一位女會計員的母親看到愛女燒焦慘狀幾度昏厥，宋楚瑜一直在家屬旁勸慰節哀。

2月20日召開省政會議，宋楚瑜親自主持，會中特別針對衛爾康餐廳大火，進行深切的檢討；議決由祕書長許文志召集「重大災難緊急處理小組」會議，並對宣布緊急事件時機、組成現場處理小組、傷亡者緊急醫療與處理，以及緊急應變措施的標準作業程序等，加以重新檢討訂定。同時，要求建設廳研訂相關法規，規範公共建築使用瓦斯燃料的安全裝置及出入口、逃生口設置，而且列為今後安全檢查的第一優先工作。

包括上述兩項在內，該次省政會議對於該起事故計明列11項決議，實可謂「痛定思痛」。每個生命都是無價的，身為省長要負起全責，以衛護1,700萬省民生命財產安全，緣此省長再「舉一反三」增列兩項決議內容：

——「有關補習班之公共安全問題，極為重要，請教育廳即時加以全面檢查、取締與追蹤輔導，並制定規範以資遵循。」

——「請權責單位對於公共安全場所相關負責人員應施以安全教育講習，並請新聞處於三個月內製作有關防震、防災等緊急避難常識與逃生方法之宣導短片，利用傳播媒體或提供學校加強宣導。」

補習班、餐飲及旅館加強公安，又再舉一反三

就在隔一週（2月27日）的省政會議上，教育廳針對補習班公共安全再做提報，又做成如下決議，而且這些決議不是說說而已，都會被加以追蹤督導。這又是再一個「舉一反三」：

——「請教育廳會同各有關單位督導各縣市政府，繼續就全省各補習班之建築、消防安全設施於三個月內完成全面檢查工作，尤其對於滅火器之擺置、安全門之設置及標示，以及逃生口、樓梯通道之暢通等，應列為重點檢查項目；若有未符合規定者，應要求限期改善，否則即依法辦理，以確保各補習班之公共安全。」

——「對於未立案之補習班，請教育廳、財政廳研究其原因所在，並檢討現行有關規定是否妥善，以期輔導補習班均能合法化，俾便納入管理；另外對於各餐飲、旅館等行業土地分區使用等問題，請建設廳會同各相關

單位併為考量，以全面加強維護公共安全。」

這起大火讓時任總統李登輝以執政黨主席身分向全民道歉，宋楚瑜在省議會向省民道歉；其後，臺中市市長林柏榕遭監察院彈劾，停職半年。影響所及，內政部消防署隨即於1995年3月1日正式成立[2]，中央設置防災會報，行政院院長連戰親任召集人，宋楚瑜亦任臺灣省防災會報召集人，政府統合災害防救運作機制正式建立。

大樓愈蓋愈高，防救災觀念與設施要與時俱進

內政部消防署於衛爾康大火之後的1995年3月1日成立，但是省級消防機關尚在籌備，到1997年1月6日才成立臺灣省政府消防處，趙鋼出任處長。在這段不到一年期間，又發生兩個大火，宋楚瑜緊盯警消系統要留心警惕。

1995年6月27日上午，臺北市圓山飯店發生大火，火勢自整建中的12樓延燒至10樓，燒毀12樓的會議大廳及總統套房與11樓和10樓的宴會廳、套房。警方出動80多輛消防車全力灌救，歷經3個多小時撲滅火勢。

由於圓山飯店所處位置較高，在臺北市一些地方幾乎都可看見大片濃煙。宋楚瑜對這場火有所感觸：「以後大樓只會愈蓋愈高，我們的防災救災觀念有再提升？我們的救災設施有趕上大樓增高速度？」「從電視上看到那麼大的火，只能用那麼小的水柱灌救，可見高樓救火多麼需要加強改進。」這些話是在7月11日對省政府警務處舉辦第一次擴大處務會報時所說，在場的高階主管有警務處處長陳璧、兩位副處長及21縣市警察局局長等。

因《省縣自治法》已通過實施，內政部警政署、省警務處分開辦公（亦即署處分家，警務處自臺北市遷到臺中市），但省消防處尚未成立。所以，宋楚瑜一有機會，趕緊要警政各級主管借鏡留心：「省政府已特別請警務處編列預算，強化雲梯、消防車等設備，甚至購置特定工業區化學消防車。」

---

[2] 1995年1月17日，立法院三讀通過《內政部消防署組織條例》，隨即3月1日內政部消防署正式成立。自此消防事務自警察機構獨立出來，實施「警消分離」制度。

他要求省和縣市警政（含消防）主管，趕緊建立高樓防災意識，防救災作為要與時俱進。

1995年10月31日凌晨，嘉義市火車站前嘉年華大飯店發生火災，造成11人死亡，8人受傷，此一火災和1984年5月28日臺北市時代大飯店大火一樣，都有人跳樓。宋楚瑜視察火災現場並慰問罹難者家屬時，立即注意到一名義大利商人旅客，他也是半夜驚醒，很警覺地以緩降機逃生；媒體訪問時，他說：「學生時期就已習得火災逃生知識。」

當時趙鋼以內政部消防署副署長兼省警務處消防科科長職銜，正在籌設省消防處，消防科全年經費不過96萬元；宋楚瑜詢問於趙鋼，何以外國人具備防火逃生常識，我們的民眾卻相對欠缺，以致急於跳樓罹難，並隨後批准1,400萬元，陸續開辦消防及義消防火宣導員初級班8個梯次，進階班、縣市小隊長以上幹部戰術講習班8個梯次，拍攝防火宣導錄影帶50集。這些錄影帶又轉成CD，多年後各縣市仍以此為宣導教案。

1997年初，省消防處掛牌成立，研擬《縣市消防局組織條例》送請省議會通過，各縣市逐次成立消防局，建立中央至地方完整一貫的消防體系。

大園空難：家屬情緒激動，引起媒體指責

1998年2月16日20:04，自印尼峇里島飛回臺灣中正機場（今桃園國際機場）的華航編號CI676號班機發生慘劇，降落時墜毀爆炸起火。乘客罹難196人，包括時任中央銀行總裁許遠東夫婦與外匯局局長陳煌等官員（自印尼參加東南亞中央銀行總裁聯合會年會返臺），以及多位新聞從業人員。飛機墜落時另撞及民宅和計程車，造成地面6人死亡及數人輕重傷。而且，由於飛機撞擊地面及民宅造成強大衝擊，致使多數罹難者遺體及其身分難以辨識。

依1994年行政院頒發「災害防救方案」規定，重大空難事故由中央政府處理，省政府職責在於協助救難、傷患就醫、現場秩序維持事宜。

在中央指揮調度下，桃園縣警察局動員七個分局支援警力，桃園縣消防隊動員義消分七個區塊清理，機場空軍及附近陸軍亦投入救援，交通部民

航局、中正機場航站人員全部動起來；慈濟等志工團體也參與救助，提供熱食、熱薑茶，並為亡者誦唸佛號。

省消防處處長趙鋼接獲桃園縣消防隊通報，立即上報並通知交通處、警政廳、社會處等成立緊急應變小組，並奉省長指示趕赴現場視需要協助搶救。趙鋼說，「省長下指示後，我們立刻趕過去，也就是詢問需求，加入救助行動，並未介入主導。」宋楚瑜於隔天（2月17日）在南投縣魚池鄉訪視時，亦對媒體說明省政府已即加入協助救災。

中央救災忙了一天多，仍因家屬情緒激動，媒體予以強烈批評。其間，交通部部長蔡兆陽前來視察，媒體記者問他：「我們空難處理比日本名古屋空難[3]處理如何？」蔡部長回答「我們處理不比日本處理名古屋空難差」，成為報紙頭版標題，更引起媒體、民意代表和社會大眾交相指責；桃園縣縣長呂秀蓮趕來現場，也與中央的指揮權責問題有所爭議。

家屬情緒何以激動？趙鋼指出，或許是「災害防救方案」實施以來，相關機構和人員協調生疏，未建立明確指揮架構，現場動線管制不理想，一般民眾也可進出，影響救災作業效能；還有糟糕的，屍體辨識緩慢進行，現場漸有異味，引來野狗徘徊……。尤其，又下起雨來，可說是淒風苦雨，大家腳上踏著滿地泥濘……。

宋楚瑜指示趙鋼：找一塊空曠地，集中分類處理

救災第一要事是**掌握情勢，務實評估，提出正確的方向，賦予團隊清晰目標**[4]，以資建立指揮系統明確權責，人員與物資統一調度，依序展開現場處理，不同單位才不會亂，才不會各行其是。

---

[3]　1994年4月26日，華航班機搭載271名乘客及機組員，在名古屋機場降落時墜毀，造成264人死亡（其中153名為日本籍乘客），僅有7人生還，是臺灣傷亡最嚴重的一次空難。

[4]　「西方兵聖」克勞塞維茲（Carl von Clausewitz, 1780-1831）以所謂「戰爭之霧」（fog of war），指稱指揮者對情境狀況混沌，只能摸瞎以對。同樣的，救災也怕「救災之霧」，發生「現場智慧」匱乏狀況。

看到媒體報導責難與家屬不滿反應，宋楚瑜決定改變行程，於2月18日下午15:00抵達空難現場，經一番察看、聆聽和彙整資訊後，認為政府本為一體，應該積極協助救災。宋楚瑜指派省消防處處長趙鋼擔任現場總指揮，公路局局長梁樾擔任周邊重建指揮。

宋楚瑜並指示趙鋼等人：「趕緊整合救援人力，先找一塊大空地，再劃分出區域，用分類方式處理，區分飛機機件殘骸、旅客行李物件和屍塊幾大類；機件殘骸集中後交給華航，提供事故調查；旅客行李物件和屍塊都要登記，也要註明誰領走⋯⋯。」他還向趙鋼說他從太太陳萬水那裡學到的經驗，陳萬水曾說找不到東西時，就要將抽屜裡的東西全部取出來，重新分門別類地擺⋯⋯。

趙鋼接任現場總指揮，立即依據省長所說，統合國軍弟兄及地方警義消救災人力，加速清理飛機殘骸、罹難者遺物及屍塊，並協調交通部民航局、華航處理辨識，在當日內就完成分類集中並移離現場。

趙鋼在《打火兄弟》（中華消防協會，2011年，頁154）說：「宋省長沒學過防救災。他如何帶動救災？其實，他不需要會什麼救災。救災的戰術、戰技層面是各廳處該做的，他只需要有同理心及貫徹救災執行的決心即可。」

宋楚瑜強調，面對大災難現場，一定要鎮定從容：「難免的，觸目所見盡是殘破敗壞，情緒一定很受壓迫，心裡一定很亂很急，這時救災指揮者心神務須穩住，要有一幅清晰且井然有序的行事圖樣⋯⋯。」

一夜重建：全部復原，慰靈法會後一起吃麵線

另一邊善後工作同時進行，梁樾負責道路重建恢復與現場淨空。

飛機摔下來的臺15線是南來北往的幹道，路面不只血跡斑斑，更是一堆一堆的各種殘骸，宋楚瑜要梁樾指揮將路面刨掉一吋，刨除沾有屍塊血水的柏油層，由省衛生處協助加以消毒，另擇處掩埋，並請道士誦經後，再重新鋪上瀝青柏油路面；對被撞及民宅的四濺血跡也加以清洗整理，先裝上簡易木板隔開，以避免再看見現場慘狀，同時省社會處做好受災戶暫時安置，協

助提出補償或搬遷等問題。

省道上機具轟隆聲震耳欲聾，各項災難善後分頭進行，日以繼夜，一夜未停。2月19日晨曦照耀大地時，事故現場已經不一樣了。

新路、新樹栽等出現在眾人眼前。

臺15線這段一公里長的路面重新鋪好了，看不出有出過事的樣子；安全島上灌木重新栽種了，覆土換成新的了，絲毫沒有被衝撞過的痕跡。

殘骸、遺物、屍塊等均已處理妥當。

參與救災阿兵哥也都洗浴乾淨。

19日10:00，宋楚瑜率省政府團隊，與罹難者家屬參與公路局舉辦的「慰靈法會」；他擔任主祭，和大家一起焚香祭拜亡者，再和救災人員、工程人員與國軍弟兄一起吃豬腳麵線。

宋楚瑜說，每次協請國軍弟兄幫忙，都會要求省兵役處注意口罩、手套、肥皂、消毒酒精、餐點飲水供應等問題，事後一定再贈與加菜金表達感謝。他還表示：「焚香祭拜，吃豬腳麵線，都依習俗辦理，就是讓大家心安回部隊！」

他也請公路局局長梁樾開放臺15線恢復通車。又指示趙鋼，道路周圍排水溝盡速清理，民眾受損部分則協調華航迅速修復或賠償。

各廳處總動員，社會處善後到底

2月19日12:30，宋楚瑜率唐啟明等人到臺北縣板橋殯儀館，做了幾件事：弔祭、慰問、傾聽、協調。他才踏進來，就聽到家屬痛罵「官員作秀」聲音，引起一陣騷亂喧譁。

宋楚瑜沒有避開，上前直接問：「您有什麼問題嗎？我來幫忙處理！」

家屬流著淚水反映：「桃園殯儀館不敷使用，板橋殯儀館也不夠用，大體無處存放……。」

宋楚瑜立即要求社會處，協調其他縣市殯儀館支援應急，也請交通處調借船用冰櫃。一旁有人說：「這種冰櫃怎麼借得到？」宋楚瑜回以：「死者

為大！」這應是臺灣首次使用船用冰櫃應急，來處理遺體安放問題。

宋楚瑜會同桃園地檢署主任檢查官李良忠、法醫顧問楊日松博士、臺北縣社會局，傾聽所有罹難者家屬意見與建議，進行約三小時，獲致下列結果：

——遺體確認者，請檢察官發放死亡證明書，隨即發往安葬或火化。

——無法確認身分或遺體不完整者，請刑事警察局在5天內完成DNA比對。

——靈堂應保持莊嚴肅穆，請社會處協調臺北縣立殯儀館，協助華航另闢適當空間設置服務處，處理家屬要求事項，每日定時公布罹難者DNA比對進度，並向家屬簡報最新處理狀況，提供家屬緊急查詢服務。

之後，他又趕往高雄縣鳳山市，慰問在此一空難中，罹難13位親人的簡姓家屬，並請高雄縣縣長余政憲及社會處處長唐啟明會同社工人員，全力協助簡家善後，並妥善照顧家屬日後生活。

由上可知，此一空難處理事件較為特殊，事涉中央、省和地方各層級政府，省政府是在救災行動滯緩時介入，承上啟下並完成任務。雖然宋楚瑜也碰到罹難者家屬質問，經立即應對而圓滿解決；若不直接面對，負面效應或許會擴大。

最為關鍵的，是省長指示省消防處處長擔任總指揮，解決了救災人力「誰聽誰」的「窗口」問題，使後續協調與事項執行趨於順利。宋楚瑜解釋說，「雖然消防處成立很晚[5]，但省政府團隊救災很有經驗，一旦有事時就是各廳處局危機總動員。」

英文prudence常被譯成「審慎」，可用來檢視這次宋楚瑜指揮省政府團隊介入救災決策。Prudence有好的指稱，可視為深謀遠慮或精明；但有時被認為過度「謹慎」，也就有懦弱的意思。自亞里斯多德（西元前384-前322年）以來，這個詞語經常與練達從政人物連接一起，年輕小夥子沒這能耐；宋楚瑜這樣看自己：「我那個時候50歲出頭，沒有老練或懦弱的問題，只是

---

[5] 趙鋼常說，消防處在省政府團隊中是一個小單位，出生不久（兩年內因凍省而夭折），人員不多，職工不滿40人；但因業務性質關係，在省政府團隊救災系列中常是啟動及協調聯繫的幕僚角色。

看見民眾有災難時，該怎麼做就怎麼做，只求對得起老百姓！」

口蹄疫爆發：不具危機意識，不足以擔任領導者

自1929年以來，亦即快70年的時間，臺灣未曾發生豬隻口蹄疫。但就在1997年3月17日，省家畜衛生試驗所向農林廳反映，採自新竹、嘉義等縣豬隻病材感染口蹄疫；農林廳即向行政院農委會請求開封國際畜疫會血清，以便驗證；19日凌晨02:00，病材檢驗呈現陽性反應，確定感染口蹄疫。

這真是晴天霹靂。

農林廳廳長陳武雄在《臺灣省處理豬隻口蹄疫紀實錄》（臺灣省政府農林廳編印，1998年）記述：「仍記得3月19日凌晨接獲口蹄疫疫情時，如受電擊，想到一場浩劫即將到來，不寒而慄。」

豬隻發生口蹄疫問題，陳武雄立即向省長報告，並依程序上報行政院農委會主委邱茂英。宋楚瑜在接獲陳武雄報告後，一方面囑咐省農林廳等單位做好資訊蒐整並即時提供；另方面，馬上和陳武雄趕到第一現場臺南縣等實地了解。以下是省政府因應豬隻口蹄疫的大事紀：

3月20日，陳武雄和宋楚瑜趕往臺南縣麻豆鎮養豬場訪視，藉由媒體採訪時說明口蹄疫非人畜共同傳染病，對人體不會造成影響，以及省政府已與中央密切配合，緊急採購國外疫苗，免費提供養豬戶注射豬隻，先行消除消費者疑慮，以安定民心。

3月21日，宋楚瑜又到嘉義縣，藉由媒體說明省政府已囑21縣市政府成立危機處理小組，並派員參加農委會召開的緊急處理會議，籲請中央給予養豬戶補助。

3月22日（星期六）上午10:00，宋楚瑜偕同兩位副省長吳容明與賴英照、祕書長蔡鐘雄及相關廳處長到農林廳聽取報告。宋楚瑜立即決定擴大動員組成「臺灣省政府口蹄疫緊急防疫指揮小組」，請財政廳、主計處、警政廳、衛生處、環保處、兵役處等各廳處協助辦理經費調度、環境消毒、協調國軍及警察配合辦理豬隻撲殺、疫區隔離等工作，同時指示農林廳成立「農林廳

口蹄疫緊急處理小組」，協同省政府相關單位及全省21縣市政府處理各項防疫工作。

同一天，奉總統李登輝命令，參謀總長羅本立上將指示三軍，自即日起依地方政府與民眾需要，指派兵力參與撲滅口蹄疫工作，包括豬隻掩埋、焚燒處理和疫區消毒。此一指示命令直接下達陸軍總司令湯曜明，湯總司令並正式向各作戰區下達「防疫救災視同作戰」指示，陸軍北中南東四位作戰司令同步行動，派出化學及衛生部隊1,000餘人，投入防疫行列。

3月24日（星期一）上午，省政府舉行第108次省政會議，議決區域隔離、人畜隔離和境外隔離等各項危機處理措施，並將此一疫情界定為「非專屬農政單位問題」，也就是「事關多個單位，須跨廳處局處理」，省政府相關單位都不能置身事外。這其實是前日（3月22日）趕赴農林廳共商決策的再次確認程序，相關廳處早已於當時就付諸行動。

由上可知，在宋楚瑜領導下的省政府團隊沒有浪費任何時間，在整體疫情形勢評估之時，亦確實掌握協調布署之先機；宋楚瑜確信沒有危機意識的人不足以擔任領導者：「該出手時，就出手！否則虛擲星期六、日的時間，疫情可能發展得更加棘手難控。」

危機總動員：省長趕去農林廳親自整合問題

這次豬隻口蹄疫因豬隻走私導致境內感染，引爆全臺大流行，業者叫苦連天；也讓省政府再一次危機總動員，省長率同副省長、祕書長及各廳處局長到農林廳廳長辦公室共同應對，偌大疫情於一個半月內趨於平靜[6]。

為何省長非得要大陣仗趕去農林廳廳長辦公室？宋楚瑜說，「豬隻產業

---

6 在省政府團隊戮力合作下，一個半月後的1997年5月初立即全盤控制。每日患病的豬隻發病場次從3月24日的185場，到5月9日降為9場，到6月3日全省已無疫情，截至1998年10月1日只有零星疫情24件。此一口蹄疫於2020年6月，世界動物衛生組織（OIE）才將臺灣從疫區除名。其間，疫區獲除名的過程如下：中央政府於2016年6月組成口蹄疫拔針作戰小組，2017年5月臺澎與馬祖先獲OIE認定為施打疫苗非疫區，隔年金門也獲得認定。2018年7月臺澎與馬祖停止注射口蹄疫疫苗，經嚴密監測滿一年，皆未發現口蹄疫病毒活動，即於2019年9月向OIE提出臺澎與馬祖拔針申請，終於在2020年6月16日，OIE正式將臺灣從疫區除名。

牽連甚廣，口蹄疫各種衍生問題太過龐雜，非農林廳所能獨立完成！」這可從以下陳述，知其應然與所以然。

首先，採取區域隔離，對於非疫區肉品運銷車輛實施管制措施，澈底隔離疫區與非疫區，有效控制疫區範圍。由於疫區仍需食用豬肉，肉品運銷車輛只許進不許出；至於如何設置檢查崗哨，由警政廳和農林廳、縣市政府協調辦理。

其次，採取人畜隔離，為防杜口蹄疫病毒經由空氣傳染，立即將病死豬隻就地掩埋或焚化，嚴禁任意搬移；至於國軍官兵執行撲殺病豬任務，必須上報總統行使命令，而且要由兵役處協調短期內「均能留在疫區內」，不宜移防至非疫區，以免病原擴散傳染給牛羊等偶蹄類動物。

再者，採取境外隔離，必須儘速查明疫情原因，若確屬境外移入型病毒，則協調中央政府澈底做好境外隔離管制工作。

第四，緊急採購口蹄疫疫苗及相關消毒藥劑（這是省衛生處職責範圍），並全面撲殺疫區染病豬隻，兩項工作雙管齊下並同時進行，以免疫情擴大。

第五，充實撲殺豬隻基本設備，執行過程能較符合人道精神，以無副作用、衛生、快速的方式處理，以及邀請英國或丹麥等國外專家技術指導，借重他們處理此類疫病事件經驗，此須農林廳協調其他機關一同辦理。

第六，對於染病豬隻撲殺後就地掩埋，有無汙染地下水源之虞、對人體健康有無影響、宜否採焚化式處置等問題，須請環保處及衛生處邀集環保、衛生專家學者成立專案小組，協助農林廳研究解決，以維護環境衛生。

第七，對於養豬業者配合撲殺染病豬隻，在處理完妥後依規定撥付補償金額，至於未配合執行撲殺業者，則依法追究責任，以做好善後工作，此須財政廳等單位偕同處理。

第八，很重要的，由衛生處協助農林廳加強輔導肉品市場的管制與檢驗，並建立優良肉品品牌制度，使消費者安心購買食用，減少業者損失。

宋楚瑜另外也特別關心業者如何度過難關，就請財政廳協洽辦理融資事宜；還有，教育廳也是責任單位，疫區豬肉絕不能讓中小學生午餐誤用誤食。

當然，免不了的，省長要帶頭吃豬肉，好讓大家能安心吃豬肉；他請新

聞處處長黃義交協調媒體：「請幫忙多報導可安心吃未染病豬肉的新聞。」

宋楚瑜對於危機預防與危機管理很有概念，且具備應對諸多大事的實務經驗[7]；他同時要省新聞處處長黃義交注意並提交第一手資訊，透過媒體，讓相關產業業者、讓社會大眾知曉**「政府在工作」（The government is working）**，以安各界的心。

這很重要！**當人民面臨危機時，政府就應該走在最前頭，去擋風遮雨，去做損害控制！**

各機關不分彼此，投入最大團結力量

自1986年起，毛豬躍升臺灣農業單項產值最高產業，占農業生產總值1/5以上；1996年產值達新臺幣886億餘元，年供應屠宰毛豬1,431萬頭，其中約40％外銷日本（占日本豬肉輸入第一位，為其進口量的49％），對農民收益及農村經濟貢獻甚大。

爆發口蹄疫之後，每年豬隻約600萬頭外銷瞬間歸零，同時撲殺近400萬頭；一年間，養豬戶數銳減近5,000戶，豬隻養頭數減少近300萬頭，再加上對動物藥品、飼料、屠宰、加工、外銷、運輸、豬肉零售等相關產業影響，當時估計一年內國家整體經濟損失高達新臺幣1,700億元，國內總生產毛額（GDP）因而降低4‰，造成產業極大衝擊。

由上可知，事關養豬戶等系列產業，茲事體大，影響甚鉅。疫情爆發之初，省政府即進入嚴陣以待狀態，全程掌握這場災害發展，親上前線的指揮官就是宋楚瑜。在他調度協調之下，省政府團隊全力協助農林廳，以整體團隊精神與戰力一同抗疫。他也在第一時間前往疫區穩定民心，隨即返回省政府率同各相關單位，踏進農林廳聽取報告，協助農林廳廳長；他不是讓農林廳廳長和同仁各自奮鬥，而是找「大家」同去農林廳幫忙。

---

[7] 宋楚瑜不是危機預防與危機管理專家，但在危機事件因應的心理素質和實務處理等方面可說是歷練過大陣仗，應對過大風大浪；例如1978年的臺美斷交、1986年王錫爵事件、多次與「黨外」（即組黨之前的民進黨）和民進黨抗爭時做危機處理或政治溝通等，可詳參《蔣經國祕書報告！》（商周，2018年）第4、6、11等章。

他嘉許農林廳廳長陳武雄積極敏捷，以及農林廳同仁有效因應的作為：「口蹄疫蔓延迅速，病毒係經由空氣傳播，以一個半月控制疫情，可以說是一項奇蹟，否則從疫區除名不知要到何年何月?!」

宋楚瑜肯定省政府各單位不分彼此，投入最大的精神與團隊力量：「為了減少業者的損失，為了避免社會大眾與市場上的恐慌，也為了縮短解決問題時程，相關單位共謀對策並緊急執行，各廳處首長全力支援農林廳廳長。」

宋楚瑜說，政府的工作就是團隊工作，團隊就是彼此協調彈性支援的組織，絕不是一個部門「有事」，其他部門「坐視不管」，更不是省長只出張嘴指示農林廳去應付，或坐等農林廳廳長來向省長報告。

口蹄疫後有腸病毒：耐煩再耐煩，求證兩者關連性

隔年（1998年），又是春天，臺灣爆發全球最嚴重的第71型腸病毒疫情。1997年大流行地區在馬來西亞，1998年大流行進入臺灣，兩地均是腸病毒第71型。此一臺灣腸病毒疫情迅速擴散[8]，甚至一週出現5名死亡病例，門診和住院天天爆滿，許多人視腸病毒為「怪病」。

每天媒體都關心疫情發展，也有新聞報導提出腸病毒在臺灣流行猛烈，難道和去年豬隻口蹄疫掩埋妥當否有關？宋楚瑜隨即主動找上省衛生處處長了解討論。

衛生處處長石曜堂向宋楚瑜做了口頭說明，宋楚瑜並提了幾個問題，兩人相互討論了一番。其中的問題也是媒體所質問的，今年腸病毒和去年豬隻口蹄疫病毒是否有所關連？其他還有腸病毒發生的主要地區和豬隻口蹄疫掩埋地點有否相同？口蹄疫的處理與管理是否有未加落實之處？

幾天後，石曜堂回報宋楚瑜：「腸病毒重大感染區域主要在臺北縣林口和臺中市等地。」

宋楚瑜問：「資訊是如何得來的？」

---

[8] 有些醫學研究評估，1998年第71型腸病毒肆虐臺灣，約有140萬名兒童得到手足口症和咽峽炎，並造成405例重症和178人死亡。

石曜堂答：「主要是由林口長庚醫院和臺中榮總彙整出來。」

宋楚瑜一聽，覺得不太對：「問題不是病例有多少，而是發病地點都在哪裡？」他補充說，「發病地方和看病地方是兩碼子的事，你的資料是正確的，但是看病地方不等於是發病地方。」

他只好請石曜堂再查察：「是不是向那些醫院進一步了解，再做就醫民眾居住地區量化分析？口蹄疫善後和腸病毒疫情都令人心揪，若能了解口蹄疫善後沒有外溢病毒問題，我才能放心。」

這位處長擁有美國哥倫比亞大學公共衛生博士學位，未料想到省長來個「大哉問」，再次和同仁經過一番認真仔細探究，又回報：「再經查證後，口蹄疫和腸病毒之間沒有關連，口蹄疫處理沒有後遺問題！」宋楚瑜這才放下心。

宋楚瑜對此事記憶深刻，口中再唸了一次：「為政之道無他，心存百姓，耐煩而已。」他也非常感謝衛生處石處長和同仁們當時的配合與辛勞。

凱特琳與道格颱風來襲：整治高雄水患有共識

省政工作本就無時無刻忙碌，1994年夏秋之交更令宋楚瑜繁忙，也是他下定決心整治高雄地區水患的時刻。

這時他已決定投入臺灣有史以來第一屆省長選舉，但是這一年的颱風卻一個接著一個來，有提姆、凱特琳、道格、弗雷特、葛拉絲、魯克六個。7月上旬的提姆，就讓宋楚瑜在花蓮、臺東、宜蘭來回跑了好幾趟。緊接著是8月上旬的凱特琳、道格相繼侵襲。這是1959年「八七水災」以來最嚴重的一次水災。

凱特琳、道格在8月12日、13日兩天，一共下了645毫米雨量，以及西南氣流帶來豪雨，持續兩週降下近2,000毫米雨量，在中南部及高雄縣市造成重大災情[9]，不僅鐵公路中斷，高速公路岡山路竹段都淹水，封閉了3天多。

---

9 高雄縣27個鄉鎮中，有17個鄉鎮淹水，其中岡山鎮災情慘重；高雄市的左營、小港、柴山以及沿海地區也造成積水或坍方。

李登輝總統在一週內三度探視中南部災區，國軍動員救災達11萬人次。當時宋楚瑜向李登輝報告後，請陸軍第八軍團司令湯曜明中將（其後歷任陸軍總司令、參謀總長、國防部部長）、空軍官校校長陳肇敏（後來歷任空軍總司令、國防部軍備副部長、國防部部長）[10]、海軍陸戰隊司令鄭國南中將等軍種派兵協助，三軍協同，兵民一家。宋楚瑜還要省兵役處、環保處備足消毒水提供社區運用，同時每天發給救災國軍弟兄口罩與手套，也盯著便當飯菜要夠吃，災後又提供加菜金聊表謝意。

救災即是解救民眾於倒懸之苦，政府應疾民所疾，苦民所苦，須結合軍民一切力量，發揮「危機總動員」的效能，切實精準地集中運用在「危機點」上。省兵役處處長王仲超平時很低調，這一次卻不禁大喊，要同仁們上緊發條，同步與中央國防部、各兵團聯繫，要多少兵力，支援什麼地點，口罩和相應資源需要什麼，加菜金發給哪些單位，都要擔起應負的責任。

救災最需要注意的是環保消毒等善後工作，通常水災之後必是疫病（如登革熱、痢疾……等）侵入期，環保處能清閒嗎？前後兩位處長李公哲、陳龍吉的角色就是「善哉善哉」，也就是做到「穩妥當」，絕對沒有疏忽遺漏，絕不能讓民眾發飆跳腳。

「這兩個颱風接連在兩週之內，累計降下一整年的2/3雨量，遠遠超過一般水利和防洪工程標準……。」宋楚瑜至今依然記憶深刻：「岡山有一個里叫潭底里[11]，可見它的地勢低窪，當時水淹得很高，大約一層樓，你想想居民好幾天泡在水裡，能不心急如焚！能不火冒三丈！」

8月14日是星期天，國民黨舉行省市長候選人初選的黨內投票，宋楚瑜沒辦法投自己一票，因為一早上就陪李登輝總統、行政院連戰院長到淹水最嚴重的岡山鎮與路竹鄉視察災情，下午又與高雄縣縣長余政憲到彌陀與梓官兩鄉勘災，和彌陀鄉鄉長吳榮重商討，同意協助早日取得阿公店溪整治所需用地。

---

[10] 1994年9月13日，宋楚瑜親頒省政府獎章予湯曜明、陳肇敏等協同救災將領，可說凱特琳和道格颱風視同作戰之「役」，造就了日後兩位國防部部長。

[11] 這個里的主要道路即是潭底路，因地勢低下，明鄭時期地名就叫「潭底」或「潭底洋」。

投票截止時間是下午15:00，位於臺中市的國民黨臺灣省黨部原訂16:30舉行記者會，因宋楚瑜忙於救災，等到趕來與記者見面時，都已延誤了，晚餐只在車上吃了一個三明治。

隔天，省政會議議決成立救災專案小組，由宋楚瑜擔任召集人，建設廳（水利局）於年底前動工辦理土庫排水系統，並研擬阿公店溪及典寶溪整治改善計畫，住都局（處）整體規劃雨水排水及下水道工程，將高雄雨水排水系統列為優先辦理對象（參見本書第13章）。

再隔天，省政府決定投資206億餘元，加強辦理阿公店溪整治、阿公店水庫改善、土庫排水整治及典寶溪等工程，尤其是兩年內完成土庫排水改善工程，紓解了高雄地區排水問題。

自8月9日以來，宋楚瑜沒有一天不在勘災。到了20日，他已是第四度到岡山，各項救災緊鑼密鼓，他對高雄淹水地區宣布：「省自來水公司免費提供每戶10度用水，請大家好好清洗消毒[12]。」

高雄縣水患由來已久，相關土地取得、洪水發生頻繁等問題一直令人苦惱，地方看法卻又無法一致，經過這次風災造成的水患，終於逐漸達成共識。

人在做天在看，水患解決，還是省長來最有效

宋楚瑜記得岡山發大水時，許多民眾紛紛捐款，其中有的捐到省政府社會處。宋楚瑜下令全數捐款轉交到高雄縣政府彙整處理，統一由縣長余政憲

---

[12] 宋楚瑜對於凱特琳、道格兩颱風善後的指示還有以下重點：有關淹水地區災民之救助，請社會處等有關單位研究組成災害勘定小組，以分級方式發給3至5萬元救助金；又民眾工廠、房屋、家具、車輛等受損請求貸款事宜，請財政廳、主計處等有關單位研擬以低利貸款方式辦理；另農業災害損失補助部分，請農林廳儘速依相關規定予以鑑定補助。其他災後復建工作，諸如道路和橋梁修復工作、災區衛生消毒及環境清理工作、都市地區下水道排水系統改善工程計畫等，請交通處、衛生處、環保處、住都局（處）等有關單位一併研擬專案計畫辦理。鑑於此次水患造成省內各地之災情，除請建設廳加強防洪排水系統與河川整治工程外，並請農林廳（林務局、水土保持局）檢討目前山林保護措施，加強造林與水土保持工作。而且，以上諸工作事項由研考會分別列案追蹤，並請祕書長定期邀集各單位檢討處理績效，並給予必要的協助。

具名發給受災戶。有人和他說，省政府社會處收到的捐款為何不自己發出，宋楚瑜說：「人在做，天在看，省政府就是默默將事情做好，幫民眾解決問題，功成不居。」

他說：「余政憲不是代表個人，而是代表高雄縣政府，和臺灣省政府都是『一條路』的；他服務縣民，我服務省民，何必分黨籍。」

夏珍指出，因為災情，宋楚瑜一路泡水，和高雄縣縣長余政憲「也泡出若干交情」；後來在省長競選時，余政憲在民進黨內也不諱言：「國民黨有宋楚瑜這樣的人選，民進黨怎麼和他競爭！」（《宋楚瑜中興紀事》，頁134-135）

余政憲在《水的政治學》（頁62）受訪時提及，高雄發生水患，總統來，行政院院長來，省長也來，但就是：「省長來最有效。」以下這一段文字也來自《水的政治學》（頁62），余政憲還這麼說：

宋省長絕對不會因為他們是民進黨執政縣市而有差別，甚至選舉期間[13]，宋省長還來高雄縣關心水源：「當然他是國民黨，我是民進黨，大家各自為自己的政黨候選人，但選後一切就結束了。高雄縣民也是他的省民，也需要照顧，他來幫忙並不是為了我，是為了高雄縣民，是高雄縣民在看宋省長是不是關心他們，而且他在高雄拿了那麼多票，當然要關心。

余政憲說的不是沒有道理，宋楚瑜在勘災現場也發揮他的應變決策能力，土石流對山坡地的道路衝擊範圍有大有小，為了盡快打通山區道路，他下令復建工程規模在10萬元以下，可先照相存證備查，他擔起責任，以免去繁瑣費時招標程序；這自然加速了復原工程，但他也反覆要求施工品質，絕不能「偷工減料」。

---

[13] 係指省長競選時，國民黨籍候選人是宋楚瑜，民進黨籍候選人是陳定南，參閱本書第2章。

賀伯西北颱重創 8 縣市，百年來最恐怖的颱風

　　1996年也是「災害連連」的一年。那年5月下旬，臺灣省連下豪雨造成部分地區積水成災，7月29日賀伯颱風襲境前四天有葛樂禮颱風，賀伯颱風善後未了的9月底又有薩恩颱風。

　　賀伯颱風是宋楚瑜任內最大的救災考驗；考驗省政府團隊的應變能力，考驗省政府團隊在民眾心裡的信心程度，也考驗人們對大自然災害教訓的記性。

　　自賀伯颱風開始，經由媒體報導，畫面觸目驚心，我們對土石流才有具象認識。宋楚瑜說南投縣水里、信義及鹿谷三個鄉最嚴重，尤其是信義鄉神木村整個被淹沒，多人遭活埋，道路與通訊完全中斷，無法透過正常管道通報；連南投縣政府都不知道災情如何，直到村民徒步走出來求救，救援工作已不只慢半拍。

　　完工幾十年，臺灣蓄水量最大的曾文水庫幾乎沒有滿過；賀伯之前的蓄水量為4,000萬噸，颱風之後為6億餘萬噸。阿里山下了1,980毫米的雨量，偌大歐洲年平均降雨量是700多毫米。也就是說，歐洲二到三年的降雨量，在兩三天之內密集地下在臺灣中央山脈以西地方，激烈降雨和洪流造成八個縣市重大災害，堪稱百年來最恐怖的颱風。

　　「這些雨大量急降，迅速向西海岸海域流去，其中受到最大影響的是濁水溪流域，從上游的山區到沿海地區均不能免，同時對八掌溪、北港溪及朴子溪流域也產生重大的衝擊。」當時宋楚瑜馬不停蹄地勘災、救災中；「南部的高屏溪上游、荖濃溪與旗山溪也都是洪流湍急，把重要道路橋梁都沖毀，包括臺20線上的寶來一號橋、高美大橋與里港大橋都受到嚴重破壞，而降水延伸到屏東縣林邊，加上海水漲潮，也造成屏東沿海低窪地區淹水。」他回憶著說。

　　宋楚瑜還記得7月30日有一個大的地震[14]：「地震之後，立刻下這麼大、

---

[14] 依據中央氣象局地震觀測資料，於1996年7月30日凌晨4:21，宜蘭外海發生芮氏規模6.2級有感地震。

這麼多、這麼急速的雨，這個雨不僅是滴水穿石，更像水刀一樣；洪水挾帶大量的泥沙形成土石流，洶湧波濤，由濁水溪、朴子溪、北港溪、八掌溪等集水區急速往下游沖。如此這般『瘋狂』的雨勢，肯定會造成慘重的災害！」

宋楚瑜翻閱資料加以比較：「以創害程度而言，賀伯颱風與歷次颱風相較，排不進前5名；從紀錄上來看，其他還有5次重大颱風災害，房子全倒超過10,000戶以上，遠遠超過賀伯……。」例如，1959年八七水災爆發時，水災集中在大里溪、大肚溪的上游，造成臺中縣、彰化縣及雲林縣重大損失，死亡及失蹤人數超過1,000人以上，房子全倒逾27,000多戶，半倒18,000多戶。政府當時集結全國上下的力量，花了10餘年時間才恢復舊觀。

而賀伯颱風不僅造成臺灣中、南部沿海地區海水倒灌，還包括臺北縣（像半個板橋市區都淹在水裡）在內等全臺地區多處嚴重淹水；總計造成51人死亡、22人失蹤、47人重傷、416人輕傷、503間房屋全倒、880間房屋半倒；災後重建工程共7,349件，省政府團隊和縣市政府通力合作，經過列管追蹤，不到兩年完成7,269件，完成率達99％。這其中有：大到好幾億的南投陳有蘭溪橋、高屏地區重要大橋，以及所有道路、河堤與山坡地等修護工作，都在宋楚瑜離開省長崗位前完成一切復建工作。

賀伯颱風何以會這麼嚴重？宋楚瑜分析：「主要原因是雨量超級大，範圍又甚廣。歷次風災集中在少數幾個縣市，但是賀伯這一次，除了中央山脈以東的花蓮、臺東以及離島澎湖地區沒有受到嚴重災害，北從宜蘭、基隆和臺北，南到高雄、屏東，無一倖免。」

漏夜制定救災原則，每天工作17小時，餐餐三明治裹腹

賀伯颱風係200年來前所未見，這個超大型西北颱[15]席捲臺灣，於1996年7月29日至8月1日肆虐，雨勢最大時是7月31日與8月1日。以前從未對土石流有

---

[15] 西北颱通常從臺灣東方海面向西北方向行進，因為路徑避開中央山脈的阻擋與破壞，保有強勁侵襲威力，而且颱風環流以逆時針移動引進西南風，使臺灣西半部成為迎風面，並挾帶極大降雨量。例如，1956年的萬達颱風、1960年的雪莉颱風及1963年的葛樂禮颱風，都曾造成嚴重災害。

過這麼深刻的體驗，透過電視畫面，那種挾帶著泥土砂石，像岩漿般滾滾而下的巨流，真是驚心動魄！但這可都是災區實景，令災民無不膽寒的親身經歷。

應對危機的「臺灣省政府賀伯颱風災害防救中心」於7月30日成立，經辦人是正在籌備省消防處的趙鋼。省長擔任指揮官，副省長擔任副指揮官，省政府祕書長擔任執行長，副祕書長擔任副執行長，各廳處局計有27個單位[16]，進駐該災害防救中心，負責執行各項颱風災害防救處理工作；各防災相關廳處局並就業務分工及權責於機關內成立緊急應變小組，負責執行災害防救中心各項決議事宜。

其實宋楚瑜及省政府同仁於暴雨來襲的同時，就已投入勘災與救災中。8月1日（星期四）一早，宋楚瑜冒著大雨訪視臺北縣等地災情，省政府團隊已在災害最嚴重的南投、嘉義勘查災情。由於阿里山降下大豪雨，沿八掌溪到出海口地區災情十分嚴重，宋楚瑜集合省政府重要救災人員，當晚23:00在嘉義市召開「賀伯颱風災害處理緊急會議」，會中針對農林漁牧、公路交通、水利防洪等，做成38項工作分配，並在南投縣與嘉義縣市分別成立「救災前進指揮中心」，統合行政部門、國軍和民間團體，整合中央、省、縣市及鄉鎮市，以更有效地爭取時間，減少民眾損失至最低。另漏夜研擬訂定分三階段，要在8日、12日、15日把中斷道路全面打通；苗栗以北地區有部分稻田還未收割，緊急動員國軍官兵幫忙搶割；除了搶收山區蔬果，對沿海地區被沖毀的魚塭也緊急搶救處理等。

自8月1日起，他來來回回奔走，或搭直升機，或趕車，或步行，深入災區每個角落。他連繫軍方，動員陸軍與空軍的力量，協助物資運補與復建各項工作；他下令直升機運補食物及日用品給災民。

他要求相關部門在一個月內，在全省山地、離島地區超過一千人聚落，設置臨時直升機停機坪，俾能迅速協助災民度過難關。這個應急做法在臺灣

---

[16] 包括民政廳、教育廳、建設廳、農林廳、社會處、警務處、交通處、衛生處、新聞處、地政處、兵役處、勞工處、環保處、糧食局、住都局（處）、物資局、水利局、漁業局、水土保持局、林務局、礦務局、鐵路局、公路局、軍管部、自來水公司、臺灣電力公司、中華電信公司等27個單位。

可謂空前，隨後於1997年初成立的省消防處，奉宋楚瑜指示再經實地勘查，開設92處直升機停機坪。

他感激國軍動員超過8萬6,000人次兵力，車輛超過3,000輛，協助清理道路、清除垃圾及消毒工作；以及警察、消防及義警消、民間救助團體共同投入救災，搶救及疏散民眾14,000人次，安置在學校、寺廟或親友家裡。

值得一提的，在省政府團隊積極投入勘災、救災及規劃復健等作為之餘，新聞媒體在報導上多不吝予以肯定，而民眾在災後傷痛尚未緩和，還來不及責難之際，就已因省政府快速急民之難的因應之道，轉為信任與稱讚。

1996年8月底，宋楚瑜在中興新村接待由大陸來臺訪問的劉銘傳第五代後裔劉學馥；此前將近一個月裡，他和省政府團隊是一波波不停歇地投入救災，日以繼夜，不眠不休。

「十七」與「一」是那段時間常伴宋楚瑜的數字，平均日工作達17小時、一瓶礦泉水；他的底子好，身體挺得住；但是「看到災民受困與家園殘破，真的很急，怎麼會有胃口，吃得下去！」

賀伯專案報告：省議會首例，省長「驚爆13天」

2001年初曾上映一部電影《驚爆13天》（*Thirteen Days*），描述1962年古巴導彈危機發生，美國甘迺迪政府如何應對危機。賀伯颱風是宋楚瑜的「驚爆13天」，從雨量最大的8月1日起至8月13日，他一面勘災，一面指揮救災，全省同步展開搶救工作。

在8月5日及8月12日召開的兩次省政會議，宋楚瑜又加緊追蹤相關救災及災後復建工作，逐項嚴格督促各個負責廳處局。除了重要災損防控與復原、復建指示之外，他特別提及水災之後要特別留意疫病傳染；8月5日在會議上要求農林廳與環保處，對於流散各地（例如濁水溪沿岸）豬隻等禽畜屍體要妥善處理，儘速洽請軍方協助打撈，避免滋生傳染病源；8月12日又提醒環保處和衛生處做好災區衛生清理及消毒工作，另責由建設廳（水利局）協助處理淹水未退地區（嘉義縣東石鄉等）積水問題，避免居民罹患皮膚、腸胃炎

等疾病，還要求建立登革熱疫情通報系統，進行病例監測工作。

8月14日，宋楚瑜出席省議會召開的臨時大會，提出「賀伯颱風災情及復建措施報告」，針對災害原因、創害災情、搶修搶救、災後復建作為，以及行政疏失、造成洪災的人為因素等加以分析與檢討。這份在省議會（現為省諮議會）臨時大會的報告，至今還可查得到，很少官方報告能像這樣，**能對於如此重大災情清楚掌握且提出對策；因為那裡頭的字字句句，都是靠他雙腳行走勘災出來的。**

在做報告時，他不是照稿子唸，而是一手拿著麥克風，一手拿著簡報棒，對著臺灣大地圖（亦即大型圖表，那時沒有現在的簡報設備，沒有PowerPoint），一邊指出颱風重大傷害位置，一邊說明災害情形和如何救助……。

以前從來沒有這樣的例子，這應該是前所未見，省議員要省政府最高行政首長來做颱風災害報告。宋楚瑜說，「省議會以前不曾因為颱風，召開這樣性質的臨時大會，實在是這次創傷太巨大了……。」

時任省政府副祕書長，也是賀伯防救中心副執行長馬傑明指出：「省長已經勘災救災13天，幾乎走遍每一個賀伯受災點，能怎麼立即幫助災民的做法都盡力去做。」所以，在議長、副議長及所有省議員面前，宋楚瑜就以平常對談口吻敘述，目的只有一個，就是說清楚講明白，協助大家了解並嚴肅面對這場「暴風雨」後的慘烈災情。

「在省長做了口頭報告後，接著聽省議員所提意見，之後省長又做綜合說明；可以去查對這份報告內容，那是一篇口述紀錄，不是預先備好的文字書面報告。」馬傑明說。

在當時那個時間，全世界應該只有他一個人最知悉賀伯。以下所列是8月14日當天，宋楚瑜所做報告的部分摘錄（引自《宋楚瑜先生主持臺灣省政資料彙編（三）》施政報告篇，臺灣省政府編印，1998年，頁297-299），都是口語化的內容：

這次的風災最大的原因，是巨量的雨水向我們中部山區落下，以及地

震等相關的情況，再加上西北颱所帶來的大量雨水，又適逢每月漲潮，因此海岸線的幾個地區，都發生巨大的災情。我們看看過去60多年的水文資料，可以發現這一次賀伯颱風所帶來的雨量，阿里山區是60多年來最大的雨量、破紀錄的雨量。

以基隆市來說，除了基隆港受到颱風影響，外木山漁港防波堤擋水牆也被沖毀數十公尺。以宜蘭來說，巨流挾帶土石，自得子口溪沖下來，不僅臺2線靠近頭城、礁溪的地方，交通幾乎全部中斷，有好幾個地方幾乎不能通車，經公路局全面搶修，目前臺9線已經全部通車。桃園縣、臺北縣的山區，尤其是福區，福山區重要的產業道路、登山道路，前兩天才正式搶通，但是要完全修復北橫公路還需要一段時間。再往南看，新竹的尖石、五峰山區的所有道路幾乎全部中斷，尤其是有一些路段，連路基都全部沖毀，經過公路局連日的搶修，已經可以單線通車。

苗栗最嚴重的災情是臺3線，沿著後龍溪上游汶水溪一帶，沖刷下來的砂石、大的石頭，在大湖和卓蘭地區已經跟河岸一樣平了，幾乎將兩岸的草莓園全部沖毀。到目前為止，臺3線苗栗段嚴重的毀損部分，正在搶通中，長期的復建還需要一段時間。臺中縣大甲溪重要堤防也被沖毀，如果持續下去，會對相當多的農田造成損失；而彰化沿海地區的淹水情形更加嚴重，因中部地區大量的水，加上海潮的倒灌，對彰化縣大城和芳苑地區、雲林湖口、口湖和四湖地區造成重大的淹水現象，統計共有36個地方淹水。嘉義縣八掌溪從上游沖下來的水，造成地方上損失更為嚴重，到前兩天為止，東石鄉的水還沒有完全退去。從布袋到東石，共有15個地區嚴重淹水，尤其從阿里山上沖下之水，包括八掌溪和朴子溪匯流處，造成嘉義沿海非常嚴重的災害。

阿里山的達邦、柑子仔以及豐山地區，道路仍未打通，希望在兩天之內搶通，而此山系旁邊的雲林古坑鄉草嶺地區，道路亦遭受相當嚴重的災害，公路單位已單線搶通，但草嶺地區的路基要恢復原狀，可能仍需要一點時間。

此次道路最嚴重受損的地區，主要是在南投、阿里山與雲林交界一

帶⋯⋯。臺南鹽水地區這次也發生水患，此地淹水最嚴重的地方，叫做洪水里，從地名上來看，此地本來就是非常低窪的地區。高雄山區目前唯一沒有打通的是三民鄉的道路，也希望能在兩天之內加以搶通，至於其他的寶來一號橋、高美大橋、里港大橋，目前亦陸續搭設倍力橋作為便道，使交通不致中斷。屏東地區比較嚴重的是臺24線的上游，霧臺鄉的好茶村這個地方遭受的衝擊比較大。

馬傑明表示：「這應該是一席對臺灣土地的愛惜與敬畏的講話！我們無法避免天災，我們要去面對天災，以一種虔誠的態度⋯⋯。」

從賀伯颱風學習謙卑、反省與不屈不撓

必須再次強調的是時間點，賀伯最大雨勢降於7月31日及8月1日，宋楚瑜在省議會臨時會提出報告時間是8月14日。這13天時間及以後的半個月，宋楚瑜一直在實地勘災與指揮救災，剛開始兩天幾乎沒有闔眼睡覺，因而他在省議會能仔細有序地說出「哪些在近期可修復」與「哪些可望會儘快搶通」。

賀伯颱風對臺灣民眾確是個大災難，但帶頭和它「強碰」（strong touch）的，偏偏是空前絕後唯一的臺灣省省長宋楚瑜。宋楚瑜不斷期許自己，人民有災難，第一個到現場，宋楚瑜說到做到。他也如此說：「**在大自然之前，我們要學習謙卑；對大自然的反撲，我們要學習反省；但是，大自然愈是摧殘得厲害，我們也愈要不屈不撓。**」

事實上，宋楚瑜是用一步一腳印，懷著謙卑、自省的心，以示對大自然的敬畏與百折不撓的意志。馬傑明認為，這是一門實踐「行動哲學、現場哲學和補位哲學」的實務課程。

臨時大會要召開，未曾事先知會，倘若省長不好好救援災害，不就立即「露餡」！偏偏他一直在做事、在救災，偏偏省議員又很關心地方如何復健，就愈加發現這位省長對每一個地方竟如此了解，對每一個地方所受災害竟能如此掌握，對每一個地方災後復原工作竟如此迫切。

從官派省主席，到民選的省長，經過歷練、鍛鍊，此時在每一位省議員眼中，「宋楚瑜，不再是以前的宋楚瑜了！」

宋楚瑜也挺自信地說，「大內高手」（參閱本書第9章）這塊標籤貼了好久好久，這時應該可以撕下來了！

賀伯反思兩三事，痛定思痛的痛點要記取

在臺灣政治圈中，宋楚瑜堪稱且算得上對公路、水利和防災、救災等方面付出最多，同時兼具前瞻性的政府領導者；這個在各種文獻都可比對查考，甚且在百姓心裡或專家嘴裡自有評價。

其實他在上述省議會臨時大會向省議員的報告中，他除了對他「走訪出來」的賀伯災情全盤瞭然，但也特別提到對信義鄉神木村遭到土石流淹沒遲未得知，也深深感到歉意並引以為惕。

他向來自全省各地的省議員報告，已於省政府省政會議做成決定，今後災情通報單位做了改變，通報點由21縣市改為309個鄉鎮市，對於山區500人以上村落再增加通報點；也決定在離島偏遠地區利用學校操場，設置簡易的救難直升機停機坪，作為日後救災救援之用。

他並說明對於災害通報系統、災情的標準、資訊的掌握、通報的工具（包括行動電話及電池）及各種檢查方式，另責由警務處及民政廳負責加以檢討，務必在制度上建立一整套完整災情作業系統。

不僅如此，不到半年後，省政府消防處開張，他要求第一任處長趙鋼就以上叮嚀「務必加以落實」，對賀伯颱風教訓要永銘於心，全力做到且確實做到「前事不忘，後事之師」。

省消防處成立後，依據「災害防救方案」（當時尚無《災害防救法》），建置完成省政府災害防救架構，並和各縣市政府配合運作。省消防處處長趙鋼（2000年後出任內政部消防署署長）指出，依據省長指示，**在賀伯颱風後的檢討裡，最為確實與最為重要的是，設置成立三軌災情查報系統，「三軌」即是消防、警察及民政，消防納入義消，警察下至基層分駐**

所，民政納入村里長及鄰長，構成結實交織的災情查報系統，而且在以後颱風災情通報上，發揮明顯成效。

只是宋楚瑜於1998年12月20日卸任，「凍省」無縫接上了，但卻沒有接上留下的好機制。當內政部消防署接收省消防處辦公室時，對於省政府因賀伯颱風之害而痛定思痛，建立起這套「科技＋人力」的通報系統，以及直升機停機坪等對救災助益良多的機制，真不知為何？竟然將其束之高閣！

趙鋼在《打火兄弟》（頁141）這麼說：「廢省後接收大員搶搬沙發、辦公桌椅、電視，對這些資訊看不懂，往垃圾桶丟了，真是嘆為觀止。」趙鋼（頁166）還這麼說：

九二一大地震，凌晨0:47發生，各地災情慘重，但中寮鄉災情是9月22日才發現的，東勢鎮災情是9月23日才發現的，如果當初消防署接受這套系統，怎會發生這種情形？實在可惜！10年後，八八水災缺失之一即災情掌握失準，導致誤判情勢，出動救災緩慢……等，顯然消防署沒有好好運用這套「民政、警察、消防」災情查報系統，救災失誤便一而再，再而三出現。

的確，賀伯走了，賀伯不能白來；因為，它下次會以不同的名字再來。

宋楚瑜既然碰到這個百年難遇的災害，除了特別要求趙鋼建立上述的災情查報系統之外，另要求副省長吳容明與祕書長蔡鐘雄再做下列兩事，要讓這個災害教訓能帶給人們一些警惕。

就在賀伯各項復建展開同時，副省長吳容明擔任總召集人，特就政策、執行、技術及制度等層面的防救災問題，分設八個小組詳加檢討[17]。這些小組

---

[17] 以一個月為期，由經研會專案列管，這八個小組各設召集人或召集廳處，集合相關廳處局研討規劃防災、救災和復建等規範與制度，具體分工如下（引自《賀伯颱風紀實（一）祕書處主管部分》，臺灣省政府，1998年，頁6-7）：（一）建立現代化統合性防洪措施和洩洪預警制度，由建設廳負責召集，於一個月內提出防洪相關統合工作的具體做法。（二）救災資訊要充分迅速而正確地掌握，由警政廳及民政廳負責召集民政、警政兩系統，一般縣市以鄉鎮市為資訊通報單位，山地、離島以村落為資訊通報單位，務必在制度上建立一套完善、迅速的災情通報系統。（三）研擬一套整體而鉅細靡遺的救災事先整體規範，由

分別就平時防災體系、防災整備、災害防救能力、統合性防洪計畫、洩洪預警制度、災情通報系統、防災救災準備工作、災區宣布條件、範圍及救濟的標準，以及公共工程建設品質化、規格化、制度化的採購規範、水土保持與民眾生活並重的建築及開發規範、砂石管理制度、整體水系規範防洪與整治等，加以確實檢討整合，並建立制度性防災救災作為規範。

省政府府本部則由祕書長蔡鐘雄召集相關廳處局，就有關自然資源開發與生態平衡如何兼籌並顧、環境倫理如何界定、救災體制作為與檢討、災後復建如何有效展開及如何克服困難，集成《賀伯颱風紀實》九冊付梓，供為日後救災復建參據。

還可記載的，對於賀伯颱風的責任追究，有多位水利人員遭到記過處罰，監察院又於1997年3月通過對省建設廳長林將財（在省住都局長任內）、前省水利局長謝瑞麟（於1997年1月退休）及臺北縣縣長尤清等人彈劾案。謝瑞麟是水利界令人敬重的前輩，他鼓舞後進者繼續承擔：「天公會幫我們說話！」（參閱林照真，《水的政治學》，頁337）。

賀伯復健風波：《錢復回憶錄・卷三》引述錯誤

可是，也很遺憾地，宋楚瑜一向十分敬重的前輩錢復（參閱《如瑜得水》，第12章），在出版《錢復回憶錄・卷三》（天下文化，2020年）裡，寫到宋楚瑜在省政府任內處理賀伯颱風災情的一段，讓宋楚瑜很有感觸：

警政廳及民政廳於一個月內研提具體規範，並請住都處、水利處就排水溝渠疏濬問題進行檢討，務必把每一項防災、救災準備工作以及相關防汛措施詳細條列出來，事先建立制度。（四）建立災區的宣布條件、範圍及救濟標準，請賴副省長召集財政廳、農林廳進行研究，建立規範。（五）建立一套促進公共工程建設品質化、規格化、制度化的採購規範，請住都處召集主計處、水利處等單位進行檢討。（六）請農林廳召集，針對此次風災最嚴重的南投山區及西岸濱海兩大地區，訂定水土保持與民眾生活並重、合理而嚴謹的建築及開發規範。（七）研訂適合河川整治的砂石管理制度，請建設廳礦務局及水利處研究可行方案。（八）整體水系規劃的問題，請建設廳研究，如何將全省129條水系，進行整體的考量，以區域水系為單位提出整體的防洪計畫，包括集水區規劃、中上游整治、造林撫育、取締濫墾濫伐、集水區內水土資源保育等等，及相關工程的進度與品質的管考（特別是此次潰決的河、海堤），都應痛定思痛，確實加以檢討。

「這類為『廢省』或『凍省』而做出與事實不符的似是而非論調，顯然一直未見平息。」

錢復在該書第22章中記述「李宋關係邊變與『凍省』」，將事因簡約濃縮為——李登輝指示賀伯救災，省政府動也不動，對宋楚瑜失去信心。時間點是1997年3月4日這一天，總統李登輝在一次分批約見國大代表後，將時任國民大會議長錢復留下談話，錢復在該《回憶錄》（頁442）記述的原文如下：

在代表們離開後，李總統將我留下，對我說：「你知道我為什麼對宋楚瑜失去信心？」我表示一無所知。李說：「去年八月賀伯颱風南部災情慘重，我在第二天就南下去嘉義、臺南巡視，所見災情實在令人痛心；我當場表示，要省府全力修復重建，在一個月內恢復原狀。回臺北後，就交代行政院連院長立即撥款省府。哪知過了一個月去看，完全沒有重建。我找連戰，問他為什麼還沒有動，是不是沒撥款？他說款項在奉指示後立即撥給省府，並且叫主計長韋端拿了帳冊來給我看。我就找宋，問他為何不動？他說中央沒有撥款，我說看到撥款的文件，他說那是選省長和選總統時，省為中央墊款的歸墊。」李總統的結論是：「這個人不把民眾的疾苦放在心上，我不能再信任他。」以後李總統又說，自去年五月以後，立法院多次對於連戰副總統繼續兼任行政院長表示異議，宋曾向李表示願意接任行政院長，李都未予置理，原因也是因為宋在賀伯颱風時的表現。

宋楚瑜看了錢復這本《回憶錄》的說法後，直接而立即的反應是：

「這段話顯然是錢復先生錯誤的轉述！」

「這段話不僅扭曲事實，還將不相干且救災認真的省政府團隊整個扯進來，抹煞他們當年救災重建工作的努力。」

「這對當時全力投入救災的省府團隊已經不是『打臉』，而是幾近以『毀容』的方式來抹煞整個團隊的努力。」

「李總統執政後期就是被有些人的說三道四給誤導的！」

宋楚瑜認為毋須拐彎抹腳：「對於凍省的緣由，自始至終就是政治權力

鬥爭下的結果，此為眾所皆知之事。如今卻說成與賀伯風災救災重建工作不力相干？救災不力換人就好，哪有裁撤機關的道理？」

這是「天方夜譚」故事？還是「點石成金」幻術？

「錢先生書內提到救災重建執行、重建經費撥款、行政院院長官位等等問題，都與事實相距太遠！甚至是歪曲事實（distort）了！」宋楚瑜繼續回應說，「如此『指控』，只能說是沒有政治常識（political sense）！也沒有普通常識！」

「風災後一個月就能夠恢復原狀？這是在說『天方夜譚』故事？還是在演『點石成金』幻術？」宋楚瑜依一般常理指出，「任何工程起造都有施工期間，修復當然也需做工時間，任何地方建設大小工程都不可能在一個月內竣工，那任何復原也不可能在一個月內完成，更何況那是經過巨大颱風摧殘造成的，其間必須經過清理拆除之後，才能從頭開始復建……。」

宋楚瑜說，「賀伯颱風襲擊臺灣，土石流和偌大巨石沖到路面上，多少建設與農漁產銷遭到重創，錢先生出版的書說李總統要我在一個月以內通通完成，有此指令嗎？有可能完成嗎？」宋楚瑜以為，李總統倘若講過這種話，一定也是被誤導的。

「把道路上的土石流清乾淨，或者趕緊搬走比人還高大的巨石，這些可以在一個月內完成，但若要溯源治本，都得好好再下功夫……。」宋楚瑜再說。

李總統做過臺灣省政府主席，他對農漁業、水利和勘災救災都堪比專家學者，我不相信他會講出乎常識之外的話。」宋楚瑜認為，李登輝總統執政晚期就是被有些人的胡說八道給誤導了！

行政院什麼時候有帳簿了？拿一本給我看看

至於《錢復回憶錄·卷三》提及救災重建經費撥款問題，宋楚瑜極其慎重地說：「更是錯誤連連！」

宋楚瑜說，「行政院什麼時候有帳簿了？拿一本給我看看；依據法令與制度，行政院主計長韋端可以憑總統、行政院院長一句話，就馬上撥款？」

宋楚瑜有一連串的疑問與質問：「對賀伯颱風受災慘重需要援救的地方政府來說，總計有7,349件重建工程，這需要動員多少人力投入勘查評估，都無法在『極速時間』完成，那行政院在未接到地方呈報前，如何據以撥付重建經費？撥多少？依何科目來撥？是撥給臺灣省政府？縣市政府？或是受災戶？」

所以，宋楚瑜指著該《回憶錄》上這段文字說，「款項在奉指示後立即撥給省府」這種說法，要嘛是胡亂瞎說，不然就是根本不懂政府財政編列與款項撥付的法定程序？！

在《賀伯颱風紀實（一）祕書處主管部分》（臺灣省政府編印，1998年，第2及第4章，頁9-10，24）有關救災復建經費協商過程情形明確指出，1996年8月16日省政府就已召開相關經費概算會議，粗估為315億2,886萬元，經省長於是日晚簽報行政院，指已請中央申請補助229億1,551萬元。隨後行政院在8月20日召開會議，要求省政府於8月26日前提出每個單位的復建計畫。省政府於8月26日召集會議，並確定復建總經費調整為280億元，申請中央補助177億元，並於9月13日函報行政院全額補助。後經主計單位行文往返，最後於1996年11月8日核定復建總經費為247億1,933.1萬元，中央補助108億4,933.6萬元。這一路協商過程當中，所有經費皆由省府預先代墊籌措，何來不到一個月，行政院「已撥給省府」、還「拿出帳冊」來給李總統看得這些情事？況且總經費247億餘元最後核定時間為11月8日，中央機關行政院僅支援補助1/3經費。

宋楚瑜在1997年4月1日曾上簽呈給李總統，詳細陳明臺灣省政府對辦理賀伯颱風災後復建執行情形的報告，其中列舉災害復建經費共需247億1,933.1萬元，由地方（省政府及縣市政府）籌應款項為157億6,999.5萬元。宋楚瑜說，「如果說撥付的款項是對受災戶的災害救助金，這個說法還有可能。1996年9月3日中央是有撥付11億元農業天然災害救助金，但這是依法應當由中央全額負擔的救急款項，並非公共工程災後復建經費，更何況救助對象是受災戶，不是給臺灣省政府用來災後復建使用。」

從未胡亂批評任何人，卻遭無端「指控」

再者，更莫名其妙的，更不合邏輯的，更無中生有的，是「要行政院院長官位」的問題。

宋楚瑜指出，「我剛剛才當選省長，是臺灣唯一一位民選省長，1994年12月20日就任民選省長，當時距離法定任期屆滿還有兩年多，就要去當行政院院長？請問李總統會不顧還要補選省長，提名我做行政院院長？」

那麼，為何會有這樣的說法傳出來？

宋楚瑜認為，原因出在1996年正是首屆總統、副總統全民直選年。

當時國民黨副總統候選人是時任行政院院長連戰，外界普遍看好代表國民黨參選的李連配能順利當選，同時對副總統能否兼任行政院院長的問題也廣受爭論。如果副總統不能兼任行政院院長，在總統副總統大選後，連戰擔任的行政院院長就將出缺，這讓有心人士動了心思或惴惴不安。

宋楚瑜直接了當地說：「為爭奪行政院院長，那時也是計謀百出；雖然宋楚瑜不可能有機會，還是先丟一個宋楚瑜要爭的『假消息』，將我這個臺灣省省長排斥出局。就是那些窺伺行政院院長位置的有心人士編造出來的，反正編造無須花錢。」

宋楚瑜回憶，有一天在李總統的官邸談完事情，李登輝送他從客廳出來，客廳門口有一台大電視機，李總統就站在電視機前說：「James（李一向以宋的英文名稱呼），我可以跟你講，我現在決定選連戰做我的搭配，並不表示他就是我的接班人。」宋楚瑜回答說：「報告總統，我一定會盡心盡力做好輔選，歷史上明君和賢臣都會受到後世肯定。」宋楚瑜說這是回應總統，在大選輔選時一定竭盡全力，也就是會認真輔選李登輝和連戰兩位，怎就扭曲成「我想去當行政院院長」？

宋楚瑜說他「說到做到」。

他領導的省政府團隊是李、連競選正副總統獲勝的堅實隊伍，每一縣市都有專人負責擴展票源；而且，在每一場大型造勢場合，除李、連兩位候選人發表政見演講外，宋楚瑜幾乎是唯一的或最重要的助講員，因為宋楚瑜在

省政府服務的勤政及與基層互動頻仍，使他的助講內容完全切中每一個縣市及地方的特性和需要，所以民眾報以極為熱烈的鼓勵與反應。

李登輝不止一次交代宋楚瑜：「下一場，你剛剛說的這一段再講一遍。」宋楚瑜記得很清楚，有一次造勢大會下來，兩人去上廁所，李拉著宋的手又說，「剛才那幾段和那個主軸概念，在彰化、雲林時必須再好好講一次！」而李、連當選的那個晚上，李登輝很快地來到臺北田單輔選總部，向宋及省政府同仁道謝。

「我從來沒有胡亂批評任何人，我這一輩子未曾『編排』過任何人，但這樣的『指控』公平嗎？要我吞下這樣的『指控』公平嗎？」宋楚瑜對這種「信手拈來」的文字記載甚是不服：「你想想，光是在南投一個縣，就有1,786件工程，請問一個月有可能做得完嗎?!更何況賀伯災後總共有7,349件重建工程，能如李總統指示在一個月內修復重建?!」

宋楚瑜同時也強調：「賀伯風災重建經過省政府和縣市地方戮力打拚，在一年時間內完成將近9成，剩下1成都是重大復建工程，也全部在一年半內完成[18]。所以錢先生在《回憶錄》做這樣記述，真的是李總統所說，抑或底下的人在蒙蔽他，在那邊煽風點火？這得分清楚啊！」

緊急權變：籌集復建經費，暫緩部分營建工程

臺灣幾乎年年都有天災，政府每年的年度預算都編列有災害準備金，包括對於地方與民眾要求的補助經費，省政府每每動輒以億元為單位。然而，賀伯颱風是超大型的災害，境況則迥然不同。

各種救難救急措施急如星火，長遠復建計畫迅速有效展開，只是總經費高達247億多元，中央僅補助1/3，亦即2/3經費要「自己想辦法」。即使省政府各機關竭力調整支應，如此龐大經費差距，顯然已非救災準備金所能支

---

[18] 經查閱《宋省長楚瑜講話彙編》第二輯（臺灣省政府編印，1998年，頁178），宋省長於1998年5月26日在聽取教育廳簡報後講話指出，賀伯颱風只剩下82個工程還沒完工，其他全部都已復原。

應。

　　該怎麼辦？

　　窮則變，變則通，宋楚瑜與各相關廳處局首長同仁再三研商，終於擬定一項準則：在不影響省政推展、不影響基本公共建設的原則下，暫緩辦理部分營建工程計畫，來達成災民早日重建家園的願望。

　　其實，包括地震、水災、旱災等天然災害在內之類的救助，省政府隨時都在做，但因經費受限，或事有輕重緩急，必須隨時因應調整。每遇有調整，牽涉到的皆是地方事務，得多方協調聯繫在所難免，而往往這些繁雜瑣細的事情就得由研考單位擔綱，宋楚瑜靠他們的特殊專業與經驗，掌握了件件事項的來龍去脈、輕重緩急與利害得失。

　　宋楚瑜讀過美國田納西河流域管理局（Tennessee Valley Authority, TVA）[19]總裁利廉德（David E. Lilienthal）著書《民主與設計：美國田納西河流域管理局實錄》（*TVA : Democracy on the March*）。利廉德引用英哲培根（Francis Bacon）之言：「支配自然，先要服從自然。」又談到與大自然協和永無止境，不只是整治溝渠，山坡上要重新植樹，「河流與土地是不能分開的」及「土地、水和人三位一體」等，都讓宋楚瑜感佩。

　　宋楚瑜頗有所感地再加強調：「**面對天災，我們要記取教訓，學會在大自然前謙卑；面對過往，不也該反覆辯證，追求真實，才能真正帶給人們一些省思與正確認知！**」

和秋颱瑞伯、芭比絲奮戰：搶救汐止大淹水

　　秋颱的特色就是雨大於風，所帶來的災害往往更可怕。

　　惡名昭彰的瑞伯、芭比絲到來，就在宋楚瑜快要卸下仔肩的時候。同

---

[19] TVA成立於1933年5月，專責解決美國田納西河谷水災、濫伐及水土流失等問題；它統合幾個州，致力於水利、電力、農工業等資源開發，此為大蕭條時代羅斯福總統推行新政中最早且最成功的一個收穫，同參本書前言。孫運璿30歲時曾到TVA受訓，詳參《孫運璿傳》（天下雜誌，1989年）。

495

時，「臺灣頭尾走透透」感恩惜別活動已自基隆啟動。

1998年的夏天沒有什麼颱風，就在10月中旬至下旬，強颱瑞伯、中颱芭比絲接踵侵襲，臺灣從南到北狂風暴雨，臺東縣500毫米，東部地區累積雨量900毫米，北部、東北部地區高達1,000毫米，受創嚴重鄉鎮市區30餘個，奪走19條寶貴的性命（另有2人失蹤、10人受傷），房屋毀損201戶，淹水20,771戶，農業損失達55億餘元。

尤其，基隆河流經的臺北縣汐止鎮、基隆市的五堵與七堵、宜蘭縣的五結鄉與壯圍鄉，由於豪雨造成河水暴漲，短短10天內淹了三次大水，居民反覆忍受著好不容易整頓好的家園又遭遇洪水破壞的痛苦。

汐止受災最重，地方救災無法有效展開，民眾怒氣沖天，立法院砲聲隆隆，行政院院長蕭萬長在立法院挨轟「坐在立法院不去救災」（參閱夏珍，《宋楚瑜中興紀事》，頁148）。

宋楚瑜跑著全省勘災、救災，同時在汐止指出財團「不當開發山坡地」[20]。代表省政府出席行政院院會的祕書長蔡鐘雄主動提出，將汐止救災全權交付省政府，獲得院長蕭萬長允許。

蔡鐘雄立即向宋楚瑜報告。

又是一聲令下，省府團隊「傾巢而出」。

蔡鐘雄負責帶隊，趙鋼擔任執行長，動員廳處包括建設、教育、警政、社會、衛生、交通、兵役、環保、住都、消防、水土保持局、公路局、鐵路局、省自來水公司。

所有投入救災協調與各項準備，都是在一夜之間完成，包括搬桌椅在汐止鎮公所成立「救災協調中心」。

---

[20] 此處所指財團即是所謂「三重幫」林榮三所經營的聯邦集團，在當時臺北縣等地區，尤其是汐止，開發推出不少建案。宋楚瑜擔任國民黨中央祕書長時，由於維護監察委員產生方式，結怨於時任監察院副院長的林榮三（亦是《自由時報》創辦人），以致宋擔任省主席、省長時期，《自由時報》動輒對省政府施政指三道四，甚至有一段期間「天天開罵」、「每日一罵」（有關宋楚瑜和林榮三結下梁子的故事，在《從威權邁向開放民主》第9章有完整記述）。更不要說，2000年總統大選時國民黨發動興票案，《自由時報》好幾天以頭版頭條報導宋家在夏威夷有豪宅，連所謂「宋家豪宅」的照片都大幅登在頭版，大選後經司法調查，宋家從未在夏威夷置產，《自由時報》所載全屬子虛，卻以「言論自由」結案。

省消防處處長趙鋼說：「省長說走，我們就走，當晚立即從中興新村出發，一路北上，一路調度，所有救災聯繫，都是在高速公路上完成的，每過一個收費站，所集合的支援就愈多。」

到了汐止，漏夜工作展開，一方面協調國軍、警察、消防、義消及民間救難團體共同投入，另方面調用鄰近縣市車輛、裝備、機具、沙包，糧食等民生必需品也都趕緊送了過來。當然不可少的，水電要進來，淹水的地方最需要自來水，亦即可以飲用及清潔洗刷用的水，但沒有電就沒有水；宋楚瑜特別交代「趕快拉上管線」。

10月27日上午8:00，宋楚瑜到了汐止，大樓地下室抽水，街道清洗、消毒已全面展開。他還親自打電話給桃園水利會會長李總集，調借抽水機增援，幫助住戶早一點抽乾地下室積水。

宋楚瑜親自坐鎮，問自來水公司總經理是否每一家都恢復供水，答稱「都已恢復供水」，這時地方民眾有人大聲回說：「有的還沒有！」

宋楚瑜立刻說，每家是否有水，自家最清楚，立刻要求30幾位里長負責逐戶清查，每一位里長則須在自來水公司管制條上都簽名，亦即所有居民用戶完全供水後，始能免除追蹤。

而在宋楚瑜召集下，原來因為地方恩怨不對頭的臺北縣縣長蘇貞昌與汐止鎮鎮長周麗美，也同坐一桌共商救災事宜。

中央扣住經費，影響水災治理

由於臺北防洪計畫大致整治完成，新建堤防及水門抽水站等發揮功能，因而蘆洲、三重、板橋、新莊、中和、永和、土城等臺北縣原來容易淹水地區不再淹水；宋楚瑜做了小結論：「瑞伯與芭比絲來勢洶洶，等於做了一個期末考[21]；愈早去做，愈紮實去做，就能減少民眾遭受淹水之苦。」

---

[21] 瑞伯與芭比絲兩颱風行經路線影響所及的地區，如大里溪、貓羅溪、新虎尾溪、八掌溪、急水溪、阿公店溪等河川，以及十一股溪、洋仔厝溪、施厝寮排水、魚寮溪、牛挑灣溪等排水在澈底整治後，防洪排水功能均大幅提高，沒有再發生重大淹水情形。

為了瑞伯與芭比絲颱風，宋楚瑜於1998年11月2日到霧峰省議會報告災情及處理措施。這是他在省主席與省長任內，專為颱風向省議會提出報告的第二次（繼賀伯颱風報告之後）。此時距他卸職僅剩48天，可謂句句均是「肺腑之言」。

以下即是他向省議會所做報告節要，包括特重治山防洪，也提中央不給經費，哪些地區仍有待中央「體諒的地方」，以及在制度層面上「值得檢討」的七項忠告。

他這次強調治水如治國：「當政府在下游向上游整治的同時，絕對不能任令中、上游大肆破壞水土資源，否則即使投入上千億元經費，也可能毫無效果。」

這裡引用其中兩段（引自《宋楚瑜先生主持臺灣省政資料彙編（三）施政報告篇》，臺灣省政府編印，1998年，頁484），可證宋楚瑜多麼想把臺灣的水患治好，但就是受限於經費，中央刻意凍結了該給的款項：

受限於經費額度，全省區域排水改善至今僅完成35％，尚待辦理改善者甚多，諸如彰化、雲林、嘉義等沿海低窪排水不良地區，臺南鹽水、後壁、高雄岡山、鳳山及宜蘭頭城、礁溪、壯圍等排水不良地區，仍有賴中央能體諒地方排水改善實際需求，增加補助經費額度及地方政府本權責配合辦理排水改善，並配合有效之排水規劃作全線排水整治，使其發揮預期之功效。

中央所凍結省府1,000億元補助款中，其中有一部分是要撥給地方政府的治山防洪經費，目前全省已有1,257件工程（包括主次要河川堤防110件、海堤36件、普通河川堤防124件、區域排水改善179件、區域排水維護147件、東西部治山防災661件）停止發包，至盼能儘速協調解決，使關係民生與公共安全的工程持續進行，勿讓災情一再重演。

時任臺南縣縣長陳唐山在接受林照真訪談時也提到，省政府水利處相當用心，每次都會到地方上來幫忙，但最後的大問題還是經費，「他當縣長的就找省長，但省長也說本來中央政府要給他多少錢，後來又沒有給，所以無

法下來，結果經常相當無奈，這是中央與省在分配經費到地方時經常發生的問題。」（參閱林照真，《水的政治學》，頁351）

宋楚瑜掛心治水，交棒時提出七項忠告

以下即是宋楚瑜所提七項制度層面的檢討（詳參《宋楚瑜先生主持臺灣省政資料彙編（三）施政報告篇》，頁486-491）；以大白話來說，這些就是要加以持續去做的要事，不要輕忽或僥倖災害不會來，如果不好好處理，遲早受害的還是老百姓。

（一）**法令不符現實需要問題**：宋楚瑜在當選省長不久後，就在中央常會提出利用地政手段（即「水地重劃」），建請中央修改相關法令來解決用地問題，可是一些所需經費不多的工程，卻仍卡在法令及用地取得，致使遇雨成災的情形一再發生。依現行法律規定，必須要先取得所需土地後，才能進行河川整治工作，而私有土地登記為水利用地的比例甚高，導致徵收困難，這對整治工程的進度造成相當大的影響。

（二）**招標制度過於僵化問題**：如大臺北防洪有10幾個抽水站，抽水站中的抽水機、發電機等相關設備，由於時間差距，加上招標作業有嚴格防弊措施，致使所採購的機械常是來自世界各國，常被輿論批評為「聯合國」，不僅維護不易，屢屢出現後勤維修補給零件曠日廢時狀況，也造成管理單位相當大困擾。把它們加以統一化、規格化，是個理想，但做起來卻礙於現行主計及審計規定，有其困難與限制，亟待解決。

（三）**指揮系統必須整合問題**：以橫跨臺北縣市的大臺北地區防洪為例，統合做得不夠，分工又太細，如翡翠、石門兩水庫的洩洪時機，如果事先沒有經過協調，可能會助長下游地區水患。採取適當洩洪時機、洩洪量及洩洪方式等整體調度，需要一個統合性單位來做宏觀指導；在臺灣省部分，水利處的淡水河防洪指揮中心已發揮相當大功能，但指揮權無法及於臺北市，亟須在制度上全面檢討。

（四）**治水經費嚴重不足問題**：河川整治動輒幾十億到幾百億元，而

整體防洪計畫常常因財政的排擠效果，不能以專案的方式辦理，只能依一般預算程序分年編列，往往10年已過，卻無法根治。以基隆河治理基本計畫為例，只能依全省一般河海堤計畫逐年辦理，即是一例。

（五）**治山防洪整體考慮問題**：治山防洪整體規劃必須以水系為著眼，由上游向下游規劃，但水利工程執行就必須由下游向上游循序漸進進行。濫墾、濫建謀取暴利的不當集團，常以「社區開發」為名，為個人創造了可觀財富，但卻把災難丟給民眾去承擔。當在下游向上游整治的同時，不能任由中、上游大肆開發，導致破壞水土資源，否則即使投入上千億元經費，也可能毫無效果。

（六）**都市計畫配合問題**：基隆河治理基本計畫原以百年一次的洪水頻率為設計標準，其後為配合臺北市區防洪標準，提高為防禦兩百年一次的洪水頻率。但由於基隆河中下游兩岸工廠及房舍林立，基隆市及汐止鎮都市計畫與計畫水道不盡相符，變更作業遭遇相當困難，又因鐵公路交織其間，如果要整體整治，整條流域有32座橋梁跨度或梁底過低必須加強或改建。現在水道治理線內已有上百棟大型建築物，保守估計要推動基隆河整治需要近3,000億元經費不說，如何拆除這些房舍？如何安置拆遷戶？如何因應對交通所造成衝擊？已經不再是技術問題，而是相當複雜的政治問題及社會問題，亟需各級政府及民意代表嚴肅以對。

（七）**經濟水利設施配套問題**：臺灣地狹人稠，土地變更使用絕對有必要，但在變更同時，除了環境容受力必須考慮外，如果不考慮排水的問題，後果很難想像。例如，高雄縣梓官鄉的蔬菜專業區，以前是水稻種植地區，缺水問題比排水問題更需考慮，改為蔬菜專業區之後，蔬菜的生長特性就必須考慮排水問題。又如臺南科學園區，原本是甘蔗的產地，排水設計只要符合兩年到五年的洪峰流量保護標準，改變土地使用成為科學工業園區，必須符合十年一次的洪峰流量保護標準，否則必然會產生問題。

宋楚瑜特別強調，臺灣地狹人稠，為了生存也為了發展，「經濟發展與水利設施一定要做好配套規劃，這是不可或缺的關鍵因素之一。」

政府能吃苦，民眾就不會受苦

有人說：「湖南人是騾子脾氣」，可是也有不少湖南人的性情是溫吞的。

不管是哪裡的人，都有這兩類的人。如果用如此簡單二分法來分，宋楚瑜無疑比較屬於前一種人，拗著想把事情做好，而且還是性情急的湖南騾子。跟他做過事的同仁與跟著跑新聞的記者，都知道他的脾性。

一個政府領導者具有這種個性，有優點，也有缺點。對事堅持，勇於任事，卻藏不住話，有話直說，說了真話，難免得罪人。但這樣的個性，對自己對部屬也有優勢，因為想做事，想把事情做好，對自己與部屬工作的期許精準明確，而且會做到自我要求及目標管理，引領團隊成員全力以赴。

宋楚瑜有一對清朝流傳的對聯，也許是個複製品，他同鄉先賢曾國藩寫的：「**世事多因忙裡錯，好人半自苦中來**」，右聯意在自我警惕，左聯在於自勵自勉。

在某些方面，宋楚瑜被認為是「際遇頗佳」或「平步青雲」，他在年齡尚輕、為官初期就被視為「大內高手」。可是，在這背後的個人努力與付出，卻是每一步皆為「苦中來」，甚且是「苦苦中來」的。

省政府工作團隊曾被形容是「比快的團隊」，而且也是「比苦的團隊」。在宋楚瑜領導時，為了做事情，例如救災救難、為民服務等，讓民眾感受到政府的存在，讓百姓對政府有信任感，他們通常是「爭先恐後」、「吃苦耐勞」，寧願是「大牛不惜力」。之所以如此，有大半因素是他們的領導者，可能比他們更快速，更能吃苦。

政府不吃苦，民眾就受苦。

政府能吃苦，民眾就不會受苦。

官員吃得苦中苦，百姓方為人上人。

1｜人飢己飢，人溺己溺，救災救難絕對急如星火，要趕快出手解救，必須分秒必爭。

2｜每當風災雨災來臨時，宋楚瑜就在受災現場，救災行動尤其迅速。

3｜要測出政府領導者能耐，往往救災救難才是較真關鍵。

4-5｜1998年2月16日華航大園空
　　難現場，令人不忍目睹的慘
　　狀。

6｜在宋省長指揮下，華航大園
　空難現場一夜重建的路段；
　宋楚瑜清晨親自到現場視察
　臺15線這段一公里長、原
　本血跡斑斑的路面已恢復如
　常；右為省議員鄭金玲。

7｜宋楚瑜慰問大園空難家屬。

4　5
6
7

1-3 | 1997年3月間，因豬隻走私導致口蹄疫，上圖是噴灑藥劑消毒。右上圖是防疫人員協助豬場及外圍消毒工作。右圖是對染病豬隻以焚化爐焚燒處理。

4 | 設置口蹄疫檢查崗哨。

5 | 口蹄疫情迅速獲得控制，宋楚瑜於1997年4月21日到屏東縣萬巒鄉，參觀商家豬腳製作過程，並呼籲國人安心食用豬肉，左一為省議員林淵熙。

6 | 1994年8月，高雄縣岡山鎮水災，積水數日未退，宋楚瑜與縣長余政憲（右）四度勘災；省政府接著投資206億餘元，辦理阿公店溪整治等工程。

7 | 宋楚瑜與縣長余政憲、省議員鍾紹和（右）及余政道（左）在雨中勘災。

8 | 1994年9月1日，中颱葛拉絲襲臺，宜蘭縣首當其衝；宋楚瑜於隔日趕往勘災，與縣長游錫堃於途中看到遭強風吹襲歪斜的羅東火車站站牌。

1｜宋楚瑜說：「省政府團隊趕救災，只有兩件事不做，其一是爭功，其二是諉過。」

2｜宋楚瑜及省政府同仁救災救難善採「團隊作戰」，力量集中，爭快上陣；右一為屏東縣縣長伍澤元，右二為省政委員林淵源。

3｜宋楚瑜每月都要訪視澎湖，也會搭乘快艇赴七美、望安和吉貝等離島。此為1998年5月14日的留影。

4｜1993年11月2日，宋楚瑜到臺中縣清水鎮訪視因乾旱造成的農作損害。

5 | 賀伯颱風是對宋楚瑜及其團隊重大考驗之一，宋楚瑜花了13天深入災區勘災和指揮救災，於
1996年8月14日在省議會臨時大會提出災情及復建措施報告；他無須看稿子，就可以對著大圖表
逐一說明各地災情，因為他所說的字字句句，都是靠他雙腳行走勘災出來的。

6 | 1996年8月底，宋楚瑜接待由大陸來臺訪問的劉銘傳第五代後裔劉學馥；此前將近一個月裡，他
和省政府團隊是馬不停蹄的在救災。

1｜凱特琳、道格颱風重創臺灣中南部，宋楚瑜向李總統報告後，請陸軍第八軍團司令湯曜明（右二）、空軍官校校長陳肇敏（左二）、海軍陸戰隊司令鄭國南中將（左三）等派官兵協助，三軍協同，兵民一家。1994年9月13日，宋楚瑜親頒省政府獎章予三位將領，湯曜明與陳肇敏日後均曾任國防部長。右一為省議會議長簡明景，左一為屏東縣縣長伍澤元。

2｜1996年8月2日，宋楚瑜在賀伯颱風南投縣土石流災區現場勘災。

3｜與南投縣縣長林源朗（右）一同勘災。

4｜1998年10月26日，宋楚瑜趕著勘災，在直升機上吃便當。

1
2
4 3

5 | 1997年7月5日，宋楚瑜勘察新竹縣尖石鄉豪雨災情。不分黨派，民進黨籍省議員張學舜也來陪同。

6 | 1997年8月，溫妮颱風過境臺灣北部，造成臺北縣汐止鎮林肯大郡倒塌事件，宋楚瑜在省消防處處長趙鋼（右）、省府副祕書長陳威仁（左）陪同下勘察現場。

7 | 1997年9月4日，宋楚瑜勘察安珀颱風侵襲花蓮災損路段工程。

8 | 1998年芭比絲颱風重創汐止，宋楚瑜主持救災協調事宜，左為臺北縣縣長蘇貞昌，右二為汐止鎮鎮長周麗美。

1 | 1996年3月5日，宋楚瑜慰問火災受災戶。

2 | 1997年7月3日在嘉義縣勘災，右前為省議員陳明文。

3 | 宋楚瑜慰問嘉義縣水災受災民眾，左前為省議員陳明文，其後是嘉義縣縣長李雅景。

4 | 1998年6月10日，宋楚瑜勘察雲林縣口湖鄉淹水災情，國民黨籍省議員曾蔡美佐和民進黨籍省議員蘇治洋陪同。

5 | 1998年7月22日，宋楚瑜赴嘉義縣梅山鄉，勘查瑞里地震災情。

6 | 1998年10月21日，宋楚瑜與高雄縣縣長余政憲（右二）訪視因瑞伯颱風棄園的災損情形。

1 2
3 4
5
6

第 16 章

◆

財政管理，有所為有所不為

　　宋楚瑜對「政府經費」的使用，有著一些根深蒂固的原則與堅持，例如「預算就是命令」、「今天不做，明天就後悔」[1]，係得自於經國先生。

　　宋楚瑜也從經國先生身上學到「節用愛民，嚴控預算，統籌辦理」；他一定親自主持每個年度省政府預算審查會議，而且是一個個單位逐個審查，民脂民膏絕不誤用耗損，並且再用心思，巧用各項結餘款，將錢用在縮短城鄉差距刀口上。

　　他有一定的堅持，**弱勢族群與原住民的預算絕不可刪減，原住民地區的公路橋梁等基層建設預算不能省，甚至不在省政府原住民委員會內編列，而是編在省政府交通處的預算內**，以統籌運用作區域性改善與平衡發展。

　　他面對地方建設的需求與供應，有所謂的「三個優先」與「五項前提」；至於所有的省產，**「不是你的，不是我的，不是省政府的，而是所有省民的。」**

「預算就是命令」：經國先生特重財政平衡

　　1970年代，臺灣經濟一直處在驚濤駭浪中，計有5年時間經歷美元危機與兩次全球石油危機衝擊。

　　經國先生於1972年出任行政院院長，開啟所謂的「蔣經國時代」，隔年

---

[1] 套用經國先生的話，宋楚瑜曾這麼說：「今天不做，不只是明天後悔，而且要付出更多的錢，甚至阻力更大。」也就是「今天不做，明天會更貴！明天會更麻煩！」具體個案可參本書第13章所提有關南投縣貓羅溪治理，10年間經費差距700倍。

立即展開攸關未來發展的十大建設。

到了1976年，臺灣的經濟成長率創下13％的空前紀錄，臺灣的國民所得倍增，更讓臺灣躋身「亞洲四小龍」，即是經國先生所領導治國團隊締造出來的經濟成果。

以中山高速公路（一高）為例，當時一些黨外人士質疑這是為有車階級和有錢人打造的工程，甚至有「不興建高速公路，每個國民可以發放40美元」的說法；經國先生以無比毅力排除萬難，留下「今天不做，明天就後悔」的名言。

經國先生重視國家財政，非常嚴格地控制預算，做到平衡財政收支與均衡財富分配。「經國先生對政府重大支出一定親自過問，總預算案要先提國民黨中常會通過，才送到行政院院會，再提報到立法院審查。」宋楚瑜指出，**經國先生曾在國家安全會議中說過「預算就是命令」，亦即政策經法定程序做出決策後，編定出經費，就表示決心要執行，具有強制性命令性質，所以絕不可虛列，亦不准浮報。**

宋楚瑜強調，經國先生在世時，絕不同意虛設名義編預算，或者隨便找個名目來要錢，杜絕虛擲浪費，防堵假公濟私，因而能集中有限的稅收與經費，投注於國家重大施政建設，確實達成國家財政量入為出，以至在他有生之年，沒有濫用經費的錢坑法案，亦未有過預算赤字或國家負債之情事。

張祖詒在《蔣經國晚年身影》（天下文化，2009年，頁82-85）強調，經國先生曾要求政府絕對「不以通貨膨脹來刺激經濟景氣，不以預算赤字來加速經濟發展」，這是他的中心概念，由此形成他的「穩定中求成長，成長中保穩定」的財經政策。在經國先生擔任行政院院長任內，政府年度總決算收支不但平衡，而且每年都有歲計賸餘，累計自1973年到1979年度歲計賸餘總額達570餘億元。

張祖詒還舉了一個事例，1976年曾有一位教授被財政部延攬擔任政務次長，而且已經中國國民黨中央常會通過，但在行政院尚未正式任命之前，接受媒體訪問時，表示考慮要以預算赤字來促進經濟發展，經國先生知道這項談話之後，立即要求財政部予以說明，經財政部部長澄清更正，該政務次長

才免於被撤銷任命，由此可見經國先生對預算與財政平衡的重視和堅持。

以美國政府預算審查而言，所有預算法案在實施前，都必須送到眾議院的House Ways and Means Committee，宋楚瑜的政大老師羅志淵教授畫龍點睛的將它譯成「撥款委員會」。宋楚瑜對此解釋：「政府行政部門要國會核准撥款，須先問自己要用什麼方法、手段和條件，又如何去確實執行；行政部門要先站得住陣腳，先說服自己行不行得通，再要求國會准不准，不是光有一個名目，搞個噱頭，就想矇混過關。」

「現在在預算赤字極其嚴重的情況下，政府施政還大放煙火，辦大型的熱鬧活動，美其名說刺激消費及促進觀光，另一方面卻要增加學生的學雜費負擔，合理嗎？現在地方政府很有錢嗎？為什麼還可以弄那麼多禮品到處送？」宋楚瑜說，**無厘頭的預算赤字就像是惡性通膨（runaway inflation）一樣恐怖，現在國家負債動輒以兆計，不是沒有緣由。**

宋楚瑜認為，經國先生確實認知平衡財政收支的重要性，也確實知道國家該投注哪些裨益國計民生的整體建設，當國家財政能負擔重大建設支出，就毅然決然去做，所以才說：「今天不做，明天就後悔！」以及「今天不做，明天預算支出還會更多！」之類的話。宋楚瑜強調，經國先生講出的那些治國經典名言，是有其時空背景，是有所本的，是負責任的，後人學他不宜依樣畫葫蘆，沒有系統配套，就會亂了套。

計利應計天下利，不以利益收買人心

臺灣自1965年經濟起飛後，工商業加速發展，對外貿易持續成長，但是公共設施及重要原料已無法適應需求，下一步經濟發展遭到限制，加上1973年10月全球發生第一次石油危機（自此到1980年，石油價格從每桶1.9美元漲到30至32美元），導致各國通貨膨脹，經國先生於1974年1月訂定「穩定當前經濟措施方案」，強調「維護物價的穩定與推動經濟建設是全國人民共同的責任」。

基於國民黨在大陸失敗的教訓，也不忍心見到民眾吃苦，穩定物價一直

是經國先生施政的重心所在。1974年6月，經國先生原訂14日，召集經濟部部長孫運璿、楊基銓次長、劉師誠次長、韋永寧局長、汪彝定局長等人舉行物價座談，可是因為劉次長與韋局長擬於13日赴韓國出席「中」韓經濟會議（22日返國），經國先生馬上批示：「改在12日下午5時舉行」，事情寧可提前處理，穩定物價不能虛委應對。

繼而於1974至1979年間推行十項大型基礎建設計畫。如今回頭來看，十項建設在短期內為臺灣撐住了因石油危機造成的世界經濟不景氣，並且為未來長期發展奠定現代化交通設施，提供充裕的電力，提高鋼鐵、造船及石化重工業原料自給能力，降低對外依賴程度，改善臺灣的投資環境，並加速中下游產業發展。曾隨同經國先生多次巡視十項建設工程的宋楚瑜指出，「這些計畫帶領臺灣走出全球性的經濟衰退，開啟重工業的發展規模，使臺灣生產的產品出得去，原物料進得來，加速經濟及社會的發展。」

宋楚瑜說，經國先生在開會、討論、施政的過程中，耳提面命地要求各級官員與幕僚，「計利應計天下利」[2]，不要計較政府多幾百萬收入，不能計算個人的好處或人情，不能一面倒向財團和有錢人，凡事以大多數人民生活的改善為依歸。宋楚瑜體會經國先生所言認為，「所謂**立功當立天下之大功，計利當計天下之大利，天下之大功莫如施行仁政，天下之大利莫如導民以義。**」

宋楚瑜強調，經國先生當時考慮油價調整（參閱《蔣經國祕書報告！》第9章），以及報紙是否漲價[3]等（參閱《如瑜得水》第14章），都是基於維

---

[2] 宋楚瑜在臺北市仁愛路辦公室的會客室牆上掛了一幅經國先生親筆畫的〈勁竹〉，兩旁則是于右任手書給經國先生的名言：「計利應計天下利，求名當求萬世名」。這幅對聯原本是于右任寫好要送給經國先生，下筆寫時有幾處不小心沾到墨跡，因此另外再寫一幅送給經國先生，于右任的長公子于望德便把這幅字轉贈給宋楚瑜。2013年10月，中共總書記習近平到印尼出席東協會議，在印尼國會演講時還特別引用經國先生這句話。

[3] 經國先生曾向宋楚瑜說過，當年上海報紙一漲價，就代表物價堤防破了，物價隨之飛漲，根本擋不住，這就是「預期心理」在作祟。所以，1987年6月，報業公會計畫一起將報紙售價由每份5元提高到10元，經國先生把宋楚瑜找到辦公室，親自交代宋楚瑜去向《中國時報》與《聯合報》兩報的負責人溝通。宋楚瑜銜著經國先生之命，與余紀忠、王惕吾兩位媒體負責人協調，當時物價在波動，雖然國際紙價在漲，經國先生不希望報紙帶頭漲價，希望緩漲；之後報紙售價仍維持原來的5元售價，暫緩不動，等以後適當時機再調升。宋楚瑜指出，包括米價、油價等民生基本物資的穩定，經國先生主政期間內非常重視。國際油

持物價穩定，都是「計利天下」的結果。甚且，領導者眼光要放遠，不要老想用蠅頭小利來收買人心，政府要著眼於長遠的世界趨勢與改善民眾生活，消除貧富差距與城鄉差距，打破各單位本位主義，一次整合地把事情做好，才能成為人民信賴的對象。

創造中產階級，造福普羅大眾

為了幫助青年創業、解決設廠用地取得困難等問題，經國先生於1969年10月指示籌設一個專供青年創業的工業區，於1972年5月順利完成開發幼獅工業園區，專門提供中小企業融資與輔導的臺灣中小企業銀行亦於1976年7月正式營運，協助有志青年的創業夢想有實現的機會。

1973年，財團法人工業技術研究院由當時的經濟部部長孫運璿推動設立；1976年，工研院與美國無線電公司（RCA）簽訂技術移轉授權合約，成功引進半導體製程技術。接著新竹科學園區也於1979年1月設立，並另行訂定法規（《科學園區設置管理條例》）規範，這是臺灣第一座科學園區，也是發展高科技代工的搖籃，並成為後來的主要高科技重鎮。其實，當時大多數人仍都不懂什麼是「資訊業」，行政院政務委員、臺灣「科技教父」李國鼎在行政院向孫運璿院長和所有閣員做簡報（宋楚瑜以新聞局局長身分亦在座聽講）。

臺灣從此建立以中小企業和高科技業為主的經濟發展體質，即是在經國先生領導下，和一批具有遠見的治國能臣費心費力，漸次奠定下來的。經國先生擔任行政院院長與總統近16年（1972年6月-1988年1月）期間，人民平

價波動時，臺灣什麼油都可以漲，但漁業用油與農業用電不能隨便漲；臺灣什麼菸酒都可以漲，但基層低收入民眾喜好的「新樂園」香菸絕不能漲；原住民深山飲用取暖、家家煮菜要用的米酒不能漲，但高價位的菸酒則可以多漲一些，用來補貼中低收入戶，並維持民生物價穩定。宋楚瑜在省主席與省長任內，將近6年裡就依照經國先生當年的原則，升斗小民用的新樂園、米酒從未漲價，因為臺灣省菸酒公賣局就直接由省財政廳督導。農民使用的肥料價格也必須嚴格控管，不能隨意漲價。因此，自2008年兩岸交流開放大陸省、市級領導可以來臺參訪後，宋楚瑜常向到訪的大陸領導幹部說，基層民生物資不能輕易漲價，這是臺灣版「具有中國特色的社會主義」，在臺灣我們稱之為「民生主義」。

均所得從482美元成長到5,829 美元，但同時間最高所得僅從4.49倍微升到4.85倍，全世界沒有一個國家或地區，能同時讓人民平均所得成長12倍，但貧富差距卻能限縮於8％。這代表著經濟成長的果實是由全民所共享，財富不是集中在少數人手中。

宋楚瑜強調，這可說是中國有史以來，政府作為最讓百姓「有感」的成就之一，其中最具體的事實是為臺灣創造堅實的中產階級和照顧普羅大眾的均富社會。

巧婦難為，人民要的是效率與經濟

經營省政工作，面對一大堆地方建設需求，人家說得有道理，你不能不幫忙，這牽涉到該給多少、怎麼給得有效益、自己的「財政能力」又如何，還真是個「大學問」。

省政建設被宋楚瑜比為「媽媽經」，因為各地方需求不一，給的額度自然會有差距，有人認為宋楚瑜是「散財童子」，也有人肯定他是「及時雨」，肯為民眾解決問題。

不管給多少，宋楚瑜不會自己說了算，他都是請財政廳和主管部門做出專業評估與意見，倘若確實須予補助，均經由研考單位列管，也就是以專案管理的方式，繼續追蹤到完工驗收才告一段落。

宋楚瑜指出，民眾真正希望政府做的，是要以有效率與經濟的精神來推動建設。他說明，「效率」是以最短時間、最快速度，提供最佳、最有效服務；「經濟」是指花最少的錢，做出最大效能與最好服務，就是這麼一回事。

苗栗縣本來只有一所省立高中，沿海地區的通霄、苑裡希望再增一所學校，最後協調設在苑裡。當時就有爭議，到底要設在通霄或是苑裡，兩方爭著要設在自己的地方，甚至要求兩個地方都設。宋楚瑜說：「人之常情，都設最好，但錢從哪裡來呢？」

屏東縣有個軍用機場，要擴建民用機場，省政府和國防部及空軍經過協

調，所要考量的不僅是機場的問題而已，外環道路還需作整體規劃，經費要7
億元，這是大案子，省政府只好分年推動。

屏東縣新埤鄉與春日鄉聯外道路整條線都沒有橋梁，如果要到對岸須繞
道10多公里，鄉民都期待改善交通，建橋費需2億6,000萬元，宋楚瑜未因數字
大而不同意，這座大橋在他任內也完工通行。

花蓮縣萬榮鄉每年稅收200萬元，年預算約需1億元，要修建三條堤防，
動輒上千萬元。宋楚瑜說，**如果對「窮鄉」的需求與要求，省政府只會說
「帶回去研究」，也許民眾的生命財產就這樣被「研究」掉了。**

他以臺東縣為例，當他到延平鄉去看颱風後的修復工程，一群民眾圍過
來說：「省長，我們曉得復建的事情已經做好了，可是今年梅子大豐收，還
沒有賣出去，可不可以給我們補助？」

他轉頭問縣長：「應不應該補助？」

縣長說：「是應該，可是我哪有錢！」

臺東縣一年稅收只有6億元，支應國中小學老師一年的薪水、月退俸與學
校設施等等就要56億元。這一看就知道，稅收的6億元只是教育支出的零頭，
更何況還有其他建設要做，都得由省政府想辦法補助。

包括臺東縣、花蓮縣、澎湖縣等八個縣市，都是眾所皆知的「窮縣」，
即使將該縣市的國稅、地方稅等所有稅收全部補助，都不足以應付他們日常
固定開銷，更不用談地方建設發展了。

宋楚瑜非常明白，大概除了大縣之外，其他的縣市政府、鄉鎮公所財源
都非常吃緊。縣市政府、鄉鎮公所的財政很吃緊，省政府的財政也吃緊，甚
至可以說非常困難，宋楚瑜做的正是「巧婦難為」的工作，可說對上對下對
左對右都難為，都很吃力。

整合各個民眾期望管道，花錢總要有依有據

一邊是地方伸手要錢，還有些人看省政府承諾幫助縣市的建設，喜歡用
金額多寡來衡量，另一邊是省政府負擔能力實在有限，又得配合中央政策推

動一些既定政策，在這種財源困窘且蠟燭兩頭燃燒的情況下，宋楚瑜花錢必須有一套「準則」，不然難以令人心服。

如本書前面各章所描述，宋楚瑜力行現場管理、行動管理及補位管理，作為補助地方建設的主要依據。他不僅是看公文、看報表、看資料，並從一定的渠道了解民意外，也一定會親自訪視，至少一趟以上，去與地方行政首長、民意代表和民眾當面交換意見，做過現場確認之後，再交由省政府廳處局評估。

通常要了解民眾期望的管道主要有三個：一是透過議會的反映，二是透過行政機構的反映，還有一種是透過輿論報導。

省政府對省議會自不待言，省議員隨時反映任何大小事項，任誰都不敢怠慢，宋楚瑜也再三叮嚀務須重視。省政府當然亦不疏忽輿情或輿論報導，省新聞處負有重責大任，除做好媒體的公共關係，對於有關的省政報導立即通報外，每週一省政會議都先做輿情反映報告，甚至會將每一輿情事項經慎重討論，做成決議管制執行。

這裡就以宋楚瑜到省政府服務一年後做個「時間抽樣」，可以看到宋楚瑜初踏入省政府就非常的投入，是實實在在、一步一腳印，想好好為省民做實事的政治人物。

宋楚瑜到省政府一年兩個月時，民政廳廳長陳進興就一年來村里民大會反映要求解決問題統計歸納，其中提出最多的是道路改善及瀝青柏油路面鋪設，共4,351案；第二多的是關係淹水問題的排水溝整理及修建，共4,182案，其他常提的有增修路燈、增設道路號誌及醫療、環境衛生整理等。

此時，宋楚瑜已經走過21縣市的大部分鄉鎮，309個鄉鎮市只差雲林縣林內鄉、桃園縣復興鄉及嘉義縣阿里山鄉還未去。他走訪過的鄉鎮中有123個鄉鎮市公所都是透過縣市政府安排，不只鄉鎮市長在場，有時縣市長、議長、省議員、縣市議員，以及鄉鎮市代表會主席等地方人士也都會在，一起參與地方建設的討論。走過之處，經登錄列管的問題有624案，一半以上都是有關飲用水、防洪問題，其次是與民眾生活及生產有關的道路、橋梁、農水路等，占624案中的40%。

這一年下來，宋楚瑜已能十分掌握省政建設所應致力之重點與方向所在。省政府所應允補助地方的，都是依據以上訪視各處所歸納地方急需辦理的項目；宋楚瑜強調，「省主席與相關廳處局長下鄉，本是分內應做之事，這樣作為並不是單獨的、個別性的作業行為，而是配合、輔助整體施政作為，也是全方位為民服務的工作項目。」

三個優先：不是去給錢，而是去承諾解決問題

在他的宏觀施政下，補助地方並不是以經費多寡來衡量，也不是臺東縣有這樣的建設，花蓮縣就要有類似的補助；即使他補助某些小型零星工程，但再小的補助亦非「零星行為」，而是從整體上加以考量。先有這樣的認識，再來看宋楚瑜所謂「三個優先」與「五項前提」，才可能看出一些苗頭。

省政府關懷基層民眾生活，補助地方經費，向有所謂的「三個優先」；而為考量政府施政的整體性，則有「五項前提」。這是1994年5月23日宋楚瑜在首長會談上的指示，是宋楚瑜與省政府同仁一體遵守，據以辦事的「花錢守則」。

三個優先的第一個，是與民眾生命財產有關的建設，諸如飲用自來水的建設、防洪排水的建設等。

其次是與民眾日常生活方便及生產需要的相關建設，這些與地方未來發展有關，不做會造成地方整體發展阻礙，諸如交通網路的建設、農水路的改善、產業道路的興建、橋梁的增建拓寬等。

再來是對於弱勢地區、山地偏遠地區、沿海僻遠地區的學校、醫療、民眾謀生等相關問題的解決，列為省政府優先支援地方的第三個施政重點。

宋楚瑜還要廳處首長特別注意：「我們不是去給錢，而是去承諾解決問題，每件事難免都牽涉到經費，每一毛錢都不能落入任何私人口袋。」

對於承諾解決問題，宋楚瑜還有個比方，地方排水問題就好比一個人身體內的排泄系統，某某人排泄系統不通，就趕快請醫生治療。地方交通問題就好像一個人心臟血管不通，醫生建議他加裝心導管支架，就如同市內道路

壅塞不通，做外環道路何嘗不是解決的方法之一。

五項前提：不是錢多少問題，計慮衡量的施政

就政府的施政而言，不因補助款或建設經費數目小而隨便同意，所考量的不是以金額大小做為承諾的先決條件，而是以需求緩急與民生關係及省府負擔能力為考量。以下是宋楚瑜的「五項前提」：

（一）**需要性**：有些建設的規劃，不是基層鄉鎮市公所，也不是縣市政府這個層級能力所及，但確有需要，是民眾亟為需要的建設問題，諸如區域排水系統的規劃、跨縣市的橋梁、公路的規劃等，這就是省政府責無旁貸的第一項建設重點。

（二）**全面（整體）性**：任何的省政建設規劃，一定從整體角度出發，以追求省民的利益最大化，亦即具全省一致之性質，涉及全面性的工程，涉及全體省民制度性的福祉，如全民健保制度的問題、加入「關貿總協定」的因應措施問題等，這是第二項的的施政重點。對「全面性」的界定，宋楚瑜並不分「事情大小」，有些如上述大到關係未來整體規劃的案子，也有如跨縣市的案子，像是河川整治、疫病處理、原住民學生宿舍的改善等等，都是從一而至全面的妥善規劃。

（三）**均衡性**：這是省政府施政的第三個重點。「縮小城鄉差距」一直是宋楚瑜主政的臺灣省政府重中之重的政策目標，其隱藏意涵就是均衡的概念；對於生活條件相對較不佳的地方，給予更多的協助，以更多的基礎建設，來達到均衡發展目的，如修橋、鋪路、拉水線……等。

（四）**迫切性**：這是因為緊急迫切事件，威脅民眾生命財產須及早解決者，例如震災、水災、風災、乾旱等突發性問題，對地方及民眾生命財產造成慘重的損失，這是政府整體施政的第四項重點原則。

（五）**前瞻性**：這方面是涉及專業知識，但須有前瞻性規劃，以解決的長期性問題，諸如沿海農村土地土壤鹽化問題、區域性汙染處理問題、河川上游汙染防治問題、沿海地區地層下陷問題、土地徵收補償問題等，均需要

由政府負責，整體考量分年列入年度相關計畫內加以推動。

動腦筋激發同仁熱情，花小錢也能辦事

　　的確，有些建設或地方的需求得花很多錢，像安裝自來水、管線更新、治山防洪、開闢道路等，都得花上巨額經費。可是有些事情，就是用最少的錢或根本不用花錢，只要領導者勤動腦筋，一樣可以為民眾討一個公道。

　　有人問他到省政府之後，最大的安慰是什麼？宋楚瑜回答：「就是有時不花錢，經過政策協調，就能幫助民眾解決疑難雜症，例如幫助省民解決怨懟已久的土地陳年積案，令人感到欣慰。」

　　戶政、路政、監理所業務、公司行號申請等，都經過省政府改革推動簡政便民措施（詳參本書第14章）後，確實省了很多時間金錢。只要領導者肯動腦筋，激發同仁工作熱情，運用現代管理和科技設施輔助，站在人民與使用者的角度著想，小小改變就能帶給民眾莫大方便。

　　還有些也是花小錢就能解決民需問題，例如臺南縣左鎮鄉等農民盼建小型蓄水箱，省政府只要個案對半補助1萬元，就可以解決很多農業用水及節約用水的問題；又如，屏東縣滿州鄉需要乾燥機烘乾牧草，他就同意也協助一半經費。

　　宋楚瑜到省政府不久，即提出「花小錢也能辦事」的概念，對於一些被忽略的小事，提醒有關機關注意改進。例如，車站、醫院等公共場所的廁所，沒有放置隨身物品的架子，連掛東西的鉤子也沒有，對使用者實在不方便。這種事情所費不多，可是一個架子或鉤子，代表著一種體恤與認真做事的態度。

　　當然是不夠乾淨的緣故，許多人視使用公共場所衛生設備為畏途，尤其是女性同胞。報紙上曾刊載一位女士，因為公共廁所馬桶蓋髒，不敢直接使用，而蹲在馬桶上，卻不小心摔下來，送醫院縫了十幾針，省政府就非常重視這件事。後來公共場所的廁所就朝蹲式、坐式馬桶併置改善，以便利民眾擇用。

這位省民的大家長願花心思，透露著熟悉「媽媽經」的味道，也具有勤儉持家的好習慣。

為省民看緊荷包，爾俸爾祿皆是民膏民脂

經國先生擔任行政院院長時，頒布〈十項革新〉，第一項就是「官不修衙」[4]；受經國先生的薰陶，回應地方的需求，宋楚瑜最保守、最不願意予以補助的，就是興建公家房舍。

他曾去看過一棟五層電梯的鄉鎮公所大樓，蓋得非常體面，但這個公所負債累累。這對他日後決定相關事情不無影響，只要建築結構還可使用，寧可重新整修，而不考慮補助新建房舍之類的經費。

宋楚瑜要求省政府團隊兢兢業業，憑良心規規矩矩做事，因為所有的錢都來自老百姓，每一分錢都要用在刀口上，不做無謂無度浪費。甚至他特地從臺南市古蹟抄錄了〈戒石銘〉的一句話：「**爾俸爾祿，民膏民脂；下民易虐，上天難欺**」做為座右銘，並重新印製送給省政府所有廳處局首長。

〈戒石銘〉出自宋朝或更早，這不太重要，宋楚瑜要的是為省民同胞做好看緊荷包工作：「**政府人員應該體會老百姓的期望，不要以為老百姓可欺負好欺騙，須知老天爺在上天看我們做事，這也就是我經常說的，人在做，天在看。**」

由於他不斷引用「爾俸爾祿，民膏民脂」及「人在做，天在看」，省政府機關人人均能琅琅上口，媒體也經常使用，成為當時的流行語。

不是「紅包」，而是用心與愛心在解決問題

到地方基層訪問，宋楚瑜強調絕非「走馬看花」，而是深刻了解要改進幾十年來積累的瓶頸和死角。他要省政府同仁不光只以城市的視角，認為建

---

[4] 〈十項革新〉於1972年頒布，第一項是「為節省國家財力，用諸於各項必要建設，各級政府除已正式列入預算表外，均應停止建築辦公房舍。」宋楚瑜將之解釋為「官不修衙」。

設已經做得不錯，更要共情地為基層與偏遠地區設想，深刻了解民眾苦痛心聲，去協助解決實質問題。

通常地方上的習俗或客套說法，每當省政府給予經費補助時，地方人士或民意代表都很高興說：「謝謝，謝謝，省長給我們一個大紅包。」這裡所謂的「紅包」，其實是感謝幫助的回應，很自然脫口的言詞，不是實質的「金錢交流」，而是「情感互動」的感恩。

孟老夫子的話也常被宋楚瑜引用，他很喜歡孟子說的這一句：「只有仁義而已，何必曰利」[5]，藉以說明他因公論公，補助經費絕無循私。以現代語言來說，就是**對於民眾的殷切期望與民眾的生活疾苦，省政府不會因所需的經費數字過大而不同意。同樣的，對於不符合實際需要、不符合效益原則的經費補助或建設項目，省政府也不會因金額數目小而隨便同意**，務使政府每一塊錢預算都能花在當花的關鍵點上，每一分力量都用在當用的節骨中。

有人以為省長到地方就是去撒錢，事實不是這樣，省長不是到處去給人家錢，而是到處去關心，在做事，在解決問題。宋楚瑜經常提到中國文字很奧妙，「愛」字的當中是一顆「心」：「如果愛臺灣，愛我們民眾，就要把心放在當中，愛的當中不是一個『金』，也不是一個『錢』呀！**解決問題的妙方在用心與愛心，不是去撒了錢，給了多少經費。**」

沒錯，花錢誰不會！宋楚瑜反問：「問題是有沒有那個心，要用像大夫去幫人診病治病的那種愛心，去幫地方診病治病，一旦有這樣的愛心才能夠真正幫民眾解決好問題，這才是省政府的精神。」

省政府為什麼叫窮的三個原因：首因是稅收多的都歸中央

其實在凍省之前，中央政府所有經費當然大多數來自於臺灣省，主要由臺灣省的歲收來支撐中央政府的外交、國防等預算。既然這樣，被認為是「散財童子」或「及時雨」的省政府不是應該「挺有錢」的？為什麼還叫

---

[5] 2300多年前，孟子對梁惠王說，「王何必曰利？亦有仁義而已矣。」

窮？「錢」的問題最敏感，下面不妨來個「年度抽樣」，從一個年度預算來看個大概。

以1997年度臺灣省政府總預算看，共為3,692億元。可是全部的「自有財源」只有1,560億元，還不到總數的一半，其他的錢怎麼辦？就是靠中央補助省政府1,096億元，若還不夠就借錢。借錢分兩個步驟：一個是發行「公債」，省政府發行200億元公債，另外是靠「賒借」收入。

省政府「自有財源」有1,560億元，其中稅的收入只有856億元，其他的收入分別是公賣局收益200多億元，所有臺灣銀行等各省營事業能賺進200多億元，還有各項繳交罰款有200多億元，土地和相關收入也有60幾億元，這就構成省政府全部1,560億元的省收入。

在3,692億元預算裡，如果不算中央補助省政府的1,096億元，要補助縣市政府1,125億元，補助農田水利會99億元，全民健保和老農及中低收入老人生活津貼等社會福利支出496億元，另補助21縣市的警政支出約204億元等；省政府能真正用於造橋、鋪路、治水防洪、文化教育、社會福利等公共建設，總共只有672億元。

省政府全部稅收只有856億元，卻在配合中央推行政策的全民健保和老農及中低收入老人生活津貼方面，一年就要花近500億元，單是這些項目就花掉所有稅收一半以上，這就是省長、省政府和省議會經常叫沒錢的原因。

為了說清楚講明白，宋楚瑜還做了以下三點「沒錢」歸因。

第一、稅收多的都歸了中央，省與地方只分到稅收少的。

宋楚瑜一直強調，臺灣省省民每年要繳的稅很多，光所得稅就繳了6,000億到8,000億元，以臺灣省的土地面積及人口比例，省的財政怎麼會有問題，也不應該有問題，有問題的是制度。省的稅收有800多億元，看來似乎不少，但細究起來，如所得稅、海關稅等大宗而且收入多的稅都歸中央。

中央政府不守信用，省政府咬緊牙關繳健保

第二、中央做好人，又不必花錢，說過的話也不算話。

雖然省政府頻頻叫窮，行政院依計畫於1995年3月開辦全民健保，同年9月全面發放老農福利津貼，這對財政問題原本困窘的地方而言，簡直是「中央請客，省府出錢」。

對此，臺灣省議會反對甚力，認為省政府財政無力負擔，且無任何法源以資提供相關財源，不惜以正式表決封殺全民健保預算。宋楚瑜指出，眼見行政院全民健保新制政策遭遇重大困境，行政院副院長徐立德立即出面，會同行政院主計長韋端，與省政府進行協調，再三保證每年補助省政府全民健保費400餘億元，省議會因此才勉強放行，通過省政府提出的健保覆議案。但是，到宋楚瑜卸任省長為止，中央未曾兌現，未曾補助過一毛錢。

宋楚瑜強烈認為，自凍省爭議戰火開啟，即是「同室操戈，砲口對內」，從此「不談仁義，不守信用，不依法規，不循制度，不達目的，絕不終止」；也就是，雖然中央和省都是國民黨執政，但大內閣對付小內閣，心不慈手不軟，不僅是「中央請客，省府出錢」，甚且是「能瞞能騙，講話不算話」。

然而，省政府還是咬緊牙關，為大局與民眾福祉著想，始終未曾欠健保局一毛錢；宋楚瑜說，當年臺北市、高雄市為此負了不少債，欠了健保局不少錢：「我和省府同仁沒有因為中央政府已開始對付省政府，而做出絲毫阻擋全民健保的事情。今日回想起來，如果沒有省政府去支持和配合，當年健保能推得動？但若全民健保胎死腹中，不只是中央政府與省政府兩敗俱傷而已，更會重傷全民啊！」

宋楚瑜套用一位後出政治人物的語言邏輯說評自己：「這不是『有所為，有所不為』，什麼才是『有所為，有所不為』？」相對於北高兩個直轄市都欠錢，「省政府是個模範生，咬緊牙關繳健保費」。

中央凍結1999年度統籌款，影響地方治山防洪

第三、為了凍省爭議，中央該給的年度補助款及統籌分配款不給。

就因為好的稅都被中央拿走，每年才有所謂中央撥給省的補助款及配給

縣市的統籌款，這是由營業稅、印花稅、土地增值稅的稅收而來的[6]，每年約有1,000億元。由於這些來源是稅款，一定有帳目可查。

統籌分配款經常被稱為省主席、省長的「私房錢」，實際上它不是現款（現金），均有指定計畫用途，即使省議員也只是有建議權而已，每一筆錢進帳、支出都有帳目，必須由地方先行提出計畫，再經由縣市政府編列為預算，並經縣市議會審議通過，最後送審計單位。

什麼是統籌分配款？宋楚瑜比擬如下：「統籌分配款是為了平衡地方貧富差距，就好像做兒子的21縣市有窮有富，大家都將地方稅收營業稅的20%先交出來，然後由做媽媽的省政府重新作分配，並且依法律規定只能用在兒子身上；做媽媽的省政府只有分配權，不能私自動用一分錢，且一分一毫都是可以查得到帳的。」

既是如此，省政府與這些經費的關係，只是轉交給地方政府而已，但後來因為凍省爭議，為了對付宋楚瑜，經主計長韋端簽奉行政院核定，在立法院將1999年度的1,000億餘元（實際數目是100,011,900,000元）給凍結了。

宋楚瑜直言，中央此舉有違行政倫理：「說白話，就是缺德！還未凍省，就凍經費，這牽涉影響地方上治山防洪、堤防橋梁公路有關工程的推動，甚至縣市政府行政上的大大不便。」

面對那樣的情況，還好在副省長賴英照等人協助下，宋楚瑜仍然以高效率的財務管理，實踐他的施政承諾。宋楚瑜說：「還好，賴副省長有堅實的財務專業經驗，要挑這麼一個重擔，實在不簡單，賴副省長功不可沒。」

再有一事，為照顧農民，經國先生在第七任總統任內的1987年停徵好幾千年以來農民要繳納的「田賦」[7]，但這項賦稅是縣市政府的重要收入；經國先生「好人做到底」，經過整體考量後，決定將這個缺口由中央政府每年補

---

[6] 統籌分配款是政府為平衡臺灣省各縣市貧富差距的產物，它的功用可以說是「劫富濟貧」。就因為所得稅、關稅等比較好的稅歸給了中央，然後中央才以臺灣省轄內所有縣市之營業稅、印花稅總收入的50%，以及土地增值稅的20%，依地方的人口數、土地面積為計算標準，由上級的省政府負責重分配給21縣市。

[7] 有史以來，中國長期以農立國，田賦起源於夏、商、周。早期的臺灣仍以農業為主要發展重心，因此透過田賦的課徵達到供應糧食、穩定物價與增加財源等功能。有關經國先生取消田賦詳情，可參《蔣經國祕書報告！》第7章。

助給地方，也就是由省政府統籌，然而凍省之後，這項對地方的補助也隨之「不見了」。

若要再深入探討省政府與地方政府叫窮，還有歷史脈絡的原因，其中又以徵收公共設施保留地而開啟大幅舉債為一明例，將詳述於後。

省政府負債有實因，前人借錢後人還債

省政府到了宋楚瑜交卸省長時，總共欠債6,764億餘元（參閱表16-1），這都是宋楚瑜欠下的？如果探究，追溯歷史回去了解，當然不是這樣。

表16-1　臺灣省政府82年度至87年度負債情形表

＊民國紀年

時間	新借	還本付息數	累計未償餘額
82.3.20止債務餘額			2,831
82.3.20 - 82.6.30（82年度）	452	118	3,191
82.7.1 - 83.6.30（83年度）	1,081	600	3,884
83.7.1 - 84.6.30（84年度）	1,080	614	4,588
84.7.1 - 85.6.30（85年度）	845	888	4,927
85.7.1 - 86.6.30（86年度）	579	803	4,891
86.7.1 - 87.6.30（87年度）	2,060	787	6,374
87.6.30 - 87.12.20.止債務餘額	469	445	6,764

註：上開資料均為實際數／單位：新臺幣億元　　　　　　　※資料來源：臺灣省政府

宋楚瑜指出，主要是「前人借錢，後人還債」，他的前幾任主席都了解，這是制度與法規的問題，雖然經過立法，省雖已是「高度自治」階段，仍無助於問題解決。

宋楚瑜說這事實是：「以前的人欠錢要我們還，雖然省政府也心甘情願承擔，但絕不能信口開河誣指省政府亂花錢。省政府之所以有6,764億元負債，我很負責任的說，絕對不是亂花錢。」

在省主席謝東閔時期，臺灣省政府負債不到100億元，償還的利息每年不到20億元；李登輝擔任省主席時，負債仍很低。到了邱創煥主持省政時，因

配合行政院加速都市計畫公共設施保留地徵收，而使負債高達2,000多億元。但這不全是邱創煥的責任，因為在行政院要求下，省政府得去配合執行。

「公共設施保留地」的用途，就是政府推動一般道路、公園、綠地、停車場、學校建設等的預定用地。政府為進行各項公共設施，就先劃定民眾私有土地為公共設施預定地，既然劃了就要徵收，卻一劃幾十年不徵收，導致人民對私有土地動彈不得，蒙受重大損失。

到了經國先生擔任行政院院長時，了解民間怨言頗多，做成15年期限的決定，如不徵收就還給人民。邱創煥主持省政時是最後一年期限，在行政院要求下以公告地價徵收，不管能否立即用於建設，先將這些預定地都買了下來，才一下子舉債2,000多億元。

歸根究柢，因為預定地是作為公共設施用，如果政府在15年期限內不徵收，以後可能必須以市價才能買到地，所付出經費要多出更多，所以當時行政院正式要求省政府配合，這是臺灣省政府大量負債的始因。但宋楚瑜不認為這是負債，反而是資產，是用錢置地。

邱創煥時舉債2,000多億元，照理可以處理一些動產以資因應，例如省政府投資公民營事業的三商銀（彰化銀行、第一銀行、華南銀行）股票等；在銀行尚未開放民營的那個時期，當時股價市值最高時每股要1,000多元。

或許諸多考慮，邱創煥時期沒有處理，連戰時期與宋楚瑜時期也沒有處理。賴英照是當時省政府的「財政大臣」，擔任過宋楚瑜時期的財政廳廳長、副省長兼財政廳廳長，他和吳容明副省長都協助宋楚瑜看好省政府財產，亦未曾隨意舉債。

至宋楚瑜卸任時，省屬四大公司（臺壽、臺開、臺航、唐榮）和七大行庫（臺灣銀行、土地銀行、合作金庫、第一銀行、華南銀行、彰化銀行、臺灣中小企銀）都經營得好好的，這些都是省民的財產。

按省政府執掌，宋楚瑜可以「獨立全權」決定省屬七大行庫最高層人事，也就是核定這七大行庫包括董事長和總經理的人選，但他從未獨斷獨行，都與財政廳廳長賴英照，以及兩位副省長吳容明、賴英照（於1996年7月升任副省長，仍兼財政廳廳長）一同商討，其過程即是將夠格的候選名單攤

開逐一討論，任內所有任用無一人因他私人關係而僥倖入選，遑論是他安插親屬朋友的籌碼。其實，宋楚瑜寧可避嫌，他的妹夫張紹臺（曾被中央銀行總裁彭淮南挖角，從世界銀行派到交通銀行駐美西經理獨當一面）、姨子陳碧雲（任職中興票券公司）和太太陳萬水（曾任美商大通銀行臺北分行稽核部主任）等都未被任用在省屬行庫。

但是凍省後變了樣，中央政府（國民黨和民進黨都一樣）藉金融改革或民營化之名，行五鬼搬運之實；臺開不見了，合庫、一銀、華銀等變成「人家」的控股公司了。宋楚瑜說：「我們在省政府沒有把省政府的公股賣掉，更不賣任何的祖宗財產；我們從來不是敗家子，我們不是『了尾仔团』。」

為老農津貼多說一句話，省政府多承擔 10%

自1993年宋楚瑜接任省主席開始，就承擔歷任省主席積累留下的3,191億元債務。

接著，中央立法開辦全民健保、老農及中低收入老人生活津貼等政策，配合推動國建六年計畫、十二項建設計畫及其他重要經建計畫，還有支付縣市警政人事經費，以上合計支出總額高達1兆240億元[8]。

因為當時民進黨每天都叫發老人年金，叫到讓執政的國民黨受不了，於是由行政院提出老農及中低收入老人生活津貼等政策。原本行政院對老農津貼有所規劃，是由中央出70%，省出20%，縣市出10%。

當時宋楚瑜就覺得這不對、這不公平，比較富有的直轄市或縣市都是工

---

8 省政府負債未償餘額在77〔1988〕年度為202億元，至78〔1989〕年度躍升為1,414億元，增加達六倍，其後陸續配合中央政策及照顧省民福祉需要，債務逐年增加，截至87〔1998〕年9月底止未償餘額共計6,764億元，這是過去歷年的累積債務。債務增加的主要原因如下：（一）78〔1989〕年度起配合中央公共設施保留地的徵收政策，省府負債2,263億元。（二）民國84〔1995〕年3月實施全民健保及同年9月老年農民福利津貼的全面發放，省為配合此一政策，至87〔1998〕年度計支出1,504億元。（三）配合國家推動國建六年計畫、十二項建設計畫及其他重要經建計畫，省負擔的配合款約3,406億元。（四）自民國71〔1982〕年以來，配合中央政策支付縣市警政人事經費累計3,067億元。以上合計達1兆240億元（引自《宋楚瑜先生主持臺灣省政資料彙編（三）施政報告篇》，臺灣省政府編印，1998年，頁504-505）。

商重鎮，農人少，自然負擔少，但所有農民多的縣都是窮縣，他們連教育支出的自有財源都沒有，哪有錢再去支付老農津貼的10%。

在行政院院會討論這個法案時，省長宋楚瑜舉手發言，就事論事地說完上面這番話，主持院會的行政院院長連戰就直接裁示：「那21個縣市的10%，就由省政府支付。」

宋楚瑜心裡難免嘀咕：「我多講了一句話，就多了10%。」但他更清楚，再由窮縣去負擔那10%，徒然增加地方困難而已，他沒再爭辯。

而21個縣市警政支出也是使得臺灣省政府大幅舉債的肇因之一。省政府曾經統計過，從1982年至1998年底凍省為止，這項支出累計超過3,067億元。原來按法律規定，警察薪水及警政開支依法應由縣市政府自籌財源，自行負擔，編列預算，並由縣市議會審查。

但由於縣市議員經常接觸選民的人情關說，進而明顯影響治安工作的執行與警政工作的獨立性；因此，在經國先生主政期間，由於省的財政狀況不錯，決定自1982年起，由省政府編列預算代為支付，此舉形同補助地方，臺灣省政府的負擔自此大為增加。自臺灣省政府凍省後，中央就順勢將警政預算交還給縣市政府自籌自付，這也讓縣市政府嚐到凍省的苦果。

省政府舉債增加，資產也增加很可觀

宋楚瑜的前任幾位省主席所舉債務不僅逐漸增多，而且還要還本付息，宋楚瑜任職期間適逢還債高峰期，每年需還本付息600億元以上，最高達888億元。他在省政府5年多時間，省政府負債增加了3,500多億元，但為以前所負的債還本付息也支付3,900多億元，然而省政府的貸款是用在建設上，因為宋楚瑜也買了許多公共設施用地，省的資產增加了3,019億元[9]。

---

[9] 83〔1994〕至87〔1998〕年度，省自有財源比例平均約為44%，收支差短高達56%。其中27%係仰賴中央補助收入挹注，29%則需以舉債支應。如按平均每年預算規模3,800億元的29%計算，每年約需舉債1,100億元。宋楚瑜於82〔1993〕年度到任時債務餘額為3,191億元，自83〔1994〕年度起，5年來需舉債5,500億元，則至87〔1998〕年度止，省債務將遠超過8,000億元。而臺灣省政府至87〔1998〕年9月底負債累計未償餘額為6,764億元，顯見省政府

從1988年起到宋楚瑜任內，省政府曾連續十多次正式反映中央，修改《財政收支劃分法》。自他接任省主席，第一次向省議會提出施政報告，就明確表達希望讓地方自有財源維持在60％至70％之間，但中央始終「仍在研議中」。

為了省的財政問題，宋楚瑜又被形容是「砲打中央」，他必須做解釋：「講真話不是抗爭，重複地講或聲音稍微大一點，只是希望社會大眾，還有中央政府，注意到地方上的問題癥結所在。」

過去省主席時代，省主席是中央指派的，省政府得向中央要求補助，但《省縣自治法》通過實施以後，省長不再是中央指派的，省長必須向省民負責，必須要有相當的自主財源，財政如有不足，也必須自負責任。

宋楚瑜為此做了一個比喻：「以前未成年孩子與父母同吃同住，大家一起吃大鍋飯，這並沒有錯。但是《省縣自治法》之後，就如同孩子已成家立業了，情形就完全不一樣了，那等於是分家，省政府自立門戶，自己管理自己，我們仍是要孝敬父母，但不是在全部薪水上繳後，自己家的柴米油鹽全無著落，這如何養家活口？」

一來財源無法自主，二來又得配合中央施行的政策，每項政策都是大筆大筆開銷；如此情境之下，硬說因為宋楚瑜的關係，造成省政府很多負債，這是絕對不公平的。宋楚瑜說，中央請客，地方付錢，那沒關係，但不能反過來說省政府「亂花錢」，說宋楚瑜是「散財童子」。

他強調：「**省政府舉債是增加了，但資產也增加得很多，增加得很可觀**，這些都有本可查對。」

凍省引發財政爭議，但非臺灣省欠了中央

由於凍省的關係，所引發出來的財政爭議很多。例如，省政府負債超過

對負債控管相當嚴謹。從82〔1993〕年7月至87〔1998〕年9月負債未償餘額雖由3,191億元增為6,764億元，增加3,573億元，但同期間還本付息也支付3,951億元，且臺灣省政府的貸款是用在建設上，這可由同一期間省的資產增加3,019億元得到印證（引自《宋楚瑜先生主持臺灣省政資料彙編（三）施政報告篇》，臺灣省政府編印，1998年，頁505）。

法定上限，以及中央承受省的財產是財政包袱等，宋楚瑜非常在意。

他在卸任前，要財政廳將這些省的資產及負債加以整理，並正式簽呈中央政府，在省議會也以表列方式不厭其煩地逐項說明。

依據《公共債務法》的規定，負債是否超出規定，主要有兩種計算方式：一是負債占歲出總額不能超過180％，另一是負債不能超出國民生產毛額（GDP）前三年的12.6％。以第一種算法，省政府負債占歲出總額111％，並未超過180％的上限；以第二種算法，省政府負債占國民生產毛額前三年的8.43％，也未超過規定的12.6％。這些事情曾經在媒體反覆討論，弄得當時行政院主計長韋端與財政部部長邱正雄均曾在立法院正式澄清，臺灣省政府並未違法舉債。

省產是省民的，省負債未超過資產

根據1998年4月省財政廳估計，在開源方面，在該年年底增加繳庫盈餘745億元；在節流方面，運用地政方法已取得公共設施用地，節省590億元，而繼續辦理的區段徵收預計可節省1,736億元，而這些土地都是省政府的資產。

另依據臺灣省各機關1998年度決算提供財產量值目錄，彙計省有財產總值1兆4,323億元（土地以1997年公告地價，有價證券以面值，其他財產以取得價值為計算基礎），如以市價計算，總值約4兆多億元。（參閱表16-2）。因此，如果有人說凍省以後，使中央政府承受省政府許多的負債，宋楚瑜表示這絕對不正確：「必須聲明，不是省欠了中央，省政府資產市值超過4兆元以上，是還有許多的盈餘，而非負債。中央承受省的資產及負債，絕不是中央的財政包袱，反而是利多。」

既然省政府欠了那麼多債，而省政府也有好多土地資產，如果把這些土地與資產賣掉，不是可以拿這些錢去做建設和還債？

真正省有的土地，計分成兩大類：一是公用土地，一是非公用土地。「公用土地」共有47,252公頃，機關、學校、道路、公路、河川等用地能不能賣掉？宋楚瑜說：「如果可以賣掉，我們就把臺1線、臺3線賣掉，從南到北

表16-2　宋楚瑜卸任時臺灣省政府資產估算表

	科目	項目	價值金額	說明
1	土地	公用土地（共47,252公頃）	財產金額價值5,800億元，市價2兆多億元	為各機關學校、非公司組織公營事業機構用地及鐵路用地、公路用地、水庫用地、河海堤用地等具特定用途之土地。
		非公用土地（共23,000多公頃）	財產價值1,051億元，市價約4,500多億元	為公用以外可供處分或開發等使用之土地，主要為地政處、財政廳、農林廳、建設廳、教育廳保管之土地。
2	投資公民營事業股權	臺灣省政府投資公民營事業股權，如三商銀、臺肥、臺汽、臺航、臺泥、農林、工礦、華紙、臺電及臺糖等公司	淨值或市價估計約8,585億元（上市公司每股市價以1998年10月9日之前十個交易日平均市價計算，未上市公司依1998年6月30日每股淨值計算）。臺電及臺糖公司部分，如臺電公司依據1998年3月間盤商交易價24元，臺糖公司以1998年9月14日、9月21日盤商賣盤參考價平均之150元七折估算，則有1,938億元，合計高達1兆523億元。	
3	其他財產	指前項土地、股權以外之房屋建築、機械及交通設備等	合計5,140億元，市價計算尚無增值。	

註：上列省有財產市價總值約4兆多億元，扣除必須公用不能處分之公用土地約2兆多億元，其他財產價值5,140億元，贍餘非公用土地及投資公民營事業財產價值約1兆5,000多億元，與省負債6,000多億元相抵，仍有高達將近1兆元的結餘。是以，中央承受省的債務及資產，絕不是中央的財政包袱，反而是財政的收益。

※資料來源：《宋楚瑜先生主持臺灣省政資料彙編（三）施政報告篇》，臺灣省政府編印，1998年，頁506-507。

統統賣掉，這不就有好多錢哦！但這樣一來，大家開車還有路嗎？我們若把學校土地賣掉，小朋友不是要到野外去上課？」

其他「非公用土地」共23,000多公頃，其中有7,000多公頃是環境保護地、國土保育地，依法不能處置，否則省政府把這些非公用土地全部賣掉，或可還省政府的債，但是省政府不能拿賣土地來當作真正的財源。

省政府負債當然沒有超過資產，但大部分土地都是作為公共設施用途，依法不能變賣。至於可以處置的部分？宋楚瑜強調，為了加速省有土地有效運用，就會進行處分或開發，對於任何公共設施的興闢，都必須站在全體省民的立場。所謂「省產」，只是由省政府代省民依法經管，所有土地資源的運用，仍要還原到省民的利益之上。

宋楚瑜記得，經國先生時代把國家安全局在臺北市圓山飯店附近的劍潭營區撥出來作為青年活動中心，就是希望將土地做最適切的使用。宋楚瑜說過一句名言：「所有的省產不是你的，不是我的，不是省政府的，更不是省長的，而是所有省民的，一切必須以省民利益做考量為依歸。」

施政不分黨派，民進黨縣市長、省議員也肯定

為了配合各級政府施政的重大建設，省政府前後提供了388公頃新生地，例如臺北縣板橋蓋公園綠地、臺東縣關山鎮的環保公園、宜蘭縣大同鄉與嘉義市的河濱運動公園、花蓮縣廢土棄置場、臺中縣烏日垃圾焚化廠、雲林縣莿桐鄉垃圾掩埋場、玉里醫院、溪口療養院、臺中教養院等，這些省有土地運用的真正受益者，是縣民也是省民，並不會因當時的臺北縣縣長蘇貞昌、臺中縣縣長廖永來、宜蘭縣縣長游錫堃是民進黨籍，就有所差異。

在宋楚瑜省長任內，民選的民進黨籍縣市長幾占半數，後來宋楚瑜省長任期屆滿後，他們幾乎都公開讚揚宋楚瑜「不分黨派，惟民是從」的作風，包括游錫堃、余陳月瑛、余政憲、蘇貞昌、陳唐山、蘇嘉全、蔡仁堅等。

另外兩位是省議會民進黨籍黨團書記長謝三升及省議員蔡介雄。對許多的省政建設，民進黨籍議員一定有不同的見解，但謝三升就會在議事堂上公

開為宋省長及省政府說幾句公道話。蔡介雄也常常會在議事堂上大聲疾呼，提出不同的施政建言，但同樣會肯定宋楚瑜為臺灣民主、為斯土斯民的灌溉與打拚。

怎堪侮辱省政府，凍省 20 幾年國家財政依然困難

凍省的人信誓旦旦，說省這個層級「省」掉，每年可以省下好幾千億元。宋楚瑜說，包含貪瀆的各種影射都紛紛出籠，當時總統李登輝也公開說每年可以省掉5,000億元。

後來省政府有一位追隨過李登輝的人，透過老關係向李總統進言說：「你不能亂講，侮辱臺灣省，你做過臺灣省政府主席，不等於是侮辱你自己。」從此，李總統再沒提凍省可省幾千億元了。

至今宋楚瑜仍問：「**如果真能省掉5,000億元，那凍省至今20幾年，國家財政為什麼沒有改善？**還是這麼困難？還是天天令人憂心！」

或許，可以試算一下「5,000億元×20幾年」，那不就可為國庫至少添增「10萬個億」；然而，國庫卻是持續擴大虧空，國家債臺高築可是以「幾兆」元起跳。

其實，在那凍省紛紛擾擾，謠言滿天飛時，宋楚瑜曾請省政府相關部門做了通盤研究[10]，真正可以省下的只有19億元。

能省的部分包括省長、府本部、祕書處、經研會、法規會、政風處、人事處、主計處、財政廳。其餘省政府所有業務單位，包括公路、水利、環

---

[10] 在國發會做成「凍省」結論後，省長宋楚瑜曾請兩位副省長吳容明、賴英照就省政府組織再造，分通案、個案及配合中央組織調整三部分評估，提出省政府預擬方案，評估與檢討的原則為：（一）明確化：各機關間的業務職掌應加以統合並予明確化，相同性質的業務儘量由同一個機關負責；（二）簡單化：各機關的作業流程應加以重新設計，儘量予以縮短或整合；（三）彈性化：省府組織的建構方式應朝彈性化、扁平化方向設計，以靈活運用人力資源，增進組織效能；（四）民營化：擴大民眾參與各項省政建設及服務業務，對機關業務適合採行民營化、社區自助、委託外包及運用義工者，均應考量交由民眾參與辦理；（五）企業化：以民眾為先，針對需求做出迅速的回應，提供親切便捷及高品質的服務；（六）資訊化：提供民眾服務多採電腦化、自動化，增進行政效率，節省人力經費。

保、衛生及省立醫院、教育行政及各級學校等，在這些崗位的人與工作還是省不掉。

宋楚瑜舉美、日等國為例，指出美國柯林頓總統推行新政府運動，精簡組織及其員額都是聯邦政府的層級（精簡比率約14％，白宮精簡25％）；日本曾於1953年將全國9,800多個町村合併為2,634個町村，橋本龍太郎（1996年至1998年擔任首相）則將數以萬計的中央公務員移撥到地方任用。

宋楚瑜認為，政府不僅應該精簡，有些工作還應該開放給民間來做，但政府體制改造非比尋常，採取一刀切式的精簡方案，而不從整體行政進行必要的檢討，以發現政府效能問題之所在，就難免以偏概全，不僅貽誤政府運作，甚且傷害民眾福祉，難杜悠悠眾口。

為了選舉扣「省長 A 錢」帽子，偏偏宋不 A 錢

從1994年省長選舉時，陳定南攻擊宋楚瑜主政的省政府貪瀆，每項工程款都要收取三成回扣（宋楚瑜於高雄縣公辦政見發表會予以技巧性回擊，參見本書第2章），到2000年總統大選的統籌分配款爭議及「興票案」，以及2004年總統大選「要五毛給一塊」（被宜蘭縣兩位「老縣長」游錫堃與陳定南指控，宋楚瑜在省長任期內傾力治理羅東鎮北成圳，治理經費要500萬元給5,000萬元，參見本書第13章），都是選舉惹的禍，真是「為了選舉，不擇手段」。

尤其2000年的「興票案」，可說是日後選舉操作抹黑汙衊的開端[11]。這裡先來說說省政府統籌分配款案，究竟是怎麼回事？它可說是「興票案」的前奏曲。是國民黨高層有計畫攻擊宋楚瑜的第一步，在「興票案」發生前三個月。1999年9月2日，副總統連戰辦公室發言人丁遠超首先發難，質疑宋楚瑜

---

[11] 2000年底，國民黨以所謂「興票案」攻訐宋楚瑜從政以來自我期許的清廉，經臺北地檢署兩次，長達61個月，共歷5位主任檢察官、14位檢察官詳細之司法調查，比對收支項目，並傳訊近百位人證，詳查金錢流向，確認黨政運作專款均依交付任務完成。此案也委由黃珊珊律師經司法程序證明宋楚瑜之清白，該案從頭到尾都是國民黨高層當時在選舉時的抹黑花招，是標準的烏賊戰術。

卸任省長前一天，撥出統籌分配款79億元，究竟撥到哪裡去，要宋楚瑜向全民及納稅人交代？

約過了兩個星期，總統府祕書室主任蘇志誠又跳出來，以接受中視專訪方式，列舉1993年度到1999年度統籌分配款使用情形，質疑宋楚瑜以統籌分配款中的支援地方緊急支出經費「綁樁腳」。這時，丁遠超退為「副將」，質問：「臺中縣議長顏清標為何可以得到4億元的補助款？」

當時，國民黨第一個策略是先發動散布宋楚瑜涉嫌貪汙，先說宋楚瑜是「散財童子」，再說宋楚瑜雖做了不少事，但也A了不少錢。「省長A錢」，試圖讓選民懷疑宋楚瑜的清廉，一手造成省政府債臺高築；故意不實放話說省長卸任前一天批可了統籌分配款案79億元經費，臺中縣議會議長顏清標分到4億元，給人印象是好像許多錢不知去向。

這是宋楚瑜最難過的，因為做為普受省民愛戴的宋省長一向以清廉自持，連民進黨籍省議員及縣市長都十分肯定；但是一到選舉，連省政府對地方建設的補助，都被惡意扭曲散布是「要五毛給一塊」，讓外界聯想為必然有回扣等情事。

其實，這都是「沒有政治常識」的攻擊，是騙外行人的話。報銷是需要單據，即所謂的「檢據核銷」；五毛錢的工程如何能報銷為一塊錢？宋楚瑜容或可以多撥款，但縣市長、鄉鎮市長「敢」做假帳？「能」真報銷嗎？而且縣市政府沒有支出，可以用假單據報銷嗎？主計與審計單位都要依法查核的，尤其離譜的是竟然搞不清楚，統籌分配款不是現款，省政府只有分配權，經費款項決定後均由鄉鎮、縣市指定計畫用途，必先由縣市政府編列為預算，並經縣市議會審議通過，一切按照預算與決算的程序。怎麼可能「宋楚瑜離開省政府把統籌款A走了」！

所以，不僅宋楚瑜不可能A到錢，連顏清標也拿不到錢，是臺中縣議會分配到將近1億元，而不是4億元。統籌款補助臺中縣地方建設預算，後來顏清標的這個案子終於查明真相，另案以不起訴結案。但國民黨卻從來未向宋楚瑜及顏清標表達過歉意。

攻擊的人真不懂，統籌分配款怎麼拿得走？

「凡走過的必留下痕跡，他們以為無官不貪，宋楚瑜做省長，怎麼可能不貪汙，於是先翻省政府的帳，找了又找，實在找不出什麼毛病後，才硬說我卸任前弄走70幾億元，但是我就是一文錢都未貪，這是國民黨最大的失算！」宋楚瑜說，「李登輝和連戰都曾做過省主席，蘇志誠也在省政府任職過，他們竟然都不知道統籌分配款不是現款，而且須經過層層審議，根本弄不走？」

宋楚瑜卸任時間是1998年12月20日，他對當年的統籌分配有權也有責，必須處理，也就是年底，每年年底省政府就必須對該年度的統籌款做一些分配；對於財政困難的縣市給予補助，這是每年例行的公務，也是制度上當年設計統籌款的目的。

宋楚瑜說丁遠超無緣無故冒出79億元的數字，就是要讓外界對他在省政府的用錢產生誤導的不正確聯想。挑起這事，距宋楚瑜卸任省長已經9個月，硬是要宋楚瑜在第一時間回應什麼時候批了那一件公文，撥了多少款項？

宋楚瑜先是斷然否認他曾隨意撥款這件事，尤其他記不得在離職前批過一大筆錢。但後來隨即澄清強調，「一定是取之於民，用之於民，動支程序完全合法。」宋楚瑜之所以先否認，後改口，是因為：「印象中並未在卸任前一天有批過這樣的案子，而且自信非常了解統籌分配款的相關作業程序。每年到了年終，縣市政府財務吃緊，調度困難，有些縣政府及鄉鎮公所甚至連薪水都發不出來，因此在這時省政府必須以統籌款分發縣市應急。省政府依縣市人口、財政狀況，訂定分配標準，絕對不會亂給、亂撥。」[12]

宋楚瑜當時以公開記者會回應。這時距離丁遠超發難已將近半個月，因為他已離開省政府，而接任的省主席又是連戰院長任內的行政院祕書長趙守博，宋楚瑜當然在所謂第一時間裡要取得實證公文資料，根本不易。經過半

---

[12] 附帶一提，凍省後這項對地方縣市政府的補助也被廢了，造成現在各縣市政府都負債累累。相對之下，未凍省前，省政府每年至少要幫地方解決這些財政缺口，但現在都得由地方政府自行解決，也難怪都「債臺高築」。

個月，透過私人關係找過去老同事幫忙，他查出了眉目。

原來他在省長任期最後一天，並未如丁遠超所說的批過任何補助地方款項，而是在11月30日省政府批示，金額也不是79億元，而是77.9億元，公文是由副省長吳容明按權責依例代批，而且批得沒有錯，必須在年底前處理完畢，依法定程序補助縣市鄉鎮當年的財務缺口需要，包括員工薪資等。

卸任省長後所設立的宋楚瑜工作室也以新聞稿說明，宋楚瑜發給地方的每一筆錢，都是根據一定的標準程序，並質疑丁遠超的角色，「不知道丁遠超除了副總統連戰辦公室發言人身分外，還兼監察、審計等院部發言人的職務」，「丁遠超沒有省政府工作的經驗，不懂可以請教主計單位」，「70幾億元可不是小錢，更不是現款，在省政府這個層級所有統籌分配款只擁有分配權，離開省政府後還能將分配權偷偷帶走嗎？」宋楚瑜感嘆說，丁遠超那些人顯然不懂統籌分配款是什麼？！

宋楚瑜強調，**統籌分配款的精神在於平衡各縣市貧富差距，但依法做為分配者的省政府則絲毫不能動用**；而且依政府財政相關的規定與運作制度，每年年底都必須結算，不得拖延到下年度。

遺憾的是，接任宋楚瑜省長的省政府高層為討好李登輝和國民黨，還是蒙著頭硬幹，提供假資料來汙衊。副省長吳容明代批公文的那段時間，宋楚瑜正忙著在省長卸任前到各縣市去向省民報告，說明這四年省長任內的施政總成果，舉辦「臺灣頭尾走透透」感謝鄉親活動。

副省長吳容明代批公文的那天，他不在省政府，宋楚瑜還與全省一貫道信徒聯誼，說今後要接受彌勒佛開示：「**大度能容，容天下難容之事；笑口常開，笑天下可笑之人。**」

誰為野叟村夫釋疑，還會有長官到吉貝？

宋楚瑜曾對宜蘭、花蓮、臺東和澎湖四個縣承諾，每個月至少都要去一趟；此一承諾履行到卸任，無一次爽約，只有去得更多，絕沒有少。

省長任期即將屆滿，凍省腳步也近了。宋楚瑜又到了澎湖縣吉貝鄉，有

一位老鄉親用閩南語和他說了一些話：「省長，您每個月一定到澎湖離島，為我們解決問題，我們知道中央政府很忙，他們長官不來，我們能夠諒解。如果省政府沒有了，把業務交給中央，然後說以後他們會比較不忙，會跟您一樣常來看我們，我們絕對不敢相信。」

宋楚瑜後來提到這事時，加了一段評語：「禮失求諸野，野叟村夫的言下之意有道理，我們都能了解。」

1｜賴英照（左二）於1996年7月升任副省長，仍兼財政廳廳長，是宋楚瑜任內的「財政大臣」；他和吳容明副省長都協助宋楚瑜，幫人民看好省政府財產，也未曾隨意舉債，因為這些都是省民的。

2｜宋楚瑜非常重視財政管理，不是交給他信任的副省長就了事，他也能將省政府這本帳說得清楚；圖為他在動員月會向團隊同仁說明1997年度預算財源籌措情形。

「爾俸爾祿，民膏民脂；下民易虐，上天難欺」是宋楚瑜及其團隊同仁的座右銘；他說：「老天爺在天上看我們做事，也就是人在做，天在看。」左二起省民政廳廳長陳進興、省議員陳榮盛、宋楚瑜、臺南市市長施治明、省議員林南生。

第 17 章

◆

研考追蹤，有始有終

宋楚瑜一直強調，政治主要就管三件事：掌握政策方向，資源分配，以及用人。這三件事的前兩件能否做好，研考追蹤是個中至要關鍵。

宋楚瑜在年輕時期，以及在經國先生身邊實習階段，即對研考有深刻體會；他直接受惠於父親宋達將軍推行的「行政三聯制」，也紮紮實實從經國先生重視政策執行成效的做法上揣摩學習。

天下無難事，天下亦無易事，不是領導者或首長一句話，馬路就能鋪好，橋梁就能蓋好，民政、教育、環保和食安就能做好；政策要兌現，還要有人盯，要分工更要合作，要發揮出團隊精神（esprit de corps）。

研考有撇步，研考有眉角（knack），宋楚瑜有所謂的「狐假虎威論」，虎有威，狐亦有威，因為狐拿著令牌去警告：不好好做，老虎真會咬人。宋楚瑜認為，**沒有追蹤就沒有執行力，執行力是靠追蹤力來落實做好的**。

我們有很不錯的、高效能的公務人員，只是需要有人好好去帶他們。我們必須重新找回臺灣民主的信心，找回大家對政府的信任。

首批研考人才，宋達以特任官出任研考會副主委

來臺前，在陸軍大學以第一名畢業的宋達依例晉升少將，後歷任國防部第四廳廳長、國防部人事行政局局長，1959年晉升中將後任人事參謀次長、陸軍供應司令、聯勤副總司令，再以外職停役調任甫成立的行政院研考會副主任委員，其後退役轉任文職的退除役官兵輔導委員會祕書長，當時該會主任委員是趙聚鈺。

宋達轉任文職的退輔會有一段插曲，主要是行政院當時要設立研考會[1]，行政院政務委員陳雪屏奉命籌備，聽聞國軍有這麼一位優秀的科學管理人才，於1969年8月力邀宋達中將轉任研考會副主委，並給予特任官的禮遇。過了一年多，退輔會主委趙聚鈺又找上宋達，於是在1970年9月他接受趙主委的邀請轉任退輔會祕書長，豈料在退輔會祕書長任內因病過世。

自抗戰軍興以來，宋達就任職軍令部，是大陸撤守最後一批人員[2]，宋達對於蔣公的訓誨刻骨銘心，感受尤深（詳參《如瑜得水》，第13章）。政府遷臺後，著手建立研考知識理論與行政建制，宋達可說是國軍第一批賡替者，繼而得以受邀出任首任行政院研考會副主委。

---

[1] 1966年，行政院成立「行政改革研究會」，由政務委員陳雪屏擔任召集人，依據行政三聯制原理推動行政革新。1969年3月，行政院正式成立「行政院研究發展考核委員會」（簡稱行政院研考會）。至2014年1月，研考會與行政院經濟建設委員會合併，改制為「國家發展委員會」。

[2] 抗戰勝利後，軍令部大部分人員都已遷回南京上班，宋達仍留在重慶研擬「國防建設二十年計畫綱要」、第一個「五年建設計畫」及「西南地區交通建設計畫」，並奉蔣公親批核准交行政院納入施政計畫。由軍令部改組而來的國防部於1947年6月成立於南京，宋達調任作戰廳辦公室主任，因在後勤處處長任內，曾與美軍簽訂協定，合作製印我國多色軍用地圖，遂於該年7月奉派與測量學校校長曹謨將軍赴日本東京麥克阿瑟總部洽辦，將日軍所製我國軍圖底版與兵要地誌全部運回，尤其是東北地區中蘇邊界部分最為珍貴，曾蒙蔣公召見嘉勉，後來並獲得美國頒授自由勳章。1948年11月宋達自陸軍大學將官班畢業後，奉派國防部第四廳副廳長，在戰況緊危時廳長離守，宋達臨危受命代理廳長職務，隨統帥部指揮所轉進到重慶，當時聯勤總部撤銷，技勤各署直接受第四廳督導，支援部隊轉進，隨軍發放糧餉。由重慶轉到成都時已至1949年11月底，宋達與第四廳同仁是最後一批撤離的國軍部隊，此時大陸大半土地已經淪陷，共軍進逼長江，還聽得到對岸傳來的槍聲。依據《郝柏村解讀蔣公日記1945-1949》（天下文化，2011年，頁453）記述，統帥部指揮所與國防部參謀總長顧祝同隨身指揮小組於1949年11月29日夜晚同時撤離，對於1949年11月24日則記載：「整個政府陷入資遣狀態，顧總長僅留隨身的指揮小組，包括參謀次長蕭毅肅、後勤次長陳良、第三廳副廳長許朗軒、第四廳副廳長宋達，以及總長室祕書程大千、參謀郝柏村及譯電人員而已。」宋達到成都後在軍校辦公，夜深人靜時依然守候前方電話，看守準備發餉的箱裝金磚與銀元，後又奉命破壞機場附近軍用物資，情況危急混亂。無論情勢或物誘，都可能隨時爆發危機，但宋達在呈給蔣公親閱的國防研究院自傳中這樣寫著：「余仍極平靜，繼續執行任務」、「隨時準備光榮戰死，堅決執行任務至最後時刻。」在那段國共作戰歲月，宋家飽嘗聚散離合，先是宋楚瑜祖母來南京兩年後過世，宋楚瑜護靈回湖南家鄉，宋楚瑜母親又帶一家人到漢口、廣州，又到了重慶。當時宋達負責撤退來臺運輸安排，堅持不讓自己家人先坐上撤退飛機，直到最後一班才上飛機飛到臺灣。世事難料，誰能說準？先走的幾架飛機先飛昆明，卻因雲南省省主席盧漢叛變，全都陷入共軍之手，反而宋楚瑜家人搭的最後這架飛機避過昆明。回想這段往事，宋楚瑜慶幸一家人沒有搭乘前面的班機，否則就沒有以後的臺灣省省長宋楚瑜。

協助國軍起死回生，建立三大核實制度

軍隊撤到臺灣，軍事改造最重要的第一步即是「人員核實」。

以前在大陸和人民解放軍作戰，國軍動輒號稱幾十萬大軍，一打就潰散了。總統蔣公復行視事後，在一次高級將領和同志座談會中聽取東南軍政長官公署主管處報告在臺灣軍隊的總人數時，沉痛指出：「哪有這許多人，豈不是一篇爛帳？」又說「革命失敗之主因，在虛浮不實，制度未立。」宋達聽到蔣公分析，基於職責所在，決心推行「人、財、物」三大核實，建立人事計算制度、新財產制度及核實補給制度。

1950年4月，宋達開始策劃推行人員核實辦法。為澈底整理軍隊人員核實並建立制度，首先區分軍種，配賦籍系，再由軍種（軍管區）賦予籍號，使每一位官兵都有一個終身不變的兵籍號碼。不過才花了8-9個月的時間，在該年底由年初原來各單位申報79萬餘人，逐月核減至59萬餘人；到了1953年6月，補給人數核實至55萬餘人，不僅確計了「量」，同時也澄清了「質」（即逐一清查年齡、體質、技能、階級、工作位置等），把在大陸部隊「吃空缺」的積弊變為歷史陳跡。

人員既經核實，立即達到軍費約70％支出不落空的效果，其餘業務費與事務費則建立一套新預算財務制度，依施政方針排列優先順序，依工作計畫核定預算，依執行進度支付經費，依考核成果辦理審計。

在軍品核實上，宋達建立了新財產會計制度及庫儲週期清點制度，所有各單位各營區的軍品、器械及每一支槍枝均有號碼牌，做到「有帳必有物，有物必有帳」，以及「帳外無帳，庫外無庫」，主管職務調動時必須辦理清冊移交。換句話說，此後國軍再無以往的私人軍品倉庫，甚至各式器械不再為私人所有。

1952年元月舉行國軍軍事會議時，蔣公就當著眾將領面前說：「各機關各部隊的黑官，大部分肅清了，這是建立人事制度的初步工作，已有了成就」，「部隊空額可說澈底肅清了，這可說都是百分之百的成績，這是建立經理制度最重要的一個步驟」，那時的初中、高中教科書均曾記載這段歷

史。宋達很欣慰地把這些資料留存，宋楚瑜都妥善保存至今。

宋達將軍這一階段的努力，協助政府度過遷臺初期的財政困難，也使國軍倡導的誠實作風有了立基點；就像以前教科書上所寫的，這是國民革命軍起死回生的轉捩點、國軍建軍整軍史上值得書寫的一章。

推廣行政三聯制，總統嘉勉宋達的建樹

最先，臺灣管考制度建立乃應軍隊之需，以蔣公倡導行政三聯制的思想為依據，兼採現代企業、行政管理、軍事計畫及參謀業務之長，綜合設計而成。自政府遷臺以來，軍中首先推行，行政機關繼之（參見本章註釋1）。

蔣公早於1940年發表〈行政的道理〉（即行政三聯制大綱），並於1958年5月在總統府設立「臨時行政改革委員會」，聘請王雲五擔任主任委員，集合各類學者專家多人，研提行政改革方案。在抗戰時期與政府遷臺後，宋達可說是國內少數致力於研究發展與規劃管理有成的高階將領之一。

宋達將軍獲頒一等績學獎章，即是研究與推廣行政三聯制有功所獲得的肯定。宋達依據蔣公手訂「計畫、執行、考核」大綱加以鑽研、實驗與推行，進而予以具體設計，形成周而復始循環架構檢討策進，以求政策確實，一體落實，精益求精，頗見成效。1951年5月18日，參謀總長周至柔上將向蔣公面報上項研究成果，當下即蒙應允親臨第四廳廳長辦公室聽取宋達將軍簡報，這是少有的殊榮。蔣公在是日的日記也做了如下的記述：「到第四廳聽取宋廳長對行政三聯制實施業務之講解，其間尚有未臻完善之處，但已甚可觀，宋達為建設不可多得之人才也。」而在看過行政三聯制施行及業務管制卡的排列，了解管制卡的運用方法對於後勤業務推動和管制的功能後，蔣公慰勉有加；並在次年1月主持國軍軍事會議閉幕典禮中特別予以表揚，復於2月29日主持軍訓團高三期開學典禮，讚許行政三聯制的研究為國軍遷臺後在軍事上的一大進步，明示「有關部門應向國防部考察，俾資借鑑」。

後來宋達將軍更將國軍推行經驗，與最新理論相結合，撰成《行政三聯制的理論體系及實施方法》（前後發行三版），使得此一思想從知識理論層

次，進而形成具體可行的方法論。宋楚瑜赴美留學時，看到美國國會圖書館及胡佛圖書館等大圖書館都藏有此書，曾以家書稟告，為此宋達頗感欣慰。

不只是執行面，管考源頭在領導者做正確決策

宋達尤重業務管制考核要從正確的決策和健全的計畫開始，而不是從執行才開始管制。

也就是管考的源頭在於領導者做出正確決策，政務官引領事務官擬定健全計畫，倘若這開頭的兩步驟偏差了，後面的執行就會衍生重重問題，更談不上如何加以管考。

決策不可繁瑣，必須因事制宜，清楚明白，化繁為簡，以簡馭繁。宋達將軍大致將其區分為三類：（一）有制度可循的事，照制度辦，無須另做決定；（二）問題簡單的事，用簡單的程序做決定；（三）問題複雜影響深遠的事，就不能用簡單的程序，甚至單憑有權決策者一己的經驗，直覺的、貿然的決策，而是必須通過科學的、邏輯的程序，才能產生正確的決策。

做了決策之後，又分為三大類來執行：（一）有完善作業程序的工作，就不必列入管制；（二）希望知道辦理情形的工作，列為一般管制；（三）影響深遠而問題最多，協調關係最多，只許成功不許失敗的工作，列為重點管制。因為重點管制，是要增加不少的工作負荷，占用許多人力，所以非必要的事，不必列為重點管制。又，重點管制項目中有建設性、連貫性者，最好實施「方案管理」，以專責成，保證貫徹。

追蹤管理：上下聯、左右聯、前後聯

宋達整理分析，過去管理上的舊觀念曾有「上級計畫，下級執行」、「上級核准計畫，不予必要支援」、「上級干涉細節，下級執行困難」等弊情。他主張運用目標管理，以「誘導」代替「鞭策」，激發成員的人性潛能，來改變過去積習。

「管理是科學，也是人性」，否則激不起工作成員的熱情與責任感，這是宋達管考觀念的神髓所在。

因此，宋達強調從計畫開始，要使下級參與目標設計，在執行中給予下級充分權力與必要支援，使執行者在自我管制、自我克難、自我考評與主動積極的情況中，各自負責執行，不待上級督催。

若要達成科學管理，則須在方法上求新。無論決策者、計畫者或執行者面對任何問題或業務，均非「單獨個體」的機械連帶關係，而是有機連帶的生態，今時今日的我必須和過去與未來，以及四周環境、條件因素相關連，所以宋達又加以區分：（一）**施政組織上的三聯要上下聯、左右聯、前後聯；（二）施政程序上的三聯則是計畫、執行與考核三個環節都必須再有「計畫－執行－考核」的觀念；（三）施政環境上的三聯則須考量人、地、時的因應制宜。**

現在看到政府施政，就更值得再回味宋達所設計、宋楚瑜在臺灣省省長任內所推動組織上的施政三聯，就是中央政府與地方政府的上下聯、中央各部會之間與地方政府各局處之間協調合作的左右聯，以及前任與後任在連續計畫的前後聯，不能壞事都推給前任，好事不賡續處理。宋楚瑜在省長任內，把臺灣省歷任前主席期望完成而未完成的地方建設工作都一一落實，就是最好的前後聯（參見本書有關交通、鐵路、公路、水利、防災、農業及對弱勢扶持等各章）。

然而，宋達認為決策無論如何精準，計畫無論如何周密，仍有預見能力的極限、立案依據資料的不足與不正確，或是施政環境的變遷，以及天災地變等意外因素的影響，因此政府部門應要放棄過去「年初計畫，年中執行，年底考核」的窠臼慣習，必須一面計畫，一面分析，一面執行，一面檢查，一面考核，一面改正，更進一步的早期發現問題，適時研採對策，才能保證目標達成。

宋達將軍任事有一特質，即對任何一個複雜計畫擅於綜理密微，找出真正的問題關鍵，問題找對了，事情就好辦了。宋達對於重要的業務都親自領導參謀，詳加考量各個層面、因素與條件，凡對上級的建議，必列舉可行的

方案，裨益長官做出裁決；對下級的指示，必甚清楚周詳，使屬員便於循序作業。

年輕時代的宋楚瑜便已從父親那裡，習得不少研考管理術，充分應用到日後工作上。宋楚瑜到每一個單位服務擔任主管時，一定會仿照他父親首創的「國軍重要軍職人員名冊」，把所有工作同仁的學歷、經歷、年齡、籍貫等資料編輯成冊，另外再加上照片，所以他叫得出人名，更認得同仁。

凡跟過宋楚瑜做事的人，都可感覺他嚴謹，卻不難跟從，因為他會綜合大家意見做決策，整理出目標與方法，讓所有人知道怎麼做與如何做得好。

強化內部稽核，逐行面對面管理

也許有人會誤解，在那威權過渡的時代，政風與研考恰是領導統御的擴張利器。但是，宋楚瑜指出，今人更應引以為鑑的是經國先生重視吏治清明：「評論任何事情都會有正負兩面，而任何制度可為惡亦可為善，端看出發點如何與運用。不可否認的，經國先生善加運用政風與研考，確實達到檢肅貪汙、有效治理、澄清吏治之效。」

宋楚瑜舉經國先生創辦政戰制度為例，強調那絕不能只視為「管思想」、「考核忠誠」的機制而已；更重要的是，它能從制度面上澈底檢測內部的稽核（audit）功能，讓機構內的腐化、瑕疵與疏失提前發現，及時剔除，不會延宕，不會坐視，不致構成尾大不掉及積重難返的弊端。例如，媒體多曾大幅報導官員吃花酒屢見不鮮，有的官員竟被邀吃花酒高達200餘次；也有人因貪瀆遭判刑加總刑期超過400年，可見現在政府機關內部的「自清」功能幾近癱瘓，政府各部門的「政風自清」制度已到不可不整頓的地步。

物必自腐，而後蟲生，人必自侮，而後人侮之。宋楚瑜加以分析，經國先生最不願見到握有公權力者：（一）蠅營狗苟，不知羞恥，承諾民眾的事情，一拖再拖，一延再延，只會嘴上說，卻遲遲不能兌現；（二）視人民如草芥，食公糧卻謀私利，積小惡為大惡，積小害為大害，甚至積非成是，

還振振有辭，不知自省；（三）主事者無是無非，視職事無關緊要，置身事外，即使物議喧騰，仍是好官自我為之，拿不出一點積極辦法。

宋楚瑜指出，「每個組織難免都有弱點，對於國民黨在大陸的失敗教訓痛定思痛，經國先生從來沒有忘記。對有些事情或人，尤其影響層面較大的事，以及擁有較大權力的官員，領導者必須防患於未然，否則他們捅出來的婁子會更大。」他以郝柏村回憶錄《無愧：郝柏村的政治之旅》（1994年，天下文化）裡提到當時有一位情報局局長為例，僅是因為買了一個房子，就被經國先生撤換掉了。

另方面，經國先生又不只全依靠內部程序的稽核機制，相輔的方法是遂行走動式的「面對面管理」。宋楚瑜強調，這是一種主動式、接觸式、探查式的管理方式，例如就特定問題和行政首長討論，或經常下鄉探視各項建設現場，或訪基層和縣市長聊聊地方問題，觀其言也察其行，也會到他們的家裡坐坐。

宋楚瑜曾經和經國先生到過時任縣市長的高育仁、張麗堂、蘇南成等本土政治菁英的家裡。經國先生可能是中國歷史上最重視地方縣治官員的國家領導人，他不僅栽培愛護重用，也會方方面面嚴加考核。

宋楚瑜指出，經國先生藉著各種機會場合，聽他們反映民眾的聲音，聽他們對地方建設的意見，看看他們的家人與平日生活的情況，從實際觀察中仔細考核；並參照比對他自己從民眾與基層互動過程中所獲得的意見與觀感，來相互印證，嚴謹核實他們。宋楚瑜從中體會學習很深：「這裡面對拔擢政治後進，包含著管理、愛護、培養等諸多層面的意涵，還有就是矢志做到澄清吏治之效。」

勤於下鄉，宋楚瑜建立 309 鄉鎮走透透概念

宋楚瑜追隨經國先生14年，得到一個影響後來的重大歷練，那是經國先生走訪基層時就跟著一起下鄉，到金門、馬祖、東引、澎湖等前線與離島，到新竹、苗栗、南投、臺南、高雄、屏東、臺東、花蓮等縣市及其偏遠地

區。因為宋楚瑜出國留學多年，對地方事務並不熟悉，因此經國先生特准宋楚瑜下鄉貼身跟隨。

經國先生如何協調上下、整合資源，以及與民眾互動等，都看在宋楚瑜眼裡[3]，這是一門為民服務及了解基層與政情的學分。時任行政院祕書長馬紀壯（後來追隨經國先生任總統府祕書長）曾告訴宋楚瑜，經國先生有個心願，希望跑完臺灣309個鄉鎮；宋楚瑜追憶：「由於身體健康的關係，經國先生沒能跑完，只缺30幾個，這讓我年輕時就有309個鄉鎮市的概念。」後來「309個鄉鎮」成為臺灣政治圈的流行語，不僅帶動人們具有臺灣省「21縣市」與「309鄉鎮」的地方概念，也成為宋楚瑜運籌省政工作的思考單位與基礎理念。

許多人對經國先生下鄉搭乘廂型車都留有深刻印象，有時經國先生就站在車門踏板墊高身體，脫下帽子揮動，與民眾打招呼。那部廂型車有四排座位，第一排是駕駛與維安隨扈人員（也就是龍頭警衛），第二排是經國先生座位，他常會找幾位幕僚陪同，如周書楷、魏景蒙等，一方面聊聊天，也同時諮詢外界的訊息；他也會找當時省主席謝東閔、在地的縣市長、孫運璿等部會首長上來討論問題，俾能隨時機動決策，以回應民眾需求；第二排若坐得太擠，就會移到第三排。

宋楚瑜坐在經國先生身後的第三排，武官參謀坐第四排。即使車身顛簸晃動，經國先生車內談話還是可以聽得很清楚。經國先生到外島的金門和馬祖，宋楚瑜也隨侍，坐軍艦也獲有殊榮，可以坐在官廳陪經國先生與參謀總長、海軍總司令、高級將領同席進餐；更不只一次與經國先生共乘直升機和小舟，到偏遠地區了解民情和問題。

臺灣夏秋兩季多颱，每次颱風來襲前，經國院長都要到氣象局，好了解颱風路徑動向和可能危害到的地方，宋楚瑜有時也跟著去。經國院長都會藉著這個時機，呼籲大家一起注意防風、防雨與防災，提前做好防颱準備，減

---

[3] 宋楚瑜有一個習慣，在公開而有記者的場合，一定閃到一邊，避免被攝入鏡頭，除非是擔任翻譯的時候；經國先生的武官也都有這樣的習慣。

少不必要的損害，同時也慰勉工作人員的辛勞。

每到過年時，宋楚瑜也會跟著經國院長，到臺北火車站去訪視春節期間的返鄉旅運問題，一方面督導、慰勞員工，一方面也與民眾親切的互動、話家常，經國先生真正是用行動印證「人民的小事，就是政府的大事」。

現在看到海峽兩岸，常為「春運」傷透腦筋，更感佩經國先生身為國家領導人，能將百姓返鄉過節的交通運輸工作，當作政府施政大事來辦理的態度。宋楚瑜在臺灣省服務期間，也師法經國先生，每年過年一定會到鐵、公路局車站去訪視春運的準備工作，只不過他低調，不多宣揚。

馬不停蹄，九人座廂型車是管理與開會場所

在省政府服務期間，經常在全省各地跑的宋楚瑜，藉由行動電話與廂型車上的傳真機，和兩位副省長、祕書長、廳處局長等保持密切聯繫。臺北每個星期都有例會要開，宋楚瑜除跑各縣市鄉鎮外，也必須臺北與中興新村兩頭奔波，每每上車後，可不是瞇眼休息，而是馬不停蹄地持續在工作。

宋楚瑜每週三上午出席國民黨中央常會，每週四列席行政院院會，所以通常週二晚上必須返回臺北，每週日晚上又由臺北返回位於南投縣、臺灣省政府所在地的中興新村，接著主持週一上午的省政會議。因此，除了每週一省政會議與省政府首長共聚一堂議事之外，每個禮拜比較有固定時間能面對面坐下來討論事情，就是在九人座的省長廂型車上。

那時還沒有二高（也就是第二條高速公路），中興新村與臺北之間車程耗時較今為多；每次往返中興新村與臺北時，經常是兩位副省長吳容明、賴英照、祕書長或廳處首長等一起搭省長廂型車，幾位首長就在車上開始「非正式」的小型會議，就每週大小事情相互交換意見，有時開完會剛好下車，有時抵達的時候會還沒開完。

宋楚瑜說：「我學到經國先生的管理與追蹤精神，但這些事不見得要在辦公室內做，省長的廂型車也是管理與開會的場所，隨時掌握各類大小事。」

「專案經理」：重用政務委員統籌協調各部會

對於重大建設或方案，經國先生經常在下定決心後，就找政務委員統籌協調各部會，找出機構間意見的差異之處，設法加以弭平，整合出一致可行方案。但有一個默契，政務委員不是太上部長，絕對非常尊重各部會首長。宋楚瑜說，這就是現在用語所稱的「專案經理」（project manager），負責管理追蹤所有進度，並彙報所有可能出現的問題，讓經國先生實際掌握問題與執行狀況。

只有在關鍵時刻，經國先生才會親自召集核心財經官員會談，參加人員有行政院院長、各財經首長等，會後一定發布政府重要宣示，指示政策的方向和原則，至於實施的細節，另由主管機關發布。

經國先生擔任總統時，就算對什麼政策有意見，也不會跨過行政院院長直接命令部會。宋楚瑜指出，經國先生每星期都會撥出一個下午的時間，與行政院院長孫運璿和後來接班的俞國華充分交換意見（這一模式後來為李登輝接任總統初期時沿襲），將上週的問題與下週的問題詳細討論，溝通有了共識後，決策才會出現，不致有朝令夕改、府院不一的狀況發生。

宋楚瑜指出，十大建設期間，每一項建設都有一位政務委員專責督導，經國先生也不忘他作為領導人所應扮演的角色，他會定期或不定期召開會議，對於施工較艱難的中鋼、中船及臺中港等都要聽取專案報告，直接檢查工程進度，必要時到現場視察，保證質量無虞，也會每月適時給予關心和鼓舞士氣。所以在蔣院長任內，十大建設一一順利完工。

宋楚瑜受到這種作風影響，他在臺灣省服務時對省政委員都有「大用」。他們有些是卸任的績優縣市長，或是省內具有資望、特殊領域擁有專業者，在省政府各個單位之間享有尊崇地位，擔任起督導者、協調者與整合者的角色，協調彙整意見。

宋楚瑜在主持省政會議固定例會之外的大部分時間，都在訪視全省各地，視察各項建設工程及解決地方問題，凡有需要加以協調事項也會即時現場溝通處理。

另方面，臺灣省政府同仁常需加班，忙得不得了，但也因此常受到省長私下或公開表揚，故而士氣如虹，這是臺灣省政府團隊展現執行力，而受到省民鄉親肯定的關鍵原因之一。

不是只會做民調，研考部門承上啓下追蹤管理

就像經國先生督導十項建設與公務人員的紀律一樣，省政府的管考工作是出了名的，那時負責此一工作的夏龍擅於追蹤考核，他每到各地各處，即是代表省長來了解事情辦得如何，省政府單位及所有人員無人不知，絕不會輕忽或應付了事。

夏龍曾做過經國先生的侍從參謀和武官[4]，長年追隨經國先生。宋楚瑜自美國返國追隨經國先生，到行政院擔任12職等英文祕書，坐在對面的同事就是夏龍。當時經國院長辦公室主要有三人，主任周應龍負責公文流程及總管，宋楚瑜負責涉外事務，侍從參謀夏龍則負責經國先生的行程與約見賓客（參閱《蔣經國祕書報告！》，第2章）。

夏龍後來在陸軍總部計畫署少將署長任內退休，宋楚瑜即找他擔任省主席辦公室主任，在宋當選省長之後轉任省政府經濟發展暨研究考核委員會（簡稱經研會）主委。宋楚瑜找夏龍到省政府幫忙，主要因為他曾一起參與經國先生跑地方及視察所有十項建設等行程，對地方事務有一定程度了解。經國先生所有這些行程的聯繫工作皆由夏龍和接續他的王家驊負責。

省經研會主委夏龍每週向宋省長做簡報，說明追蹤了什麼問題，發現了什麼問題，以及商討如何解決問題，對於各廳處執行上的任何狀況立即反映商討，提供即時協助，不致有延宕情事。夏龍隨時向宋楚瑜報告追蹤事項，通常不拘形式或場合。

---

[4] 宋楚瑜指出，幾乎當時所有政治上重要的人，例如林洋港、邱創煥、蘇南成、康寧祥、許信良等，都接過夏龍的電話。宋楚瑜還有一個夏龍簽給蔣院長的條簽，那是接見「新加坡李顯龍中尉」，因為這與他負責的外事有關，宋保留至今。經國先生接見外賓時，由宋做翻譯，夏龍也坐在一邊做紀錄。

宋楚瑜常在週一下班後，晚上有空就到中興新村位於省訓團（後改制為臺灣省政府公務人力培訓處）旁邊的九個洞高爾夫小球場活動筋骨，這個小球場還有夜間照明設備，開放給省政府員工及一般民眾使用。

5年多下來，利用這個難得時間，走走路或揮揮桿，宋楚瑜幾乎沒在中興新村或南投以外的高爾夫球場打過球。這時候夏龍就陪在旁邊一起走但不打球[5]，手上拿著筆記本就相關各項建設追蹤考核問題提出報告、請示或交換意見，這也是「絕招」。

由此一處事態度來看，研考單位顯然不該只會做做民調，弄什麼支持度調查，而是要承上啟下，縱橫協調，前後連貫，協助領導者下命令或定決策，檢查施政情形，解決難題。直率地說，宋楚瑜主政時期的省政府不花錢做抽樣民調，反而是在全省天天勤走基層，這不就是最好的民調？而且是滾動式的，最準！若把研考的重點當作做民調，這是本末倒置的。針對首長的施政目標、方針與承諾，去緊密追蹤，確切落實，才是研考單位的重點工作。

宋楚瑜說，事情做不好，絕不只是一個「懶」字所能完全涵蓋，主官負責一切成敗責任，決不能事情交辦就算了事，也不能撥完錢就算功德圓滿，更不能只發發官威「震怒」，給新聞界看看就交差了事，還要透過研考人員緊盯，找出問題原因，了解部屬執行時到底有何困難並協助解決。

譬如說一個公共工程案無法如期完工，去探究原由時，發現問題可能出在承包商、缺原料、缺工人致成本漲了，也可能法令不合時宜需要調整等等因素，凡此種種都要加以細查掌握，釐清延宕或出差錯的癥結所在，更要防止弊端，才能保證建設質堅貨實並如期完成，**因為人民所期盼的是為他們解決問題的官員，而不是拿不出辦法的冗員。**

「狐假虎威」新解：從全局做好管考

夏龍在追蹤考核上盡忠職守，難免在有些人眼裡認為是「狐假虎威」。

也就是說，宋楚瑜是虎，夏龍是狐，隱含譏諷和貶抑。

宋楚瑜不這麼看，他強調他們這樣的「虎狐」搭配，確實做出了功效：「領導者沒有三頭六臂，要將事情樣樣辦妥，狐假虎威有其必要，虎有虎的高度，狐有狐的角色，各司其職，各盡其責。」

宋楚瑜界定「虎狐」權責：「**追蹤管理不是打官腔或吹毛求疵，而是找出問題的所在，提出解決的對策方案，提給領導者盡可能完整的資訊與建議，然後功成不居，這是研考的基本精神。**」

宋楚瑜還說，「研考人員是狐，不是老虎；老虎要做一件事，是要讓被監督者知道，老虎很關心這些事，要狐緊盯著。」

所以，盯工作，不是老虎在盯，而是「狐」在盯，狐要忠實向老虎報告，如此就沒人敢不將狐當作一回事。當然，狐絕不能藉以自肥或亂來，慎選這人就很重要。曾國藩曾說：「為政之要義，在於找到替手。」這是領導者發揮領導力的必備要件。

宋楚瑜說老虎人人怕，但老虎不發威，千萬不要當是病貓，因為老虎可能隨時會咬人：「不是省長發話，給經費之後就不管事了，而是有配合、有配套、有追蹤考核，運用領導者的位階，該給的資源充分提供了，該協調的關節都打通了，倘若再辦不好事情就辦人，就換人做。」曾國藩也曾說「不以霹靂手段，怎顯菩薩心腸」，這就是政府機關最應講究的執行力。

領導者的致命要害，在於找不到問題所在，或根本上對該抓的問題出現南轅北轍。政風系統是「鼻、眼、耳」，研考單位則是「爪和牙」，若是主官用之於公，不假公濟私，妥當揮灑，善加運用，自然有助於政策落實推行，否則不就像缺了牙齒的老虎，形同一隻「紙老虎」罷了。

在省政府的大小施政項目，宋楚瑜都責由研考單位加以列管，俾使執行單位重視，促進相關單位協調溝通，並按照預定計畫與步驟完成，然後獎優懲劣。

臺灣省政府研考工作從靜態的文書處理作業，轉變為動態的行政管理；宋楚瑜認為**研考單位應該是行政首長智囊之一，必須藉著他們的細心協助，領導者對外的一言一行，才會有準頭有依據，說過的話不會忘，不失信，不**

致於食言。

宋楚瑜非常重視部門單位之間的整合：「它不能單獨從某一單位或某一角度來做管制考核，而是從全局、整體的施政績效，以及單位間的相互支援來看問題。」

管制考核的主要內涵應是協調溝通。協調是為了相互配合，取得一致行動；溝通是彼此意見觀念的交換了解。溝通是達成協調的手段，協調則為溝通的結果，目的都在完成施政目標，增進民眾便利與福祉。

追蹤管理有模有式：追蹤力就是執行力

5年9個月的任期，宋楚瑜跑遍309個鄉鎮市，至少都造訪四、五次以上，不論是事關幾十萬省民的大型建設，或是照顧幾十戶、幾百戶居民的小型工程，省政府各機構都不曾鬆懈，不隨便浪費納稅人一分一毫。

所有這些的大小工作，都必須經過省經研會，也就是省政府研考機構的管考，做到「條目清楚，次序分明」。宋楚瑜絕不允許講話不算話，還要follow up，經研會都有錄案管理，以便追蹤。依管考需要，也會到地方、到現場多方了解列案工程等進度，直至完工後當事人滿意了，才能解除管考。

當宋楚瑜一而再回去訪視時，也會對於工程施工等說明講解專注傾聽。他還會說：「**鄉長，這個工作完工後，你要打電話給我，我要再來看**。」站在為民服務的立場，宋楚瑜絕不能信口開河，隨意允諾撒錢，而必須實實在在，講話算話，說到做到。否則，每個地方跑來跑去，到處天花亂墜，一定會「穿幫」。

另以救災來說，省政府團隊做法是省長巡視災區，他帶著各相關廳處首長同行，災區民眾必然有許多問題期盼解決，由幕僚與村里長聯絡好，通常會擇定在災區活動中心舉行，所有民眾都可以自由參加。

這就是一般最常見的面對面溝通座談，這邊坐著省政府官員，對面則是地方大小官員與民眾。有意見者逐次發言，當所提問題涉及哪個廳處局業務職掌，該廳處局長或出席官員便答覆，並且記錄下來。

宋楚瑜會要求省政府相關單位，立即答覆簡單的、能立即解決的問題，不明確須查證的問題帶回3日內要回覆；複雜的問題涉及法規及其他單位權責，限一週內將處理情形回覆；持續處理者須定期將處理情形回覆。

以上救災運行模式主要採自省消防處處長趙鋼所撰《打火兄弟》（中華消防協會，2001年，頁155-156），書中述及：

這樣看起來不是很周延了嗎？不，萬一廳處首長也是拿筆記一起做樣子，回去後字紙桶一丟，或交辦後業務人員慢條斯理的積壓拖延？不必擔心，因為，省府研考人員現場有完整記〔紀〕錄，時限到，他們會每個廳處逐一查問處理情形及是否答覆當事人？並列管提每週省政會議。這一招就屬害了，各廳處哪敢積壓，否則廳處長在會議上就難過了。因此，災區民眾或地方陳情案件都能在短時間內獲得答覆，持續處理事項也都獲知處理進度。民眾或地方基層知道有人在替他們處理中，感到窩心怎麼會怨恨？絕大多數提出的問題很快的都能獲得解決，自然會肯定省府的效率。

執行力靠考核追蹤

宋楚瑜強調：「講話算話，絕對不是只有一句話，接下來的是多少的血汗與功夫；說到做到，也絕不是隨便點到為止，而是要到老百姓、村里長、鄉鎮長、縣市長的這些當事人滿意了，才解除原有的管制。」

臺南運河位於臺南市五期重劃區內，流經安平港與市區之間，以前具有輸運功能，現在只於端午節比賽划龍舟。省政府協助臺南市運河整治，完成清淤、汙水處理、堤防興建及綠美化等，當時這是市長張燦鍙的重大政見。

宋楚瑜不分黨派，予以高度支持：「大家都知道，張燦鍙市長是民進黨籍、臺獨聯盟大老，我和他雖然在政治理念上不同，但在地方建設上，臺南市市民即是臺灣省省民，凡有所裨益於民眾的，就不應有所差別。」

當時民進黨籍耆老、奇美實業創辦人許文龍曾說：「這不過是由省政府撥款幾億元的事。」宋楚瑜聞訊隨即去了一封信，附上省政府和臺南市政府7

次協調會議紀錄，還邀請許文龍實地走走看看，讓他了解其中施作細節。

宋楚瑜說，省政府經過研究評估，答應地方建設的大小事情，接下來都要有人協調與追蹤，其中一個主力即是省政府經研會。省政府和臺南市政府關於臺南運河的7次會議，就是夏龍等官員去和臺南市政府協調，並加以追蹤落實的。

有一年屏東縣大水，車城鄉洋蔥田淹掉了，縣長蘇嘉全陪宋楚瑜去現場，有人建議給補助，農會與農民卻反映說：「我們需要協助，不需要補助，現在如果有種子，再下種還來得及收成。」可是，種子一時不容易買到，除非從美國緊急進口。宋楚瑜一聽，原來是有錢也買不到種子的問題，於是趕緊列管，由農林廳派專人到美國去洽購，事後並持續追蹤。後來夏龍告訴省長，蘇嘉全要求轉告：「請你不要再追蹤了，我們已經非常滿意了。」

以下兩段記載林照真（《水的政治學》，時報文化，1998年，頁62）訪問高雄縣縣長余政憲的內容，余政憲和以上蘇嘉全所說，大概頗能反映當時民進黨籍縣市長對這位國民黨籍省長的一般看法。

余政憲說，高雄縣真的非常感謝宋省長，省長非常關心地方，差不多一個月來一次，地方向他反映問題，經費經常需要他統籌分配才能解決，他都能馬上解決。而鄉鎮長若向他提建議，他也會要經研會列管追蹤，錢會首先撥下來，半年後又會來找你問你工程做好了沒？做好後他一定會驗收，然後把列管工程項目刪除。

余政憲說，因為這樣，省府員工被他釘得滿頭包，但地方縣長與鄉鎮長，感受都非常深。也深覺宋省長並不是人多的地方才跑，人少的地方他也常跑，相當有心。

講話算話不是只有一句話，還要有幕僚會計畫

這裡附帶記述一件，與研考追蹤和幕僚辦事有關。

宋楚瑜要強調的是，「**講話算話，不是只有一句話，還要有幕僚會計**

畫」。宋楚瑜訪視地方均經規劃安排，什麼時間該去哪個縣市或地方都經計畫考量，主要由省經研會研考追蹤系統提出意見，省祕書處交際科科長執行行程安排，必須周全有效，絕非任何隨意的一時興起。

在宋楚瑜到任後，省政府祕書處交際科主要任務不是「交際」，而是負責省主席、省長何時去何地，要和誰會面、談什麼事情或勘察建設進度等地方行程規劃工作，例如每一縣市、鄉鎮、偏遠山區或離島應該多久訪視或每個月至少去一次。

訪視地方行程安排是如此，對內部管理亦不馬虎，宋楚瑜要求交際科每個月至少要安排他和每位廳處首長會面一次，也就是不讓某些首長「覺得」是坐在「冷衙門」！因此，宋楚瑜的行程都是經由全盤思考和做整體性與系統性規劃，並輔以電腦紀錄供隨時查閱使用。

宋楚瑜的兩任交際科科長陳清貴和吳老德責任不輕，就是專做省主席、省長時間管理；由於忙著跑地方，看工程，查進度，哪有時間交際應酬，他們從不「安排」飯局的。

宋楚瑜記憶裡僅有一次例外，1996年6月副省長林豐正奉調內政部部長，他才要交際科科長在臺北設宴歡送；也就是宋楚瑜在5年9個月時間裡，就僅那次在臺北市作東。即使每週三上午要出席國民黨中常會，週四上午還要列席行政院院會，但下午及晚上時間仍須善用，他的幕僚一定安排會見賓客或走訪地方等。

機動靈活，省長行程是交際科肩負的重責大任

全省21縣市、309鄉鎮市問題錯綜複雜與需求殷切，宋楚瑜為此必須放下身段，要能吃苦又要耐煩，勤快又平實，帶動省政革新與建設突破發展。

在他省政府任內，走透透全臺各鄉鎮市至少4次以上，主要城市更高達40次以上，最多的是南投市55次，其次是桃園市54次、屏東市51次、花蓮市50次、板橋市47次和彰化市41次；另在省長競選期間，承諾每月必訪宜蘭、花蓮、臺東及澎湖四個縣，在他省長任期4年期間各到訪52次、59次、51次及52

次。

可以說不分晝夜與假日，宋楚瑜總是一刻不休地奔波於城鄉之間，並深入離島的鄉鎮及偏遠地區，翻山越嶺探求民瘼，解決陳年沉痾，探詢縣市需要的重大軟硬體建設或改善設施，以及民眾關切的事務與各項民生問題。由是，宋楚瑜的**走透透絕不是「即興而作」**，而是有計畫的全盤督導考核追蹤，所以宋楚瑜才說，「執行力就是追蹤力」。

省長行程既要求高效率又要確實機動，通常除一年兩次省政總質詢必須親自率領副省長暨各單位首長出列席外，其他每週固定的會議行程，包括星期一省政會議、省政委員會議，星期三國民黨中常會，星期四行政院院會；其他時間的行程安排通常是省長交辦或批示，或由副省長、祕書長轉交，最頻繁的是來自省政府各單位的建議，並廣泛聽取民意代表、縣市政府或基層民意陳情反映的事項綜合後，規劃而成。

省長施政以民意為依歸，省民福祉永遠擺在第一位，抱著哪裡有需要就到哪裡去的使命，統計省長任期內搭乘飛機507架次、直升機291架次、汽車約250,496公里、火車約5,431.3公里、舟船約1,155.6公里，合計257,082.9公里，換算繞地球可達6.4圈，這是創舉也是紀錄；各種任務（或工作）帶動省政建設不停運轉，促使基礎建設持續深耕精進。

交際科行程規劃涉及聯繫協調、執行與追蹤考核三層面，這些繁雜工作就落在省政府交際科相關同仁身上，可以說交際科辦公室經常燈火通明，每當面臨重大災害時，更要掌握第一手資訊，而參議兼交際科科長則是扮演樞紐角色。

當時，臺灣省鄉親經常會見到省長穿著一件白色夾克，戴著一頂空軍帽，坐著一部通訊配備齊全的九人座車，偶爾也會看到直升機降落在附近草坪上，穿梭於全省各山區與鄉間角落，在搭起的棚架內聽取計畫簡報，訪視察看現場各項環境設施，追蹤督導各項建設進度，在聽取地方意見後，明確指示未來執行與修正事項，再由相關權責單位依規定以正式公文簽核後據以執行，並且由研考單位列入追蹤考核，形成創新又有效率的行動式決策模式。

省長行程時常是早上訪視位在北邊的縣市，下午馬上出現在位於南邊的縣市，真是名符其實不辭辛勞的南北奔走、上山下海。下列就是宋楚瑜在省政府服務時的實際行程案例：

【1994年6月7日（星期二）行程】

早上：

- 在中興新村出席臺灣省水利會遴派委員座談會及嘉南農田水利會會務委員座談。
- 聽取省民政廳、農林廳業務簡報。

中午：

- 前往臺中水湳機場搭乘飛機至臺北松山機場。
- 再由臺北松山機場搭乘直升機至宜蘭蘇澳。

下午：

- 訪視蘇澳鎮新澳隧道蘇花公路123公里處地震落石災情。
- 訪視蘇澳鎮南方澳漁港南寧市場。
- 隨即由宜蘭蘇澳漁港搭乘直升機返回臺北松山機場。
- 再由臺北松山機場搭乘飛機至嘉義水上機場。
- 再由嘉義水上機場搭乘直升機返回南投中興新村。

晚上：

- 出席在省政資料館省議員餐會。
- 結束後搭乘專車返回臺北濟南路官舍。
- 準備1994年6月8日（星期三）早上國民黨中常會以及會後一連串約見人士（含南美洲巴拉圭貴賓）與緊密行程。

【1994年6月9日（星期四）行程】

早上：

- 出席行政院院會。

中午：

- 院會結束後赴臺北松山機場搭乘直升機至宜蘭南澳鄉。

下午：

- 訪視南澳鄉南澳綜合體育場。
- 訪視南澳鄉大道路42巷民房倒塌。
- 訪視南澳鄉南澳國中。
- 訪視蘇澳鎮公所。

晚上：

- 搭乘鐵路局自強號火車返回臺北。
- 在臺北濟南路官舍約見相關人士。

再舉一例，看看省政府團隊如何有效利用時間。

在省政府任期內，宋楚瑜曾經兩次上高雄佛光山。一次是1996年2月11日，另一次是1997年5月16日出席佛光山封山法會[6]；宋楚瑜說，「星雲大師非常慎重，特別舉行封山法會，囑我一定要參加。」

宋楚瑜答應了大師，還得要交際科將行程排上去，否則去不了。

為了搭配5月16日這一天，交際科科長吳老德將高雄縣茂林、甲仙、三民等鄉訪視行程挪移到與佛光山排在同一天。

吳老德說：「這一天地方行程通常要搭直升機才能完成，所以才有搭直升機上佛光山的安排，那時後山可以停機，現在都已闢建成園區了。」

星雲大師於2023年2月5日辭世，宋楚瑜隨後到佛光山行禮致敬；寺裡住持與法師都記得省長宋楚瑜來訪兩次，曾有一次是搭直升機上來的。

省政預算沒增加，還照顧到村里零星工程

總統李登輝問過宋楚瑜：「省政府的預算沒有增加，人力規模也和以前一樣，你為什麼可以做這麼多事？」其實這也沒什麼特別的，就是將有限資源做到充分運用，將既有人力貢獻度大幅拉升。

---

[6] 佛光山封山主要是要給寺裡常住僧眾寧靜修行環境，幾年後又經多方考量（對周邊商家影響等），決定重開山門。

依據政府制度，每一項省政建設均須編列預算，年度結束再做結算，宋楚瑜要省政府各部門在制度內擴大量能，每項建設結餘款不繳回國庫，另按預算科目再做運用去做地方建設。例如基層民眾、地方人士、村里民大會等的建議事項，以及小橋梁、排水溝、小型自來水工程、路燈等小型或零星工程，大都是運用省政建設年度結餘款做出來的。

本書第6章曾提到，具體做法是：「預算用在造大路、造大橋和造排水大工程的結餘款積累下來，再用之於村里的小道路、小橋及小排或小水溝上。而在預算科目不變的前提下，自然沒有違法或不合規定的問題，只需列出優先順序……。」

這就是「為政之道，心存百姓」的道理，運用到建設經費執行的預算與結算制度上；宋楚瑜說出實在話：「預算就是命令，絕對依法辦事，無論縣市、鄉鎮或村里工程都一樣，**省政工作就是『不遺其小』**[7]，**年度結餘經費就在年度內『錢盡其用』；結餘款若繳回去結算，那得等下一次有錢才能辦事，這是爭取時間辦實事，能多辦一點，就多辦一點**，受益的是老百姓。」

這也是在原有的經費和人力資源上，自領導者及各級首長主管帶頭，激起文官體系人員願意再奉獻心力，再多花心思精力去為老百姓謀福利。宋楚瑜深深以省政府員工為榮、為傲：「本來將預算執行完畢，就可了事，再將結餘款為鄉里做基礎建設，就是主動找事情做，再發揮出新效能！領固定薪水的公務人員肯這麼做事，可說是身在公門多修行了！」

夏龍在省政府將研考追蹤制度化，培養訓練一批專業人才，在省政府團隊中建立管考機制，包括將基層民眾、地方人士、6,000多個村里民大會紀錄，各級民意代表（包括省議員競選政見）與縣市鄉鎮等地方自治機構的意見與建議，以及宋楚瑜競選省長的政見2,097項、訪視地方列管案件，民眾來信及民情反映事項、賀伯風災列管追蹤的7,349件大小工程分項追蹤，加以一一管制執行落實，做到讓各界都滿意的程度，可說是史無前例。

---

[7] 《管子・形勢解》有言：「海不辭水，故能成其大；山不辭土石，故能成其高。」李斯曾上〈諫逐客書〉給秦王嬴政（即是後來統一全國的秦始皇），其中說到：「泰山不讓土壤，故能成其大；河海不擇細流，故能就其深。」

因年度結餘款再衍生各項小工程，也都一一加以管理追蹤；當聯繫村里長等地方人士一起會商、討論及驗收時，夏龍及省政府人員不過著件夾克與會，村里長們各各慎重其事，西裝筆挺。夏龍曾向宋省長轉述：「這些建設好多年說要做都沒做，這次真的要做，而且是第一次看到省政府官員下到村里基層，他們說一定要穿西裝！」

隨即發揮補位功效，嘉義焚化爐順利完工

有一年嘉義市垃圾問題嚴重，市民抗議陳情不斷，春節過年時的垃圾都丟到街上，弄得髒亂不堪。嘉義市政府要求省政府補助蓋焚化爐，當時只有臺北市、臺中市有焚化爐。

後來，市長張文英主持了焚化爐開工，但幾個月過去了仍然未見施工進度，經夏龍了解之後，才知道投標廠商中興電工（當時為國民黨黨營事業）高價低標，根本做不了，履約出現了問題。

不得已情況下，宋楚瑜直接去向李總統（亦是國民黨主席）當面報告，說中興電工如果做不好，省政府會公告今後不再允許這家公司參與省政府任何工程。李登輝聽了，要他和國民黨投資事業管理委員會主任委員劉泰英協調。

宋楚瑜仍記得，國民黨例行開中常會的一個星期三上午，就在常會廳內一幅國父與蔣公同乘火車那張照片下和劉泰英一起，談中興電工投標嘉義市焚化爐的問題。

劉泰英希望宋暫緩執行省政府和中興電工拒絕往來公告，因為該公司正在辦理股票上市事宜，省政府若處理中興電工違約公告，必然會對它的營運與上市造成巨大影響。

作為中興電工的頂頭上司，劉泰英承諾協調該公司一定將嘉義市焚化爐按照省政府要求做好，後來果真趕上進度，雖然還一度因颱風來襲，工地淹了水，最後承諾完全兌現。宋楚瑜還說：「據說，該公司好像因此賠了不少錢，管理階層也換了人。」

省政府補助臺南一座焚化爐蓋好了，說要拿到使用執照才能通電啟用，但沒有電，又如何試爐？夏龍報告宋楚瑜，省政府是臺電最大的股東，就派代表省政府的臺電董事去協調溝通，協助臺南市政府。宋楚瑜還是要夏龍先去和臺電協調先供電，這就是省長好人做到底，著急要趕快把地方與民眾的事情辦好。

有一段期間，鋪設道路的瀝青缺貨，以致工程停擺，要加緊去催去追，缺貨也要「到貨」。臺灣省政府是瀝青主要供應者中國石油公司（中油）的大股東，供應不足就催補；中油也因此會優先撥補。

以上案例都可看出管考追蹤的重要性，還有就是要找到關鍵人，用對力量與方法，才能事半功倍。領導者沒辦法事事兼顧，研考人員更要用心留意，透過追蹤系統與機制運作，發掘問題並提出解決問題對策。

現在很多行政出了問題，就上下互推，宋楚瑜指出省政府的經驗是：「中央看不到的，省政府去看，去找出問題；地方人力財力做不到的事，我們去做銜接，所謂『補位』即是。」

中醫懸壺方法也用上：「望、聞、問、切」

省政業務是全方位、多面向的工作，每個層面都有學不盡的專業知識，宋楚瑜再怎麼勤勞，真能什麼都懂？不能全懂，又怎麼去領導同仁和推動工作？

出任省主席之前，他曾擔任行政院新聞局副局長及局長，也經過執政黨主管（國民黨中央文工會主任及首席副祕書長）的歷練，尤其擔任國民黨祕書長時還綜理過全黨各部門事務，具有一定的行政能力與經歷。但省政工作極為複雜，宋楚瑜自然無法全懂。

省政工作包羅萬象，很多是在他的知識和經驗範疇之外，但他隨著工作責任愈重，持續不斷體會並融合一些方法——「望、聞、問、切」。有心，想做事情，連中醫懸壺濟世的方法也用上。

別無捷徑，即使官愈做愈大，愈要不忘苦功夫。除了大量閱讀相關案卷

及資料外，又加上勤問、多問及「不恥下問」。他說：「用心了，問多了，看多了，聽多了，自然就會懂了！中醫看病的望、聞、問、切四項方法，也就是用眼睛觀察、用鼻子嗅辨、用嘴巴詢問，再進而動手動腳去了解實際問題下判斷、開處方。診病如此，求知亦然，做政府工作與任何事情也可以運用這些方法！」

　　宋楚瑜運用之餘，也樂於傳授，省政府員工都知「望、聞、問、切」，但這四法的管用，並非「閉門造車」可得，還須加上「一步一腳印」，走遍全臺灣省每一個角落，才能有相輔相成之功。

1｜宋楚瑜要省經研會主委夏龍（左）確實做好管考工作，夏龍不辱使命。

2｜管考的源頭在於領導者做出正確決策，政務官引領事務官擬定健全計畫；圖為宋楚瑜主持研考業務協調會報。

3｜「追蹤力就是執行力」，省政府研考做到「條目清楚，次序分明」，此為宋楚瑜到基隆追蹤工程進度。

4｜1994年8月17日訪視高雄縣岡山鎮追蹤考核抽水站設施。

4 | 臺南市市長張燦鍙（右二）力推
運河整治，宋楚瑜不分黨派給予
支持實現。

5 | 1998年5月21日臺南市焚化爐啟
用，右二是省環保處處長陳龍
吉、右三是臺南市市長張燦鍙。

6 | 臺南市焚化爐完成。

7 | 1998年11月14日訪視臺南市垃
圾焚化廠。

8 | 臺中市焚化爐竣工運轉。

4　5
6
7
8

1 | 1994年1月7日，與嘉義市市長張文英
（中）為嘉義市垃圾焚化廠破土，這些
建設都要管考追蹤。

2 | 嘉義市焚化爐啟用。

3-4 | 1994年5月7日，嘉義縣豬糞處理廠落
成剪綵並參觀。上圖左起陳明文、曾振
農、宋楚瑜和嘉義縣縣長李雅景等；省
政府協助養豬農也為環保把關。

5-6 | 1997年2月1日，宋省長主持補助地方
垃圾車授車典禮，並親自體驗駕駛垃圾
車，留下這張難得的照片，下圖右為省
環保處處長陳龍吉。

第 18 章

多管齊下，做好政風

　　自古以來，中國的政治哲學對於君子或政治人物特別要求嚴格，所謂的「反躬自省」、「慎獨存誠」及「不欺暗室」皆是。

　　歷朝歷代，也都望治心切，無不想方設法端正官箴，檢肅貪瀆不法，以期弊絕風清，還百姓安樂幸福。

　　其中首要之務，仍在於主政的領導者正心誠意，亦即「誠實面對自己」及「誠實做自己」；政府領導者要以身作則，才能領導政府團隊做事實實在在且貨真價實。

　　被稱為偉大心靈導師的卡內基說得好：「自己無愧於心，無愧於人，才能贏得別人的信任。」[1]

　　宋楚瑜及其團隊的政風機構有點特殊，不只要調查貪汙，防堵貪瀆，阻卻違法，更特別的是先行做好預防及內部自清，而非等到事情發生之後，由其他單位檢舉，由社會大眾揭發才知道。甚且，政風處更要與各機構單位偕同，深入了解民怨，為老百姓出氣。還與省民服務中心、廉政委員會及公共工程品質管制中心合作無間⋯⋯。

　　「政風」之妙用，貴在人為，不止一端。

---

[1] 卡內基（Dale Carnegie, 1888-1955）被譽為「美國現代人際關係教育奠基者」及「20世紀偉大心靈導師」，在他所撰《語言的突破》（*The Quick and Easy Way to Effective Speaking*，海鷹文化，2021年，頁148）裡，特別引用《紐約時報》記者伍爾科特（Alexander Woollcott）的話：「一個人說話時的那種真誠，會使他的聲音發出真實的異彩，那是裝模作樣的人裝不出來的。」藉以說明以真誠贏取信任：「當我們談話的目的是在做說服時，要發出堅定不移的內在光輝來宣述自己的意念。」以及「我們必須先讓自己被說服，然後才能設法說服別人。」

積極防弊防貪，省政風處功能大不同

自行憲以來，我們政府從未實施內閣制，而媒體卻習慣稱行政院為內閣（cabinet），另以「小內閣」來稱呼省政府。

主要是省政府部門大多與行政院部門彼此對應，許多中央政策由行政院各部會直接落實到省政府各廳處局執行；省政府執行的人事、經費、工程發包等事項繁多，僅次於行政院各部會總和。職是之故，省政府防弊及防堵貪瀆等措施必須積極機動。

政府機關的功能並非固定不變，能隨著社會變遷與環境需求更新，才能算得上是與時俱進的機關。省政府政風處是成功一例。

「或許有人不知道，為什麼省政府能贏得民眾的肯定與支持，其中一個不可或缺的因由，就是政風單位的貢獻。」宋楚瑜說。

宋楚瑜對於省政府政風處的期望，是在防止機關腐化的功能上，再來個一兼二顧，做一些更積極且具建設性事情。省政府政風處轉趨「開放」，不只防止違法及調查貪汙，而且深入了解民情民怨，成為改善政府與民眾關係樞紐之一。

宋楚瑜商調王廣生，自臺北前來中興新村擔任政風處處長，幫了省政府很大的忙。他不僅要做好機關內部整飭，還要跨步建立民情管道，蒐集全省各地民怨與民眾意見。

省政工作非常龐雜，絕非省長與機關首長以一己之力就能面面顧到，宋楚瑜藉由政風體系查訪，深入探知有些民眾所受委屈，或是省政府受到民眾誤解之處，提供省政府各個部門了解掌握，儘早去協調和化解，也就是**政風部門不單是要端正機關內部，更是領導者探求百姓心聲的「千里眼」與「順風耳」**。

不查「思想」，政風重防患未然

在宋楚瑜主政時的省政府機構，幾乎沒有公事延宕或不了了之，更能踵

武前賢，就像經國先生推動十大建設沒有弊端一樣，沒有一件涉及省政府首長的弊案發生。因為在怠惰或「出事」之前，早已經透過研考追蹤或政風系統緊密查察，不僅是防患於未然，就是事發前移送法辦了。

至今時間越過20餘年，在宋楚瑜主政下興建任何大小建設工程，也包括補助縣市及鄉鎮市地方建設工程，數量之多至不知凡幾，沒有一樣是禁不起考驗。921南投集集大地震時，集鹿大橋沒有傾倒，中投快速公路及臺14線新建與拓寬路面沒有塌陷，這些交通建設還成為當時救命輸送線，將傷者送出到臺中縣市急救，外縣市及各界救援也經由此兩條路源源不斷進入。

反對黨有時在政治考量下或選舉議題操作時，故意貶抑宋楚瑜，貼標籤說他是「散財童子」及「要五毛給一塊」，暗指省政府撥款給地方很大方，運用經費有不當之嫌，其後都經司法程序驗證澄清；這在本章內將舉一些實例，分別說個究竟。

政風處處長王廣生和行政院法務部調查局局長吳東明每個月送來地方政（民）情報告，宋楚瑜先是親閱，隨即經由省長辦公室梳理出要項，交到各相關單位繼續辦理。

這不是查「思想」，而是政風單位知道「風聲」之後，省政府相關單位立即有人到現場了解，日後宋楚瑜也常依此到地方查訪。這亦是宋楚瑜從經國先生學來的「腳踏實地」作風。

不希望有弊端發生，政風有如中西醫合體

「政風」這個名詞，難免給外界封閉作業或祕密行事印象，又有令人感到畏怯的色彩，而它所具正面功能往往少為外人所知。那就是在政府各種建制中，將它的業務與職權獨立於行政首長的權力與指揮之外，來達到防止機關從基層到高層可能的任何腐化。

就此而言，政風工作不是希望自己同仁發生問題，不是希望把同仁送到法院或監獄去，而是希望不要有弊端情事發生，要事先警惕同仁有哪些事情是違法的，產生提前嚇阻的效用，千萬不要以身試法或自誤誤人。

宋楚瑜對於機關首長或各級主管的任用與考核，特別強調「品行考量是首要條件」。因為他們不只是「一人做事一人當」而已，而是領導一群人或一部分同事做團隊工作，他們可能造成一個部門士氣高昂或烏煙瘴氣。

倘若一個單位主管或人員不斷被人檢舉，已經明顯造成機關內部困擾，必須立即加以「危機管控」。宋楚瑜強調政風單位要適時介入，避免影響整個機關內部的效率、士氣和團隊的榮譽，不論其日後是否被認定有無違法亂紀。

通常對於這類的問題，宋楚瑜區分為兩個層次來處理：一個是法律的層次，法律是講求程序與證據的，要花一些時間才能水落石出；另一個是從政風的層面來處理，這必須是立刻且即時的。

端正政風講求防微杜漸，弊絕風清，澄清吏治。如果機關內部出現問題，非得要有證據才辦，以致負面觀感持續惡化，抑或等到事情爆發後才處理，就太遲了。

在宋楚瑜任內，省政府就曾將涉有貪瀆嫌疑的工程弊案送辦。包括省立醫院工程採購案、東西向快速道路彰化快官段案等143個案子，均是主動交由司法機關偵辦，而不是檢調單位介入才被動配合處理。

宋楚瑜常和處長王廣生及政風同仁說，政風機構有如中醫西醫綜合體，必須中西醫兩種療法兼具。他為政風做這樣譬喻：「西醫是在發生疾病時以醫藥、開刀等方式醫治，中醫則可在病發之前做好固本培元。」而他要求政風善於「調理」，這是政風工作的根本要務，要在「器官還沒惡化」前早點發現病灶，不能待到病發才開刀切除毒瘤。

建構全省網絡，省民服務中心受理 3 萬餘案件

在此同時，省政府亦廣開民眾反映之門，宋楚瑜當選省長後兌現競選政見，立即設立省民服務中心。這是在中興新村設置省民服務中心做為軸心，規劃一個快速反應、便捷有效的全省服務網絡，並在全省各地區成立省民服務處，作為省政府與民眾溝通聯繫的中介橋梁。

成立將近四年時間，受理服務案件多達33,000件以上，如果開設伊始口碑不佳，抑或掛羊頭賣狗肉，顧客不可能持續增加。凡民眾有所需求、困難或陳情的，省政府只要能力所及，一定即刻且全力以赴。但也有受限於法令、經費或權責等因素，不能立即或無法協助時，都要說明原因並清楚回應，絕不有頭無尾。

有時民眾提到的事情不是省政府業務範圍，有些係屬中央或地方政府所管，這裡也是一個接觸及轉介的窗口。省政府會先回函知會當事人，並快速將案件轉到主管的單位之手。

政風單位主動察覺民怨，省民服務中心受理民眾的需求與反映事項，兩者相關卻不相隸屬。政府施政有出（output）有入（input），這是一個開放體系，會張眼來看、豎耳來聽、伸手受理的政府，才是活的政府。

宋楚瑜同時關切的，民眾對省政府意見表達之外，若對貪瀆情事或重大案件要予以揭發，省政府如何做到快速回應？上述的省民服務中心及公共工程品質管制中心與廉政委員會，都是十分便捷的管道。

不論為民服務、肅清貪瀆或工程品管，這些機制與功能原本在省政府內就有，卻是分散在各個機構之內。宋楚瑜來省政府後，就以不增加人事與成本的方式，加以統整，列入競選省長政見，當選後立即加緊腳步實施。

以前省民常常不知道哪件事情該找省政府哪個單位，自從有了省民服務中心、公共工程品質管制中心與廉政委員會，形同興利防弊的鐵三角，民眾與政府的關係改善了、暢通了，民眾找政府論事述理都方便了。

杜絕承包弊端，不良廠商列入黑名單

公共工程要杜絕弊端，首要在避免不法或能力不夠者圍標、搶標。為了防止違法者、黑道以不正當方法介入，省政府研訂「防制公共工程圍標改進措施」，整合工程、政風、警察等單位的力量，利用電腦科技促進資訊的傳播與流通，來消弭各種犯罪的可能性。

省物資局自1996年8月起，就開始採用網際網路，代辦省屬各機關採購業

務的招標公告、決標資訊、法令查詢，甚至包括革新建議、風紀檢舉等事，也透過網際網路公告周知，使各種採購投標資訊真正做到「該公開的，對社會全面公開；該保留的，對投標者全面保留」。

公共工程再怎麼防弊監督，總有一些令人傷腦筋的問題。不只圍標問題，還有像是承包商雖按照程序得標後，不見得會好好施工，或工程進行一半就倒掉了；也會出現因種種理由將工程拖得很長，無法準時竣工等等千奇百怪的亂象。

宋楚瑜為提醒省政府相關部門注意不良廠商，還曾發明一句順口溜：「大包換成小包，小包發成廢包，廢包變成草包，草包變成膿包。」這些廢包、草包、膿包等等，都該是政府公共工程的拒絕往來戶，當然是省政府不歡迎的對象。

宋楚瑜指出，政府應該做到的是，對於好的廠商，能讓他們好好去做，讓他們一個接一個工程做；對於不良廠商則列入黑名單，不再讓他們參與省政府任何的事項與工程。

花了許多錢，弄不出好東西，也是公共工程品質最為民眾詬病之處，這即是公共工程品質管制中心要負責的業務。宋楚瑜指示所有機關採取兩個重要做法：一是列管經費額度超過5,000萬元以上重大工程，另一是對於補助地方經費進行工程抽驗。這無形中對弊端產生不少遏阻作用，對其他重大或相關工程也具有良性導引作用。

公共工程只有在土地取得、工程設計、施工建造等每個階段，建立透明化、合理化、公平化的制度，才能避免「官商勾結」的弊病。因此，公共工程品質管制中心要求各工程單位，訂定合理的設計、發包、監工、驗收、完工及維修標準，而且指派高級工程人員負責嚴加督辦，如有循私或監督不周，必追究連帶責任，而具不良紀錄的廠商也以電腦建檔註記留存。

省住都處等機構均實施三級品管，設有「工程品質管制督導小組」，以臨機方式直赴各發包工地，實施不定期且不通知的抽查檢驗，確實做到施工品質控管，使發包端與承包端無法「沆瀣一氣」。

宋楚瑜又以譬喻說明：「這就好像一般人蓋房子，要隨時關心查看一

樣，在施工時對每個結構與細節都要隨時去關心了解，不是等到全部完工落成，只能全盤照收。」宋楚瑜強調這是非常好的方法，「倘若發現施工中有違原定標準或品質未符合要求的，我們可以不需要客氣的要求拆掉重新再來，重做損失則由承包商自行負擔。」

宋楚瑜也勉勵省政府同仁，在推動與監督公共工程和相關工作時，在程序上要做到「無汙點」，在品質上要做到「無缺點」；他強調為民服務者要站得住腳，就像「樹頭徛予在，毋驚樹尾做風颱！」

以合議制方式運作，廉政委員會廣納各界菁英

如前所言，在省政府組織體系裡原已設有政風機構與單位，廉政委員會的設立則與政風體系各有分工。除規劃省政重大廉政決策、審議廉政計畫事項、督導考核執行績效外，在業務上透過與政風處的互相支援，廉政委員會查察民眾向廉政信箱投訴或電話檢舉的貪瀆案件，並藉由積極查案產生嚇阻力量。

不只處理民眾提出有關政府形象、公務員操守的問題，甚至省長個人遭受民眾質疑時，廉政委員會也要擔負起公正超然、可昭公信的角色。「這是讓公務人員好好工作的機制，我們要使公務員知守本分，做到不貪不取，去除心態不正，杜絕操守不佳的公務員混水摸魚，促使規規矩矩的公務員放膽放手去做，不致引起不必要的疑慮與罣礙。」宋楚瑜說。

廉政委員會以合議制方式組成，未曾疊床架屋。省政府除了兩位副省長吳容明及賴英照、省政委員陳正雄、政風處處長王廣生外，還聘請許多民間和社會人士一起參與，所有委員都是一時之選，享有卓越聲譽。

這份名單沒讓社會失望，包括營建工程學者李咸亨教授、財務會計專家張進德、消費者文教基金會祕書長尹章華、全國律師公會理事吳錫添，同時還有民進黨籍律師蔡文斌，另納入高等法院檢察署推薦的主任檢察官、法務部調查局廉政處處長等機關代表。

廉政委員會另與其他兩個中心也有著彼此相互奧援的關係。例如省民服

務中心也可能接到重大風紀案件檢舉，就送到廉政委員會處理；另若有關公共工程可能涉及官員舞弊及偷工減料等，則由公共工程品質管制中心送到廉政委員會處理。

三角合作，目標齊一：「讓政府不單有能，也廉」。而且擴大更多的人士來參與，使政風告別了過去給人「封閉」的刻板印象。宋楚瑜指出，我們並不鼓勵無厘頭告狀或亂寫黑函，但是對於一些真正關切政風、想要反映情事的民眾，他們投訴的內容，我們絕不掉以輕心，希望政風單位當作有價值的資訊遂行查察，確實做到毋枉毋縱。

首長任用要慎選，一級主管及近親不可承包工程

宋楚瑜另有一項不具文的「一級條款」：**省政府一級主管及其近親有禁制，絕不可以直接、間接承包任何與省政建設有關的工程。**

他這樣要求主管同仁，也如此自我要求，絕對禁止他自己、家屬及任何親戚，做這樣的事情。

有一年省政府舉辦政風工作擴大會報，法務部部長廖正豪與調查局局長王榮周等人前來中興新村與會，宋楚瑜就當著他們的面，提到政風機構與政風制度要向前改革。

他說到，**政風興革務須排除兩種「壞的極端」：一種是掩飾太平，政風人員與機關首長官官相護；另一種是好打高空或無的放矢，對毫無事實根據之事大做文章，弄得機關內部不安不和；**同時期許對於機關首長的任用與考核，能建立新的政風規範制度。

宋楚瑜深刻了解先進國家做法，在任用新首長之前有一種「過濾機制」，必須經過一定的調查程序或所謂的安全審視，對於過去曾經作奸犯科、有貪瀆枉法嫌疑或具體證據者，都先行摒除。相對地，因過去臺灣政治環境的關係，難免使得政風取向於思想調查，但現今時空不同，這點亦須做相關調整。

若事先未對新任人員曾犯品德或業務上缺失做好考核，可能導致用人失

當，或對人才晉用產生排擠效應，無疑會造成政府運作上的傷害與損失。也因此，他和政風處處長必須把關，一方面不希望貪瀆違紀者到省政府、及轄屬各機關任職，同時也請政風處對於省政府同仁考核資料列入相關檔案，提供給所有政府機構未來用人參考。

「只要有一件不乾淨，那就全部破功了！」

由於選舉議題操作，政治人物蓄意指控，反而讓宋楚瑜施政不分黨派，均衡照顧全省鄉里做法再經驗證。宋楚瑜也說：「只要有一件不乾淨，那就全部破功了，事實再次證明我主政的省政府可靠，效率！乾淨！廉潔！」

與其貼膏藥式的「頭痛醫頭」、「腳痛醫腳」，不如為長遠計慮，一次籌足錢「治標」又「治本」，真心為民眾解決問題。因而，宋楚瑜所做類似宜蘭縣羅東鎮北成圳（參閱本書第13章）的案例還真不少，而且沒有一件是不乾淨。

臺中縣烏日鄉有一塊省有溪邊土地價值百億元，民進黨籍縣長廖永來希望省政府提供給臺中縣政府興建垃圾焚化廠（相關背景與緣由可參《蔣經國祕書報告！》，頁234-237）。當時臺中縣政府為垃圾問題著實傷神，在臺中縣不容易覓地興建掩埋場，一部分垃圾還要運送到臺中市處理。

宋楚瑜親自去見廖永來，再由省政府祕書長蔡鐘雄上門溝通，然後宋又到臺中縣烏日鄉現場實地了解，在堤防邊上搭個棚子，當著地方民眾面前由廖縣長向省長做簡報。省長還問鄉公所的態度，鄉長、鄉代會主席等回答「沒問題」，接著省長主動提出還需重視垃圾車進出的環保問題。

最後省長聽完意見後，歸納了兩項問題：一是不能只是考量做焚化廠與煙囪的問題而已，垃圾車專用道路也應妥善規劃；二是周邊綠帶一併統籌辦理，以維護民眾生活環境品質。於是，省政府除無償撥出一塊價值百億元省有新生地外，再另行補助修建一條垃圾車專用道路與焚化廠周邊綠地美化的經費。這就是「要五毛給一塊」，但這「一塊」可不是亂給的，你還要說宋楚瑜是「散財童子」？

一勞永逸的解決問題，做的比原來答應的多

雲林縣大埤鄉農會反應酸菜生產的汙染防治問題，提出的需求是4,000萬元，宋楚瑜沒有馬上回應，而是交由農林廳、環保處與住都局（處）共同設法。做成的整體規劃方案，認為必須澈底解決問題，工程經費高達2億元以上，比地方原來需求高出五倍。

這個酸菜生產環保案為求一勞永逸，不只是大埤鄉土地鹽化問題，還有隔壁嘉義縣溪口等附近鄉鎮的環保問題，必須將鹽水排放分等級進行，重級者設在工業區，輕級者設在酸菜專業區內，不是僅為一鄉一鎮設想，而是通盤規劃考量（參見本書第9章）。

賀伯颱風侵襲時，宜蘭縣南澳南溪大水高過河床，颱風後洪水退了，可是還有滾滾河水沖向道路，南澳鄉公所向宋楚瑜做了簡報，希望道路早一點修復，需要經費1,000多萬元，這當然不是鄉公所財力所能負擔的。

宋楚瑜聽了，省政府相關單位研究了，認為如果只修路，不做相關水土保持及河道整理，下次颱風來時道路照樣沖垮。所以不但要修路，也要做蛇籠和整理河道，才不致於讓河床受到直接衝擊。經過大家交換意見，不僅只是撥款修路，而且針對相關問題做完整考量，一次將工作做好。

苗栗縣民眾希望由獅潭鄉鑿開一個簡便山洞連接公館鄉，供農用車輛通過，並改善聯外交通，後來經過公路局多次研究，最後總經費高達7億元。這項工程從決定施作到動工歷經四年，經費在宋楚瑜卸任兩、三個禮拜前才籌齊，（參見本書第7章）。

他為鄉親所做全盤考量可說是前瞻後顧，而且是顧頭顧尾，卻絕無游移不定之心，是「既已允諾，則必實踐」。這類為民服務工作關係民眾福祉久遠，絕不能只是盡耍貼膏藥或鋸箭法把式，或如在他任內治理河川，不會只顧表象治理下游，不整治中、上游。「加碼」的例子，雖給批宋的人自造了一些口業，但宋楚瑜任事精神和省政府認真效率的確紮實，仍為人津津樂道。

「答應的事不要講得太快或太大，很多事要完善，就會做的比原來答應

的多。」之所以會如此這般，仍是以整體為考量。省是一個完整的省，雖然底下還有縣市及鄉鎮市，但這不是建設的分界線，省之外還有北高兩個直轄市與中央，都必須與之做整體考量。在此同時，別忘政府所有的工程要防微杜漸，是政風重要的工作，這也就是前所提及宋楚瑜肯定省政風處做得好，才得以讓省政府一直為人民所稱道。

杜絕關說，不做讓部屬為難之事

《論語》所謂「政者，正也。子帥以正，孰敢不正？」就是要為老百姓做事情，首先機關首長本身要端正，然後才能以身作則，樹立模範，要求機關同仁也能端正。

宋楚瑜至今仍念著省警政廳廳長王一飛（1934-2021），說以前省議員都稱他為「王一刀」，因為他能力與操守俱佳，所以大家都敬重他。宋楚瑜在1997年至1998年三個梯次警政幹部講習班致詞時，都以王一飛廳長做為範例勉勵警政主管：「品行操守是各位領導統御中最大的法寶與憑藉，不僅要求自己本身站得正，也要求你的部屬、家眷，不要捲入所謂黑道、利益掛勾等風紀問題。」（引自《宋省長楚瑜講話彙編》第四輯，頁28）

宋楚瑜認為政府領導者貴在正派正氣：「**第一要件就是身正，身正不怕影子斜，哪怕有人毀謗你，說你壞話，都不怕！**」也因此，他膽敢要求政風同仁，對於機關首長或同仁倘有不法情事，均應主動機先調查了解；甚且，假如**省政機關內部發現問題，而政風單位未能發掘出來，政風單位就得負起連帶責任。**

宋楚瑜認為，做行政首長、做機關首長的人，不能凡事說是，不能做Yes man, Yes man可能對上都說Yes，對下都說No；做首長的人，要有原則有操守，有時難免要向長官說No，讓人不悅，或Say sorry to關說者，這總比引起「上梁不正下梁歪」的壞效應來得好。

就宋楚瑜而言，並非不沾鍋，不懂人情世故，對他人請託決絕不理，但身為省政府領導者，前提要件必須杜絕不合法理的人情關說，這包括「他人

對他」的關說及「他對他人」的關說。

如有人推薦某人不錯，而非出自私心，宋楚瑜會以較長時間觀察留意，但必須要計較的，不能僅僅因為人情關說就貿然行事，而傷及人才擇優、公平原則等。如有人向他說了某件事，他認為不能做或確實了解後做不到，則會以委婉答覆，他認為：「如果仍不能得到諒解，至少我問心無愧。」

在挑選重要人事及廳處局正副首長時就更加嚴格，一定詳細查證人選的操守品德、專業能力、任事態度、團隊精神等，而且還要向政風單位查證有無不良與不法紀錄。

對於省政府各廳處局所做人事調動或任用，宋楚瑜嚴守分際且給予絕對尊重。包括財政廳所轄省屬行庫的各分行經理、教育廳廳長對高中職校長、警政廳對各縣市警察局局長等，就從沒有任何干預。這不表示省長沒有職權，而是尊重制度與權責相符的基本精神[2]。

對於省屬行庫等事業經營管理，他從不介入任何一樁人事及貸款事項。宋楚瑜說：「我不為之，亦深知他們不喜歡我做這類的事。假如我這麼做，他們定會為了省長說項感到為難，勉強去辦了，難免易有負面的效應產生。」

君子慎獨，舉頭三尺有神明

由於祖父早逝，宋楚瑜的父親由祖母養育成人，宋家的家訓就由祖母口述留傳下來。每逢農曆過年，他父親宋達將軍不管再忙，總要做兩件事，一是將祖母教誨再告訴家人一次，二是用紅紙書寫家訓「忠孝節廉」及一些《朱子家訓》的格言，貼在牆上及柱子上，藉此講些做人做事的道理給子女聽。

不論祖母留下來的或父親耳提面命的，有些都是簡單易懂、平常不過的

---

[2] 省文化處處長洪孟啟說，他曾陪同即將赴任的省立臺灣美術館館長倪再沁見省長宋楚瑜，席間倪問省長有無特別要交代的展覽等事。宋楚瑜回答：「我從來沒有也不會交代私人事務，你不要顧慮其他，只要做好專業的事情，擴大為省民服務。」

道理。例如「**舉頭三尺有神明**」、「**一粥一飯，當思來之不易**」等，父親不厭其煩，一再告誡，一再述說，早已潛移默化在宋楚瑜的行為裡。

宋楚瑜說，「舉頭三尺有神明」就是「**君子慎獨**」，是祖母教給父親的，這在每個地方，城市鄉下，天南地北，都有很多人相信。他認為，他與大家一樣，這種普遍對「神明」與「天」的信念與敬仰，並不只是在廟前拜拜或燒香就好，而是打實的從心頭裡敬天畏神，憑良心天理從事，規規矩矩處世做人。他更樂於傳播這樣的道理給他的省民及省政府同仁，藉此表明清清白白做事的心跡。

1｜宋楚瑜藉由政風體系深入探知有些民眾所受委屈，或是省政府受到民眾誤解之處，政風部門不單是要端正機關內部，更是領導者探求百姓心聲的「千里眼」與「順風耳」。圖右為省政府政風處處長王廣生。

2｜1995年10月2日，宋楚瑜親自主持廉政委員會會議。

3-4｜省政風處對請託關說案件均做彙整和調查專報。

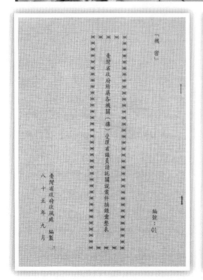

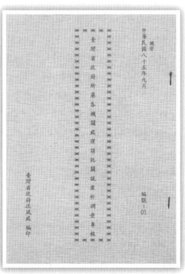

第 19 章

◆

預算沒有增加，
為什麼可以做這麼多事？

從農業社會出發，邁向工商業社會的轉型與高科技代工轉為高科技服務發展，臺灣不斷成長跨越，同時也面對如何「生活得更好」和「明天會更好」等種種問題；宋楚瑜以一位從政者的角度說：「我們還要一直勇往直前，這要人人爭氣，也要政府用心賣力！」

全球社會變遷愈加趨速，國內外環境瞬息萬變，臺灣沒有一點停止前進的本錢。「臺灣必須『再成長』，必須『再發展』，再創實質進步，並且做到成果均享，不能坐視富者日富，貧者日貧，一個社會分成兩個世界。」宋楚瑜強調，「在所學非所用、以時薪度日、月光族攀升、個人所得及家庭貧富日益擴大趨勢下，低薪年輕人、窮家小孩和弱勢族群的機會在哪裡？何時才能出頭天？」

曾任省主席的總統李登輝問過宋楚瑜：「省政府的預算沒有增加，人力規模也和以前一樣，你為什麼可以做這麼多事？」不難看出，這樣的問題可說是另類的「肯定與嘉勉」。

本章就要總結來談談，宋楚瑜何以能做到別人做不到的那麼多事的背後：身為臺灣省政府的大家長，如何能在有限的預算條件下為全體省民創造機會、改變命運？

構築「臺灣之夢」，從縮短城鄉差距開始

本書不斷闡釋宋楚瑜的從政領會，他強調政治即是管三件事：（一）掌握政策方向；（二）資源分配；（三）用人。在掌握政策方向上，他致力於

585

「縮短城鄉差距」，這即是身為領導人精準掌握問題方向，進而從事資源分配和用人等作為，才不會脫線或凸槌。我們曾在第7章提過，為政者擁有行政權與行政資源等籌碼，務須展現領導才能，善於運籌且做對決策，發揮「影響力」而非「權威力」，而且帶動團隊的廉潔與效能，一同「將事情做好」。

有些從政者寧可偏信網路聲量或大數據分析，甚或依賴數位互動遂行民粹主義（populism），但宋楚瑜認為今日網路科技與人工智慧（AI）不管如何躍進，雖不僅能做政治分析等等的數據供使用者參考，但「人腦還是最要緊，從政者不可缺少政治智慧！」[1]就好像科學家或研究者具有問題意識（problematic），牛頓（Isaac Newton, 1643-1727）會問：「為什麼蘋果是往下掉而不往上飛？」宋楚瑜就問：「為什麼在臺灣錢淹腳目的社會，城鄉差距會愈拉愈大？」

從「縮短城鄉差距」的政策方向切入，宋楚瑜依循正義、公平、尊嚴與劣勢者利益最大化等原則，和團隊同仁細心做好「民、財、教、建、農」和「生、老、病、死、苦」等省政工作。本書強調，「縮短城鄉差距」寓意甚深；宋楚瑜以此作為施政著眼點，開啟他深耕臺灣的2000多個晝夜兼程，南來北往，到東又到西的日子，他帶領省政府團隊戮力圓他心中所構築的「臺灣之夢」（可參第3章），這個夢有四個主要內容：

（一）縮短城鄉的差距

宋楚瑜主政省政府時仍是臺灣錢淹腳目的時代，但省政府團隊所要做到的目標不是「猶添富」，是求「均富」；宋楚瑜以譬喻說明，貧富差距像「小偷光顧」一樣，偷偷摸摸地就會找上門，因此「人力移轉」和「政府把關」就顯得特別要緊。

這就是要創造整體經濟成長和社會均富，並且站在貧窮端考量政策與對策，就像加強交通運輸、水利防洪、教育文化、醫療衛生、社會福利、環境

---

[1] 許多專家學者一再明告，人類唯一不被取代的能力是判斷力與創造力，才能對機器人駕馭有方，才能對機器人提出創意性提示（prompt），而作為人類智慧的基石所在。詳參廖咸浩，〈AI新時代到底誰該學外語？〉（《聯合報》，2023年5月16日，A10版）及劉維公，〈鑑賞力，是你的AI競爭力〉（《聯合報》，2023年6月6日，A11版）；台積電總裁魏哲家還提醒：AI和5G將改變人類生活，可是「無法做到幫助我們政治家更有智慧」。

保護等基礎建設，並協助民眾擁有一技之長，以增益謀生本事，對於中小企業輔導、農漁業的技術開發、原住民或弱勢族群的照顧等等。

（二）打破族群之間的疏離

臺灣是典型的移民社會，包容著最早移入定居的原住民，各時期包括唐山過臺灣的閩客移民，1949年隨著政府遷來的200多萬各省軍民，戰後留在臺灣的日裔居民，近年還有來自各國的新住民。

宋楚瑜常說，「**雖然我們有不同的過去，卻有著共同的未來，我們的子孫都要在這塊土地成長，相依為命……。**」他深深體會社會的祥和與進步，需靠各族群同心協力才能實現，與其說得口沫橫飛，不如「實實在在、誠誠懇懇做代誌」。

他努力學習閩南語、客家話與原住民族語，因為他知道這是和各族群拉近距離的必要工具。宋楚瑜最勤走的是山區、離島、農漁村或偏鄉，這些大多是客家鄉、原住民鄉、榮民眷村或比較窮的鄉鎮，透過接觸互動，解決他們的問題：無論是拉管供應自來水、督促眷村改建、推展富麗農村、改變漁港風貌，以及力促「政策支付」、「公辦民營」或「以地易地」、「水地重劃」等方式，用具體政策與建設來打破族群疏離。

（三）化解黨派之間的對立

宋楚瑜就職省長時曾向省民呼籲，不分本省人、外省人、原住民，不分福佬人、客家人，不分芋仔、番薯，大家歡喜一同來編織創造「臺灣之夢」。如本書各章所記述，他和省民的這個夢經過一步一腳印的耕耘與努力，切實獲得各族群、各黨各派及各個崗位等的支持和迴響。

甚至一些和宋楚瑜政治立場不同的人也給予正面肯定，這可算是從政者的難得殊遇，同時可以證明政治上的黨派之爭絕非一直相互「打死結」，宋楚瑜已經提供了一種「合力（resultant force）經驗」，此一成功的「政治實

2　宋楚瑜省長任內有過半的縣市長是民進黨籍或無黨籍，這些和他任期有過重疊者，民進黨籍包括基隆市市長李進勇、臺北縣縣長尤清及蘇貞昌、宜蘭縣縣長游錫堃及劉守成、桃園縣縣長呂秀蓮、新竹縣縣長范振宗及林光華、新竹市市長蔡仁堅、臺中縣縣長廖永來、臺中市市長張溫鷹、彰化縣縣長周清玉、臺南縣縣長陳唐山、臺南市市長張燦鍙、高雄縣縣長余陳月瑛及余政憲、屏東縣縣長蘇貞昌及蘇嘉全、澎湖縣縣長高植澎等；無黨籍有苗栗縣縣長何智輝及傅學鵬、南投縣縣長彭百顯、嘉義市市長張文英及張博雅。

驗」可資參採推廣。這可從幾乎每一位反對黨（民進黨）縣市長[2]都不吝予以肯定看出梗概，他們尤其讚許宋楚瑜省長在「省政資源分配」的公正無私。

（四）拉近人民與政府的感情

人民和政府之所以有距離，原因出在政府所做和民眾期望不相符，宋楚瑜及省政府團隊不喊口號，務求省政建設與地方建設密切結合，認真踏實地解決民眾切身利害的「生、老、病、死、苦」問題。

對準各種各類需求想方設法，省政府團隊因地制宜下處方，實實在在解決民困。例如，產業道路修築、管線鋪設、溝渠連通、排水設施、路燈、駁坎，以及偏鄉孩子上下學的交通問題，中低收入家庭子弟營養午餐、身障及老人照護問題等，皆與民眾利害密切相關，都增列經費提前加速辦理。

在重大災難發生時，讓民眾即刻感受到「有政府存在」，這在第15章做了詳細記述；宋楚瑜引以為傲：「免驚啦！省政府團隊為人民會擔起救災救難的重擔，會竭盡所能，克盡職責。」

宋楚瑜常說「一張票，一世情」，也在各場合引用臺灣俗語「吃果子，拜樹頭」、「吃人一口，報人一斗」，這是他多年來持續努力不懈的原因所在，而且他始終這麼想：「為了臺灣的前途，為了臺灣的進步，咱大家應該作伙打拚。」

很明顯的，現在已經很少有人全心思索上述四項信念，更遑論去認真落實。值得吾人在意的，這樣的理想確實需要有人念茲在茲！宋楚瑜一向把它們當作寶，真心實意，勤勤懇懇，點點滴滴去實踐，而且做出具體成績。這絕非偶然所致，需要具備意志決心、倫理精神和一些主客觀條件，此處加以整理出五項要素。

從政者必備五要素，首先是身正不怕影子斜

首先，是領導人立身誠正，重然諾，說到做到。

從政者或民選官員從一票票支持中產生，須提出政見或開出競選支票來爭取支持，但務須立基於「大公無私」和「公而忘私」，做到「大夫無私

交」。宋楚瑜一直以「計利應計天下利，求名當求萬世名」作為準則。

「這不是唱高調，如果手段不正或以私利做交換，即使勝選獲得職位，也受制於人。」宋楚瑜直言，「你的施政若只特殊照顧某些人或集團，那就一直被束縛於這些利益鏈，從而產生排擠效應，有虧於施政初衷和其他承諾；有私心，不公不正，故意偏失，哪能踐履自己的從政理念?!」

政治領導人是治理眾人之事的關鍵樞紐，本書強調「獲得權力時，即是實踐天下為公之始」；當領導人做不到「身正」，而令團隊成員感知察覺，那就難免會離心離德。

其次，領導人掌管資源分配及用人，關鍵核心仍在於舉賢任能、知人善用和拔擢人才。

宋楚瑜最引以為傲的，經他任用的省政府首長全都勤政廉能，善於整合運用資源，也廣泛結合社會資源，都在崗位上貢獻良多，真正為百姓做實事和解決問題。

宋楚瑜指出，「用錯一個人，這個團隊馬上會被大打折扣！」沒有識人之明，不能知人善任，就無法發揮群策群力效能。

拿破崙說：「一頭獅子帶領一群羊，可以打敗一頭羊帶領一群獅子。」宋楚瑜認為，領導人和團隊同仁都要克盡職責，用人要德才兼備，要任用專業，要適才適所，要凝聚出團隊精神。另外，要把握效能做實事，也是關鍵中的關鍵；不然，一個任期或經過連任，都可能是虛耗，對不住自己，更對不住選民。

從本書所述，可知宋楚瑜領導的省政府團隊裡，不只是一級主管適才適所，而且幕僚群也經過精挑細選，個個都是幹才；可惜，凍省後這些人才居然大多無法再有所發揮，落個「英雄無用武之地」的遺憾。

第三，上述提及慎用人才，其實也隱寓從政者「用人不疑，疑人不用」的領導素養。

本書舉出不少實例，說明宋楚瑜在人事任用上不濫用權力，從未獨斷獨行。在重大建設規劃時，宋楚瑜也一定廣開言路，多聽專家學者建言和部屬專業意見。他信任他任用的專業首長，即是賦予他們全權全責去興利除弊，

多做改善民生和裨益生民之事。

一條路、一項水利設施或一件工程做得好，可以嘉惠好幾代；學校的教室、宿舍及電腦、網路與電子化等設施加強改善，並做好分流學習，則助益培養出代代人才。

還有，如何革除偏離民心，造成民眾不便，以及犧牲民眾權益的陋習，則有賴專業人才去痛下針砭和對症下藥，而這些新作為、新作風之所以能推動，從而嘉惠民眾，過程不見得「一帆風順」，甚或難免遭遇阻礙，領導者務須做到「用人不疑，放手而為」，以及給予部屬完全信任，這是樹立團隊默契和團隊精神的最大屏障。

第四，站的角度和高度不一，看事情的觀點也各有異同，領導人需高瞻遠矚，慮深謀遠，行事周密。

宋楚瑜重視宏觀、全局和整體，河川治理不可只顧中下游，卻不管源頭的治山防洪；排水和交通都要系統銜接，不能有橋無路或有路無橋。他希望年輕人擁有一技之長與專業證照，但須培養良好的品德、務實做事態度和一點都不能馬虎的精神；專業與敬業同等重要，這是建立責任感的根本要件！

宋楚瑜曾歸納經國先生治國領導十大特質，其中指出：「經國先生遇事時，總是心平氣穩，頭腦冷靜，覺察於事態之初，且有承擔的勇氣，不偏執於一端，不僅思慮到細微處，而且從全局俯視，計天下之利，造國家之生機。」（《蔣經國祕書報告！》，頁315）

他勉勵團隊同仁不可短視近利，要為民眾設身處地著想，任何決策均影響深遠，可以「惠民利國」，但若昧著良心以身試法或圖利少數人，不僅是「個人之失」，甚且是「長久之禍」。

第五，領導人絕不可或缺的要件是本身的領導力（leadership），藉著領導特質和信念發展出合作與信任關係，帶領出一起戮力打拚的精神與勁道。

因為領導人絕非踽踽獨行或單打獨幹，他須集合眾人智慧和力量，一步步向願景邁進；團隊對他愈信服，則凝結力就愈強，能達成的事功愈宏大，以下就此稍作一些描述。

好一幅「智群」交流互動圖像

　　宋楚瑜心中的省政府團隊不只是狹義上的「省政府機關團隊」；廣義而言，他更自我期許，擴大結合想為老百姓更紮實的做事情，成為「智慧群體」（smart swarm，簡稱「智群」）[3]。具體來說，這個「智群」包括「官員」、「民意代表」和「熱心公眾」（attentive public）等。

　　宋楚瑜及省政府官員深入民間，與縣市（議）長、縣市議員、鄉鎮市長、鄉鎮市代表會主席、鄉鎮市民代表、里鄰長，以及關心自己地方建設的鄉親、利害關係人或社會團體、具有熱忱的民間社團等見面、廣泛溝通和深入交流；不論來多少人，不拘場合形式，或站或坐，直接交換想法，告訴和討論政府要（能）為老百姓做什麼?!更聆聽民眾希望政府為他們做什麼?!

　　因此在省政府任內，宋楚瑜不只一次把這樣的「智群」稱之為省「政府」團隊，期許大家齊心協力和凝聚智慧，也讓地方首長及其幹部、各級民意代表、熱心公共事務者分享建設過程與成果。「政」這個字，可以孫中山先生所下定義——「眾人之事」做為最佳解釋，宋楚瑜及團隊同仁正是**聚合「眾人」的智慧來管理「眾人之事」**。

　　因為如此，宋楚瑜及其團隊同仁到過各縣市政府、鄉鎮市公所、農漁會、水利會、漁港、所有省立醫院、衛生所及群體醫療執業中心、高中高職及國中等學校，大小水庫、攔河堰、自來水工程、淨水廠、汙水處理廠等各個工程地點，以及偏遠山區與離島或長期乏人問津之處。愈是窮鄉僻壤，到訪的次數愈多，不是蜻蜓點水，而是走入群眾，探知基層苦楚，明瞭民怨民困，找出問題癥結，處理陳年積案，創造出讓大家享有共同價值的生活。

　　這看起來好像是「理想國的烏托邦作為」，但是宋楚瑜確實一步一腳印

---

[3] 所謂「智群」係指具有群體智慧的群體。此一概念引自美國《國家地理雜誌》（National Geographic）資深編輯米勒（Peter Miller）所著《群的智慧：向螞蟻、蜜蜂、飛鳥學習組織運作絕技》（天下文化，2010年），原文書名：*The Smart Swarm: How to Work Efficiently, Communicate Effectively, and Make Better Decisions Using the Secrets of Flocks, Schools, and Colonies*。米勒肯定社會性的螞蟻、蜜蜂或飛鳥等動物，認為向牠們學習得出一些組織運作絕技，如應變力、決策力與危機管理能力。

地去做，而且做到了。

宋楚瑜與團隊同仁相勉，「不僅應做好自己本分的工作，更要與各級政府業務相互連結起來，做全面性整體考量。」用心增進資源整合，可說是當時省政府的一大特色，涵蓋省政府橫向各部門之間的分工協調，還有縱軸上和中央政府各機關到地方縣市、鄉鎮市間的連貫，真正做到「上下聯，左右聯，前後聯」。

「我們同時愛上不回家的人！」

1993年3月至1998年12月，在臺灣省政府主席及臺灣省省長任內，宋楚瑜及其團隊推動落實地方的基礎建設，不僅僅是推動實現他競選省長時的政見，還有他主動尋訪去做的，包括地方建議案件與民情反映事項，總計6,488項，完成率在85％以上。這是從政領導者重然諾，不僅是說到做到，而且以研考追蹤強化執行力，亦不失為臺灣史上一次重視施政效率與建設品質的實踐。

本書指出，倘若沒有「6,488項×85％」，那我們現今臺灣許多山區、海邊或離島等偏遠鄉鎮地區可能仍然「落後」，和城市差距依然很大，交通、水利、教育、醫療、環保、社會福利、老人照顧、防災救災等資源更無法均衡發展。宋楚瑜在臺灣省5年9個月，分分秒秒沒有虛擲浪費，正如他在本書所說：「把握時間做實事，身在公門好修行」，個中不乏可供現在擁有權力者參採借鏡的方法與經驗。

宋楚瑜曾打比方，他和同仁經營的省政府全年無休，像似24小時不打烊的便利商店。宋楚瑜探訪基層，深入全省每一個角落，「經常早上不到八點就出門，深夜十一時才回來，每天都在和時間賽跑。」副省長吳容明這麼形容宋省長。

副省長賴英照是財政管理專家，算過宋楚瑜在省政府服務共計2,100個日子，不過賴副省長說：「不只，應該加倍。」因為宋楚瑜與同仁相勉，「要一天當兩天，甚至當三天用」；他還記得有一次在省議會總質詢時，宋楚瑜

答覆省議員說：「如果人能夠不用睡覺，而將這些時間用來做事，多好！」

　　宋楚瑜自許也期許他的同仁，不是要他們「天天加班」，而是公務人員將心比心，將民眾的事情當作是自家的事情一樣，做好為民服務的每一項工作，等於入世做功德。

　　幾乎「天天加班」、「經常加班」，宋楚瑜每天工作十幾個小時，是長久以來的習慣，從追隨經國先生時期就開始。太太陳萬水每次見到義警消或公路局等單位同仁眷屬，都會忍不住對他們說：「我們同時愛上不回家的人。」

我們要常問：「你兌現你許下的競選承諾？」

　　本書最後，我們或許可以問問從選舉產生而取得權力的從政者：

　　「你兌現了你許下的競選承諾嗎？」

　　「你有好好做事嗎？」

　　「你可以好好做事？」

　　這樣才不會枉費您我所投下的神聖一票，我們的民主政治才能真正進步成熟，我們的社會才會日趨公平正義，每個人都活得更有尊嚴。所以最近宋楚瑜常說：「**臺灣急需找回我們對民主政治的信心，找回我們對政府的信任，找回我們臺灣人的自尊與驕傲。**」

　　宋楚瑜嚴肅地說：「**臺灣雖小，卻很偉大，愛護她，疼惜她，讓她在激烈競爭的國際環境中永續成長**，處處煥發蓬勃的生機與生氣，是我們每一個人的期待與責任。」

1｜宋楚瑜及省政府團隊深入民間；不論來多少人，都不拘場合形式，告訴和討論政府要（能）為老百姓做什麼?!更聆聽民眾希望政府為他們做什麼?!

2｜1998年2月11日，宋楚瑜參加雲林褒忠鄉民俗活動，融入省民生活，體驗當地民俗。

3 │ 宋楚瑜不時安排到各鄉鎮市公所，直接與基層幹部及民眾座談，解決地方問題與陳年積案。

4 │ 與省議員謝三升（左四）等訪視臺南縣將軍鄉鄉公所。

5 │ 1993年4月30日與各農田水利會會長及總幹事座談後合影。

1 | 1994年8月6日高雄縣余政憲縣長陪同視察高屏水災情形。

2 | 1996年11月6日，宋楚瑜在彰化北斗夜市與民眾話家常。

3 | 愈是窮鄉僻壤，宋楚瑜去的次數愈多，不是蜻蜓點水，而是走入群眾，探知基層苦楚，明瞭民怨、民困，創造讓大家享有共同價值的生活。此為1997年，宋楚瑜訪視臺東縣，縣議會議長李忠憲（右）陪同。

4 | 1994年4月8日主持鄉鎮市區長講習會。

5 | 1994年7月17日與臺東縣地方人士座談，右為國民黨中央政策會執行長饒穎奇（曾任五屆立委及立法院第四屆副院長），左為臺東縣縣長陳建年。

6 | 1994年7月22日與彰化縣地方人士座談，左為彰化縣縣長阮剛猛、議長白鴻森。

7 | 1994年7月23日與苗栗縣地方人士座談及會餐。

8 | 1994年7月23日與臺中市地方人士座談，右為臺中市市長林柏榕，右二為省政府祕書長林豐正。

9 | 1994年7月26日參加南投縣地方活動；右起南投縣縣長林源朗、宋楚瑜、省政府祕書長林豐正、省議員簡金卿、南投縣議會議長鄭文銅。

1 | 1995年11月30日，宋楚瑜參加臺中眷村幹部會議，就地取材直接就站在椅子上致詞。

2 | 1996年7月23日主持臺灣省資深績優村里長及村里幹事表揚大會，會後合影。

3 | 1998年7月14日主持臺灣省資深績優村里長及村里幹事表揚大會。

結語

　　1998年11月2日，在我最後一次出席臺灣省議會施政報告時，以拆字聯「十口心思，思國思民思臺灣；寸身言謝，謝天謝地謝鄉親」作為主政省府5年9個月來的心路寫照。然而，讓我更為憂心的，並非是個人的去留，而是我在同年的9月1日省議會開議時的施政報告中，針對「支持精省，反對廢省」的看法。

　　當時，我提出「不反對精省，但堅決反對廢省」的省府三個堅持，包括：第一、支持政府再造，不反對精省，但堅決反對廢省；第二、各層級及平行機關間權限及業務歸屬要明確可行，並據以規劃組織規模及人力需求；第三、組織調整應循序漸進，才能圓融順利，避免政府機制調適不良及員工走向街頭。

　　回顧過往25個年頭，臺灣省政府早已實質消失，但中央與地方的機關權限、業務及財政劃分問題都已澈底解決了嗎？答案自在百姓心中。

　　也許有人還是會問，臺灣省政府廢掉了，到底「弊」在哪裡？一言以蔽之，廢掉臺灣省政府，所帶來的政治後果是臺灣整個行政及政府的體制出現了問題，或可稱為運作失靈。具體來說，有四項嚴重的後果：

第一、中央與地方的行政銜接不見了。

　　過去我在省政府的工作經驗就是，中央看不到的問題，省政府要去看，去找出解決之道；地方人力財力做不到的，民眾想要做的，我們去做銜接與承擔，也就是所謂「承上啟下，上下聯繫，隨即支援，因地制宜」。反觀現在，一旦行政出了問題，就是中央與地方互相推諉，例子不勝枚舉，過去正因為有省政府的承擔，地方才不致有「中央請客，地方埋單」之感。如今把

埋單的人廢掉了，地方找不到人埋單，當然跳腳。

再者，颱風等急難救災本是省政府的強項，這種「跨縣市」分秒必爭的緊急救難任務，還是「省」比較嫻熟（見第15章），不僅是團隊式系統性運作，包括災區救援、運送口糧、清理廢土、打通道路、恢復用水、消毒防疫、醫療救護（如慢性病洗腎患者的照顧）等工作都能及時有效地執行；而且省長總在第一時間趕赴現場，帶頭跑在第一線，立即全盤掌握處理時機，指揮協調各廳處給予民眾各種支援，展現出「政府在做事」，讓民眾對政府產生信心與信任，這才是「患難見真情」。

我看今年8月杜蘇芮與卡努颱風接連降下豪大雨，受災地區不止南投、高雄、嘉義、桃園……尤其是原住民所在的偏遠山區，土石流灌入道路與民宅。看到電視播出，民眾因糧食不濟而撈取被沖毀便利商店流出的食物，這真讓我心痛不已、感慨萬千，救災絕不是坐鎮在指揮中心用嘴說而已，政府應多「盡人事」，而不是讓「人民聽天由命」。

第二、政務人才培育歷練的場域消失了。

過去能在中央政府擔任要職，甚至出任部會首長，大多都必須先到省政府經過一定歷練，才能培養出大局觀；許多的中央傑出首長也經過省府歷練後，才了解各縣市地區的差異性。如今，只擔任縣市首長，沒有任何中央政府部門的歷練，也沒有與最高立法機關的互動磨合，更沒有接觸軍政、民政、外交等「眉眉角角」處理的經驗，便直接想著要挑戰治理國家，這當中，對於政策的理解、資源的分配，用人的管理，都還存在著鴻溝，如何能期待他們一上臺就能上手？只能看著他們邊做邊學，但這樣的後果就是拖垮了臺灣的競爭力，只能祈求老天爺的賜福。

又例如，不論在農林、水利、警政等專業領域上，過往省政府培養出一群專業菁英人才，有帶頭規劃的，也有基層辛勤執行的，這些專業人員、工程人員正值青壯年，也由於省政府的廢除，而失去了發揮所長的舞臺，最後苦無發揮長才之處而離開公門，這難道不是對國家整體競爭力的損失與傷害嗎？

第三、中央和地方之間的緩衝器與擋土牆沒有了。

以前的省政府就是緩衝閘（Buffer gate），又可看作是防止土石塌陷的椿柵，具有緩衝或阻卻的作用與功能。我舉一個實例，當年我曾經打比方，說給李登輝總統聽：「我在省府服務期間，每年大批種植葡萄的契作農民在豐收時，為了請求提高收購數量與價格，都會由省議員帶領他們到省政府請願，我不止一次親自接待，並與他們面對面解決他們的問題，您住的臺北市博愛特區大安官邸旁邊就是臺灣省菸酒公賣局總部，一旦廢掉省這個層級，就沒有什麼可作為緩衝，直接闖到您家門口了。」

如今省政府「凍」成冰了，人民及地方一遇到問題，就直接「上訴」或「告到」中央，這不就像似「土石流沖倒龍王廟」！例如，雞蛋問題不再有省政府農林廳擔著，火車開出軌也一樣沒有省政府交通處扛著；倘若省政府衛生處還存在，無疑可為新冠疫情出盡不少心力。我在任時，對於缺水、水庫清淤、水資源調配、治山防洪與河川水系經緯管理等，在一次次面對民眾請願的處理過程中，省府已是專業並擁有豐富經驗的團隊，不致各行其是，就不會蒙著眼只管中下游卻不理會上游治理。還有，統籌分配款以前由省政府處理得好端端的，現在關於錢與經費分擔的問題不是吵翻天？顯而易見，「沒有擋土牆就會危害政局的安定」！

第四、資源的有效運用及分配能力喪失了。

當作為調和資源分配的角色被裁掉後，又有何人可以來接手？舉例來說，中央政府推出前瞻特別預算來支援各縣市的建設預算，但大家都清楚，要跟中央要預算，地方要有一定比例的自籌款，但窮縣市若有錢，哪裡還需要中央編列預算來補助？所以最後的結果就是，有錢的縣市申請到更多的建設經費，苦哈哈的縣市連自籌款都捉襟見肘；又比如近期因屏東工廠大火引發消防員人力及裝備不足的問題，過去地方縣市政府的警察、消防等經費，是由臺灣省政府全額補助，而凍省之後，中央現在卻要地方縣市政府自籌經費，地方叫苦連天，警消經費更是捉襟見肘。在本書中提到的「補位哲學」，就是說明了過去臺灣省政府發現到這樣的情況，為讓資源可公平分配，便可「補位」來幫助窮縣市籌措地方自籌款，讓窮縣市也可以建設發展。由此可知，省政府的廢除，實際上便是這20幾年來，各縣市的城鄉差距

　　將這些省府經驗一一整理出來，是因為我相信，過去省府團隊做得到，顯示臺灣的公務體系素質其實是健全的，而完好的行政效能，關鍵在於主政者的核心政策方向。如同經國先生在國家戰略思考上，採取「厚植臺灣經濟實力」與「積極推動臺灣民主開放」兩大政略，我服務省政府時，則以「縮短城鄉貧富差距」和「創造均富社會」做為政策目標，此時此刻，臺灣的政策方向又在哪？

　　今年年初，我曾為文寫給新任閣揆陳建仁一封公開信中便提到，當前政府的最關鍵政策方向，就是應該「找回臺灣人對政府的信任」、「找回臺灣人對臺灣的信心」、「找回臺灣對世界形勢變化的務實觀察與因應」。

　　第一、找回臺灣人對政府的信任：執政團隊最重要的工作，就是有效地與社會大眾進行溝通與說服。當年我擔任新聞局局長，不僅要做國內的新聞溝通，更重要的是國際宣傳工作；要以老百姓能聽得懂的語言文字來闡述，說明政府的政策，要雙向溝通，解決民眾急切希望解決的問題，才能重新找回臺灣人對政府的信任。我也談到所謂「政黨輪替」，不是輪流「當莊」，更不是「自摸」通吃，政黨做不好要下臺，但沒有本事也不要妄想上臺，當有幸獲得人民信任上位時，要記得為人民做實事、有政績，而不是為自己個人、派系、親屬謀權位圖私利，如此一來，方能找回人民對政府的信任。

　　第二、找回臺灣人對臺灣的信心：坦白地說，現今自由化與國際化幾乎淪為國際間拉幫結派的新結盟，更不可避免地影響到臺灣的國際經貿關係，最令人憂心的是，臺灣夾在中美競鬥間而左右為難。因此，臺灣應該先自立自強，先搞好國內的產業環境，把最基本的「五缺」（即缺水、缺電、缺地、缺工、缺人才）問題逐一改善解決，藉以重振國人對臺灣的信心。

　　第三、找回臺灣對世界形勢變化的務實觀察與因應：當前看似中美對抗的局面，其實起因於面對中國大陸的快速崛起，美國政界、學庫都陷入所謂「修昔底德陷阱」的思維模式，為確保美國世界霸權的地位，主張以遏制和打壓中國大陸為手段，甚至高舉「中國威脅論」，認為中國大陸與美國衝突、甚至戰爭已是在所難免。在這樣的國際局勢變化下，臺灣應如何在二大

國競合關係中生存？臺灣應多多借鏡新加坡，避免在中國大陸和美國競逐的世界變局中，過度傾斜於一方，而應以臺灣整體民眾的利益考量為優先。

談到世界形勢變化的務實觀察與因應，不免也牽涉到國人最為關切的兩岸議題。兩岸關係的走向與發展攸關臺灣2,350萬人的命運，也是政府領導人及各政黨所需要正視的重大議題，處理好兩岸關係也能帶來區域的和平與穩定，更影響著民生經濟發展。對於兩岸關係和平發展的關鍵，我歸納為「四項堅持」及「五大安全」來表述。

這「四項堅持」就是：**第一、堅持《中華民國憲法》的國家定位；第二、堅持自由民主的價值；第三、堅持臺灣人當家作主的權力；第四、堅持兩岸一家親，兩岸需要和平相處，需要建設性的對話，協商共處之道，促進互利互助，讓兩岸人民共享共榮。**臺灣人民對於兩岸和平相處有高度的共識和期待；同時也對於維護臺灣當前既有的自由民主生活方式有共識也有決心。臺灣人民容或有不同的黨派理念、族群背景、宗教信仰，但都珍惜目前的生活方式。因此，我們必須堅持民主、多元、自由、人權、法治、包容的價值，政府則是為人民追求均富、平等、幸福及尊嚴。

在「五大安全」方面：

第一、我們應該追求並確保「國家安全」。除軍事採購必要性的自我防衛性武器，加強軍事防衛，針對空域及海上往來交通的安全保護，以及享有國際交流空間，讓我們基本生存發展能夠得以確保。

其次，我們應該追求並確保「經濟安全」。也就是積極參與國際經濟組織與區域整合，創造公平競爭的環境。在產業方面，除繼續發展高科技產業以繁榮經濟外，對於中小企業等攸關民生經濟的中小型經濟體及通貨膨脹控制也應一併重視。

第三、我們應該追求並確保「生活（民生）安全」。政府的責任就是照顧人民的「生老病死苦」。重視勞健保財務的健全，同時還需要確保治安、消防、遏阻毒品、詐騙及黑槍氾濫，特別是糧食（包括黃豆、小麥、玉米、雞蛋）等民生大宗物資的供需安全更應重視。

第四、我們也應該追求並確保「環境安全」。在重視環境保護的現代化

社會中，我們應注重空氣品質的改善，全力避免因劇烈氣候變遷所衍生出的旱澇問題，同時我們也應該重視老舊住宅所產生居住安全問題，以及重視包括臺鐵、高鐵、公路、船舶等交通運輸的維護及管理問題。

另外，我們應該追求並確保「（社會）倫理安全」。這當中包括重視教育品質的提升（不僅大學，中小學的基本教育體系也包含在內），確保幼兒教育的完整配套、重視社會人文素養軟硬體的健全發展、社會家庭倫理的維護、媒體公正及言論自由的保障等。

最後，我認為人心固然「思變」，但民心更「思安望治」，一個沒有政策目標，沒有合理改革步驟，更沒有完整配套方案的廢省決定，讓20幾年來整個政府體制、公務體系、人才培育及資源分配等都受到莫大影響。但「逝者不可追，來者猶可待」，我們當前最重要的政策方向，就是應該「找回臺灣人對政府的信任」、「找回臺灣人對臺灣的信心」、「找回對世界形勢變化的務實觀察與因應」，在至關重要的兩岸關係議題上，以「四項堅持」及「五大安全」作為行動準則，讓人民清楚知悉政府處理問題的態度及立場，這才是出版本書以傳承省府經驗的重要意涵。

宋楚瑜　2023年9月

後記

　　在寫《寧為劉銘傳：宋楚瑜的僕人領導哲學》（商周，2006年）時，我
曾在後記引用法國啟蒙時代思想家伏爾泰（Voltaire, 1694-1778）的故事與名
言。在這裡，再引用他的另一名句：「判斷一個人，要看他的提問，而不在
於他的回答。」（Juger un homme par ses questions plutôt que par ses réponses.）

　　哲學家尼采（Friedrich W. Nietzsche, 1844-1900）創造「權力意志」這個術
語來談超越或過渡，他曾這麼說：「一旦你喬清楚為何要做，你就會明白要
如何做。」

　　古希臘思想家修昔底德（Thucydides）在他的著名演說指出，「我們的
政府因為利益於大多數人，而非為了少數人，這是我們稱之為民主政體的原
因。」（Its administration favors the many instead of the few; this is why it is called a
democracy.）

　　因而，本書的寫作特別關注：

　　（一）宋主席到省政府服務，何以重視「縮短城鄉差距」這個問題？為
何提出「落實基礎建設」作為「縮短城鄉差距」的施政方向？追求公平正義
何以必須立基於「常識說」與「人性關懷」？

　　（二）他堅持做事情的信念與原則，以及強調的策略與方法為何？為
什麼在短短5年9個月的時間，可以做到那麼多事情？而且，許多建設都是領
先，為臺灣翻開一篇篇新頁。

　　（三）身為政府領導人，如何整合資源運用，如何晉用人才並鼓舞團隊
士氣？

　　（四）大部分時間在外面跑，領導人有時間做好內部領導？

（五）在辦公室接見部屬和訪客比較舒服，為何馬不停歇地四處奔走而樂此不疲？

本書從訪談、寫作到出版，經過15個月時間，謝謝宋主席提供每週一次訪談，謝謝楊雲黛大姊諸多協助且多所勉勵，以及老長官朱宗軻董事長和馬傑明兄關鍵提點並愛護有加，都是我勉力寫作的動力來源。

本書的命名得力於宋主席、馬傑明兄與魏志中兄；本書校閱增刪共有宋主席親自參與，以及朱董事長、馬傑明兄與陳淑禎小姐、陳宏義兄的投入；本書多承宋主席祕書陳淑禎小姐和洪毓彬兄彙整提供各種資料和珍貴圖片；本書封面構思與設計出自劉銘維先生與宋鎮邁小姐激盪創意；本書的編排與出版荷蒙商周總編輯程鳳儀小姐、余筱嵐編輯的懇切相助，在此誠致感激之意。

還有一個人，不能忘記感謝我的太太廖麗雪女士。她幫我帶大我們的三個女兒，家事裡裡外外都靠她；幫我繕打資料，做飯給我吃，陪我走路運動，也陪我一天寫作之後看連續劇。

去年元月，我從教職屆齡退休，本來想過過閱讀生活，沒想到又出版這本書。

方鵬程　　2023年8月22日

【宋楚瑜主席相關著作】

James Chu-yul Soong, *Keep free China free*. (Taipei: Kwang Hwa Publishing Company, 1982).

James Soong. *The Inside Story of Taiwan's Quiet Revolution: From Authoritarianism to Open Democracy*. (Berkeley CA: Institute of East Asian Studies, University of California, Berkeley, 2022).

大官文化工坊，《走過萬水千山　最愛是臺灣：宋楚瑜與斯土斯民的深情故事》（臺北：大官文化工坊，2011）。

大官文化工坊，《浪尖上的回首　宋楚瑜的政治路》（臺北：大官文化工坊，2019）。

中央研究院近代史研究所，《蔣經國先生侍從與僚屬訪問紀錄（上篇）》〈（總統府祕書）宋楚瑜先生訪問紀錄〉（臺北：中研院近史所，2016）。

方鵬程，《如瑜得水：影響宋楚瑜一生的人》（臺北：商周，2014）**（本書曾獲誠品人文科學類排行榜第一名，博客來排行榜第一名）**。

方鵬程，《寧為劉銘傳：宋楚瑜的僕人領導哲學》（臺北：商周，2006）**（本書曾獲金石堂非文學類排行榜第一名）**。

王茗緣，《陳萬水的故事》（臺北：勁報，2000）。

宋楚瑜，《天道酬勤──2020宋楚瑜參選紀實》（臺北：商周，2020）。

宋楚瑜，《心心念念在傳薪：宋楚瑜對青年朋友的談話》（臺北：我們的，1986）。

宋楚瑜，《如何寫學術論文》（修訂三版）（臺北：三民書局，2015）。

宋楚瑜，《如何寫學術論文》（臺北：三民書局，1978）。

宋楚瑜，《如何寫學術論文》（簡體字版）（北京：北京大學出版社、九州出版社，2014）。

宋楚瑜，《美國政治與民意：兼論中美關係》（臺北：黎明文化，

1978）。

◆ 宋楚瑜口述歷史，方鵬程採訪整理，《從威權邁向開放民主：臺灣民主化關鍵歷程1998-1993》（臺北：商周，2019）**（本書曾獲誠品人文科學類排行榜第二名）**。

◆ 宋楚瑜口述歷史，方鵬程採訪整理，《蔣經國祕書報告！》（臺北：商周，2018）**（本書曾獲誠品人文科學類排行榜第七名，博客來排行榜第二名）**。

◆ 宋楚瑜編著，《學術論文規範》（臺北：正中書局，1977）。

◆ 林照真，《水的政治學：宋楚瑜與臺灣水利》（臺北：時報文化，1998）。

◆ 夏珍，《自由自在宋楚瑜》（臺北：時報文化，1999）。

◆ 夏珍，《宋楚瑜中興紀事》，（臺北：時報文化，1998）。

◆ 夏珍，《政海沉沉楚天闊：宋楚瑜二十三年政壇紀實》（臺北：商周，1997）。

◆ 馬西屏，《百分之九十的祕密》（臺北：時周文化，2006）。

◆ 國史館，《李登輝總統故屬僚屬訪談錄 I》〈宋楚瑜先生訪問紀錄〉（臺北：國史館，2023）。

◆ 臺灣省政府，《宋省長楚瑜講話彙編》（第一輯至第五輯）（南投：臺灣省政府，1998）。

◆ 臺灣省政府，《勤政　廉明愛斯土：宋楚瑜先生主持臺灣省政資料彙編》（南投：臺灣省政府，1998）。

附錄一

宋楚瑜《向鄉親報告》
——21縣市基礎建設

宋楚瑜省長任滿前一個月，逐一到21個縣市，以大型圖表親自向鄉親報告，任內所做的各項基礎建設；並對照競選時所承諾的政見，這才是民主政治的真諦，向選民負責！

生活大縣－台北縣 的建設

民主負責 感恩致謝
宋楚瑜向鄉親報告

台北縣重要列管工作
- 省長競選政見 列管212項、完成170項、辦理中42項
- 地方建議案件 列管563項、完成425項、辦理中138項
- 民情反應事項 列管28項、完成24項、辦理中4項
- 政府民眾互動 處理民眾函件7,432件

台北縣基本資料
- 面積 2052.5667平方公里
- 人口 3,442,569人
- 市鄉鎮村里 29個市鄉鎮、1001個村里

全省重要列管工作
- 省長競選政見 列管2,097項、完成1,881項、辦理中216項
- 地方建議案件 列管3,988項、完成3,305項、辦理中683項
- 民情反應事項 列管403項、完成324項、辦理中79項
- 政府民眾互動 處理民眾函件50,131件

- 新建八里污水處理場
- 淡水港建設
- 林口國宅新建
- 永和市高灘地綠美化
- 板橋火車站地重劃
- 板新淨水廠擴建工程
- 台北大橋改建
- 台北生活道路建設
- 華江大橋改建工程
- 深坑、石碇自來水工程
- 新莊市中興路道路
- 新莊市政大樓
- 台北防洪計畫第三期工程
- 台九甲線拓寬工程
- 坪林茶業博物館設置
- 宋省長深入三峽礦坑慰藉訪探視礦工原友

重要建設成果摘要

道路工程：新建台北生活圈道路建設，關建東西向快速道路萬里瑞濱線、八里新店線、西濱濱海公路、台二、台三、台五、台化、台九、台十五等重要幹道，改善台北大橋、華江大橋、對公路新闢35公里、拓寬改善97公里；橋樑新建15座2,398公尺、拓寬及改善32座3,523公尺、隧道新闢4座5,314公尺；輔助縣道路拓94公里、橋樑20座409公尺、公路綠化植樹16,876株、道育路面加封1,800,000平方公尺，顯示標誌數量3,240個

飲水工程：辦理深坑、石碇等鄉自來水工程，擴建板新淨水廠、汰換地下舊管線、改善舊漏區飲水系統，增設管線714,493公尺、抽水管線207,742公尺、供水人口3,279,035人、供水量834,213立方公尺/日、供水率95.86%

水利工程：專案執行台北地區防洪三期計畫，共計新建河堤30.8公里、改建2.2公里、新建水門15座、抽水站15座、更新供水預警系統、新建排水幹線23.5公里、橋樑改建工、新建2座、低水治理及高灘地綠美化20公頃、清除垃圾2,730,000立方公尺；推動雨水下水道建設，加強區域排水，對改善排水路8,321公尺、構造物12座、箱涵45,912公尺、側溝26,878公尺、截流溝3座、整修排水路6,814公尺、排水溝2,680公尺、暗管1,350公尺、護岸1,364公尺；防護八里段海岸堤防、新建海堤2,008公尺、保護沿岸低窪地區

園林工程：推動改善農業漁業方案，辦理富麗農村建設計畫，實施農漁村現代化整體計畫，進行農漁村社區營建等，加強治山防災工作、對改善滯洪16,100公尺、排水工程2,500公尺、興修漁港15處、改善堤防建加強1,077公尺、疏導溝渠828公尺、興建漁村社區活動中心2處、設置休閒漁業設施4處、漁村社區改善道路建設4,221公尺、環境衛生758處

山地工程：飲水設施整建2處、道路2,900公尺、吊橋2座、配水管1,200公尺、環境設施改善2餐菜事

學校工程：新建三重縣中、整建改善全縣教室12,708間、學校及社區運動場246座、體育館及教室加136座、圖書館4座、綜合球場46處、廁所2,542座、興建營養午289校次、飲用水改善89校、游泳池8座

公園建設：建苗林森林公園等19處、公園綠地面積104,921平方公尺

社會福利工程：推動國宅建設與保持改建，興建林口國宅、改建壽豐、秀朗、壽德、忠孝、慈惠等村、新建省立台北醫院醫學院、重建中和市、盧洲鄉衛生所、設立台北縣殘障福利服務中心、興修建縣立殘障綜合中心、公墓公園化

環保工程：新建八里污水處理廠，接動汙水下水道系統建設、廢除污水管線85,046公尺、加強廢棄物、興建二座焚化爐管理、關建改善縣林垃圾衛生處理場所處

停車場工程：興建新莊市力港立停車場等31處停車場、增闢停車位25,305個

其他：整體開發樹林鎮的新生地、擴建淡水港、興建坪林茶業博物館、推動板橋車站地重劃市地重劃等、興建新莊市政大樓等諸公署含5樓

台灣省政府83~88年度預算使用於台北縣 共2298億5265萬元

※經常項目經費905億8337萬元
1. 社會保險福利津貼站 335億3078萬元
2. 警政消防人事費 291億2713萬元
3. 教育文化人事費 87億1069萬元
4. 衛生醫療 59億7443萬元
5. 財屬經財管理及稅捐稽徵 56億6000萬元
6. 縣市鄉鎮退休撫卹 28億5394萬元
7. 民政役員 16億1399萬元
8. 省營事業民營化員工權益金 補償金 15億2899萬元
9. 其他相關經費 11億1311萬元
10. 工商管理等行政及其他 4億7027萬元

※建設項目經費1392億7928萬元
1. 社會福利設施
2. 警政消防設施
3. 教育文化設施
4. 道路交通及停車場
5. 防洪排水及水土保持
6. 農政地政及部計業務
7. 環境及水質水源保護
8. 公園建設、國宅及社區發展
9. 水資源開發及管理
10. 縣市鄉鎮補助
11. 台北防洪債務還本付息
12. 道路交通特別預算

邁向國際都會－桃園縣的建設

民主負責 感恩致謝
宋楚瑜向鄉親報告

重要列管工作

- 省長縣政建言 列管90項，完成71項，辦理中19項
- 地方建議事件 列管203項，完成156項，辦理中47項
- 民情反應事項 列管19項，完成16項，辦理中3項
- 政府民眾互動 處理民眾協作4,128件

桃園縣基本資料

- 面　積 1220.9540平方公里
- 人　口 1,635,679人
- 市鄉鎮村里 13縣市6鄉鎮，431區村營

西濱公路

縣境中壢生活圈道路建設

省立民眾閱和廣場

桃農思賢學校

忠六村合建工程動土

眷村改建

新屋鄉產業道路

東西快觀音大溪線工程

龜山鄉綜合行政大廈

八德市戶政所

平鎮淨水廠

大溪鎮戶政所

地圖標示

- 蘆竹鄉
- 大園鄉
- 龜山鄉
- 觀音鄉
- 桃園市
- 中壢市
- 八德市
- 新屋鄉
- 楊梅鎮
- 平鎮市
- 龍潭鄉
- 大溪鎮
- 復興鄉

重要建設成果摘要

道路工程：新增桃園中壢生活圈道路建設，觀連東西向快速道路觀音大溪線、西部濱海公路、台四線、台十五線等重要幹線，計公路新開67公里，拓寬及改善84公里，橋樑新建達10,240公尺，拓寬及改善54座1,574公尺，輔助縣鄉道路332公里，橋樑44座750公尺；公路綠化植樹33,845株，要青路面增加82,590,000平方公尺，標示標誌更新3,626面

鐵水工程：新增桃園縣沿海地區（觀音、新屋、大園、蘆竹等四鄉）自來水供水工程，新建平鎮淨水廠，拓建地下蓄藏管線，改善舊自設區配水10處，埋設管線1,309,240公尺，抽濾管線129,660公尺，供水人口增1,467,024人，供水量652,750立方公尺/日，供水率90.87％

水利工程：桃行石門水庫集水區治理與多目標運用，改善排水路30,132公尺、疏濬16,531公尺、側溝14,920公尺，整修排水路10,122公尺、排水溝18,400公尺，涵管340公尺，新建海堤2,150公尺，保護沿岸低窪地區

農政工程：協助完成與建桃園縣農民活動中心，辦理富饒農村建設計畫，推動農漁村現代化整體計畫，進行農漁村社區整體規劃，改善道路5,894公尺、整修農路119,627公尺，改善農路24,841公尺，更新農村社區面積67,500平方公尺，興修建漁港4處，改政堤防建加強堤80公尺，建灌防沙堤245公尺，防砂堤415公尺，設置休閒漁業設施5處，漁村社區改善道路排水1,108公尺

學校工程：新建桃園啟智學校增班建設，整建完善全縣教室2,007間，學校及運動場地76座，體育館及活動中心43座，綜合球場61座，廁所524間，興辦營養午餐273校次，普及地區水改善141校，軟體教學設備313套

公園建設：興建6處公園，公園綠地面積57,437平方公尺

社會福利工程：推動國宅建設與眷村改建，興改建衛眷、建國、陵光、五守、光華、居安、自立、精忠等村；建置北區籍訓中心，籌建省立桃園醫院暨醫大樓，興建省立桃園醫院新屋分院，重建大溪鎮衛生所，興修建社區活動中心56棟，公墓公園化3座

環境工程：環境改善處設衛生衛管理場7處，辦理4處垃圾掩埋場封閉改善及復育再利用工程

停車場工程：興建7處停車場，增闢停車位1,447個

其他：完成桃園都會區大眾運輸系統服務及桃園航空城建設規劃，興建龜山鄉綜合行政大樓、八德市戶政所等辦公廳舍

台灣省政府83-88年度預算使用於桃園縣
共1022億7902萬元

經常項目經費532億2016萬元

1. 社會保險福利津貼 203億2586萬元
2. 警政消防人事費 116億4987萬元
3. 教育文化人事費 79億6745萬元
4. 衛生醫療 58億6798萬元
5. 財產財務管理及稅捐稽徵 33億2萬元
6. 縣市鄉鎮退休無卹 21億4764萬元
7. 民政兵役 7億5616萬元
8. 省營事業民營化員工權益補償金 5億9541萬元
9. 其他相關經費 3億6083萬元
10. 工商管理暨縣政行政及其他 2億4892萬元

建設項目經費490億5886萬元

1. 社會福利設施
2. 警政消防設施
3. 教育文化設施
4. 道路交通及停車場
5. 防洪排水及水土保持
6. 農政地政及都計業務
7. 環境及水質水源保護
8. 公園建設、國宅及社區發展
9. 水資源開發及管理
10. 縣市鄉鎮補助

竹塹再造－新竹縣 的建設

民主負責 感恩致謝

宋楚瑜向鄉親報告

新竹縣重要列管工作
- 省長競選政見 列管64項，完成54項，辦理中10項
- 地方建議案件 列管202項，完成161項，辦理中41項
- 民情反應事項 列管26項，完成18項，辦理中8項
- 政府民眾互動 處理民眾函件1,371件

新竹縣基本資料
- 面 積 1427.5931平方公里
- 人 口 425,348人
- 市鄉鎮村里 13個市鄉鎮，175個村里

全省重要列管工作
- 省長競選政見 列管2,097項，完成1,881項，辦理中216項
- 地方建議案件 列管3,988項，完成3,305項，辦理中683項
- 民情反應事項 列管401項，完成324項，辦理中79項
- 政府民眾互動 處理民眾函件50,131件

- 新建新豐鄉公所
- 頭前溪高灘地綠美化工程
- 西濱公路鳳鼻隧道
- 省立竹東醫院新建工程
- 台灣省寧園安養院公辦民營計畫
- 頭前溪斗崙堤防改善工程
- 竹北市華興街立體停車場興建工程
- 省立竹北高中綜合體育館新建工程
- 峨眉鄉衛生視理場
- 產業道路改善工程

重要建設成果摘要

道路工程：辦理新竹生活圈道路建設及台一、台三、台十五、西濱快、東西向南寮平東線等重要計畫，新建鳳崗大橋、竹林大橋，計新闢道路682公里，橋樑13座16,557公尺，新建隧道1座2,250公尺。公路拓寬改善69公里，橋樑48座3,768公尺，隧道2座220公尺，輔助縣鄉道路34公里，橋樑66座887公尺，公路綠化植樹11,607株，瀝青路面加封約1,430,000平方公尺，指示標誌更新623塊

水利工程：整治頭前溪、鳳山溪等河川，新建陸堤護岸，加強頭前溪鳳鼻里至河口段低水治理及高灘地綠美化等工程，興建頭前溪斗崙堤防等，共改善排水路25,1432公尺，構造物29座，箱涵9,739公尺，側溝15,1662公尺，整修排水路18,255公尺，排水溝8,5202公尺，涵管500公尺，保護海堤1,350公尺，保護沿岸低窪地區受受水患

飲水工程：興辦寶山第二水庫工程，提高新竹地區工業、民生用水，改善偏遠地區飲水品質，汰換全縣地下舊舊管線，共裝設管線201,587公尺，抽換管線22,746公尺，供水人口283,041人，供水量93,900立方公尺/日，供水率67.12％

農林工程：推動台灣省農業建設方案，辦理西部沿山防洪計畫，加強中小集水區保育處理，進行農漁村社區整體規劃，共改善道路10,045公尺，排水工程2,450公尺，公共設施26處，步道2,6102公尺，農路整修103,7772公尺，改善農園3,6692公尺，興修建漁港1處，防波堤修建加強90公尺，碼頭80公尺，興建漁村社區活動中心17棟，公墓公廁2處

山地工程：飲水設施整理8處，興建護岸堤建430公尺，山地道路66,318公尺，橋樑5座、吊橋2座，擋土牆4,710公尺，聚落改善14村，防災設施3村，配水池40座，配水管15,700公尺，環境設施改善14個部落

學校工程：興建省立竹北高中綜合體育館、尖石國中師生宿舍，整建改建教室2,303間，學校及社區運動場126座，體育館及活動中心56座，綜合球場45座，游泳池8座，飲用水改善16校，興辦營養午餐54校次

公園建設：闢建14處公園，公園綠地面積44,081平方公尺

社會福利工程：新建省立竹東醫院，重建湖口鄉衛生所，推動台灣省寧園安養院公辦民營，興修建尖石鄉義興、五峰鄉桃山村等社區活動中心17棟，公墓公廁4處

環保工程：辦理改善垃圾掩埋等垃圾衛生視理場6處

停車場工程：興建竹北市華興街立體停車場等11處停車場，增闢停車位1,483處

其他：遷建新豐鄉、五峰鄉等公所，尖石鄉戶政所等辦公廳舍含5棟

台灣省政府83-88年度預算使用於
新竹縣 共519億1441萬元

※經常門經費166億7233萬元
1. 警政消防人事費 51億0612萬元
2. 社會保險福利津貼 44億8584萬元
3. 教育文化人事費 24億2467萬元
4. 縣市鄉鎮退休撫卹 14億8251萬元
5. 衛生醫療 11億8980萬元
6. 財產財務管理及稅捐稽徵 9億3954萬元
7. 民政兵役 3億7469萬元
8. 其他相關經費 3億5569萬元
9. 工商管理建築行政及其他 1億8656萬元
10. 省營事業民營化員工權益補償金 1億2688萬元

※建設門經費352億4208萬元
1. 社會福利設施
2. 警政消防設施
3. 教育文化設施
4. 道路交通及停車場
5. 防洪排水及水土保持
6. 農政地政及郵業務
7. 環境及水質水源保護
8. 公園建設、醫宅及社區發展
9. 水資源開發及管理
10. 都市鄉續補助
11. 公共設施用地取得

- 加強治山防洪
- 湖口鄉牛鬪湖整治工程

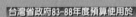

- 路林鄉立式整治工程

全方位飛馳─苗栗縣的建設

民主負責 感恩致謝
宋楚瑜向鄉親報告

重要列管工作
- 省長競選政見　列管113項，完成104項，辦理中9項
- 地方建議案件　列管212項，完成182項，辦理中30項
- 民情反應事項　列管25項，完成20項，辦理中5項
- 政府民眾互動　處理民眾函件2,428件

苗栗縣基本資料
- 面　積　1820.3147平方公里
- 人　口　559,445人
- 市鄉鎮村里　18個鄉鎮市，263個村里

台灣省政府83-88年度預算使用於苗栗縣
共793億5104萬元

※經常項目經費237億1008萬元
1. 社會保險福利津貼　70億5096萬元
2. 警政消防人事費　65億9939萬元
3. 教育文化人事費　40億9991萬元
4. 縣市鄉鎮退休撫卹　18億8646萬元
5. 衛生醫療　15億4198萬元
6. 財產財務管理及稅捐稽徵　12億2380萬元
7. 民政兵役　5億1760萬元
8. 工商管理警務行政及其他　3億2279萬元
9. 其他相關經費　2億9372萬元
10. 省營事業民營化員工權益補償金　1億7344萬元

※建設項目經費556億4175萬元
1. 社會福利設施
2. 警政消防設施
3. 教育文化設施
4. 道路交通及停車場
5. 防洪排水及水土保持
6. 農政地政及都計業務
7. 環境及水質水源保護
8. 公園建設、國宅及社區發展
9. 水資源開發及管理
10. 縣市鄉鎮補助

重要建設成果摘要

道路工程：辦理苗栗生活圈道路建設及台一、台三、台六、台十三、西濱快、東西向後龍汶水線等重要幹道，新建苗栗市新東大橋，西湖鄉飛龍大橋，計新鋪道路101公尺，橋樑10座3,978公尺，隧道3座1,480公尺。公路拓寬及改善140公里，橋樑10座5,702公尺，隧道2座240公尺，輔助縣道道路112公里，橋樑150座3,293公尺，公路綠化植樹30,322株，歷青路面加封740,000平方公尺，指示標誌更新2,150面

水利工程：整治中港溪、後龍溪、西湖溪等河川，加強低水治理及高灘地綠美化等工程，興建後龍溪河濱公園，改善排水路41,196公尺，構物83座，蓖廊7,3262公尺，側溝50,319公尺，擋土牆300公尺，整修排水路29,010公尺，排水溝20,455公尺，溢管430公尺

農業工程：辦理西部泄山防洪計畫，道路27,670公尺，排水工程10,190公尺，公共設施7處，野溪治理2,410公尺，護岸550公尺，步道1,610公尺，農地重劃面積1,680,000平方公尺，農路整修46,578公尺，改善農路25,320公尺，興修建漁港處，防波堤修建加強280公尺，鎮崗292公尺

山地工程：飲水設施整建28處，堤防護岸整建1,100公尺，山地道路61,250公尺，擋土牆2,337公尺，聚落改善8利，防災設施4利，配水池15座，配水33,590公尺，環境設施改善15個區所

學校工程：興辦營養午餐169校次，整建改善教室2,248間，學校社區運動場401座，體育館及活動中心118座，綜合球場49座，廁所318間，飲用水10校，游泳池2座，軟體教學設備486套

公園建設：建建各鄉鎮市15處公園，公園綠地面積156,253平方公尺

社會福利工程：興修建社區活動中心34棟，公墓公園化9座

垃圾處理工程：闢建竹南鎮等一般垃圾衛生掩埋場24處

停車場工程：興建各鄉鎮11處停車場，增關停車位1,141個

飲水工程：改善鋪設地區飲水41處，埋設管線679,265公尺，抽換管線90,022公尺，配水池13座，加壓站4處，取水設施3處，配水量23,300公尺，供水人口385,436人，供水量142,000立方公尺/日，供水率67.72%

市場工程：修建擴興市場9處

其他：改建頭份鎮等公所辦公廳舍

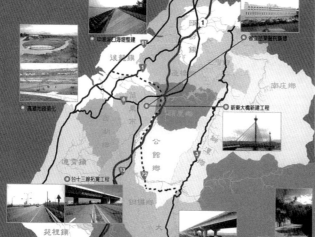

○中港溪口海堤整建
○省立苗栗啟民學連
○高灘地綠美化
○新東大橋新建工程
○台十三線拓寬工程
○鯉魚潭水庫工程
○東西快後龍汶水源工程
○泰安大興村道路工程
○卓蘭東菜市場浴廁廊
○山線雙軌工程

後龍鎮
南庄鄉
公館鄉
通霄鎮
銅鑼鄉
苑裡鎮
大湖鄉
卓蘭鎮

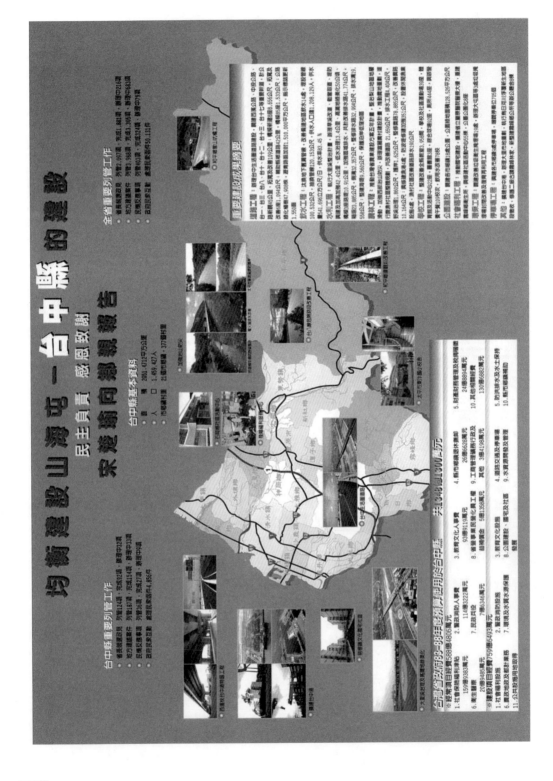

咱作伙打拼—彰化縣的建設

民主負責 感恩致謝
宋楚瑜向鄉親報告

重要列管工作
- 省長競選政見　列管141項，完成133項，辦理中8項
- 地方建議案件　列管331項，完成286項，辦理中45項
- 民情反應事項　列管30項，完成26項，辦理中4項
- 政府民眾互動　處理民眾函件2,885件

彰化縣基本資料
- 面　積　1074.3960平方公里
- 人　口　1,298,952人
- 市鄉鎮村里　26個市鄉鎮、586個村里

台灣省政府83-88年度預算使用於彰化縣
共1152億2429萬元

※經常項目經費478億9340萬元

1. 社會保險福利津貼 160億0433萬元
2. 警政消防人事費 124億6822萬元
3. 教育文化人事費 99億6883萬元
4. 縣市鄉鎮退休撫卹 35億6830萬元
5. 財產財務管理及稅捐稽徵24億1868萬元
7. 民政兵役 9億2247萬元
8. 其他相關經費 5億1425萬元
9. 省營事業民營化員工權益補償金 4億2533萬元
10. 工商管理礦務行政及其他3億4198萬元

※建設項目經費673億3088萬元

1. 社會福利及設施
2. 警政消防設施
3. 教育文化設施
4. 道路交通及停車場
5. 防洪排水及水土保持
6. 農政地政及都計業務
7. 環境及水質水源保護
8. 公園建設、國宅及社區發展
9. 水資源開發及管理
10. 縣市鄉鎮補助
11. 公共設施用地取得

重要建設成果摘要

道路工程：新理彰化生活圈道路建設及西濱快速公路、東西向彰濱台中線、溪湖草屯聯快速公路，新建西濱大橋等，計公路新闢52公里，橋樑1座2,890公尺、隧道1座5,450公尺、公路拓寬及改善78公里、橋樑5座3,550公尺、輔助縣鄉道路126公里，橋樑109座1,013公尺、公路綠化橋樑15,778株，養青路面加舖1,320,000平方公尺、指示標誌更新1,020面

水利工程：辦理彰安圳、關明圳中排水改善、員林大排、石笱大排整治等工程，新建海堤2,713公尺、堤建10,819公尺、改善排水路82,494公尺、箱涵28,692公尺、側溝28,381公尺、整修排水路61,873公尺、排水溝28,197公尺

農林工程：新理富麗農村建設計畫，推動震災農村現代化型聚計畫，進行農村社區整體規劃，改善道路14,723公尺、排水工程7,410公尺、整修農路219,536公尺、改善96,058公尺

學校工程：興建彰化高中藝能音樂館，整建改善教室2,827間，學校及社區運動場43座，體育館及活動中心44座，綜合球場83座，廁所373座，興建營養午餐64炊灶、飲用水9校，軟體教學設備207套

漁港工程：興修建漁港渠、防波堤修建加強248公尺，碼頭加強740公尺，泊地新闢（淤淺、蔬浚）9公頃，興建漁村社區活動中心65處，設置休閒漁業設施2處、漁村社區改善道路排水6,195公尺、公共設施5處

公園建設：調建北斗濱公園等17處、公園綠地面積120,430平方公尺

社會福利工程：調建員林國宅社區，興建台灣省勞工育樂中心附設勞工教育學苑、興修建社區活動中心106棟、老人文康中心2處、公墓公園化26座、納骨堂（塔）6座

環保工程：調建垃圾衛生掩埋場16處

停車場工程：興建各市鄉鎮停車場16處、增闢停車位1,757個

飲水工程：改善舊道地區飲水10處，埋設管線1,975,249公尺，抽換管線141,192公尺、供水人口增1,157,800人、供水量299,900立方公尺/日、供水率89.22％

市場工程：新（增）建及修建零售、攤販市場15處

其他：整建芳苑鄉、線西鄉公所等鄉公廳舍 6棟

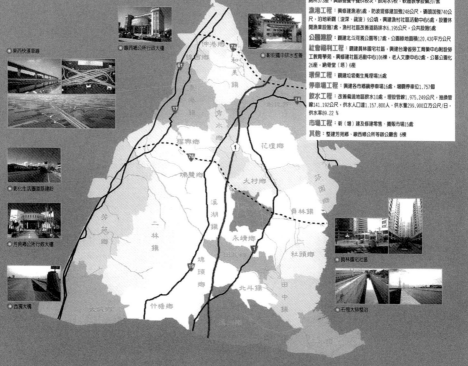

● 東西快速幹線
● 線西鄉公所行政大樓
● 彰化國中排水改善
● 彰化生活圈道路建設
● 芳苑鄉公所行政大樓
● 西濱大橋
● 員林國宅社區
● 石笱大排整治

● 和美鎮
● 中港鄉
● 線西鄉
● 伸港鄉
● 鹿港鄉
● 福興鄉
● 花壇鄉
● 埔鹽鄉
● 大村鄉
● 秀水鄉
● 溪湖鎮
● 員林鎮
● 永靖鄉
● 社頭鄉
● 二林鎮
● 埤頭鄉
● 田中鎮
● 北斗鎮
● 竹塘鄉
● 大城鄉
● 芳苑鄉

山水的故鄉—南投縣的建設

民主負責　感恩致謝

宋楚瑜向鄉親報告

南投縣重要列管工作

- 省長競選政見　列管80項，完成71項，辦理中9項
- 地方建議案件　列管151項，完成118項，辦理中33項
- 民情反應事項　列管16項，完成11項，辦理中5項
- 政府民眾互動　處理民眾函件2,186件

南投縣基本資料

- 面　　積　4106.4360平方公里
- 人　　口　545,540人
- 市鄉鎮村里　13個市鄉鎮，260個村里

全省重要列管工作

- 省長競選政見　列管2,097項，完成1,881項，辦理中216項
- 地方建議案件　列管3,988項，完成3,305項，辦理中683項
- 民情反應事項　列管403項，完成324項，辦理中79項
- 政府民眾互動　處理民眾函件50,131件

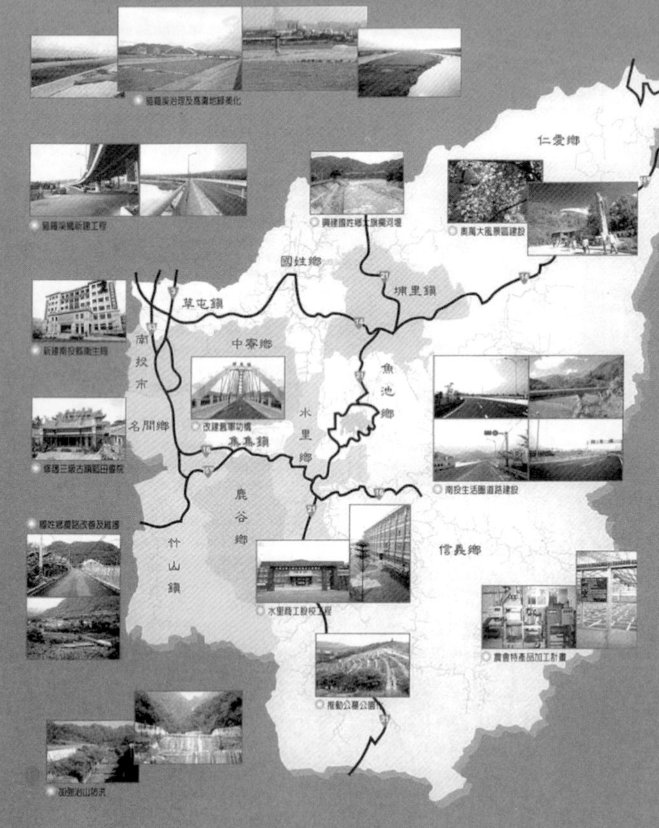

重要建設成果摘要

道路工程：辦理南投生活圈道路建設，興建東西向快速公路漢寶草屯線、中投公路、日月潭環潭公路、台三、台十四、台十六、台二十一等重要幹道，新建貓羅溪橋、集鹿大橋，拓寬軍功橋，計公路新闢29公里，拓寬及改善95公里；橋樑新建11座5,923公尺，拓寬及改善8座4,477公尺；輔助縣鄉道路130公里，橋樑65座1,806公尺；公路綠化植樹32,687株，瀝青路面加封1,930,000平方公尺，指示標誌更新1,174面

水利工程：興辦集集共同引水工程，興建國姓鄉大旗堰、鹿谷攔河堰、柑子林取水口等工程，新建貓羅溪溪州堤防、永豐堤防；專案辦理貓羅溪整治計畫，加強河川改道、截彎取直、防洪工程及橋樑整建，新建堤防10.9公里，閘門9座，低水治理及高灘地綠美化50公頃；加強區域排水及雨水下水道建設，計改善排水路25,858公尺，構造物85座，箱涵17,957公尺，側溝27,959公尺，整修排水路32,994公尺，排水溝7,020公尺，涵管1,205公尺，護岸500公尺

飲水工程：汰換地下舊漏管線，改善偏遠地區飲水17處，埋設管線175,425公尺，抽換管線169,413公尺，供水人口達433,060人，供水量156,017立方公尺/日，供水率79.28%

農林工程：新建特有生物研究保育中心推廣教育館，推動台灣省農業建設方案，改善南投茶葉、花卉、特產品加工等產銷工作，加強農地利用綜合規劃，辦理西部治山防災計畫，推動農地重劃，進行農村社區整體規劃，共改善道路 18,750公尺，排水工程2,430公尺，野溪治理1,530公尺，步道2,600公尺，整修農路31,914公尺，改善農路3,811公尺；辦理農地重劃，面積270,000公頃，改善農水路49,624公尺，更新農村社區面積37,669平方公尺，社區道路9,132公尺

山地工程：整建仁愛、信義等鄉聚落飲水設施15處，堤防護岸683公尺，整建村落道路106,877公尺，橋樑5座，吊橋9座，擋土牆7,100公尺，聚落改善18村，防災設施10村，配水管11,900公尺，改善信義鄉雙龍村等16個部落環境設施

學校工程：整建縣體育場，新設省立水里商工，整建改善全縣教室2,539間，學校及社區運動場26座，體育館及活動中心44座，圖書館3座，綜合球場57座，廁所212座，興辦營養午餐132校次，飲用水改善70校

公園建設：興建各市鄉鎮10處公園，公園綠地面積22,000平方公尺

社會福利工程：改建省立中興醫院，擴建省立南投醫院醫療大樓，重建南投縣衛生局及南投市、國姓鄉、魚池鄉、中寮鄉、鹿谷鄉衛生所，興修建社區活動中心58棟，推動公墓公園化19座

環保工程：推動污水下水道建設，埋設污水管線2,543公尺，興建改善竹山鎮、名間鄉等垃圾衛生掩埋場14處

停車場工程：興建南投市中興立體停車場等13處，增闢停車位2,118個

其他：推動水里、頭前厝市地重劃，修護三級古蹟藍田書院，新整建水里鄉公所等辦公廳舍3棟

台灣省政府83-88年度預算使用於

南投縣　共1197億8776萬元

※經常項目經費486億0249萬元

1.警政消防人事費 71億2143萬元	3.教育文化人事費 62億1427萬元	5.縣市鄉鎮退休撫卹 19億2289萬元	7.民政兵役 7億1056萬元	9.省營事業民營化員工權益補償金 2億5776萬元
2.社會保險福利津貼 67億8325萬元	4.衛生醫療 34億1085萬元	6.財產財務管理及稅捐稽徵 10億8610萬元	8.工商管理議務行政及其他 4億7754萬元	10.其他相關經費 206億1780萬元

※建設項目經費711億8527萬元

1.警政消防設施	3.教育文化設施	5.防洪排水及水土保持	7.環境及水質水源保護	9.水資源開發及管理
2.社會福利設施	4.道路交通及停車場	6.農政地政及都計業務	8.公園建設、國宅及社區發展	10.縣市鄉鎮補助

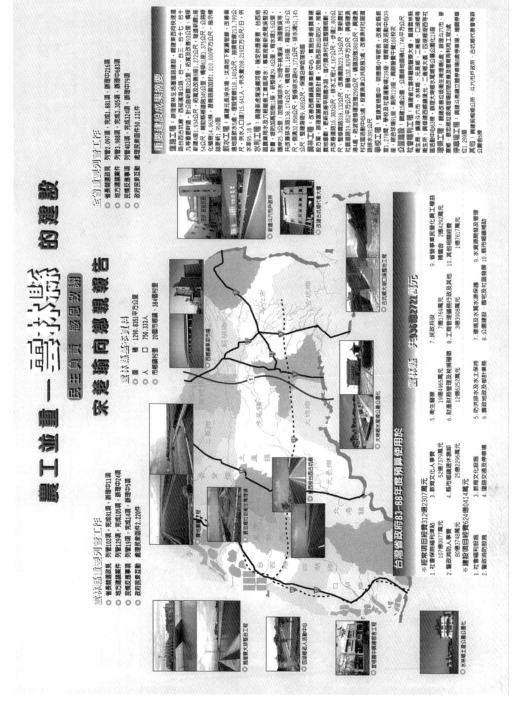

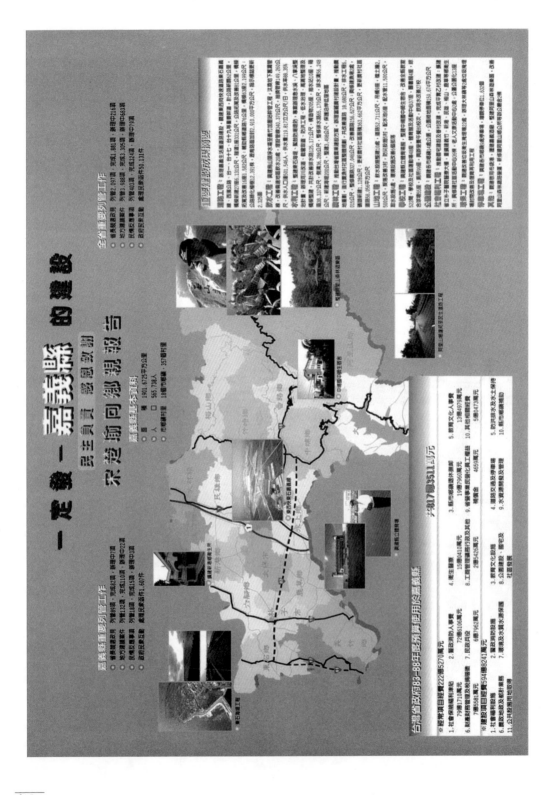

南瀛再造－台南縣的建設
民主負責 感恩致謝
宋楚瑜向鄉親報告

重要列管工作
◎ 省長競選政見　列管179項，完成171項，辦理中8項
◎ 地方建議案件　列管277項，完成237項，辦理中40項
◎ 民情反應事項　列管33項，完成26項，辦理中7項
◎ 政府民眾互動　處理民眾函件2,589件

台南縣基本資料
◎ 面　積　2016.0075平方公里
◎ 人　口　1,098,275人
◎ 市鄉鎮村里　31個市鄉鎮、531個村里

重要建設成果摘要

道路工程：辦理台南生活圈道路建設，闢建東西向快速道路北門玉井線、西部濱海公路、台一、台三、台十七、台二十等重要幹道。計公路新闢45公里，拓寬及改善176公里；橋樑新建31座3,618公尺，拓寬及改善50座7,128公尺，隧道新闢1座332公尺；輔助縣鄉道路94公里，橋樑64座1,329公尺；公路綠化種植25,331株，遮陽路面加舖3,940,000平方公尺，指示標誌更新3,169面。

飲水工程：辦理南化水庫下游自來水工程，新建烏山頭進水場至善化加壓站幹管工程，沃溪地下箱型管線，改善舊管地區飲水10處，埋設管線930,818公尺，抽換管線56,861公尺，供水人口達1,071,140人，供水量341,840立方公尺/日，供水率97.71 %

水利工程：興建南化水庫，辦理越域引水工程，推動急水溪整治計畫，改善排水路72,411公尺，箱涵47,316公尺，側溝57,040公尺，整修排水路71,424公尺，排水溝62,313公尺；整建海堤3,663公尺，保護沿岸低窪地區

農業工程：推動台灣省農業產業五年計畫，積極調整生產結構，提高農業競爭力，暢導基層建設，調整農地利用，辦理富麗農村建設計畫，推動農地重劃，進行農漁村社區整體規劃，共改善農路207,106公尺，排水工程24,632公尺，步道3,500公尺，整修農路674,966公尺，改善農路207,500公尺，更新農村社區道舖449,074平方公尺；興修漁港5處，防波堤修建加築2,698公尺，碼頭加築3,047公尺，防砂堤400公尺，設置休閒漁業整治處，辦理社區改善道路排水4,724公尺

學校工程：整建改善校舍數座4,405座，學校及社區運動場132座，體育館及活動中心60座，圖書館68座，完成球場33座，廁所412座，興建營養午餐52校次，飲用水改善14校

社會福利工程：推動國宅建設，興建省立新營醫院北門分院，新建省立嘉南療養院，興建麻豆衛生所，籌建柳營鄉、左鎮鄉衛生所；興修建社區活動中心22棟，老人文康中心6棟，公墓公園化7座

環保工程：推動汙水下水道系統規劃，闢建改善社區衛生掩埋場24處，辦理新營市垃圾掩埋場封閉及後續再利用工程

停車場工程：興建16處停車場，增闢停車位2,061個

其他：開發建設關仔嶺溫泉風景區，興建楠西鄉、學甲鄉綜合行政大樓等辦公廳舍7棟

台灣省政府83-88年度預算使用於台南縣
共1509億4212萬元

※經常項目經費454億8606萬元

1. 社會保險福利津貼
148億0566萬元
2. 財產財務管理及稅捐稽徵 19億8626萬元
3. 省營事業民營化員工權益補償金 3億6220萬元
4. 警政消防人事費 112億2958萬元
5. 縣市鄉鎮退休及加給 25億8167萬元
6. 工商管理債務行政及其他 2億6618萬元
7. 教育文化人事費 108億0539萬元
8. 民政兵役 8億8666萬元
9. 衛生醫療 21億2816萬元
10. 其他相關經費 4億3427萬元

※建設項目經費1054億5606萬元

1. 社會福利設施
2. 防洪排水及水土保持
3. 水資源開發及管理
4. 警政消防設施
5. 農政地政及都計業務
6. 縣市鄉鎮補助
7. 教育文化設施
8. 環境及水質水源保護
9. 道路交通及停車場
10. 公園建設、國宅及社區發展

[照片說明標示]
◎ 新營市舊垃圾場再利用
◎ 學甲鎮公所綜合大樓
◎ 將軍漁港整建
◎ 七股鄉活動中心
◎ 台十九線拓寬工程
◎ 農業建設及農地重劃
◎ 台三線改善工程
◎ 南化水庫及越域引水工程
◎ 東西快北門玉井線
◎ 台二十線拓寬工程

脫胎換骨—**屏東縣**的建設

民主負責 感恩致謝
宋楚瑜向鄉親報告

屏東縣重要列管工作
- 省長競選政見 列管237項，完成210項，辦理中27項
- 地方建議案件 列管248項，完成211項，辦理中37項
- 民情反應事項 列管27項，完成22項，辦理中5項
- 政府民眾互動 處理民眾函件2,433件

屏東縣基本資料
- 面　積　2775.6003平方公里
- 人　口　910,770人
- 市鄉鎮村里　33個市鄉鎮，465個村里

全省重要列管工作
- 省長競選政見 列管2,097項，完成1,881項，辦理中216項
- 地方建議案件 列管3,988項，完成3,305項，辦理中683項
- 民情反應事項 列管403項，完成324項，辦理中79項
- 政府民眾互動 處理民眾函件50,131件

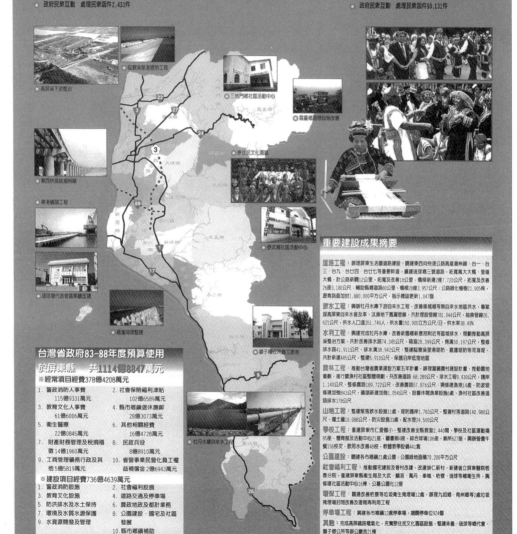

高屏溪下游整治
崁寮溪里港堤防工程
三地門鄉社區活動中心
霧臺鄉道路設施改善
原住民文化園區
東西快高屏所線
東港橋加工程
琉球鄉代表會語事辦公室建
崁寮溝整理
獅子鄉鄉公所興工商會
泰武鄉社區活動中心
牡丹水庫自來水工程

台灣省政府83-88年度預算使用
於屏東縣　共1114億8847萬元

※經常項目經費378億4208萬元
1. 警政消防人事費　115億9331萬元
2. 社會保險福利津貼　102億6589萬元
3. 教育文化人事費　61億6006萬元
4. 縣市鄉鎮退休撫卹　28億3073萬元
5. 衛生醫療　22億0845萬元
6. 其他相關經費　16億4728萬元
7. 財產財務管理及稅捐稽徵 14億1960萬元
8. 民政兵役　8億8910萬元
9. 工商管理礦務行政及其他 5億5819萬元
10. 省營事業民營化員工權益補償金 2億6943萬元

※建設項目經費736億4639萬元
1. 警政消防設施
2. 社會福利設施
3. 教育文化設施
4. 道路交通及停車場
5. 防洪排水及水土保持
6. 購置地政及都計業務
7. 環境改善水質水源保護
8. 公園建設、國宅及社區發展
9. 水資源開發及管理
10. 縣市鄉鎮補助

重要建設成果摘要

道路工程： 辦理屏東生活圈道路建設，闢建東西向快速公路高雄潮州線、台一、台三、台九、台廿四、台廿七等重要幹線，擴建琉球環球三號道路、拓寬萬大大橋、里嶺大橋，計公路新闢12公里、拓寬及改善18公里；橋樑新建2座7,720公尺、拓寬及改善26座3,180公尺、補助縣鄉道路80公里、橋樑20座3,957公尺；公路綠化植被21,905株、避竟路面加封1,880,000平方公尺、指示標誌更新1,047面

飲水工程： 興建牡丹水庫下游自來水工程，改善車城鄉等無自來水地區供水，專案提高屏東自來水普及率，汰換地下蓄漏管線，共計埋設管線781,044公尺、抽換管線26,621公尺、供水人口達351,749人、供水量150,000立方公尺/日、供水率達38.45%

水利工程： 興建完成牡丹水庫，改善新園鹽埔窯附近等區域排水，規劃推動高屏溪整治方案，共計改善排水路74,345公尺、箱涵28,399公尺、焦溝30,197公尺、整建排水路41,911公尺、排水路38,942公尺、整建駁崁里港堤防、崁寮堤防等河海堤、共計新建445公尺、整建5,910公尺、保護沿岸低窪地區

農林工程： 推動台灣省農業建設防災五年計畫，闢建富麗農村建設計畫，推動農地重劃、進行震漁村社區整理規劃，共改善道路 66,289公尺、排水工程4,430公尺、護岸1,140公尺、整修農路189,722公尺、改善農路57,876公尺、興建漁港14處、防波堤修建加強843公尺、疏通新建加強1,054公尺、設置休閒漁業設施6處、漁村社區改善道路排水178公尺

山地工程： 整建簡漁飲水設施14處、堤防護岸1,783公尺、整建村落道路140,980公尺、擋土牆10.088公尺、防災設施3處、配水管24,502公尺

學校工程： 道建屏東市仁愛國小、整建改善各縣教室2,440間、學校及社區運動場85座、體育館及活動中心21座、圖書館3座、綜合球場106座、廁所627座、興辦營養午餐156校次、飲用水器48校、軟體教學設備441套

公園建設： 闢建各市鄉鎮21處公園、公園綠地總面積70,200平方公尺

社會福利工程： 推動國宅建設及眷村改建，改建崇仁新村、新建省立屏東醫院恆春分院、重建屏東縣衛生局及大武、楓港、萬丹、車城、枋寮、琉球等鄉衛生所、興修建社區活動中心16棟、公墓公園化12座

環保工程： 闢建改善垃圾掩埋及衛生掩埋場12處、辦理九如鄉、南州鄉等2處垃圾掩埋場封閉改善及資育再利用工程

停車場工程： 興建各市鄉鎮12處停車場、增闢停車位924個

其他： 完成高屏鐵路電氣化、充實原住民文化園區設施，整建來義、琉球等鄉代會、獅子鄉鄉公所等辦公廳舍21棟

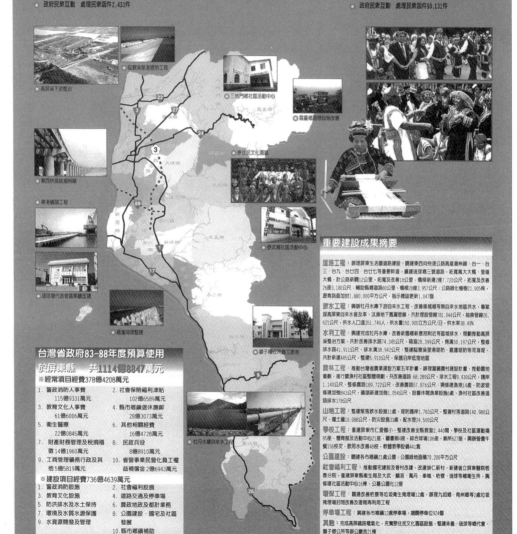

蘭陽新風貌 — 宜蘭縣 的建設

民主負責 感恩致謝

宋楚瑜向鄉親報告

宜蘭縣重要列管工作
- 省長競選政見　列管61項，完成57項，辦理中4項
- 地方建設案件　列管247項，完成225項，辦理中22項
- 民情反應事項　列管23項，完成20項，辦理中3項
- 政府民眾互動　處理民眾函件1,486件

宜蘭縣基本資料
- 面　積　2143.6251平方公里
- 人　口　465,825人
- 市鄉鎮村里　12個市鄉鎮，235個村里

全省重要列管工作
- 省長競選政見　列管2,097項，完成1,881項，辦理中216項
- 地方建設案件　列管3,988項，完成3,305項，辦理中683項
- 民情反應事項　列管403項，完成324項，辦理中79項
- 政府民眾互動　處理民眾函件50,131件

重要建設成果摘要

道路工程：辦理宜蘭生活圈道路建設及台二、台七、台九等重要幹道，新建泰雅大橋、南方澳大橋，拓寬關隘大橋，計新闢道路15公里，拓寬及改善113公里，橋樑7座，隧道5座2,320公尺，輔助縣鄉道路23公里，橋樑13座2,797公尺，公路綠化植樹16,080株，避車路面加封2,720,000平方公尺，指示標誌更新1,805面

飲水工程：興建員山鄉粗坑溪攔河堰，規劃羅東柳河暗，汰換全縣地下舊自來管線，專案辦理烏線病區飲水改善工程，改善偏遠地區聚落飲水設施9處，埋設管線2,479,507公尺，抽換管線146,094公尺，供水人口達387,802人，每日供水量134,351立方公尺，供水率83.11 %

水利工程：整治十一股溝、十三股排水、美福大排，加強區域排水及雨水下水道建設，共改善排水35,365公尺，構造物49個，箱涵26,364公尺，側溝36,213公尺，整修排水路32,151公尺，排水溝20,744公尺，護岸400公尺；新增頭城羗海岸線的護工程，新建海堤1,326公尺，整護3,324公尺

農林工程：興建蘇石港漁貨直銷中心，推動太平山森林遊樂區開發建設，設置福山植物園，辦理關山地區治山計畫，加強治山治林、被地興林造水土保育、防砂工程、崩場地處理及防災工程，計新建道路11,730公尺，排水工程6,730公尺，公共設施11處、步道6,100公尺；推動台灣省農業建設方案，加強農地利用綜合規劃，共整修農路179,576公尺，改善51,255公尺，興建建漁港8處，增設漁港修建加強692公尺，礦層新建加強2,385公尺，防砂堰270公尺，汐地新闢疏浚142公尺，興建漁村社區活動中心8座，建設漁村環保監8處，漁業公共設施9處，改善漁村社區道路排水5,742公尺

山地工程：飲水設施5處、堤防護岸整建440公尺，改善道路21,555公尺，修建吊橋等4座，架涵五道12對，改善南澳村等防災設施3村，配水池4座，配水管6,000公尺，環境設施改善6鄉部落

學校工程：改建南安國中、蓬萊國小等校舍，增建改善教室1,744間，學校及社區運動場98座，體育館及活動中心48座，綜合球場67座，廁所改善342間，飲用水設施改善30校，興辦營養午餐133杈次

公園建設：改善冬山河風景區親水公園園態設施，開發三星鄉長埤湖風景區，續建員山公園等11處公園，公園綠地面積124,803平方公尺

社會福利工程：興建國宅設施及自行改建，改建泥房新村；擴建省立宜蘭醫院醫療大樓，重建冬山鄉衛生所；加強社區更新、整建宜蘭縣總工會勞工休閒研習服務中心，興修建南澳鎮武塔村等社區活動中心66棟，公墓公園化

環保工程：改善冬山鄉、三星鄉等垃圾衛生掩埋場6處

停車場工程：興建員山鄉大湖風景區停車場等6處停車場，增設停車位892個

其他：完成北宜鐵路道路雙軌，新理東部鐵路重軌化、電氣化及號誌自動化等改善工程，興建蘇澳港興建區、劃設魚車專用區；整修改建宜蘭市、頭城鎮、蘇澳鎮、冬山鄉、南澳鄉公所等10棟鄉公廳舍

台灣省政府83-88年度預算使用於
宜蘭縣　共843億5264萬元

※ 經常項目經費262億0595萬元
1. 警政消防人事費　66億4382萬元
2. 社會保險福利津貼　62億0667萬元
3. 教育文化人事費　55億2218萬元

4. 縣市鄉鎮退休撫卹　17億4666萬元
5. 衛生醫療　15億5015萬元
6. 其他相關經費　15億3138萬元

7. 財產財務管理及稅捐稽徵　10億6845萬元
8. 工務管理業務行政及其他　10億5064萬元
9. 民政兵役　6億5200萬元
10. 省營事業民營化員工權益補償金　2億3397萬元

※ 建設項目經費581億4669萬元
1. 警政消防設施
2. 社會福利設施
3. 教育文化設施
4. 道路交通及停車場

5. 防洪排水及水土保持
6. 農政地政及都計業務
7. 環境及水質保護

8. 公園建設、國宅及社區發展
9. 水資源開發及管理
10. 縣市鄉鎮補助

頭城鎮
礁溪鄉
宜蘭市
壯圍鄉
員山鄉
五結鄉
三星鄉
羅東鎮
大同鄉
冬山鄉
蘇澳鎮
南澳鄉

外澳海堤整建工程
太平山森林遊樂開發建設
達溪鄉十一股渠整治工程
烏石漁港興建工程
新建員山公園
蘭陽大橋興建工程
葫蘆堵杜林堤防工程
大同鄉農民活動教育中心
紅柴漁港興建計畫
三星鄉興建頭城埤大橋
新建泰雅大橋
南澳國中遷建工程
蘇澳鎮蓬萊國小校舍改建工程
新建南澳鄉公所及員工宿舍
武塔村多功能活動中心
宜蘭生活圈道路建設

迴瀾之美—花蓮縣 的建設

民主負責 感恩致謝
宋楚瑜向鄉親報告

花蓮縣重要列管工作
- 省長競選政見　列管132項，完成127項，辦理中5項
- 地方建議案件　列管269項，完成231項，辦理中38項
- 民情反應事項　列管13項，完成9項，辦理中4項
- 政府民眾互動　處理民眾函件2,033件

花蓮縣基本資料
- 面　積　4628.5714平方公里
- 人　口　356.668人
- 市鄉鎮村里　13個市鄉鎮，173個村里

全省重要列管工作
- 省長競選政見　列管2097項，完成1881項，辦理中216項
- 地方建議案件　列管3988項，完成3305項，辦理中683項
- 民情反應事項　列管403項，完成324項，辦理中79項
- 政府民眾互動　處理民眾函件50,131件

台灣省政府83-88年度預算使用於花蓮縣
共772億9619萬元

※經常項目經費265億5682萬元

1. 警政消防人事費 71億8351萬元	5. 縣市鄉鎮退休撫卹 17億5665萬元	8. 民政兵役 5億0990萬元
2. 教育文化人事費 46億2806萬元	6. 財產財務管理及稅捐稽徵 9億5426萬元	9. 省營事業民營化員工權益補償金 9874萬元
3. 社會救助福利津貼 42億1499萬元	7. 工商管理暨商務行政及其他 6億0146萬元	10. 其他相關經費 24億0823萬元
4. 衛生醫療 42億0098萬元		

※建設項目經費507億3937萬元

1. 警政消防設施	5. 防洪排水及水土保持	8. 公園建設、國宅及社區發展
2. 教育文化設施	6. 農政地政及都計業務	9. 水資源開發及管理
3. 社會福利設施	7. 環境及水質水源保護	10. 縣市鄉鎮補助
4. 道路交通及停車場		

重要建設成果摘要

道路工程： 辦理花蓮生活圈道路建設及台八、台九、台九丙、台十一等重要幹道，闢建東華大學聯外道路、新建大濃水橋、玉長大橋，計新闢道路12公里，橋樑2座約9公尺，改善公路176公里，橋樑8座2,885公尺，隧道4座1,300公尺，鋪設縣道約76公里，橋樑改善約400公尺，公路綠化植樹15,746株，瀝青路面加封4,160,000平方公尺，顯示建設更新1,143處。

款水工程： 興建美崙溪攔河堰、規劃馬鞍溪南端河堰，完成花蓮縣兩區（玉里、富里）自來水供水工程，改善龍澗池龍泉落鶴水殷施10處，汰換附下舊霸管線，埋設管費255,872公尺，抽喉管線153,366公尺，供水人口增加35,438人，供水量90,562立方公尺/日，供水率達79.71%

水利工程： 整治美崙溪、吉安溪，加強區域排水及萬地總漂化，辦理海岸海防海坪保護工程，新建海堤1,857公尺，整建4,499公尺，改善排水路70,792公尺，構造物301座，興建29,944公尺，整建提水路33,896公尺，排水渠15,140公尺，海堤1,954公尺，辦理排水下水道建設，設置排水路約68座，排水構造12處，保護面積約68公頃。

農林工程： 辦理東部崩塌山防災防護工程，加強治山治水、碎坡興林並水土保持、防砂工程、崩塌地處理及治山工程，計新理農路318,730公尺，排水工程6,800公尺，公共設施約42處、步道4,300公尺，整修農路152,213公尺，改善25,078公尺，興修建漁池1處，新改增修復漁港200公尺，興建漁村社區活動中心2處、建設漁村附屬設施。

山地工程： 飲水施設整建23處、鐵飲圈埋管3,278公尺、山地道路105,550公尺、橋樑4座，繫落改善37村，防災整備25村，配水池18座，配水管16,101公尺，取水殷施1處，環境殷施及景化屋等。

學校工程： 設立省立光復商工，籌建省立花蓮特教學校，整建改善教到1,197間，學校校舍單薄解幣56座，體育館及活動中心619間，興設球場57座，廁所改善148座，飲用水設施改善補校、興建營養午餐24校次。

公園綠地： 闢建12座公園，公園綠地面積104,860平方公尺。

敦會福利工程： 興設國宅建設及眷村改建，完成凌雲四村改建，設立省立花蓮醫院鳳濱分院，籌建省立花蓮醫院，新建省立玉里醫院及祥和園區，玉里暨雲縣口安口健復館，籌建霸里婦幼生所，加強社區發展，興建縣立活動中心66座，公墓公園化等。

聯衛工程： 改善花蓮市、新城市等垃圾衛生掩埋場改善。

停車場工程： 興建6處停車場，道路停車位476個。

其他： 完成萬林綜合廣場暨道路，廣闢新生地1,400公頃，改善台九線鳳豐平交道，完成定期路通建更替整，辦理車站道暨通暨電化、電氣化及號誌自動化等設事，完成花蓮區環境整治級美化，實施奧砂北淨計畫，改建縣議會、整建霸濱鄉、長濱公所等10鄉鎮公鄉公所。

改善台八線中橫公路　改善東部鐵路　鐪建花蓮港　吉安溪護岸工程　C化海堤整建工程　台九線壽豐交流道改善工程　東華大學聯外道路　新建鳳濱鄉公所　新建花蓮醫院鳳濱分院　廣改建省立花蓮醫院　祥和園區　新建省立玉里醫院　鳳林綜合區鳳榮堤防　萬榮鄉鳳榮村防災設施　新設省立光復高工　玉里、富里、卓溪自來水供水

秀林鄉　花蓮市　吉安鄉　壽豐鄉　鳳林鄉　光復鄉　豐濱鄉　萬榮鄉　瑞穗鄉　卓溪鄉　玉里鎮　富里鄉

人間淨土－台東縣的建設

民主負責 感恩致謝
宋楚瑜向鄉親報告

台東縣重要列管工作
- 省長競選政見　列管147項、完成142項，辦理中5項
- 地方建議案件　列管175項、完成139項，辦理中36項
- 民情反應事項　列管37項、完成28項，辦理中9項
- 政府民眾互動　處理民眾函件1,108件

台東縣基本資料
- 面　　積　3515.2526平方公里
- 人　　口　251,115人
- 市鄉鎮村里　16個市鄉鎮，147個村里

全省重要列管工作
- 省長競選政見　列管2,097項、完成1,881項，辦理中216項
- 地方建議案件　列管3,988項、完成3,305項，辦理中683項
- 民情反應事項　列管403項、完成324項，辦理中79項
- 政府民眾互動　處理民眾函件50,131件

台灣省政府83-88年度預算使用於
台東縣　共577億9546萬元

※ 經常項目經費195億4018萬元
1. 警政消防人事費　74億2428萬元
2. 教育文化人事費　33億8332萬元
3. 社會保險福利津貼　26億6093萬元
4. 衛生醫療　18億7396萬元
5. 縣市鄉鎮退休撫卹　12億1165萬元
6. 其他相關經費　11億8503萬元
7. 民政兵役　6億2724萬元
8. 財產財務管理及稅捐稽徵　5億9386萬元
9. 工商管理購務行政及其他　5億1011萬元
10. 省營事業民營化員工權益補償金　6974萬元

※ 建設項目經費382億5528萬元
1. 警政消防設施
2. 教育文化設施
3. 社會福利設施
4. 道路交通及停車場
5. 防洪排水及水土保持
6. 農政地政及都計業務
7. 環境及水質水源保護
8. 公園建設、國宅及社區發展
9. 水資源開發及管理
10. 縣市鄉鎮補助

重要建設成果摘要

道路工程：辦理台東生活圈道路建設及台九、台十一、台二十、台二十三等重要幹道，闢建台東市外環道路（台十一乙），拓寬縣鄉環島道路，計道路新闢17公里，拓寬及改善131公里，橋樑新建12座2,876公尺，拓寬及改善99座5,188公尺，隧道新建2座860公尺，拓寬及改善3座244公尺，輔助縣鄉道路101公里，橋樑16座1,492公尺，公路綠化植樹15,567株，瀝青路面加到880,000平方公尺，指示標誌更新331面

飲水工程：興建綠島酬勤水庫、流麻溝攔河堰，改善偏遠地區聚落飲水設施11處，埋設管線325,560公尺，抽換管線86,620公尺，供水人口達195,104人，供水量53,447立方公尺/日，供水率77.11%

水利工程：整治南海大堤、太平溪，加強區域排水及高灘地綠美化，新建海堤7,988公尺，新建排水路58,000公尺，構造物235座，箱涵17,325公尺，側溝13,501公尺，整修排水路23,751公尺，排水溝9,100公尺

農林工程：辦理鄉部治山防災計畫，加強治山造林、坡地及林道水土保持、防砂工程、崩塌地處理及防洪工程，計辦理道路20,000公尺，排水工程970公尺，公共設施15處，步道1,700公尺，整修農莊84,988公尺，改善33,927公尺，更新鄉村社區道路16,242公尺，產業道路111,710平方公尺

漁港工程：擴建新港遠洋港、興修建大武漁港等8處，防波堤修建加強549公尺，碼頭新建加強184公尺，泊地浚深疏浚4公頃，興建漁村社區活動中心2處，建設漁村休閒設施3處，漁業公共設施2處

山地工程：飲水設施整建37處，堤坡護岸整建340公尺，山地道路125,760公尺，橋樑12座、吊橋2座，鋪土攤7,864公尺，聚落改善45村，防災設施17村，配水池12座，配水管45,500公尺，取水設施13處，環境設施改善52個部落

學校工程：重建紅葉國小、長濱國中師生宿舍，整建改善教室581間，學校及社區運動場15座、體育館及活動中心10座、綜合球場39座，興所改善156座，飲用水設施改善20校，興辦營養午餐70校次

公園建設：闢建台東市河濱親水公園、關山鎮河川新生地環保公園等10處公園，公園綠地面積71,212平方公尺

社會福利工程：馬蘭榮家附設慢性養護中心及公設民營，結合社會資源，加強創辦殘障社會福利服務：新建省立台東醫院成功分院、關山分院，擴建省立台東醫院，重建大武鄉、綠島鄉衛生所；加強社區更新，興修建社區活動中心5棟、老人文康活動中心1棟，公墓公園化6座

環保工程：改善鹿野、蘭嶼等鄉垃圾衛生掩埋場8處，完成台東市舊垃圾場封閉復育及濱海濱道公園

停車工程：興建台東車站前地下停車場等9處，增闢停車位640個

其他：完成南迴鐵路通車，辦理東部鐵路電氣化、電氣化及號誌自動化等改善工程，興建原住民文化會館，改建縣議會，整建延平鄉、長濱鄉公所等辦公廳舍

◎ 關山鎮河川新生地環保公園

◎ 東河鄉排水改善工程

◎ 整建長濱鄉公所

◎ 鹿野鄉農特產品展集中心

◎ 擴建新港漁港

◎ 紅葉國小校舍重建

◎ 馬蘭榮家社會福利新民居計畫

◎ 台十一線拓寬改善

◎ 綠島鄉酬勤水庫

◎ 台九線南迴公路拓寬改善

◎ 擴建綠島鄉衛生所

◎ 大武漁港工程

◎ 達仁鄉新公大樓興建工程

台灣矽谷—新竹市 的建設

民主負責 感恩致謝
宋楚瑜向鄉親報告

新竹市重要列管工作
- 省長競選政見　列管20項、完成17項、辦理中3項
- 地方建議案件　列管39項、完成26項、辦理中13項
- 民情反應事項　列管3項、完成3項
- 政府民眾互動　處理民眾函件1,264件

新竹市基本資料
- 面　積　104.0964平方公里
- 人　口　354,267人
- 區　里　3個區、121個里

全省重要列管工作
- 省長競選政見　列管2,097項、完成1,881項、辦理中216項
- 地方建議案件　列管3,988項、完成3,305項、辦理中683項
- 民情反應事項　列管403項、完成324項、辦理中79項
- 政府民眾互動　處理民眾函件50,131件

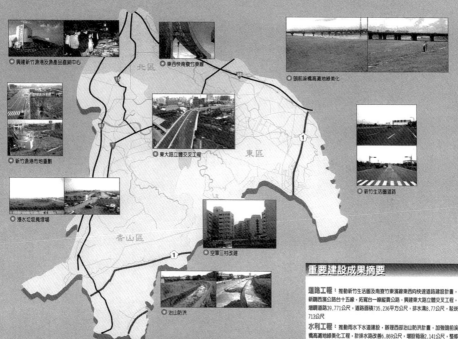

◎興建新竹漁港及漁產品直銷中心
◎東西快南寮竹東線
◎頭前溪橋高灘地綠美化
◎新竹漁港市地重劃
◎東大路立體交叉工程
◎北區
◎東區
◎新竹生活圈道路
◎浸水垃圾掩埋場
◎香山區
◎空軍三村改建
◎治山防洪

重要建設成果摘要

道路工程：推動新竹生活圈及南寮竹東濱寮東西向快速道路建設計畫，新闢西濱公路台十五線，拓寬台一線龍鳳公路，興建東大路立體交叉工程，增闢道路39,771公尺，道路面積735,236平方公尺，排水溝8.77公尺，駁坎713公尺

水利工程：推動雨水下水道建設，辦理西部治山防洪計畫，加強頭前溪橋高灘地綠美化工程，計排水路改善6,869公尺，增設箱涵2,141公尺，整修排水路8,679公尺，側溝678公尺，涵管685公尺，新建海堤675公尺

學校工程：興建國民教育輔導中心，整建改善各校教室1,818間，學校及社區運動場49座，體育館及活動中心18座，綜合球場14座，開辦營養午餐28校次，飲用水設施改善37校次，廁所136座

飲水工程：全市自來水管線覆設46.216公尺，汰換12,056公尺，供水人口373,805人，每日供水量170,263立方公尺，供水率98.53%

漁港工程：興建新竹漁港及漁產品直銷中心，漁港興修護6處，增設漁業公共設施2處，防波堤修建加築2,151公尺，碼頭新建加強799公尺，防砂堤300公尺

社會福利工程：推動國宅建設及眷村改建，辦理空軍三村、公學新村改建工程，興建省立新竹醫院醫療大樓、興修眷村社區活動中心3棟

環保工程：規劃污水下水道建設，完成新竹客雅溪污水處理廠工程設計，辦理浸水垃圾掩埋場第一、二期工程，改善垃圾衛生掩埋場5處，推動南寮垃圾掩埋場封閉改善及復舊再利用

停車場工程：興建民富街立體停車場1處，增闢停車位240個

市場工程：零售及攤販市場新（增）建2處、修建2處

其他：完成新竹都會區大眾捷運系統規劃及新竹科學城建設規劃，辦理新竹漁港市地重劃、整建新公廁61棟

台灣省政府83~88年度預算使用於新竹市
共311億0104萬元

※經常項目經費185億7598萬元
1. 社會保險福利津貼 56億0458萬元	2. 警政消防人事費 39億2956萬元
3. 衛生醫療 29億4362萬元	4. 教育文化人事費 25億7069萬元
5. 其他相關經費 11億5691萬元	6. 財產財務管理及稅捐稽徵 9億8213萬元
7. 縣市鄉鎮退休撫卹 8億3442萬元	8. 省營事業民營化員工權益補償金 2億1042萬元
9. 民政兵役 1億8610萬元	10. 工商管理業務行政及其他 1億5751萬元

※建設項目經費 125億2506萬元
1. 社會福利設施	2. 警政消防設施
3. 教育文化設施	4. 道路交通及停車場
5. 防洪排水及水土保持	6. 農政地政及都計業務
7. 環境及水質水源保護	8. 公園建設、國宅及社區發展
9. 水資源開發及管理	10. 縣市鄉鎮補助
11. 公共設施用地取得	

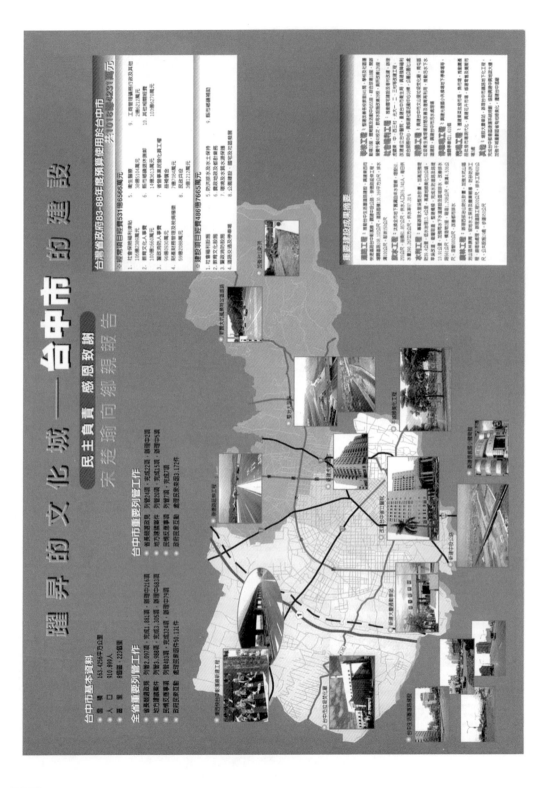

躍昇的文化城——台中市的建設

民主負責　感恩致謝

宋楚瑜向鄉親報告

台中市基本資料

- 面　積　163.4256平方公里
- 人　口　910,899人
- 區　里　8個區，223個里

全省重要列管工作

- 省長親選政見　列管2,097項，完成1,881項，辦理中216項
- 地方建議案件　列管3,988項，完成3,305項，辦理中683項
- 民情反應事項　列管403項，完成324項，辦理中79項
- 政府民眾互動　處理民眾函件50,131件

台中市重要列管工作

- 省長親選政見　列管24項，完成22項，辦理中2項
- 地方建議案件　列管20項，完成15項，辦理中5項
- 民情反應事項　列管7項，完成7項
- 政府民眾互動　處理民眾來函3,172件

台灣省政府83-88年度預算使用於台中市 共1018億4231萬元

※經常項目經費531億6566萬元

1. 社會保險福利津貼 106億2389萬元
2. 教育文化人事費 100億1660萬元
3. 警政消防人事費 96億0930萬元
4. 財產財務管理及稅捐稽徵 59億2088萬元
5. 衛生醫療 38億5104萬元
6. 縣市鄉鎮退休撫卹 14億3613萬元
7. 省營事業民營化員工權益補償金 7億7084萬元
8. 民政兵役 3億1212萬元
9. 工商管理議務行政及其他 2億6212萬元
10. 其他相關經費 103億6270萬元

※建設項目經費486億7665萬元

1. 社會福利設施
2. 教育文化設施
3. 警政消防設施
4. 道路交通及停車場
5. 防洪排水及水土保持
6. 農政地政及都計業務
7. 環境及水質水源保護
8. 公園建設、國宅及社區發展
9. 縣市鄉鎮補助

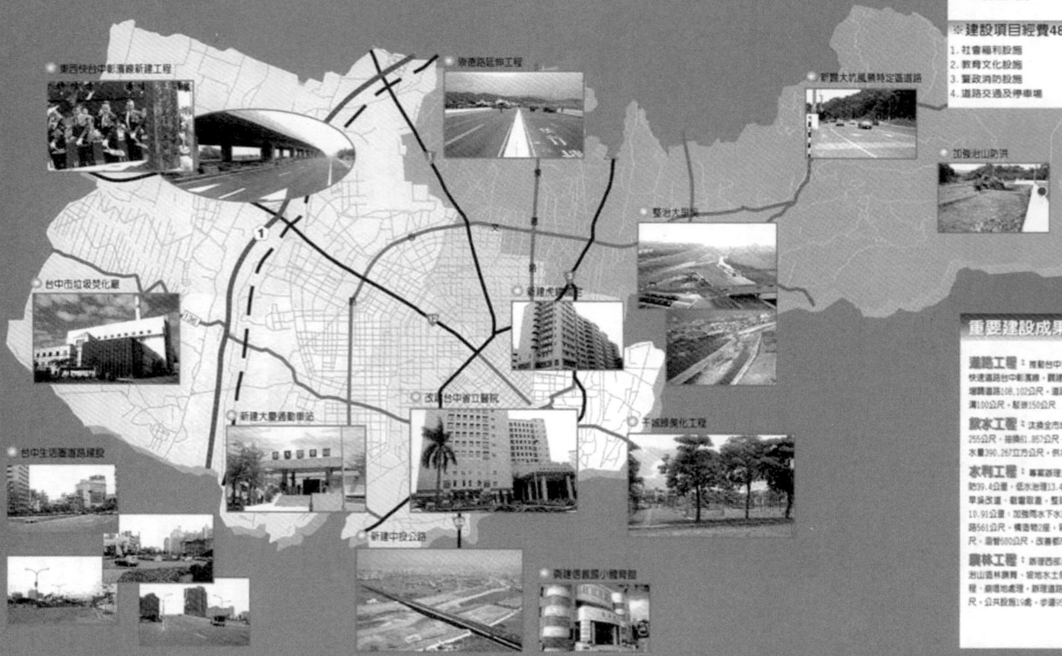

重要建設成果摘要

道路工程：推動台中生活圈道路建設，興建東西向快速道路台中彰濱線，闢建中投公路，崇德路延伸工程，增闢道路108,102公尺，道路面積130,169平方公尺，排水溝100公尺，駁崁150公尺

飲水工程：汰換全市地下舊漏自來水管線，增設50,255公尺，接換81,857公尺，供水人口876,740人，每日供水量390,267立方公尺，供水率97.20％

水利工程：專案辦理大里溪整治計畫，加高加強堤防39.4公里，低水治理13.4公里，高灘地綠美化50公頃，旱溪改道，截彎取直，整建橋樑，完成水防道路及路堤10.91公里，加強雨水下水道建設及區域排水，改善排水路561公尺，構造物2座，箱涵1,298公尺，側溝4,536公尺，涵管600公尺，改善都市排水

農林工程：辦理西部治山防災計畫，加強大坑山區治山造林撫育，坡地水土保持及農業輔導，防砂防洪工程，崩塌地處理，新建道路工程500公尺，排水工程400公尺，公共設施19處，步道950公尺

學校工程：整建改善各校教室841間，學校及社區運動場10座，體育館及活動中心55座，綜合球場18座，開辦營養午餐40校次，飲用水設施改善28校，廁所改善126座，

社會福利工程：推動眷宅建設及眷村改建，辦理虎嘯東、中、西三村，光大一、二、三村等改建工程，改建省立台中醫院，重建台中市衛生局，興建殘障福利綜合服務中心，興修建社區活動中心18棟，公墓公園化1處

環保工程：興建台中市文山里垃圾焚化廠，南屯區垃圾衛生掩埋場封閉改善及復育再利用，推動污水下水道建設，興建台中市污水處理場

停車場工程：興建光復國小外操場地下停車場等，增闢停車位1,610個

市場工程：遷建果菜批發市場、魚市場，推動農產品批發市場現代化，興建花卉市場，修建零售及攤販市場3處

其他：增設大慶車站，辦理台中市鐵路地下化工程，完成台中都會區捷運系統規劃，協助興建中興地政大樓，加強干城重劃區省有地綠美化，遷建台中酒廠

諸羅城新風貌—嘉義市的建設

民主負責 感恩致謝
宋楚瑜向鄉親報告

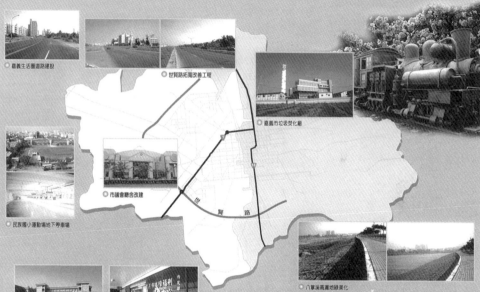

嘉義市重要列管工作
- 省長競選政見　列管9項，完成9項
- 地方建議案件　列管29項，完成21項，辦理中8項
- 政府民眾互動　處理民眾函件957件

嘉義市基本資料
- 面　積　60.0256平方公里
- 人　口　262,947人
- 區　里　2個區、110個里

全省重要列管工作
- 省長競選政見　列管2,097項，完成1,881項，辦理中216項
- 地方建議案件　列管3,988項，完成3,305項，辦理中683項
- 民情反應事項　列管403項，完成324項，辦理中79項
- 政府民眾互動　處理民眾函件50,131件

◎嘉義生活圈道路建設

◎世賢路拓寬改善工程

◎嘉義市垃圾焚化廠

◎市議會廳舍改建

◎民族國小運動場地下停車場

◎八掌溪高灘地綠美化

◎省立嘉義啟智學校

◎殘障福利服務中心

台灣省政府83-88年度預算使用於嘉義市
共418億4824萬元

※經常項目經費184億1032萬元

1. 教育文化人事費
   57億1729萬元
2. 警政消防人事費
   46億1172萬元
3. 社會保險福利津貼
   30億7047萬元

4. 衛生醫療
   15億6149萬元
5. 縣市鄉鎮退休撫卹
   9億0863萬元
6. 財產財務管理及稅捐
   稽徵　8億4407萬元

7. 省營事業民營化員工
   權益補償金
   2億9964萬元
8. 民政兵役
   1億8724萬元

9. 工商管理礦務行政及
   其他相關經費
   1億0111萬元
10. 其他相關經費
    11億0861萬元

※建設項目經費234億3792萬元

1. 教育文化設施
2. 警政消防設施
3. 社會福利設施

4. 道路交通及停車場
5. 防洪排水及水土保持
6. 農政地政及都計業務

7. 環境及水質水源保護
8. 公園建設、國宅及社區
   發展

9. 縣市鄉鎮補助

重要建設成果摘要

道路工程：推動嘉義生活圈道路系統建設，調建南側外環道路系統，拓寬改善台一、台十八、世賢路等重要幹道，增闢道路37,251公尺，道路面積408,324平方公尺，排水溝8,100公尺

飲水工程：汰換地下舊漏管線，埋設管線156,980公尺，抽換79,940公尺，供水人口259,191人，每日供水量140,804立方公尺，供水率98.62%

水利工程：推動八掌溪治理工程，加強高灘地綠美化，計增設箱涵486公尺，整修排水路5,861公尺，側溝3,584公尺

學校工程：興建省立嘉義啟智學校，重建市立棒球場，整建改善各校教室338間，學校及社區運動場4座，體育館及活動中心14座，綜合球場16座，開闢營養午餐35校次，兩所74座

社會福利工程：設立殘障福利服務中心，重建嘉義市衛生局及東區、西區衛生所，遷建省立嘉義醫院，興修建社區活動中心4棟

環境工程：興建嘉義市焚化廠，改善湖內里垃圾衛生掩埋場

公園及停車場工程：新建中山公園眺望台，興闢民族、垂楊國小運動場地下停車場，蘭潭公園棒球場西側停車場、東市場綜合大樓二、三樓改建停車場等4處，增闢停車位6,003個

其他：改建市議會辦公廳含及議事廳，遷建嘉義酒廠

飛躍的府城－**台南市**的建設

民主負責 感恩致謝
宋楚瑜向鄉親報告

台南市重要列管工作
- 省長競選政見　列管39項、完成35項、辦理中4項
- 地方建議案件　列管24項、完成18項、辦理中6項
- 民情反應事項　列管5項、完成5項
- 政府民眾互動　處理民眾函件1590件

台南市基本資料
- 面　積　175.6456平方公里
- 人　口　719,701人
- 區　里　7個區、266個里

全省重要列管工作
- 省長競選政見　列管2,097項、完成1,881項、辦理中216項
- 地方建議案件　列管3,988項、完成3,305項、辦理中683項
- 民情反應事項　列管403項、完成324項、辦理中79項
- 政府民眾互動　處理民眾函件50,131件

安平市地重劃

垃圾衛生掩埋場

安南區

興建台南市垃圾焚化廠

台南生活圈道路建設

興建省立台南醫院

修護二級古蹟三山國王廟

眷村改建

北區　西區　中區　府區

安平港建設工程

重南遷衛生所

新建縣南地政事務所

南定橋拓寬工程

台灣省政府83-88年度預算使用於 台南市 共495億4935萬元

※經常項目經費303億8949萬元
1. 警政消防人事費 89億4388萬元
2. 社會保險福利津貼 69億2744萬元
3. 教育文化人事費 65億3289萬元
4. 衛生醫療 29億4394萬元
5. 財產財務管理及稅捐稽徵 18億6660萬元
6. 縣市鄉鎮退休撫卹 13億6912萬元
7. 省營事業民營化員工權益補償金 6億5880萬元
8. 民政兵役 3億0613萬元
9. 工商管理罰鍰行政及其他 4億4219萬元
10. 其他相關經費 3億9846萬元

※建設項目經費191億5985萬元
1. 警政消防設施
2. 社會福利設施
3. 教育文化設施
4. 道路交通及停車場
5. 防洪排水及水土保持
6. 農政地政及都計業務
7. 環境及水質水源保護
8. 公園建設、國宅及社區發展
9. 縣市鄉鎮補助

重要建設成果摘要

道路工程： 推動台南生活圈道路建設及東西向快速道路台南關廟線，闢建西濱公路、台十七線、拓寬南定橋，增闢道路30,641公尺，道路舖設394,142平方公尺，排水溝14,254公尺，箱涵870公尺

飲水工程： 汰換全市地下舊漏自來水管線，埋設管線140,310公尺，抽換舊管線23,382公尺，供水人口716,948人，每日供水量244,158立方公尺，供水率99.88%

水利工程： 興建鹽水溪西屯寮堤防，推動台南運河整體整治計畫，疏浚下游河段低水治理及高灘地綠美化，加強用水下水道建設及區域排水，整建海堤200公尺，保護沿岸低窪地區

學校工程： 整修建台南女中體育館、市立棒球場、整建改善各校教室2,045間、學校及社區運動場11座，體育館及活動中心13座、綜合球場28座，開辦營養午餐49校次，飲用水設施改善5校，廁所改善405座

社會福利工程： 推動國宅建設及眷村改建，辦理實踐三村、果實二村、大林新城、大道新村、大農八村、四維新村等改建工程，擴建省立台南醫院醫療大樓，重建南區、安南區等衛生所；興建殘障福利綜合服務中心

環保工程： 興建台南市城西里垃圾焚化廠，安南區垃圾衛生掩埋場封閉改善及復育再利用，推動污水下水道建設，埋設污水管線1,724公尺

停車工程： 興闢海安路地下停車場，增闢停車位1,860個

市場工程： 推動農產品批發市場現代化，修建零售及攤販市場繼續

其他： 加速建設安平港，整修台南市二、三級古蹟，完成台南都會區大眾捷運系統規劃，辦理安順市地重劃，興建地政大樓等新公廳舍2棟

附錄二

參考書目

小笠原欣幸著，李彥樺譯，《臺灣總統選舉：臺灣認同的成長與爭奪》（臺北：大家/遠足文化，2021年）。

方鵬程，《如瑜得水：影響宋楚瑜一生的人》（臺北：商周，2013年）。

方鵬程，《寧為劉銘傳：宋楚瑜的僕人領導哲學》（臺北：商周，2006年）。

卡內基（Dale Carnegie）著，雲中軒譯，《卡內基語言的突破（*The Quick and Easy Way to Effective Speaking.*）》（臺北：海鷹文化，2021年）。

朱利安尼（Rudolph W. Giuliani）著，韓文正譯，《決策時刻（*Leadership.*）》（臺北：大塊文化，2002年）。

米勒（Peter Miller）著，林俊宏譯。《群的智慧：向螞蟻、蜜蜂、飛鳥學習組織運作絕技（*The Smart Swarm.*）》（臺北：天下遠見，2011年）。

行政院新聞局，《行政院新聞局職員手冊》（臺北：行政院新聞局，1983年）。

利廉德（David E. Lilienthal）著，徐重航譯，《民主與設計：美國田納西河流域管理局實錄（*TVA : Democracy on the March.*）》（臺北：商務印書館，1946年）。

宋楚瑜（2021年4月13日）。〈臺鐵的定位：「安全、舒適、便捷」〉，《蘋果日報》（臺北），第A11版。

宋楚瑜，《天道酬勤：2020宋楚瑜參選紀實》（臺北：商周，2020年）。

宋楚瑜口述歷史，方鵬程採訪整理，《從威權邁向開放民主：臺灣民主化關鍵歷程（1988-1993）》（臺北：商周，2019年）。

宋楚瑜口述歷史，方鵬程採訪整理，《蔣經國祕書報告！》（臺北：商周，2018年）。

官麗嘉，《走過萬水千山 最愛是臺灣：宋楚瑜與斯土斯民的深情故事》（臺北：大官文化工坊，2011年）。

官麗嘉，《浪尖上的回首：宋楚瑜的政治路》（臺北：大官文化工坊，2019年）。

林新輝、賈寶楠、程嘉文、鄭瑋、周佑政、鄭朝陽（2017年12月4日）。〈凍省20年
　　行政效能改變了嗎〉，《聯合報》（臺北），第A5版。

林照真，《水的政治學：宋楚瑜與臺灣水利》（臺北：時報文化，1999年）。

科爾賀（Paulo Coelho）著，周惠玲譯，《牧羊少年奇幻之旅（*El Alquimista*）》（臺
　　北：時報文化，2004年）。

唐瑋，〈求快求好　再造省政：宋省長以企業家精神引領省政團隊〉，《臺灣月刊》
　　168期，1996年12月，頁8-10。

夏珍，《宋楚瑜中興紀事》（臺北：時報文化，1998年）。

夏珍，《政海沉沉楚天闊：宋楚瑜二十三年政壇紀實》（臺北：商周，1997年）。

殷允芃、尹萍、周慧菁、李瑟、林昭武，《發現臺灣（1620-1945）》上冊、下冊
　　（臺北：天下雜誌，1992年）。

馬西屏，《百分之九十的祕密》（臺北：時周文化，2006年）。

張雲家，《用心灌溉臺灣大地》（臺北：中外新聞通訊社，2000年）。

陳良榕，〈砂石盜採：臺灣農地新浩劫〉，《天下》2002年4月，頁208-212。

提區（Noel M. Tichy）與班尼斯（Warren Bennis）著，羅耀宗、廖建容譯，《做對決
　　斷（*Judgment : How Winning Leaders Make Great Calls.*）》（臺北：天下遠見，
　　2008年）。

曾薏蘋，〈宋楚瑜：早點偷看日記會更愛她〉，《時報周刊》1846期，2013年7月5
　　日，頁32-36。

程嘉文、林新輝、賴香珊、江良誠、賈寶楠（2017年12月4日）。〈凍省20年　臺灣學
　　到什麼？〉，《聯合報》（臺北），第A1版。

程嘉文、賈寶楠、鄭朝陽、林新輝（2017年12月4日）。〈回顧凍省20年　「琅琊榜翻
　　版」〉，《聯合報》（臺北），第A5版。

程嘉文、賈寶楠、鄭朝陽、林新輝（2017年12月4日）。〈臺北賓館那夜　凍省急轉直
　　下〉，《聯合報》（臺北），第A5版。

黃克武、張力、沈懷玉、周維朋、林東璟，《經國先生侍從與僚屬訪問紀錄：宋楚
　　瑜先生訪問紀錄》（臺北：中央研究院近代史研究所，2015年）。

楊永年（2017年12月5日）。〈回不去省府時代了：凍省4症頭難解〉，《聯合報》
　　（臺北），第A14版。

葉柏祥主編，《政治老兵與宋語錄：天道酬勤——臺灣最骨力的歐吉桑》（臺北：

費邊社，2015年）。

臺灣省自來水公司，《飲水思源：臺灣的建設／自來水篇》（臺中市：臺灣省自來水公司，1998年）。

臺灣省政府，《宋省長楚瑜講話彙編》第一輯至第五輯（南投縣：臺灣省政府，1998年）。

臺灣省政府，《賀伯颱風紀實（一）祕書處主管部分》（南投縣：臺灣省政府，1998年）。

臺灣省政府，《賀伯颱風紀實（二）教育廳主管部分》（南投縣：臺灣省政府，1998年）。

臺灣省政府，《賀伯颱風紀實（三）農林廳主管部分》（南投縣：臺灣省政府，1998年）。

臺灣省政府，《賀伯颱風紀實（四）社會處主管部分》（南投縣：臺灣省政府，1998年）。

臺灣省政府，《賀伯颱風紀實（五）交通處主管部分》（南投縣：臺灣省政府，1998年）。

臺灣省政府，《賀伯颱風紀實（六）環保處主管部分》（南投縣：臺灣省政府，1998年）。

臺灣省政府，《賀伯颱風紀實（七）水利處主管部分》（南投縣：臺灣省政府，1998年）。

臺灣省政府，《賀伯颱風紀實（八）消防處主管部分》（南投縣：臺灣省政府，1998年）。

臺灣省政府，《賀伯颱風紀實（九）原住民事務委員會主管部分》（南投縣：臺灣省政府，1998年）。

臺灣省政府，《勤政廉明愛斯土：宋楚瑜先生主持臺灣省政資料彙編（一）（二）會議提示事項篇》（南投縣：臺灣省政府，1998年）。

臺灣省政府，《勤政廉明愛斯土：宋楚瑜先生主持臺灣省政資料彙編（三）施政報告篇》（南投縣：臺灣省政府，1998年）。

臺灣省政府，《臺灣省政府職員服務手冊》（南投縣：臺灣省政府，1993年）。

臺灣省政府民政廳，《趨向民意·落實民政：臺灣的建設/民政篇》（南投縣：臺灣省政府民政廳，1998年）。

臺灣省政府交通處，《千山萬水瑜你同行：臺灣的建設／交通篇》（南投縣：臺灣
　　省政府交通處，1998年）。

臺灣省政府交通處公路局，《新路歷程：臺灣的建設／公路篇》（臺北：臺灣省政
　　府交通處公路局，1998年）。

臺灣省政府交通處旅遊事業管理局，《週休二日好時光 呼朋引伴遊臺灣: 臺灣的建設
　　旅遊篇》（臺中縣：臺灣省政府交通處旅遊事業管理局，1998年）。

臺灣省政府地政處，《地盡其利地利共享：臺灣的建設／地政篇》（臺中市：臺灣
　　省政府地政處，1998年）。

臺灣省政府住宅及都市發展處，《均衡城鄉發展 營造永續都市：臺灣的建設／住宅
　　及都市發展篇》（臺北：臺灣省政府住宅及都市發展處，1998年）。

臺灣省政府住宅及都市發展處，《更新老舊眷村 健全都市發展》（臺北：臺灣省政
　　府住宅及都市發展處，1998年）。

臺灣省政府社會處，《愛自心中來：臺灣的建設／福利篇》（南投縣：臺灣省政府
　　社會處，1998年）。

臺灣省政府建設廳，《加速建設 再創臺灣經濟奇蹟：臺灣的建設／建設篇》（南投
　　縣：臺灣省政府建設廳，1998年）。

臺灣省政府原住民事務委員會，《原鄉情：臺灣的建設／原住民篇》（南投縣：臺
　　灣省政府原住民事務委員會，1998年）。

臺灣省政府教育廳，《十年樹木百年樹人：臺灣的建設／教育篇》（臺中縣：臺灣
　　省政府教育廳，1998年）。

臺灣省政府勞工處，《快樂的工作者：臺灣的建設／勞工篇》（臺中市：臺灣省政
　　府勞工處，1998年）。

臺灣省政府新聞處，《為水辛苦為水忙：宋省長就職兩週年專輯》（臺中市：臺灣
　　省政府新聞處，1997年）。

臺灣省政府新聞處，《馬不停蹄又一年：宋省長就職週年專輯》（臺中市：臺灣省
　　政府新聞處，1995年）。

臺灣省政府新聞處，《臺灣頭尾走透透：宋省長省政大事記》（臺中市：臺灣省政
　　府新聞處，1998年）。

臺灣省政府農林廳，《生產生活生態：臺灣的建設/農業篇》（南投縣：臺灣省政府
　　農林廳，1998年）。

臺灣省政府農林廳，《臺灣省處理豬隻口蹄疫紀實錄》（南投縣：臺灣省政府農林廳，1998年）。

臺灣省政府農林廳水土保持局，《青山常在綠水長流：臺灣的建設／水土保持篇》（南投縣：臺灣省政府農林廳水土保持局，1998年）。

臺灣省政府農林廳林務局，《大地森森不息林業邁向高峰：臺灣的建設／林業篇》（臺北：臺灣省政府農林廳林務局，1998年）。

臺灣省政府漁業局，《咱的漁業咱的情：臺灣的建設／漁業篇》（臺北：臺灣省政府漁業局，1998年）。

臺灣省政府衛生處，《一生醫世情：臺灣的建設／衛生篇》（南投縣：臺灣省政府衛生處，1998年）。

臺灣省政府環境保護處，《有情有義用心做環保：臺灣的建設／環保篇》（臺中市：臺灣省政府環境保護處，1998年）。

臺灣省政府警政廳，《警察為您做些什麼：臺灣的建設／治安篇》（臺中市：臺灣省政府警政廳，1998年）。

臺灣鐵路管理局，《無遠弗屆的脈動：臺灣的建設鐵路篇》（臺北：臺灣鐵路管理局，1998年）。

赫斯特（John Hirst）著，席玉蘋譯，《你一定愛讀的極簡歐洲史：為什麼歐洲對現代文明的影響這麼深（*The Shortest History of Europe.*）》（臺北：大是文化，2010年）。

趙鋼，《打火兄弟》（臺北：中華消防協會，2011年）。

遠見雜誌編輯部，〈宋楚瑜：忍，是經國先生最突出的個性〉，《遠見》326期，2013年8月，頁80-83。

歐斯本（David Osborne）與蓋伯勒（Ted Gaebler）著，劉毓玲譯，《新政府運動（*Reinventing Government: How the Entrepreneurial Spirit is Transforming the Public Sector.*）》（臺北：天下文化，1993年）。

蔣中正，《蔣中正日記（1951）》（臺北：民國歷史文化學社有限公司，2023年）。

錢復，《錢復回憶錄卷三：1988-2005臺灣政經變革的關鍵現場》（臺北：天下文化，2020年）。

聯合報記者連線（2023年3月23日）。〈蓄水剩11％　曾文水庫變高球場〉，《聯合報》（臺北），第A6版。

謝公秉，《挑戰：宋楚瑜傳奇》（臺北：日臻，1994年）。

韓第（Charles Handy）著，潘東傑譯，《大象與跳蚤：組織與個人的新關係（*The Elephant and the Flea : Looking Backwards to the Future.*）》（臺北：天下文化，2020年）。

魏秀梅，《趙聚鈺先生年譜》（臺北：中央研究院近代史研究所，1990年）。

羅斯（David Roth）著，吳玲美譯，《聖戰黑鷹：沙漠風暴名將鮑威爾傳奇（*Sacred Honor: Colin Powell The Inside Account of His Life and Triumphs.*）》（臺北：足智文化，2022年）。

羅爾德（Carnes Lord）著，韓文正等譯，《領導力（*The Modern Prince：What Leaders Need to Know Now.*）》（臺北：時報文化，2004年）。

讀者文摘，〈「中道」政治家宋楚瑜〉，《讀者文摘》2003年3月，頁66-72。

國家圖書館出版品預行編目資料

公門好修行：臺灣史上唯一民選省長宋楚瑜工作實錄／宋楚瑜口述歷
史；方鵬程採訪整理. -- 初版. -- 臺北市：商周出版：英屬蓋曼群島商
家庭傳媒股份有限公司城邦分公司發行，2023.10
　　面；　　公分. --（生活視野；37）

ISBN　978-626-318-861-7（精裝）

1.CST：宋楚瑜　2.CST：口述歷史　3.CST：公共行政　4.CST：基礎
建設　5.CST：臺灣

573.9　　　　　　　　　　　　　　　　　　　112015318

線上版讀者回函卡

公門好修行：臺灣史上唯一民選省長宋楚瑜工作實錄

口 述 歷 史／宋楚瑜
採 訪 整 理／方鵬程
責 任 編 輯／程鳳儀、余筱嵐
編 輯 協 力／林淑華

版　　　　權／林易萱、吳亭儀
行 銷 業 務／林秀津、周佑潔、賴正祐
總　編　輯／程鳳儀
總　經　理／彭之琬
事業群總經理／黃淑貞
發　行　人／何飛鵬
法 律 顧 問／元禾法律事務所　王子文律師
出　　版／商周出版
　　　　　城邦文化事業股份有限公司
　　　　　臺北市中山區民生東路二段141號9樓
　　　　　電話：(02) 2500-7008　傳真：(02) 2500-7759
　　　　　E-mail：bwp.service@cite.com.tw
發　　　行／英屬蓋曼群島商家庭傳媒股份有限公司城邦分公司
　　　　　臺北市中山區民生東路二段141號2樓
　　　　　書虫客服專線：(02)2500-7718；(02)2500-7719
　　　　　服務時間：週一至週五上午09:30-12:00；下午13:30-17:00
　　　　　24小時傳真專線：(02)2500-1990；(02)2500-1991
　　　　　郵撥帳號：19863813　戶名：書虫股份有限公司
　　　　　讀者服務信箱E-mail：service@readingclub.com.tw
　　　　　城邦讀書花園www.cite.com.tw
香港發行所／城邦（香港）出版集團有限公司
　　　　　香港灣仔駱克道193號東超商業中心1樓　E-mail:hkcite@biznetvigator.com
　　　　　電話：(852) 25086231　傳真：(852) 25789337
馬新發行所／城邦（馬新）出版集團【Cite (M) Sdn. Bhd】
　　　　　41, Jalan Radin Anum, Bandar Baru Sri Petaling,
　　　　　57000 Kuala Lumpur, Malaysia.
　　　　　電話：(603) 90563883　傳真：(603) 990576622　E-mail：service@cite.my

封 面 設 計／和設計／劉銘維
封 面 攝 影／漠視文化影像工作室／Photographer Mose
電 腦 排 版／唯翔工作室
印　　　刷／韋懋實業有限公司
總　經　銷／聯合發行股份有限公司　電話：(02)2917-8022　傳真：(02)2911-0053
　　　　　地址：新北市新店區寶橋路235巷6弄6號2樓

■2023年10月初版
■2023年11月初版3.5刷

定價／800元

Printed in Taiwan

城邦讀書花園
www.cite.com.tw

花蓮縣、宜蘭縣、澎湖縣。、高雄縣、屏東縣、臺東縣、縣、雲林縣、嘉義縣、台南縣栗縣、台中縣、南投縣、彰化臺北縣、桃園縣、新竹縣、苗、臺中市、嘉義市、臺南市、縣、澎湖縣。基隆市、新竹市東縣、臺東縣、花蓮縣、宜蘭嘉義縣、台南縣、高雄縣、屏